比较法与民商法文汇

（修订本）

米 健 著

商务印书馆
创于1897
The Commercial Press

图书在版编目（CIP）数据

法以载道：比较法与民商法文汇 / 米健著 . —修订本 .
—北京：商务印书馆，2023
ISBN 978-7-100-21965-5

Ⅰ . ①法…　Ⅱ . ①米…　Ⅲ . ①比较法—研究②民商
法—研究　Ⅳ . ① D908 ② D913.04

中国国家版本馆 CIP 数据核字（2023）第 025863 号

法以载道
——比较法与民商法文汇
（修订本）
米健　著

商 务 印 书 馆 出 版
（北京王府井大街36号　邮政编码100710）
商 务 印 书 馆 发 行
北京中科印刷有限公司印刷
ISBN 978 - 7 - 100 - 21965 - 5

2023 年 6 月第 1 版　　　　　开本 710×1000　1/16
2023 年 6 月北京第 1 次印刷　　印张 40½
定价：198.00 元

目　录

上篇　文化、法理与比较法学

中国文化和人类命运共同体 …………………………………………… 3

信仰　敬畏　向善

　　——拉德布鲁赫《社会主义文化论》修订札记 ………………… 23

法律文化交往与文化主体意识 ……………………………………… 54

法律翻译的文化间隙 ………………………………………………… 84

法律语言与法律利益

　　——以澳门社会为范例 ………………………………………… 92

法学方法论在中国的缺失 …………………………………………… 98

一位西方学者眼中的中国法律文化

　　——读何意志近著《中国法律文化概论》 ………………… 107

从人的本质看法的本质

　　——马克思主义法观念的原本认识 ………………………… 128

论拉德布鲁赫的相对主义法律思想 ……………………………… 142

从比较法到共同法

　　——现今比较法学者的社会职责和历史使命 ……………… 172

比较法学与世界法律文化 ………………………………………… 186

比较法·共同法·世界主义 ……………………………………… 193

比较法学与当代中国法制之命运 ………………………………… 209

从中西法律文化的冲突与交融看澳门法律制度的未来 ………… 231

实践基本法　铸造澳门精神 ································· 248

论大陆法传统

　　——及其与大陆、台湾地区和澳门法制的关系 ······· 254

略论罗马万民法产生的历史条件和思想渊源 ·········· 276

罗马法对法国法的影响 ······························· 287

周枏先生《罗马法原论》札记 ························· 299

澳门回归

　　——一个文化世纪的序曲 ························· 313

澳门香港法律过渡问题的同异及其相应政策 ·········· 318

中国内地法制对澳门地区法制的借鉴

　　——多元法律制度下的法律发展途径 ············· 331

按"一国两制"原则建设澳门法制的必然性和可行性 ····· 342

"一国两制"原则下澳门法律制度面临的挑战 ·········· 352

澳门本土法学与本土法律者 ··························· 361

粤港澳大湾区建设与澳门未来发展 ··················· 369

下篇　民商法

略论公害的民事责任 ································· 383

现代侵权行为法归责原则探索 ························· 389

论侵权行为归责原则的两元制定式

　　——从罗马法到现代法的历史考察 ··············· 399

推定过失的比较观 ································· 427

关于"公平"归责原则的思考 ························· 436

论"民事法律行为"命名的谬误 ····················· 447

意思表示分析 ······································· 454

法律交易论 ··· 473

现今中国民法典编纂借鉴德国民法典的若干思考 ······ 497

论我国现阶段城市中的相邻关系 ····················· 514

论所有权之相对性……………………………………………… 525

用益权的实质及其现实思考

　　——法律的比较研究 ………………………………… 541

用益权——解决所有权难题的一个思路 ……………………… 574

典权制度的比较研究

　　——以德国担保用益和法、意不动产质为比较考察对象 ………… 586

物权行为抽象原则的法理探源与现实斟酌 ………………… 612

物权变动原则的司法创制

　　——解析《最高人民法院关于审理商品房买卖合同纠纷案件

　　　适用法律若干问题的解释》第8、9、10条 ……………… 629

论"知假买假"的不可保护性 ………………………………… 635

上　篇
文化、法理与比较法学

中国文化和人类命运共同体[①]

2012年，习近平总书记在中国共产党十八大报告中正式提出"人类命运共同体"的口号和目标。2015年，又在联合国成立70周年系列峰会上，进一步论述了"人类命运共同体"的思想内涵。2017年12月，在中国共产党与世界政党高层对话会上，习近平总书记在主旨演讲中再次指出，人类命运共同体，顾名思义，就是每个民族、每个国家的前途命运都紧紧联系在一起。2021年，在中国共产党建党100周年庆典上，习近平总书记又一次强调了在全人类共同价值思想基础上构建人类命运共同体的目标。这充分表明，中国对于构建人类命运共同体目标明确、思路清楚、充满自信。在21世纪的今天，在中国历经近现代一百多年的各种苦难和曲折，通过社会主义建设，尤其是改革开放40多年的勇敢探索、不懈努力和艰苦奋斗，获得飞速发展和巨大成就之际，中国提出构建人类命运共同体，这无疑是一个具有历史和时代象征意义的口号，而且还向世界发出一个信号，中国将和世界各国一道去争取人类社会的美好未来。

构建人类命运共同体既已成为我们新时代的使命和目标，那么，如何实现这个目标？中国文化在未来世界文化中占有何种地位？中国文化为人类共同价值能贡献什么？构建人类命运共同体的路径是什么？中国对未来世界和人类命运的责任是什么？所有这些，都是我们必须认真思考并给出答案的重要问题。

---

① 本文是在2021年6月25日于北京师范大学法学院所作报告基础上整理而成。

一、中国文化及其在未来世界文化中的地位

21世纪，我们现在所处的世纪，是一个文化世纪。对此，许多学者都有过讨论。早在20世纪70年代，英国史学家汤因比就说过，"21世纪将是中国文化的时代"。他认为："世界统一是避免人类集体自杀的道路……在这一点上，现在世界各民族中最具有充分准备的是两千多年来培育了独特思维方式的中华民族。"① 另一方面，20世纪末美国政治学者亨廷顿在其《文明的冲突》中，曾明确提出未来世纪中西文化的冲突与竞争将成为核心问题。正因如此，他同时也提出了寻求人类共同价值的问题。

客观地讲，亨廷顿的预见或多或少地得到了印证。因为从那时以来发生的许多事实都表明，不同文化之间在不能获得相互理解和尊重时，必然会发生碰撞、冲突，这种文化的碰撞和冲突完全有可能导致战争。从人类社会发展史来看，可以说这是继领土战争、宗教战争、资源战争、经济战争之后更高层面的战争策源。或者可以预见，因文明冲突而引发的战争，将比以往的战争更加激烈和残酷，它将是人类的一次终极战争亦未可知。但是，如果世界各民族国家可以通过文化交流促进相互理解和尊重，并在此过程中寻求共同价值观念和发展目标，那么这种战争则是完全可以避免的。在这个大的时代背景下，中华文明固有的内容与特征决定了她在未来有可能发挥不可替代的作用。某种程度上或许正如汤因比所预言的："将来统一世界的大概不是西欧国家，也不是西欧化的国家，而是中国。并且正因为中国有担任这样的未来政治任务的征兆，所以今天中国在世界上才有令人惊叹的威望。"②

那么，中华文明凭什么在未来世界中引领世界文化？

----

① 〔日〕池田大作、〔英〕阿·汤因比：《展望二十一世纪：汤因比与池田大作对话录》，荀春生、朱继征、陈国梁译，国际文化出版公司1997年版，第295页。

② 同上书，第289页。

1. 文化是什么?

回答上面的问题,首先必须回到什么是文化这个元问题。对此,世界各国学者的探讨不胜枚举。我国知识界在20世纪80年代改革开放后也曾经有过热烈的讨论,答案广义狭义、多种多样。总的概括讲,文化是影响和支配人的行为方式和生活方式的认识方法和知识构成,是一种生活态度和世界观,是一种具有推动力和制动力的传统,是任何一个社会、民族和国家表明其生活态度和精神世界的知识体系和思想传统。人类的所有生产、生活方式及物质活动与产品,背后都有文化的作用。对于一个民族而言,文化是其精神的载体和标识。

2. 中国文化是什么?

如前所述,中华文明数千年,中国是一个具有四千多年文字记载的文明大国。如果说这个世界上有文明大国,那么中国肯定是其中之一,而且是最有资格、最有历史的文明大国之一。那么,什么是中国文化呢?答案众说纷纭、各有其旨。我的理解是:中国文化是以汉文化为源流和主体,儒、释、道为主要思想基础,吸纳和融合众多不同文化演进发展而形成的一个认识、观念、思想和知识系统。

在世界历史上,中国曾经有过强盛和辉煌,但也有过衰弱和屈辱。西方人过去和现在对中国一直有着许多尖锐的批评,我们国人自己过去和现在也不断自我反省,但有一点是明确无疑的,即谁也不会说中国没有文化。相反,无论是谁都必须承认中国文化源远流长、蕴含丰富。可是,为什么我们在拥有一种深厚悠久文化的情况下,却又在自身历史进程中常常有惨痛不幸的遭遇呢?可以说,中国文化的固有特点在此起了很大的作用。套用中国的一句古话,是"成也萧何、败也萧何"。

中国文化有不同的文化元素或基因,它们都有自身的生命力,彼此相通相关,最后集大成。在中国历史上,各种不同的文化渊源随着历史的发展和彼此间的竞争以及自身扬弃,最终逐步形成了中国文化的三种基因:儒、释、道。这三种文化基因某种程度上相互交错、彼此影响，并且在此基础上逐步形成了中国文化自给自足、循环更生的思想系统。它包括思想方式、生活观念和人与自然关系等多层次、多维度、多范畴的可能性选择，人们可以根据各自境况和理解领会其中一种可能性。例如，儒家是世俗的、入世的、实用的；道家则相反，是避俗的、出世的、超脱的；佛家则是讲今世与来世的，但更多是讲来世的。这些思想方式，很大程度上满足了人们对世界、社会和自身存在的认识需求。如果说中国文化有其独特的生命力、同化力和诱惑力，那么这种多元、多维度、多出口的特性是十分重要的原因。

3. 中国文化的特点

概括讲，中国文化具有以下几个方面的特征：

第一，中国文化是讲做人和人的关系的文化，不是讲做事和做事方式的文化。儒家主要讲人，讲尘世怎样做人，讲人的行为方式和社会生活方式，即人与人、人与社会的关系，是一种立名、立业、立功、立德的思想；道家主要讲自然，讲自然的无限与包容，讲人与人和人与自然的关系，讲明哲保身、出世无为，是一种立身、立命、立天、立地的思想；佛家主要讲现世与来世如何照应，如何修入来世，动与静、虚与空、生与死、善与恶的关系。钱穆曾说，中国文化之内倾，主要从理想上创造人、完成人，要使人生符于理想，有意义、有价值、有道。这样的人则必然要具有一"人格"。中国人谓之"德性"。中国传统文化最看重这些有理想与德性的人。[①] 或许正是因为如此，"在历史上，不断有走上衰运的时期，像是天下黑暗，光明不见了，但还是一样有人，一样有完人。凭这一点，中国文化能维持到今天，中国民族及其国家亦能维持到今天。我们今天要来认识中国文化，提倡中国文化，则莫如各人都从这方面下工夫"。[②]

从文化比较的角度看，东西方文化一个主要区别是：前者主要讲

---

① 钱穆：《中国历史精神》，九州出版社2016年版，第155页。
② 同上书，第166页。

做人立世，即做一个有德性、有人格的人而立于天地之间；西方文化主要讲做事立世，即做好事情而使人立于社会。晚清文化学者辜鸿铭讲到东西文明的差异时说："欧洲文明是把制作更好的机器作为自己的目的，而东洋则把教育出更好的人作为自己的目的，这就是东洋文明和西洋文明的差别。"由此出发，他进一步认为西洋文明是比物质文明还要次的机械文明，东方文明则是精神文明。[①]

东方文化的思想方向是由世到人，世人一体，即先有自然，后有人事，天地人合一。在东方文化看来，人首先是先在世界里的一个元素或组成部分。具体说，东方文化是从自然出发，最后归结于人，因此，它主要或首先是讲人的问题，讲如何在自然与人的天地中做好一个人，如何在一个已经形成的社会中找到自己的生存位置和生存方式。儒家的思想以"仁恕"为核心，《论语·颜渊》曰："克己复礼为仁。一日克己复礼，天下归仁焉。"那么什么是"仁"？孔子说，就是"爱人"。《礼记·中庸》曰："仁者，人也"；"大道之行也，天下为公。选贤与能，讲信修睦，故人不独亲其亲，不独子其子，使老有所终，壮有所用，幼有所长……"[②]由此而言，儒家思想其实从一开始就具有人本主义的倾向或基因。恰恰因为如此，孟子才说："民为贵、社稷次之，君为轻。"[③]儒家倡导的忠孝仁义，"己所不欲，勿施于人""欲遂其生，亦遂人之生，仁也"，[④]等等，都由此而发。

第二，中国文化是一种统一和谐文化，而不是对立文化。进一步说，是天与地、阴与阳、人与自然、主体与客体的和谐统一。化对立为统一是中国文化最独特的能力和特点，基于这种思想方法，又引导出民族与国家的统一、国与家的统一、整个天下的统一，等等。例如，在人与自然关系方面始终强调"天人合一"。老子说"道大，天大，地

---

① 辜鸿铭：《中国人的精神》，海南出版社1996年版，第215页。

② 《礼记·礼运》。

③ 《孟子·尽心章句下·第十四节》。

④ 戴震：《孟子字义疏证》。

大，人亦大"，宇宙间有四大而人居其一焉；① 孔子说 "知者乐水，仁者乐山"；② 庄子说 "天地与我并生，而万物与我为一"。③ 亦所谓："道生一，一生二，二生三，三生万物，万物负阴而抱阳，冲气以为和。"④ 所以，"天得一以清，地得一以宁，神得一以灵，谷得一以盈，万物得一以生。"⑤ "天行健，君子当自强不息；地势坤，君子以厚德载物。"⑥ 所有这些，都表明中国文化始终讲统一，即使是对立面，也将其化而为一，归为和谐。

第三，中国文化是一种天下文化，是一种多元汇集、混合共生的集大成文化。从中国文化产生、形成及发展的整个过程看，她一开始就具有天下文化的根性或懵懂意识，而在其后历史发展过程中又能够兼容并蓄、多元共生，从而逐渐养成其天下文化的特性。用今天的话说，她一开始就是一种世界文化。至少，具有世界文化的根性。钱穆说："中国的文化传统可以长辉永耀在天地间。"⑦ 其重要根据之一，可能就是中国文化的这个特质。正是这个特质，又决定了中国文化是一种开放包容的文化，不是封闭排他的文化。从中国历史发展看，若没有一种包容开放的态度，不仅没有今天的中国文化，更没有今天的中国。由此而言，拒绝接受新的或异邦的文化元素，实际会背离中国文化的生命路线。在这方面，中国台湾地区文化学者许倬云的认识是有启发意义的："我个人感觉世界文化必须在混乱迷惘中寻找新生。新生代世界文化应当属于全球，也应当是许多文化的综合体。"⑧

第四，中国文化是一种义务文化，不是一种权利文化。中国文化以人为起点，有一种天然的人本主义。从孔子、孟子直到宋明理学诸

---

① 《道德经·第二十五章》。

② 《论语·雍也》。

③ 《庄子·齐物论》。

④ 《老子·道化》。

⑤ 《老子·法正》。

⑥ 《周易·象传》。

⑦ 钱穆：《中国历史精神》，第166页。

⑧ 许倬云：《中国文化与世界文化》，广西师范大学出版社2006年版，第210页。

子，都在讲人。但是，遗憾的是，这种人本主义从一开始就被限制于"天人之际"和纲常伦理之中，而中国人的"天"又不断地被思想异化为"君""王""帝"，于是，"人"本身不可避免地从讲如何"做人"，变成主要讲人的行为方式和人的关系，从而引出各层各类、相互牵制的规矩和规则。"君为臣纲、父为子纲、夫为妻纲"和"仁、义、礼、智、信"，等等，几乎从社会生活和活动的各个方面对中国人形成拘束。其结果是，人们在遵守各种规矩和规则的过程中不自觉地养成服从的习惯。最后，信天、信命、信奉天承运的天子或皇帝，服从各个层次上的上司等，都成了理所当然的事情，以至于"听话"已经成了我们这个民族的雅赞。与此相应，孔夫子"民可使由之，不可使知之"的训诫，直至今日都在一定程度上影响着国家的治理，而且很少被人们质疑。

第五，中国文化是一种农业文化，不是商业文化。所以，自给自足、自得其乐、与世无争，宁可委屈忍耐，不求冒险进取，顺乎自然，成为一种几千年来理性或明智的生活态度与状态。当然，这种农业文化也带来了另一个唯有中国文化才有的乡土文化特点，即家乡、思乡、乡愁和同乡的观念与情怀至今深深存在于中国人的思想和感情世界中，从而形成一种强大的凝聚力和向心力。"老乡见老乡，两眼泪汪汪""树高千丈、落叶归根"，即使在今天也是一种萦绕于中国人精神世界甜美却苦涩的情怀。

4. 中国文化的得失

（1）中国文化的得。它主要表现在以下三个方面：

第一，"天人合一"世界观下对人与自然关系的认识。"天人合一"观念是中国统一文化特点的最集中体现，甚至可以说是其精髓。古老中国文化观念中，"天"就是自然，自然与天同一，而"天人合一"就意味着人与自然的一体。可以非常肯定地说，中国文化的这个根性或特点，决定了她在世界文化或人类文明中的地位。人与自然的统一和谐，亦即"天人合一"的思想内涵，既是中国文化的起点，也是中国文化的制高点，它独特地表明了中国人对人与自然关系的认识，体现了中国人对自然的重视、依赖直至敬畏，这是其他文化不具有的。人类文明发展到今天，恰恰是中国文化这种对自然的态度，成为一种对人类未来命运影响深远的价值观念。"绿水青山就是金山银山"的口号，其实正是这种价值观念的一种朴素表达。对于中国文化的这一独到之处，英国史学家汤因比曾高度赞扬说："人类本来是怀着敬畏之心看待自己的环境的，应该说这才是健全的精神状态。"[①]然而，他认为，这种精神状态却在西方文化那里遭到了破坏。对此，日本文化学者池田大作亦持赞同态度："现代的科学文明是以对立关系处理人与自然界的，它的出发点是为了人的利益要去征服利用自然，可以说科学正是以这种思想为基础和原动力而发达起来的吧。我觉得这是使现代的自然和人类的关系崩溃的一个原因。"[②]总之，西方文化在处理人与自然关系时，一开始就是对立的，即使它们也逐步认识到自然与人类命运攸关，但从来没有像中国文化这样将其上升为一种世界观。即使是在早期希腊罗马时期的斯多葛学派，虽然提倡按照自然而生活，但后来也没有发展成一个知识系统。对此，法国学者莫兰（Edgar Morin）曾有深刻的批评："整个西方侧重发展文明的物质和技术方面，却没能足够培养，乃至忽略了心灵及人与自身和与他人关系等内向探索因素。"[③]就此而言，中国文化自始是独具优势、境界高远的。当代中国哲学家贺麟在谈到中国文化中人与自然的关系时，认为二者是主客体关系，这种关系的发展有三个阶段，第三个阶段就是主客合一。"这种合一，可以说是人类对于自然的精神征服，以别于物质的征服，也可以说是人类的精神将自然提高升华后所达到的境界。"[④]不言而喻，在这一点上，中国文化不仅仅区别于西方文化，而且还优于西方文化。

第二，具有包容开放、多元共生的天下观。"天下观念"对中国文

————————

　　① 〔日〕池田大作、〔英〕阿·汤因比：《展望二十一世纪：汤因比与池田大作对话录》，第32页。

　　② 同上。

　　③ 沈大力：《埃德加·莫兰敲响西方文明的警钟》，载乐黛云主编：《跨文化对话》，第25辑，江苏人民出版社2009年版，第72页。

　　④ 贺麟：《文化与人生》，商务印书馆1988年版，第122页。

化来说是一个亦得亦失的观念，它本是与"天人合一"观念相通相成的观念，使中国很早就有了一个可以因时代而赋予其不同内容的天下观或大一统观，并在中国两千多年的历史进程中，给中国人以不断思考、逐步充实，最终产生了天下大同的理想和理念。对此，汤一介曾说："中国传统思想文化中理想主义的色彩非常浓厚，孔子就是一个理想主义者，他希望有一个'天下有道'的社会，追求着'导之有德，齐之有礼'的理想政治。后来儒家把它发展成一套'大同世界'的理想，并且要求通过在现实社会中的实践，即'修身、齐家、治国、平天下'来实现这一理想。"①正是在这天下归一、天下大同的价值观念下，更孕育了包容开放的大度与气量，从而促成了多元文化共生的现实文化构成。在这种文化构成中，世界主义显然原本就是中国文化的根性。汤因比认为中国未来之所以能够作为全世界统一的主轴，是因为："在漫长的中国历史长河中，中华民族逐步培育起来的世界精神。"②甚至非常直接地说："将来统一世界的大概不是西欧国家，也不是西欧化的国家，而是中国。并且正因为中国有担任这样的未来政治任务的征兆，所以今天中国在世界上才有令人惊叹的威望。"③清末康有为著有《大同书》，绝非没有文化背景的突发奇想。他的弟子、民初思想家梁启超更是呼吁建立一个世界主义的国家。许倬云说："如果大家要建构一个'天下模式'的世界秩序，中国曾经尝试数千年的经验，无论成败、得失，应该都有值得参考之处。"④其实，这正是法国学者莫兰所说的："人类一致中包括个人与文化的多样性，而多样性构成一致。人类的复杂性在于，差异里有一致，一致中也有差异。"⑤而中国文化固有的包容开放、多元共生的特性，其实也体现着一种人类共同价值。在《世界文化多样性宣

---

① 汤一介：《中国传统文化中的儒释道》，中国和平出版社1988年版，第267页。

② 〔日〕池田大作、〔英〕阿·汤因比：《展望二十一世纪：汤因比与池田大作对话录》，第287页。

③ 同上书，第289页及以下。

④ 许倬云：《说中国》，广西师范大学出版社2015年版，第4页。

⑤ 沈大力：《埃德加·莫兰敲响西方文明的警钟》，载乐黛云主编：《跨文化对话》，第25辑，第77页。

言》中，这种价值已然被视为"人类共同遗产"，保护文化多样性已经成为一种人类共同的伦理道德，"保护文化多样性与尊重个人尊严紧密相连"。[①]

第三，追求和谐中庸、主张和而不同。孔子晚年强调："礼之用，和为贵，先王之道，斯为美，小大由之，有所不行，知和而知，不以礼节之，亦不可行也。"[②]几千年来，这种"和为贵"思想始终是中国文化中的一个重要价值取向，它直接影响了中国人对人与人之间、国与国之间、民族与民族之间、文化与文化之间关系的理解和处理，"君子和而不同，小人同而不和"[③]更深刻地阐明了这一观念的思想内涵。在当今世界，这种和谐平衡的发展观尤其显得重要，是一种应该大力宣扬的普遍价值。有学者对此高度评价："和谐是能够保证冲突最小化且合作最大化的最优策略，一个制度越有利于形成和谐关系就越好，否则是坏的。"[④]

"和为贵"的思想观念反映了中国文化是一种和平文化，或至少是倾向和平的文化。虽然中国历史上战争不断，但中国文化中对于战争从开始就持否定态度。以兵论道的老子说："夫兵者，不祥之器，物或恶之，故有道者不处。……兵者不祥之器，非君子之器，不得已而用之。恬淡为上，胜而不美。而美之者，是乐杀人，夫乐杀人者，则不可以得志于天下矣。"[⑤]正因如此，老子主张："以道佐人主者，不以兵强天下。"若以兵强天下，则最终结局一定不好。其实，这也是为世界历史所证明的大道理。

（2）中国文化的失。主要表现在以下三个方面：

第一，天下观念及其现实演绎。天下观念本是与"天人合一"观

---

①　联合国教科文组织文化政策与跨文化对话司司长卡特瑞纳斯泰诺（Katérina Stenou）在中国哈佛－燕京学者2003年北京年会暨国际学术研讨会上的书面讲话。载关世杰主编：《世界文化的东亚视角》，北京大学出版社2004年版，第5页。

②　《论语·学而》。

③　《论语·子路》。

④　赵汀阳：《民主的最小伤害原则和最大兼容原则》，载乐黛云主编：《跨文化对话》，第25辑，第6页。

⑤　《道德经·第三十一章》。

念相通相成的，但在实际历史发展过程中，它却演绎出一种"普天之下，莫非王土；率土之滨，莫非王臣"的思想内涵。即使从周朝开始算，这种思想也影响了中国三千多年。东汉时期董仲舒"罢黜百家、独尊儒术"的主张及"天人感应"之说，更促成了天下观念转换成为统治者奉天之命、承运大统的思想工具。在此思想基础上，历史上首先有了我们大一统的秦帝国、后来又有了汉、唐、明、宋和清帝国，这种帝国的存在和维系，不可避免地要以高度中央集权为条件。辛亥革命之后，虽然帝国不复存在，但是，我们的文化传统还在，大一统观念还在。中华人民共和国建立之后，大一统观念更是深入人心、鼓舞民心。然而，某种程度上，大一统和中央集权是你中有我、我中有你的连体巨人，至少是孪生兄弟。所以，大一统既是我们中国人的荣耀和骄傲，但同时也要求我们必须为之承担中央集权的重负。换句话说，在相当长的历史时期内，中央集权的国家治理体制都将是我们要面对的现实。尤其是，在民族和国家、大一统和国家等同起来时，爱国和遵从中央集权就成为对每个中国国民的必然要求。于是，中华民族的发展史，两千多年来文化、疆域、国度大一统的历史进程，自然而然地孕育出一种十分强烈的民族国家情怀。事实上，在这种民族国家情怀、国家子民一体的文化背景下，一统越持久广阔，民族国家情怀就越强烈。中国历史上的民族战争，特别是近代以来中国在争取和保护民族国家独立过程中所遭遇的困难、痛苦和牺牲，更是自然而然地强化中国人的民族情感与情绪。正因如此，在中国，民族主义热情是极容易发动的。在特定历史背景下，这种民族主义情怀既有令人骄傲的一面，也有使人面对危险的一面，甚至成为影响国家治理的一种因素。

对于中国文化的这一特征，许多有识之士从不同角度均有认识。20世纪早期的思想家梁启超就认为，建立一种世界主义的国家才是爱国。他说："国是要爱的，不能拿顽固偏狭的旧思想当是爱国。因为今世国家，不是这样能够发达出来。我们的爱国，一面不能知有国家不知有个人，一面不能知有国家不知有世界。我们是要托庇在这国家底下，将国内各个人的天赋能力尽量发挥，向世界人类全体文明大大的有所贡献。

将来各国的趋势，都是如此，我们提倡这（世界）主义的作用，也是如此。"①历史学家钱穆则更积极地说："在西方发展出'个人主义''宗教信仰'与'科学精神'。把个人世界与上帝世界（亦称精神世界）、自然世界相对立。所以，家庭、国家都摆在第二位。中国是个人、家庭、国家到世界一以贯之，是一个人类文化精神的发扬，人类道德精神的实践。"②

第二，人的关系和人的行为观念。这些观念给人们设定了许多并非法律层面的规范、限制和拘束，最终演变成中国人听命服从、恪守义务、怠于创造的文化氛围。在此情况下，人们较少讲权利，更多强调义务；或者是一讲权利，便忘记了义务。所以，各种类型的服从在中国是有深刻文化根源的。对此，文化学者汤一介评价中国历史上的人本主义思想时曾指出："从孔子起，非常重视人在天地间的作用。'人能弘道，道不弘人'，孟子的'书性知天'，《易经》讲天地人三才等，都十分强调人的义务和责任，而不大讲人的权利和独立人格。因此，中国人本主义讲人都是限制在'五伦关系'中讲的。"③正是因为有这样的文化观念，许多情况下，中国人的服从逐渐演变成一种明哲保身的智慧。

第三，中国文化中的农业文化惯性。中国文化的渊源或特征之一是农业文化。这种文化是人们逐步养成自给自足的观念和习惯，进而小富即安，不想去竞争发展。因此，历史上历朝历代，中国人，至少是农民，只要有饭吃，就不会考虑太多别的东西，许多中国人心目中最大的权利，且使用最多的权利就是要有饭吃。没饭吃，就造反；有饭吃，则好死不如赖活着。不仅如此，这种农业文化所养成的心态进入到商业活动，就很容易转化为缺乏道德和规则约束的、极端的实用主义。

以上所述中国文化的得与失，决定了当中国置身于世界或一个新的

---

① 梁启超：《欧游心影录》，商务印书馆2014年版，第31页。
② 钱穆：《中国历史精神》，第30页。
③ 汤一介：《中国传统文化中的儒释道》，第280页。

时代时，自身必须面对的一系列问题和矛盾。一个好的出发点，可能是理性的选择，却因人的本性、物性而扭曲和变形，进而发生迷茫、困惑和偏激，最终注定必须在矛盾和对立统一中寻求出路。得此失彼、有得有失、反反复复、曲折坎坷，这也许就是中国文化给中国带来的宿命。

二、人类命运共同体的构建

1. 人类命运共同体的存在与实在

"人类命运共同体"是一个不言而喻的客观事实或必然规律，无论是否意识到或承认，它都是必然发生的、不可改变的。人类同属地球生命物、都是地球村村民这个事实本身，已然注定了人类命运是共同的。构成我们生活条件与环境的所有因素，无论是自然的还是人为的，都必定直接或间接地影响整个人类命运，不会因东方和西方区别，不会因亚洲、欧洲、非洲和拉丁美洲等而有异。举其大端如：生态环境和气候变化，自然灾害与灾难；生命和生产资源日趋消耗和匮乏，经济商业活动的彼此盘根错节与深度渗透，人类各种活动彼此依赖、密切不可分离且不可逆转，周期性瘟疫流行，不同规模和各种形态的战争；科学技术，如人工智能、生物工程、互联网等在给人类带来发展进步的同时也构成对人类的禁锢和反制，特别是潜伏下了对人类未来命运的未知危险。总之，人类命运共同体是一个无可争辩的实际状态，一个实在，一个终极意义上的自然规律，是人类的宿命。

从自然史上看，人类和一个有生命的个人一样，必然走向消亡，时间早晚而已，这是个必然法则。其实，"命运"本身就意味着一种不可避免的结局。作为人类的一分子，我们能做到的只是尽可能使人类生命更长久些。所以，从阶段性上讲，人类确实可以寻求改变自己"命运"。"人类命运共同体"的构建，就是要在认识到人类共同宿命的前提下，寻求建立一种全球性的行为规则与秩序，并以此为人类争取一个更好的命运或结局。这是尊重自然法则但又超越自然法则的人类活动。[①]

　　提出构建人类命运共同体的命题或目标，不去阐明什么是人类命运共同体，怎么去实现人类命运共同体，那么它就很可能成为一个鼓舞人心的口号，最多也是一个天下大同的老生常谈而已。所以，认识这种必然规律，并在此前提下寻求所有命运相关成员的共识，共同自觉地把握人类未来，才能使之具有真实意义。

2.人类命运共同体的实质

　　人类思想史上，对人类命运的关怀和认识始终是一个重要的论题，有关讨论从没有中断过，构建人类命运共同体亦非全新立论。但是，它的确是在一个特殊的历史时期，由中国人提出的一个放眼世界的大目标。具体说，这是一个涉及所有民族和国家的人类事业。

　　"人类命运共同体"从本质上讲，首先就是"人类利益共同体"，这种利益是整个人类的最高利益，决定人类命运的大利大益，尽管它完全可能或者必然对人类个别成员的利益形成限制。毫无疑问，这种大利益只能通过沟通、协商和共识才能获取。其保障，就是建立一个人类共同确认接受的人类活动规则和秩序。所以，为着人类共同的利益目标建立一种所有民族国家都接受的世界秩序，这是人类命运共同体的实质。

3.构建人类命运共同体的路径

　　从迄今为止的世界发展史看，它无外乎两种路径：一是通过力量形成，一是通过人类共同价值和人类德性形成。康德晚年所著《论永久和平》（1795）提出的普遍正义，其实就是以人类共同价值为基础的正义观。在此普遍正义的思想基础上，美国学者罗尔斯又提出了"万民社会"的"万民法"观念。[②] 而这种"万民法"基础上建立的"万民社

---

　　① 此处问题可参见米健：《从比较法到共同法——现今比较法学者的社会职责和历史使命》，载《比较法研究》2000年第3期。

　　② 有关内容见〔美〕罗尔斯：《万民法》，陈肖生译，吉林人民出版社2003年版。关于万民法起源，可参见米健：《略论罗马万民法产生的历史条件和思想渊源》，载《厦门大学学报》1984年第6期。

会"，用20世纪末法国思想家埃德加·莫兰的话说，就是一个"社会世界"。他认为，构建共同体只能有两个可能，一个是社会世界，一个是帝国世界。凭借力量形成的共同体必定是"帝国世界"，而通过"价值观念"形成的共同体则是"社会世界"。①

在人类历史上，"帝国世界"在人类史上曾多次发生过，但都不可能长久；"社会世界"迄今尚未形成。历史的经验告诉我们，通过价值观念形成的共同体，才有可能长久存续，例如社会主义共同体和资本主义共同体。不同的是，我们现在要做的是超越主义、超越民族、超越意识形态的人类共同体。因此，我们只能通过沟通、协商和共识，通过整个人类社会认可的"共同价值"和"人类德性"，才能走向人类命运共同体。换言之，这个共同体的构建一定要在人类社会全体成员达成共识和认可的前提下才能够进行。

基于这个道理，可知在人类命运共同体的构建中，力量不是决定性的因素。某个民族或国家凭借力量或实力建立的"共同体"，只能是"联盟""盟邦"或其最高形态"帝国"，这个帝国可能是宗教的、军事的或经济的，某种程度上也可能是"文化的"，但它们一旦失去"力量"的支撑，很快就会分崩离析。相反，基于价值观念或人类德性建立的共同体，则有可能是全人类的、稳定的、持久的。那种以为凭借力量就可引领世界发展的论调是戏谑的、不负责任的。个中道理中国古人早已经讲得很清楚。孔子说："德不孤，必有邻。"②老子更是直接说："以道佐人者，不以兵强天下。"③东汉名吏鲁恭也循此说了同样的道理："以德胜人者昌，以力胜人者亡。"④人类历史上，罗马帝国、奥斯曼帝国、波斯帝国、葡萄牙帝国、西班牙帝国、法兰西帝国、大英帝国、第三帝国，甚至近代以来的美国，虽然都曾凭借力量横行一时、不可一世，但终究不能长久，都会被历史淘汰。对此，当

---

① 关世杰主编：《世界文化的东亚视角》，第34页及以下。
② 《论语·里仁》。
③ 《道德经》。
④ 《后汉书·鲁恭传》。

代德国思想家拉德布鲁赫曾非常尖锐地批评说："战争最深层的无意义性恰恰就是以力量的手段来决定其民族特征的影响和扩张……如同人的个性一样，民族如果只是追求其自身目的，那么这个民族就必然会从一种失去目标的意志发展到寻求某种力量。可是这种力量同人的个性一样，最终将民族性完全撕裂。"①

　　总之，人类命运共同体不可能单单凭借力量和经济实力构建，想以力量来建立人类命运共同体最终必然导致战争。其结局，不是一个在历史上昙花一现的帝国，就是使人类再一次陷入巨大灾难。事实上，这样的历史剧目在人类历史上已经上演过很多次。何况，人类社会进入21世纪，建立帝国世界已经完全没有基础。毫无疑问，中国目前提出的构建"人类命运共同体"，完全不是这样的帝国梦想。

4. 人类共同价值是构建人类命运共同体的世界观基础

　　既然人类命运共同体必然要通过沟通、协商和共识来逐步确认和构建，那么，就不可避免地回到观念和文化这个根本性问题上。因为，沟通、协商和共识的基础是观念与文化。质言之，一定要有一个世界观基础。所以，构建人类命运共同体的前提条件是价值观念——整个人类都认可和接受的价值观念，它放之四海而皆准，这就是人类共同价值。任何共同体，必须有一个共同的价值和目标。否则，构建和维系共同体就无从谈起。②

5. 什么是人类共同价值？

　　人类命运共同体构建必须以人类共同价值为基础，那么，究竟什么才是人类共同价值？这个价值就是从人类社会所有文明或文化中提取的、用之人类而皆准的价值。从根本上讲，这个价值是人类共同本性所决定的。德国哲学家卡西尔认为："如果'人性'这个词意味着任何什

---

① 〔德〕拉德布鲁赫：《社会主义文化论》，米健译，法律出版社2006年版，第9页。
② 有关问题可参见米健：《比较法·共同法·世界主义》，载《比较法学研究》2011年第1期。

么东西的话，那么它就是意味着，尽管在它的各种形式中存在着一切的差别和独立，然而这些形式都是在向着一个共同目标而努力。从长远的观点看，一定能发现一个突出的特征，一个普遍的特性——在这种特性和特征之中，所有的形式全部都相互一致而和谐起来。"①

循此思路而言，可以说人类共同价值就是人类共性的发现和体现。是整个人类文明，包括所有民族和国家都承认的"文明最大公约数"。当然，在迄今为止的思考和讨论中，所谓"文明最大公约数"更多是在西方话语的概念下展开的，因而得出的结论是不科学的、片面的，因为它缺失了极为重要的一个方面，即人与自然关系的价值观念，以及以中国文化为代表的德性文化价值观。总体上说，西方话语中的价值加上东方文明的价值，就是人类共同价值的基本构成。概括地讲，它包括这样一些观念或价值：人与自然和谐统一的"天人合一"和"万物一体"观念，多元共生、和而不同，人的生命至上，人的尊严、自由和平等，民主和体现天下为公的民本思想，诚实信用，推己于人，己所不欲勿施于人，等等。这些"文明最大公约数"是人类出于人的本性，在经历了人类几千年发展史、各种战争、灾难和探索，在文明进化过程中逐步形成，且很大程度上被人类社会普遍接受的价值。构建人类命运共同体，不可能离开这些"文明最大公约数"，看不到这点，必然难以实现习近平总书记提出的时代召唤；看不到这点，这个时代召唤很可能就会沦为空谈。

6. 引领人类命运共同体构建必须要有对全人类的号召力

如前所述，中国要想真正实现崛起，要想顺利走向世界，要想引领世界潮流，要想推动构建人类命运共同体，那么就必须使这个口号具有世界范围内的号召力。这种普遍号召力，完全不以国力或经济实力为基础，而是要有能够使天下归心、四海服膺的文化魅力和价值指引。和治理国家得人心者得天下的道理一样，构建"人类命运共同体"同样

---

① 〔德〕恩斯特·卡西尔：《人论》，甘阳译，上海译文出版社1985年版，第90页。

也是"得道多助，失道寡助"，所谓"德不孤，必有邻"其实正是一个中国文化智慧的提示。习近平总书记在2021年中国共产党建党100周年庆典上再次重申构建人类命运共同体的宏大目标，并且明确提出了人类共同价值的思想观念。这种将人类共同价值作为构建人类命运共同体思想基础的指引，必然会在世界范围内产生普遍的号召力、凝聚力和整合力，从而使我们更高地擎起构建"人类命运共同体"的大旗。

7.中华文明对世界文明的责任

应该指出的是，明确、维护和实现人类共同价值，完全不涉及制度和国体的观念基础。我们只是以此表明，中国和人类社会其他文化、民族和国家一样，接受和坚持"人类文明的最大公约数"。在此前提下，与各个民族、国家共同构建人类命运共同体。况且，这本身就是中国文化根性的体现和价值取向，甚至是如梁启超所说的，这是"中国人对于世界文明之大责任"。他说："一个人不是把自己的国家弄到富强便了，却是要叫自己国家有功于人类全体。不然，这个国家便算白设了。明白这道理，自然知道我们的国家，有个绝大责任横在前途。什么责任呢？是拿西洋的文明，来扩充我的文明，又拿我的文明去补助西洋的文明，叫他化合起来成一种新的文明。""我们人数居全世界人口四分之一，我们对于人类全体的幸福，该负四分之一的责任。不尽这责任，就是对不起祖宗，对不起同时的人类，其实是对不起自己。"①

在此基础上，我们还应该让人类社会清晰完整地接收到中国发出的信息：中国文化具有世界文化的元素，中国文化观念作为人类共同价值对世界文化的意义与贡献，中国的发展与人类命运共同体的构建可以形成共振。世界好，中国才能好；中国好，世界就更好……"天人合一""以和邦国""和而不同""和为贵""己所不欲，勿施于人"，所有这些，都是中国文化中可为世界文化汲取的文化元素或人类共同价值。其实，这就是中国文化之德性所在，是"以德胜人者昌"的资本。让中

---

① 梁启超：《欧游心影录》，第49—51页及以下。

国之德性文化作为人类共同价值为世人所接受，如此，中国文化在未来世界文化中就必然占有一席之地，并在人类命运共同体的构建进程中发挥更大、更独特的作用。总而言之，未来人类社会和世界文化的发展，"德性为本，智性为用"才是正道。如果中国文化中对"自然的尊重"和西方文化中的"人的尊严"两种价值合成的知识体系，那么，人类命运共同体的构建就有了最核心的人类共同价值基础，这也将带来人类文明的一大跃进。

结语

综上所述，可以概括认为，大国崛起或者民族复兴必须要有文化的诠释与支撑。中国文化的内涵与特征决定了她过去和未来都必然在世界文化中占有重要一席，中国文化中所孕育和体现的价值观念，当然构成人类文明共同价值的一个重要部分。中国文化有其他文化不具备的长处，但也有需要补充的短板，取他人之长补自己之短，维护和保持本身精华，是中国文化走向世界的必由之路。

必须指出的是，西方文明以追求无限发展和经济繁荣来支撑和实现其强大和霸主地位的价值观念，必然把人类更快地引向灭亡。未来人类的前途或命运很大程度上取决于中西文化是否能够有机结合，真正实现有限发展、平衡发展、和平发展。

最后，我们或许可以拉德布鲁赫的观点作为结束语。他说："社会主义和和平主义具有同样的基础和精神。""文化使命的本身具有国际的特征，作为文化的使命，不存在任何特别的德国的真理、美丽和伦理……如同个性一样，民族性也属于那些只有在人们不去刻意追求时才会获得的价值——以至于通过忘我牺牲才会获得的价值。"① 为了强调这一观点，他大为称赞19世纪德国文豪歌德，认为歌德所追求的并不是一个朦胧渺茫的国际主义文化，而是诸多个别民族作为人类竖琴上振

---

① 〔德〕拉德布鲁赫：《社会主义文化论》，米健译，第51页。

荡着的琴弦一起合奏出来的国际主义文化之声。歌德之所以能够作为德意志的精粹与光荣而属于整个人类，是因为他有这样的胸怀：

> 如果人们能够设身处地了解个别人类和个别民族群体的特别所在，而且确立这样一种信念，即真正的伟大功勋是因为它属于全人类而被授予的，那么一种真实而普遍的宽容就将最有可能实现。[①]

---

① 〔德〕拉德布鲁赫：《社会主义文化论》，米健译，第134页。

信仰 敬畏 向善

——拉德布鲁赫《社会主义文化论》修订札记①

一、此书的背景及其对我们的意义

如果说思想者就是能够以其睿智和思想启迪社会和人生的人，那么我认为拉德布鲁赫就是一个离我们最近的一个思想者。当然，如果说不同的人从不同的角度去判断会举出完全不同的、可能更多的思想者，那么我就说拉德布鲁赫是离我个人最近的思想者。我们生长的社会与时代，决定了我们很自然地成为一名社会主义的信奉者。坦白讲，虽然坚定未移，但也不是没有过一刻困惑和沉思。所以，当我在书的海洋中发现拉德布鲁赫《社会主义文化论》这个漂流瓶时，真的十分惊喜。

这本名为《社会主义文化论》的著作，实际上是站在社会主义世界观立场，讨论因社会主义而发，与社会主义相关的诸多重要问题。虽然作者在此书中阐发的大部分思想观点是基于二十世纪二三十年代德国的社会历史背景，从时间上讲似乎已经有些远了，但从科学和政治理论上讲，对我们仍然有启发、点拨的意义。当年德国社会政治生活所遭遇的问题和展开的讨论，不少都是我们今天正面临的。因此，当我们阅读拉氏这部著作时，很容易获得思想上的共振和方法上的启示，甚至会觉得拉德布鲁赫所阐释的立场观点似乎就是为了帮助我们今天的社会主义

① 原载《比较法研究》2021年第5期。

建设和对百年以来社会主义实践的反思。尤其应该指出的是，本部译作所依版本是拉德布鲁赫生前最后定稿的，是他在经过第二次世界大战的人间惨剧，纳粹德国遭到彻底失败之后，反思战争，总结历史教训，重新思考社会主义乃至整个人类社会未来情况下落墨的成果。因此可以说，这部著作虽然主题是社会主义，但其思想背景却广阔得多，是对人性、人类社会、历史及其未来发展的反思与探讨。

总的来说，此书是作者以社会主义为起点，以近似宗教般的虔诚和向善之心致力于探讨一种人生观、世界观和社会理想。对此，只要读者稍微用心，肯定会有意想不到的领悟。在这部篇幅不大的著作中，拉德布鲁赫所阐释的内容涉及了现代社会生活中政治思想与意识形态的一些基本问题。包括：经济与意识形态之间的关系、社会主义共同体思想具有的基本内涵、社会主义的文化观念、社会主义与当代思想潮流、社会主义国家和革命的任务、民主政治的本质及其运行、民族国家与民主政治、法权及其对于人民国家的意义、宗教的本质及其与社会主义的关联，等等。而所有这些问题，其实正是我们今天或许有思考，或许还没有思考，但却是我们必须面对的问题。阅读这部著作，我们可能会对许多以前不甚明了的问题获得进一步的了解和认识，对有些困惑已久的问题豁然开朗。对于信仰社会主义的人来说，对于声称自己是社会主义者的人来说，对于勇于对自己信仰负责的人来说，对于忠实于自己的信仰而且要用毕生精力去实现其信仰的人来说，阅读这本书具有很现实的意义。

二、关于信仰及其精神本源

在私人事务活动中，在个人与个人的交往关系中，在私法秩序保护的社会关系中，每个人都要为自己的意志负责，即为支配自己个人行为的意思和判断负责，这是私法秩序最起码、最一般的要求。在公共事务活动中，在个人与社会的紧张关系中，在公法秩序保护的社会关系中，每个人都必须要为自己的信仰，即左右自己社会行为的观念和选择负责，这是公法秩序最基本、最实质的要求。当然，私人事务活动中的个人意志往往也受信仰的左右，而信仰有时也会受到意志的影响。不过，归根到底，信仰是人的社会存在最根本、最高层次的精神元素。无论一个人是否有意识或承认他有信仰，其内心深处实际上都不可避免地有一个类似信仰、接近信仰或等同信仰的确认。这可能是迷信、是宗教、是理想、是敬畏，也有可能是痴想和狂妄，所有这些形式其实都表明着不同层面的生活样式和境界。人与人的不同，清雅或卑俗，高贵与低贱，善良与邪恶，其实不在于金钱的多少，不在于对物质的把握与挥洒，而在于精神的有无，在于对信仰的选择与追求。即使是拉德布鲁赫本人这个无神论者，实际也是以其生命方式和精神思想实践完成着其"无信仰的信仰"。总之，信仰决定生活，信仰决定品位，信仰决定境界。我既不是有神论者，也不是信仰论者，但我却是一个信仰的崇尚者甚或主张者。我相信，宇宙之间、天穹之下，总有那么一种洞察一切的目光和一种不可抗拒的力量，观察、安排和主宰着这人世间的生活。所以，我虽是一个无神论者，但我却越来越有一种产生于内心深处的生命与生活敬畏。这种敬畏可能源于我自己的内心和本性，但更多的是来自于古老中国文化中的"天人合一""人法地，地法天，天法道，道法自然"理念的启示，来自于我对中国文化中的古训："己所不欲、勿施于人""推己于人"的服膺，来自于我对古希腊罗马"正直生活，不害他人，各得其所"和"按自然生活"理念的领悟，来自于我对冥冥之中、苍穹之下必有人间正道和正义的感觉。随着人生阅历的增加和对世事社会的参悟，我越来越相信：有敬畏之心者方有信仰，而凡向善之人必有敬畏之心，无敬畏之心者难以言善。敬畏表明着一个人精神活动的底线，无底线者无善可言。总之，我信仰，因我敬畏；我敬畏，因我向善，向善乃人之本性的一种倾向。其实，这也是我从《社会主义文化论》这本虽然世俗和现实，但却充盈着向善之心与情的著述中所得到的领悟。

　　既然信仰决定一切，那么信仰是什么？如果说信仰是一种内心确认，那么我们内心确认了什么？进一步说，我们是否知道自己内心确认的到底是什么吗？我最初之所以选择翻译拉德布鲁赫的《社会主义文化论》，主要原因就在于此。很长时间以来，我一直思考着这样一个问题：我们声称自己是社会主义者，正在努力实践和建设社会主义，但究竟什么是社会主义？我们这一代人是所谓"生在新中国，长在红旗下"的一代，依偎和成长在革命先辈们打造的社会主义江山之中，接过了革命的红旗，继续高唱着社会主义的颂歌，进行着社会主义建设，然而我们当中究竟有多少人真正了解社会主义？社会主义仅仅是一种实现国家统治的口号或手段，还是一种科学的世界观理论？我认为，或许正是因为对社会主义一知半解，将社会主义这种科学世界观工具化，才使得许多人在时代变迁、世事动荡的情况下对社会主义产生迷惘乃至迷失。要想解决这个问题，就必须重新回到起点，回到信仰的实质内容上。如同前面所说，每个人都应该对自己的信仰负责；对信仰负责，就是对社会负责；对社会负责，就是对自己负责。因为我们所有人都只能在社会的状态下实现自我，没有社会就没有自我，绝对孤立的自我永远不会实现。所以，要想不迷失，要想实现自我，就必须要有信仰，就要知道自己在信仰什么。我们既然选择了信仰社会主义，那么就必须了解究竟什么是社会主义，就要将社会主义作为一种科学或不完全科学的世界观来认识。只有这样，才有资格说自己有信仰，才能说自己是社会主义者，才能说自己实践的是社会主义，才能在任何情况下都能坚持社会主义。

信仰是人们发自内心、完全自主的精神寄托或价值取向，它是理想的精神源泉。因此，它必然是自觉的而不是自发的，自发可能是信仰的起点，但却不能是信仰的原因。以民主政治为例来说，它只能在民众信仰的基础上建立，没有民众信仰，就没有民主政治。要确立民众信仰，就必须让民众知情、知理、觉悟。换言之，作为信仰的社会主义，必须为民众真正了解，否则就不可能有真实的民众信仰。总之，明确信仰、尊重信仰、实践信仰是我们的社会责任与历史使命。社会主义的现在和将来必须建立在信仰之上。

应该指出，我们这一代中的许多人至今都奉社会主义和共产主义为信仰。我们在社会主义旗帜下和共产主义理想的感召下做了许多事情，但我们曾经为什么总是政治运动不断？为什么每次运动都有那么广泛的民众参与？这是文化传统的惯性使然，还是信仰的力量在发生作用？如果是信仰在起作用，那么我们每个人都必须对自己这种信仰的后果负责。也就是说，这里有可能存在着一种"集体过错"，至少是"相与过错"。如果不是信仰在起作用，那是什么原因呢？谁来对这些历史的变故承担和负责呢？我们从十月革命到今天为止的社会主义进程究竟都是有信仰的自觉奋斗，还是有许多无信仰的自发斗争，甚至有某些不明不白地被引导的政治斗争或权力斗争呢？我们在此不妨提出一个严肃的问题，即自从十月革命一声炮响给我们送来了马克思主义以来，除了马克思、恩格斯的《共产党宣言》，马克思的《资本论》，恩格斯的《家庭、私有制和国家的起源》和《路德维希·费尔巴哈和德国古典哲学的终结》以及列宁的《国家与革命》及其他有关论著之外，我们对于"社会主义"这个本来也非中国原产地的思想方法或世界观还有什么了解？我们对马克思、恩格斯以及列宁以来社会主义理论的发展知道多少？我们是否真的了解毛泽东思想、邓小平理论等与经典社会主义理论之间必然或不必然的联系？我或许可以冒昧地坦言，在当今中国，真正认识和懂得社会主义的人可能并不如我们想象和宣扬得那么多。

三、社会主义理论的若干基本问题

1.社会主义的本质及源流

既然我们把社会主义奉为自己的信仰和行动目标，那么究竟什么是社会主义？按照马克思主义的理论学说，社会主义作为资本主义制度的对立面，是一种以社会生产生活资料公有为基础的社会制度，它通过生产生活资料的集中控制、计划发展、整体配置，机会平等，促进每个社会成员的充分发展，实现全体社会成员的共同富裕。用逻辑的观点看，这是一个从一般到个别的社会发展路径或模式，与资本主义制度从个别到一般的发展路径或模式恰恰形成反面对比。不过，虽然拉德布鲁赫的这部著作把社会主义理论作为主题，但是并没有直接对社会主义下一个定义，而是围绕社会主义所关联的问题展开讨论。这也许是因为这部书并非一本基本理论的教科书，而是一部具有哲学思考特点的政论文集，因此已超越了对社会主义本身下定义的范围。即使如此，如果我们多少了解或听闻到一些社会主义基础知识，那么就会发现现今既有的许多有关社会主义的定义或解说是十分肤浅和混乱的，社会主义的实质、目标、任务与路径常常混为一谈。如前所述，十月革命一声炮响给我们送来了马克思主义以后，世界上有关社会主义的理论深化与实践发展其实远远未被我们了解和掌握。

拉德布鲁赫虽然没有在这部书中直接明确地对社会主义的本质和来源作出定义，但他在探讨社会主义与宗教的关系时，很大程度上涉及了这个问题。除此之外，在他与同时代思想家们的一些论争中，这个问题的答案也有一定的揭示。如比利时思想家亨德里克·德·曼（Hendrik de Man）在批评唯理主义的局限性时说："社会主义不仅源自于道德信仰、法权感以及反对去人性化的生命本能的反抗的最深刻根源，还同样源自于理性对于真理认识的追求……由此可见，社会主义至少在此也像其他任何一种思潮一样产生于信仰。但是，社会主义同与之相对的思潮的区别在于，它的信仰不是奇迹信仰，而是现实信仰——一种在理性面前具有合理性的，因此又承担着真正责任的现实信仰。"（《社会主义与当代思想状况》）可以说，拉德布鲁赫至少在社会主义与道德信仰关系方面是与亨德里克·德·曼一致的，这点从他探讨社会主义与宗教关系的论述中，就可以清楚地看到。

2.社会主义与资本主义

在这部以社会主义文化理论为基本内容的著作里，马克思主义思想理论痕迹最深、最明显的，就是有关经济基础决定上层建筑，思想状况决定于经济状况的历史唯物主义立场观点。就此而言，可以说拉德布鲁赫是一个没有被标签化为马克思主义者的思想家。他关于社会主义和资本主义区别与命运的阐述，完全是马克思主义的。只不过，它使用了自己的理解和方式表述出来而已。例如，他认为，在资本主义经济秩序下，技术的进步虽然提高了生产率，但却导致了生产过剩，而生产过剩又导致了失业，而失业不仅仅意味着贫困，而且还意味着降低购买力，加大生产与购买之间的落差，从而促使新的失业，更多贫困，购买力再次下降。这种恶性循环的结果，必然导致社会的动荡。(《社会主义和当代思想状况》)如果读者了解一些马克思主义历史唯物主义的基本理论，那么，对拉德布鲁赫此处的认识和观点很可能就有似曾相识的感觉。在此基础上，他进一步指出，资本主义经济"是一种经济上的无政府主义，它引发周期性的经济震荡，这种震荡无法预测估量，就像风和天气一样不可预测和估量——这是人类的杰作，但却是挣脱了人类引导和监视的杰作！"如此一来，资本主义的灭亡就是必然的了。因为任何事物的发展都有一个规律，即当其由于自身原因使其发展陷入不可自解的恶性循环中时，那么解决问题的出路只有两个，一个是借助外力，一个是被其他选择取代。所以，他继而直接了当地说："卡尔·马克思的必然性理论令人吃惊地得到了证实。我们看到，在这种相互约束的经济中，资本主义辩证地否定着自身的原则，我们看到每一次资本主义的自我否定都转向社会主义。"(《社会主义和当代思想状况》)

拉德布鲁赫为什么对马克思的历史唯物主义赞赏认同，原因或有多个方面，需要更深入地去探讨。但在他的著作中，至少可以看一些思想轨迹。首先，在他看来，马克思的历史唯物主义教会人们从"经济利益"这个焦点上看待社会经济秩序的构成与作用。从社会学角度看，这种利益必然会成为特定观念的承载工具。其次，他认为："马克思主义的历史唯物主义最终还是作为一种理想主义的形式出现，某种程度上不是作为一种理想动机的主观理想主义，而是作为一种必胜意识的客观理想主义。"(《社会主义和当代思想状况》)而且，拉德布鲁赫本人的思想和人生活动经历，证明他其实也是一个非常具有理想主义色彩的现实中人。因此，他对马克思主义历史唯物主义的接受，不只是这种理论体系的科学合理，还有他们之间都具有理想主义本性的灵犀。拉德布鲁赫认同黑格尔的说法，即历史唯物主义"就是我们要说的理性计谋（List der

Vernünft），它使人们获得其实现理想的激情"。不仅如此，他接下来更充满热情地说："众所周知，马克思就是以此为出发点的。如此这般建立起来的必然性理论，目的在于把社会主义描述为一个不可阻挡的人类历史命运，这使得任何抵制都丧失信心，任何希望都展翅飞翔的命运，是使人们能够对于未来具有坚定信念的，一种不可估量的力量源泉。"（《社会主义和当代思想状况》）再次，他甚至用马克思的阶级斗争理论，预断资本主义的失败："资本主义经济发展不可避免地导致其自身的取缔和社会主义。而阶级斗争理论则在于：它表明了，发展是在一系列的阶级斗争，即资产阶级和无产阶级在从资本主义到社会主义发展过程中的不断斗争中实现的。"（《社会主义和当代思想状况》）

差不多一个世纪前的德国，正处在社会急剧变化的历史阶段，社会主义不仅不是正统的思想，而且还遭受着资本主义力量的打击迫害，而处于那时的拉德布鲁赫就能如此鲜明地表明对马克思历史唯物主义的信奉，这不能不令人敬佩。

3. 社会主义与个人主义

按照社会主义的一般理论和我们对其已有的认知，社会主义与个人主义是格格不入，甚至水火不容的。但是，拉德布鲁赫在他的这部著作中所作的阐释，使我们意识到，既往许多社会主义论说可能忽略了一个十分重要的实质，即社会主义虽然是以公有制为基本特征，虽然强调共同体和劳动者的大联合，但最终落脚点仍然是整个共同体的成员，即每个个人。就此而言，社会主义虽然起点不是个人，但其目标指向却是大联合中的个人。这或许就是资本主义要达到，但未必能够达到的目的，而社会主义较之于资本主义的优越之处基本上就在于此。

根据拉德布鲁赫的阐释，我们得出两个结论：第一，社会主义对于资本主义的优越性是它把个人的发展置于共同体的发展之中，是一个从一般到个别的个人发展路径；第二，社会主义产生于个人主义，与个人主义有密不可分的关系。拉德布鲁赫认为，《共产党宣言》虽然宣扬了一种联合的思想，但却没有因此完全否定个人的存在和目的。因为，

"在这个联合中，每个人的自由发展都是所有其他人自由发展的条件"。与此相一致，他进一步阐释说："《埃尔福特纲领》明确指出了作为社会主义道德意义上的自由和平等，最高社会福利和全面和谐的实现。两个文献都表明了最终的价值，这些价值属于个别人生活，而不是社会整体生活，由此建立的社会主义经济纲领，绝对是以个人主义世界观为基础的。在此之后，社会主义寻求通过另一条道路达到其单个人实现的同样目的，该目的将资本主义时代的个人主义作为其最高的理想来看待。"（《社会主义共同体思想》）当然，他又指出，随着社会主义世界观的逐步形成，资本主义时代的"个性"和"超人"等意识渐渐地融化为"共同体"意识。因为，"如同社会主义的社会学表明个别的人不可避免地要置身于共同体中一样，社会主义的意识形态同样也不能离开共同体寻找其他个性理想。假若大地之子的最终目的仍然是个性，那么个性的意义就不是出自共同体但又与之脱离了的超人个性"。（《社会主义共同体思想》）而这里所说的共同体，"不是一种人与人的直接关系，而是人通过共同的人的使命而实现的一种结合，即一种共同事务的、共同斗争的、共同劳动的、共同成就中的结合"。（《社会主义共同体思想》）对于个人与共同体之间这种依赖关系，拉德布鲁赫还进一步阐明："个性属于那种人们只有在不去追求它时，才能够实现的最高的价值。个性只是人为了事业而忘我牺牲的不令人失望的奖赏，只是礼物和恩惠：'想要追求获得其灵魂者将失去其灵魂，而失去灵魂者又会帮助其灵魂获得生命。'人们只有通过忘我的实事求是才能获得个性。"（《社会主义共同体思想》）他甚至直接提出："社会主义的集体主义思想事实上是集体的个人主义，即其自身接受了群体的事实并且将其改造了的个人主义。"（《社会主义和当代思想状况》）

由上可知，拉氏对于社会主义与个人主义的关系给出了相当清晰的解说。在他看来，社会主义的起点也是个人，只不过个人的生存发展必须置于共同体的生存发展中。就此而言，社会主义和资本主义的起点是一样的。所以，我们不能认为社会主义必然否定个人存在甚至于个人主义。他的这个观点当然不是简单的个人思想倾向，而是历史的、唯物的、必然的，亦即科学的论点。《共产党宣言》中所说的，在以共同体为表现形式的联合中，"每个人的自由发展都是一切人的自由发展的条件"，实际是说了一个路径选择，只是这个路径选择明确之后，社会主义与资本主义才分道扬镳，各奔前程。至于如何追求和实现个人的个性存在与发展，他的结论是："只有放弃对于自身的体贴入微的关照，只有忘我地献身于一定的事业和一个上位的共同体，才能达到一个自觉地占有和享有一个成为整体的自我。"（《歌德和我们》）在此，拉氏实际上又完成了一个否定之否定的思想进路，即从有意识、自觉地个人存在，到现实性或"客观性"的共同体中的个人存在与发展，再到忘我地献身于一个共同体而获得个性。拉氏的这个思想方法，无疑可以给我们认识社会主义条件下，个人存在与发展的合理性与必然性提供有益的启发。

4.社会主义与宗教

在拉德布鲁赫的思想体系中，源于"无信仰的信仰"的思想观念占有相当分量。他虽然从未皈依宗教，但却自认是"一个天生的基督教灵魂"，并且曾说过："我们注定是基督教徒。"观其一生，他在"无信仰的信仰"的社会与思想活动中，如同一个基督教隐行者，一个上帝面前的独行者。（《拉德布鲁赫的生平及其思想历程》）[①]深深植根于他仁善本性的博爱心怀，使他一生都有一种类似宗教的虔诚，并以此驱动他自己的思想与社会活动。1933年之后德国社会政治的激变和他经历过的许多事件使其宗教虔诚得到了加强，他甚至有了皈依宗教的念头。第二次世界大战之后，他在恢复正常工作之后，还曾一度与保尔·蒂利希（又译田立克）合作撰写《文化与宗教哲学》，而且还曾尝试着写一部"宗教的社会主义"。当然，他最终没有在这条路上走下去，又回到了社会民主主义的老路上来。

不过无论怎样，他那种与生俱来的有如宗教的虔诚，使其思想活动和著述不可避免地带有了宗教的色彩。在这部著作中，拉德布鲁赫以

[①]　参见〔德〕拉德布鲁赫：《法学导论》，米健译，商务印书馆2013年版，第1—42页。

相当的篇幅阐释"社会主义与宗教"的不解之缘，其实正是他自己思想历程的反映。不仅如此，他在整个著作中或此或彼不时闪现的宗教烛光，使其同时代的学者认为他的这部著作本身虽然是现世的、世俗的，但却不无宗教意味。

那么，在拉德布鲁赫看来，社会主义与宗教到底有什么关联呢？他说："社会主义和基督教乍一看上去似乎有比较近的亲缘关系特征。基督教同社会主义一样，最初也源自穷人和被压迫民众的运动；基督教同社会主义一样，也必须忍受迫害和殉教；基督教同社会主义一样，都完全相信穷人与富人对立。所有具有人的面孔的人都是平等的思想，既主宰着社会主义，也主宰着基督教……毫无疑问，假如在这个世界上从来没有过一个基督教，那么也就根本不会有社会主义。"（《社会主义与宗教》）由此可见，拉氏不仅认为社会主义与宗教是同源的，甚至还认为，社会主义与宗教的动机或起源是一样的。

不过，虽然拉德布鲁赫极为明确地肯定了社会主义与宗教的天然联系，可他同时又指出了两者之间的差别："通过进一步的观察，我们可以发现两者的不同之处却占主要。社会主义伦理的关键词是'团结'，而基督教伦理的关键词是'博爱'。博爱这个词本身就已经表明，基督教只关注道德影响，即人与人之间的直接关系，而不是社会中每个行为对于社会及其距离最远的成员的深远影响……但如今经济上联系着的人范围扩展到全部市民，而且，他们的每一个行为都对众多人，对于不认识的人，对于整个社会发生着特定的直接或间接的社会影响。这正是近代社会主义道德的实质，不是博爱，而是团结。"（《社会主义与宗教》）而"博爱生存并作用于理念和行为之中，团结则体现在制度当中"。不仅如此，他甚至对宗教的矛盾和虚伪进行了深刻地批判。以《圣经·马丁》中所讲述的葡萄园工人的故事为例，他一点也不含蓄地批评了宗教说教的虚伪，指出这个典故中"耶稣成了一个要求所有人平等，但实际上却不公正的管家。这个管家的不公正被如此地轻描淡写，以至于这种不公正竟被大言不惭地比喻成基督行为的精神价值"。（《社会主义与宗教》）他一针见血地指出了宗教的死穴："在上帝面前，只存在个别的人及其灵魂，在可怕的孤寂当中，每个人与上帝之间的终极对话通过他被赋予的才智，与上帝面对面的进行。"（《社会主义与宗教》）换句话说，宗教将一个必须在社会中才能生存发展的个人从社会上撕扯下来，让他孤独地面对上帝，以图完成其灵魂的救赎。拉氏的剖析明辨至此，不可谓不深不痛。但他意犹未尽，索性盖棺定论说："宗教不知道应然与罪过，也不知道道德与恶。"（《社会主义与宗教》）宗教的实质可以用《旧约》和《新约》的各一句话来概括，即"上帝关注着他所创造的一切，而且看到一切都很满意"。"对于上帝所爱的人们，我们所做的一切都必须是与之尽善。"说得更明白些就是：上帝安排了一切，一切都在上帝掌握之中，而且上帝对其安排一直都很满意。人们要听从上帝的安排。不要不满意，不要抱怨。在此，上帝这些话的意思让中国人自然想到"乐天知命"的古训。但不同的是，中国的这句话表明的是一种生活态度，并非戒条。对于德国人而言，也许会想到康德的"凡是存在的，就是合理的"（Es wäre vernünftig, was es ist）。且不论康德之语是否受到《圣经》的影响，因为它毕竟只是学说，也不是戒条。总之，宗教的虚伪和虚幻，至此昭然若揭，它与社会主义的区别不言自明，两者分道扬镳，不可同日而语已是定论。

　　然而，虽然拉氏义正词严、泾渭分明地分析了宗教与社会主义大相径庭，但却又对宗教依依不舍，对社会主义与宗教之间扯不断打不碎的关联颇有隐喻。他先是提出一个所有人，或至少大多数人都会提出的，具有宗教意味的问题，即"我们为什么生存，就因为我们必须要死去吗？"然后又接着说："我们满怀欲求地踏上这个野性十足、多彩多姿的自然帝国，但是却生不长久……"他一方面指出人们面对自然时的无力和与日俱增的恐惧感，另一方面又坚信人们自身的能力"足以超然于自然规律之上，可以与自然对立设置理想，与实然对立设置应然，一个理想、价值、目的的王国——即一个负有使命的尘世在我们眼前呈现。仁慈、真实、美丽的三元天体通过我们的生命运行，攫取并掌握了我们的思想、意愿和感觉……于是现在我们的创造意志就会抓住自然，并且强迫其为理想服务"。如果他的思考到此为止，我们似乎还有积极乐观的结论。但他偏偏又把我们带回到新一轮的痛苦迷惘，提出了新的问题："但是如果我们追求生命意义的渴望由此静止了呢？恰恰是在文化的高度上，尘世之痛也延长到它痛苦的极限。"因为尘世之痛跨越了所有的知识领域，连浮士德也只不过刚刚感触到"我们只能一无所知"这样的痛苦。"在没有监视的循环运动中，在只有通过退步才能换来的进步中，在对于一种遥远无垠的理想永无止境地一点点接近中，在如同用漏水的桶盛水时完全绝望的、徒劳无益的工作中，文化距其目标始终都那样遥远。"（《社会主义与宗教》）在此，他又一次表达了人类面对自然、理想面对现实的无能为力。不过，不知为什么，就在拉氏把我们带到痛苦和绝望几近极限时，他又笔锋一转，积极乐观起来。向我们表明："不过我们毕竟还没有走到尽头。明媚晴朗的春天早晨总是天真无邪地，一次次带着阳光灿烂的自然，唤醒我们来到一个没有以往的新的生活开端。给人以欣慰的秋天的傍晚总是一次次地，用充满母爱柔软的双手抚摸所有伤痛和罪责。我们总是一次次地承认：人类的确是善良的，世界的确是美好的。"（《社会主义与宗教》）所以，无论如何，我们应该高高兴兴地生存。于是，他借用古老的德意志诗句表达感慨：

我生却不知为何而生，

我死却不知何时将死，

我行却不知去向何方，

我诧异我还如此快乐。

这里，或多或少有点弘一法师离世前道出的感悟："悲欣交集"的意味。但无论如何，拉氏至此对社会主义与宗教的关系已经完成了一个肯定、否定、否定之否定的过程。但是，也许是拉氏的风格，当读者好不容易从他设定的语境里，从确信到悲观又从悲观到乐观时，他又给乐观打了大大的折扣，认为："这种快乐永远不可以成为一种常态，否则就会变成一种腻人的惬意。"因为这种快乐成为常态时，就可能成为一种鸦片。不知他的这个论点是否受到了马克思主义的影响。因为在马克思主义看来，宗教就是一种精神鸦片。不管怎么说，他又一次对宗教进行了否定，当然不是完全的否定。可是，即使如此，他随后又对宗教给予辩护，认为"一种最终的乐观主义使宗教区别于其他一些精神王国"，而"宗教根本上就是那种使生命长久成为可能的东西，因而它生存在每一个人的内心深处，即使这个人还未有意识"。（《社会主义与宗教》）

为了佐证他的这个论点，他以麦克唐纳（James Ramsay Macdonald）和卢森堡（Rosa Luxemburg）这两位杰出的社会主义者为例，说明即使在优秀的社会主义者内心深处，宗教情怀同样也是存在的。麦克唐纳说，他妻子的社会主义完全生长于宗教。她"敬畏，她就生活在敬畏之中，长年以来总是愈发庄严肃穆。当然，如果有了这种庄严肃穆的气氛，敬畏就从没阴郁凄凉过"。而这种乐观的阳光灿烂、喜悦欢乐的焦虑，就是我们所说的宗教性。（《社会主义与宗教》）而卢森堡则在铁窗之下给她的女友写信说："人们必须接受生活的一切，并去发现所有美的、善的东西。"她又说："事情是多么地奇怪，我经常是生活在一种欢悦的欣喜当中却没有任何特别的理由。因为我使自己静静独处，置身于冬季那幽暗、无聊和不自由的多重黑色帐幔之中——而此时却有一种不可名状的、不知由何而生的内心喜悦敲击着我的心脏，就像是我在明媚灿烂的阳光之下走过鲜花盛开的草地一样。我在黑暗中对生活微笑，恰像我知晓她每个富有魔力的秘密一样，她证明了所有邪恶和悲哀都是谎言，并且将其改变成为更纯净的光明和幸福。"

拉氏在论述宗教与社会主义关系时，以反复回旋、否定之否定的笔法逐步深入地揭示两者之间复杂交错、打断骨头连着筋的关系，时而将我们带到光明，时而又让我们面对黑暗，时而跃到海浪的峰顶，时而跌落海浪的谷底。不时有山重水复疑无路的困顿焦虑，但又常常会获得柳暗花明又一村的惊喜顿悟。不得不说，在解释这种关系的过程中，其实多少也反映出拉德布鲁赫思想观点的优柔矛盾，尽管他一次次都予以化解。这是他这个"天生基督教灵魂"的本性流露？还是他作为思想家的高明手法？无论怎样，我们确实从中了解到了社会主义与宗教的共同源流、不同路径和若即若离的宿命。

5.社会主义与法权

在这部著作中，拉德布鲁赫对社会主义与法权的关系并没有展开系统的探讨。只是在几个具体问题上，通过对资本主义法权的批判带出其社会主义法权观念。其原因或许是，对于法权及其基本理论方面的问题，他已经在其他著作中较为全面深入地探讨过。在此，他只需对社会主义法权的思想基础及其与自由主义时代法权的不同予以阐释。

首先，他对资本主义的，即自由主义时代的，渗透了个人主义思想观念的法权进行了揭露与批判。他认为，事实上"根本不存在什么个别化的人，个人从其所有关系和特征上看都是社会化的人"。自由主义思想方法的问题在于只见树木不见森林，因此误导着人们对于反映这种事实的社会关系的认识。而社会主义思想方法，则看到了这个事实，并且据此事实通过一种新的法律观念来认识解释法权。显然，如果我们了解到他对个人主义的最基本看法，特别是他对社会主义与个人主义关系的认识，那么我们很有可能会产生疑问，拉德布鲁赫在这个问题上是否有自相矛盾之嫌？他一方面论证社会主义和个人主义的同源，而且认为共同体或大联合的目的同样也是使个人得到发展，个性得到实现。但又对以个人主义为出发点而生成的自由主义时代法权观念予以否定，其中道理究竟何在？

对于这个问题的答案，也许只能从拉氏的整个思想体系及其变化发展进程中寻找。如前所述，拉德布鲁赫是一位本性向善，具有类似宗教虔诚的博爱情怀，但又坚定地满怀社会改造激情的社会主义者。很大程度上以康德和黑格尔哲学思想为基础而形成的马克思历史唯物主义思想方法，深深影响了拉德布鲁赫。不仅如此，他所处的时代的社会发展与变化，相当程度上验证了马克思主义的社会主义学说。因此，他的思想和认识，他在此基础上逐步形成的社会观念，杂糅了出于本性的宗教虔诚，对于现实社会的观察思考以及追求社会正义的理想，从而造成了他的思想与观点在不同阶段有不同的表达方向。事实也是如此，晚年的拉德布鲁赫在不少问题上都对自己先前的观点立场给予了修正。这也是为什么与他同时代的学者评价他"从理如流"。众所周知，他在相当一个时期里都在努力宣扬相对主义法学理论和实证主义法学思想，但在经历了第二次世界大战之后，他从历史的教训中获得新的认识，从而修正了他的上述思想理论。他早年对自由主义时代的私人所有权予以批判，声称在社会主义时代，"财产权向共同体权利屈服"。但1945年后，他又纠正了这个看法，重新肯定个人的自由和自主。对于拉德布鲁赫思想观点中或有矛盾的原因，这里的解答并不一定准确，但至少是一种理解途径。

以对个人主义的批判为基础，拉德布鲁赫指出，个人主义法权观主要表现为以个人的法律观点为出发点的"私法的法权观"。而"私人所有权，即不可侵犯的、不会发生消灭时效、神圣的法权，最终必然由绝对资本取代"。在此情况下，作为资本主义法律制度基石的私人所有权和契约自由就结合成了相辅相成的巨大力量，其结果，就导致了社会的不公正和不平等。因为"契约自由对于那些拥有这种力量的人来说的确是自由的，但是对那些面对这种力量的人来说则是无能为力的"。再进一步说，"资本主义的法律制度意味着，在一个以平等和自由为基础建立的全部秩序表象下，实际上不外乎是先前已被其克服的劳动者依附制度……根据法律表象仅仅涉及物的私人所有权制度，根据法律表象既有的契约自由制度，在没有任何社会伦理背景的情况下，最终仅仅单方面地对资本家和劳动者之间的关系予以限制。"（《社会主义与法权》）这种法律关系是"一种赤裸裸地把人作为其对象，把人作为人的客体而设计，被社会道德予以渗透的法律关系"。（《社会主义与法权》）拉德布鲁赫在此的分析批判对我们来说显然也不会陌生，因为这几乎完全就是马克思社会主义的法权学说。

在对个人主义的私法观念进行了批判之后，拉氏又对渗透着个人主义的刑法理论和制度进行了批判。他批评个人主义刑法观念，亦即报复刑法将犯罪与刑罚对应地对立是错误的，因为这就像把劳动关系中的劳动和工资对应起来一样。因为"一项犯罪不是犯罪本身的实现，而是一个人实施了一项犯罪，因此应该对这个人处以刑罚。况且，这种观点没有认识到人其实是被嵌入整个社会之中的，因而没有正确认识其犯罪根源"。他认为，犯罪的行为人之所以犯罪，是该行为人的"总和人格"决定的。因而，应该处罚的是这个具有特定总和人格的行为人。而这个"总和人格"，就是社会对于一个人的塑造结果。用他的话来说，就是"社会化的人的形象"。由此，他引出了社会主义法权的实质特征，即"社会化"。

在社会主义社会中，法权将一改以往的"个人化"而转向"社会化"。传统私法，即市民法，只承认表面上的平等主体，只看到单个的个人，根本不关注劳动阶层的团结和企业的联合，在此情况下，事实上是不平等的。他认为，"在一个不平等的社会中，那种所谓对所有人的平等，恰恰就意味着对无产者最令人震惊的不平等"。（《社会主义与法权》）但是，转向"社会化的"社会主义的法权则正在慢慢改变这种状况。以劳动法为例，如今的工人不再是单个的个人，他们身后还有工人团体、企业主及其联合；不只有自由的合同，还有严峻的经济力量的斗争，基于共同体意识或集体自我主义，产生了以往没有的"团结"。这种情况最终导致工人不再是企业主用以劳动的"手"，换言之，资本家以往雇来的"劳动之手"，如今不再是他自己的手。

在上述社会背景下，"集体人"成为权利要求的一个对象，但这同时意味着这个集体人当中的人们彼此之间必须要有一些集体道德，于是，一种新的权利道德化就自然而然地提到日程上来。因为"如果一个社会没有现实的伦理，那么这个社会就会成为一种约定的谎言，世人皆知，这就意味着恶习取代美德"。拉德布鲁赫的这个论点，在我们今天的社会中，仍然有深刻的警示意义。

对于社会主义法权的发展，拉德布鲁赫站在当时的历史时代认为："在现今的法律秩序当中，已勾画出了未来社会主义法律秩序的一个基本轮廓，在这个未来的法律秩序中，如今越来越被公法左右和渗透的私法注定要完全献身于公法。"（《社会主义与法权》）不过，从现在的情况看，拉德布鲁赫的这个论断只有部分得到验证：公法对私法的左右和渗透的确越来越多，但今日的私法还是私法，公法和私法的沟壑仍然没有填平，而无论从理论上还是现实上讲，永远都不可能完全填平，只能是尽可能小而已。

与社会主义的法律秩序应该走向社会化的思想相一致，拉德布鲁赫还认为，过去德意志专制国家有两个代言人，即官僚阶层和法律者阶层，他们是专制国家在法律上的体现，是法律的实现者或在国家利益的限制范围内履行职责。在他看来，民主国家的法律者类型，只能在国家司法框架之外寻求。这就是"以法权服务于社会的社会法律者"！在此，我们可以看到，拉德布鲁赫有关社会主义的法权思想其实是相当激进的。即使是在今天的中国，这种期待也是很不现实的，更何况在西方自由主义的国家里。

不仅如此，他对社会主义的法学也有同样的理解和预断。他认为，法学也必须以社会化的思想实现发展，进一步说，"法权必须保持是法权，这'是一个必然坚持的原则'。但法权对于律师与对于法官来说是不同的。如果人们用私人利益的眼光看待法权，那么在根据法律引出的基本原则基础上对于法权的创造性会获得另一种结果。但是，如果不具有任何目的关系，只是从某种国家命令的意志角度看待法权，那情况就不同了。迄今为止，法学实质上就是在这种意义上发展的法学"。它必定越来越向着社会法学的方向发展。（《社会人民国家中的法权》）不过，这种向着"社会法权"方向发展的一个必然结果是，法权的独立性和规律性受到伤害。很清楚，拉德布鲁赫表明了这样一种观点，即法学及其他所影响的法权制度，按照社会主义思想，必然向着"社会法权"发展。这意味着，法权要"容忍善意，并且将其用于社会福利、道德伦理和文化等方方面面"。用他的话说，就是把"法权置于它或被推动或被阻碍的各种社会事实与它本应为之服务的价值关联之中"，如此以来，这种社会法学就破坏了"法权自以为是的孤芳自赏"。总之，"如今没有深入的社会科学和社会哲学知识就不再有任何法学！法学敌视哲学的世纪，'历史学派'的世纪现在终于终结了。"（《社会人民国家中的法权》）在这种认识和观点基础上，拉氏对于传统的法学教育与法律职业教育提出了即使我们今天看来都相当激进的意见。例如，他认为，以往先理论后实践，先过去法律再今天法律，先私法后公法的学习方法，应该完全倒转过来。他甚至认为："对于社会国家而言，所有私法只是公法的一种暂时的、越来越小界定的飞地，是后者节省出来给予的个人活动自由，特别是私人所有权不是与生俱来的和不可侵犯的法权，而是一种可以由授予机构撤销的，受社会总体财富委托的财富，总体社会财富只是在这种个别财富持有人的个别利益和社会总体利益一致时，才赋予该持有人自由使用的权利……应该使私法在所有的具体问题上都服从公法的思想方法。"（《社会人民国家中的法权》）在这里，我们看到当年的拉德布鲁赫思想上是何等激进！幸好，他晚年修正了他早期的一些观点看法。

但另一方面我们必须承认，拉德布鲁赫关于法学和法律制度社会化发展的预断已经完全被当代诸多国家的法律发展方向与路径所验证，特别是在中国，这种法学社会化发展的实践更有证明力。只不过，对于中国法学的社会化发展，法律人整个集体并没有做好应有的思想和知识准备，基本上是一种盲从的、服从的、跟从的、功利的专业参与。当然，这也许是因为中国法学界很早就没有过独立和自身规律，他们对于法学"社会化"发展的参与只是一种惯性而已。

但是，令人困惑的是，拉氏一方面强调法律社会化发展的方向和必要性，阐明法学发展不复可能独立，但另一方面他又告诫和批评说："一种不想以追寻正义为本职工作的法律科学，永远不会赢得其年轻追随者的心，更不用说是民族灵魂了。"不仅如此，他还非常严厉地批评到："但是，迄今为止哪里有这样的思想家，他们认识到了超越于国家专断意志的法权，但由于对实证法的盲目崇拜又不斥责那些探寻法权正当性的方式是超出科学界限的，不能允许的自然法思想方式的冲动？对法权而言，这是一种与国家意志具有同等意义的实证主义，其实也是现实政治和权力国家的时代合乎逻辑的法学现象。实证主义剥夺了所有庄重的、对于法律外行良知具有说服力的法律思想……德意志法学的实证主义对并非国家命令的法律基本原则的缺乏理解，很大程度上是存在共同过错的。在实证主义法学思想的主导下，德意志法律者阶层对整个

德意志民族法律良知的责任没有充分的意识。"(《社会人民国家中的法权》)

如果我们将拉氏在此问题上前后所讲的观点对照思考，会发现，拉德布鲁赫对法律人的告诫及其对实证主义法学的严厉批判与他讲的法律社会化发展思路似乎确实有些错落乃至矛盾。如说"二战"之后他对法律实证主义进行反思并作出这样的批评，那倒不奇怪。可是，此处的观点则是他较早时期所持。那么，这当如何解释呢？我想，只能从他的整个思想体系及其发展过程来寻找答案。

6. 社会主义与民主

无论对于资本主义（自由主义）还是社会主义，民主都是一个大论题，一个核心问题，一个出于人的本性的思想倾向。除了明明白白的封建和专制国家外，都不会禁言民主。但什么是民主？民主有怎样的类型和形式？怎样才能实现民主？从来没有一个普遍的共识和最终的定论。这就决定了，民主可能是政治家和思想家们要永无止境地探讨的问题，因为对于民主的认识和实践方法，也是不断变化着的。这是一个不能不讲，但讲也很难讲明白，或即使讲明白最终也很难做明白的话题。在拉德布鲁赫这部篇幅不大的著作中，他用了两个专章以及其他章节中的许多内容讲民主。其中，他的有些看法对我们今天认识民主仍然有帮助和启发，更有些看法值得我们今天深思。

第一，民主的实质。民主究竟是什么？从何而来？民主是出于人性深处的本能，即自主平等的欲求。民主说透了就是自己才是自己的主人，自己要为自己做主。但在一个万千大众构成的社会中，如果每个人都要做自己的主人，那最后的结果就是谁都成不了自己的主人。于是，具有思想智慧而面对现实的人就找了一条出路，即将每个人的自主放在一起，然后以特定方式集合成为每一个个人都可能实现自主的大自主，这就是民主。所以，民主是一种人的本性可以接受的共同价值。如果认可这个观点，那么我们就会明白，民主是人的社会存在所决定的一种理性选择，是一种根据人的社会属性和社会发展规律所产生的秩序规则，是一种出于人的本性的意识形态。于是，民主的形式也就随着历史社会的发展而发展。如此一来，民主就是一个谁也不能否认，但谁也不能给其定论的、永远讨论不休的永恒话题。

拉德布鲁赫对此揭示说："那些以民主的社会学为起点，最后以民主的意识形态无价值性为终结的人，现在对意识形态的实质发生了困惑，他们忘记了意识形态本身就是一种社会学的因素，但又绝不是无所不能的：每种意识形态都有助于创造它所冒充为既已存在的东西。有谁真的仍然想在老的民主主义者中间到处炫耀社会的平等意识、民主的意识形态、市民骄傲（Bürgerstolz），并将其作为同样有效却又毫无价值的东西予以解释，即使就是为了社会主义的发展？相反，这种社会平等意识是对仍然存在的经济上的不平等持久批判的培养基。在公式化民主中，一种不可抵御的重力始终起着决定性的作用，它将民主不断地引向一种现实的、社会的和经济的民主……只有当民主的意识形态被认真接受时，民主才能生存和发生作用，才能发扬光大原本就造就其实质的作用。那种每个个别人都是自由和平等的虚构，即无视所有社会群体包括并主宰的每一个人，实际以民主的意识形态表明着国家与所有这类群体根本没有相同之处。民主的这个巨大进步超越了对它来说已是以往的半封建国家。"（《社会主义国家和革命的任务》）

第二，民主是全民国家或社会主义国家的国家形式。在阐释了民主的实质及其社会学起源技术上，拉德布鲁赫来到了社会主义民主，即将民主作为社会主义国家的题中之义。其实，拉德布鲁赫置身其中的德国社会民主党就是在发源于社会主义理论与实践的一个党派，其思想灵魂还是马克思主义。这个党派之所以在社会主义旗帜底色上加上了"民主"，也是因为这个党派的创始人们深刻认识到，社会主义的根本问题还是主权在民，而主权在民最终目的则是民众平等、财富共有和共同富裕。既然是主权在民，那么则国家的存在是必然的，问题是什么样的国家形式。正因如此，拉德布鲁赫对于马克思主义的国家消亡说予以扬弃。他认为："马克思主义关于国家的消极意识形态，那种以为由于无阶级社会的建立，国家就将寿终正寝、自行灭亡，并且和脚踏纺车和铜斧同样都归存于古代社会博物馆的理论，归根到底还是建立在把国家与阶级国家两个术语等同使用的基础上，而且与这种半无政府主义的国家观相适应，它对一种新的国家思想的发展会产生危害和阻碍。所以，它不仅具有词义学上的意义，即导致这样一种意识，一种社会主义的共同体确实可能不再是阶级国家，而是全民国家，但也仍然还是国家……这个让我们今天感到头痛的问题已经不再是'社会主义和国家，而是社会主义和国家形式，社会主义和民主'。"（《民主的危机》）在此，拉德布鲁赫四两拨千斤，以"国家"和"阶级国家"的区分化解了矛盾，否定了"社会主义和国家"这个立论所可能蕴含的两者矛盾关系问题，表明社会主义和国家的关系并不是问题实质，社会主义和国家形式，社会主义和民主才是实质问题。于是，不动声色之中，拉氏已经将话题转移到自己将要展开的问题。

第三，民主的图画与现实。正像社会主义和国家并不矛盾冲突，问题只是什么形式的国家一样，社会主义和民主也不矛盾冲突，问题只是什么才是真正、可行且有效的民主。拉德布鲁赫认为，长久以来人们围绕民主所展开的讨论争论，实际上体现了"民主思想缔造者所描绘的民主想象图画与民主在其中予以表现的社会现实之间的矛盾"，质言之，是一个理想与现实的问题。如何从理论上说明白这个问题？拉氏认为这可以从"民主社会学和民主意识形态"的区别予以阐明。可以说，这是他想要建立社会主义国家中民主运行思想基础的一个重要思想理论。

那么，什么是"民主的意识形态"？提出这个问题，本身就已表明这里的民主只是思想意识上的，而不是实际发生运行中的。拉德布鲁赫认为，民主的意识形态"基于主权在民的思想，即统治者和被统治者的认同"。在此情况下，"民众被视为自由平等的个别人的总和，在多数或少数中所表达的民众意志，是平等的个别选票时候偶然实现的总和。每张选票似乎都是一个自由的、最为独立的决定的结果——选民对所有上帝旨意依赖性的脱离，在选举棚内形象地得以体现"。（《民主的危机》）其实，无论在资本主义社会还是社会主义社会，"民主"所以有巨大的号召力和魅力，就是因为所有作为国民、公民或市民存在的个别人，都能在意识形态的民主图画，即民主理想中扮演一个角色，体味自己的存在、实在和价值，这是人的本性使然，它呼应了人的本性与欲求。因此，民主是人类社会中每个成员都会接受的一个普遍价值。在民主图画中，"代议机关和政府实际上是分配整体民众选票和意见的写照，而这种写照的尺寸一步步地缩小，代议机关是民众意志的表达者，而政府则是民众意志的执行者。公务员阶层归根到底是一种机器，他没有自身意志，毫无摩擦、毫无抵抗地将政府所体现的民众多数的意志移植于现实之中"。(《民主的危机》)在这里，拉氏用简单明了的几句话，将民主的图画中的选民、代议机关、政府和政府公务员实质和功能说得清清楚楚，让人觉得民主真是一个好东西！然而，这毕竟仅仅是图画，是一幅意识形态民主的理想图画。但问题是，民主必须要在现实社会中运行。这样一种局限于意识形态和思想理论的民主在现实社会中究竟怎样呢？

第四，社会学的民主。拉德布鲁赫认为，社会学民主的现实完全是另外一个样子。因为社会学民主看到了"民主不是由真正自由的、平等的个别人建成的砖房，而是由非常不同的社会群体、阶级和政党构成的多边形石头房，因为民众主权不是所有人对所有人的主权，而是较强社会群体对较弱社会群体的主权。所以，多数和少数不是自由平等的个别选票事后的计票结果，而是较强社会群体事先决定的一种表达"。(《民主的危机》)如此以来，拉德布鲁赫对于意识形态民主的揭示可谓淋漓尽致。按照其揭示，我们似乎感到，在民主这个问题上，全部个人构成的民众，或构成民众的每个人，似乎自己也穿上了皇帝的新衣但却浑然不知。于是，这便埋下民主运行到一定阶段必然发生危机的前因。对此，拉德布鲁赫直截了当地指出，"民主的危机产生于，人们以个人的意识形态来估量民主的社会现实"。话说到了这个阶段，如果我们仍然要坚持推行民主，那么如何去避免民主的危机发生呢？拉德布鲁赫认为，出路有两个。第一，直截了当地承认，民主与个人主义的意识形态不对应；第二，通过"目的异质性"的交替作用创造一个新的、较有生命力的、现实民主的意识形态。显而易见，他的"社会学的民主"至此已经跃然纸上。

拉德布鲁赫所说的"社会学的民主"，实际上就是现实的、可运行的、真实的民主，是根据社会学意义上的自身规律性自由设定的民主。个人主义的意识形态在这种新的意识形态中没有任何意义。在社会学意义上的民主语境下，"民主是一种国家形态，它不反对任何社会力量的角逐，它对每一种力量角逐都以前所未有的辨别敏感立即予以政治上的表达，并且给每一项社会工作予以认可，只要它在这个无神的世界上还可能，这种认可就是民众多数意志的认可"。（《民主的危机》）

第五，社会学民主与意识形态民主的区别。拉德布鲁赫认为，社会学的民主和意识形态的民主性质完全不同。"民主中的社会学与民主的意识形态具有天壤之别。"前者是社会学，一个客观考察；后者则是意识形态，一个主观思想。但是，后者又是前者的组成部分，于是性质截然不同的东西又必然发生关系。这是因为，"与所有具有人类面孔的人都应该平等的意识形态相对存在的是阶级国家的社会学"，故作为意识形态的民主自然应纳入社会学的民主。他指出，"意识形态本身还不是一种真理"，但它却是一种将成为真理的力量。因而，"假如人们同时想将民主思想也作为意识形态全面考察的话，那么将民主的意识形态置于其中来考察还是具有说服力的。其实，这个立场就是唯物主义历史观对我们所要求的立场，如果它就是对作为意识形态的经济活动的思想上层建筑予以揭示的话。认识不到这种思想的力量，我们就会南辕北辙，相去愈远……前者与后者一样，都不应该封闭自己的视野，意识形态和社会学这两者必然地，而且只能是共同地才能成为一支完整的大军"。（《社会主义国家和革命的任务》）

第六，社会学民主的问题。社会学民主同样也是有问题的，不过是操作和运行过程中的问题。例如，"这样一来，在现代社会中，资本的巨大力量地位就以民主这种形式毫无阻碍地表现出来……这种民主就像一个总是听命于最强者的女人。她现在心甘情愿地向资本主义提供法律改革和法律认可，就如同她当初毫无抵抗地服膺于社会主义社会秩序的表达一模一样"。（《民主的危机》）其实，近些年中国发生的资本快速扩张的事实，以及由此产生的问题已经充分证明了这点。不仅如此，在社会学的民主情况下，力量角逐成为所有政治活动的重心。用拉德布鲁赫的话说，选举和议会成为评估政治力量的车间和政治交易所，是一种政治清算程序。一个政党在议会外的力量有多大，那么它在议会里的影响就有多大。由此而引发的争取社会和经济力量支持的斗争，这就是阶级斗争。其逻辑结果，就是各种政治手段都无所不用其极，其中包括一个政党所能采用的手段"新闻腐败"。不过，一旦如此，那么就有可能渐渐酝酿出社会的动荡。所以，"一个无产阶级政党所能采取的，一种危险的，一种只在极少数情况下才使用的，但却针对敌手颇为残酷的力量手段，同时也是最后的、唯一的手段就是：新闻腐败"。（《民主的危机》）

第七，社会学民主情形下的政治口号。在对党派斗争中的"新闻腐败"手段进行了分析批评之后，拉德布鲁赫还对党派斗争的另一手段"口号"作了分析。他认为："在某种程度上，在民主和一个大的党派中，标语口号是不可缺少的，是的，就像在一个军队中不可缺少口令一样。不过，人们究竟不可以过高地估计这种标语口号。这种口号只是对某些仅仅在一定条件下和一定时间里才具有的正当性所描述的简短的无条件的公式。所以，使用这个口号的人必须十分小心，而将口号付诸行动的人更是永远不要舍弃批判，永远不要以为这类口号涉及原则，相反，它只涉及一些针对现实情况所概括总结出来的公式，只是此时此刻急切为之的事情，随后可能就不再必要。"（《社会主义与民族》）在这里，他非常清楚地对口号的性质作了说明，对口号的作用、它在特定情况下的必要性给予正面的评价。但是，与此同时，他又非常尖锐明确地指出了口号的局限和危险。他的这个分析和观点，无疑已为历史和现实所验证是正确的。因此，即使是在今天，我们使用和面对口号时，仍然可以从中得到启发。

第八，社会学民主情形下的联合政治。在对社会学民主进行分析阐释之后，拉德布鲁赫还对政党与民主的关系、两党制运行路径及其危险性、联合政党制度的安全稳定性、政党政治中出现领袖的必然性和必要性、政治家和政治领袖的区别等，阐明了他的观点。他针对联合政治的问题特别指出，对于一个信仰党派来说，妥协往往有背叛自身信念之嫌。因此，每一种联合都会使信仰党派面对质疑，这是联合政治总是要一次次面对的、十分艰难的问题。但是，拉德布鲁赫明确表示他信奉联合政治，即使大联合思想遭遇了失败，他也仍然认为一个工人政府不可达到的，甚至从来不可以企及的，在联合政治中可以实现。所以，党派合作很困难。但是，大联合政府是最正确的形式。(《社会主义与民族》)

第九，社会主义与法治国家。如前面已经向读者交代的，此书的大部分内容都是作者20世纪30年代前的政论文章，严格意义上讲，只有此书的"后记"才是作者为1949年第三版所补充的文字。在德意志民族经历了一场浩劫之后，作者在第三版扉页的献辞中特地说明，这是为了纪念他的死于非人性的三个社会民主党朋友。这篇后记虽然文字不多，但纳粹统治德意志这段历史所发生的一切，其无比惨痛的经验教训，给这篇后记打下了似染满德意志人民乃至整个世界人民红红鲜血的烙印，使这篇后记所表达思想观点更有价值，更令人深思。因此，这篇后记是读者尤其应该细读和领悟的篇章，当然，这并不意味着此前文章不重要。相反，读完前面的文章再读他的后记，则能更深刻地理解他前面表达的理念、观点和立场。某种程度上讲，后记其实是在相当长的时间后，作者以血、泪、痛对社会主义理论、道路和经验做的总结。这个总结的要点很简单，就是无论如何要建设一个法治国家，这也是整个德意志民族对"二战"中集体过错反思而得到的集体教训，"二战"以来，德意志国家法治国家观念越来越深入人心，以至于直到今天德国都小心翼翼地处理内政外交。纳粹统治给德意志民族带来的灾难，使德意志民族几近崩溃，其惨其痛，足以使德意志民族百年生惧，铭记百年教训。

在我看来，后记中有许多语句可以说是"金玉良言"。在此仅引其一段金句作为社会主义和法治国家关系的提示：

　　　　我们对于自己的目的确实是如此地清楚，以至于想要将我们自己在所有时代都受到束缚吗？回答这样的问题首先是要弄清楚，我们是否想坚持一种具有马克思主义烙印的完全的社会主义，或者是否去占领经济统率的制高点就足矣……根据已有的经验……我们必须要考虑通过一种"自由社会主义"（frei Sozialismus，韦伯语）而与之遭遇。集权主义在两个方面都认为法治国家是"自由主义的"，是可以弃之如废铜烂铁的"市民的"——其实这样的后果我们已然有了经历。所以，即使是社会主义者也必须普遍深入地具有这样的信念，即民主的人民国家同样也必须是一个法治国家，也必须按照权力分立的原则建立，并且承担尊重和保护人类基本权利的义务。我们所要的是法治国家、人的自由而不是任何专政，即使是称之为"无产阶级专政"（Diktatur des Proletariats）。[①]我们所需要的是科学的自由而不是教条的强制，即使它是一种给定的科学社会主义强制…… 永远都不可以再说："你什么都不是，你的人民才是一切！"（Du bist nichts, dein Volk ist alles）。（《后记》）

第十，思想观点冲突之处。不得不再次提及的是，拉德布鲁赫的思想观点有时似乎有相互矛盾的地方，这在他论述社会主义民主问题上又一次闪现。他虽然不遗余力地为社会主义及其民主路径论证，但又并不坚持绝对的社会主义政府。也就是说，他把社会主义制度和社会主义政府区分开来了。他认为："在一个资产阶级和无产阶级之间没有权力分配，而且说实话是不平等地分配了的社会中，一个纯粹的社会主义政府假扮着一种劳动阶层力量出现，但它并不存在，它唤醒着那种必然成为泡影的期待，扩大着那种损害着劳动政党影响的失望。"（《民主的危机》）不过，无论拉德布鲁赫的这个观点是否自相矛盾或正确与否，实际都表明了他是以科学的态度探讨着社会主义民主思想与实践。

---

① 早期的拉德布鲁赫将民主视为以一种多数选举制实现的无产阶级专政的一种可能性。

7.社会主义与民族

民族是一个涉及人类学、社会学、历史学和文化学的重要问题，如何理解民族，直接影响对于文化、国家乃至人类社会的理解。对于这个重要问题，拉德布鲁赫也较深入地作了探讨。不过应该说的是，中国和西方文化有一个重大的不同，即当中国人讲民族和国家时，其界限是十分清楚的，民族就是民族，国家就是国家，这也许是中国长期历史进程中自然而然地形成了一个多民族国家的缘故，虽然泱泱大国，但民族的意识和色彩始终是一个最重要的国家构成元素。直至今天，中国人的身份辨别时仍然有"民族"一项。这个辨识项以后会不会改变或消失尚不知道，但无疑是个值得研究的问题。但西方人讲民族时，很多时候和国家是同义的，区别只在于语境和场合。是否这是因为民族元素对西方国家构成不似中国那样突出，恐怕是一个要进行深入研究的问题。在拉德布鲁赫这部书中，他此处所使用的"Nation"一词，显然更多地是在讲"民族"。[①]

拉德布鲁赫认为，如同社会主义不否认个人之间的不平等，"社会主义同样也丝毫不否认民族的不平等和民族的特点。如同民主不是由相同个别人构成的砖头建筑，而是由不相同的个别人构成的不同社会团体建成的条石建筑一样，我们所谓的国际也是由各种民族构成的条石建筑，而不是由相同个别民族构成的砖头建筑"。（《社会主义和民族》）在这方面，他认同法国社会学家饶勒斯的观点，即世界不是相同民族构成的"灰色国际"或"巨大的平均"，在这种情况下，所有特征和精神的形式与色彩都丧失殆尽。相反，它是一个民族的世界联邦，而这个联邦又是"拨动着人类竖琴琴弦的所有人的祖国"。基于这种观点，拉德布鲁赫提出了一个非常重要的社会主义观点，这就是："对于社会主义来说，国际社会必须是一个具有民族劳动分工的国际劳动共同体。"（《社会主义和民族》）其实，我们今天谈论并为之努力的人类命运共同体，

---

① 德文中的"Nation"有民族、国家之词义，"Volk"则有民族、民众、人民之词义，如"Volksgeist"（民族精神）。

实质上不正是这样一个目标吗？为此，我们不能不承认拉德布鲁赫思想的洞见与前瞻。

既然承认民族存在的必然性及其价值，那么就必然产生与民族相关的一系列问题。如民族意识和民族文化等。什么是民族意识？拉德布鲁赫认为："民族意识是一个人类价值与生俱来的载体的意识，即'人类民族'（Menschheitsvolk）……人类的价值，不是用特定民族文化手中的镜子照出来的，也不是从绵延不断、遗留下来的种族中产生，事实上，也不是去认识那种有宝贵价值的民族特色的书法，因为这仅仅是一个具有自我意识的民族的表现方式。"显然，这里又引出了民族文化的问题。他认为："民族是一类具有自身特征的大众，这种特征以文化作为表达。所以，民族实质上是文化民族。"而文化的多样性，又决定了必然要保持民族的特性。而这种保护往往要在一种民族力量的面纱之下实现。然而"这种力量不是为了要把自身文化强加给别的民族，而是为了保护自身文化免受外来力量的威胁"。如同他在论述个人主义时所说的，在这里，他也认为："如同个性一样，民族性也属于那些只有在人们不去刻意追求时才会获得的价值——只有通过对事业的忘我牺牲才会取得的价值。"（《社会主义和民族》）不仅如此，他还指出片面追求民族特征可能导致沙文主义的危险。他说："所有国家的沙文主义者都会以本身的实质至少表明这么一点，即他们所为之奋斗的就是民族特征。可在所有民族必然地以同样的手段展开的力量角逐中，各个民族却不知不觉地越来越丢失了其民族特征。在第二次世界大战中，法兰西'精神'（Esprit）、英国的'共同意识'（common sense）、德国的'气质'（Gemüt）之间的相互搏斗，难道不正是这样吗？所不同的只是表现为机关枪、飞机和坦克的数量和规模。这恰恰就是战争最深层的无意义性，即以力量的手段来决定其民族特征的影响和扩张，而这种力量和影响根本没有内在联系！"（《社会主义和当代思想状况》）他又说："真实的民族感如同真实的爱一样，只能存在于内心里而不是嘴上。"（《论德国政治》）

在此思想基础上，拉德布鲁赫将社会主义的民族观念和文化沙文主义作了比较批判。他说："但是那种沙文主义的文化观，是有意识地要追求作为其本来目的的民族力量，从而与社会主义的民族观念有意识地、尖锐地区分开来……在沙文主义观念看来，民族就是'力量'（Mächte），是根据其力量的大小相互区分和相互比较的，但在质量上则是没有差别的。沙文主义观念的最高点就是战争，但同时也是民族差异的最低点。"对于战争的结果，他提出了被历史所证实的批判："战争，既是对国家力量的测量，也是对文化的严峻检验。战争的胜利不断地被作为正义的起点而被人们赞颂，直到自己最后也失败。"他指出："最为有实质性的文化占有绝对不可能一下子全部转化为军事能量。歌德、但丁、莎士比亚和莫里哀的文化价值不会作为鱼雷发射，作为毒气施放，可是如果鱼雷和毒气决定了这个世界的一种语言在何种程度上传播并因此而使一种文化得以享用，那么起决定作用的就不是战争的神明裁判，而是偶然的掷骰子游戏……最高的文化价值并不由军事力量的指数来表明，而且根本不是由数量确定来表明，文化是不可测定的量，而是纯粹的、不可比较的质，如果谁将民族看作是竞争的或完全战斗的不同文化群体，那么文化民族也就不会在其视野之内。"（《社会主义和民族》）

最后，还应该特别提到的是，拉德布鲁赫声称："社会主义和和平主义具有同样的基础和精神。"显而易见，他的这个立场观点，表明他是一个世界主义者。其实，他的整个思想体系似乎也早就注定他是一个世界主义者：他悲天悯人的宗教情怀，他笃信所有人、所有民族平等的思想，他的人类价值观念，他的文化理论等，都必然将其引向世界主义者。正如他在谈论文化民族和民族文化时说的："文化使命的本身具有国际的特征，作为文化作用的使命，不存在任何特别的德国的真理、美丽和伦理。文化民族和民族文化绝不是思想目的。如同那种人身性的特征一样，民族的色彩从来都不能成为一个文化工作的思想副产品。谁不追寻这个事业，而是追随他的想象，即个人的和民族的特点那种沾沾自喜的表达，那么他就会错过这个事业，从而也就无法获得个性或民族性。如同个性一样，民族性也属于那些只有在

人们不去刻意追求时才会获得的价值——只有通过忘我牺牲才会获得的价值。"①（《社会主义与民族》）

　　拉德布鲁赫的世界主义情怀，还可从他对歌德的推崇看到。在这部著作中的最后一章，他以题为"歌德和我们"的专章，讨论和赞扬了歌德的思想理念。他认为，歌德所追求的并不是一个朦胧渺茫的国际主义文化，而是诸多个别民族作为人类竖琴上振荡着的琴弦一起合奏出来的国际主义文化之声。歌德所说的："如果人们能够设身处地了解个别人类和个别民族群体的特别所在，而且确立这样一种信念，即真正的伟大功勋是因为它属于全人类而被授予的，那么一种真实而普遍的宽容就将最有可能实现。"这充分体现了他作为一个文化学者的博大胸怀，而且，"正是因为歌德有如此的思想境界和胸怀，他本人才得以作为德意志的精粹与精华荣属于整个人类"。（《歌德和我们》）

---

　　① 〔德〕拉德布鲁赫：《社会主义文化论》，米健译，第51页。

法律文化交往与文化主体意识[①]

　　清末民初中国法律改制后百余年来的法律发展史，实际集中体现为继受法和本土法律文化的碰撞、冲突、调整和融合的过程。正因如此，中国近现代法律史实际上是一部真实丰富的比较法学史；正因如此，比较法学对于现今和未来中国法律发展进步具有其他法律学科无法具有，甚至还相当依赖的特殊意义；正因如此，法学研究的话语主体意识才显得尤其重要和不可或缺。细心观察，我们会发现当代中国法律发展进程中的诸多重大理论和制度问题，其实都不同程度地受到话语主体意识具备抑或缺失的影响。许多法学家往往都会感受和意识到，他们常常会遭遇既要强调自我，但又无处不在异己之中的尴尬，这种情形尤其发生在比较法学领域。在比较法学领域，许多问题显然都是在无意识的无我状态，即话语主体意识缺失的状态下进行的。其结果，自然是难以得出能够说明自我及自我与他人关系的正确判断，更何况建立自己的话语体系。严格地讲，除了个别法学领域外，中国法学整体上至今没有走向世界，中国法学家至今没有获得在法律全球化、和谐化及法律融合过程中与其他国家法学家平起平坐、平等论道的地位。实际上，这种情形不仅发生在法学界，而且也不同程度地发生在其他人文社科领域。我们甚至可以说，百余年来中国在与西方国家的文化交往中，始终是在巨大甚至绝对的逆差状态下进行。对于这种文化交往的逆差，并非所有的人都有意识。因为近现代中国

　　① 原载《中国法学》2012年第2期。

特殊的历史环境，使得许多人没有觉察到，我们在长期的、无形有形的文化交往中已经忽略了自己作为文化交往主体参与交往的自觉性。对于这个问题，有学者已经从法学方法的角度提出批评："中国法学之所以无力为评价、批判和指引中国法制/法律发展提供一幅作为理论判准和方向的'中国法律图景'，进而无力引领中国法制/法律朝向一种可欲的方向发展，实是因为中国法学深受着一种我所谓的西方'现代化范式'的支配。"① 要解决这个问题，我们就有必要总结自清末民初以来，特别是改革开放以来中国在接受外来法律文化、促进自身法治建设发展过程中的经验，并从中发现、确立和加强自己作为文化交往主体应该具有和坚持的立场、角度和思想，亦即作为一个具有完全行为能力或话语能力的文化主体，进入文化交往的世界。就此而言，考察和分析法律文化交往形态就成为一个非常有意义的问题。

---

① 邓正来：《中国法学向何处去》，商务印书馆2006年版，第3页。在这部著作中，邓正来对此处提出的问题实际已经有探讨。他思考建构"中国法律理想图景"的尝试，表明了他作为文化交往主体参与文化交往的意识和他对于中国法学界作为文化主体参与文化交往"集体无意识"的焦虑。就此而言，他的这部著作有其敏锐和深刻。某种意义上，甚至可以说，它的确有对我们这个时期法学的"点拨"之功。但是，邓正来的研究明显地存在两个缺陷：其一，他在宣称中国法学"集体无意识"的同时，显然没有意识到他也是这个集体当中的一员，而且是较有代表性的一员，除了他敏锐的思考和丰厚的西学素养外，其整个研究的话语和话题完全是西方的。实际上，他是用西方的话语和话题提出了对中国法学话语和话题的期待。这样一来，他的中国法律理想图景就成了一个来自远方呼唤的回响，甚至还有一点明希豪森式三重困境或悖论（Münchhausen Tridelimma）的剧情色彩。相反，他所着重评论的梁治平和朱苏力，倒是在没有特别强调主体性的情况下，做了有别于集体无意识的研究探索，尽管他们的研究也同样都存在可以探讨之处。其二，他只是从方法上、知识来源上对于集体无意识做了批判，但并没有从人类、社会和历史的角度深入探讨为什么会发生他所说的"集体无意识"，我们应该如何改变这种状态。他对西方话语的"现代化范式"进行了反思，并对西方的地方性知识经由普遍主义的方式扩展成为普遍性知识的现象予以揭示和批评，但却没有去思考探究这种地方性知识的普遍化何以能够发生。同样，他提倡的中国法律理想图景这个地方性知识构想，又何以能够在全球化的社会历史条件下得到实现。于是，他的著作的启发意义也就到此为止。但是，无论如何，从邓正来、梁治平和朱苏力的研究中，我们已经看到了中国法学走向世界的格调与步调。这些学者研究探讨的某些问题虽然与本文有密切关联，但本文不拟在此展开。本文的目的是明确地以一个中国法学者的视角直接审视和思考比较法学的若干基本问题。

一、法律文化交往的必然

人类作为一个类存在的本质决定了人类社会的所有活动都是以沟通为起点，交往为核心，关系为基础，而贯穿和标示所有这些人类活动的基本特征与内容的就是文化。人类的交往包括着人与自然的交往和人与人的交往两大部分。在人与人的交往活动中，有个体与个体、个体与团体、个体与社会、社会与社会、民族与民族、国家与国家、文化与文化……，虽千变万化，但不离其宗。如同人类学学者本尼迪克特所说的："文化诸特性之间的相互交织既有发生，亦有消失，而文化的历史在很大程度上就是这些特定的性质、命运，以及它们之间的关联的历史。"①

考察人类法律发展史，我们可以发现，在人类之间的各种交往中，法律文化的交往占有极其重要的地位。国家与国家的交往过程中，一个国家对另一个国家的法律文化，包括法律观念、规范、制度和理论发生影响、继受甚或移植，或者国家与国家之间在法律和法律制度方面相互影响、借鉴、继受、整合乃至融合等，都已经被法律发展的历史所证明。所有这些，构成了各国法律或法律文化交往的基本内容。这种交往随着人类社会的进步与发展，随着人类的类存在本质越来越凸现，显得日益重要。可以说，它在很大程度上必然直接地影响各民族国家和社会的关系，影响国际社会的共存与和谐，从而影响着未来人类社会的发展进步。尤其是当人类社会发展已经进入一个可以用"全球化"的表达来描述的时代，这种法律文化的交往更加举足轻重。

一般而言，在不同国家之间的各种交往中，通常是经济先行，法律当其要冲。因为只有进入法律交往状态，才能使交往秩序化，并进而使之获得保障和安全。所以，法律交往是人类社会最基本、最重要的一

---

① 〔美〕露丝·本尼迪克特：《文化模式》，王炜译，社会科学文献出版社2009年版，第30页。

种交往形式，它的直接结果是自觉与不自觉地实现法律文化融合，并由此推动法律的进步发展。美国法学家埃尔曼在谈到中国法律制度发展时说："现代各国法律制度中，从来未曾吸取外国经验或借鉴外国模式者极为少见。在国家之间日益增强的相互依赖已经扩展到不同意识形态国家间的今日世界，法律文化的这种融合似乎有了成功的希望，虽然还得不到保证。"① 其实，埃尔曼在此的说法还是有些含蓄。因为历史的经验表明，整个人类发展史其实不过是通过交往而实现融合的历史，融合与发展是人类发展进步的一个基本规律。从人类学上讲，可以看到"真正把人们维系在一起的是他们的文化，即他们所共同具有的观念和准则"。事实上，"自有人类历史以来，整个世界不管哪个民族都能够接受别的血统的民族文化"。② 所以，文化的交往与交融，实际是整个人类社会发展进步的主旋律。

　　既然法律文化交往作为文化交往的一种类型，构成整个人类社会发展的主旋律，那么，它的实质内容究竟是什么呢？简单讲，就是实然与应然、地方性与普遍性的关系及其相互转换问题。对此，18、19世纪之交的英国功利主义哲学家边沁早就有过很有启发性的概括，他认为：法律是什么（实然法），在不同的国家有差别而且差别很大，而法律应该是什么（应然法），在所有的国家中却在很大程度上是相同的。因此，解释者永远是这个和那个特定的国家的公民，而评论者则是，或者应当是一个世界公民。③ 仅就此观点而言，我们可以说人类社会各个国家的法律文化交往，实际上是一个地方性向普遍性发展、普遍性由地方性构成的路径和过程；而法律交往的目的或结果，就是实然法的个别性向应然法的普遍性发展，从实然法的地方性向应然法的世界性发展。最后，一言以蔽之，就是对于应然法普遍化和最大化的追求。

---

　　① 〔美〕H.W.埃尔曼：《比较法律文化》，贺卫方、高鸿钧译，生活·读书·新知三联书店1990年版，序，第7页。

　　② 〔美〕露丝·本尼迪克特：《文化模式》，王炜译，第9—10页。

　　③ 参见〔英〕边沁：《政府片论》，沈叔平等译，商务印书馆2009年版，第96页。对于这句话，不同的译本有表达上的不同，这种不同应该说对于理解边沁的思想内涵是有影响的。这里取其一，括号里标明另译的不同表达。

二、法律文化交往的主体意识

法律文化交往是法律文化之间相互影响和渗透，相互借鉴和学习，相互整合和融合的过程。对于这种交往通常采用的方式或形态，对于这种交往的所需要的条件和环境，国内外法学家，尤其是法律史学家和比较法学家始终都在关注和讨论。但立场、观点，判断、结论都有相当大的不同。在很大程度上，对于这些问题的讨论长期以来都是由西方学者所主导，而他们的讨论又相当程度上影响着东方学者，其中包括中国、日本、印度以及东南亚诸国的学者。正因为如此，在东方各国对于法律文化的探讨研究过程中，许多人其实都是从西方的立场来观察分析问题，用西方的话语来描述和阐发问题的。换言之，是以西方的立场及其既有的观点来认识和讨论法律文化交往的各种问题。这样一来，东方各国有关法律文化的研究也就不知不觉地追随着西方学者的语言和路径，以至于较少能够自觉地作为一个文化主体参与此类研究。[①] 例如，在探讨一个国家借鉴和继受另一国家的法律制度的问题时，东方国家学者，其中尤其是中国学者长期以来基本上都深受西方学者影响，的确表现出一种集体的主体无意识。至于具有话语主体意识，具有广泛影响力的著述少之又少。可以说，至今为止恐怕只有日本比较法学者大木雅夫和法律人类学学者千叶正士的研究才在一定程度上代表了东方学者在此领域较为深入和独立的思考。其中，千叶正士从东方学者或非西方国家学者的立场出发，将整个人类社会法律文化的形成与发展作为考察对象，以鲜明的非西方学者的主体意识分析看待人类社会法律的存在与发展形式，并力图"超越西方法学"的尝试尤可称道。

千叶正士的学术境界在于他看到了许多年来的世界法学基本是在

---

① 严格说来，在中国大陆真正对这个问题开始较为广泛范围内讨论的时间迟至20世纪80年代后期。当时的法学家，尤其是年轻的法学学者，对有关法律文化及法律文化涉及的各种问题曾经非常广泛热烈地进行过讨论。而且，这种讨论直到今天也没有结束，但近些年来已经相对平静下来，进入更深层次、更为冷静的思考阶段。

西方法学话语和意识的主导下展开的，而大多数东方学者对此可能都或多或少地有些忽略。他明确地提出"要超越西方法学"，并且指出"对于正确理解非西方社会的情形，普遍流行的将非西方的法律与社会作为'传统的'以对照于作为'现代的'西方法律与社会的这种特征化做法是一种过于简单的贴标签的方法"。不仅如此，这种做法甚至发展到了拿"普通法或美国法"作为输出模式的程度，"法律帝国主义"的暗潮实际已经出现。因此，他对"传统与现代"这种对应东西方法律文化的两分予以明确批评，敏锐地看到"现代化"这一命题对非西方文化的存在的忽视，认为这是一种无效的方法或理论。①

千叶正士在思想方法上的新颖之论是他提出了"本土法的同一性"或"法律文化同一性"的理论假设。实际上，也正是这个假设使他能够展开其"三重两分"的具体研究。千叶正士研究成果方面独到的贡献是他提出民族国家法律整体上是多元的，因而提出民族国家或社会的法律三重结构，即官方法、非官方法和法律准则三个部分共同构成民族国家的全部法律。他所说的官方法律（official law）即由一个国家的有立法权限的机关制定颁行的法律，其中国家性的制定法通常是最典型的官方法，甚至唯一的官方法；第二个层面是非官方法律（unofficial law），即并非由任何有立法权限的机关制定颁行，但却由于特定民众阶层普遍认同而在实践中生效施行的法律，无论其在境内或者境外；这种普遍的认同既可能是有意识地以一定形式的规则承认和表达的，也有可能是无意识地以特定行为方式予以遵行的；第三个层面则是法律准则（postulate），即与特定官方法或非官方法有特别联系的价值原则和价值制度，它们起着发现、调整和定位前者的作用。后来，他在此基础上进一步将其发展为"多元法律的三重两分法"理论。这一他本人称作"最终理论"的内容实际是在他最初的三重结构论基础上，进一步阐释了多元法律存在的形式及其相互关系，即第一重结构中的"官方法与非官方

---

① 〔日〕千叶正士：《法律多元——从日本法律文化迈向一般理论》，强世功译，中国政法大学出版社1997年版，第7、19、23页。

法"，涉及第二、三重结构的"法律规则（实证规则）与法律原理（原理性价值）"和"固有法和继受法"。他的这一立论，无疑对长久以来人们始终以西方法律为起点和中心的法学方法是一个很大的冲击，同时也对东方学者考察自身法律制度发展问题给出了很好的范例。[①]

不过，虽然千叶正士的理论独树一帜，立论分明，给我们，特别是东方学者理解国家法律构成，分析本土法的构成元素与发展规律提供了启发，但仍然有探讨的余地。例如他的法律三重结构理论并非特别严谨，某种程度上似乎没有区分法律与法律文化的差别，即建筑与基础的差别，也许他就是站在广义法律概念上展开其理论的。这里自然涉及如何理解法律的本质，如何解释本质的形成和发生问题。更为重要的是，他虽然提出了法律的三重结构和两分，并且也切实用以分析解释了法律文化形成发展过程中的一些基本问题，例如法律继受和不同类型法律或法律文化的互动，但是他却没有发现或提出与其理论相应的法律互动与发展的路径。具体说，他实际上自始至终都是采用西方法学家的话语"继受"来概括分析不同层面不同类型的法律演变发展，而法律文化沟通与交往，法律的发展与进步路径显然不可以仅仅以继受来概括。这一缺失，对其理论的说服力多少有些削减。

综上所述，探讨法律文化交往的问题，文化主体意识非常关键。我们以往探讨此类问题总是不能得到清晰满意的答案，不能得到被广泛认可接受的结论，其重要原因之一就是缺乏文化主体意识。

三、法律文化交往的形态

从历史上看，尤其是近现代法律发展史看，国家与国家之间的法律或法律文化交往基本上有以下五种形态：借鉴、继受、移植、整合和融合。

[①]　Masaji Chiba eds., *Asian Indigenous Law—In Interaction with Received Law*, Routledge, 1986, pp.5-6.

1.法律借鉴

法律借鉴（borrowing），是说一个民族国家的法律有意识地从另一个民族国家的法律制度中学习一些自己需要的个别制度规则，从而改进和发展自身的法律制度。[①] 这是法律进步与法律文化发展的最基本、最普通和最常见的路径。法律借鉴通常是个别地发生，具有实用主义的色彩，无需有一个整体计划，一般也没有公权力的强制或组织，它们只是偶然地或随机地发生于个别制度规则之间。借鉴大多是要解决一个实际问题，或者是为了解决一个法律问题而寻求较好的方法。一般而言，借鉴不会直接触及深层次法律文化问题，技术和方法上的问题居多。例如民法上的过错归责原则或无过错归责原则、合同法上的预期违约或不安抗辩、消费者保护方法与原则、公司和证券有关规则制度、刑法上的犯罪构成理论、法律诊所、辩诉交易，等等。历史和现实都已证明，这种不同民族或国家法律文化之间相互学习的情况是十分普遍的。它们可以发生在任何国家之间，任何法律制度之间，大陆法系与英美法系之间，东方法和西方法之间；[②] 本国法从外国法当中，具体如法国法从罗马法中，德国法从罗马法中，中国法从日本法、德国法以及其他法当中，日本法从法国法、德国法当中，都可实现之。[③] 对于法律的借鉴或学习，

[①] 关于法律借鉴，许多学者都谈论过。但是，基本的情形是太多受西方学者的影响，跳不出西方学者设定的语境，或将法律借鉴与法律移植等同，或是语焉不详。现今所见对法律文化交往各种可能性及其关系做过较为详细概括的是王伟臣，尽管他并没有将其上升为"法律文化交往"这个层面，只是从语言词汇的角度所做的总结。参见何勤华等：《法律移植论》，北京大学出版社2008年版，第306—310页。

[②] 如果说东西方国家之间，应该看到的历史事实是，东方国家法律制度对于西方国家法律制度的借鉴是主要的，西方国家对东方国家的借鉴发生很少。不过，中国的民间调解制度和司法调解制度应该是一些西方国家颇感兴趣的一种制度。但它对特定西方国家的影响，恐怕还要等待时间予以证明。例如，德国近些年在解决司法诉讼压力繁重的问题上，也开始尝试采用调解的方法。

[③] 应该指出，"borrowing"这个英文表达在某种程度上或许能够表达一个历史学家的立场或角度，但它可能并不一定能够恰当地反映出一个比较法学家的立场或角度。因为"borrowing"本身表明是从他人之处拿来，但实际上如果从人类共同法的角度看，有些规则本身是属于人类社会共有的。客观上，某种制度规则可能先为一个社会或国家所有后来又被另一个社会或国家所一样采用，这是否以"借鉴"抑或"移植"来表达，应该是一个颇受思想观念影响的问题。

因其是一种并不影响主体地位与价值的正常普通发展途径，故国内外学界并没有太多的争议。事实上，这种借鉴每时每刻或此或彼都在发生。

2. 法律继受

所谓法律继受（reception），是说一个民族国家自愿地、有计划地、有目的地将另外一个民族国家的法律制度，经过一定的阐释，并根据本国的情况进行鉴别、选择、调整和体系化，最终较为全面地予以接受的现象。它通常表现为民族法律制度与文化发展的自主和积极的交融过程，一般不存在历史文化传统的完全断裂和对新的文化传统的强制接受，故也不影响民族国家或地区作为法律制度自主主体的地位及其固有制度价值。换句话说，它并没削弱继受国家法律文化主体的地位与价值，是一个较为客观和持中的方式。对此，德国法学家尼尔（Knut Wolfgang Nörr）有这样的看法："不同民族之间的关系中，一个最为引人入胜的问题是，不单单是物质产品，而且还有知识和经验、观点和思想，实际上所有文化和文明的构成元素，都可以从一个国家到另一个国家，从一个大陆到另一个大陆。法律同样也不除外。法律条文和法律制度是人类的构想，它如同其他构想一样，并不能以国家边界予以禁锢。他们被移植和转移，或者从接受者的角度说，被引入和被接受。移植和接受外国法律的现象向法律本身一样古老，它在历史上一再发生；正是我们这个世纪，见证了大规模的法律继受。因此，法律继受一再成为吸引法律史学者和比较法学者注意力的现象。"[①] 在此，尼尔不仅强调作为文化元素的法律，其继受具有普遍性和规律性；还在一定程度上说明了法律继受的深层次原因。与此同时，他也表明了站在不同的角度会对此现象有不同的认识。对于法律继受，法国法学家勒内·达维德有更进一步的阐述：

[①]　Knut Wolfgang Nöerr, The Problem of Legal Transplant and the Reception of Continental Law in China before 1930. See Weg zum japanischen Recht, Festschrift für Zenttaro Kitagawa zum 60. Geburtstag am 5. April 1992, herausgegeben von Hans G. Leser, Marburg gemeinsam mit Tamotsu Isomure, Marburg Kobe Duncker & Humblot, Berlin 1992, S. 231.

　　在其它一些不曾受到欧洲大陆各国统治，但现代化的需要或西方化的愿望曾经引起欧洲思想渗透的国家，一种自愿接受的现象曾产生同样的结果……欧洲以外……为数很多的国家曾经"接受"欧洲的法。但这些国家在接受之前曾经有过本地的文明，包括一些看问题和为人的行为方式和一些制度。在这种情况下，接受常常只能是部分的，法律关系的许多领域（尤其是"身份法"）仍受传统原则支配；除此之外，旧的为人处世的方式可能使新法的实施同它在欧洲的实施情况颇为不同。①

　　可以说，达维德的这种认识阐释是十分客观中肯的。虽然他是站在西方学者的立场，从西方的角度看待和分析问题，但却能够看到继受法律的独立自主，看到继受主体的自愿和继受的局限——即不能否定原有本土文明的存在及其继受后的继续存在。按照这种观点，我们将世界法律发展史上日耳曼人对罗马法的继受，欧洲以外国家对西方国家，主要是亚洲诸国家对德国、法国、英国和美国等国法的继受等，均可归入其列。其中东方，主要是亚洲民族国家或地区对欧洲民族国家法律制度的继受，如日本法对法国法和德国法的继受，中国法对德国法的继受，虽然有文化传统上的差异，但却并没有造成文化传统上的实质性冲突。在此，大多数继受者实际都有意识地避免了继受法与本土法在文化传统上的冲突。实际做法是将可能与本土法律文化发生冲突的部分尽可能事先地予以排斥，而只接受对于人类社会或继受国家是共同的部分。

　　一般来讲，法律继受的结果通常使继受国家的法律发生巨大变化甚至整个法律制度转型或转轨。但是，这种影响和变化的程度在各个

---

　　①　本处征引文字中的"接受"即我们在此谈论的继受。参见〔法〕勒内·达维德：《当代主要法律体系》，漆竹生译，上海译文出版社1984年版，第25、26页。顺便需要说明的是，国内有学者用达维德的这段话来说明"移植"是不恰当的，尤其明显的是不能用"reception"来解说"移植"。参见倪正茂：《比较法学探析》，中国法制出版社2006年版，第284、279页。

国家之间是非常不同的，每一个继受都有其特别之处。匈牙利学者伊姆雷·宰泰就此说过："法律继受某种程度上是非常不可思议的，其意义和特征在继受国家之间各不相同。"[1] 中世纪后期日耳曼国家继受罗马法如此，19和20世纪之交中国继受西方国家法律也是如此，许多东方国家继受西方国家的法律更是如此。例如，典型的逊尼派伊斯兰国家埃及就是在其发展本土法的过程中，通过对西方国家法律的继受而完成了其整个法律结构的转型。埃及法律发展史源远流长，早在古代法老时期就已经建立了其本土法的初步规模与形制，后来虽有罗马法的影响，但基本上一直保持了其本土特色。但是，由于奥斯曼土耳其的征服，[2] 埃及于16到18世纪进行了其历史上的第一次法律继受，即继受了奥斯曼帝国的伊斯兰法律制度。这种继受如此深入，使得伊斯兰法差不多整个取代了原有的官方法，不仅如此，随着时间的推移，这种被继受的伊斯兰法本身竟然也渐渐地被理解为本土法了。不过与此同时，各种本来深深植根于埃及本土民众社会的非伊斯兰习惯法也仍然在占统治地位的伊斯兰法律管辖之外继续生存，其中一些甚至还融入了埃及的官方法律，另外一些则作为非官方的规则在官方法领域之外继续发挥影响。埃及法律继受完成之后，其整个法律制度就处在一个同化了的官方法和继续存在的非官方法之间的发展互动之中。[3] 18世纪末，当拿破仑占领埃及时，也曾一度想将他的《拿破仑民法典》移植到埃及施行，但是由于拿破仑统治在埃及遭到强烈反抗，且迫于周边敌对势力的压力而于占领埃及三年后就匆忙离开，故这个计划并没有实现。但是，无论如何《拿破仑民法典》及法国法的影响还是迅速影响到了埃及法的各个领域。这种影响

---

[1]　Imre Zajtay, Zum Begriff der Gesamtrezeption fremder Rechte, in Imre Zajtay, *Beiträge zur Rechtsvergleichung*, Mohr Siebeck 1976, Tübingen, S.94.

[2]　1517年奥斯曼帝国占领埃及，推翻了曼姆鲁克王朝，埃及从此成为奥斯曼帝国的一个行省。但是，埃及本土的政治力量并没有因此被消灭，相反还得到一定程度的保护，以平衡地方行省政治势力，避免其与奥斯曼帝国中央集权发生抗衡。但在法律方面，奥斯曼帝国的法律还是进入并很大程度上取代了原有的埃及本土法律。参见杨灏城：《埃及近代史》，中国社会科学出版社1985年版，第8页及以下。

[3]　Masaji Chiba, *Asian Indigenous Law—In Interaction with Received Law*, p.378.

如此深入与普遍，使得埃及法几乎实现了第二次法律继受。就此而言，现今埃及法律制度真的可以说成是一个颇具代表性的继受法范例。[①]

我们再以印度法律的变化发展为例看看继受过程中必然遭遇的问题。在印度，原本的用以调整社会各类关系的律法是具有强烈宗教色彩的达玛（Dharma），它实际构成了本土法的核心内容。但是，由于英国殖民力量在印度的长期存在，渐渐形成了一个多元的或多层面法律制度结构，即包括了本土法和各种官方法规以及英国法的法律制度。其中，潘查亚特（panchayat）代表着非官方的法规，是本土习惯的集中体现。但在官方法方面，却显然是西方法律理论和基本原则占支配地位。不过，由于西方法律原则和印度法律原则如此不同，以至于官方制定法律原则往往不可能完全取代非官方的民众法律，即民众生活中的习惯。于是从英国殖民时期以来至今，印度的法律制度始终呈现出一种本土法与外来法分别共存、相互替补的现象。

再看泰国。泰国在其有史之初就开始培育其自身的法律，即本土法律。其中一部分包括在泰国国王及历朝国王颁发的敕令中。但其官方成文法从来不是那种从西方的角度可以理解的法律模式。其成文法主要可以分作两种形式：达玛沙特拉（Dharmasatra），即泰国神圣永久的法律；拉扎斯特拉（Rajyashastra），即国王发布的强制执行的王朝法令汇编。此外，非成文法就是所谓自治法律领域（autonomous legal domains）的习惯规则。这样，泰国的法律实际也是有三个部分组成：达玛沙特拉、拉扎斯特拉和地方习惯规则。[②]

问题是，历史上曾经发生过的继受现在并不为人们所关注。人们现在所关注的法律继受更多地是发生在近现代以来非西方国家和西方国家之间。但是，如果仅仅考察非西方国家，主要是亚洲诸国家对西方国家的法律继受，那么就不可能对法律继受得到一个全面客观的认识。西方国家的许多学者，当然也有一些东方国家的学者，有意无意地强调了

---

① 参见杨灏城：《埃及近代史》，中国社会科学出版社1985年版，第27页及以下。

② Masaji Chiba, *Asian Indigenous Law—Interaction with Received Law*, pp.378-382.

近现代法律继受这一历史局部，如果不是刻意强调西方文化的优越，也是潜意识里有着一定的西方文化主导思想。对此，日本比较法学者真田芳宪也曾指出："法律继受是一个复杂的系统工程，同时又是人类文化交流的一部分。仅依靠传统的比较法学的方法很难得出令所有人都普遍认可的结论来。因此，积极地从多个方位去加以探讨已是多数学者的共识。"[1]

我们必须看到，继受法与本土法之间实际上自始存在一种互动，没有这种互动，继受就难以产生积极的效果。在所有继受法国家中，我们几乎都可以看到这样的历史说明。如同日本学者千叶正士所说："最初继受的法律都趋向于在一个漫长的历史过程中被我们理性地称之为本土法的法律予以同化。伊斯兰法在埃及和伊朗，中国法在日本，印度法在泰国等等，都证明了这种规律。不仅如此，即使是今天继受的西方法律，将来迟早也会被称为本土法律。"[2] 当然，也要看到，继受法和本土法之间的关系就如同官方的制定法和民间的习惯法一样，彼此之间总是存在着斗争，而正是通过这种斗争，使得两者最后渐渐达到一种平衡与和谐，其各自所代表体现的法律准则得到确认。不过要指出的是，各个继受法国家中的这种斗争必然会因为其各自的不同社会文化和历史背景而各不相同。这种斗争的本质就是继受国家法律文化要求继受法准则与本土法律准则要具备起码的同一性。这种"本土法的同一性准则"是继受法国家对待继受法的基本态度。而人类社会的发展，人类历史的发展必定是趋于促成这种同一性的实现。

3.法律移植

到目前为止，最有影响力的法律移植（transplant）论者是美国学者阿兰·沃森（Alan Watson）。沃森认为，法律的民族性和法律的可移植性是一个最为奇怪的悖论。"一方面，一个民族的法律应该被视作这个

---

[1]　参见〔日〕真田芳宪：《日本的法律继受与法律文化变迁》，华夏、赵立新译，中国政法大学出版社2005年版，第270—271页。

[2]　Masaji Chiba, *Asian Indigenous Law—Interaction with Received Law*, p. 389.

民族特有的，而且的确是一个民族认同的标志，事实上即使是在关系非常密切的两个法律制度之间，也存在着一些重要细节上的非常明显的不同；但是另一方面，法律移植，即一种规则或一个法律制度从一个民族到另一个民族的移动"，[①]从最早的有文字记载的历史看，就始终是普遍的现象。对于这种移植说，从一开始就有不同的看法，各国法学家们讨论甚多。

应该说，法律移植本身是一个西方话语。涉及法律移植的最早论述，现在一般都追溯到孟德斯鸠在其《论法的精神》中所阐述的观点。按照孟德斯鸠的看法，"为某一国人民而制定的法律，应该是非常适合于该国的人民的；所以如果一个国家的法律竟能适合于另外一个国家的话，那只是非常凑巧的事"。这就是说，一个国家的法律应该是适合本国情况的，通常是难于适合另一国家的，用现代比较法语言来讲，也可以说是难于移植的。那么，阻碍法律移植的又是哪些因素呢？奥托·卡恩-弗罗伊德（O. Kahn-Freund）将孟德斯鸠所讲的构成"法的精神"的各种关系，解释为环境因素，其中又可分为三种：一是地理因素（包括气候、地理位置、土壤等）；社会和经济因素（包括生产方式、人口、财富和贸易等）；文化因素（包括宗教、传统和习惯等）。另一类是"纯粹政治因素"（例如政体的性质和原则等）。[②]

尽管法律移植的思考早已有之，但它真正作为一个学术概念或理论在法学领域展开，是在沃森的《法律移植论》问世之后。沃森关于法律可以通过法律规则或制度的移植获得发展的观点本身其实没有太大问题。问题在于，他对移植的理解和移植发生条件的认识有明显的偏颇。特别是他认为，法律移植的发生，并非是因为社会发展和构建导致，因而即使没有一个可以复制的模式也注定要发生的结果，而是由于这些被移植的规则被那些能够掌控立法的人们所知晓。[③]显而易见，他的观点

---

①　Alan Watson, *Legal Transplant: An Approach to Comparative Law*, 2.edit, The University of Georgia Press, Athens and London, 1993, p.21.

②　〔法〕孟德斯鸠：《论法的精神》，张雁深译，商务印书馆1978年版，第6—7页。

③　Alan Watson, *Legal Transplant: An Approach to Comparative Law*, 2 edit., p.21f.

在此就出现了问题。首先，他关于法律移植的定义描述显然太过于抽象，或者说也太过于简单化了。一方面，他的定义并没有揭示法律移植的本质特征，另一方面，更没有对法律移植的概念内涵有严格的界定，也就是说，他所说的移植是没有定性和界定的，起码没有明确的边界，因而是很空泛的。其次，更广阔的角度看，沃森的论点不仅有方法上的问题，而且还有明显的思想观念问题。一方面，他否认了法律发展进步的内在原因，把法律的发展进步简单地归为一种偶然的人为的结果。另一方面，也许更为关键，他完全是站在西方法律的角度来看待和探讨问题的。例如沃森曾对法律"移动"的现象作了三种划分，即借鉴、继受和移植。首先，他使用"移动"而不使用"交往"，本身已经有以西方法律为中心的暗示；其次，他对借鉴、继受和移植的描述，也基本上是单向的移动；再次，这三者相互之间的关系并不清楚，他一方面会笼统地把移植和继受纳入借鉴范畴，另一方面却又较多地采用继受和移植的表述，而且这两者之间的区别使用似乎只是因为场合不同。最后，我们甚至可以发现一个也许不是规律的规律，即他在讲西方国家之间历史上发生的法律"移动"时多采用继受，如罗马法在荷兰的继受；[1] 而超出西方国家空间范围时则更多地采用移植，如德国法移植到日本时，英美法移植到……但他始终没有说明，为什么会有这种表达上的不同。而且，即使是谈到继受和移植实际可能有各种不同的表现形式时，他也没有跳出既有的思维定式。

沃森作为一名学者，特别是一名具有国际视野的比较法学者很有学术造诣，但显然他是站在西方文化的立场上看世界的。[2] 其实，这也说明了为什么他认为法律的民族性和可移植性是一个奇怪的悖论，因为他没有能够超越自身，超越西方学者的立场，没有能够站在人类文化的

---

① Alan Watson, *Legal Transplant: An Approach to Comparative Law*, 2 edit., p.57.

② 我国许多比较法学者其实颇受沃森移植论的影响，但缺少更全面更深入的自主考察分析，故不知不觉地进入了西方学者设定的语境，因此总难跳出窠臼。如有学者甚至说："早在20世纪60年代，就有不少外国学者介入了法律移植的实务活动。"这种说法显然是不妥当的。首先，此处"实务活动"是指什么？学者如何介入法律移植的实务活动？这种说法本身就表明了学者对法律移植的认识是不清楚的。

角度看待人类法律文化的各个组成部分以及它们彼此之间的必然联系。换句话说，他没有把世界各国迄今为止的法律文化发展纳入人类文化的范畴来思考审视。

在西方，许多学者与沃森所持观点不同，其中较有代表性的学者是英国学者奥托·卡恩-弗罗伊德。他认为，国家法律与其所赖以产生的社会有不可分割的内在联系。进一步说，法律不可能与其社会目的分离，也不可能与其所处的社会和时代环境相分离。法律在某种程度上萌生于一个民族的生活之中，因而也在某种程度上能够从一个民族移植到另一个民族。然而，就一个民族的法律的核心内容而言，它们通常是如此深入地植根于该民族生活，以至于有效的移植是不可能的。因此，他并不认为制度和规则是可以移植的。此外他认为，对于法律移植，各种国家权力因素会是最大的障碍。这些国家权力是为了权力分配而设置的宪制、立法、行政或司法的程序，即规则制定、作出决议，尤其是政策制定的权力。[1] 因此他的结论是，比较法学不仅仅需要对特定外国法的认识，而且还需要对与此相关的社会的，尤其是政治的关联领域有所认识。如果仅仅从忽略了与法律相关的社会各个领域的法律精神出发，为了实际需要而运用比较法学，那么它就会成为比较法学的滥用。[2] 当然，卡恩-弗罗伊德并没有否认有些法律领域的吸收、借鉴和整合。例如1965年英格兰法律委员会条例就责成法律委员会和苏格兰法律委员会获取其他国家有关法律信息，从而改进其债务履行方面的规则。另外，欧洲共同体条约和欧盟条约，也很大程度上自动地成为英国的法律，公司法领域尤其如此。[3]

应该指出，沃森的法律移植观点在20世纪80年代直至90年代的一段时间里在中国法学界产生过很大影响。在中国大陆法学界，对于法律移植的认识其实是很混乱的，甚至于将法律移植与其他法律交往形

---

[1]　O.Kahn Freund, On Uses and Misuses of Comparative Law, *The Modern Law Review*, Vol. 37, January 1974, No.1, pp.17, 19.

[2]　Ibid., p.27.

[3]　Ibid., pp.2-3.

态，如法律借鉴、法律继受等相提并论，其实这也是为什么讨论了许久但却没有结果的原因之一。比较法学者沈宗灵虽然对"移植"与"借鉴""吸收"之间的区别有较充分的阐释，但他还是认为："法律移植的词义与我们通常讲的法律借鉴与吸收是相当的，有时也可能含有较多的意义，但也不会有太大的区别。"①不过，已有学者对此提出了不同的看法，认为"法律的'移植'与法律的'借鉴'及法律的'吸收'等，都是了不相同、绝不可相提并论、更不混用的概念，否则，我们永远讨论不清法律移植问题"。②

现今中国大陆法学界对法律移植较为通行的看法是，法律移植一般是指一个民族国家将另一个具有完全不同历史文化传统的民族国家法律制度，部分或全部地，置于本民族国家，如同植物和生物器官的移植那样。显然，这是颇受西方学者影响的观点。当然，也有学者对"法律移植"的通说作了另外的诠释，即"鉴别、认同、调适、整合的基础上引进、吸收、采纳、摄取、同化外国的法律（包括法律概念、技术、规范、原则、制度和法律观念等），使之成为本国法律体系的有机组成部分，为本国所用。"显而易见，这里所讲的已经不是"法律移植"本身了，它几乎囊括了所有法律交往的形式。③它通常表现为民族法律发展的强制改造过程，大多数情况下也不是移植国家主动和积极地选择，因而它不可避免地伴随着历史的断裂和文化传统之间的激烈冲突。就此而言，它与自愿或主动的继受形成对比。

一般来讲，移植往往发生在殖民地或殖民统治的情形下，例如美

---

① 参见沈宗灵：《比较法研究》，北京大学出版社1998年版，第668、678页。此外，还有颇有代表性的学者将"移植"和"继受"模糊而论，见何勤华等：《法律移植论》，北京大学出版社2008年版，第291页。

② 参见倪正茂：《比较法学探析》，第288—293页。不过，此书作者可惜一方面区分了法律移植与法律借鉴，但另一方面似乎又混淆了法律移植、法律继受和法律吸收的区别，具体见所引书第284、285页。

③ 参见张文显：《法理学》，高等教育出版社2003年版，第197页及以下；又见何勤华等：《法律移植论》，第221页及以下。

国法之于英国法、① 印度法之于英国法、香港法之于英国法、澳门法之于葡萄牙法等，均是移植的例子。此外，就是以军事力量支持的某个霸权强制将其本国法律强制移植到别的国家的历史现象。例如，罗马帝国全盛时期就是依靠其军事力量将其法律带到了除了意大利以外的整个帝国的势力范围内；拿破仑也依靠其在军事上的节节胜利将其法典，尤其是民法典带到了其整个势力所及的范围强制实施。直到今天，罗马帝国和法兰西帝国这种向外移植法律的结果依然清晰可见，而且已经形成了不可改变的历史轨迹。正像勒内·达维德所说："由于殖民化的作用，罗马日耳曼法系赢得了非常广阔的地盘，在这些土地上今天还实施着属于这个法系或同这个法系非常接近的法。"②

应该看到，法律移植究竟在多大程度上得以实现，究竟哪些国家真正实现了所谓的法律移植，这些都是值得研究的问题。其实，在法律移植问题上长久地存在争议的重要原因之一就在于"移植"这个概念本身的内涵和意义是十分含混模糊的，它并非一个严谨的法学概念。更为重要的是，恐怕很多人对于移植论主张者沃森最初对于移植的阐释并没有全面理解，而只是从文字表达的表面来予以演绎发挥，造成了一些混乱，以至于发生了可能并不必要的争议。

按照沃森的阐释，主动"自愿地移植，即一个整体法律制度或者是一个法律制度中的一大部分移动到另一个国家，主要有三种情况：首先是，一个民族移动到不同的领土上，而在此领土上没有可以比较的文明，于是同时也带着其自身的法律。其次是，一个民族移动到另一个领土上，而在此领土上有着可以比较的文明，但其仍然同时带着其法律进入。第三是，一个民族自愿地接受了另一个民族和另外一些民族制度的一大部分"。③ 从沃森描述的这三种情况看，我们大体可以把近现代世

---

　　① 关于美国法对于英国法的关系，似乎是一个可以单独讨论的问题。因为美国法和英国法之间的关系不同于其他地区或国家移植，但是，也不能说是一种移植，但比较而言，两者之间的关系可能用"移植"更为恰当。

　　② 参见〔法〕勒内·达维德：《当代主要法律体系》，漆竹生译，第25页。

　　③ Alan Watson, *Legal Transplant: An Approach to Comparative Law*, 2.edit., pp.29-30.

界法律发展史上发生的"移植"作些归纳。其实，他说的第一种情况可能最适用于说明美国法对英国法的关系，第二种情况则可包括大多数殖民国家法律与被殖民国家或地区法律之间的关系，第三种情况则可与前面所说的继受归为同类情况。

其实，即使是沃森本人，虽然固执地用继受和移植这两个表达来抽象概括所有民族国家或地区法律交往的情况，但毕竟也承认了这当中有更具体的形式，甚至存在自愿和强制的区别。他说："实际上，继受和移植是以所有的形式和规模发生的。人们可以认为有强制的继受，请求的继受，穿插、渗透、秘密的继受、接种，等等，区分这些不同类型的继受并将之系统化地予以分类是完全有可能的。"由此可见，即使是他本人，也对继受和移植之间区别不甚明晰，其实也根本没有区分。在此情况下，其立论自然会有逻辑上的问题。①

实际上，所谓法律移植其实不过是一种法律发现或创制的理性方式，是特定民族自身社会及其法律制度发展到一定程度的必然选择，是他们已经觉悟到了的客观规律。总之，某种法律文化对另一法律文化的主动接受，不是因为被接受的文化优越，而是由于自身社会已经有了孕育滋养这种文化及其相应制度的土壤。

四、法律整合

法律整合（integration）是不同国家和地区的法律在发生接触、交往和冲突的情况下，出于共同的利益、为了共同的目的、寻求共同的规则，并通过彼此间的接纳、调整而形成新的、局部的乃至整体的法律生成。整合的过程实际就是所有整合主体寻求或和发现彼此共同具有的，或者创制出大家可以共同享有的法律规则。简单说，是一个确认和扩大同一性的过程。

整合在许多场合又被称作"一体化"，它在法律学领域的经常性出

---

① Alan Watson, *Legal Transplant: An Approach to Comparative Law*, 2.edit., p.30.

现，即法律整合是近二三十年的事情。在此之前，人们早已经在多种场合下用它来描述不同地区和国家在文化、政治、军事和经济等各个方面的互动和互补关系。近些年来，随着欧洲和世界上其他许多地区经济一体化或整合的进程加快加深，人们越来越多地用它来描述和说明地区性的特定交往领域，其中如欧盟、亚洲国家之间的文化、经济和法律等方面逐步一体化的历史现象。在经济学领域，对于"整合"有多种多样的界定和论述。但在法学领域，至今没有对于法律整合的主流性观点和界定。应该指出，经济学领域的整合思想虽然可以在一定程度上用来说明法律整合，但法律的整合却和经济整合有很大的不同，不可以简单地相互说明。① 如果说经济上的整合可以在某种强势经济力量的主导下发生甚至强制发生，法律的整合则完全不行。法律的整合只能在参与整合的各个制度主体接受和自愿的情况下才能够进行，换句话说，在法律整合过程中，没有所谓强势的法律制度力量在起主导作用，所有的整合主体都是平等的。法律整合只能通过"共同法的发现"或"共同法的接受"方式完成。如果我们细致考察欧洲一体化进程及其所引发的法律整合，那么我们就会了解法律整合的自愿性、合意性和共同性。我们会清楚地看到，经济上的整合如果没有法律整合予以确定化和秩序化，那就没有起码的保障，而法律上的整合如果没有参与主体的平等和自愿，并在此前提下发现或接受共同的规则，那么法律整合就不可能实现，至少不可能和平地实现。现今的欧洲联盟如果没有一个可以支持她的法律体系，则所说的欧盟联盟就是一个空话。从最初的《欧洲原子能共同体条约》和《欧洲经济共同体条约》(并称《罗马条约》)到1986年的《单一欧洲法令》(The Single European Act)，再到《马斯特里赫特条约》以及在此基础条约和法令基础上渐渐形成的法律制度和法律体系，欧洲一体化的每一步其实都有欧洲法律一体化的伴随和保障。

从形式上看，一个国家的人民要想维持其法律文化的同一性，就

---

① 不少学者在论及法律整合或法律一体化时都欠缺区别地用经济整合的方式、规则来说明法律整合。

必须要对其法律准则有一最起码的整合。当然，这种整合在不同文化之间可能由于其整合的方式和程度而相应地不同。[①] 所以，整合或一体化的一个不可或缺的前提或条件是关联法律制度之间存在有可以整合或一体化的共同的基础和制度需要。

法律整合不仅在欧洲发生，而且也在世界其他地区发生和正在发生。就中国而言，随着海峡两岸暨香港、澳门在各个领域里的交往日益加强和深化，具有共同文化传统，特别是共同法律文化传统的法律整合必然会逐步展开并且走向深入。

五、法律融合

法律融合（interflow）是不同民族国家或地区的不同法律制度和法律文化在发生相互遭遇、碰撞、冲突的过程中，彼此相互影响、渗透、接受并进行自身体系调整适应的法律文化演进过程。它是人类社会所有民族国家和所有法律文化发展进步的最高级形式，它可以涵盖上述借鉴、继受、移植和整合四种情形，并通过这些路径根据自身法律体系的特征将外来法律文化和制度规则纳入自身法律体系，从而实现法律融合的目的。

法律融合的实质特征是，它是一种有自身主体意识的，积极主动的、有价值取向和宏观目标的法律发展手段或过程。法律融合是文化层面的活动和进程，本质上是一种文化生成与发展的状态或过程。"从人类学的意义上讲，在我们的文明中是有一种在世界各地都能找到的、始终如一的世界性文化。"[②] 其实，这就是法律文化融合的最根本条件。

纵观世界法律发展史，我们会发现至今存在的所有发展成熟的法律制度无一没有法律融合的历史过程，而且这个过程远远没有结束，也

---

① Masaji Chiba, *Asian Indigenous Law—Interaction with Received Law*, p.7.

② 〔美〕露丝·本尼迪克特：《文化模式》，王炜译，第150页。

永远不会结束。一种文明如果不与外部文明发生关联和接触，那么它就得不到充实发展，得不到滋养自身文明的养分，最终不是自生自灭就是有朝一日被突来的外部文明消化。一种文明只有敢于并能够积极面对其他文明时，才可使自身文明得到锻造、滋养和丰富的生长机会。作为人类社会的行为规范，作为不同人群交往首先必须触及的文明边界，法律文明乃是其一。因此，法律或法律文明的相互融合是不可回避的，是必然的。如果我们观察20世纪末到现在的几十年里，可以看到由于人类交往方式的巨大变革，法律文明的融合呈现出一种历史上没有过的加速度。作为一种文化组成，法律文明的融合可以被看作是文明融合的前奏和进行曲，是文明发展基本规律决定的宿命。只不过，近现代以来的西方文化因其物质文化，直白地说，因其经济和军事所体现的物质力量相对于东方国家的明显强势，使得整个世界的文化话语及其对话都是在东方国家被动反省、西方国家积极输出的情况下进行的。进一步说，一个多世纪以来的国际或世界关系与世界文化交往，实际主要是在西方发达国家设定的对话语境下，以西方的话语体系展开。于是，长期以来，以西方国家历史发展进程为背景诠释的"现代化"成为一个世界性的标准和目标，而以东方国家历史发展为背景诠释的"传统"却成为一个必须反省和改变的历史负担。在这种语境或话语体系中，文明生长的规律和意义被人们有意无意地忽略了。20世纪末以来，西方发达国家又以西方主流文化的意识或潜意识，提出了可以有足够社会历史现象证明的"经济全球化"，并随之又提出"法律全球化"的命题。但是，这种目标背后的深层文化意义却同样被人们有意无意地隐去了。对此，中国、日本等东方国家的学者似乎并没有普遍清醒的反思。例如，日本学者中谷义和在其《全球化笼罩的国家和民主》一文中对全球化作出了较深入全面的诠释，但基本思想与内容显然是西方式的。他认为："全球化始终与自由主义相关联，这种自由主义的基本政策是私有化、自由化和去规范化的三位一体。全球化是新自由主义（neo-liberalism）的另一种表达，它体现着世界范围内的经济政策及其正常化。"由此出发，他还认为全球化意味着"通过时间和规模的扩张与浓缩而实现的一个新的社会空间的创造"。① 显而易见，这完全是西方的思维与话语。相反，倒是欧洲一些国家的学者相对敏感得多。不少欧洲学者明确指出，所谓的"全球化"（globalization）实际很大程度上是美国文化的全球化；同样，"法律全球化"所隐喻的实际就是英美法律的全球化。对此，英国社会学家鲍曼曾说："对某些人而言，全球化是幸福的源泉，而对另一些人来说，全球化则是悲惨的祸根。"② 因此，他们提出更有主体意识的"法律和谐化"（harmonization）话语。应该说，法律和谐化更为接近我们在此所说的法律融合思想，因为它并没有暗含一个中心点，在和谐化的思想观念或语境下，所有实际存在的法律制度都是平等的，没有主次轻重之分。它为欧洲一些伟大法学家一百多年前提出的"普遍法"（Universalrecht）③ 和欧洲学者始终未曾忽略的"共同法"（又译：普通法，jus commune）提供了一种具体路径和思想方法。相比之下，正处在专注发展自身经济、提高国家实力的许多东方发展中国家对此命题的反应要迟钝得多。虽然国内有学者提出以"法律趋同化"来代替或诠释"法律全球化"④，但实际上两者的文化内涵和思想方向是完全不同的。

　　法律融合所强调的前提是，各个法律制度或文化都是独立的存在，发生融合后的法律制度并没有或此或彼地消失或被取代，而是仍然自我独立地继续存在，具体说，就是在接受或融合了其他法律文化和制度因素后在更高发展阶段的存在。前述借鉴、继受、移植和整合等法律交往的形式都可成为法律融合的路径，换言之，法律融合是层次最高、内涵最广、程度最深的法律交往形态，是各国法律文化趋向世界法律文化的集中表现，是由文化不同走向或接近文化大同的必由之路，尽管这条路

---

① NAKATANI Yoshikazu, State and Democracy besieged by Globalization, *Ritsumeikan Law Review*, No. 27, March 2010, Kyoto Japan, pp.1-4.

② 〔英〕齐格蒙特·鲍曼：《全球化：人类的后果》，郭国良、徐建华译，商务印书馆2001年版，第1页及以下。

③ 19世纪德国法学家费尔巴哈较早地提出了"普遍法"的概念，并且曾经准备了相当充分的研究资料，可惜因其去世而未竟其功。

④ 从现在所能见到的国内学者的论述，对于"全球化"的理解恐怕多停留在表面。尤其是在法学界，大多数人对于"法律全球化"命题的文化内涵及其意义都没有什么深刻的警醒。参见何勤华等：《法律移植论》，第215页及以下。

非常漫长，而且不会有终点。但只要人类社会各个民族或国家发生接触和交往，这种通过融合而趋向共同的发展就是必然的。

　　严格意义上讲，法律融合虽然可以说早已发生存在，但仍然是自发的，而自觉的法律融合可以说至今仍然没有得到广泛的关注。应该说，这是比较法学的一个重大问题。未来的比较法学如果不解决这个理论问题，那么就不会跳出西方文化设定的语境，就不能够很好诠释现代以来各国法律发展的基本规律。例如，在法系划分上比较法学界的既有观点和理论至今是以西方主流文化意识派生的相关理论，实际上忽略了非西方国家，尤其是东方国家既有法律制度的特定存在及其发展。因此，许多东方国家法律制度的法系归属都成为一个难题。若按照西方比较法学的立场和观点，像伊斯兰国家的法律制度、印度的法律制度和包括港澳台地区在内的中国的法律制度，等等，就很难明确地予以划分。为了解决这个难题，西方学者长期以来尝试用"混合法系"的概念来解释现今非西方国家，尤其是东方国家法律制度的特征。但是显而易见，这种混合法系的说法，同样是西方学者以既有的法律体系划分理论为起点，并且受西方主流文化意识支配的话语。具体说，就是大陆法系和英美法系制度模式的混合。因此，这种划分仍然具有明显的西方主流文化意识色彩。更重要的是，它其实不能充分合理地解释非西方国家给国家法律制度的存在特征。但是，如果按照法律融合的思想，我们就可以非常简明地说明近现代以来世界上许多国家法律制度的模式，从而对未来世界法律体系作出一个更为科学和客观的阐释。例如，伊斯兰国家、埃及、印度、日本、韩国和中国（其中台湾地区最为典型）都可归入融合法系之中。

六、法律文化交往形态的选择及其观念基础

　　如前所述，法律借鉴、继受、移植、整合和融合并非界限截然分隔各不相关。实际上，这些法律交往形态经常是各种方式相互交织渗透，界限并非总是分明，如继受和移植有时就被相提并论，而整合和融

合从表面上看也没有太大差异。但是，纵观当代世界各国之间法律文化交往，我们可以说所有已经发生和正在发生的法律文化交往形态，不外乎以上五种类型。任何国家或地区的法律与其他法律和法律文化实现交往并发生关系，实际上都是在这几种形态中予以选择，无论他们是否有清楚的认识。当然，这里不排除同时选择多种方式或逐步采取不同方式。至于选择哪种方式如何进行选择，主要取决于三个方面的条件：第一，做出选择的国家所处的历史境遇，即客观社会历史条件和自身法律制度特征；第二，选择国家对被选择国家法律制度的认识和认同；第三，选择国家所要达到的目的。除此之外，法律交往形态的实现还涉及以下关键问题：第一，如何看待法律的本质；第二，在解决前一问题的基础上如何认识法律发展的途径；第三，站在何种立场上，即以什么样的身份看待和分析问题。这里既有认识上的问题，也有方法上的问题，更有观念上的问题。所谓观念问题，集中体现在文化主体意识和文化优越意识这两个正面和负面的问题上。由此，又必然会引发法律文化本土观念和地方性知识观念以及法律文化的一般性和普遍性的认识问题。

首先，法律文化主体意识。这是一个正面问题，意味着构成世界法律体系的所有个别民族国家法律体系或个别法律文化，其实都应该而且必须作为这个世界法律体系中的主体存在并发生作用。没有这种文化主体意识，就不可能正确认识自身法律制度和正确估量其他法律文化。每一个民族国家的法律制度或每一种法律文化的载体都必须自觉地、能动地参与整个世界法律体系和普遍法律文化的构成，而其他民族国家也必须尊重和接受这种文化参与。一个民族国家的法律文化必须以自身的特点、自身的语言、自身的思想参与和其他法律文化的沟通，参与具有普遍性的共同法律文化构建。进一步说，任何一个民族国家的法律人在对自身法律制度和法律文化认识、评价和发展时，都必须从自身存在的历史、文化和社会基础出发，而不能以另外一种制度或文化作为依据。在构成世界法律文化的各种成分中，每一种法律文化都是等值的，尽管事实上每一种法律文化确实都有其自身独具的优点和缺点。对于近现代以来逐步发展起来，其法律制度深受西方主要国家影响的东亚国家来说，具有这种文化主体意识尤为重要。

其次，法律文化本土观念和地方性知识问题。必须指出的是，强调法律文化的主体意识时，切忌将其与狭隘的"本土"意识混同，更不要将本来就具有西方文化思想内涵的"地方性知识"视为自身文化的当然内容和载体。应该明确，具有文化主体意识并不意味着可以简单地演绎出所谓"特色"或"纯地方性知识"理论。普遍的经验表明，这样做的结果必然导致自以为是和自我封闭，直至用所谓的"本土"特色或"地方性知识"来排斥文化交往的普遍性基础。从人类社会发展历史看，封闭和排斥的态度最终不会获得具有生命力的发展能源；从事物发展规律来看，具有生命力的特色是无须封闭保护的，不断成长和延续的文化及其特色一定是具有生命力量和生长价值的。没有这种内在生命力和价值，任何特色都会被社会历史的进步所溶解。① 在西方，对于"地方性知识"的探讨由来已久，这在思想史上是一个进步发展的尝试，但无论是格尔兹人类学意义上抑或劳斯哲学意义上的"地方性知识"理论，都具有事先设定的文化主体意识倾向及其自身理论体系的不自洽。地方性知识的命题本身其实就是以西方文化为起点的，尽管它所要达到的效果可能是普遍主义的思考。所以，在讨论法律文化交往的形态时，无论是淳朴狭隘的"本土"意识还是高深莫测的"地方性知识"，都无助于我们正确认识所要探讨的问题。相反，超越"本土"和"地方性知识"的真正的普遍主义思想方法，才是根本的需要。

再次，法律文化优越意识。这是一个负面现象，表明某些民族国家或某些法律文化实际上具有自身优越的意识及其由此支配的行为。不消除这种法律文化优越意识，就不可能客观平等地对待其他法律制度和法律文化，就不可能正确分析和判断人类法律文化发展进步合乎逻辑的形式与路径。法律文化优越意识最为典型的表现之一是前述所谓的法律移植理论，因为它本质上含蓄地表达了一种文化不平等的文化优越观

---

① 关于"本土化"和"中国特色"，国内学界讨论的很多，见解也各不相同，有关文章著述甚多，但这已经不是本文的必然话题，故不在此展开。可参见何勤华等：《法律移植论》，第250—260页有关本土化讨论的介绍和评论。

念。具体说，它是在讨论问题之前首先设定并且确认一种法律文化或法律制度的价值，然后由此出发然后去分析解释该法律制度或文化在另一民族国家和社会中被接受的现象。它不是从造就法律制度的历史文化传统和特定社会条件出发并以此作为依据来考察和探究法律制度，而是脱离这种历史文化传统和特定社会历史条件，忽略人类社会生活一般规律或普遍性，仅仅凭借一些具体的制度表象，即从法律制度本身到法律制度来简单地比较评价不同法律文化和制度的得失及价值，进而证明某种法律文化与制度所具有的优越。然而，评价一个法律制度的得失，显然不能抽象地直接比较，必须要同它所处的社会时代背景相结合。在此意义上，孟德斯鸠以来西方一些学者的观点是有道理的，即"一般而言，法是人类的理性，因为它治理着地球上的所有民族。各国的政治法和公民法只不过是人类理性在各个具体场合的实际应用而已……各种法律应该与业已建立或想要建立的政体性质和原则相吻合，其中包括借以组成这个政体的政治法，以及用以维持这个政体的公民法"。[①]

最后，法律全球化和普遍性知识问题。西方一些法学家，其实主要是英美国家的法学家近二三十年来颇为热心地讨论"法律全球化"话题。我们必须看到，随着人类社会各方面交往的日益深入普遍，"法律全球化"的确已经是一个不争的事实，可以说这是一个真实的命题。问题在于，我们从什么角度去看待和理解。

从思想方法上看，不少西方学者所讨论的法律全球化，实际上是事先设定一个基本点，然后由此向外扩张，并进而将此进程称作"全球化"。对于"全球化"和由此派生的"法律全球化"，即使是西方学者本身，也有许多质疑。有西方学者也指出："全球化并不排斥地方化，相反，它们通过复杂的，有时甚至是矛盾的方式相互作用。"[②]在此，至

---

① 〔法〕孟德斯鸠：《论法的精神》，许明龙译，商务印书馆2009年版，上卷第14页。当然，恰恰是孟德斯鸠本人又以地理、气候等条件否定了这种人类理性的一般基础。就此而言，他的思想理论存在悖论。此处所引文句中的"政治法"和"公民法"，应分别指"公法"和"私法"。

② 〔英〕威廉·退宁：《全球化与法律理论》，钱向阳译，中国大百科全书出版社2009年版，第5页。

少引出了一个"地方性的全球化"和"全球性的地方化"的问题。我们的确不能不觉察到"在现代世界体系的状态下，全球性是特定地方性成功的全球化"①这样一个事实。许多西方学者宣扬的"全球化"理论，或多或少地暗含着文化优越的意识或潜意识。当然，也有西方学者较为客观、科学地指出："全球化的本质特征在于对全球的意识，这是一种处在全球情境中的个体所拥有的一种意识，尤其是世界是我们参与其中的舞台的这种意识。"②应该说，这里所说的"全球意识"，其出发点是平等的，是适用于所有民族和文化群体的，具有世界公民的思想倾向。

从实践上看，目前西方学者所说的全球化是危险的。这种危险在于，帝国主义以新的形式获得发展。"在我们这个时代，直接的控制已经基本结束；我们将要看到的是，帝国主义像过去一样，在具体的政制、意识形态、经济和社会活动中，也在一般的文化领域中继续存在。"③因此，我们应该审慎对待所谓的"法律全球化"理论，预防其潜藏的文化优越思想倾向。当然，如果确实将全球化作为西方法学传统之中早在边沁时既已提出的一般法理学的基础，那倒是可以支持的一种思想方法和实践追求。

理论上讲，任何一般性或普遍性必然是众多个别性的约取和抽象，这也是事物发展的规律之一。德国法学家尼尔在讨论法律继受时曾将继受源作了三类划分，即普适性的法律构想、相对性的法律构想和实证法技术的法律构想。④如果法律全球化能够成为一个真实，那么它就必须具有人类社会普遍性法律构想的基础和来自众多民族国家法律的相对性法律构想的基础，亦即来自于众多个别性的普遍性基础。于是，多元文化的共存和多元文化基础上的普遍化就可以视为全球化的思想内

① 〔英〕威廉·退宁：《全球化与法律理论》，钱向阳译，第284页。
② 〔美〕乔纳森·弗里德曼：《文化认同与全球性过程》，郭建如译，商务印书馆2003年版，第295页。
③ 〔美〕霍德华·W.萨义德：《文化与帝国主义》，李琨译，生活·读书·新知三联书店2003年版，第10页。
④ Knut Wolfgang Noerr, *The Problem of Legal Transplant and the Reception of Continental Law in China before 1930*, pp.232-233.

涵。其实，多元是整个人类文化的实然状态，而多元一体共生又必然引出最大化一般性和普遍性的文化内涵。如此一来，诸多个别法律文化的融合和集约也必然产生法律文化的最大化一般性和普遍性。在西方，从21世纪初开始，已经有越来越多的学者在"多元现代性"（multiple modernities）的命题下展开思考。其思想核心是，设定现代性可以由不同的文化传统和社会政治制度构成的文化形式予以支持，而这种文化形式同样能够有效地建立自身特定的价值体系，完成政治制度设计与安排。由此出发的结论是："现代性不等同于西化。现代性的西方模式并非唯一真正的现代性，虽然它们有着历史的领先作用，而且也仍然会是其他模式的基本参照点。"①总之，它接受这样一种观念，即"不同社会有不同的问题、不同的回答、不同的方法"。②显然，这实际上是一种想超越流行于西方既久的"现代化范式"，否定所谓现代化就是世界文化同质化，以新的思想范式来观察、思考和解释人类社会文化生成与发展的尝试。或许，这个思想方法能够给我们中国学者一些提示。

总的来讲，近现代以来，由于西方资本主义国家经济上的先期发展和社会管理上的相对成功，使得不少西方学者有意无意地形成了一种文化优越感，这种文化优越感使得他们在文化交往与冲突中，自然而然地强调其文化的优越性，进而用各种概念和方式来推广和传播其文化及其所承载的某些价值。对此，有西方学者将其看作是一种"殖民主义合法化的进步叙事"。指出：

> 令人难以置信的是我们居然要被迫相信这样一种事实：从圣雄甘地到曼德拉，他们所主张的反抗殖民、帝国主义法制的秩序，竟然要从被迫接受的殖民主义法律秩序中寻找它们的道德和伦理根源……殖民/帝国主义的法律多元只有在下面的情况下才能够接受"前殖民"法律传统，即要么这些传统与他们的意识形态

① 萨赫森迈尔、理德尔编著：《多元现代性的反思》，郭少棠、王为理译，香港中文大学出版社2009年版，第29页。
② 同上书，波尔科·冯·俄庭格前言。

构造相一致（比如在家庭和人格权法体系中的家长制，或者是乡村农奴）；或者是当他们没有威胁到主导方式时（比如本土的法律人）。殖民主义否认这样一种事实，即殖民地人民有可能拥有合法性、法制、平等和人权等理念。法律"文明的本质"仅仅是它们独一无二的恩赐，但如此恩赐的本质，正如目前已经可以看到的那样——也是一个祸根。①

虽然说自20世纪二次世界大战以来，殖民主义的现实存在已经渐渐被历史抛弃，但殖民主义的类似思维、文化上的优越意识，使得西方世界在已经到来的文化融合时代仍然无意放弃曾有的想法和做法，甚至不断变换着形式予以表现。过去的历史和今天的事实都证明，在特定时代背景下，这种文化上的优越意识必定是一个"祸根"。

正因如此，我们说明法律文化的多元性和法律文化交往的必然性，强调法律文化交往的文化主体意识，其意义重大而深长。

---

① 〔法〕皮埃尔·勒格朗、〔英〕罗德里克·芒迪主编：《比较法研究：传统与转型》，李晓辉译，北京大学出版社2011年版，第56、57页。

法律翻译的文化间隙①

一、法律翻译与现代中国法制

无论人们怎样看待和评价现代中国法制的过去、现在和未来，有以下五点应该是有共识的：第一，近现代中国法制模式是在清末民初之际学习借鉴西方法制，按照大陆法系法制模式建立起来的；第二，这种以西方法制为借鉴，以大陆法系法制为模式建立的近现代中国法制，实际上是以法律比较或比较立法为起点的；第三，现代中国法制的发展与进步始终与比较法学密不可分；第四，比较法学的起点是法律翻译，重心是外国法律；第五，法律翻译直接影响和促进着现代中国法制的发展进步。显而易见，这五点之间是有不可否认的逻辑关联的，它们之间形成了一个不可断裂的关系链。根据这个逻辑关联，我们完全可以说：没有法律翻译，就没有现代中国法制，至少是没有如今呈现在我们眼前的当代中国法制。于是，我们又可以进一步说，法律翻译与现今中国法制的发生，特别是其发展进步命运攸关，举足轻重。法律翻译不仅过去为近现代中国法制做出了贡献，现在还在为中国法制建设发展做着贡献，而将来也必然继续为中国法制发展进步做出贡献。在此意义上讲，法律翻译已经构成中国法制建设与发展的一个不可或缺的重要组成部分。

因此，重视和推动法律翻译是法律界，包括官方和民间途径的共

---

① 在2010年法律翻译与现代中国法制座谈会上的发言基础上整理而成。

同任务。其中民间的，主要是学界和出版界对于这项工作的推动与把握尤为重要。如果要将我国19、20世纪之交和20、21世纪之交的这两个法律翻译高潮期的动力源和实施操作做个比较的话，那么前者主要是官方掌握的，而后者主要是学界自发的；如果进一步将这两个时期的法律翻译效果进行比较的话，那么前者奠定了近现代中国法制的基础，确立了近现代中国法制的模式；后者则重建和发展了当代中国法制，促进和引导着当代中国法制的现代化。所以，一切参与法律翻译活动的人们，特别是近二十多年来在法律翻译方面做了诸多投入的人们，他们无论是以什么样的形式参与其中，都为现代中国法制做出了贡献，都有理由为现代中国法制的进步引以为自豪和骄傲。其中，学界和出版界多年以来联袂合作推出的一系列法律翻译作品，应该视为改革开放以来中国文化生产活动中最有深长意义的合资事业，它们的影响将远远超出任何经济上的合资经营活动。

二、法律翻译的现状与问题

20世纪70年代末中国实行改革开放以后，在社会经济建设得到迅速发展的同时，法律制度也逐步得以重建和发展。其中，法律翻译起到了重要的积极作用。但应该指出的是，法律翻译最初多是个别的、非系统化的，翻译选题颇有偶然性或随机性，翻译质量也参差不齐，但其积极意义与作用不可否认。20世纪90年代初以后，法学界和出版界联手开始了有计划、有严格选题标准和规范翻译程序的大规模系列法律翻译工作。这里首先应该提及的是由江平教授主持的"外国法律文库"（Foreign Law Library），这套法律翻译丛书对中国法学界产生了不可低估的影响。此后又有多套法律翻译丛书，如罗豪才教授主持的"公法名著译丛"，清华大学高鸿钧和北京大学贺卫方主编的"比较法丛书"，米健主持的"当代德国法学名著"，等等。现在由中国政法大学出版社出版的"美国法律文库"，更是一项大型法律翻译工程。除此之外当然还有其他一些法律翻译丛书或作品。这些法律翻译活动与成果，或是着眼整个全部法律世界，或是着重于某些法律方向，全方位、多视角地为我们展现和介绍了西方法律制度及其思想文化基础，给中国法学界、立法和司法机关乃至整个社会民众传达了极为丰富和有价值的法律文化信息。所有翻译工作已经或者必将在中国法律发展史上留下重重的墨彩。可以说，在中国历史上（包括港澳台地区），从未像今天这样主动积极地，有计划有组织地翻译西方法律，真正形成了一个翻译外国法律文献的高潮。这也从一个方面反映出现今中国法学发展与法制建设的繁荣。

但是，在法律翻译繁荣发展的同时，我们也不能忽视现今法律翻译存在的问题。现在的法律翻译从数量上看的确是一派繁荣景象，但从质量上看却存在许多问题。有些翻译上的错误进入学界，以讹传讹，给教学与科研带来很多不必要的讨论与争议，甚至带来理论和立法上的混乱。产生这些问题的根本原因是由于法律翻译其实有着不可逾越的文化间隙，但主要的原因恐怕是方法和技术上的问题，尤其是翻译的态度问题。现在法律翻译对法律界而言颇为需要，所以，不少出版单位对于译稿的质量要求不是很严格，常常是送来就发。另一方面，许多译者也不无急功近利之心，翻译工作匆忙马虎。经验表明，法律翻译往往是译者不经意落笔处已造成"疑难案"，甚至是"一失言成千古疑"。现今法学界讨论的不少问题，实际上都是缘由翻译而起。时至今日，我国法律翻译和法学发展要求我们必须对法律翻译存在的问题予以注意和总结。

三、法律翻译的特征与标准

如何实施法律翻译，进而如何判断法律翻译的得与失？这是我们在谈论法律翻译之前必须明确的问题。明确这个问题，首先必须明白，法律翻译工作是一种艰辛复杂的工作，是不同于任何其他一种翻译，尤其与文学翻译大异其趣的工作。所以，尽管近代中国著名翻译家和学者严复说过的"信、达、雅"长期以来差不多已经成为翻译界一个普遍公认的准则，而且当然也能够作为法律翻译的一个参考原则，但某种程度上它并不能完全适用于法律翻译。对法律翻译来说，不能将这三个方面等同起来。这是法律翻译的特征所决定的。对于法律翻译来说，其中的"信"最为重要。如果说文学翻译可以有再创造的必要和余地，那么法律翻译则根本没有这种再创造的余地。可以说，法律翻译是一种保守而严格的复制艺术。许多情况下是一种知其不可完美而为之的思想文化传递过程。

　　罗马法学家乌尔比安曾对法律作出过一个至今为人乐道的定义："法律是善良与公正的艺术"（ius est ars bonu et equiti）。然而，法律绝非一般意义上的艺术；它既是最世俗，但也是最理性、最严肃的艺术；它既是最个性化，但同时又是必然逐步普遍化的艺术；它是用于调整人的社会关系，规范人的社会行为的艺术，它是直接关系到人的社会存在和存在秩序的艺术；是与特定社会生活及其文化传统息息相关的一种行为语言，而不是一种艺术语言，来不得半点儿浪漫和夸张。因此，将这种几乎完全是用语言表现的"规范艺术"予以翻译，并保证不失其规范本质和艺术特征，是一件非常困难的事情，以至于常常不复有艺术的享受与快感。不过也正因为如此，如何准确忠实地将这种用规范艺术的语言表现以另外一种语言再现，就成为一种意义深长和严肃缜密的艺术。因为法律翻译的成功与否，将直接影响一种社会关系和秩序的再现，从而直接关系到人类交往行为的结果。如果一定要顺着乌尔比安对法律的定义来表达法律翻译，那么法律翻译实际是一种艺术的复制艺术，但却是一种最需忠实、最为严格的复制，这是不能动摇的法律翻译原则。所以，像民国初年林琴南那样不懂外文却又译述小说二百余种传流坊间的情形，只能在文学界发生。当然，至于如何翻译，用什么形式或风格装点翻译，翻译的文字好坏，是否通畅易懂，则可因每个翻译者的知识功底和文字驾驭能力而异，不能统一予以要求。总之，法律翻译的规范允许有个性的，但法律翻译的标准则必须要有共性，即所有参与或从事翻译工作的人基本认同或达成共识的准则。

　　具体而言，我认为法律翻译的准则应该是：信、准、达。所谓第一要件"信",意味着法律翻译必须是原本的,没有任何附加的和再创造的原意表达,译文自身有完全信用,读者对之亦有完全信任的境界;所谓第二要件"准",意味着法律翻译必须精准确切,其内涵不能有所不及或缺失偏离;所谓第三要件"达",意味着要能包蕴所译之文的背景内涵,包括文化、制度和民情。举一个现在人们每每谈及的概念"人权"为例,中文的翻译其实与英文有很大的差距。就其"信"而言,"人权"译自"human right",信可谓信矣,但是准不准呢?不准。因为此处人"human being"非彼处人"person"。"human being"指的是作为自然生物存在的,最广泛意义上的人,"person"则是处在特定关系中的人。达不达呢?不达。因为"human right"指的是作为自然生物存在的,最广泛意义的人的权利,即"human being"的权利,不论其是中国人、美国人、非洲人或亚洲人都能享有这种权利,因此它当然地适用于全人类,它没有时间和空间以及条件的限制,而"person"的权利必定有时间和空间以及特定条件的限制。这里的问题在于,中文在这两种不同的场合只有一个词"人"来表达。所以,其概念内涵和人文背景内涵根本无法直接传递。而对于英文法律者来说,这种区分是相当关键的。在德文中,这种区分更是严格。总而言之,由于法律翻译是一种特定思想文化,包括特定人文传统、价值观念、风俗民情、社会背景等文化元素的传递,而各个民族国家的这些思想文化元素又都颇有大不同。因此在法律翻译工作中,必不可避免地要遭遇一些困难并带出一些问题,有些困难和问题甚至于根本没有办法找到一个恰当的解决办法。这就是我们不能逾越的文化差异和不可克服的法律翻译困境所造成的文化间隙。

四、法律翻译的文化间隙所带来的若干重大理论误解

法律翻译的文化间隙所带来的问题有许多,或失之于信,或失之于准,或失之于达。其中有些失信、不准未达的问题甚至涉及最基本的概念或重大的理论问题。除了上述几个例子外,在此举几个较为典型的

例子。

首先，看看我们常说的比较法（comparative law）这个中文翻译。其实这就是一个信而不准，从而自然也未能尽达的例子。因为这里英文"comparative law"实际上更多地是指一门学科，即"比较法学"。说其是比较法，很容易与民法、刑法、行政法等实体法混淆。初学比较法学的学生总有这样的困惑。在德文和法文或其他西文中，比较法的概念不容易被误解，因为它多被表达为"法律比较"或"被比较的法律"。但现今中文的翻译实际恰恰来自英文。

其次，关于"lawyer"的中文翻译。对于西文来说，"lawyer"是一个基本概念，是一个上位概念，它包含了所有从事法律职业的人。因为对于西方人来说，"lawyer"代表着一个社会职业阶层，包括法学教授或专家、法官、律师甚至学习法律的学生，而在中国历史上乃至今天，始终不存在一个类似的社会职业阶层，因而中文没有完全对等的概念，只有教授、法官、律师的具体概念，所以如何翻译"lawyer"这样的名称就颇费斟酌。我们要么将其翻成法律工作者甚至法律职业工作者，要么将其翻成法律人，也有人翻成法律者等。翻成法律工作者似乎和英文的简要概括不对称，但若翻成法律人则不可以回翻成英文。因为如果将法律人回翻成英文就必定变为与自然人（natural person）相对称的一个概念，即法律人（legal person）。而这个与自然人相对应的法律人与现在许多人所说的法律人完全是毫不相同的两个概念。

再次，还是以法律中的一个最基本概念，即"法"或"法权"为例予以说明。对于"法"或"法权"（ius, law, Recht, Droit, diritto）这样一个最基本的概念来说，西方的法律者可能根本不会发生理解上的困难，至少不会发生在我们这里发生的如此这般的困难。对于中国的翻译者来说，如何翻译这个词的确是一个十分棘手的问题。因为"法"这个概念一般有两个层面的含义，即法律和权利。在英文法律翻译中，这可能不会是太大的问题，因为英文的"law"和"right"基本上可以分别表达这两个层面的内涵。但在其他欧洲国家语言中，如德国、法国、意大利、瑞士、西班牙以及葡萄牙的语言中，这个问题就非常突出。其实，这个概念的多层次内涵源于古代罗马法的"ius",有其演变发展的思想文化渊源,因此绝没有理解上的困惑。但是,中文却没有与之完全对应的概念,至今大多都将其分别翻成权利和法律,和英文的"right"和"law"基本对应。这个问题实际早在翻译黑格尔和马克思等的著作时就已经存在,曾有过不同的翻译和争议,但问题始终没有得到解决。而对于法律翻译来讲,这又是一个必须要解决的问题。

最后,还有一个非常典型的例子,即民法学界津津乐道的法律行为(legal act)和法律交易(legal transaction)。"法律行为"这个术语实际上是我国清末民初法律改制过程中从日本民法中借用的,而日本民法中的"法律行为",又是日本法学者在明治年间法律改制过程中接受德国民法的"法律交易"概念和制度时的日文表达。日本学者将德文的"Rechtsgeschäft"译作"法律行为",实际上产生了这样的问题:首先,如果是在整个法律领域,它是将一个大概念用作了本位概念,即将法律行为用作了法律交易;其次,在民法领域,它是将一个相对概念混淆了本位概念。也就是说,在原生法律理论中实际有至少两个概念,但在日本却成了一个概念。如此一来,混乱也就是不可避免的了。

除了上述历史方面的原因外,还有另外一个不可忽视的现实原因。即由于法律交易是一个典型的德国法概念,所以西文转译有各种不同的方法,而且多离不开"行为"。例如,对于德文"法律交易"(Rechtsgeschäft),英译有几种不同的译法:"juristic act""legal transaction""jurisactic action"和"legal act",等等。上述所有英文译法,实际上都与德文表达的原意有一定程度的差别,特别是"legal act"的译法与原文本旨相去甚远。我国清末民初法学家王宠惠在其《德国民法典》英译本中将"Rechtsgeschäft"译作"juristic act",显然要比"legal act"这样的译法接近原文本旨。奥地利法学家凯尔森将"Rechtsgeschäft"译作英文的"legal transaction",这应该是最为贴近德文本旨的译法,这可能与其原本是德语法学家有关系。沈宗灵教授在翻译凯尔森氏著作《法与国家的一般理论》时将其译作"私法行为"。可惜,这个细节并没有被学界所注意。

　　以上所举，不过是法律翻译中的几个最基本的问题，但已足以说明法律翻译实际具有不可回避的文化间隙。所以在法律翻译过程中，不仅要有意识地去尽可能减少这种间隙所造成的法律解读困难，同时还要以科学审慎、严谨负责的学术态度对待翻译，按照信、准、达的标准去实践翻译。

法律语言与法律利益[①]

——以澳门社会为范例

一、法律语言的一般解读

语言是文化的起点，任何文化都离不开语言。为什么？因为文化是社会的产物，而社会则是由人与人之间的各种关系构成确立的，这些关系发生和维持的一个基本手段和路径就是彼此间思想、意愿和情感的沟通，这种沟通的基本手段就是语言。因此，可以说没有语言就没有社会，于是也就不可能有文化的产生发展。其实，作为社会关系总和的人从其诞生那一刻起，就以呱呱啼哭这种语言或表达方式向其他人宣告自己的到来和存在。通常，人们也的确是以婴儿的这种啼哭作为判断一个新的生命到来的标准。事实上，从婴儿诞生直至其离开这个世界，人的存在体征无非就是变化了的语言表达方式。笛卡尔说，我思故我在，婴儿则本能地以为，我哭故我在，更多的人则是自觉不自觉地实践了我说故我在的哲理。如果说人的本质特征是思想、感情，那么语言则是人的本质的第一体征。所以，文化与语言是共进退共始终的。恰恰因为这样，作为文化的一个组成部分，法律文化自然也离不开语言。使法律能够存在、表达、认知的最重要媒介是语言。于是，我们逐渐地把这种承载、传达、认知和操作法律的语言统称为法律语言。当然，对于什么是

---

① 原载《澳门发展中的法治利益》，社会科学文献出版社2015年版。

法律语言（legal language或legal linguistics），语言学家可能有多种解释和界定。例如："法律语言是一门研究法律语言事实和法律语言行为，探究法律语言特点，总结法律语言规律的应用语言学分支学科。"但最基本最一般的理解应该是前面说过的，即传达、认知、确认和操作法律的一种专门语言。它包括法学语言、立法语言、司法语言（法庭、律师、警察语言等）。一个社会的法律制度和法律秩序只有在诸如此类的法律语言都分别发生作用的情况下才能得到体现和实现。

二、法律利益的范围与意义

法律语言是一种专业语言，而专业语言必然是知识语言、技术语言，这种知识和技术语言又必然有其固有的价值，这种价值的最直接体现就是它可以给人们带来各种利益。如果我们将专业语言按照人文和自然科学两大基本分类作一划分的话，那么可以说，人文学科的专业语言给人们带来的利益是不确定的，但是往往比自然学科专业语言给人们带来的利益更为广泛。一般地讲，自然学科的专业语言，如计算机、数学、物理和化学语言等，其知识、技术价值更为突出，利益所及一般是科学和经济，而人文学科的语言，如政治、哲学、历史、经济和法律等，其价值远非知识和技术，其所涉及的利益不仅包括科学，而且还包括各种各样的利益。其中，作为人文学科专业语言之一的法律语言，它所具有的价值及其所能带来的利益，应该是最为广泛和深入的。就像有的语言学者指出的："法律语言多种因素的交错作用使得法律语言与一般语言、科技语言大不相同。"而这种大不相同更进一步的意义在于，其所涉及的利益是大不相同的。

什么是法律利益？广义上讲，它包括所有法律活动或事件引发或涉及的公共和个人利益，这种利益既可能体现为公权力地位，也可能体现为私权利地位；既可能体现为经济利益（直接的、间接的），也可能体现为文化利益（直接的、间接的）以及其他各种社会利益。狭义上讲，法律利益就是通过直接参与法律活动所获得的利益总和。它包括直接参与立法活动、司法活动、法学活动和法学教育活动等而给参与者带来的法律上的地位，它同样包括公权地位和私权地位。显而易见，在一个法治社会中，法律利益是社会成员最根本的利益，它的价值远远大于单纯的经济利益。虽然说巨大的经济利益可以转化成一定的法律利益，例如通过贿选而成为议员，通过行贿而获得一官半职，但可能是微小的法律利益却往往能转化成巨大的经济利益。因此，法律利益其实是一种最基本的利益，有了法律利益，人们便可以通过其法律利益的结果而争取其他所有利益。于是，也可以说，法律利益是一种最为集中和高度综合的利益。由于这样一个因果关系，差不多一切有智能，或者有着深谋远虑的人都会想方设法去争取或获取法律利益，因为这往往可能成为一本万利的事情。

　　毫无疑问，要想获得法律利益，就必须参与法律活动或了解法律活动。而无论是参与法律活动或了解法律活动，首先必须要掌握法律语言。因为法律语言既是法律的载体，也是法律的传媒。法律的目的、意义和内容通过语言得以传达；法律的理解、功能和效果通过语言得以实现。换句话说，客观存在的法律与社会人的关系实际上是通过语言建立的，这种语言包括书面语言和口头语言。所有法律关系，无一例外地必然要通过法律语言才能建立。没有法律语言，就没有了法律关系，最终也就没有了法律秩序，于是乎法律的存在也就成为虚无。因此，法律的效果如何，对法律的认知如何，法律的适用与利用如何，法律上的利益实现和保护的如何，法律的秩序如何，在很大程度上取决于人们对法律语言的掌握。毫无疑问，法律语言本身就是一种法律利益。无论是从理论上还是在实践中，无论是从历史上还是现实中看，法律语言即法律利益是无可置疑的。正因如此，自古至今，法律语言都是社会各阶层重视和争夺的一门专业语言。在澳门这个具有自己特殊历史文化传统的社会里，法律语言与法律利益之间的关联表现得尤为突出。

三、澳门的法律语言与澳门法律利益

　　自16世纪澳门开阜以来，澳门四百多年来始终扮演着东西方文化交流与融合的双向文化使者的角色如今，澳门是一个公认的国际化程度非常高的城市。在这个面积不足三十平方公里，人口不过五十万上下的小城市里，演绎着多种文化和而不同、求同存异的人类文明进程，从而形成了澳门的中国文化为主、多种文化并存的多元文化特色。在这种大的历史文化和具体的社会背景下，语言作为文化组成部分，作为不同文化沟通交流媒体的作用更为突出和重要。其中法律语言的作用，法律语言对于澳门社会法律利益的影响更为深入和广泛。实际上，澳门的法律语言问题不仅已对澳门社会各种法律利益，而且对澳门社会的现实法治利益造成了相当的消极影响。法律语言对社会民生、社会发展和社会法治的直接影响在澳门获得了一个极为难得的历史范例。从这个历史范例中，我们的确可以清楚地看到法律语言这个无声无形的文化元素所具有的特殊作用。

　　1999年澳门管治权回归中国之前，曾长期处于葡萄牙人的一种准殖民统治状态。这种状态的一个实质表征是，澳门法律长期是葡萄牙法律在澳门的延伸适用，而其直接的表现则是澳门法律的传达、认知、确认和操作都以葡萄牙语进行。进一步说，澳门的立法、司法和法律教育均是以葡文法律语言进行的。如果说澳门回归之前这是符合逻辑的，不可避免的，那么澳门回归之后，这种状况则是应该逐步改变的。因为在一个居民人口97%以上都是华人，即以中文为母语的社会里，以一个仅占居民人口2%左右的葡萄牙人的母语为法律语言，显然是不公平的、不正当的，除了殖民管治能给其以解释外，没有别的理由能够给其以合理化的说明。因此，澳门回归已经九年，这是一个必须要改变的情形。也就是说，必须要尽快改变澳门法律语言仍然在很多场合，尤其是司法机构中很大程度上采用葡萄牙语的状态。

　　最近一段时间，澳门社会又一次对澳门司法效率太低，司法官严重短缺的问题展开激烈的讨论。但是，在这个事关澳门法治利益的讨论中，鲜有对此问题的本质性分析。不仅如此，对造成这种局面的重要原因之一，即法律语言的局限也没有鲜明地指出。在某种程度上，可以说，由于澳门法律语言，即司法语言或法庭语言在很多场合和环节仍然以葡文操作，故给法院司法运作带来了极大的负担和压力，直接影响到澳门司法工作的效率，这是一个不能不看到的事实。除此之外，还有一个事实也能表明澳门现今法律语言运用的局限，即在法学教育方面不适当地强调葡文和澳门原有法律的重要性，对立足澳门、面向澳门地区以外、面向世界与国际上各个国家法律发展接轨的尝试予以非议和指责。甚至在司法培训方面固守澳门葡式法律的利益，设定并非适合现今澳门社会实际情况的考试标准。

应该指出，澳门法律语言的现实状况及其因此引发上述一些问题，固然有历史的和其他各种客观原因，但是，这与澳门一些法律界人士的误解不无关联。根据《澳门基本法》第五、八条规定，澳门原有法律，即以葡萄牙法律为法源的法律可以保留，而且五十年不变，这是无可置疑的。但是，有些人将澳门原有法律等同于澳门现有法律，又将现有法律等同于葡萄牙法律，甚至又将现有法律和葡文法律语言的关系视为一种必然关系。于是乎，坚持《基本法》、澳门原有葡萄牙法律、葡文法律语言三者之间就有了逻辑联系。显然，这是一种误解。另外，还有一种原因也不能完全排除，即澳门现今一些法律利益既得者为了他们的利益，有意识地强调夸大葡文法律语言的意义，从而保持甚至垄断其既得法律利益。从历史上看，这其实是很正常的现象，从古代希腊和古代罗马法时期开始，法律语言就已是一种无须置辩的利益，因为谁掌握了法律语言，谁就有了传达、认知、确认和操作法律的手段，谁就有对法律的解释权和发言权。美国语言学家萨丕尔说："法律语言、法律术语，因少数统治者创制、掌握、实施法律而历史地成为共同接受的言语中不可缺少的一部分。"历史地看，这应该是法律语言运用发展的一个规律。但是，按照《澳门基本法》第九条规定，"澳门特别行政区的行政机关、立法机关和司法机关，除使用中文外，还可使用葡文，葡文也是正式语文。"在此，中文和葡文都被规定为官方语言，因为这是历史留给澳门的一种文化遗产。不过，无论如何必须认识到中文是第一官方语言。所以，回归后的澳门应该从回归前以葡语为主要官方语言逐步转换到以中文为第一官方语言。因为在一个华人占居民人口97%以上的地区，以中文为第一沟通交流语言是天经地义理所当然的。而且，这显然直接影响着社会活动、政府管理和司法活动的效率与质量。

　　当然，必须指出，我们必须要尊重历史，尊重澳门原有法律的存在，尊重以葡语为法律语言的许多法律工作者长期以来为澳门法治发展作出的贡献，尊重他们的应有地位。但是，这并不等于澳门原有法律就不发展了，不等于澳门的法律语言始终一定要在某些场合运用葡语。

　　语言是一个极为民族化、极具文化传统特征的人文元素。但作为文化的组成部分，它必然是开放的。因为任何文化的生命力都来自于开放，一个封闭的文化，不可能有长久不衰的生命延续。考察世界文化史，可以发现凡是延续至今的古老文明，必定是一种开放的文明。所以，看待作为文化重要组成部分的语言，必须用辩证的观点。静态地看，它是民族的，有自己固有的特征；动态地看，它又是非民族的，是世界的，具有所有语言的共性。进一步说，语言必须是开放的，必须不断地从固有传统的外部吸收营养，以保证自己的不断发展和长久生存。正像美国的一个语言学家说的："语言像文化一样很少是自给自足的。"同样的道理，完全可以说，法律语言也很少是自给自足的，它也必须以开放的姿态不断吸取生命的养分。澳门法律和法制的进步，澳门法治利益的保障，一个重要的关键就是法律语言必须开放，必须要使法律语言能够成为全体澳门居民都有平等的机会去掌握、理解和运用，并且以大多数居民母语为基础的语言。当然，我们不能因此否定葡语作为官方语言和法律语言的应有地位，相反，我们要充分尊重其历史和现实的地位。与此同时，在澳门这个高度国际化，历史上与现实中始终承担着各种不同文化交往的人类崇高使命的地区内，我们还要有意识地、积极地倡导其他非官方语言在澳门社会生活和活动中的运用和价值，如英文、德文、法文以及意大利文，等等。只有如此，澳门本身的社会利益和文化特色才能得到维护和发展。

法学方法论在中国的缺失①

一、法学方法与当代中国法律制度

1.清末法律改制对于外国法律的继受决定了中国法学与西方法学的历史和逻辑关联

今天，当我们谈论中国法律制度时，有一个必须明确的前提，即我们现今所说的中国法律制度在相当大的程度上不是中国本土文化的原产，而是历史不超过100年，完全从西方国家，确切地说是从大陆法国家的德国、法国、瑞士以及苏联那里继受借鉴而来的法律制度。不明白这点，就不明确我们要谈的对象，就无法理解现在的中国法律制度发生与发展的过程与特点，就无法了解现代中国法律与西方法律制度的必然联系。

正是由于当代中国法律完全是继受和借鉴西方法律的结果，所以，建立在客观法律存在和法律制度基础上的中国法学也必然要在这种继受和借鉴的过程中逐步发生和发展。事实上，对于西方法律继受与借鉴过程的一个重要方面就是对西方法学的逐步接受与学习，在此意义上，我们可以说当代中国法学对于西方法学理论是有很大依赖性的。这意味着，当代中国法学与西方法律和法学实际上有着天然不可分割的历史和逻辑联系。

① 原载《中德法学学术论文集》第二辑，中国政法大学出版社2006年版。

2.中国法学及法学方法论的建立与发展必须面对传统的阻力和现实的困难

由上可知，我们现在所说的中国法学只能是百年以来所发生的事情。在20世纪初中国实行法律改制之前，在中国充其量只有传统律学，而没有近现代意义上的法学。所以，现今中国法学实际上是在很大程度上背离传统中国文化，通过借鉴学习西方法律文化而逐步地、相当缓慢地发展起来的一门学科。显而易见，要想使一个完全或绝大部分背离传统的科学建立起来，它首先必须面临着克服传统给其造成的阻力，包括文化与道德观念、社会政治和经济制度、生活习惯与模式等各方面的阻力。同时，它还必须面对学术传统和条件所带来的困难。

在上述各种传统阻力和现实困难中，最为关键的，同时也是一个必须要具备的前提条件是，传统的法律观念必须发生改变，即从把法律视为工具到把法律作为科学的本质性转变。但问题在于，我们最初接受西方法律就是将其作为工具而利用，如果要将其转变为一种作为价值和观念载体的思想学术，则必须要有一个认识过程和历史过程，这个认识和历史过程的长短取决于法律制度生存发展的社会条件和文化传统的适应和改造。20世纪中国社会历史发展的曲折跌宕，使中国法学长久地滞后于法律制度建设之后，长久地处于迷茫彷徨之中。

二、法学方法论在中国法学中的缺失与现状

1.法学方法论在中国法学中的长久缺失

法学方法论在中国，无论是在海峡两岸，还是香港、澳门，长久以来都是显然欠缺的。对于法学方法论的探讨只是近十几年来才慢慢在台湾地区出现和展开，而大陆则更晚些，是近几年来才出现的。但无论是在台湾地区抑或大陆，显然都还处在一个开始的、非常幼稚的阶段。虽然自20世纪70年代末中国法学随着法律制度的需要逐步发展起来，

而且似乎一度呈现过繁荣，但是这种发展与繁荣实质上多为"工具"观念支配下的实用法学，作为科学的、独立的法学始终是非常有限的，而真正的法学传统在中国其实至今没有形成。所以，只有在法学基础上才能发生发展的法学方法论也就无从谈起。当然，从历史发展的角度看，这应该是一个正常的现象。

　　法学方法论的缺乏对于法学本身、法治国家的建设发展，包括立法、司法的制度设置、操作方法以及与此相关的诸多基本理论问题都产生了直接或间接的消极影响。虽然近些年来中国法学界有关这方面的著作逐渐出现，但是真正以系统、科学的方法进行研究并得出严谨和具有说服力、经得起推敲的学术著作实在不多。中国的法学这些年来始终徘徊不前，讨论热烈但却少有理论突破和建树，一些并不复杂的理论问题长期纠缠不清，其实就是因为没有一个科学的方法论。例如，法律与权利、法律与人的关系、法律解释和司法解释、司法解释与司法判例的理解及其关系、法律交易与法律行为问题，等等。不仅如此，由于方法和方法论的欠缺，在某些方面已经给中国的立法带来了相当大的困难。对此，有的学者指出："由于在法律形式理性训练上的缺课，由于对传统的经典理论学习和研究不足，民法理论和民事立法技术、民法制度设计等方面，漏洞、谬误便不可避免。例如，当对传统民法中的法律行为理论和制度尚缺乏深入研究时，1986年颁布的《民法通则》就贸然改变了'法律行为'的性质，将之定义为当然合法有效的行为，同时，自以为是地以'民事行为'去替代原本意义的法律行为，以致一定程度上破坏了法律行为理论和制度之严密的逻辑体系，成为有可能无法纠正的历史性错误。"① 在现阶段，中国是否能够建立起自己的法学方法论已经成为制约中国法学发展乃至法治发展的一个不可忽略的因素。

2.法学方法论在中国的研究现状

　　近几年，随着中国法学的逐步建立和发展，法学方法论问题也得

---

① 尹田：《物权法的方法与概念法学》，见于法律思想网。

到越来越多学者的关注。2001年山东大学成立了法学方法论研究所，这是中国第一个专门以法学方法论为研究对象的研究机构。吉林大学开展过法学方法论的专题讨论。近些年来，关于法学方法论的著述也逐渐出现。目前主要有梁治平的《法律解释问题》（1998年，法律出版社）、陈金钊的《法律解释的哲理》（1999年，山东人民出版社）、杨仁寿的《法学方法论》（1999年，中国政法大学出版社）、①林哲《法律思维导论》（2000年，山东人民出版社）、谢晖的《法的思辨与实证》（2001年，山东人民出版社）、黄茂荣《法学方法与现代民法》（2001年，中国政法大学出版社）、②胡玉鸿的《法学方法论导论》（第一卷，2002年，山东人民出版社）。此外，有关法学方法论的译著近年来也慢慢出现。目前主要有康德的《法的形而上学原理——权利的科学》、拉伦茨的《法学方法论》和阿列克西的《法律论证理论》。③

　　在中国法学逐步展开关于法学方法论研究的过程中，有关法学方法论一些基本问题渐渐提出。不过目前看来还只是起步阶段，谈不上深入广泛，一些关于法学方法论的基本问题，如其内容、功能甚至名称等问题都有着很大分歧。由于现今有关法学方法论的国外著述仅有拉伦茨《法学方法论》和阿列克西的《法律论证理论》译本，所以，中国学者在这方面的讨论颇受其影响和局限。目前，中国国内多数学者采用的是法学方法和法学方法论的名称，这与拉伦茨中文译著《法学方法论》不无关系；此外，还有一些人采用法律方法或法律思维的名称。在这种情况下，中国有学者提出应该在方法论方面作一个基本区别，即法学方法论和法律方法论的区别。前者是研究和预设法律的方法，指向的核心是

---

①　这是台湾地区学者杨仁寿的著作。关于法律解释方法的论述是此书的主要部分，包括法律解释（狭义）、价值补充、漏洞补充、类推适用以及利益衡量等。

②　亦为台湾地区学者之作。

③　对于法学界的多数人来说，后两本有着更加直接的影响。台湾地区的法学方法论教育与研究，所依据的主要资料是拉伦茨（Karl Larenz）的《法学方法论》（*Methodenlehre der Juristischen Rechtswissenschaft*），陈爱娥译，台湾五南图书出版公司1996年版和商务印书馆2003年版。此外，大陆也有阿列克西（Alexy）的《法律论证理论》（*Theorie der juristischen Argumentation*），中国法制出版社2002年版。

何谓正确的法律，有关法学方法的学说是法学方法论；后者是应用法律的方法，不仅着力于实现既有正确的法律，还效命于正确地发现新法律，有关法律方法的学说是法律方法论。[①]

三、法学方法论在中国法学中长久缺失的原因

1.作为科学的法学文化传统缺失，法学的工具性优于科学性

在中国，对于法律的认识和态度与西方国家有一个很大的不同，即中国历来将法律作为"器用"，亦即工具来看，并没有将其作为一门科学来探讨和对待。在中国历史上，法律只是君王治国的手段，先秦法家虽然有"刑名之术"或"刑名法术之学"之谓，但其实并不是将其作为科学意义上的"学"与"术"，而只是要说明法或律可以作为维护社会秩序和国家统治的技术性规则的立场。在封建统治者看来，"律"是"礼"的一种补充，是一种经世致用的重要工具，"出礼入刑"实际上反映着极为深刻的法律观念。其实，直到现在，这种传统的观念仍然深深影响着中国的法律制度建设与法学。秦时商鞅改法为律，因而自此之后有"律学"之称，而且渐渐演变成一种传统。官场曾有"律博士"的头衔设置，传统中国科举考试中亦有"拟判"项目。虽然"律学"在中国历史上一度发展，但它仅仅限于对于法律的注疏和个案的解释，并没有将法律作为一个独立学科的科学追求。换句话说，在中国传统律学的基础上，根本不可能发生法学及法学方法论。因为正如拉伦茨所言："任何一门科学的方法论首先都是对该科学本身的实际展开以及它所采用的思想方法和认识手段的反思。"[②]在一门科学没有发生或存在之前，当然不可能有对一种尚不存在的科学的反思。如果和西方法学比较，那么中国的律学始终处于一个"注释

---

① 参见郑永流：《法学方法抑或法律方法？》。

② Karl Larenz, *Methodenlehre der Rechtswissenschaft*, 6. Auflage, Springer 1991, S. 243.

法学"状态中，从来没有真正上升到"评论法学"和"认识法学"的阶段。一个简单的例子就可以说明这个问题，即中国从来没有像在德国那样基于对罗马法的研究而产生一个学说汇纂法学派，更没有在此之后产生概念法学、利益法学以及自由法学派别。所以，许多中国学者都认为，在中国历史上只存在过律学，并没有发生和发展过法学。[①]前者是器用之学，工具之学；后者是制度之学，科学之学，本质有着很大的不同。以法学为对象的教育活动，只是到了清末年间才出现。1904年，满清政府建立了中国历史上第一个现代意义上的法学教育机构，即直隶法政学堂，从此一开中国法政教育之先。[②] 但是，虽然有了法政教育活动，可由于文化传统和社会制度的限制，中国的法学并没有因此而得到应有的发展。在此情况下，法学方法论在中国的欠缺就很容易理解了。

　　总而言之，作为科学的法学在中国的欠缺与中国传统文化有着密切的关联，也就是说，是中国传统文化造成了作为科学的法学在中国长久缺失。如前所述，从历史上看，清末民初中国法律改制以前，在中国不存在法学发生和发展的社会和文化基础，而法学方法论也自然无由谈起。不仅如此，这种传统的影响或惯性直到今天仍然影响着中国法律制度和法学的建设发展。1949年以来中华人民共和国的历史经验已经说明了这点。即使是在20世纪70年代末中国改革开放以后，虽然中国法学有了发生成长的契机，但是长期以来，法学仍然有着浓重的"器用之学"色彩，也就是说，工具性色彩仍将重于其科学性色彩。而且可以肯定，这种法学色彩还将持续相当一个时期，这是历史给中国法学打下的烙印，也需由历史的发展将其抹去。

2.社会政治制度状况直接制约着法学的发生与存在

　　法学方法论在现今中国的缺失不仅仅是由于传统文化观念的影响，

---

① 胡玉鸿：《法学方法论导论》，山东人民出版社2002年版，第3页。
② 方流芳：《中国法学教育观察》，载《比较法研究》1999年第2期。

而且还颇受制于建立在传统社会经济基础之上的社会政治制度。从春秋战国时期直到在1911年辛亥革命推翻清王朝，中国社会有两千多年的封建社会历史。在这个漫长的封建历史时期中，社会经济基础主要是自给自足的小农经济和在此基础上长久存在的封建专制统治。在这种历史条件下，在传统文化及与此相应的封建政治制度的制约下，法律发展已然受到制约，法学发展当然也没有基础和条件，而法学方法论则更无从谈起。如前所述，谈论中国的法学只能是从清末民初法律改制之后谈起。但是，由于文化传统和历史惯性，即使是在清末民初法律改制之后，中国的法律乃至法学发展也仍然颇受社会政治制度的制约。就像没有独立的法律制度一样，独立的法学同样也不存在。法律制度长期以来只是政治制度的从属部分，因此法律制度对于政治制度的依赖和从属地位，决定了法学不可能摆脱，至少不能完全摆脱政治制度的束缚。有学者将这种现象概括为"方法的政治化与附庸化"，① 可以说是有道理的。在法治国家的政治制度模式尚未完全形成或建立的情况下，法学不可避免地具有政治工具的色彩。进一步说，法学方法论更没有产生的可能。

3.滞后于社会发展，尤其是社会经济的发展，强化了法学的功利主义色彩和工具主义色彩

前述传统文化的影响和政治制度的制约不仅使中国的法学长期难以发展，而且显然还使之屈居于从属的工具地位。特别是在社会经济迅速发展的时期，法学更显得滞后，更充分地扮演了器用和工具的角色，这种情况反过来又大大强化了其工具的特征。当代中国法律制度从一开始就已经具有这种特征或弱点，而且至今没有根本改变。众所周知，20世纪初，即清末民初中国传统法律制度改革的社会历史背景和动机，其实就已经表明，进行法律改制，完全不是自觉，而是由于历史和社会发展的强迫，是完全被动的。当时的直接目的是要用建立

---

① 胡玉鸿：《法学方法论导论》，周永坤序"法学方法理念的革新"，第3页。

一套类似西方的法律制度以适应来自外国列强的交往压力，其次才是改良国治，顺应社会进步要求。当时，近现代法制的建立只是迫不得已之举，只是一种手段，不是自觉的追求和目的，此后中国法律制度的发展在相当长的时间里其实都是在此基调上展开的。1949年之后，法律制度更是一度被忽略甚至冷落。20世纪70年代之后，随着改革开放和经济体制的逐步实现，特别是社会经济的迅速发展，使法律逐步得到重视，直到1997年在党的十五大上将依法治国明确为治国方略，1999年又以宪法修正案的形式作为基本国策予以确定。可以说，从改革开放到依法治国国策确立这20多年里，中国的法制建设得到了很大的发展。但是在此有一个基本事实是不能否认的，即这个阶段的法制建设和法律发展主要是因社会经济变革的需要和与此相应的政治方针的认可而逐步实现的，法学对于法律建设和发展的指导作用在此情况下是非常有限的。许多所谓的法学本质上是对已然发生和存在的社会经济关系以及党和政府的方针政策的法律诠释，所以在此期间的法学颇有“政策和经济诠释法学”的色彩。例如，在改革开放初期，经济法和经济法学曾经一度是非常活跃和重要的领域，但许多经济法规不过是原来行政规章的改头换面，所谓经济法学也不过是对经济现象和经济规章的法律诠释。同时，大量经济学理论此时渗入法学甚至法律，以至于当时许多法律法规都具有明显的经济活动色彩。不仅如此，在此时期英美法学和经济学理论对中国法律与实践的影响也是非常明显。正是在此背景下，80年代中期至90年代初之间在中国法学界发生了今天看来似乎很有些离谱的民法经济法之争或大民法与小民法之争。在此情况下，所谓的法学自然是被动和实用的，没有法学应该具有的独立人格与科学品质。

不过，依法治国被宪定为国是之后，整个社会对于法治的重视促进了法学的进一步发展，从而也使得越来越多的学者以科学的态度而不是从实用的角度，逐步展开有独立品格的法学研究，而且渐渐提出了一些真正法学意义上的问题。如法律的价值、正义理论、法治国家及法治国家中的权力分配与制衡、人权与其他基本权利、法学与立法、立法与司法、司法与行政、法律解释、各民族法律的共同与差异问题，等等。可以肯定，中国的法学及法学方法论研究将会由此逐步走向深入。在此过程中，西方国家有关法学方法论的研究成果也必将会对其产生进一步影响。这是历史注定的、不可避免的途径。

一位西方学者眼中的中国法律文化①

——读何意志近著《中国法律文化概论》

20世纪80年代中期至90年代初，在中国法学者之间，尤其是在青年法学者之间，曾经就法律文化的问题展开过一场非常热烈的讨论。② 然而，究竟何谓法律文化？③ 法律文化在某一整体文化中的地位如何？ 构成法律文化的主要因素是什么？ 其中又是什么因素决定着法律文化特质？ 法律文化与法律制度的关系是什么，它对后者建立与发展会产生什么样的影响？ 诸如此类，学界虽然不无较为深入的研究，可最终还是没得出一个较为系统明确、较能普遍接受的结论。这场一时非常热闹的讨论，最后似乎是在没有任何结论的情况下平静下来。当然，在学术问题上我们没有必要，也不可能强求有一致的观点。事实上，这方面的讨论在中国始终也没有停止。④ 因为任何一个法律制度，其产生、存在和

---

① Robert Heuser, Einführung in die chinesische Rechtskultur, *Mitteilung des Insituts für Asienkunde Hamburg*, 1999 Hamburg, vol.315, 以下简略为：何意志《中国法律文化概论》。此书评原载《法学家》2002年第5期；*Journal of the History of International Law*, Volume 4, 2002 Kluwer Law International；部分刊于《中华读书报》2000年11月8日。

② 据不完全的统计，1986年6月至1989年6月三年之间，中国报刊上发表的有关法律文化的文章达100多篇。1989年7月至1991年6月，又陆续有20多篇有关论文。内容涉及法律文化的概念、对中国传统法律文化的评价、我国传统法律文化的特点，儒学对传统中国法律文化的影响，传统法律文化与现代化的关系以及中西方法律文化的比较研究，等等。关于法律文化研究在我国的发生、发展和现状，刘作翔在其最近出版的《法律文化理论》一书中有较为系统和全面的介绍。参见刘作翔：《法律文化理论》，商务印书馆1999年版，第一、二章。

③ 中国法学界对法律文化的定义约有二十多种，当然这可能也只是一个大概的统计。

④ 有关中国学者对于法律文化的一些主要观点及最近几年中国学界关于法律文化的研究情况，参见刘作翔：《法律文化理论》，第57—79页。

发展都必然地以一定的文化为背景，这种决定法律制度产生、存在和发展的文化背景，就是特定的法律文化。所以，认识和评价一种法律制度，建设和发展一个法律制度，必然首先要了解认识其法律文化。

德国汉学家和法学者、研究中国法律制度的专家何意志教授的近著《中国法律文化概论》，以一个西方人的眼光，用科学的方法和客观的态度，阐释和描绘了一个具有独特风格的、实际上独立存在的法律文化——中国法律文化，从而不仅为西方人，同时也为中国学者本身进一步了解和认识这一法律文化及其相应的法律制度设置提供了颇具启发性的思路和方法。概括而言，这部著作因其以下几方面的特点而具有独特的价值：第一，在西方，虽然长久以来不乏对中国法律制度的研究，而且近年来似乎还越来越多，但像这样一部以"中国法律文化"为专题的系统研究，至今还从来没有看到过。第二，这部著作不仅仅是以西方通行的方法理论来对中国法律文化进行考察，而且还对中国近年来有关法律文化的著述作了较为全面的分析研究，在此意义上还可以说，该部著作还是对近些年有关中国法律制度和法律文化研究情况的分析总结。第三，作者凭其多年研究中国法律制度的经验和积累，依据他近些年来在中国观察和了解到的最新和最直接的资料，对法律规范所体现的法律文化内涵进行了细致的分析论证，从而使其所做的研究更为深入而且更有说服力。第四，作者不仅有对中国法律制度研究的长期积累，而且还用了很大的精力对近十多年来中国改革开放进程给以密切注视和观察。所以，他能够对现今中国法律制度的重建及其发展的社会背景、立法动机和指导思想有比较清楚的把握，从而又能够对由此体现的法律文化予以透彻地分析。第五，作者为了阐明中国法律文化形成于历史及其所形成的传统，依据丰富翔实的历史文献，对中国法律文化及其制度的形成演变作了全面系统的阐述。从古代中国社会的法律观念、法律思想开始，对主要历史时期的中国法律制度演变与发展，如先秦及秦、汉以后的唐、宋、元、明、清历代法律都作了简要但颇得要领的论述，完整地展现了中国法律史发展的一个轮廓。这部分内容虽然不多，但足见作者的功力和积累。第六，作者为了阐明作为中国法律文化要素的中国法律制度，对现今中国的整个法律制度也分别作了概括的分析，从而使得其关于法律文化的论述更加充实和具有说服力。总的来看，《中国法律文化概论》一书是近年来西方关于中国法律制度和法律文化领域中一部颇见功底和颇为成功的研究成果，在某种程度上也可以说是这方面研究的一个最新总结。

具体说来，该书的特色和独到之处可见于以下几个方面：

一、思想方法

《中国法律文化概论》的第一、二部分，即绪论和中国法律文化的各种形成要素是该部书的精彩部分。在此，作者以正确的思路和科学的研究方法，明确透彻地描述了中国法律文化的基本轮廓及其特征，尽管其中个别观点尚不无商榷的余地。

首先，他正确地阐释了法律文化的本质及其内涵，并且在此基础上进一步阐明了法律文化与法律秩序的关系。他赞同这样的看法，即"法律文化这个表述现实上并非我们常用的'法律秩序'这个概念本身。在法律秩序这个概念下，我们理解的是现行法律规范的总和、法院对法律的解释和有关国家机构的建设及其管辖权。[1]'法律文化'包括法律秩序，但也关注规范和制度（即活的法律）的事实关联以及法律史上所表明的以往来源。"[2]因此他又更进一步指出："法律构成法律文化的外延，即法律文化的最外表一层，在这一表层下面，存在其固有的特征和动机根源：传统、政治关系、观念立场。"[3]事实上，他的这种观点和美国法文化学者弗里德曼的看法是一致的，后者曾经说过以下类似的观点："首先存在着铸造或造就法律的社会和法权的力量，然后是法权律本身，

---

① 这一定义显然是就英美法律制度而言。

② 罗特劳特纳：《德国法律发展诸问题——德国法律文化的社会逻辑比较》（Hubert Rottleuthner, Aspekte der Rechtsentwicklung in Deutschland, ein soziologischer Vergleich deutscher Rechtskultur, in: *Zeitschrift für Rechtssoziologie*, 1985, S. 208）。

③ 何意志：《中国法律文化概论》，第24页。

即规则和结构。最后是法律对人类外部行为方式的作用。"[1] 当然，弗里德曼在此所说的铸造法律的社会和法权力量实际上就是指传统、政治关系和观点立场。在上述认识基础上，何氏最后对法律文化采用了这样一个定义："我们将法律文化理解为在一个社会中存在的，与法律相关的价值观念、规范、制度、程序规则和行为方式的总和。"[2] 他的这一看法与一些中国学者观点颇有共同之处，但更为精练概括。[3]

在对法律文化有了明确界定的情况下，何氏进而对法律文化的构成因素作了分析，首先，他认为："一个国家的文化是各种不同构成因素的结果：历史经验、社会习惯和现实需要以及不同时代不同强度的外在影响塑造着一个国家的文化，并又进一步塑造着其法律文化。"[4] 基于这种思路，他对法律文化的构成作了如下概括分析：

第一，法律思想，即相对于作为一种社会现象而产生的观念和价值判断，在此，必须对作为一种抽象理论的法律哲学予以考察，其次还要对作为一种社会现实的法律意识予以考察；第二，作为人们期望的行为方式总和的法律规范；第三，法律设置，也就是说，创制和实现法律的设置，即立法机构、司法组织、检察机关、行政机关；第四，法律方法论，如立法技术、法官适用法律的技术，法律文件制作的技术，等等。何氏认为，这四种因素是所有法律文化不可或缺的恒定因素，无论是从历史上看，还是从现时看；亦无论是对欧洲而言，还是对中国而言，均是如此。[5]

何氏在对中国法律文化进行研究思考时，有意识地通过上述几个

① L. M. 弗里德曼：《社会学领域的法律制度》(Lawrence M. Friedman, *Das Rechtssystem im Blickfeld der Sozialwissenschaft*, Berlin 1981), 第12页；《社会学角度的法律制度》(*The Legal System: A Social Science Perspective*, New York, 1975)。

② 莱瑟尔：《法社会学》(Thomas Raiser, *Rechtssoziologie*, 1987), 第316页，见何意志：《中国法律文化概论》，第27页。

③ 如中国学者当中的一种较为准确概括的看法认为，法律文化是社会上层建筑中有关法律、法律思想、法律制度、法律设施等一系列法律活动及其成果的总和。见注2引刘新文。此外，有的中国学者曾提出"比较法律文化学"的种种问题，但完全是从宏观的角度来说明其构成的对象。虽然有很广阔的眼光，但却没有接触一些能够说明法律文化特制的某些实际问题。参见武树臣：《比较法律文化研究的对象和方法》，载《中外法学》1992年第1期。

④ 何意志：《中国法律文化概论》，第41页。

⑤ 同上书，第28页。

方面入手，可能多少是从本世纪二三十年代的德国法学家，德国法律事实学派的奠基人和代表人物努斯鲍姆那里得到了些启发。那么，所谓的"法律事实"（Rechtstatsachen）究竟是什么呢？在努斯鲍姆看来，这类法律事实就是决定法律规范生成和演变，因而反过来又对全面理解法律规范必不可少的客观存在的事实。他说："在研究一种外国法律秩序的过程中，对于这种事实的认知尤为迫切，这是显而易见的。法律事实研究是法律规则赖以产生的社会、政治及其他事实条件进行系统的研究，并且对每一种规范的社会、政治和其他种种作用进行考察。"[①]在这种思想的指导下，何氏不仅对决定法律制度的各种社会、文化背景进行了研究，甚至还以具体案例分析入手来阐明中西方法律文化的差异。

由上可知，何氏在对法律文化着手进行研究时，其基本的思路或思想方法很得当，故从一开始就有可能在整体上有着明确把握探讨法律文化本质思路以及法律文化与法律制度的关系，法律文化产生的历史根源和社会基础的关系。这对中国学者有着十分重要的启发意义。以法律文化的本质或定义而言，中国法学者之间众说纷纭，莫衷一是，甚至有些人还否认法律制度设置本身应属于法律文化的一部分。而何意志先生则明确指出，法律规范和法律制度设置本身乃是法律文化的一个重要组成部分。事实上，不能想象一个排除了法律规范和法律制度设置的法律文化，还会有多少实际内容和多大的实际意义。谈论法律文化而将法律制度排除在外，那么这只能是高谈阔论，而且谈得越多就越空越玄。

二、研究方法

首先，作者采用了论从史出、论以实证的研究方法，即从史料中引出结论判断，再用历史和现实的实例予以证明。应该说，这是本书的一个较为突出的特征，因为并非所有的学者都能够做到这一步。通观此

---

① 努斯鲍姆：《法律事实研究》（Arthur Nußbaum, *Die Rechtstatsachenforschung— Programmatische Schriften und praktische Beispiele*, Berlin 1968），第21页。

书，我们可以发现，正是由于作者采用了上述的科学研究的方法，更使得其思路清晰，用以阐明自身观点的资料充分翔实，从而使其观点更具有说服力。作者为了说明自己展开史论的目的，引用了德国法哲学家松特海默尔的话说："每一种政治文化都关系到历史上生成并进而延续到现代的部分传统。特定社会中的政治文化一般都立足于历史和政治意识和行为方式的连续性，而这些意识和行为方式都是从以往直到现代或多或少地发生着作用的。我们对历史的兴趣首先产生于我们想知道，到底是些什么从过去那些时代里延续到了我们今天这个时代，在多大程度上我们能够从当代的现象中认知历史的原因。"① 由此可知，作者研究中国法律发展的历史，其实就是要从中得出中国法律文化何以产生形成，即中国法律文化发生发展原因的正确结论，而这种历史的研究方法是社会科学的一种最基本方法。从作者对中国法律史的阐释来看，作者对中国历史文化，特别是中国法律文化发展史是有相当研究的。作者在阐释中国法律史时对有关史料的把握和运用能力，充分表明了作者在这方面的功底，没有长久的积累和研究，是难以达到现在这种水平的。②

---

① 松特海默尔：《德国政治文化》(Kurt Sontheimer, *Deutschlands politische Kultur*, München 1990)，第14页。

② 作者长期潜心中国法律制度和法律史研究，这方面的著述很多，主要如：《1904年中国商标法》(The Chinese Trademark Law of 1904: A Study in Extraterritoriality, Competition and Late Ch'ing Law Reform, in: *Oriens Extremus* 1975)；《德中两国商贸中的合同实践》(Die Vertragspraxis im Handel zwischen der Bundesrepublik Deutschland und der VR China, in: *Recht der Internationalen Wirtschaft* 1976)；《对中国经济交往中的仲裁管辖》(Die Schiedsgerichtsbarkeit im Wirtschaftsverkehr mit der VR China, in: *Recht der Internationalen Wirtschaft* 1979)；《现代化的国家法律》[Das Staatsrecht der Modernisierung. Zur Entwicklung des chinesischen Staatsrecht während der letzten Jahren, in: *Jahrbuch des öffentlichen Rechts der Gegenwart* Bd. 33(1984)]；《中华人民共和国经济合同法》(*Das Außenwirtschaftsrecht der VR China. Die wichtigsten Rechtsnormen mit Erläuterungen*, München 1986)；《晋书刑法志——早期中国法律》(*Das Rechtskapital im Jin-Shu. Ein Beitrag zur Kenntnis des Rechts im frühreren chinesischen Kaiserreich*, München 1987)；《中国法治之新路》(Chinas Weg in eine neue Rechtsordnung. Strukturen und Perspektiven(1978-1988), in: *Juristenzeitung* 1988)；《中华人民共和国行政程序法》(Das Verwaltungsprozeßgesetz der VR China, in: *Verwaltungsarchiv* 1989)；《中华人民共和国的经济改革和立法》[*Wirtschaftsreform und Gesetzgebung in der VR China. Text und Kommentare* (hrsg.), Hamburg 1996]；《中华人民共和国刑事程序法的比较观》[*Das Strafprozeßgesetz der VR China in vergelichender Perspektive*, Hamburg 1997(zusammen mit Th.Weigend)]；《中国法律文化：从现代化法律到法的现代化之路》(Chinesische Rechtskultur: Auf dem Wege vom Recht der Modernisierung zur Modernisierung der Rechts, in: Hermann-Pillath/Lackner hrsg., *Länderbericht China Politik, Wirtschaft und Gesellschaft im chinesischen Kulturraum*, Bonn 1998)，等等。

　　其次，立足于特定社会基础来分析在此基础上存在的法律文化。具体说，作者本着"凡有社会之处即有法律"（Ubi societas, ibi ius）思路，着眼于从特定的社会状况和背景来考察法律和法律文化的产生的基础。也就是说，作者在尝试说明法律文化发展的历史原因的同时，还力求阐明特定法律文化发展的社会原因。简而言之，他在史论的基础上还进一步采用了论以实证的方法，这就使得其研究成果获得了更充分的现实依据从而更具有说服力。

　　在分析中国法律文化发生形成的基础和背景时，何氏洞察到了对于理解中国社会甚为重要的几个问题；换言之，他把握了分析中国国情的几个不可忽略的重要因素。如中国长期的农业经济的传统及其转变过程、游民和城市化过程、从行政控制到资本社会调整的转化问题；现实存在的特殊劳动关系以及相应的其他社会问题：如人口、环境、教育、刑事犯罪，等等。[1] 毫无疑问，在上述所有各个方面，现实中国社会与西方社会都大不一样，当然也不可能一样。例如，中国农业经济，具体说就是两千多年来的封建式小农经济传统，对于中国法律文化的生成和发展有着决定性的作用。其烙印如此深刻，以至于现今中国社会无论是在社会关系还是经济关系方面，都仍然呈现这种农业经济社会模式的制约作用。应该看到，近二十年来中国实行的社会和经济体制改革，在某种程度上实际就是与传统造就的社会现实进行抗争，并且最终实现对其的改造。作者明确指出："这种经济和社会的转折意味着对法律文化的多层次挑战：法律文化必须接受新的内容，与旧的过时的规则发生冲突，或者用新的予以替代。"[2]

　　关于中国改革开放对法律制度或法律文化的影响，何氏以动态研究的手法，着眼于影响中国近年来法律制度发展的几个关键问题，从社会和文化发展的层面，对现今中国法律制度作了分析研究。如"依法治国""法治与人治""法治国家"等问题的讨论，关于新的基本社会价

---

①　何意志：《中国法律文化概论》，第46—55页。

②　同上书，第45页。

值"社会主义市场经济"的认识，有关法律意识和法律教育问题，甚至还从文化本体论的角度对当今中国法律文化意识与西方的不同之处作了分析考察。为了更清楚地说明法律意识状况，他还采用了社会调查的最直接资料来说明问题。在此，其基本的思路可以用他引用毛泽东的一句很精辟的话说明，即"没有调查研究就没有发言权"。[①] 可以说，何氏的研究接触和反映了中国法律制度及其文化背景的最新和最近的发展动态。对于西方社会了解现今中国法律制度的基本状态有很高的价值。

再次，对决定法律制度发展演进的法律思想进行了分析。他认为："法律思想是社会哲学思想的组成部分，它反映着社会秩序，统治者和被统治者之间的关系，社会中个别的任何群体之间的地位。"[②] 所以，他对历史上和现今中国法律制度发展的思想背景都作了相当的阐述，其中对当代中国法律思想的发展演变尤其作了具体和深刻的分析评价。如1949年以前主要呈现为欧洲大陆法律制度模式的法律思想和洋务派主张的中学为体、西学为用的变通思想；1949年以后的苏联及马克思、列宁、毛泽东式的法律思想；70年代末以后改革开放时期的法律思想；90年代中期以来的社会主义市场经济时期的法律思想等，分别作了阐释和评价。反映了作者对于中国社会法律制度思想背景的细致观察和长期关注，从而也给其相关的具体论述提供了更多、更令人信服的理论依据。随后，何氏尝试着对当代中国的法律观念作了如下的概括：第一，立法和司法是国家用以实现政治、经济、社会改革的工具，或用以实现"现代化"的工具。于是乎，法律的概念远远超出了刑事上的、纪律上的内容，涉及所有现代化的内容。除此之外，法律也保护着人们的权利。第二，现今许多党内的精英和法律界的有识之士，都在关注和讨论"法治国家"，即"权力控制"问题，"法治国家"的观念正在越来越广泛地得到宣传。法律也由此正在成为政治自由、基本权利和人权的保障。第三，当代的立法因此而比以往任何时候都更加综合概括，无所不

①　《毛泽东选集》第三卷，第9页。

②　何意志：《中国法律文化概论》，第66页。

包。① 应该说，他对现今中国法律观念的这一概括基本上是正确的。

第四，对体现法律文化重要部分的法律意识作了深入的调查分析。一个民族的法律意识，是体现该民族国家法律制度发展水平的一个重要指标。而要对一个民族的法律意识有所了解并加以评价，非有对该民族社会生活的深刻介入和认真考察是办不到的。何意志先生在此无疑也取得了成功，因为他凭着对中国社会的长期接触和考察，以一个介入者的身份，从一个旁观者的角度，而且还借助社会调查的手段，对中国社会现今的法律意识状况作出了基本正确的描绘和判断。当然，关于法律意识历来有不同的看法。在他看来，"常常被视为用以表达法权感觉、法律信念、法律观念、法律概念同义词的法律意识，在中国社会中是从认识法律和在权利受到侵犯时有所主张的意义上来讲的，换句话说，也就是在民众接受法律的意义上来讲的"。他又说："法律规范要想获得一定的社会效力，那就必须有一个支持它的法律信念基础。如果民众（法律共同体）对于法律规则的认知不存在或不充分地存在，那么虽然有一个成形的法律制度，但实践中却不可能发生影响；相反，实践会根据其他规范来塑造成型。"不过，他同时也承认："民众法律意识和实在法法律制度的完全认同是几乎不能达到的。"②

第五，采用了科学的法律比较方法。如同前面已经谈到的，何氏认为"凡有社会之处就有法律"这一规律同样适用于中国社会。但是，中国社会及其政治制度结构表明它与西方社会及其政治制度是不同的，法律的地位与作用也在许多方面与西方社会不一样。"每个法律都是社会秩序的工具，因而又与其寻求调整的社会紧密地联系在一起。"③"法律表现为即定社会秩序的一种职能。"④ 所以，必须横向比较和纵向比较同

① 何意志：《中国法律文化概论》，第174页及以下。

② 同上书，第176页及注39。

③ 弗里德曼：《国际公法概论》（Wolfgang Freidman, General Course in Public International Law, Académie de Droit International, Recueil des Cours, Bd. 127, 1969/II），第47页。

④ 勒林：《法律在解决冲突中的作用》（Bert V. A. Röling, Die Rolle des Rechts bei der Konfliktlösung, in: A. de Rench, J. Knight hrsg., *Weil wir überleben wollen*, München 1970），第311页。

时并举。横向比较意味着，我们要在考察外国法律制度的同时，必须还要考察我们自己的法律制度和法律思想；纵向比较意味着，我们要从历史上考察特定中国法律制度的经验及其对现代中国法律制度的影响。[①] 观其全书，可知何氏正是采用了这种法律比较和研究的方法。实际上，它同时也意味着何氏采用了所谓的动态比较和静态比较的方法。总之，他在分析和评价法律制度的时候，采用了比较法学方法论上的基本手法。所以，他的这部研究成果，尤其给比较法学者提供了一种启发甚至是一种研究的范例。

不仅如此，何氏还对比较法学可能发生的偏颇作了批判性分析，指出在比较法学当中往往存在将西方法律文化中产生形成的概念原封不动地用以比较异国法律概念的危险，如法权（Recht）、契约（Vertrag）、责任（Haftung）、过错（Schuld）和司法（Justiz）等。用这些西方法律概念生搬硬套地诠释中国历史上生成的特有概念和制度，实际上是一种"反向翻译"（backward translation），是一种很不恰当的"殖民式"法律比较。因为，这"无疑否认了被比较法律文化的自我存在。因为，中国的法律观念与西方的法律观念是如此不同，以至于简单地将这两类法观念平行比较阐释只会导致错误的判断"。[②] 显然，中国的比较法学者在实践其学术理论研究时，应该由此得到些启发。因为，事实上我们当中的确有些学者，他们对西方法律文化和制度有所接触和认识，于是转而用以和中国法律文化和制度进行机械的平行比较，但却忽略了比较项之间完全不同的生成过程和条件。因此，他们不可能得出科学客观的、可以用来解决现实问题的判断和结论，其最终结果只可能有两个，即不是提出一些空泛动听的高谈阔论，就是最终完全否认自我。

最后，法律制度的研究。在对产生中国法律文化的历史传统、社会现状进行了深刻精辟研究分析之后，作者转而对中国现今法律制度进行了全面系统的考察和阐释。在《中国法律文化概论》第三部分"中国

---

① 何意志：《中国法律文化概论》，第28页。
② 同上书，第29页。

法律的渊源"中，他对构成现今中国法律制度和体系的各种法律渊源及其形成程序，如：法律、法规、国际法、国内法、政策指示、法院判决和司法解释、习惯及法律学说及立法程序等，均作了全面细致的阐明，而且还对整个法律渊源所呈现的特征作了简要的概括。在此之后，他对具体的法律制度分别作了概括的介绍，不仅涉及公法和私法诸实体法领域，而且还涉及各个相应的程序法。例如，宪法、国际法、国际私法、行政法、民法、刑法、司法组织、律师制度以及各个相应的程序法制度，乃至一些具体的法律规范的阐释。因为在他看来，"法律规范是每一种文化的组成部分，因此，规范研究对于认知一种文化，对于一种社会的价值判断，几乎与文学研究和宗教研究同样具有意义"。[①] 因为"每个社会都通过其法律揭示其结群而居的人们的行为方式最内在的秘密"。[②] 所以，研究法律文化实际上是对一个国度的文化进行认识的一种重要途径。

实际上，他在这方面的研究可以独立地作为关于现今中国法律制度的一个较为全面的概论，无疑给西方法律者了解中国法律制度提供了一个最新最全面的资料。就我所知，在当代西方社会，此前还从来没有一个法学学者能够如此全面系统地将中国法律制度展现在西方社会面前。[③]

三、值得称道的论点

基于以上所述的总体思想方法和研究方法，何氏在考察中国法律制度及其相应的法律文化时，涤除了一些不同于以往某些西方研究者的观点，而这些观点和结论凭借其深厚的积累和科学的研究方法而颇具说

[①]　何意志：《中国法律文化概论》，第30页。

[②]　昂格尔：《现代社会中的法律》(Roberto M.Unger, *Law in Modern Society*, New York/London 1976)，第47页。

[③]　在何意志之前，瑞士法学者、汉学家胜雅律曾著有《中国法律入门》(Harro von Senger, *Einführung in das chinesische Recht*, Verlag C.H. Beck, München 1994)。此书主要是以法律制度本身为研究考察对象，其中也涉及了法律制度产生存在的思想和社会基础。该书同样是近几十年来西方介绍研究中国法律制度的一部较新的成果。

服力。

首先，关于法系问题。

无论是对外国比较法学者还是对于中国的比较法学者，长期以来都没有解决一个很重要的问题，即中国法律制度究竟是否可以构成一个独立的法系——中华法系的基础。事实上这里涉及比较法学的一个基本问题，即法系的划分问题。对此，西方学者多有论述，但意见不尽相同。何意志先生在此采用了最为简明的方法，就是将现今世界上的法律制度大体首先归为两个法系：大陆法系和英美法系。在对两大法系进行了基本分析，而且对当代中国法律制度整体分布作了阐明之后，他认为，要回答当今中华人民共和国法律制度的法系归属问题，应该从以下几个方面着眼分析：

现今中国法律制度的主要法律渊源是法典法、具体的制定法和政策性规范，总而言之，现今中国法制是以规范法为主要法律渊源的。它意味着，现今中国法制的基本结构是欧洲大陆法系模式。

现今中国最高法院采用了"意见"（opinions）这种形式的"法律解释"，虽然对下级法院具有拘束力，但实质上与普通法系的判例并不完全相同。对此，他非常有洞察力地说，此类司法解释并非是针对个别案例，"不是具体和对抗性地"（not in case and controversy），而是对制定法漏洞的抽象填充（abstrakte Ausfüllung von Gesetzeslücken），与英美法意义上案例法毫无关联，它实际只是一种制定法的立法形式。他的这一观点，可以说对某些中国学者不无启发意义。因为现今中国有些法学学者在主张仿效英美法系的案例法时，常常以现今中国司法系统内的司法解释为例来证明中国已有案例法的基础。

具有大量的社会主义法系的烙印，而且至今仍然在很大程度上对中国法制发生着影响。

他最后得出这样的结论："将中国法制归入两大法之中的任何一个法系，都不免有些离题，尽管可以讨论是否应将中国法律制度归于大陆法系。对于中国法律制度的观察，不是要着急将其归入哪一个法系，而是应该从一种法律文化的角度（立场）将中国法律作为一个自成一体

（sui generis）的法律文化来看待。"①从近几十年来西方对中国法律制度的研究资料来看，何氏在此的观点可谓是独树一帜，有其独到的见解。显而易见，何氏是把中国的法律制度和法律文化作为一个独立的自主存在来认识解释的。

特别应该指出的是，何氏在法系问题上并未像大多数西方学者那样，以所谓的"社会主义法系"论点来分析评价中国法律文化及其相应制度。这是非常难能可贵的。长期以来，西方许多比较法学者，甚至相当一部分中国的比较法学者都认为中国法律制度当归于所谓的社会主义法系。何氏虽然没有直接否认这种观点，但却也没有简单地接受这种观点。他较为客观地指出："十月革命（中华人民共和国成立）之后，许多前共和国时期的法律和法学方法都继续保留下来，而这些成分在很大程度上是受到了德国法和法国法的影响。不仅如此，自中华人民共和国重建其法律制度以来（1976年以后），尤其是1978年中国共产党第十一届代表大会第三次中央全会（经济改革开始）以来，立法者不仅从其他社会主义国家的法律制度中有所借鉴，而且还从资本主义国家的法律制度中借鉴众多。"②其实，没有对中国法律制度的长期研究和不断积累，是很难作出这种较为客观的结论的。有些西方学者，包括一些著名的比较法学家，如勒内·达维德、茨威格特和克茨，都是将中华人民共和国的法律制度归于社会主义法系。不过，勒内·达维德也认识到，"社会主义阵营的国家过去都是属于罗马日尔曼法系的国家"，可是"罗马日尔曼法系在中国只获得了暂时的成功；欧洲大陆各国法在那里曾经取得的优先地位由于共产党的胜利而摧毁了"。③ 必须指出，这种"社会主义法系"的立论，事实上从一开始就欠缺科学性，是一种明显地以意识形态和政治制度为划分标准的结果。从茨威格特和克茨的看法中就能够发现这其中的原因所在，如他们说："但是，如果人们使用现代比较法

---

① 何意志：《中国法律文化概论》，第39页。
② 同上书，第37页。
③ 〔法〕勒内·达维德：《当代主要法律体系》，第28、71页；〔德〕茨威格特、克茨：《比较法总论》，第542页以下。

学的方法对社会主义国家的法律加以探讨，他们便会认识到，在那里，与西方国家一样，也有许多领域是由法律调整的，并且尽管有意识形态上的种种差异，对生活中相似的问题往往采用相似的解决办法。"①众所周知，80年代末期以来所谓的东欧"社会主义阵营"迅速瓦解，那么所谓的社会主义法系恐怕也就无从谈起了。其实，所谓的"社会主义法系"究竟是否实际存在过，是一个大可讨论的问题。②无论如何，要对原有社会主义国家的法律制度作出正确认识，必须重新对其予以考察。但这已是本文的题外之话了。

其次，中国法律制度的基本现状与格局。

作为研究中国法律制度多年的专家，何意志清楚地知道当代中国法律制度的历史发展脉络，包括其产生、形成和演变。他指出中国台湾地区的法律制度实际上是承德国法律制度而来。更为重要的是，他看到了当代中国大陆法律制度与昔日台湾地区法律制度的直接关联和不容置疑的共同历史文化基础。除此之外，他还分别阐明了当今中华人民共和国澳门特别行政区的法律制度与葡萄牙法律制度的历史渊源及其由此而具备的大陆法系日耳曼法支系的属性。同时，他也指出了香港地区法律制度由于其与英国的历史关系而形成的例外。

再次，中国法律文化的基本特色。

在谈及中国法律文化特色的构成时，何氏看到了很重要的一点，即传统中国法律渊源是由习惯、道德规则、从以往历史流传下来的行为规范"礼"（li）和统治者颁行的"法"（fa）共同构成的，是以法权与伦理合一为基本特色的。或许正因如此，它才能够顺理成章地解释为什么中国古代没有向西方那样存在一个独立的民法或私法体系，才不至于因

---

① 〔德〕茨威格特、克茨：《比较法总论》，第521页。

② 关于社会主义法系的问题，有的中国学者虽然也予以承认，但却指出了"它实质上是意识形态的理论取得政治上的统治后推行的一套法律制度与观念"。不过，该作者在随后对社会主义法系作具体分析和评价时，却提出了隐含悖论的看法。如："在法的技术上，它与罗马日耳曼法系大体相同，但是其概念所包含的内容则完全不同了"；"社会主义法系的内涵仅仅停留在政治宣传之上，还没有深入到人们的观念之中"。参见强世功：《比较法·文化·文明》，载《法律科学》1991年第5期。

为中国几千年社会没有私法调整，但又同样有序地存活下来而感到困惑。对这个问题，不仅有许多西方学者，而且还有不少生硬地将中国法律和西方法律相比较的中国学者，都未能清楚地看到并予以阐明的。不仅如此，他还阐明了"礼"与"法"或"律"之间的关系，如"出礼入刑"这样的准则，指出了"在中国没有像西方那样自古以来就有法律，在传统中国的思想观念当中，法是居于礼之后的规范"。[①]他还进一步概括道："礼是初级规范，而法（律）则是惩戒规范。"[②]因此制定法只是被视为社会生活基本规则的道德规则的从属规范。可以说，能够指出这点法文化的特征是相当关键的，因为它实际上表明着传统中国法律的基本构成和由此体现的法律文化特色。而认识到这点，对于正确理解传统中国法律制度的操作机制与实现过程是必不可少的前提。可以这样说，所有没有认识到传统中国文化中的"礼"实际上是作为法律文化的重要组成部分的人，都不可能正确认识和阐释中国法律文化；那些仅以中国历史上的"法"或"律"来诠释中国法律文化的论者，无论是西方学者还是中国学者本身，实际都还没有认识到中国法律文化的精髓。所以，何氏使用了相当的篇幅来阐释"礼"与"法"或"律"以及它们之间的关系，当然是把握了中国法律文化的要害，是非常有价值的探讨。

除此之外，何氏还谈到了中国法律文化的其他特色，如财产法的不发达、以义务为本位、息讼观念，等等。对中国的"调解制度"（Schlichtung），何意志以颇为积极的观点予以了介绍和肯定。[③]

对未来中国法律文化的预见。在对中国法律文化作了历史和现实的考察研究之后，何氏最后对中国法律文化的未来作出了判断和预见。他认为，经过了两千多年独立的、具有自身思想和社会特征的存续发展之后，中国法律文化在19世纪中期以后与欧洲帝国主义力量的对抗中，不断受到西方法律思想和意志的影响，从而开始了一个重新构造的历史时期。这种进程直到今天仍然在继续，首先是通过立法的继受，然

---

① 何意志：《中国法律文化概论》，第66页。
② 同上书，第119页。
③ 同上书，第469页。

而是由于社会经济需要的铸造。具体而言，这个进程一方面体现在传统的"潜移默化的因素"（如习惯、实用的规则）①的继续生长和发生作用，另一方面是迅速生长的社会、经济和政治概念以及与此相应的法律制度概念，而所有这些新的概念对于传统来说是未知的，是一种挑战。但正是这些挑战又促进着传统中国法律文化的现代化运动，并由此体现着一个重大社会变革的缩影。总之，何意志认为，当代中国法律文化，正处在一个转变运动的过程。这个转变运动具体表现在以下五个方面：第一，规范体系的转变，即从以自给自足的小农经济为基础的个人关系本位向以多元社会经济为基础的契约本位发展，进而使得社会习惯规范体系逐步朝着通过契约实现的法律规范和法律制度的法律秩序体系发展；第二，规范方向的转变，即从有着明显宗法社会烙印的纵向的义务本位向着由市场经济确定的、横向的权利义务关系发展，从而使得传统的"和为贵"观念向着为权利而斗争的观念转变，与此相应，传统的息讼、拒讼观念向着求助诉讼和司法保障的方向发展；第三，国家立法功能的转变，即从着眼对违背社会道德规范的惩戒到着眼实现国家经济目的的手段和对利益冲突的调整及个人权利的保护；第四，作为社会分化结果的权力分配的转变，即从自给自足的小农经济到通过国家调整的农业和工业经济再到多元的所有制和资本投放权利，使得原有的行政控制社会向着社会关系由法律控制的"民事社会"（Zivilgesellschaft）转变；第五，统治结构的转变，即法律从作为阶级统治的工具向着作为政治约束的手段，即从"法制"到"法治"的法治国家方向发展。在此基础上，何氏还进一步认为，当代中国法律文化史，实际上就是一部运动的历史，这种运动从20世纪初就已开始，80年代以来开始加速进行，而且将一直延续到21世纪。中国加入世界贸易组织，必将使其法律文化的发展变化加速进行。至于中国的政治、社会制度将来如何发展变化，最终还是取决于中国人自己，已非中国学者主观臆测所能做到的了。②

---

① 这是19世纪德国法学家、历史法学派的代表人萨维尼的理论观点。

② 何意志：《中国法律文化概论》，第471、472页。

　　总的来看，何意志对于中国法律文化未来的发展所作的概括是客观和有依据的，它的确概括表明着中国法律文化正在和即将经历的演变途径。这种结论和判断，当然得益于何氏多年来潜心研究中国法律文化的深厚积累，所谓冰冻三尺非一日之寒，草绳锯木非一日之功，正可以说明何氏成果的来之不易及其有所收获的理由。

四、可以探讨之处

　　何意志的《中国法律文化概论》虽然是近几十年来西方社会研究中国法律制度的一部优秀作品，但这并不意味着它就是完美无缺的。

　　首先，在某些资料使用分析方面，还存在一些可以探讨的问题。如，在谈及中国最早的大一统国家秦王朝制定的成文法"秦律"时，何氏认为秦律仅仅包括刑事规范和行政规范，这似乎并不尽然。因为在现今发现载有"秦律"的秦简中，实际上有着不少涉及民事关系的律条。[①]对于这个问题可以这样来看，第一，这是早期法律民刑不分特点的一种体现；第二，我们虽然说"礼"在中国法律制度中通常扮演着"民事规范"的角色，但这并不是说中国历史上的"法"或"律"中完全没有民事方面的规范。相反，在历代律例中，常常也有民刑律条并存于一部法律当中的。除此之外，何氏虽然指出了中国法律中财产法不发达这一现象，但他并没有阐明其深刻的社会历史原因。[②]他在后来虽然也谈到中国法律文化的社会背景因素，但并没有能够将这种背景因素与具体的法律原则或制度紧密结合起来。

　　其次，关于当代中国法律文化的特征。何氏提出了一个很形象的说法："中国法律传统、西方和苏联的影响，这是中国法律文化用以行走的三条腿。"[③]但是，这里应该说明的是，何氏提出这样的看法时，没

---

　　① 有关《秦律》中所涉及的民法、经济法律规范及其分析，可以参见张晋藩：《中华法制文明的演进》，中国政法大学出版社1999年版，第107—114页。

　　② 何意志：《中国法律文化概论》，第120页。

　　③ 同上书，第42页。

有特别说明这只是现代中国法律文化的阶段性特征，况且苏联法律对中国法律的影响实际上正逐步被来自于西方的影响取代。他所说的"三条腿走路"的时代已经或正在消逝，未来中国法律文化的行走方向会更加简明，是两条腿走路，即传统中国法律文化和西方法律文化的兼行不悖。当然，传统中国文化赋予中国法律文化的基本特征因素也仍然会一如既往地存在并占据突出的地位，即使传统中国法律文化所决定的制度可能被很大程度上改造甚至于淘汰。因为，正像他所看到的那样："一个古老的制度不再正式实施的事实，并不意味着产生了这个制度的人民不再受其影响。"①"中国的法律制度将带着已经渗入到其各种国家制度的传统重负存留下去……我们在此考察的是一个仍然具有生命力的法学，如果不是在文字上，那么至少是在精神上，而且很可能还要数代存续下去……"②

再次，在个别思想观点方面。我们已经谈到，何氏关于中国法律文化的特征所作的概括和论述是非常深刻精到的。但是，也还有可以商榷的地方。在此只想特别就一点提出论辩，即他所说的"实用规则对抗法律规则"观点（"pragmatische Regeln"versus Rechtsregeln）也构成中国法律文化的特色之一。他说："由于法律和其他制度规范不能或者很少能够给个人提供保护，所以个人在追求其社会和经济目的时就依赖人情关系、通过颇有影响的方法，即计谋和欺骗来进行自我保护。如要进一步说明的话，这表明恰恰由于在中国欠缺法律保护，故作为'一种不可或缺的生存手段'（eine unentbehrliche Lebenshilfe）而存在的计谋才确实比其他东西更加迫切地产生出来。这样一种实用规则的传统和与此密切相关的对法律和道德规范的违反如今绝对处处可见，而且实际上构成着中国法律文化的一个组成部分。它们'比其他任何东西都更加构成

---

① S.G. Vesey-Fitzgerald, *The Future of Oriental Legal Studies*, London 1948, p.7. 何意志：《中国法律文化概论》，第56页。

② J. Escara, *Western Methods of Research into Chinese Law*, p.241. 何意志：《中国法律文化概论》，第60页。

现代化的障碍'，故同样也恰恰是法律文化的障碍。"①对于何意志这一有关中国法律文化"特色"的论述，我们可以指出它在方法、逻辑和资料三个方面都有不妥。具体可阐明如下：

第一，在方法上，他将"计谋""欺诈"这种现象和习惯混为一谈。不仅如此，他还将这种以偏代全的"现象"进一步升级为文化，从而竟然得出"计谋"和"欺诈"是中国法律文化一部分的荒谬结论。客观地讲，中国历史上流传形成下来的三十六计，的确可以说是集计谋之大成，然而计谋和欺骗完全没有必然联系，更不能在此错误理解的基础上将计谋和欺骗作为中国法律文化的一部分。除此之外还必须指出，实际上中国人当中真正清楚知道三十六计的人恐怕并不多。至于现实生活当中有人自觉不自觉地采用了三十六计中的某一计，恐怕也不足以作为其构成文化的事实依据。不容否认，在现实中国社会生活中，的确存在许多令人厌恶痛恨的计谋、欺诈现象，尤其是改革开放以来，随着商品经济在中国的普遍展开，人们的社会价值观发生了很大改变，传统的道德观念受到很大冲击，在经济交往乃至人际交往中出现了越来越多的"计谋"和"欺诈"现象。但这只是一些非正常的阶段性现象，将这种非正常的阶段性现象视为一种法律文化，显然失之片面。况且，客观公正地分析这类现象，会发现其实其主要是随着改革开放和商品经济的深入逐步而产生。那么，若按照何意志先生的看法，造就这种法律文化的社会根源岂不来自于西方或资本主义社会？事实上，传统中国文化最

----

① 在此，何意志先生实际上与瑞士汉学家胜雅律（Harro von Senger）先生的观点基本一致，但是后者并没有因此就得出计谋和欺诈是中国法律文化一部分的结论。关于中国的计谋，胜雅律先生曾以其《计谋》（德文书名：Strategeme，实为系统全面阐释中国历史上流传的三十六计的专著）而闻名欧洲和整个西方世界。但胜先生本意并非要用之以说明一种法律文化的特色，而是在谈一种生活处世和解决问题的技巧，而这些技巧在欧洲同样存在，甚至在《圣经》中也同样存在。德国法学家拉德布鲁赫就曾把自然法视为一种"世界史心计"（List der Weltgeschichte），而且是历史上曾经有过的，最为成功的心计。瑞士的《新苏黎世报》最近专门为胜雅律先生开辟了一个专栏——"计谋分析"。在第一期中，他就谈到："中国人并不总是使用计谋，他们也不猜想你有什么计谋。计谋对他们来说只是一种聪明和非常的解决问题的方法。并不是像我们这里总是和欺骗等同而论。在中国人看来，计谋具有很大的创造性，是和思想的灵敏和发展有着密切联系的。"

为突出的特点之一就是不重实际，或者说不实用。而恰恰是在西方传统中，实用才是一种常见的观念和规则。所以，何意志所言中国的"'实用规则'的传统"（die Tradition solcher 'pragmatischen Regeln'）是不能成立的。第二，从逻辑上看，何意志先生一开始就谈到中国法律文化的一个根本特征，即法律与道德的合一。而这种"计谋""欺骗"是与传统道德观念完全冲突的，所以，将"计谋"和"欺骗"作为中国法律文化的一个组成部分有自相矛盾之嫌。第三，法律文化必然作为特定民族的历史文化的一部分，这是没有疑问的。但这并不等于所有历史文化都可以纳入法律文化。具体说，何意志在此是将历史文化和法律文化混淆了。因为所谓的三十六计虽然是中国历史文化的一部分，而且是十分有价值、有特色的一部分，但要将其归为法律文化，显然是没有足够的依据。第四，中国人缺乏法律保护因而转向以寻求计谋来实现自我保护，这里面有必然的联系吗？我看未必。至少，这是一个可以讨论的问题。[1]第五，为了说明自己的观点，何意志在此有所征引，但是他所引用的观点其实并没有代表性，至少仅是一家之言。而且，将计谋视为中国现代化进程的一个严重障碍，这种观点实在有些太表面化了，似乎有本末倒置之嫌。[2]总而言之，何意志对中国法律文化特征的最后一项归纳可以说有画蛇添足之嫌。当然，这丝毫不会影响他这部著作整体所达到的水平和成就。

　　总的来看，何意志《中国法律文化概论》一书完全达到了它将一种富有特色的、独立存在的法律文化予以阐释、介绍和评价的目的。他不仅为西方学者人士了解中国法律文化提供了非常有价值的研究材料，

---

　　[1]　在此，何意志先生和胜雅律先生有着一致的观点，对此可见胜雅律《计谋》（Harro von Senger, *Strategeme*, Scherz Verlag, Aufl. 10, 2000, Band 1），第31页。关于这个问题，我曾向胜雅律先生谈过不同的意见。他本人也认为他在书中表述的这一观点可能用语不太严谨，可以进一步探讨。不过，这已经不属本文探讨的问题了，故留作日后于适当的场合详加讨论。

　　[2]　在此顺便加以强调的是，西方学者在谈论中国问题而引述中国学者观点时，往往局限于西文资料，而在西文资料中表明的观点，并不一定具有代表性，况且论有"孤证不立"之学术规则。可惜，作为一个优秀的汉学家，何意志也不自觉地犯了同样的忌讳。

而且也为中国人自己反过来审视自身的法律文化提供了一些启示。但是，作为一部成功的法律文化比较研究成果，它还有更重要的深长意义，即从这种相互独立存在的、彼此不同的东西方法律文化差异中，我们可以更容易看到他们之间的共同之处，而这种共同之处必然是人类社会所决定的永恒因素。如果这样，则不同法律文化的民族载体，就会很自然地进一步相互靠拢和接近。比较法学的最高使命其实正是如此。一个法国比较法学者说过："比较法学主要反映社会生活的永恒需要，而不在于比较法律的差别，差别不应该过分强调。"[1]可以肯定，何意志的这部力作无疑为实现比较法学的最高使命作出了值得称道的贡献。

---

① 〔法〕罗达埃：《比较法导论》，徐百康译，上海译文出版社1989年版，第50页。

从人的本质看法的本质^①

——马克思主义法观念的原本认识

法是人制定的，仅相对于人这个万物的灵长而存在。所以，要说明法的本质，不能不首先认识人的本质，不能不认识人的存在与法的发生之间的必然联系。然而，在关于法的本质的讨论中，长久以来我们却有意无意、或多或少地忽略了这个简单而根本的前提：人的存在决定着法的存在，故人的本质也决定着法的本质。因而，有关法的本质的讨论显得混乱和没有头绪，每每不了了之而又旧话重提。所以，运用马克思主义的基本原理从人的本质出发去探讨法的本质，同时明确两者之间的关系，便是法律工作者应取的科学方法。

一、人的本质

1.马克思主义关于人的认识的卓越之处

马克思主义所以超越于前人，在于它能站在特定的历史条件下，以科学的观点和方法来解释人和人的存在，进而阐明了改变自身及物质世界的途径。这个科学的观点和方法就是历史唯物主义和辩证唯物主义。而历史唯物主义的起点不是别的，恰恰是人自身。倘若我们系统地分析

---

① 原载《法律科学》1997年第1期（总第77期）。

马克思主义并确切地予以解释的话，那我们决不会否认这样一个事实：人是马克思主义哲学和社会历史学的基本元素。马克思主义认为："任何人类历史的第一个前提无疑是有生命的个人的存在。"①所以，离开这个前提，就不可能正确地考察人类社会及其历史。但是，如果仅仅停留在这个起点上，也不能把握人的本质。马克思主义的卓越超群之处，就是因为它能由"纯粹的"有生命的人上升到现实的社会的人，即"一定历史条件和关系中的个人"②，进而指出人"实际上，它是一切社会关系的总和"。③这一精辟简赅的判断科学地表述了人的本质概念及其丰富的内涵。但是，我们绝不能据此否定人的自身存在，不能在同一命题中以判断取代其前提。事实上，这一判断的前提是：有生命的个人总是现实存在的人，现实存在的人则必然体现在一切社会关系中，所以，有生命的人是一切社会关系的总和。由此可知，马克思主义关于人的本质的判断，完全始于人的自身。事实上，马克思主义对于种种社会关系的研究，不外乎说明人是现实的有生命的人。马克思曾透彻地分析到："有意识的生命活动直接把人跟动物的生命活动区别开来。正是仅仅由于这个缘故，人是类的存在物。"又指出："正是通过对对象世界的改造，人才实际上确证自己是类的存在物。这种生产是人的能动的类生活。"④到此为止，我们可以较清楚地看到马克思主义关于人的思想脉络：首先是有生命的个人；而现实中有生命的个人为了生存就必须生产，于是便产生了物质生产中的人，而人为了生产则又有意识地，不可避免地彼此发生联系并确立关系。于是，人最终成为有意识地体现于一切社会关系中的类存在。

2.社会中的人由种种社会关系规定

由上可见，有生命的个别人的现实存在自始就表现为社会的、类

---

① 《马克思恩格斯全集》第3卷，人民出版社1960年版，第23页。
② 同上书，第86页。
③ 同上书，第5页；《马克思恩格斯全集》第1卷，人民出版社1995年版，第60页。
④ 《马克思恩格斯全集》第42卷，人民出版社1979年版，第90、96、97页。

的存在。它表明各个个别的人只能在相互发生联系并建立一定关系的前提下方可体现自身。这种相互联系或关系是通过有意识的生命活动而积极地形成确立的，其中首先是生产关系和经济关系，在此基础上又派生出许多其他关系：政治的、法律的、伦理的、道德的、家庭的、阶级的关系，等等。所谓一切社会关系的总和，无非就此而言。

既然人通过有意识的生命活动使自己同动物区别开来，那么这种有意识的生命活动是什么呢？

人类社会发展到今天，有意识的生命活动多种多样。然而其最基本的、起决定性作用的不是别的，而是劳动；人通过劳动取得了现实的存在和发展。正是在此意义上，恩格斯说劳动创造了人，当然它也规定着人。劳动就其本质而言是"有意识的生命活动"，是"人的本质的东西"。所以马克思认为"生产生活本身就是类生活"。①生产劳动的类物质决定人的类物质。人们在改造对象世界的过程中建立的各种相互依赖的关系，就其现象和手段来说是劳动分工和社会分工，就其本质和目的来说则是劳动合作和社会合作。每个有生命的个人恰恰是在这种自发或自觉的分工合作过程中证明了自身的存在，因而使之不可避免地打上社会的烙印。总之，分工只是手段，交往则是媒介，合作才是目的。于是，分工、交往、合作就成了人社会化的基本程序和人的类生活的主要内容。这些东西是人的活动和本质力量作为一个适合族类的活动和本质力量的鲜明地外在化的表达。②它向我们表明：只有在社会中，自然界对人来说才是人与人联系的细节，才是他为别人的存在和别人为他的存在，才是人的现实的生活要素。只有在社会中，自然界才是人自己的人的存在的基础。只有在社会中，人的自然的存在对他来说才是他的人的存在，而自然界对他来说成为人。③

---

① 《马克思恩格斯全集》第42卷，第96页。
② 同上书，第90—100页。
③ 同上书，第24、122、148页。

3.人与社会联系的互动与互约

"人的本质是人的真正的社会联系,人在积极实现自己本质的过程中创造、生产人的社会联系和社会本质。"①但是这种社会关系和社会本质又反过来制约着社会活动。所以,使社会关系真正体现社会活动的方式、内容、水平,从而使之确实有利社会活动的进展,便成了社会进步的关键。历史证明,达到后一目的的唯一正确途径就是法律的调整。社会关系的内涵是十分广泛的,同时也是多方面多层次的。当然,其中最基本、最主要的社会关系表现为生产关系和经济关系。生产关系是人们在生产劳动过程中由于占有、使用、处置(主要是分配)物质资料的生产产品而发生的关系,经济关系则是人们在生产和生产过程中由于分工和交往而发生的关系。在这两种关系的基础上又产生了政治、家庭、伦理、民族、同志、朋友和发生在一定历史阶段上集中体现着上述一切关系的阶级关系等。毫无疑义,人就是在这些错综复杂的关系中得以体现自身,故人本身就是矛盾的产物。按照历史唯物主义和辩证唯物主义观点和方法来看,这种矛盾永远也不会绝对消除,但矛盾的各个方面却可以不断求得统一。马克思主义据此而认为人的历史就是自我改造的历史,而这种改造永不会达到止境。"整个历史无非是人类本性的改变而已。"②至于人们改造自身的根本手段,则是锲而不舍地不断求得一切社会关系的和谐统一。事实上,发源于物质生产的生产关系及由此决定的各种关系,在其产生后的相当时间内,都具有稳定的和谐。因此,历史上每次新的生产关系确立之后的相当时间内,生产力都有一稳定的发展阶段。然而在这些关系产生的同时,它们就因内部的制约和劳动的开展而孕育着矛盾,一旦这些矛盾激化到一定程度,势必会反过来制约影响生产劳动。此时,调整既有关系使之适应生产劳动的发展就成为必要。事实上,人类就是以和谐—矛盾—再和谐—再矛盾……这样一个旋律为永恒主题来谱写和展开自身命运的交响曲。那么,人类何以从和谐中求

---

① 《马克思恩格斯全集》第42卷,第24页。
② 《马克思恩格斯全集》第4卷,人民出版社1958年版,第174页。

得发展？何以从矛盾中求得和谐？一言以蔽之，就是将那些适应现实社会活动和生活，制约着现实社会生活和活动的条件及相应的社会关系予以固定化，从而使每个社会成员据此规范自己的行为和生活，并在必要时以人的本质力量——社会力量保障实现之。

二、法的本质

根据马克思主义的基本原理，从历史唯物主义观点出发，运用辩证唯物主义的方法，在明确人的本质的前提下，我们已经清楚地了解到：法归根到底是体现社会利益并由社会力量保障实施的、调整人们之间一定社会关系的行为规范。其目的是通过规定一种法律上的秩序来确立特定的社会秩序。对法的本质给予如此的认识界定，似乎与某些传统的看法大相径庭，然而它却是运用马克思主义基本原理来分析人类社会及法律现象的必然结论。

1.行为规范及其产生与发展

在人类社会中，行为规范通常是与社会关系相对应的。究竟哪一种行为规范可以集一切行为规范之大成并体现相应的社会关系呢？不仅如此，这种行为规范必须能够运用人的本质力量将其自身确实有效地落实到生产、生活、交往等社会活动之中。概言之，它须具备三个要素：第一，它是一定社会关系的集中体现；第二，它是社会主宰力量的意志反映；第三，它须有社会力量的认可和保障。

纵观人类历史，洞察人类社会，我们可以清楚地发现：自有人类社会以来，恰恰是我们后世称之为"法律"的行为规范，调整维系着一般的社会关系，从而使得人这个类存在物在物质生活和精神生活中体现自我并获得保障。

法是社会性的行为规范，各种行为规范在法中得到集中体现。由于社会关系的多层次、多方面，行为规范也相应的丰富复杂。但总体上说，所有的社会关系不外乎是个人与个人、个人与社会、个人与集团、集团与社会、集团与集团的关系。实际上是个人、集团、社会三大类主体交叉组合形成的个体与整体关系。这种不同层次、不同方面、不同主体的关系反映到行为规范中，就构成了法的分类或部门。进一步说，法律是多种多样的，主要的有宪法、民法、刑法、商法以及经济法，等等。所有这一切法律，都有其特定的调整范围，并由此而决定其自身在法律体系中的地位。但是必须指出：法的内容是随着社会的发展而丰富复杂起来的。法律同所有事物一样，也有一个从低级到高级的发展过程。人类社会诞生伊始，行为规范就已存在。恩格斯曾经指出："在社会发展的某个很原始的阶段，产生这样一种需要：把每日重复的生产、分配和交换产品的行为归纳在共同规则之下，并且使个人服从生产和交换的一般条件。这个规则首先是习惯，后来便成为法律。"[①] 恩格斯在此的论述，是对习惯本质及习惯与法律的同一性的最精辟揭示。习惯是什么？就是一种自发自愿的自我约束。它源起于生产劳动和实际生活，来自于每个社会成员或绝大多数社会成员的自发意识，是被公认为有益于社会而为多数或全体社会成员普遍接受的行为规则。被全体或多数社会成员普遍接受这一事实本身，就是一种社会力量，它为习惯的实施提供了强制力的保障。从这点来看，习惯才真正是取之于民用之于民的行为规范。可以断言，人类理想社会的行为规范，将正是这样一种行为规范的最高级表现。习惯与法律原本没有质的区别。原始社会的同态复仇、放逐法外、神明裁判等，就是原始社会的法律，它表明了社会强制力的存在。古希腊雅典国家的"贝壳放逐法"不过是原始社会的残迹。原始社会虽未有后世那些发达的社会公共机关体现社会力量，可却有作为社会力量集中体现的长老和长老会议、酋长和部落会议。希腊军事民主制时期的"巴息力斯"（Basillicus）和罗马王政时期的"勒克斯"（Rex）、共和国时期的元老院（Senatus）都直接或间接地体现着它们各自的社会力量。

---

① 〔德〕恩格斯：《论住宅问题》，曹葆华、关其侗译，人民出版社1951年版，第163页。

2.公法与私法及其蕴含的意义

在原始社会，由于人们尚无财产观念，阶级尚未形成，故大量的社会关系是社会成员间的人身关系和个别社会成员同全体社会成员的财产与非财产关系，因而行为规范主要体现为后世的刑法。至于调整人身关系和非人身财产关系的民法或私法，则主要是私有财产出现、阶级形成之后的产物，特别是商品经济发生以后的产物。这种情况很容易造成一种假象，似乎我们今天所谓的法律是阶级社会产生以后的产物，其实这是一种真正的错觉。古代社会的法律，包括原始社会的习惯，本无民刑之分，此乃人类社会早期法律的最突出特征之一。随着财产观念产生，阶级集团形成，人们的价值观念发生变化；财产关系的现象越来越多，与此相关的人身关系也因之重要复杂。同时，个别社会成员与社会整体的利益冲突也愈来愈多。于是乎逐步有后世所谓私法、公法之分。随着商品经济的出现，私法首先获得了迅速发展。近现代民法乃至商法主要是在私法的基础上发展起来。中世纪时期，随着西欧封建化的完成和后来城市的兴起，用以调整商业贸易种种关系的商业习惯和商法也开始出现。17世纪中叶产业革命之后，机器工业迅速发展，并带来了工业、交通、煤炭、矿业、机械、钢铁等生产领域的巨大变化。整个社会生活，全部社会关系都有深刻的变革。反映在法律上，不仅民商法进一步发展，许多特别法也逐步出现，尤其是资本主义进入垄断时期以后，经济生活透过法律呈现出更加丰富多彩的内容。19世纪末，主要资本主义国家如美国、德国以及法国、英国、日本不同程度地跨入国家垄断资本主义的历史门槛，"二战"之前，这种国家垄断资本主义更有充分发展，国家在某些领域逐渐加强了对经济生活的干预，各种反托拉斯法不断制定。而且，国家还开始积极地、有限度地组织、管理、控制经济。经济法的产生，就是这种潜移默化的变革的反映。在现代，无论是在资本主义社会还是社会主义社会中，有关经济生活的部分行为规范即经济法，都发生着不可忽略的重要作用。从历史发展的角度看，这无疑又使表现为法律的行为规范增添了崭新的内容，而这种内容即使是简单商品经济得到了最充分反映的罗马法也是始料不及的。罗马法学家的公、私法理论显然已经不能解释经济法的本质及其特征。①

其实，无论是公法、私法都关系到社会和国家利益，只不过有间接、直接之分而已。从某种意义上说，民法是一种积极的调整，刑法则是一种消极的调整；民事责任的目的在于补偿救济；刑事责任的目的在于惩罚教育，这是民法、刑法的根本区别。所以，任何一个社会，积极的调整愈普遍、愈占主导地位，该社会愈为稳定和发展。反之，这个社会就动荡、缓滞。当然，在特殊的历史条件下可能会有暂时和个别的例外。

3.法的实质内涵

法作为一种社会性的行为规范，它的基本社会意义是什么？质言之，就是可以做什么，不可以做什么。或曰有权做什么，无权做什么，即德国学者所谓的"应然法则"（Gesetzen des Sollens）。②罗马法中的"尤斯"（jus）即含"法""权"两旨，后世"法权"合璧，当语出有源。鉴于人是类的存在物，所以每个有生命的个人的权利都有内涵和外延两个方面。换言之，即都有自制和受制两个方面。在利害相关的情况下，一方的有权就意味着他方的无权，一方的无权就意味着他方的有权。有权是本身权利内涵的规定，无权是他人权利外延的结果。所谓权利义务即由此而来。有生命的个人就是在这种权利与义务交织并存及其对立统一的条件下自觉地体现着人的本质。因此，在任何情况下，只要人的本质不变，其权利义务就是相对的。"没有无权利的义务，也没有无义务的权利。"③马克思主义对于法权作出了辩证的精辟论断。

有权与无权或权利与义务归根到底是个自由与束缚问题，二者既

---

① Digest. 1, 1, 1, 2. 这是大陆法系学者据以划分法律范畴或部门的最根本分类，但取义有异：一部分人取"利益说"，一部分人取"主体说"。

② Gustav Radbruch, *Einführung in die Rechtswissenschaft*, Verlags von Quelle & Meher, Leipzig 1929, S.219.

③ 《马克思恩格斯全集》第16卷，人民出版社1956年版，第16页。

是矛盾的，又是统一的，人就是在这种自由与束缚的对立统一中寻求到通往实现自我彼岸的航道。倘若原本没有自由，当然就无所谓束缚，而要是根本没有束缚，自由则就没有意义。人类历史实际就是从必然王国到自由王国的历史。但纯粹的个人自由永远不会有，作为类的分子的个人，只能在自由与束缚的对立统一中逐步争取相对多的自由。与此同时，整个人类也将在与大自然的关系中，逐步接近绝对的自由，但同样也永远不会达到绝对的自由。马克思在批判黑格尔哲学时曾有一段十分精湛的论述："出生只是赋予人以个人的存在。首先只是赋予他的生命，使他成为自由的个人。而国家的规定，如立法权等等则是社会产物，是社会的产儿，①而不是自由的个人的产物。正因为这样，所以个人的出生和作为特定的社会职能等等的个体化的个人之间存在着直接的同一，直接的吻合，就是一件怪事，一个奇迹。"②

　　人的本质决定人必须通过束缚达到自由，但这种束缚是积极而能动的，即表现为自觉自愿的行为规范。罗马时代法学家西塞罗大概就是在这种意义上道出了他的名言："多一项法律多一分自由。"罗马法中的物权理论更能说明这一问题。根据罗马法，物权可分为两部分：自物权和他物权。所谓自物权，即现今之所有权，指对财产直接占有、使用、收益、处分及请求返还占有的权利。而他物权则指在他人之物上的权利，包括用益权、役权、永佃权、地上权、担保物权等，大体相当于现今民法中的用益权、地役权、相邻权、质权等。这种对他人之物的权利，实际是本人权利的延伸。他物权中权利的限制词"alienatus"在拉丁文本义中即为转让、让渡、出卖之意。在社会生活中，这种因权利外延而导致的权利限制是不能避免的。如在相邻关系，担保关系和永佃权关系中，都是一方权利对他方权利的合法限制和渗透。如果法权没有这种限制和渗透的功能，那么类的有机生命及其实现就会发生困难，甚至完全不可能。

---

　　① 马克思在此处只是说"社会"，而没有说"阶级社会"。
　　② 《马克思恩格斯全集》第1卷，人民出版社1956年版，第377页。

4.社会进步与人的社会性

不过，仅仅认识到了上述问题还远远不够。更重要的是，人类社会愈进步，人的社会性愈强，人的自身愈接近实现。这已成为无可否认的历史规律。19世纪英国法律学家梅因站在当时历史的高度总结以往的法律发展史说："迄今为止的法律发展史都不过是'由身份到契约'的历史。"但是，如果我们站在今天的历史位置来总结自那以来的法律发展史，则可以清楚地看到：本世纪以来法律发展的过程乃是'由契约到社会'的历史。举其大端而言，首先是反托拉斯法、经济法等突破了传统的民商法原则。在许多特别立法和经济法中，合同已不再是以前那种自愿平等地设立权利义务关系的意思合致了；契约自由、等价有偿已不复为绝对原则。经济合同在很多情况下成为国家指令性或指导性计划的产物，在社会主义国家中尤为突出。不仅如此，即使一般的民事契约中，契约自由、等价有偿也常常受到限制。所谓硬性契约愈来愈多，如格式契约、附合契约（或加入契约）、保险契约等。另外，侵权行为法的过失责任原则现在已不得不让无过失责任原则平分秋色、分庭抗礼。这一切变故的根本原因，就是人的社会性加强；而后者的全部意义则在于：社会通过整体对个别的进一步统一，跨向人类实现自我的彼岸。所谓社会主义的优越性不是别的，就是它可以更大程度上体现人的本质，从而实现人的自我。认识不到这点，就容易导致以人的本质否定人的自身的悲剧。严肃地说，就是用歪曲了的马克思主义来否认马克思主义的真谛。

三、法的归宿

1.法的本质的争论及谬误

人的本质决定了法的本质，人的命运也决定着法的命运。但长期以来，我国法学界盛行这样一种观点：认为法是由国家立法机关制定的，反映统治阶级意志的，有国家强制力保障实施的行为规范的总和。就此概念而言，如果剔除那些限定词，则法的本质亦基本清楚，即"法是……行为规范的总和"。然而，加上了那些限定词，即所谓法的三要素：（1）立法机关制定的；（2）反映统治阶级意志的；（3）国家强制力保障的，则法的本质反而模糊不清了。如果再一味强调法的根本属性是统治阶级的意志，那更是南辕北辙，相去甚远了。因为这意味着法只能是阶级形成和国家产生以后的东西，只能存在于阶级社会中。假使果真如此，那么首先，在阶级尚未产生和阶级业已消灭的历史阶段上，人的类本质如何解释？人的类本质何以体现？其次，在阶级存在的历史阶段上，不同的社会阶级和不同的社会制度中的法律，彼此何以有继承和借鉴的可能？其继承和借鉴的东西是什么？显而易见，很难自圆其说。在解释法的本质问题上，如何产生了这种误差？原因大体在于，第一，缺少对法的本源的探讨，囿于知其然而忽略了所以然。恰如恩格斯批评的"人们往往忘记了他们的法权起源于他们的经济生活条件。正如他们忘记了他们自己起源于动物界一样"①。第二，受历史条件的限制，因为迄今为止的社会发展史，大体上是阶级社会的发展史。况且我们立足其上的社会更是激荡着阶级气息的社会。建国前后半个多世纪阶级斗争的严酷迫使我们自觉或不自觉地片面强调我们时代的行为规范特征。第三，在一个小农意识尚有用武之地，文化水平又不普遍很高的国度里，教条主义极易形成势力，以致自主自觉的思考太少太难。第四，政治气候和政策取向已对社会科学尤其是法学形成惯性的影响，缺乏自由思考与言论的学术环境。第五，思维逻辑上的错误，即以局部的、阶段性的特征去概括和说明全部的、整个过程的特征。

2.法的本质的完整认识

上述种种原因如不根除，则很难就法的本质及其命运作出科学的判断。不错，马克思、恩格斯、列宁等都屡屡强调法的阶级性、国家

---

① 《马克思恩格斯全集》第18卷，人民出版社1964年版，第309页。

的阶级性。但这都是他们站在阶级社会的角度，对阶级社会的法律现象进行分析、判断的结果。而且，马克思主义的一切观点都来自于它的基本原理。任何情况下都不应以马克思主义的某一具体观点来否认其基本原理。从马克思主义的基本原理出发，我们已清楚地看到：一旦人作为类存在物出现，行为规范就是不可避免的了。因为没有行为规范也就无所谓社会关系；无社会关系就无所谓一切社会关系的总和或类存在物了。于是乎，人也就还原为动物。所以，没有行为规范的社会是不可思议的社会，没有社会力量保障行为规范实施的社会也是不可思议的社会。行为规范与人共始终。我们决不能因为无阶级社会中的行为规范不完全具备阶级社会中行为规范的外貌就武断地否认其共同本质。换言之，无阶级社会中的行为规范完全可以不称为法律，但它究竟也是一种有强制力保障实施的行为规范。总之，法的概念可以完整地表述为：反映社会利益或意志的，由社会力量保障实施的行为规范。必须注意的是，"社会"的内涵是随着历史而变化的。在阶级社会中，它当然要体现为统治阶级的"社会"。倘若这种看法无可厚非，那么对法的真正本质还有什么讳莫如深的呢？事实上，在整个漫长的人类历史中，阶级社会不过是特定的时期。我们怎能以这特定的时期中的某一事物的特征来概括整个历史中同一事物的特征？马克思主义早就明确地阐述："可以把各种等级和阶级理解为一个普遍概念的一些类别，理解为类的一些亚种，理解为人的一些发展阶段。"①由此可知，阶级社会不过是人类社会的一个阶段。只是在阶级社会里，人的社会关系才主要地表现为阶级关系，人的社会性才主要地表现为阶级性。认识不到这点，而以阶级关系取代社会关系，就难免导致对人的本质和法的本质的误解，结果必然会在终极意义上对人和法本身予以否定，这势必会造成实践中的失误。历史在这方面已经给了我们以深刻的教训！

---

① 《马克思恩格斯全集》第3卷，人民出版社1960年版，第85页。

3.法与国家及其命运

法的本质决定它将与人类共存亡，无论是阶级社会或无阶级社会都不可一日无"法"。在中央集权的专制国家中，常会发生"朕即国家""国不可一日无君"的现象，但那只是不可一日无法的畸形。至于无阶级社会中"法"这种东西，你也完全可以另有别称。传统的观念认为：法与国家是不可分离、互为依存的。或曰：法与国家共存亡。因此，说明法的永恒就必然要说明国家的永恒。国家是什么？马克思主义向来认为："宗教、家庭、国家、法权、道德、科学艺术等等都只不过是生产的特殊方式，服从着生产的一般规定。"①其实，把国家置于一切社会形态中考察，则不难发现它不外是一种公共管理机关或公共权力机关，是社会力量的集中体现。现今所谓国家用马克思主义的观点说，仅仅是一种"政治国家"，是社会力量在一定历史阶段上的一种表现形式。正是在这个意义上，马克思才说："国家本身的抽象只是近代的特点，因为私人生活的抽象只是近代的特点。政治国家的抽象是现代的产物。"②根据马克思在此表述的观点，可知国家的抽象只是近代的特点，只是一种形式，这和法具有共同之处。就是说，国家与法这种形式是近代或阶级社会以后的规定，但其内容却早已存在。如果说国家与法有什么是专属阶级社会的，那只是用以称呼的"国家"与"法"这两个名词，至于称呼的客观对象，同是属于整个人类历史的，只不过有高级、低级之分罢了。

关于国家的不同形式，列宁也曾给以充分的注意，指出："正在消亡的国家在它消亡的一定阶段，可以叫做非政治国家。""这种非政治国家的目的或职能是迫使人们遵守法权规范。"③显然，尽管列宁在此谈论国家的消亡，但却引出了非政治国家的概念。关于非政治国家的具体问题可以先不去探讨，但其"迫使"的力量和"法权规范"却都存在着，

---

① 《马克思恩格斯全集》第42卷，人民出版社1979年版，第121页。
② 《马克思恩格斯全集》第1卷，人民出版社1956年版，第284页。
③ 《列宁选集》第3卷，人民出版社1958年版，第224页。着重号为笔者所加。

而且恐怕很难想象这两种东西有朝一日会不复存在。恩格斯曾对大工业生产状况进行过分析，指出："一方面要有一定的权威，不管它是怎样造成的，一方面要有一定的服从，无论在什么样的社会组织下，都是如此——在赖以进行商品生产和流通的物质条件下，这两者都是我们所必需的。"①恩格斯在此的论述不容置疑地指明："服从"与"权威"对于人类社会的重要性和必不可少。所以，不抓住事物的本质，不全面深入地理解马克思主义原理，轻易地给国家与法盖棺定论，实难免违背马克思主义本旨。毫无疑义，只要人的类本质不变，则其本质力量的体现——社会力量就会存在。区别在于不同的历史条件下，社会力量会有不同的表现形式。

马克思主义认为："任何一种解放都是把人的世界和人的关系还给人自己。"而"要消灭关于对个人的独立化，个性对偶然的屈从，个人的私人关系对共同的阶级关系的屈从等等，归根到底要取决于分工的消灭。"②马克思所说的"分工的消灭"，只是指对抗性的分工而已，特别是人们迫于不同经济地位而屈从的不平等分工，如体力劳动与脑力劳动之间，城市劳动与乡村劳动之间，工业劳动与农业劳动之间，以及剥削性的主人与奴仆、雇主与雇工之间的分工。与此相反，基于共同利益，平等自愿，各尽所能的劳动分工将会随着社会的进步全面发展。而且，科学技术的应用愈是广泛，劳动分工就愈为细致严密。这已是为历史所证明了的客观规律。

---

① 《马克思恩格斯全集》第18卷，第343页。
② 《马克思恩格斯全集》第3卷，第516页。

论拉德布鲁赫的相对主义法律思想①

　　作为一个杰出的法律思想家和哲学家，德国学者古斯塔夫·拉德布鲁赫在当代法律史上，特别是法律思想史上，已被公认为一代法学大师。他以哲学上的两元论为出发点而阐发的实证相对主义法律思想观点，不仅影响了整整一代德国法律工作者，而且还在世界范围内产生了相当大的影响。在此影响基础上，确立了一个新的法学思想流派——实证相对主义法学派。当然，从更深刻和更广阔的历史文化背景来看，拉德布鲁赫的法哲学思想是德国历史和现代哲学思想与法学思想相结合的产物，是以往法律思考不断演进和发展的结果。在这种意义上，可以视其为德国，同时也是世界哲学和法律思想发展的一个环节或侧面。就此而言，拉德布鲁赫的学说无疑已赢得了其历史地位。

一、拉德布鲁赫法律思想的核心——实证相对主义

　　拉德布鲁赫的法律思想和理论内容十分丰富，但其核心体现为以二元论或二律背反的方法论为基础而阐发的一系列思想观点。根据他的

---

① 　原载〔德〕拉德布鲁赫：《法学导论》，米健、朱林译，中国大百科出版社1997年版；又见米也天：《澳门法制与大陆法系》，中国政法大学出版社1996年版。

思想方法，法权①想成为法权，必须以特定的法律观念为取向，而这种法律观念通常包括三个方面的特征：首先，是作为平等原则的公平或正义。②根据这一原则，对任何人都要一视同仁地平等相待。它是绝对有效的。但却只是形式上的。于是乎，又有了其次的合目的性，或共同福利正义。这一原则或特征是有具体内容的，不过却只是相对的。因为在个人主义（Individualismus）、超个人主义（Überindividualismus）和超人主义或人际主义（Transpersonalismus）之间的法律价值，是不能完全科学地判断的。这样，第三个要素又成为必要的了，此即所谓法律安全，质言之，就是能对法权内容作出权威性判断的权力或力量。对于这三种价值之间相互对立的关系，拉德布鲁赫从来没有视之为固定不变，而是始终视之为变化运动的。因此，在不同的历史时期或历史条件下，会有不同的重心，于是在不同价值的基础上设置不同重心，也就成了他的思想方法的特色，从而最终自然地导致其实证相对主义法学思想的完成。③

拉德布鲁赫学术生涯涉猎很广，但其主要领域是刑法和法哲学，而为他赢得了世界范围内声誉的又是其法哲学理论，后者集中体现在他于1910、1932年先后发表的《法学导论》和《法哲学》两部名著中。其中1910年的《法学导论》是其《法哲学》之外最负盛名、最有影响的著作，它奠定了拉德布鲁赫在法学界和法律思想界的地位。他的学术

---

① 在拉丁语系的大陆法系国家中，自罗马法以来对法律与权利仅以"法"或"法权"概括予以表述。罗马法学中是"ius"，德国法学中是"Recht"，法国法学中是"droit"，意大利法学中是"diritto"，葡萄牙法学中是"direito"。在法律学说中，这一个词往往含着权利与法律两层含义。当其系个别所指时，则以客观意义上的法和主观意义上法来表明法律和权利。但在英美法中则不存在这种情况，法律（law）和权利（right）总是明确地分别表述。为方便介绍，本文在此亦按大陆法学的术语习惯一般以"法权"概括表述之，但显然系个别所指时，则分别以法律或权利表述之。关于法律与权利的问题，可以参考凯尔森的有关阐述，见《法与国家的一般理论》，沈宗灵译，中国大百科全书出版社1996年版，第88页。

② 德文词"Gerechtigkeit"在中文里有"公正""正义""公道"及"合理性"等意义，本文一般作"公正"，但考虑中文的习惯，某些场合亦作"正义"。

③ 参见阿图尔·考夫曼所撰写的《拉德布鲁赫传》。Arthur Kaufmann, *Gustav Radbruch Rechtsdenker, Philosoph, Sozialdemokrat*, Piper, München 1987, S.29.

思想和成就以这部书为标志达到了一个新的，至今尚无人取代的思想境界或高度，而且也因此开始了他学术生命的新阶段。后来又取得了巨大成功的《法哲学》，实际很大程度上是在《法学导论》中第一章"法律"的基础上发展而来。在《法学导论》这部篇幅不算很大的著作中，拉德布鲁赫以简练优雅的文笔和深邃敏锐的思路，对法律科学的基本问题作了独到的探索与阐述，并且又在此基础上对主要法律部门的一般问题作了不落俗套、独具境界的研究。在这部著作中，他首次比较系统地阐述了其独树一帜的关于法律价值相对性的相对主义思想，尽管这种思想受到不少学者的非议，而且他本人在晚年也一定程度上予以修正，但它毕竟是一种想摆脱以前各种思想观点和思考方法束缚的尝试，旨在从一个新的角度去思考和说明法律本身的内在价值——公平正义的真正意义，其中包括主观的和客观的、表面的和事实的、个人的和超个人的以及社会的和超人的（人际的）意义。

对于拉德布鲁赫的整个思想体系，我们不妨通过对他的三个主题词的理解及其所谓"事物"基础的进一步思考，予以概括地说明。

（一）价值的悖论（Paradoxie der Werte）

从这一思想方法出发，拉德布鲁赫是在否定中表明其思想观点：即以否定来否认、防范及避免那些不属于其思想本质的东西。在法哲学领域，价值的悖论构成了相对主义的理论。而这种哲学理论的固有目的，自然地就是破除和揭露关于人性文化的"惯常谎言"。一方面，它要毫无例外地效力于科学思想的荣誉和纯洁，我们称之为"价值自由"，但不是那种"无谓的工作"意义上的价值自由；另一方面，它还力求在伦理上进一步展开；即通过"美德喜剧"（Tugendkomödie）的贬值（虚无化：Nihilisierung）为真正的伦理道德开拓自由之路。当相对主义将唯心主义的现象公正撕破之后，实际上它也为一种新的事实公正赢得了一席之地。

于是，从价值同序转向超越法律安全与合目的性公正的价值上序的可能，在相对主义自身中就已实现了，但这种可能性的实现不会使相对主义无法解释。因此，当这种三元素整体中的一部分先取得了一种功能性的主导地位时，各部分原则上的价值等同性并不因之取消；相反，由于相对主义的"公正"本身着力强调的恰恰总是那种相对于另一种价值的价值，而这另一种价值不过是由于实际历史"状况"（Lage）而受到被排挤的威胁。所以，根据这种认识方法或思维逻辑，1914年前后（在专制统治的司法国家中）一段时间内，就产生了对所有三个自相矛盾的法律价值平均分配重心的需要，因为这与当时那种"状况"相适应。正因为如此，1922年前后的"状况"又促使（为了社会的法治国家缘故）他强调法律的合目的性。1932年，由于集权化倾向威胁着福利国家，故首先要强调法律的安全。然而1933年，必须要将公正作为重心。因为他已经看到了形式的"合法性"掩盖着实际的不公正。最后，1945年则要防止将来重新产生一种没有司法的权力国家。然而事实上，拉德布鲁赫并不是每次都能于正确的时候放置其正确的重心，因为他绝对不可能每次都正确地估计"状况"。不仅他如此，而且在他之前或在他之后，也从来没有谁能够做到这一点。所以，我们当然不能强求他时时处处都正确，也就是说，他的确曾有过认识和判断上的错误。其实，不同时期的价值取向必然会有不同或偏重，因为此一时，彼一时，人们的关注点不会始终如一。[1]

由于现实存在的束缚力要比任何一种理想可能产生的束缚力更为坚固，所以拉德布鲁赫不曾想在同时代同仁的唯心主义复制中发现任何克服"法律可疑性"的途径。相反，在价值悖论观点的基础上，他早就认识到绝对价值立足点的轻率局限，以及所有从这种价值引申出来的法律意识观念的不相联系性。他的相对主义正是要使本身避免这种情况，因而它不是要成为认识的目的，而的确是要指明达到这个目的的必由之路。对于拉德布鲁赫来说，相对主义不过是一个通道或过道，是一种克服所谓原则和教条，从理论上概括社会生活及法律生活"世界观"的途径，由此而前往，可望达到一个更客观、更真实、更具有公正的境界。

---

[1]　Vgl. Arthur Kaufmann, *Gustav Radbruch*, S.30.

拉德布鲁赫对他那个时代的历史－社会学类型和人类学的人类形象进行哲学的透析，不是为了证明它们，而是为了通过它们需求的相对化来提出问题，表明它们的局限。相对主义对他来说还不只是一种逻辑方法和社会学标准，他将相对主义理解为"灵魂的历程"，进一步说，就是一个以人的理性良知指引的思想发展过程。而它的成果恰恰就是对价值悖论的考察和由此悖论而生的法律的二律背反，这就迫使我们这个思想家不得不将其"也在法哲学中予以澄清"。可这只能是导致揭示和说明各种基本情形，故拉德布鲁赫可以有根据地说，他的科学思想或许是思想行为，是只能在攻击的命题和防卫的反命题间的讨论中实现。它是要告诉人们"如何"，而不是"什么是"超越法律的哲学探讨。

（二）客观理性（Sachvernunft）

它表明了拉德布鲁赫所采取的基本立场的思想本质——表明保留自我发展的开放以及自我激励。在法哲学领域中，这种途径由理性的实证主义（方法论的两元主义）出发到一种行为，即"社会事物所要求的东西"（马克斯·韦伯）的现实伦理。特别是1935年以后，当拉德布鲁赫获得了英国法的切身体验时，他将这种法律中的客观理性问题理解为幸福论以及伦理上生活态度的统一问题。在此，对他同样也如感同身受的是，他以"事物本质"这种概念形式所进行的推想。实际上，拉德布鲁赫早已，而且还颇深入地接触到一些问题，这些问题后来通过新的努力，因发现了一种法律本体论而变得颇有意义。

（三）无信仰者的信仰（Glauben des Ungläubigen）

这是拉德布鲁赫后期的思想成果。依照与他同时代的社会学家玛丽·鲍姆（Marie Baum）的看法来说，拉德布鲁赫是在与宗教没有太多关系的情况下成长的，而且自完成了他视之为社会习惯的形式化行为的坚信礼后，就没有再参与宗教生活，基督教的乡镇经历对他是陌生的。虽然基督教现实是可以感觉到的，但他却不能在他致力于法律宗教哲学的努力中走近基督教的现实。无论如何，他还是在他的《法哲学》中为宗教的"放弃价值的"精神保留了其固有的空间。但他科学地讨论神学问题的能力，很早就被他的唯心主义对手们否定了。

拉德布鲁赫潜在的宗教虔诚在经历了1933年以后的许许多多事件后得到加强。然而这种常常被说成是向新托马斯主义自然法的转变，并不是根本的变化，它与拉德布鲁赫早年有关"事物"的思想有着真实的连续性。当他感到政治独裁的阴影时，他还产生过皈依宗教的念头。其实，他从学生时代就有了对天主教信仰和崇拜的美好理解，他的人文主义思想自发地从路德教的"独一天恩"转回到"人之天伦"，于是又转向作为现实社会义务完美化身的客观自然法。不过，拉德布鲁赫恰恰是想把这种朝着自然神学的转变与教会教义保持严格的距离。在"无信仰的信仰"中，他生活得如同一个基督教的隐行者，一个上帝面前的独行者。

例如，《人物与思想》（*Gestalten und Gedenken*，1944年）这部论文集总的来说是拉德布鲁赫对自己文学艺术体验所作的一个概括总结，其中他选择了若干个人物作为不同思想特征或取向的典型来予以描述。从他用心选择的人物形象及有关描绘，我们同样可以看到其明显的相对主义思想倾向。例如，在描述莎士比亚这个人物时，拉德布鲁赫通过对《以牙还牙》这部戏剧的注解，说明了法学家在某种程度上有着不可避免的悲剧色彩。具体说，他在这里对一个不可解决的问题提出了自己的思考：即公正和慈悲的关系。此外，在他研究法国艺术家杜米埃时，他从后者的作品"审判官的漫画"中得到启发，从而阐明了他对法律界自我讽刺之处的清醒意识，并由此产生了自我批评的自觉动力。他对杜米埃那"伟大的艺术家和伟大公民"的生命统一感到惊讶，更佩服他"能超越所有法律呼唤公正，不超越所有公正呼唤仁爱"。而这正是他历来要予以说明的：法律本身的不可避免的缺欠和他历来要追求的目的性和客观性之间那种辩证的对立统一。[①]

---

① 　Vgl. Erik Wolf, *Große Rechtsdenker der deutschen Geistgeschichte*, J.C.B.Mohr, Tübingen 1963, S.747.

二、拉德布鲁赫法律思想的来源——生命的悖论

如前所述，拉德布鲁赫的法律思想大体上可以用"相对主义"予以概括，在此认识的前提下，我们对其相对主义法律思想的基本内容也大略予以阐明。其中，价值的悖论是他全部思想的核心，换言之，是他思想方法或认识论的起点和终点。不过，如果我们对其法哲学作进一步的历史和文化考察，那么就会发现其思想方法的久远历史渊源和深刻哲学基础。于是，我们就可以不无根据地说，他对法律价值悖论性的判断，其实完全产生于他对生命本身或社会生活本身的认识，这就是：生命的悖论。①

在哲学上，人们通常以两种不同和对立的方法论来对哲学思想及其相应体系予以划分，即一元论和两元论及由两元论变化而来的多元论；前者是一种同一性哲学，而后者则是哲学上的多元主义。一元论的代表人物以前曾有巴门尼德，近现代有斯宾诺莎、莱布尼茨、谢林、叔本华，某种程度上黑格尔也在其列。他们在一种唯一的、绝对的原则基础上，阐发了一些相互对立的范畴：实然与思想、本质与精神、客观与主观、现实与理想，而最终却又回到同一性并因此以要求人的圆滑、规矩的成长为已足。而两元论则与此完全相反，在信念的基础上指出了观念与现象、信仰与知识、意识与外界、理智与情感、义务与兴趣、实然与应然等相反相成、独立存在的本质对立的范畴；从而使之需要科学上有清晰地区分和界限。在哲学史上，两元论的代表人物在古代有柏拉图，然后又有奥卡姆（Ockham）、笛卡尔、康德、博格森（Bergson）和克拉各斯（Klages）等。就此划分而言，拉德布鲁赫显然属于其中的两元论者。他在这种方法论基础上提出其思想活动的一些基本范畴，如：实然与应然（Sein und Sollen）、必然与应然（Müssen und Sollen）及欲然与必然（Wollen und Müssen）等；表面公正与事实

---

① Vgl. Arthur Kaufmann, *Gustav Radbruch*, S.20-35.

公正（Scheingerechtigkeit und Sachgerechtigkeit）、表面理性与客观理性（Scheinvernunft und Sachvernunft）等。通过对这些范畴本身及其彼此之间关系的阐明，他确立了自己独特的思想方法并形成和阐发了自己独到的法律思想，这就是我们称之为相对主义法学的法律思想。

　　一元论的最终目的在于，在人们与社会之间寻求一种井然有序的和谐或平衡，因为他们认为这两者之间存在着这种平衡，但两元论则不以为然。在后者看来，我们所生存其间的世俗社会是另外一种情形：它充满矛盾、对立和似是而非，而且恰恰是它们造就了人类的社会生活，造就了人类社会生活的无限能动力；对此，不存在什么平淡圆滑的解决办法，相反我们必须不断地面对各种情况，在这些情况中，不是要在"甲"和"非甲"之间作出判断，而是要对甲、乙或丙作出判断。所谓的一致或合一（Einwerden）只是暂时的现象，我们不可能使之永远如一地固定化。这样一来，人们对社会的认识就永远不能穷尽。[①]"世界是如此的丰富和充满生命力，以至于不可以将其囿于一种唯一的真实之上。对于并不模糊的宇宙观的广阔与弹性，我一直欣然乐道；长久以来我就是在这个世界生存和思想的。"[②]显然，他在此表明的正是生命或生活本身的内在矛盾与对立，是作为思想方式的悖论。在这种思想方式中，拉德布鲁赫看到的不是非理性的东西，而是一种逻辑范畴，即不能以"非此即彼"（entweder…oder）的方法，而只有通过"终极思想"（Bis Zum Ende Denken）才能达到的范畴。于是，它便造就了拉德布鲁赫二律背反的思想方式。对此，他自己就曾说过："我只是通过自身灵魂的体验，才能明确法律的二律背反和悖论，就如我在《法哲学》中所阐明的一样。"[③]

（一）拉德布鲁赫的学术阅历与其学术思想

　　拉德布鲁赫的相对主义法学思想，最初很大程度上来自于他的学

---

①　Vgl. Arthur Kaufmann, *Gustav Radbruch*, S.22.

②　Vgl. Erik Wolf (hrsg.), *Gustav Radbruch: Briefe*, Vandenhoeck, Göttigen 1968, S.179.

③　Radbruch, Der innere Weg. Aufriβ meines Lebens, S.38ff.

术阅历。如前面已提到的,他在取得法学博士之后初涉法律界的地方是海德堡,而此地正好是一个新康德主义盛行的思想环境,所以拉德布鲁赫在此自然不免受这一思想流派的影响,这为他整个一生的思想发展奠定了基础。不过在海德堡,他最初只是从事一些部门法的教学工作,而且仅仅是程序法,包括刑事诉讼法和民事诉讼法。1905年冬季,他又开设了刑法和法院组织法、强制执行法、刑法改革和刑事政策的讲座,但仍没有法哲学这门课。一直到了在曼海姆高等商业学校时,才开设了"法学导论"的讲座;在此讲座基础上形成的同名著作,是他这期间最主要的教学研究成果。不过,对他也许更为重要的是,在与哲学家和评论家海因里希·列维(Heinrich Levy)的对话中,在与埃米尔·拉斯克(Emil Lask)的长期讨论中,他发现了新康德主义的思想方法。由此,他又进而受到了康德的实然(Sein)[①]与应然(Sollen)、现实(Wirklichkeit)与价值(Werte)两元论,以及在此基础上建立的文德尔班(Windelband)和里克特(Rickert)[②]理论的打动。早在他的教授资格论文完成之前,他已了解到了施塔姆勒的"正当法律"理论,这些都对他后来的思想发展产生了重要影响。1910年,他首次发表了名为《法学导论》的法学教育大纲。至1913年为止,十多年间这部小书已发行了40000余册,并被译成俄语、波兰语、西班牙语和日语等文字,到1980年时,这部书已前后共发行了13版之多[③]。1914年,又出版了他的

---

① 实然(Sein),是存在主义哲学上所指事物存在的一种已然实际或客观状态,用以区别于应然,即人们主观上想象并要求的一种未发生或应该发生的事物存在状态。对此有不同译法,如实在、存在,但综合其他有关概念考虑,这里以实然更妥。

② 此处所涉及的数人均属当代德国新康德学派哲学家。其中,文德尔班(1848—1915)是当时西南学派,亦称海德堡学派的代表人。这一学派严格地把自然科学和历史科学区别开来,强调前者是对抽象的和普遍的规律的说明,而后者则只是对单独发生的、不重复的和具体的事实的描述。里克特(1863—1936)和拉斯克(1875—1915)所代表的是所谓的弗莱堡学派。参见〔法〕高宣扬:《德国哲学的发展》,香港天地图书有限公司1988年版,第200页及以下。

③ 拉德布鲁赫《法学导论》自1910年问世到1980年,共出了13版:生前共发行8版:1910年第1版;1913年第2版;1919年第3、4版,1925年第5、6版;1929年第7、8版。身后至今发行了5版:1952年第9版;1961年第10版,1964年第11版;1969年第12版;1980年第13版。

《法哲学大纲》；以此书为基础并予以扩充修订，1932年又出版了后来尤负盛名的《法哲学》。

（二）新康德主义与拉德布鲁赫的法哲学思想

严格来讲，《法学导论》中的"合目的性"观念，实际上是来自于康德的有关思想。康德的《实践理性批判》充分地表达了其有关自由的思想、人的道德原则在本质上不应该使人感到有外力的束缚，而应该是使他自愿地由自己向自己发出的具有普通立法作用的行为标准。康德认为，在世界之中，甚至在这世界之外，一般地，除了善的意志之外，不可能设想一个无条件的善的东西。而善的意志就是理性的意志。因此，如果理性正确地将客观存在规定为意志，那我们就会选择善；反之，意志则可能不是完全的理性，而意志也不是客观合理的意志。因此，理性在意志中的实现是有限的。在康德看来，每个人都知道，至少潜在地知道自身即善的意志的概念。故我们只需阐明，在我们对行为的道德评价中我们给它以首要地位。他的这种观点给予拉德布鲁赫以很大影响，后者有关道德的论述不时会闪现前者的影子。拉德布鲁赫认为，道德实际是理性的表现，而法律在一定程度上则是有限的理性。道德的实质特征在于它只知道义务，不知道请求；只知道责任，不知道何以有责任。然而问题在于，每一项法律都以其纯粹存在而实现着道德上的目的。在一般情况下，公正只是一种道德上的价值，合法性亦然，即使是一项不公正的法律。但不公正的法律并非没有目的，法律在无视正义的情况下实际已经以其具有强制力的效用实现了一种目的，即所谓的"法律安全"。那么，在因此而发生的价值冲突中，哪种价值更为重要或主要呢？是法律的安全，抑或法律的公正？人们不能就此作出一个普遍适用的判断。在拉德布鲁赫晚年，由于他痛苦地经历了纳粹的法西斯统治和第二次世界大战给德国和世界人民所带来的灾难，并且又继续面临着战后的各种现实问题，故能够更深刻地认识自然法思想所体现的永恒正义理念及其作为实在法基础的必要。

（三）历史唯物主义与拉德布鲁赫的法律思想

应该指出的是，除了康德等唯心或唯物主义思想家对拉德布鲁赫的影响之外，历史唯物主义思想也曾对他发生了影响，如马克思和恩格斯的历史唯物主义及在此基础上阐发的社会主义思想。当然，实际上马克思主义本身也曾受到新康德主义的影响。不管怎样，拉德布鲁赫在一定程度上肯定了马克思主义的历史唯物主义，并把它作为一种可以汲取的思想源泉和可以效仿的思想方法。他认为社会主义纲领首先是一种社会和经济纲领，其次才是一种政治纲领。所以，它长期未能对纯粹出于政治纲领的各种国家观予以考察。在他看来，社会主义之初的政治基础完全是个人主义的，体现在意识形态方面，则与个人主义的自由主义没有太大的分别。而社会主义对人们许诺的，其实也正是自由主义对人们许诺的，但却从来没有实现过的同一种自由。但是他又认为："卡尔·马克思和弗里德里希·恩格斯创立的唯物主义历史观，即社会主义纲领的理论基础，教会了我们理解法权观念变换的原因或至少一种原因。事实上，占主导地位的法权观念每每不过是阶级斗争中各种关系的表达，而且与经济变革和最新技术成果的、不以人的意志为转移的效果相适应。"与此略有区别，他又说："法律并不是一种能让社会关系随意塞进去的形式，而是不可抗拒地接受这种素材的形式。立法者可能对于社会的发展无法驾驭，但他确实能使之较容易、较迅速地形成，即'加速时代的分娩阵痛'。"①

1913年8月底，拉德布鲁赫在苏黎世参加了倍倍尔②的葬礼。这位思想大师和社会活动家的人生，对拉德布鲁赫的人生取向或定位起到了一锤定音的影响。如果说他以前仍在其思想形成中与所有社会主义的理论寻求一致，而且较早时还是一个经典马克思主义意义上的极端主义者

---

① Gustav Radbruch, *Einführung in die Rechtswissenschaft*, Leipzig 1910, S.41.

② 倍倍尔（August Bebel, 1840-1913），近代德国政治家和思想家，德国社会民主党的缔造者之一，德国和欧洲工人阶级的杰出代表，是在西欧社会主义史上产生了重大影响的政治人物。

的修正主义者，那么现在他已经有了从社会法情感到实践理论的冲动。不久，他应聘前往柯尼斯堡大学任教，在那里他开始投身于社会的实践与时代的风浪之中。

（四）存在主义哲学与拉德布鲁赫的法哲学思想

除了上述几个因素以外，还应指出的是，拉德布鲁赫的法律思想在一定程度上也受到当代存在主义哲学的较大影响。这种影响大体可以从他与德国当代存在主义哲学家雅斯贝尔斯①的密切交往中寻见其根源；可以在其有关意志与信仰、理性与存在之间关系的论述中获得印象。在雅斯贝尔斯来看，交往的现实性及可能性只产生于人类或人性根深蒂固的社会性，事实上没人能在孤独中获得他的人性，他只能存在于他人之中并通过他人存在。他只能通过相互依赖，相互交往的理解——"沟通"（Kommunikation）——才能认识到他的存在的真理。他所谓的"沟通"，是指"存在的个人"对"他人"永久地"开放"；进行"对话"或"辩论"。因而存在的个人永远不会凝滞于"绝对真理"中，他永远都是在"路途之中"。与此相应，真理是不可能同可交往性分开的，而交往的变化又决定了真理的变化。具体说，我们经常面对的问题是，我们认识事物的经验性东西，包括意识、观念和意志，等等，其本身存在因此就必然要处于不断的发展变化之中。按存在主义的观点来看，哲学无特定之实质客体，而有一普遍性的形式客体，因此哲学中必然含有某种程度的思辨意味。哲学家应认识整体性，但人类之悟性却只能置于个别事物之上。雅斯贝尔斯曾说："对科学的哲学上整体性的研究，只能在个

---

① 雅斯贝尔斯（Karl Jaspers, 1883-1969），20世纪德国哲学家，现代存在主义的奠基人之一。1901年到1902年先后在海德堡大学和慕尼黑大学学习法律，后到柏林、哥廷根改学医学并最后回到海德堡。1916年起在海德堡大学讲授哲学，但直到1921年方任教授。他主张哲学应以人为中心，为人的自由而呐喊。1933年纳粹党当政后，因其妻为犹太人而受排挤，1937年被免去教授职务，并不许他再出版任何著作。此期间与拉德布鲁赫交往较多。他一生著述丰富，但其存在主义的核心思想在于：存在就是生活与精神的"相互渗透"，世界上不存在普遍有效的"科学的哲学"，哲学只与自我的存在有关。不过他在晚年主张建立一种世界哲学，其存在主义哲学思想对拉氏颇有影响。

别事物中实现。"①在这种情况下，只有绝对的宽容才是本质性的价值。雅斯贝尔斯认为理性的真理只是哲学的逻辑，而存在的真理才是哲学的信仰。于是由此便产生了哲学上的难题与主题，因为存在不可能描述，存在只有通过具体情境才能被理解。其结果，理性与存在的相互依赖与相互发展就是一种规律。②显然，这与拉德布鲁赫那种公正与价值的悖论，公正只能是个别地存在和认识，而不可能始终如一地存在和评价的思想；实然与应然、主观理性与社会现实之间的辩证关系观以及他对政治立场所持的宽容态度等，有着或多或少、或此或彼的相通之处。③

　　1926年底，拉德布鲁赫曾在海德堡作了题为"法律中的人"的首次讲演。在这篇讲演中，他强调了政治上的自我教育。对作为立法理想的人的规定性和本质，他有不同的理解，而且还使他在此思路上进一步深化了他的"相对主义"基本观念。他认为，由于可能的文化理想的有限性，所有法权都是有局限的，但此时这还只限于人类社会学上的认识。在此基础上，他又勾画出一种发展线索：开始，是作为共同体人的共同意识的法律；后来，又经过由个别立法者为了臆想的毫无关系的个人所制定的法律；直到近代，又产生了作为有组织共同体成员的"集体人"的法律。这一现代法律发展的确定认识，促进了民主与社会主义日益增长的融合。因为自由主义承认和保障的那种具体个别的权利地位，在民主主义思想中均转变成义务地位，特别是所有权向着所有权人的义务的转变（如《魏玛宪法》所规定的）。同样，选举权同时也必须是一种选举义务。当民主将"法律"首先作为社会学的秩序构造，为了有政治、经济、社会烙印的团体的国家力量理解时，它们已经转化成为社会国家的同志合作社构造的法律了。

　　拉德布鲁赫的这篇讲演，为他赢得了声望。在这之后，他又开始

---

　　①　Vgl. Arthur Kaufmann, *Einführung in Rechtsphilosophie und Rechtstheorie der Gegenwart*, 4. Aufl., C.F.Müller, Heidelberg 1989, S.1-20. Karl Jaspers, *Philosophie*, 3. Aufl., Springer, 1956, S.322.

　　②　见雅斯贝尔斯的《理性与存在》。参见〔美〕麦吉尔主编：《世界哲学宝库》，中国广播电视出版社1991年版，第1089—1094页；〔法〕高宣扬：《德国哲学的发展》，第230—235页。

　　③　Vgl. Gustav Radbruch, *Einführung in die Rechtswissenschaft*, S.27.

致力于阐明民主社会主义精神中的社会民主的理论基础，这在他1922年再版的《法哲学大纲》中也有一定程度上的反映。当时他已年届53岁，但作为"德意志法学家代表团成员""国际刑事法学会理事""柏林科学院院士""布鲁赫扎尔刑法学会顾问"等，他仍像以前那样投身于刑法改革的各方面尖锐斗争中。他依然宣扬着自己的哲学信念，并尽力与现实政治相结合，最终将其从教育上加以实现。拉德布鲁赫1932年的《法哲学》同样也受到许多质疑。因为这部书中所采用的方法及其表明的观点，与任何一种旨在构成与德意志理想主义思想家相衔接的体系的要求都相去甚远，并且也因此与当时的德意志法哲学颇有距离。

（五）独辟蹊径的实证相对主义法学思想

哲学的判断越是显得对一个"体系"有义务，则它对于拉德布鲁赫的影响就越不足道；他既不想使自己与任何一个学派相连接，也不想自成一家或将既有的对立学派折中地加以调和。如同在法学家自身存在中察觉到的，法律的材料与形式、实质与功能、概念与观念范畴之间的辩证关系，也同样存在于"法律现实""法律目的"和"法律效应"范畴之间。他想通过指出法律价值不可扬弃的二律背反而予以防止的是，这些关系由于矛盾的对立、识别的化解、一致的调和及中立的隔离不是被否认，就是被破坏。这种立场使他的思想有可能通向其超验的具体的法律史意义，并由此产生了一个方法论的问题——它不是考虑对问题表面的解决，即因法律的似是而非的论断而不能最终解决，而是要寻求这些现象的历史"星群"形成。德国当时的哲学家斯普朗格①认为，拉德布鲁赫的思考与狄尔泰②的生命哲学相似，取向于法律的"生命类型"；不是取

---

　　①　斯普朗格（Eduard Spranger，1882-1963），德国当代教育家和哲学家，威廉·狄尔泰的学生。他研究的重心是人类文化和历史对人类道德和行为的影响。对20世纪20年代德国教育颇有影响。

　　②　狄尔泰（Wilhelm Dilthey，1833-1911），德国哲学家，对当代哲学和文化历史有杰出的贡献。他反对人文科学受自然科学的影响，主张应有人文科学本身固有的研究方法，建立一种在人类自身的历史进程中，按照历史进程的偶然性和可变性来理解人的人生哲学。他从文化的角度确立了历史研究的新方法，亦对文学研究产生了较大影响。

向抽象的先在性，而是取向于具体的现实性。他的这种看法与那些同时代的具有感人风格的法哲学观点——阶段性理想主义——大不相同。它避免了使法哲学只作为法学的奴婢，并对法哲学提出了如此的任务：坚持不懈地对这些表面上毫无问题的法学自觉意识给予质疑和震动。

恰恰是在上述基础上，拉德布鲁赫常常追寻被误解的主题语"相对主义"。这种相对主义提醒人们放弃寻求最终的、唯一的、先见的答案。尤其是这些答案经常说出些惊人的不期之语，而现在的人们很少能对此提出问题。这种"实证的"相对主义（巴拉塔①语）并不意味着一种绝对"不可知主义"的冷漠沉寂，而是对执着于宽容的问题的推动。这种问题包含着每一种可能性，并使每一种观点都言无不尽。这是一种法学的乐观主义，但又是盲目寄托于社会生活中的形式法律力量之上的，批判地防止的乐观主义。于是他建立了"法律价值的二律背反"。对法哲学的传动结构来说，它就像钟表结构一样不平静，从而对法哲学产生了持续反复的自我检查的推动；它需要其基础的思想不断更新，故它总是需要新的思考以充实其基础。拉德布鲁赫认为，每个人只有当其出于对社会的关怀和本身的道德责任而感到内疚时，才可以成为法学家；只有这样一种永久的自我忧虑和不安，才可能获得另一种内心的平静。

要想做到宽容和自谦，法哲学思想应在明智地放弃唯我独尊的同时，也能够明智地自我判断。因为拉德布鲁赫并没有忘记，这种思想是以那种理性主义的信仰，即黑夜中存在的、人们称之为启蒙的东西为前提。就我们已经谈到的"相对主义"而言，拉德布鲁赫似乎将其作为自身经历的，表面受到理性哲学纲领影响的哲学。它局限于几何精神的层面，然而对超验主义敞开心扉，不鄙夷终极的精神。他也清楚地知道那种以形象的数学语言所作比喻的道理："被理智相除的世界，并不就能完整地除尽。"

拉德布鲁赫的《法学导论》对于1932年法哲学基本讨论的问题所在的揭露、对其认识基础的说明，以及在这两方面都作出的新超越，在

---

① 巴拉塔（Alessandro Baratta，1933-2002），意大利刑法学家、法哲学家。

法律教育方面起到了独特的作用。这部书既是一种"对法律思想的熟悉，同时也是一种法律思想怀疑的思考"的导论。它的这种功能直到今天还依然如故。它的方法使人们免遭主观的自我迷失和没有传统的怀疑，而这种怀疑没有对以往思想家的连续性予以重视。它拒绝了形式主义的自大构想，而这种构想未能认识到法律现实存在的悖论及与此相应的基本问题的不可解决性。他厌恶所有"科学的"绝对（在此是：公正）和判断的固执己见，避免先入之见的盲目信仰。它不止一次地警告人们注意防止关于法律实在的那种杂糅的、彻底的"误科学化"倾向，这种误科学化的中立主义会改变和阻挡走向无限性的通道（此处指针对不公正的公正判断）。

（六）拉德布鲁赫思想与宗教的联系

不过，拉德布鲁赫所说的无限性，只能在教义上实现，只能在认识上被了解、认识。他当时相信他已取得了认识个别的人的全部东西，而事实上可能只是一种法律判断所依据的前提条件，其界限和结果是已知的。然而认识并不预先，亦从来没有减少这种无限性。拉德布鲁赫并非没有对这种判断的宗教基础作过观察。然而他当时对宗教领域的接触只是边缘；对宗教领域中的无限性只是依稀感觉到，而且还是将信将疑。实际上在经历了战争之后，他曾在1919年尝试对《法律的宗教哲学》予以说明，而且在此还发现了其价值哲学规定的第四范畴，他把这个范围作为"放弃价值的"范畴与价值盲目的、价值估计的和与价值相关的范畴辩证地，而不是相互矛盾地相对提出，并在此基础上去思考。在这个范畴的法律理论应用中，他将对法律的自然的、伦理的和哲学的理解与其现实的宗教经历区别开来。宗教的和世俗的法律依据之间存在如此清晰的界限（在此他显然和索穆拒绝宗教法相一致），[①]从而使得在

---

①　索穆（Rudolf Sohm，1841–1917），近代德国著名法学家，曾参与德国民法典的起草工作。其最有影响的著作是《法学原理：罗马私法的历史与制度》（1883），它已经成为一部罗马私法或一般法律教育的经典之作。此外，还有《古德意志帝国的法院组织法》（1871）和《教会法》（1892）等颇有影响的著作。

纯思想领域中发生了一个相互的转换。它是为一种宗教哲学方式的认识而存在的，因而也具有被法哲学接受的理由。虽然拉德布鲁赫从来没有误解基督教存在的神学实质特征：再生和慈悲，但他究竟还离法律神学相去甚远，因而不可能发现在宗教意义上认识法律的立场。

拉德布鲁赫于1927年发表的著作《社会主义文化论》被认为是一部以世俗倾向而写的具有宗教教义意味的书。作者本人认为这部书和后来发表的《法哲学》一样，都是对一些问题长期思考后而自然形成的总结性的著述。它尝试着将社会主义世界观作为一种人类文化改革的根据予以描述。他从歌德的思想中引申出："称之为下层社会的民众，在上帝面前却是至尊的人们。"所以，"应是一个社会整体组织中一部分的，就应是将来人类的规定所在"。他认为，社会主义文化国家是实现歌德预言的唯一可能。日益增长的机器工业将毁灭和阻碍现代人类的个人伦理的实质。拉德布鲁赫总是倾向于信仰人类的理性，故他在此想将一种社会主义的共同体文化思想作为必要的文化教育而予以合理化。不过，他在这方面对康德的接近要胜似对歌德的接近。但不管如何，拉德布鲁赫以此从社会主义的目的论上升到"文化论"，从政治纲领上升到哲学的"世界观"。

三、拉德布鲁赫相对主义法律思想的发展

拉德布鲁赫由于纳粹上台后在政治上受到排斥，故能有约十多年的时间潜心学问，不问其他。此外，"二战"结束后德国又处于被占领分割，这使他有可能在不同情况下，以不同的角度对德意志法律生活几次重大起伏变化进行细心的观察和分析。具体说，他先是对国家社会主义，然而是对占领军力量；后来又通过与存在主义哲学的接触以及对德意志战争的印象，获得了新的思想启示和动力。在此基础上，他对自然法、事物本质及事实公正作了比以前更深入的思考。他晚年的一些著述，如《五分钟法哲学》（1945）这本小书、他的论文《论法律的不公正和超法律的公正》（1946）、整理过的讲义《法哲学入门》（1948）以

及《作为法律思想形式的事物本质》（1948）等，均在法哲学方面取得
了非常丰富和新颖的成果。在这些成果中，有一个显然不可忽视的变
化，即他明显地开始倾向自然法思想。许多学者认为这是他法哲学思想
的一个根本转变，但也有一些学者认为他的这种思想变化并不是一个实
质性的变化，甚至完全否认拉德布鲁赫的思想发展过程中发生过重大变
化。直到今天，这仍是一个很有争议的问题。不过，从拉氏整个思想学
说发展脉络来看，不应否认其中有几次清晰的转变。当然，如何看待这
些变化并予以评价，可能由于看问题的角度不同而得出不同判断。事
实上，拉德布鲁赫晚年确实对自然法采取了不同于其早期的立场，但
这既不意味着他放弃了相对主义，也不意味着自然法给他先前以价值
和现实、应然和存在两元主义为出发点的法哲学思想引入了新的思想。
此外，更不是对他1924年就已明确的思想成分"事物本质"予以放弃
（斯托腾贝格，Stoltzenburg）；[1]即使是相对法律保障和功利目的的事实
公正价值，也已经在他1926年那篇《实在伦理基础上的共和义务论》
中就形成了。他在这方面的转变，最重要的意义在于他在一定程度上开
始意识到实证法学思想的欠缺和抽象的理性正义观念的必要性，而这还
远远不足以促使他改变自己的哲学观点及相应的方法论。[2]

　　为了更好地理解拉德布鲁赫法律思想的继续与发展及其早期与后
来的某些区别的辩证统一，我们在此可以从两个方面着眼：拉德布鲁赫
本人对自己思想的解释和已经证明了的，可视为其实证相对主义意义上
的人文或人本主义的存在基础。在此之后，我们还可进一步从他的批评
者的误解中，获取一些有关其思想的启发。

　　首先，拉德布鲁赫本人认为，他的生命和思想统一的实质生长基
础是"传统"。他曾是一个完全承认传统的人，虽然他经常不得不被迫
与时代的同仁们所坚持的传统背道而驰。他作为作家所要表明和确信
的，作为教师所要宣讲的，作为政治家要注入社会生活的思想传统，是

---

① Vgl.Erik Wolf, *Große Rechtsdenker der deutschen Geistesgeschichte*, S.751.

② Vgl. Arthur Kaufmann, *Gustav Radbruch*, S.27.

古典的人文主义传统。希腊的公正哲学和拉丁法学，希腊化罗马时代的人文主义的混合体，是他思想与行为持续的内心动力。这种动力将他的人性博爱与整个社会、思想史联系在一起，并使之具有了自己的特色。直到晚年，他仍在尝试着从人权史中给予超法律的公正以内容上的充实。当然，这已多少不同于他早年那种有些绝对色彩的相对主义了。从这里我们可以看到，拉德布鲁赫本人也是强调传统的，但他所强调的传统不是通常人们所津津乐道的那种民族传统，相反，他是超越了民族的、人性的或人文的传统，它是一种思想理念或精神文化的传统，是所有民族和人民的个别传统当中都或多或少地存在的一般抽象化传统。因此，这个传统不同于萨维尼所鼓吹的以民族为载体的历史文化传统；进一步说，它要体现的不是一个民族的"民族精神"，而是人性或人文的人类精神。于是，拉德布鲁赫对法律起源和法律内容的认识就当然地与历史法学派相冲突，而他对历史法学派本身也基本持否定态度。他指出，由体现民族精神的习惯法到体现国家理性的制定法的发展，不过是由不自觉到自觉、由本能到意识、由直觉到理智、由"共同体"到"社会"这个持续历史进程中的部分现象。因而，民族精神只能解释法律的部分内容或现象，但绝不能概括说明法律的全部。他以德国本身中世纪对罗马法的继受为例，说明了法律超越民族局限的必然性，并且认为这种继受乃实现了一个史无前例的历史进程，是"一个伟大的民族为了一个外国的、异国语言的、千年之久的法典而放弃了他的祖国的法律"。[①]就拉德布鲁赫看待接受外国法律的角度而言，其思想境界显然是高于历史法学派的。在有几千年历史文化传统的中国，在传统观念根深蒂固、梦迴萦绕的土地上，我们如何看待西方法律文化，如何超越民族与传统的局限去考察和接受它们，从而取他山之石攻我之玉？对此，拉德布鲁赫的思想境界及其对历史法学派的批判，足可引为我们的借鉴。

　　其次，出于人本主义思想，同时也是取向于人类本性的目标，拉德布鲁赫还树立了他的理性主义。他在理性中所看到的恰恰是一种"人

---

　　① 　Vgl. Gustav Radbruch, *Einführung in die Rechtswissenschaft*, S.39-42,74.

性的存在"（ens humanum），在他看来，理性就是"博爱的理智"，他在其他场合所评价的"明亮的理智信念"。不过他当然明白，这实际上只是对一种坚定的目的理性主义负担义务，而这种理性主义的希望在于人类善良本性的实现。他认为，人们在相当程度上可以凭借教育的力量，甚至是中学生的教育去促成这种善良的实现。教学实际的需要，促使拉德布鲁赫对实然与应然的盘错交织的结构作了方法论上的考察。在此前提下，当他意识到法律观念的实际规定性，并以此摆脱了形式上的新康德主义时，他就已经要超越法律实在与法律实在的应然分离了。有鉴于歌德的思想原则"现实的思想就是理想"，他的思想这时开始转入了一个新的、后来与雅斯贝尔斯哲学相吻合的方向，在他转向存在主义并因之发展自己的思想时，他的"实证相对主义"和"理性的人文主义"变成了一种更加"开放和广阔"的思想立场。这种立场实际上没有阻止他表明意见和个人的判断，既没有妨碍他在政治空间中精力充沛地活动，也没有搁浅他那教书育人的热望。但是它却防止了一种以僵硬的模式和狭隘的定义为基础和依据去作出仓促草率的结论或判断。他遵循着歌德的规则："不要一开始就完全否认一个事物。"他所具有的，自我放弃而实现历史的转变，不自我否认而面向思想潮流的能力，是颇值得人们学习的。虽然他的法律思想在1914、1933和1945年确曾有过三次不应否认的转变，但却没有一次偏离他已选定的方向。①

　　因为拉德布鲁赫自认为是正确的，故出于对自身及其主题的忠诚，他有意识地与异体思想保持适当距离。就不使自己于"主题"中被"状况"所迷惑而言，他属于那种逆流而上的人，即使他从没"出格"。但在谈到主题时，他总是要有意识地谈及状况。这种"实际的"感觉并不与他对事物本质性的理解相矛盾。相反，与这方面工作的直觉是一致的。客观的公正意识与主观的法律理想，始终和他柏拉图之恋式地依依不舍，为了在一种唯一的内心主观"立场"中去发现伦理的满足，他从来不是一个地道的康德主义者。在1914年以前，他的以伦理说教为取

---

　　① Vgl. Erik Wolf, *Große Rechtsdenker der deutschen Geistesgeschichte*, S.752.

向的思想就针对法学的文字迷信和削弱义务的享乐欲望，强调过形式上的良心和义务伦理。但1933年以后，在他的法哲学手本中注明的句子是："法律的观念是公正，而不是合目的性。""为了针对国家的任意专断，针对蔑视法律的权力意志，要强调天赋神授的道德戒条的超法律的公正。"显而易见，这与他早期每每强调的法的合目的性，已有很大的分别。就此而言，拉德布鲁赫的思想的确有了明确的转变。后来，他发表了题为《论法律的不公正和超法律的公正》的论文。这篇论文表明了他与他所代表的相对主义价值理论实现了一个小小的决裂，亦是他思想理论发展历程中的一个清楚的变化。

四、拉德布鲁赫法律思想的局限与偏颇

如同我们前面已经谈到的，拉德布鲁赫的思想观点曾受到过而且至今仍然受到着尖锐的批评，其实这和许多思想观点都曾遭遇过的一样，在其得到广泛赞誉之时，也不可避免地要面对一些不同的评价和尖锐的批评。对拉德布鲁赫的批评大多是以世界观的对立为基础，它们将拉氏的思想缩窄在几种时髦的公式范围内，如：系统相对主义、唯物实证主义、启蒙理性主义。1933年以前，对其思想的简单化曾达到非常严重的程度；但随着纳粹上台及其对拉德布鲁赫的排斥，这种情况曾一度得到缓和。1945年以后，随着拉德布鲁赫在教育和学术界的复出，对其法律思想的曲解和攻击又一次发生。由于政治意识形态的刻版僵化在很大程度上起着推波助澜的作用，故这种片面的理解愈加走到极端。不过，这里面同时也有哲学术语上的歪曲问题。由于拉德布鲁赫的认识法律的方法不是从法律本身着眼，而是从社会现实状况对法律及其公正价值的确定性出发，所以拉德布鲁赫在社会学家那里获得的理解，常常比在法律理论家那里所获得的理解多些。

对拉德布鲁赫法律思想的批评尽管是多方面的，但若将它们予以概括，那么不外乎是批评者所说的"三个基本"错误——批判主义的歪曲、辩证主义的错误认识及先验主义的抛弃，所以他们认为拉德布鲁赫

的理论自然是不能成立的，各种批评将其思想理论的来源完全地归诸他
在大学时期所受新康德主义和黑格尔主义的影响。他们错误地理解了拉
德布鲁赫的关怀所在，而这种关怀完全不依赖于那种与德意志理想主义
传统形式上的准确连接。经院哲学的思想公式的确在某种程度上与他的
思想发生过方法上的联系，但却从未使他因此而受束缚。

　　但是，我们也必须承认，尽管拉德布鲁赫的整个思想特征是实证
相对主义的，而且尽管有些学者并不同意拉德布鲁赫的整个思想发展过
程有时呈现为实证主义，有时呈现自然法主义，但其整个思想发展有
着不可否认和忽略的阶段性。不然，就可能导致对其法律思想发展的
否认。他的早期法学思想基本上是实证相对主义的，并且确实存在着
某些局限和偏颇，即使是他本人，对此也间接地承认并明确地加以扬
弃。从前面已谈及的其思想发展过程之中，我们已多少可以认识到其
思想自我完善的演进痕迹。其实，这也是任何事物，包括思想观点发
展的一般规律。

　　拉德布鲁赫法学思想的局限和偏颇有不少具体的表现，但这种局
限和偏颇的产生不是源于他在社会中所采取的政治立场和意识形态方面
的社会观念，在他一生的学术生涯中，他的党派立场和政治观念并没有
左右他的法学思考方法和判断。相反，倒是他的学术思想在极大程度上
影响了其政治态度乃至立场。这也是为什么不少持反对意见的人对他的
思想偏颇能以较为宽容的态度予以理解和批评的原因之一，因为拉德
布鲁赫终其一生，从来都是以一个学者的姿态出现在社会公共生活中
和学术思想的探讨中。导致他产生思想观点上的局限和偏颇的主要原
因，恐怕是被他运用得有几分极端化的实证主义方法。事实上，他从一
开始就有一个明确的取向，即要在法哲学中防范任何一种政治的、文化
的、宗教的，或者也是哲学的来源的绝对化地位，因而他只看到了相对
主义的公正；他意图排斥法律科学中的一种权威专制地和片面地设置目
的，因而他只发现了实证主义的法律安全，他想揭露法哲学中所有模糊
不清的，其最终目的掩盖着的伪浪漫风格，故他只强调了作为"合目的
性"基础的理性主义；他想要拨开"造成矛盾的真实判断的每一种非理

性雾霭"，故他在此承认这类判断始终只能在个别情况下发生，而不是与人的"存在"信念密切相联。不过，与此同时他又认为，判断的确定性——"灾难性的、自相矛盾的压力"——事物的选择，既不为这种存在局限，也不为这种存在取消。显然，这里也表现出了他在某种程度上，或者说是根本上的非相对主义。

具体说，他开始是要避免绝对化的极端，故而信服并选择了二元论的相对主义方法论；但遗憾的是，他忽略了相对主义本身也会因为不恰当的运用而走向一种极端，即相对主义的极端；而这种走向极端的可能一旦与他所采用的实证方法相结合，就更容易成为事实。其实，他之所以选择了相对论，是因为他看到了绝对论在现实中的局限和不完全真实，看到了理性与客观的矛盾与冲突，故着意要去予以避免；但是，由于他是采用实证方法来演绎其相对论，故他只看到了实然与应然之间，理性与客观之间不断的，甚至永远的冲突与矛盾，只看到了生命和价值的悖论，最终反而不可避免地偏离或忽略了他终生为之寻求探索的永恒正义及其理念，以致他早期曾在某些场合下否认了自然法理念。这大概也是拉德布鲁赫本身思想发展过程中的一个悖论，一种因学术方法上的二律背反而导致的思想观念的二律背反吧。当然，他以二律背反的方法所得出的判断，即公正本质的悖论和局限，绝不是完全的谬误；相反，它自有其深刻的科学和思想内涵。但问题是，他毕竟是从相对论出发，最后却由绝对论而结束，故在客观结果上已多少背离了他的初衷。他否认了一个本应由人，而且也只有人才能作出的理性判断，即永恒的正义理念。这样，拉德布鲁赫也就犯了一个他最初要竭力避免的错误，即以二元论的实证相对主义为出发点，结果却回到了或许是一元论的绝对主义要刻意寻求的终点。

总之，尽管永恒正义的理念会受到破坏和歪曲，但对于人类社会来说，它却终归应该被视作一个永远存在的信念或理想的理念，纵使其永远是可望而不可即。事实上，拉德布鲁赫只是要表明公正或正义的理性信念和社会现实之间必然的，几乎是不可避免的差距乃至冲突，但这也许就正是我们人类应该明确认识的人类历史现实。而恰恰是在此认识的基础上，每一个具有正义感、具有善良心地与高尚情怀及社会关怀的人，必然会产生一种对人类社会的忧患意识或自身的内心不安。而这种社会忧患意识和内心不安，又应是人类固有理性的表现，它正是人们努力谋取、实现和维护社会公正的永恒的动力。正像拉德布鲁赫所说的，一个法学家只有具备了这种良心上的不安或内疚，[①]才可能成为一个好的法学家。他本人的立论与主旨，他毕生锲而不舍地宣扬和追求，原因不外乎此。不过由于他所运用的方法及其结论的悖论，故而招致了某些误解。

　　还是在基尔大学任教的时候，拉德布鲁赫曾以三年的时间写出了两篇有关法哲学的论文（1924），它们着重阐述了三重法律观念的悖论。这时他开始形成了这样一种思想，即每一种应然规范（Sollennorm），假使它要对它规范的存在负担义务，那就必须是有秩序的。因此，他拒绝了规范的唯形式规定，并开始研究法律中观念价值性和实际存在性相互渗透的事实。对法律制度构成法律价值的现实所作的考察，教会他对任何政治观点都加以容忍。他在这种思路上走得如此远，以至于他对出于义务感的违反法律——信仰犯罪，也在社会伦理方面予以承认。与他的纯粹"信念伦理"模式相近，紧接着又有了他最喜爱的口头语："我所爱的，即不可能追求的。"不过后来他本人又就此说（1947）："任何情况下，都不能推崇法律政策的格言。"他曾在新的刑法中对信仰犯的特殊处分作了预见，但却忽视了——很快就对将来的现实形成了威胁——这样一种危险，即削弱宪法的道德权威，因而给他的政治对手创造了在公众舆论面前的一种道德上的开脱。

　　应该说，正是由于他这种相对主义价值观念，使得他早年曾在某些方面对自然法思想予以否认，认为这不过是一个古老的"世界史心计"。这种思想方法的"心计"掩盖了事实上的谬误，而且是"一个可以想象的，最富有成果的谬误"。1932年《法哲学》一书中，他曾论及"自然法的不可能性"及其"谬误"。在他看来，自然法的目的在于想把将要"使之生效的法律冒充为已经生效，把想使之失效的法律冒充为已

---

　　① 　Vgl. Erik Wolf, *Große Rechtsdenker der deutschen Geistesgeschichte*, S.740.

经失效"。于是，从古希腊斯多葛学派以来不断丰富发展的自然法思想及其永恒理念，就被他当作一种哲学的谎言或咒语而在一定程度上予以否认了。此外，他还认为人们通过法律所强调的"平等"，实际上体现着一种"法律的盲目性"，它反映了法律的一般性本质。具体来说，它是以法律这种手段或形式，把处于"正义拘束"（Binde der Justitia）中的人和事物的最终个性加以一般化规范，而事实上，它既不现实也不可能。"所以，公正不可避免地成为对财富和生活的丰富多彩强加的一种东西。"

但是，事实上，拉德布鲁赫在处理自然法与实在法的关系时，从来没有对前者加以一概否认。1932年他同样是在《法哲学》中就曾谈到："没有起码的自然法，法哲学就根本不可能；一个实证的法哲学为了其效用恰恰也需要一个超实证的，即自然法的立场。"而在他的晚年，他对自然法及相应理论的态度更是显然有转变。在1946—1947年冬季学期的法哲学讲座中，他指出要想回答超法律的公正这个问题，应重新对被人们遗忘多年的"自然法思想"予以思考。1946年他在海德堡大学法学院战后复院典礼上曾非常明确地讲："我们必须重新思考人权，这是超越所有法律，以自然法为基础的权利；自然法不赋予敌视正义的法律以任何效力。"在他逝世前不久，他还认为"存在着一个基督教的自然法"。一般说来，拉德布鲁赫对自然法的承认主要是人的主观法权，即权利，它先于国家法律而存在，但却不可作为实在法予以适用。要想正确理解和客观评价他的相对主义对自然法与实在法的兼容，我们必须要具备一个认识其思想的前提，即他不是那种"非此即彼"的理论家，他是一个在坚持一种主张时，亦能听取和容忍另一种主张的理论家，因此，在他的思想发展历程中，从没有完全否认自然法思想。在此，似乎同样是个"重心"强调的问题。①

但是无论如何，我们不能否认法律实证主义对他的学说的明显烙印，他从没有为了一种空洞的自然法思想而牺牲作为法律观念组成部分

---

① 这个问题上，的确存在着不同的评论。Vgl. Arthur Kaufmann, *Gustav Radbruch*, S.31ff.

的法律安全。如果要问拉德布鲁赫的思想究竟是自然法的理性居先，还是实证法的安全为主，整体上说无疑是实证主义的色彩更浓一些。事实上他早年对自然法的认识角度和判断，成了不少学者对他思想观点进行批判的依据。可以说，他早年因为出于实然与应然、事实与理性的相对主义论，导致了他对自然法多少有些绝对的看法。为此，其思想的理性和说服力曾蒙受了一定损失。

五、拉德布鲁赫的法律思想风格——理性和浪漫的社会博爱

只有对拉德布鲁赫思想的存在及他那"上帝之爱"的基础，以及他那仅以一种语言实现的博爱的光芒予以全面考察，才能理解他那种悖论在实质上的统一，并把使其自相矛盾的法律思想纳入正确思路，进而将其作为真实的法律实在的辩证法去认识和推崇。

他的相对主义最终表明了所有人类法律——当然是具体的法律设置——的暂时性。实际上，当他揭示了法律通常是以绝对设置的意识形态而自命为正当的这一事实时，其法哲学思想已成了一种我们任何情况下都不可不听的醒世之言，并且在对公正本质和内容的说明中，也不得不给其一席之地。正像我们前面已经阐明的，他提醒每个法学思想家在遇到的问题中坚韧不拔，不要静观其变，不要遽下断言和无视其他，要始终前进在希望途中。不过，除此之外，也许更为重要的是，他还告诉人们一种不再谈论"真实公正"的科学。它慈悲为怀，似乎是能更好地说明公正范畴的认识与知识，能使所有人类的公正得以升华和趋于完善。

前面已经提及，在纳粹统治时期，拉德布鲁赫曾被当局排斥于公共生活之外长达12年之久。但正像他自己曾说过的那样，这对一个学者来讲完全可以说是因祸得福。因为长时期的强制退休生活，使他有时间、有机会广泛地接触文化界。他与著名哲学家雅斯贝尔斯、艺术学家哈特劳布（Hartlaub）、文学批评家布赫瓦尔德（Buchwald）、史学家

施纳贝尔（Schnabel）和女社会政策学家玛丽·鲍姆等建立了持久而频繁的友谊交往关系；与里卡达·胡赫（Ricarda Huch）也有了频繁的思想交流。拉德布鲁赫的文化科学视角因此而愈来愈广阔，他的思想学说更富有了自己的特色。无论是他关于刑事历史法学派的研究著作，即1938年他在巴塞尔出版的《刑法史》（《刑法学的优雅》），还是1945年出版的《人物与思想》，都能充分地证明这一点。这两部书是他后期的代表性著述，此外还有一部关于费尔巴哈的传记。

　　与拉德布鲁赫"社会的内心关怀"历来紧密相连的善良仁慈的知识需求，促使他在晚年又产生了最后的思想冲动。这种冲动决定了他由个性的宣告者歌德转向了博爱的忠告者冯塔纳①。还是在战争期间，拉德布鲁赫就已在一项研究中对冯塔纳的宗教虔诚作过探讨。有关论文最初是考虑作为一个合作项目工作的一部分。在此项研究工作中，他获得了不少同时代德国一流学者的支持，其中包括了前面提到的哲学家雅斯贝尔斯、斯普朗格，社会学家玛丽安娜·韦伯（Marianne Weber），文学家里卡达·胡赫，布赫瓦尔德及哈特劳布等人的合作支持。拉德布鲁赫希望，在此项研究中以怀疑者和信仰者之间的思想家及诗人为例，在不估计实在的宗教价值的情况下，能重新对宗教信仰与现代人那种不时非常紧密环接的关系予以固定和加强。对拉德布鲁赫来说，这不只是为了哲学上的固有宗教性而予以创新。1942年初他就曾写道："我们的论题的确在于——信奉者的宗教虔诚不能以自身力量使之生存及培育发展，相反，它必须又追溯到它由以产生的，一种实在的信仰和宗教共同体。而出于宗教虔诚，每一代人都要对它们予以新的发展。因而，我们的工作完全是以'具体的'宗教为取向。"这项合作计划落空之后，拉德布鲁赫本人即在《冯塔纳怀疑与信仰之间的辩证关系》范围内进行了研究。这个诗人的信仰的怀疑和怀疑的信仰——其信仰首先是人性的信仰，其怀疑则是对绝对的每种客观化

---

　　① 冯塔纳（Theodor Fontane，1819-1898）德国作家，被认为是德国现实主义小说的第一位大师。

的不信仰和怀疑——与拉德布鲁赫宗教的、由博爱最终确定的感觉是一致的。

与此同时，自他与保尔·蒂利希（Paul Tillich）①为《文化的宗教哲学》一同工作时起，他就转向了《宗教的社会主义》；如今，他又重新着手这项工作，和其他许多人一样，他曾一度对一种基督教特征的社会主义寄予希望。他的"博爱"或"社会关怀思想"，应与蒂利希"终极的关怀"的理念有直接关系。在蒂利希看来，人就是以这种终极的关怀为目的而创造的。这种关怀不是为了上帝就是为了某些有限的对象、存在、观念或奉为神圣的目标。共同体的组成是建立在人们对某些共同的热爱的对象的最大忠诚之上的。而拉德布鲁赫一生不渝的社会关怀信念，正是这种终极关怀或最大忠诚的写照。但是，就其寄予希望的基督教社会主义来讲，事情的发展并未如他所愿，故如玛丽·鲍姆所说，1948年"他重回到了社会民主党（SPD）老路上来"。他是在已确信今日的社会主义"为了给宗教意识充塞的人们提供空间，已为教条解析足够了"之后，才有了这一步转变。但无论怎样，他的"博爱"与"关怀"信念始终没有改变。变化只在于思路的变化。他在告别演讲中，最终公开承认自己的"天生的基督教灵魂"（anima naturalister Christiana）。他就信仰所说的最后的话是，"我们注定是基督教徒"。

当代德国法学家沃尔夫在评价拉德布鲁赫的思想风格时说："在拉德布鲁赫内心最深处，他的思想生命完全是一种与诗人同源的、出于诗的传统敏感的、以诗的语言造就的思想表达的跃动。这里面所体现的不只'是一个青年人的艺术爱好'，这种爱好只能启动一点儿肤浅的文化空谈，它意味着一种对聪明才智的持久倾向。在这种聪明才智中，哲学与艺术、思想与诗情是不可分割的。"而不对"艺术家的科学"，但的确要对"作为艺术的科学"承担义务的意识，使拉德布鲁赫寻求着一种"塑造的认识"。因而，他不仅仅考虑要以榜样那般的认真，而还要

---

① 蒂利希（1886—1965，又译田立克），美国德裔神学家和哲学家，原为德国宗教社会主义运动的成员，大学教授，很早就对纳粹党及希特勒提出批评。1933年纳粹上台后被迫离开德国前往美国担任神学教授。他一生关怀人类的处境，致力于人类存在意义的研究。

以榜样那般的明了写作。从他的博士论文的第一页起，直到他最后一篇论文，读者都可以愉快地感受到他那优雅秀美和鲜明剔透的语言。拉德布鲁赫就是这样始终孜孜不倦地追求其思想的诗人般思考和诗人般语言。他书中的许多箴言并非是偶尔为之的妙语，他的思想是以这些箴言先已设置的指令而有规有矩地展开的。即使他在书中注释涉及的文选也必然是服从他的论题，以提供资料上的支持。然而，无论是其法律思想的唯美主义因素，还是其文献上的广征博引，都不可以被误解为顺便的适当装饰或完全是一种人文主义的故作高雅。他的这种方式方法，既非学问上的豪奢，亦非文献上的装点，而是为着更鲜明生动地传达他的思想。事实上，他在此实践了一个最佳的范例，即把语言文学的要求、恰当的写作方式和清晰的思想表达天衣无缝地成功搭配。由此发展开来，拉德布鲁赫表明了他对法哲学专业文学的拒绝，而"莱辛思想的影响"就是因为属于这种风格的文学而被渐渐淡忘。正是由于他具有那种"快活的"思想性格，所以他对于非理性时代的时代风尚弃之不取也就是理所当然的了。在认识拉德布鲁赫的文学风格时，我们不妨将他与他的老师冯·李斯特相比较，而且还可以看看他对自己老师文风的描述与评价（如他在本书序言中所描写的）。显然，他在很多地方继承了冯·李斯特的文风与笔法：他用来赞美自己老师的评语也恰恰是他本人历来追求的境界与格调。事实上，他不愧为冯·李斯特的得意门生，作为冯·李斯特后继之人他当之无愧；而且在一定程度上，他可以称得上是青出于蓝。

　　拉德布鲁赫从他内心深处的社会关怀出发，运用独特的、不落俗套的思想方法，本着他所确认的事实或实在的公正信念，循着人文或人性的理念思路，为了揭示法律的真实公正所在，先是否认了法律价值的绝对性，否认了超越法律而存在的抽象或永恒正义或公正的理念；后来又重新把自己的思想靠拢了自然法上的永恒正义理念，而这种正义理念是人类本身生来就具备，但由于社会和历史发展阶段与条件的局限，又不必然时时处处都能存在的；但人们毕竟可以渴望和要求它、宣扬和实践它，并且虔诚不渝、锲而不舍地创造一切条件去最大程度或最终去实现它。当拉德布鲁赫晚年获得了这种认识时，他实际上是完成了自己的关于公正思考的一个回旋。在他的思想历程中，虽然不无偏差失误，但他从未迷失自己的方向，相反，他愈来愈接近自己的目标。他不仅给人们留下了一种思想方法和自己独到的观点，而且还给人们树立了一个具有坚定信念和博爱胸怀的思想家榜样。

从比较法到共同法[①]

——现今比较法学者的社会职责和历史使命

一、比较法学的固有对象

比较法学究竟是一门科学，还是一种方法？这个问题在20世纪初，当比较法学刚刚成为一个世界性的话题时，就已经被提出。在经过了长久的但没有任何结果的论争之后，越来越多的比较法学者趋于达成共识，即与其花费很大精力去探讨这种没有什么实际意义的问题，不如尽可能地使比较法学能够在法律秩序的改进与发展中发挥更多的作用。国外许多比较法学家都有这样的看法。他们认为，比较法学者最好不要去纠缠比较法学究竟是一门科学抑或一种方法，这样只会陷于无休止的无谓争论，以至于花费了大量的时间和精力却一无所获。[②] 如日本比较法学者真田芳宪认为，要想回答比较法学是单纯的方法还是独立的学科这个问题，结果通常是得不偿失。"与其这样还不如着眼于比较法学至今为止都发挥了什么样的功能，而且现在正在发挥什么样的功能的问题，这恐怕要比单纯议论这一问题更有益处。"[③]

---

① 原载《比较法研究》2000年第1期。

② 参见沈宗灵：《比较法总论》，北京大学出版社1998年版，第8页；〔日〕大木雅夫：《比较法》，范愉译，法律出版社1999年版，第62页。

③ 〔日〕真田芳宪：《比较法的方法和今日的课题》，华夏译，载《比较法研究》1993年第3期。

　　然而，无论是将比较法学作为一门科学还是将其作为一种方法，抑或干脆抛开这个问题不谈，而只关注比较法学所发挥的作用，都必然要涉及一个问题，即比较法学究竟以什么为对象？其实，任何科学的本质都与其所考察研究的对象密切相关，比较法学亦不例外。质言之，有没有特定的、非比较法学莫属的研究对象及什么样的研究对象，直接决定着比较法学能否作为一个独立的学科以及一个什么样的学科。长期以来，所以在比较法学性质的问题上争论不休，主要原因之一就是没有对比较法学的对象或研究领域形成一致而明确的认识。因为没有一个独立的、与其他法学领域不同的研究领域，当然不会被接受为一个特定且独立存在的法学领域；同时，只注重本身方法论问题研究的学科，自然也很难确立其自身在科学领域中的地位。正如德国法学家拉德布鲁赫所言："就像因自我观察而受折磨的人多数是病人一样，有理由去为本身的方法论费心忙碌的科学，也常常成为病态的科学，健康的人和健康的科学并不如此操心去知晓自己。"[①]所以，只要我们能够对比较法学的对象获得明确认识，它在科学的王国中自然就会获得一席之地，根本无须为它的存在而费心劳力地去正名。

　　确定比较法学的研究对象，不仅能说明比较法学的本质，而且还体现着比较法学的目的。概括地讲，比较法学就是从超国家的角度，以比较的方法对本国和其他国家法律进行考察研究的学科。其目的有二：首先，完善和改进本国的法律理论和法律制度，这是直接或阶段性的目的；其次，指出不同民族国家法律的不同与共同之处，力求在最大程度上使之避免冲突并获得最普遍的和谐，最终完成设计和构造一种世界共同法或普遍法的使命，这是最终目的。因此可以说，比较法学实质上是从人类社会的角度展开的一种普遍法学，它虽然具有双重的目的，但最终目的是研究和发现世界共同法或普遍法这个人类社会最高行为规范的实在形式。有的日本学者也认为："可以将比较法理解为对世界上各种

---

　　① 〔德〕拉德布鲁赫：《法学导论》，米健译，中国大百科全书出版社1997年版，第169页。

各样法秩序的共性和个性的科学比较，是可能进行比较的制度或解决的对照。"①

　　总之，比较法学所要达到的目的就是要通过比较研究来认识把握不同民族国家和社会法律制度之间的共性与差异、进步与滞后，从而逐步实现个别民族国家和整个人类社会法律秩序的进步，最终走向整个人类社会法律制度的和谐与统一。如同德国比较法学者茨威格特和克茨所言："比较法律是指一方面以法律为其对象，另一方面以比较为其内容的一种思想活动。"②其实，只有在此意义上，比较法学才能获得其作为一门科学的应有地位。

二、比较法学者的社会职责

　　如果一个比较法学者要证明其存在价值，那么就必须同任何学科的学者一样，首先明确其应该扮演的角色或应该发挥的作用。换言之，他必须给自己在社会中定位。只有如此，他才能获得自身价值实现的起点，才能为他的置身其中的社会做出应有的贡献。比较法学者证明其自身存在的价值，实践其对社会的贡献，有各种各样的方式和可能。根据前面的阐述予以概括，比较法学者的应有职责可以相应地分为直接的和最终的职责，即他的社会职责和历史使命。

　　比较法学者的社会职责就是作为比较法学者的法学者应该对社会承担的义务。任何法学者，如果他不对社会承担义务，那么他就不是一个真正的法学者。法学者的天职就是从公平正义的理念出发，从对民众和社会的关怀出发，阐明其对法律和法制的思想观点，为建设法治国家而尽心竭力。具体说，他应该通过对不同社会、不同历史时期、不同国家的法律制度及相应规则的比较和研究，对本国和外国法律制度的差别及其长短予以明确了解，从而在其本国法律的制定和实现过程中，提供

---

　　① 〔日〕真田芳宪：《比较法的方法和今日的课题》。
　　② 〔德〕茨威格特、克茨：《比较法总论》，潘汉典等译，贵州人民出版社1992年版，第1页。

最佳，或至少是较佳的选择和方案，以求获得最好或较好的社会效应。由此可知，比较法学者在促进法律秩序的建设和发展，如在立法、司法以及法学理论的建设和发展方面，应扮演重要的角色。这是比较法学者最直接的、最基本的社会职责所在；是他特殊的，但也是最基本的使命。质言之，比较法学者的社会职责主要是通过对本国法律和外国法律的比较研究，提出改进和完善本国法制的设想，指出其可行的方法和途径。

比较法学者之所以负有这种特殊的使命并且能够实现这种使命，是因为他们可以通过比较法学对法律制度赖以发生和存在的社会基础和内在原因作更全面深刻的理解，从而更准确地理解法律制度本身。因为，通常的法学方法往往只关注法律规则或制度的一些表面问题，而对这些规则和制度何以能够发生和存在则未必知其所以然。与此不同，比较法学却能够从一开始就给法律工作者一个更为广阔的认识背景，它可以使人们透过法律规则、制度、技术等表面问题，看到其后的社会、历史和文化背景，看到法律所隐喻的种种社会、人生问题，看到所有人类社会所面临的共同问题，并从解决这些问题的不同方法中获得解决这些问题的共同原则或规范的启迪。如同许多欧洲比较法学家所说："比较法作为一所'真理的学校'充实了'解决办法的仓库'，并且向那些有批判能力的观察家们提供机会，使他们能够认识在其时其地'更好的解决办法'。"[1]

应该指出，比较法学的高明之处是从一开始就站在较高的境界或以较广阔的视野来看待法律及其制度。当然，其他法学部门也可能采取这种方法，但却并不是必然的，而比较法学则非如此不可，否则就不称其为比较法学了，这也是比较法学的与众不同之处。从法律史上来看，法律比较实际上从一开始就与立法活动紧密联系在一起。在某种程度上甚至可以说，法律比较的最初起因或动力就是立法和改进立法的需要。古代如此，近现代更是如此。事实上，差不多整个20世纪期间，世界

---

[1]　语出齐特尔曼（Zitelmann）等，见〔德〕茨威格特、克茨：《比较法总论》，潘汉典等译，第26页。

各国立法无不以法律比较为其立法改进的重要途径。近年来，在欧洲私法统一运动中，进一步说，在欧盟法律制度的建设中，在世界贸易组织的建立发展过程中，比较法学更是发挥着不可或缺的重要作用。没有法律比较，就不可能想象有支持欧盟和世界贸易组织等类似国际组织存在的法律秩序，从而也就不可能有欧盟和世界贸易组织等国际组织的真正存在。而且，以比较法学促进和实际承担的欧洲私法统一和国际贸易规则的统一工作，势必将迅速地发展。它已经构成当代法律发展的一个重要特征。在当今世界，差不多所有的立法者都自然而然地采用法律比较的方法来寻求提高其立法质量。法律比较已经成为现代立法者们必然采用的一个手段。

　　自70年代末改革开放以来，中国社会经济结构发生了巨大变化，与其相应，法律制度的变革与发展也获得了举世瞩目的成就。在某种程度上，可以说我国的立法在某些方面已经超越了法律实现的操作能力。在许多场合，我国已经不是无法可依，而是如何依法，如何实现法律。而在此进程中，除了社会历史条件的具备以外，不论人们是否意识到，法律比较实际上起着举足轻重的作用。改革开放以来我国大部分重要立法，从1979年的《中外合资经营企业法》和最初的三个合同法 [①] 到统一的新《合同法》(1999)、《公司法》(1993)、《担保法》(1995)、《海商法》(1992)、《破产法》(1986)、《专利法》(1984)、《刑法》(1979)和《刑事诉讼法》(1979)、《反不当竞争法》(1993) 及《银行法》(1995) 等，都是在对各国法律进行广泛调查和比较研究的基础上，根据我国的实际情况完成的。甚至可以说，差不多所有改革开放以来制定的法律，都不同程度上采用了比较立法的方式。[②] 现今正在进行的物权立法工作，同样是循此途径进行的。可以肯定，未来中国立法仍然会一如既往地如此进行。其实，考察世界法律发展史，没有任何一个时期和任何一个国家像中国这样，充分运用了法律比较的方法来建设自身的法

---

　　① 即《中华人民共和国经济合同法》(1981)、《中华人民共和国涉外经济合同法》(1985)、《中华人民共和国技术合同法》(1987)。

　　② 对此可参见有关的立法说明。

律，并且取得了举世公认的成就。①

三、比较法学者的历史使命

比较法学者在承担其社会职责的同时，还有一个更高层次的职责，实际也是其历史使命。它意味着，比较法学者应从全人类和整个世界的高度，本着对全人类和整个世界的关怀，对所有民族国家法律及其相应制度中所蕴含的人类共性予以探究和阐明，进而从人类社会的角度发现和确立可以普遍适用于人类社会或整个世界的共同法或普遍法。从这个意义上讲，比较法学的根本任务或固有对象乃是人类"共同法"或适用于各个民族国家的"普遍法"。探讨研究这种"共同法"或"普遍法"，既是比较法学的独特目的，也是历史赋予它的最高使命；它是任何其他法学都无法达到的境界，无法承担的使命。

由此可知，比较法学意义深远的、最为重要的作用是以令人信服的科学方法揭示所有法律秩序中的一般原则，为一种普遍的、放之四海而皆准的法律秩序来寻求科学的基础，质言之，建立一种没有民族国家界限的普遍法学（Universaljurisprudenz），并且通过这种普遍法学，逐步为最终实现不同法律秩序下的法律规则协调乃至超国家的法律统一创造法源和法学的条件。事实上，早在19世纪初期，德国法哲学家和实践家安舍尔姆·费尔巴哈（Anselm Feuerbach，1775-1833）就已经明确提出了"普遍法学"的概念。他曾计划写一部关于"普遍法律科学"的研究著作，并为之积累了十几年的资料，写了这部著作中的许多篇节，可惜未来得及发表。他去世后发表的论著《普遍法学的观念与必要性》（*Idee und Notwendigkeit einer Universaljurisprudenz*）提出了以广泛的比较法研究为基础的普遍法学构思。在费尔巴哈留下的遗稿中，有大

---

①　1984年3月全国人大常务委员会通过的《专利法》就是在考察了几十个不同类型的国家专利法资料的基础上，结合我国现实情况而制定的。1999年《合同法》本身就是在以前的三个合同法的基础上，更进一步参照各国有关法例和先进规则并结合我国实际情况而制定的。从中国实际出发，借鉴国外的有益经验是此次合同法制定的重要指导思想。

量关于比较法学的手稿，其中涉及不同国家和地区的法律制度，如：蒙古、中国和美洲。他强调，作为一个民族精神构成的立法对另一个民族的立法发生着影响，并且认为世界性的立法应该与民族性的立法同时并重。[①]

在费尔巴哈之后，还有一位德国法学家亦曾对比较法学的发展起到了促进作用，而且还对历史法学派的狭隘观点作出了批评，这就是耶林。他认为："如果科学不决心把普遍性的思想与民族的思想作为同质之物一视同仁、并行不悖，就无法把握科学自身所处的世界。"[②]它不仅会使法学沦为"国土法学"的田地，还会使法学的学术境界下降到政治的境界。对于学问来讲，这是一种卑躬屈膝、有失身份的形象。因此，他竭力倡导一种比较的普遍法律科学。实现这一法学的方法就是比较法学的方法。"它的眼界将是更广阔的，判断将是更成熟的，对资料的处理将不会受到约束。"[③]

此外，早在费尔巴哈之前，英国哲学家、法学家培根和17—18世纪之交欧洲思想生活中最为重要的人物和最伟大的学者之一莱布尼茨，都曾从世界法的高度鼓吹过比较法学。后者还曾草拟了一个关于比较叙述一切民族、国家和时代的法律计划，并且称之为"法律大全"。尽管由于历史条件的限制，上述法学先哲们的"普遍法学"或世界法思想都至今没能得到实现，但是，作为一种崇高的理想，它始终是许多杰出法学家们追求的最高目标。

早在1900年第一次国际比较法大会上，一些当代比较法学的创建者们已经提出，要通过比较法学这种途径发现和建立一种对"一切文明国家共同适用的法律或法律原则"，即"人类共同法"（droit commun

---

① Vgl. Anselm Feuerbach und die vergleichende Rechtswissenschaft, in: Arthur Kaufmann, *Gustav Radbruch Gesamtausgabe*, Band 6, C. F. Müller, 1997, S.315. 为了能对中国的法律制度及法律制度史进行深入地专门研究，费尔巴哈曾作了长期的资料准备。如：他曾对中国传统法律中为什么没有民法作过研究。

② Rudolf von Jhering, *Geist des römischen Rechts auf den verschiedenen Stufen seiner Entwicklung*, Teil I 7/8［1924］,S.15. 见于〔德〕茨威格特、克茨：《比较法总论》，第81页。

③ 同上。

de l'humanité）。他们在当时提出这样的看法，除了特定的历史背景外，还体现了一种情怀："这种情怀实际根本上体现着消除误解和敌意，寻求人类共同进步的信念。而比较法学家的使命就是要为这种人类的共同进步寻求和发现一种未来可能普遍实现的世界共同法。"①对此，法国法学家朗贝尔具体阐释说："比较法应当逐步地消除那些使文明阶级和经济形态的各民族彼此乖离的各种立法上的偶然差异。比较法应当减少那些不是基于各民族的政治、道德或者社会特征而是由于历史上的偶然性、暂时的存在或者不是必要的原因所产生的法律上的差异。"②正是基于这种认识，德国比较法学家茨威格特和克茨认为，比较法学对于"打破那种不加反省的民族偏见；帮助我们认识我们世界不同的社会、文化制度和改善国家间的相互理解；对于发展中国家的法律改革"是很有意义的。③克茨甚至还早在许多年前就提出了"欧洲共同民法"（gemeineuropäisches Zivilrecht）的概念。④而现今欧洲国家鼓吹的"法律和谐"（Rechtsharmonisierung）理论，其实正是法律统一交响曲的乐章之一。

　　由于20世纪初期和中期的两次世界大战和"二战"后长期冷战的世界环境，第一次国际比较法大会上提出的这个崇高目标曾一度被视为幻想而受到冷遇。但不管怎样，纵观世界历史发展的轨迹，我们很容易看到，人类社会事实上也还是一步一步地向着人类一统的大方向前进。人类在政治、经济、文化等方面日益广泛的交流和沟通所促成的区域和全球经济的逐步一体化；区域内部的法律统一，如欧洲联盟内部法律的逐步一体化；各种国际性的贸易条约和调整特定领域法律关系的公约；国家间的各种双边条约；等等，都充分表明各个民族国家之间，整个人类社会之间越来越注重法律的协调，因为这是人类社会进一步发展的共同需要。而在此过程中，比较法学的作用是独特而不可缺少的，是不能

---

①　〔德〕茨威格特、克茨：《比较法总论》，第5页。

②　同上。

③　同上书，第26页及以下。

④　克茨（H.Kötz）：《欧洲共同民法》（Gemeineuropäisches Zivilrecht），载《茨威格特七十华诞纪念文集》（Festschrift für Konrad Zweigert zum 70. Geburtstag），1981，第498页。

以其他法学部门取代的。无论人们对此是否有意识，是否认同。如前所述，在欧洲联盟法律的制定过程中，实际上正是由各国具有比较法学造诣的法律专家们首先提出"统一法"的草案，然后再一次经过比较研究和论证，以求在各种不同的规则中选择最好的、最广泛适用的规则范例，必要时还需在综合考察论证的基础上制定新的更好的规则，最终形成联盟的法律。同样，世界贸易组织的全部规则也是如此形成，而且必然还将如此发展。显然，这些都是典型的法律比较实现过程。

　　具体而言，在欧洲联盟内部，早已经用联盟法律的形式明确规定在有些情况下可以适用对成员国来说是共同的一般法律原则。例如在涉及合同外责任，即侵权行为责任情况下，欧洲法院往往根据《欧共体条约》第215条第2款、《欧洲原子能条约》第188条第2款的一般条款，"根据各成员国法律制度共同的一般法律原则"来处理案件。当然，这些原则如何确定或如何产生，往往也存在分歧和争论，可这或许正是需要比较法学者来解决的问题。对于欧洲法学家们来说，有时候这类原则很大程度上是植根于罗马法或欧洲罗马法，这时可能比较容易达成一致；但另一些时候，则需要法学家们用一种"价值判断的比较法律"方法来发现和确定这类"最合适的共同原则"。而且，当今人们在欧洲已经毫不怀疑可以通过"评价的法律比较"来发现这种"一般的法律原则"。因为在不完全或根本不完全规定的法律规定领域中，最客观合理的途径是通过回顾一般的法律原则而对现有的规范范围予以充实。在国际法领域，早在原常任国际法庭1920年（1920年法令第38条第3款和现国际法院规则第38条第1款）的一个法令中，就已经提出了"文明化国家承认的一般原则"可以作为普遍适用的法律规则。不仅如此，受启蒙思想影响较大的早期欧洲法典编纂之一《奥地利普通民法典》（1811年）第7条还明确规定，当一个案件不能根据法律规定予以判决时，最终可以"根据自然法中的法律规则"予以判决。①

　　在强调建立和发展一种普遍法学时，我们必然要重新提出自然法的问题。因为在寻求人类共同的一般规则时，自然法理念及由此引申出来的法律原则是一个最基本的来源，这是人性或人类社会的共性所决定的必然。因为正如罗马法学家所说，自然法"是自然教导一切生命物的法律""是自然本身所提出的见诸一切民族法律之中的法律"。[①] 而且，以往的世界法律史已经证明，自然法观念对于法律的进步和发展产生过巨大影响。可以说，没有自然法，就没有近现代法律思想及与之相适应的法律秩序。自然法思想对于今天寻求人类社会的共同法的比较法学家来说，无疑有积极而深刻的意义。

　　事实上，现今世界上许多可以被不同民族国家共同接受的普遍原则，都发源于自然法思想或理念。如：民主、法治国家、社会国家、基本人权的保护等，具体一些还有相对性原则，法律安全原则、法律明确原则、己法自守原则、一罪不重判原则、法无明文不为罪、信任保护原则、执法必须说明原则等。由此出发，人们还可以考虑到其他的一般原则，如：对辅助人义务、不可抗力的免责，正当防卫和紧急避险。在债法领域，还有诚实信用和不当得利原则等。所有这些，都充分表明了人类的一些共同理念和原则。在当今世界上，普遍适用于人类社会各个国家民族的行为规则，即共同法或普遍法，实际上已然非常普遍。除了上述所举之外，国际公法（各种形式的国际公法）、国际私法（各种形式的国际私法）以及各种程序法中的许多规则，实际都或多或少地体现着人类共同的一般原则。

　　毫无疑义，未来世界范围内的法律统一无论在何种程度上实现，法律比较都是必经之路。应该特别指出的是，比较法学发现和创立一种普遍法的深刻意义还在于，它对人类间相互理解，对增进全世界的和平，也将发生积极的促进作用。恰如日本学者所言："存在于所有人，所有民族意识深层的'一个法'的观念，是人类和平的根本。而且，既然存在这个基础，就更需要世界上的比较法学者各自站在各法系的文化

---

① 　Inst. 1, 1.

传统这一‘各自的道路上’，互相协助，向着共同的目标对话，在对话中进一步互相确认共同的目标，走上合作的道路。”①

　　当今人类社会的发展进步有一个非常突出的表象，即人类之间的社会活动交往与文化沟通越来越频繁深入。考察人类社会发展史我们会发现，人类越是发展，人类之间的各种交流与沟通就越普遍深刻；而这种日益深刻普遍的人类社会交往反过来又进一步促进着人类社会的进步。这一规律同样也反映在法律文化的发展或法学活动当中。在一个现代社会或国家中，想故步自封不对外接触是不可能的，结果必然是要落后于他人。以法律制度为例，如果一个国家或社会不去了解其他民族和国家的法律制度，不尊重其他民族和国家的法律文化，那它就不可能正确发展自身的法律制度及法律文化。而比较法学恰恰在此方面给人们提供了一个最佳途径或手段。通过比较法学，无论在理论上还是实践上都会获得宝贵和必要的收益。显而易见，在法律教育和法学研究中普遍深入地运用法律比较方法，将会给整个国际社会的法律统一或趋同产生潜移默化的积极影响。早在数十多年前，茨威格特和克茨就预见说：“正在成长中的一代法律家，很可能还有其后的法律家们将面临法律生活前所未有的‘国际化’局面。这时，战争威胁减少了，社会主义各国同资本主义各国之间的关系将变得高度密切，——同时可能在意识形态上接近。”②几十年来的历史表明，他们的预见是准确的。如今，法律比较越来越显得重要和不可缺少。

　　作为一种法学方法，虽然法律比较的方法自古有之，但现代法学中的比较法学却有其特定的内涵和境界。它的目的并不仅仅局限于对不同国家或特定区域的法律制度、原则、规范的比较研究和质量确认，而是要最终达到获取一种人类共同法的目的。其实，在20世纪之初，最早致力于比较法学的法学家就正是以这种人类关怀——不仅仅是民族关怀——的信念来投身比较法学的。总而言之，比较法学家显然具有这样

---

① 参见〔日〕真田芳宪：《比较法的方法和今日的课题》。
② 〔德〕茨威格特、克茨：《比较法总论》，潘汉典等译，第35页。

的历史使命，即以超越国界的高瞻远瞩来促进国际间的法律交流，力求将各国法律中普遍共同的规范原则予以协调和明确化，从而为现代国际社会间的各种交往创造条件。这种努力的目的是要从整体上发展和提高人类社会生活的水平，而比较法学家的存在价值也自然会在此过程中得以实现。显然，比较法学的这个特点使得比较法学家们在考察和研究法律时从一开始就站在了一个较高的思想高度。同时，也使比较法学必然超越作为一种法学方法的局限而成为一门科学。

四、比较法学的若干反思

1. 放弃关于比较法学是方法抑或科学的无谓争论

关于比较法学究竟是一种法学方法，抑或是一门独立的科学，这个问题从比较法学产生的那一天就已经被提出。然而一个世纪过去了，这个问题并没有解决。之所以有这样大的分歧，原因是多方面的。或是因为看问题的角度不同，或是由于作出判断的标准不同，但最主要的原因，恐怕是没有能够为其确定一个公认的对象。所以，一旦我们就比较法学的对象达成普遍共识时，这个问题就很容易解决。而当我们还没有就比较法学的对象获得一致的意见时，最好不要再纠缠比较法学是方法还是科学的老问题。因为这种争论不仅对于比较法学的存在与发展没有实质性的意义，而且还会分散我们对比较法学原本问题的注意力。如前所述，在差不多一个世纪的当代世界法律发展史上，无论是将比较法学作为方法还是科学，它都实实在在地存在，都在发挥着作用。其实，暂且不必忙着对比较法学的本质作出判断，首先来总结一下比较法学一个世纪以来的存在与发展及其产生的作用，确定其在21世纪的发展路向，或许更有助于我们最终解决这个问题。

2. 关注内容上的研究

比较法学要想确立自身作为一门科学的形象，就不能总在比较法学方法论的问题上不能自拔。换句话说，不要为了研究而研究，而要为了一定的具体目的而研究；不要总是研究"如何"，即形式上的问题，而要多多研究"什么"，即内容上的问题。要真正设法使比较法学成为一个有自身理论体系和具体社会生活内容的学术领域，避免仅仅就一些形式问题空谈。

3. 实践参与和理论构造并重

这是与前述问题密切相关的一个问题。一个关注内容的学科，通常是具有实践性的科学。比较法学作为一门学科，有着自身的研究对象；而比较法学者也由此承担着对社会和历史的责任和使命。所以，比较法学家切不能把比较法学视为一种高居于其他实践法学领域之上，可以忽视社会生活现实的学术领域，那样只会葬送比较法学的前途。相反，比较法学必须关注社会生活实际和法律秩序发展的需要，要有服务于社会现实的指导思想。当然，这与比较法学在较高的思想境界上观察、分析和设计并不矛盾。总之，比较法学既要特别注重理论，又要积极参与实践。为此，一位合格的比较法学家首先应是部门法学的专家，然后才是一个善于运用抽象和思辨方法对一般法律规则进行比较探讨和概括抽象的理论家。

4. 提倡科学系统的研究

比较法学者应该注重科学和系统的研究。这有两个方面的含义：首先，不能局限于个别问题的研究，不是作浮光掠影、支零破碎的时髦研究，而是对任何问题都要作系统全面的考察研究。不能将个别规则轻易地引作一般原则，要从多个个别中寻找出规律。其次，对所研究的任何问题，尤其是国外的规则制度，要作深入全面的研究，既不能轻易地否定，也不能在不甚了了时就引为己用。对于国外的规则制度，不仅要知其然，更重要的是知其所以然，否则就失去了比较法学的特殊价值。

5. 坚持法学个性和人格

这实际不只是比较法学的问题，而是整个法学界都应该注意的问题。总结我国半个多世纪以来的法学，虽然曾有许多对社会实践和社会生活起到了积极作用的法学建树，但严格来讲，真正经得起实践考验，经得起推敲的法学成就并不多。相反，追求时髦的、只求应和政治或经济时势的诠释法学却蔚然成风。此中原因固然有多种，包括传统和现实方面的原因，但究其主要原因，就是我们的法学明显欠缺法学应有的个性和人格，即缺乏独立的、追求科学真理的、不为世俗所累和左右的法学。法学的特质使之不可避免地具有"世俗性"或"入世性"，但这并不意味着它不能具有自身的科学个性和人格。实际上，法学的个性和人格往往直接地反映着法学家的人格和个性。如果说以前法学家没有这种明确自我的条件，那么今天则完全有了这种可能。

比较法学与世界法律文化①

一、比较法学的世界个性

对于比较法学的研究探讨已经百年有余，但比较法学究竟是一个什么样的学科？它有什么样的特有属性？为什么虽然它百年来始终身份不明，但又在所有法学领域中无处不在？为什么它百年来既能特立独行，又能使所有国家的法律发展都和它难舍难分？学界多年来对此众说纷纭，各道其是。百年多来，始终有些学者纠缠于比较法学是一种方法论抑或一门学科的问题，还有一些学者纠缠于法律移植是否能够成立的问题。今天看来，上述这些纠缠多少有些得不偿失。如果我们陷于第一个争论，那么比较法学至今也没有在科学王国独立其身之地；如果我们陷于第二个争论，那么它本身就隐喻着一种狭隘的民族文化优越观。事实是，比较法学无论作为方法论还是一门学科，它一百多年来始终是一种实在，学问家兴致盎然、无休无止地争论，并没有影响比较法学的存在和发展。为什么？今天看来原因很简单，那就是比较法学既是方法论，又是一门学科。作为一种方法论，它是不独立的；而作为一门学科，它是独立的。这完全取决于运用者的目的、场合与思想境界。但是，无论作为一种方法论还是一门学科，比较法学都有一个根本的个性，即它属于所有法学。比较法学就是世界法学，是世界法学的代名和

---

① 原载《法学》2004年第10期。

学名。探讨研究比较法学的过程，就是建设发展世界法学的过程。比较法学这种世界个性使得它必然要和所有法学结下不解之缘，使得它必然要和所有民族国家的法律及其制度发生必然联系，使得它当然地要存在于整个世界，发展于整个世界，作用于整个世界。所以，比较法学属于整个世界，整个世界也需要比较法学。

纵观当今时势，人类社会的发展进步，使得我们这个世界变得越来越小，这是因为各民族国家之间，各个国家人民之间的联系愈来愈紧密深入。如今，经济的全球化不只是一个趋势，而且已经成为一种现实，与之俱来的是许多原本具有鲜明民族国家特征的社会制度日益相互影响乃至渐渐趋于和谐与融合。显而易见，这个地球上的人们彼此之间交往越来越多，联系越来越紧密，相知也越来越深，相互影响越来越大，兴衰成败更是越来越彼此相关。如果说若干年之前我们提出人类文化全球化可能有理想或夸张之嫌的话，那么我们今天议论人类文化全球化已经是一个清晰可见、不得不面对的事实，问题只在于是在何种程度上予以理解。对于法学家们而言，这种文化全球化的具体内涵就是世界法律的一体化，用另外一个更鲜明的表达，即法律全球化。毫无疑问，在各种人类文化当中，在人类社会诸多共有的制度当中，法律制度的和谐化和某种程度上的一体化，乃是一个有目共睹的趋势。因为，在我们与其他地区和国家日益增多的经济、文化以及其他交往中，不可避免地要涉及交往规则或行为规范问题。于是，这就需要我们去了解其他国家和地区的法律，并且在此基础上努力获得一些共同认可和遵循的一般规则。可以说，是否了解外国和国际社会的法律，将直接影响一个国家在国际社会中的未来国家利益。而了解外国的法律，其必然途径就是比较法学。

总之，"时代变了。今天，法学不再按国境线分割开来了。法学应该和哲学或者自然科学一样是世界性的"。[①]当今世界法学的发展现实与

---

① 〔法〕勒内·罗迪埃：《比较法导论》，徐百康译，上海译文出版社1989年版，第38、39页。

由此呈现出来的规律，意味着法学已经完成或者正完成着从国家主义或民族国家主义到融合主义或世界主义的改造，一个法律世界主义或世界法的时代正在无可避免地悄然到来。一句话，我们这个时代是世界的时代，而这个时代的法学就是比较法学。比较法学既是这个法律新时代的创造者，又是这个法律新时代的表征。

二、比较法学的世界目的

比较法学实际肩负着实现人类法律文化大同的世界使命和责任。一方面，它要对具体法律制度进行比较研究，发现和说明本国和外国法律制度各自存在的基础和理由，论证确认它们各自的长处与欠缺，通过有关文化和社会背景的阐释说明，引出改进完善自身法制的观点与方案，以求最终促进发展本国的法律理论和法律制度。另一方面，它又要发现和指出不同民族国家法律的异同及其历史、文化和社会原因，寻求各民族国家法律最大程度和最普遍的和谐，并在此基础上使本国法律尽可能地接受吸纳对整个人类社会具有普适性的规则与原则，最终完成设计和构造出一种世界共同法或普遍法的崇高人类使命。两者之间，后者对比较法学而言是最为根本的。其实，正是在此意义上，比较法学才获得了其作为一门科学的地位。用法国比较法学家罗迪埃的话说，比较法学的"目的是要在人的思潮与国家制度的关系中得出人的思想倾向，确立支配国家实在法制度的总规律及其思想倾向。比较法在这方面的确是一种科学。它不是用来当作一门艺术，它要说明它本身是什么。它不局限于描述外国法，它力求归结出法的总的发展规律或者得出制度与制度之间或制度与人民的总的方针之间，进一步说，乃至人类各集团之间关系的总的发展规律"。① 总而言之，比较法学的目的归根到底就是要探寻、发现和创造那些放之四海而皆准的人类思想潮流和人类行为准则，就是要发现、总结、构造一种属于全人类的法律文化，这就是比较法学的世

---

① 〔法〕勒内·罗迪埃:《比较法导论》，徐百康译，第4页。

界目的，也是它神圣的世界使命。

三、比较法学的世界胸怀

如前所述，作为一种法学方法，虽然法律比较的方法自古有之，但现代法学中的比较法学却有其特定的内涵和境界。它的目的并不仅仅局限于对不同国家或特定区域的法律制度、原则、规范的比较研究和质量确认，而是要最终达到获取一种人类共同法的目的。所以，探讨、追求和发现这种人类共同法，乃是比较法学固有的胸怀。没有这种世界胸怀与人类关怀，就无法进入比较法学的殿堂。其实，在20世纪之初，最早致力于比较法学的许多法学家正是以这种人类关怀——不仅仅是民族关怀的信念投身比较法学的。当时，"人们努力争取从自己本土这个狭窄的圈子里脱颖而出，并且在对外对内的结合中和平地赢得世界，这对人类自然是至关重要的。法学界也充满着这种如醉如痴的心情，这是不足为奇的。他们也不再满足于只是解释和进一步发展本国法"。[①] 这种情怀实际根本上体现着消除误解和敌意，寻求人类共同进步的信仰。而比较法学家的使命就是为了这种人类的共同进步寻求和发现一种"人类共同法"（droit commun de l'humanité），为未来可能普遍实现的世界共同法做出贡献。法国法学家朗贝尔对此具体阐释说，比较法应当逐步地消除那些使各民族彼此隔阂的各种偶然的立法差异。比较法应当减少那些由于历史上的偶然性、暂时的或非必然的原因所导致的法律差异。[②] 也正因如此，德国比较法学家茨威格特和克茨认为，比较法学对于"打破那种不加反省的民族偏见；帮助我们认识我们世界不同的社会、文化制度和改善国家间的相互理解；对于发展中国家的法律改革"是很有意义的。[③] 此外，另一德国比较法学家格罗斯菲尔德说："比较法学打开

---

① 〔德〕茨威格特、克茨：《比较法总论》，潘汉典等译，第4页及以下。

② 同上书，第5页。

③ 同上书，第26页及以下。

了我们的眼界（就像逃离了监狱所而获得自由），刺激我们的思想，向我们提供新的论据，激发想象，告诉我们新的发展，冲破'国土法学'的区域，使法律科学再次成为世界的。"随着人类社会各民族国家和人民之间的交往越来越深入普遍，冲破"国土法学"而走向世界的普遍法学已是势所必然。生活在一个多世纪前的德国法学家耶林曾说："比较法学是未来法学的方法。"① 一个多世纪以来的世界法律发展史已经证明了耶林的预见。

由此可知，比较法学家必然应该具有世界胸怀，以超越国界的高瞻远瞩来促进国际间的法律交流，力求将各国法律中普遍共同的规范原则予以协调和明确化，从而为现代国际社会间的各种交往创造条件，其最终目标是努力争取从整体上促进人类社会的发展。由此可知，比较法学家们当然不应片面刻意强调不同法系间法制的差别与隔阂，相反，他们应该更多关注不同法系之间的共同与和谐融合。在当今我国法制建设过程中，有为数不少的法学者有意无意地强调了大陆法系和英美法系的差别，德国法、法国法和英国法、美国法之间的差别，例如关于坚持法典法还是发展案例法的争论就反映出这种倾向。产生这种问题的原因之一就在于缺乏比较法学的世界胸怀。对于比较法学家而言，无论是英美法系还是大陆法系，都属于世界，属于人类，因而也当然属于我们自己，只要对我们有借鉴有裨益，我们就可以理所当然地采纳，没有门户之分。

不仅如此，比较法学的世界胸怀还意味着，比较法学者不能像有些法学家们，尤其不能像政治家们那样，动辄强调民族特色或传统。从狭隘的民族主义立场出发，一味强调民族国家法律或文化传统特色的做法不是比较法学的胸怀。比较法学当然也首先关注民族国家自身的法律及其传统，但它并不将其与世界其他民族国家的法律隔离。它所以将世界法学置于第一位，是因为它将民族国家的法律和传统文化铸造的法律置于人类社会和人类文化的大背景之中，将其作为人类和世界法律文化

---

① R.Jhering, *Geschichte des römischen Rechts*, Bd. 1, Aufl. 8, Einleitung, § 41.

的组成部分。比较法学的世界个性决定它尤其应该关注民族国家法律的个性和不同法系法制的个性，比较法学如果不以特定个性为考察对象或基础，就不会具有实际意义。比较法学的真正价值在于从个性出发来寻求一种普遍的共性。所以，那种仅仅凭借对法律现象的表面观察，用一种个性的存在来否定另一种个性存在的方法是不可取的。比较法学的目的不是要否定自我，而是要坚持、发展和完善自我，是要通过与异己存在的相对事实比较和评价，理智地丢弃小自我，寻求一个大自我。相对于这种世界胸怀，任何一种片面或过分强调民族与传统特色的言论与立场都是狭隘浅薄的。长期以来比较法学界存在的法律移植之争，事实上是欠缺世界胸怀和人类境界使然。因为以世界胸怀度之，所有文化都是人类文化或世界文化的一部分，作为人类社会组成的各个民族国家的发展，必定也逃脱不了优胜劣汰、物竞天择的自然规律，所以，择优而从既是必然的规律，也是应然的理智。无论是借鉴抑或移植，无非都表明了同样的事实，即我中有你，你中有我。因为你就是我，我就是你，我们都是同类，完全可以共享共有。如果说别的法学领域没有这个胸怀，比较法学则必须要有，否则就难以成为比较法学。

考察近现代中国法律发展史，我们完全可以说，没有比较法学，就没有当代中国法制，近现代中国法制建设与发展与比较法学息息相关，兴衰与共。中国的法律制度虽然必定是要体现中国社会、文化与历史的法律制度，但它同时也必须通过各种方式吸收整个人类社会法律文化的优秀成分以发展自身，因为中国的法律制度也是人类社会法律制度的一部分。

四、比较法学的世界品位

比较法学是世界法学，是一个具有世界视野的法学领域，它因之具有不同于其他法学学科的品位，即一种世界品位。所谓世界品位，并不是说其品位较之其他法学领域更高，而是指其特有的，不同于其他实证法学领域的风格与特征。显而易见，比较法学的世界个性、世界目的、世界胸怀，使之具有完全不同于一般实证法学，特别是国内法学的方法与风格。首先，比较法学必然以外国法为考察研究对象，因此比较法学不仅需要基本的特定法学领域的知识背景，而且还无一例外地需要被考察国家的语言知识，这是一种法律文化与另外一种法律文化对接和对话的前提条件。这就使得比较法学天生具有了一种其他法学领域不是必然具有的，至少是表面上超国家、跨国界的世界品位。其次，比较法学必须要对被考察的特定外国法赖以产生存在和发展的文化传统、社会状况等各种人文背景有清楚的了解，只有这样，比较法学才能有效展开，才可能获得其应有的发现和判断。这也使得比较法学必然更具有包容性，更具有人情味，更具有较深刻的人性洞察力。再次，比较法学的目的在于从万千个性中寻求共性，它实际上体现着某种程度的世界大同理想，因而具有触动人类本性的感召力，使之能够被理解成为追求世界大同理想的一种寄托和途径。第四，比较法学放眼于整个世界法律文化乃至整个世界，给人们展示和提供了一个超然于个别法律文化和个别法律世界的思想天地，因而更具有人文的魅力与优雅，更有自然的神秘与诱惑，更能满足理性之人的好奇与求知欲，而比较法学者因此也必然具有超越自我，心存世界，自然而然地成为世界公民和世界学者的世界品位。第五，比较法学将个别的、自身的法学置身于世界的法学和法律文化之中，企图从这种对比和对立中发现和寻求自我，因而很容易感受到自我的渺小和世界的无限，但同时也较容易意识到自我发展的永恒与无限，最终较容易避免夜郎自大的文化沙文主义和自卑自弃的文化缺失心态。

最后，我们要说，比较法学是一种从个性之中寻求共性，从个别规则之中寻求共同规则的科学，是一种超国家、超地域、超民族的人际法学，是世界法律进步和法律融合必不可少的手段。具体说，它是学习别国法制，完善自身法制，认识人类一般规则，走向世界共同法律，通过大同发展自我所必经的理性之路。行走于这个科学之路上的比较法学者必然承担的使命与其最终的归宿是同一的，这就是：大世界小自我，世界即我，我即世界。

比较法·共同法·世界主义^①

亲爱的教授和同事们，
尊敬的女士们、先生们：

  今天，我能够站在这里，的确感到非常高兴和荣幸。我感到高兴的是，我又有了一个机会和德国的学者进行思想和学术的交流；我感到荣幸的是，我以往多年在学术上和中德法律交流方面的努力和工作得到你们的承认，得到了德国一流大学、一流法学院的承认，并且给了我这样一个很大的荣誉。可以说，这是我学术生涯中至今为止获得的最宝贵荣誉之一，我会将其引为一生的骄傲。在此，我首先要衷心地感谢你们，感谢弗莱堡大学，感谢弗莱堡大学法学院，感谢院长先生和您的全体同事们。

  当得知我将获得这个荣誉后，我给自己提出一个问题，即，我何以能够获得这个荣誉？我想，可能大体有两个理由：首先，作为一个外国的学者，我在学术上的努力和不足为训的成就得到了你们的认可；其次，我在中德法律或两种不同法律文化交流方面所做的努力和工作也得到了你们的赞赏。那么，大家可能会出于好奇对第二个理由提问，我为什么要做这些？对此，可以用许多笔墨和话语回答，也可以非常简单地回答。今天的场合，只允许我非常简单地回答。我以为，我之所以愿意

———————

  ① 2009年10月29日在德国弗莱堡大学接受名誉法学博士仪式上的演讲。原载《比较法研究》2011年第1期。

而且做了一些这方面的工作，这取决于我的人生观和学术观。以下，我尝试从比较法、共同法和世界主义几个方面谈些我的认识。

一、共同法的世界观基础

我的人生观是什么？是植根于中国文化，受中国文化培育，但同时又在西方文化中获得滋养的人生观。

在中国文化中，人们是讲"天"的。中国人的天有两重含义：一是自然，一是世界，前者讲人与自然的关系，后者讲人与人的关系。就人与自然的关系看，中国文化认为：人生于天地之间，出于自然，属于自然，存于自然，化于自然。人就是自然的组成部分，所以，人必须尊重自然、爱惜自然、亲近自然、顺乎自然。中国有句古话，仁者爱山，智者爱水，中国历史上许多仁人智者，英雄豪杰最后都是以流连于山水之间为人生的一种满意境界。对于中国人来说，具有生命的人的最高境界是"天人合一"这种人与自然的和谐。在西方，早在古希腊罗马时期早期的斯多葛学派（Stoic）那里，也有"按自然而生活"的观念。古希腊斯多葛学派代表人物塞涅卡说过："我们要尊重自然，明智的意思就是不违背自然，按照自然进行自我修养。幸福的生活，就是符合自己本性的生活。"[1]赫拉克利特也认为，对人来说："思想是最大的优点，智慧就在于说出真理，并且按照自然行事，听自然的话。"[2]就人与人的关系而言，中国文化有"普天之下"或"天下"的概念。当然，天下的范围和内涵是随着历史的发展而发展的。在古代中国，由于人们认识的局限，天下就是九州、神州或皇帝统治的疆域。不过，在西方情况同样如此。如圣·皮埃尔神父讲永久和平，其眼界主要是在欧洲国家。[3]到了

---

① 塞涅卡：《论幸福的生活》（Seneca, De vita beata），XVIII。

② 赫拉克利特（Heraclitus，约公元前540—前480年），希腊哲学家。此处引文见《古希腊罗马哲学》，商务印书馆1961年版，第29页。

③ 法国神甫圣·皮埃尔（Abbé de Saint-Pierre）1713年出版的《永久和平大纲》（Projet de la paix perpétuelle）所思考的永久和平范围首先是欧洲的一些国家。这是近现代欧洲较早谈论"永久和平"的论著，对后来康德的"永久和平"理论有直接的影响。

近现代，由于人们对自然世界的认识深刻许多，天下已经不再是一个地域性或民族性概念，而是指整个世界。在此情况下，人与人的关系自然已不再仅仅被置于一个特定地域和特定人群来思考认识，而是必然地放在更大的范围乃至整个人类世界中予以考虑。事实上，近现代以来中国在与西方国家不断深入和紧密的交往中，已经将其"天下"观念逐步与西方社会的"世界"观念联系起来，甚至已经趋于基本一致。在这种意义上，中国的天下观念与西方的世界主义是相通的、共同的。不仅如此，中国的天下观念从历史上看可能比西方社会产生得更早，发展得更持久，因为绵延几千年的儒家和道家思想实际给这种天下观念提供了基本的思想来源。当然，就其发展而言，它却远未如西方思想界那么深刻成熟。①

　　但是无论这个世界有多大、人群有多少，我们的思想都必须从人出发，也就是说，必须将所有的人和所有的人群还原成一个基本元素——人（Mensch）。因此，无论是西方或东方，其实都有一个共同的起点，这就是人。而用于调整人类社会各种关系，建立人类社会根本秩序的法律，也必然会因为有这样一个共同的起点而有普遍的共同之处。于是，所有的人或所有的人群都有或者必然有共同的追求和理想，都有一种可以达成共识和普遍确认的理性。正是因为人类这种共同本质和共同理性，使得一种普遍适用于人类社会的普遍法或共同法规则必然会存在。人们应该从"人"这个基本元出发，并将所有支持形成人类社会秩序的规则还原为人的规则。这样一来，东西方完全不同的文化背景下也就完全有可能，甚至是必然地存在相同、相通、相融的法律。这也是世界各国之间的法律能够发生借鉴（Lernen）、移植（Umsetzung）、继受（Rezeption）、整合（Integration）和融合（Verschmelzung）的根本原因。例如，所有的人必须彼此尊重，互不伤害，中国文化中叫作"仁"

---

　　① 这其实是一个很大很有争议的命题，在此不可能完全展开。仅就世界主义而言，中国学界就有非常不同的观点。有些学者根本否定中国传统文化中具有世界主义的思想观念，有些学者则强调中国传统文化中的这种思想元素。近现代学者康有为、梁漱溟均有这方面的正面看法。

或"与人为善",① "己所不欲,勿施于人";② 西方文化中则有完全一样的准则,即你不想别人强加于你的,也不要强加于他人(Quod tibi fieri non vis, alteri ne feceris)③;《新约·马太福音》中说:"你们愿意别人怎样待你们,你们也要怎样待别人"④;而罗马时代 的人也说:"正直生活、不害他人、各得其所"(honest vivere alterum non laedere suum cuique tribuere);⑤ 所以,一切人都要平等,所有事都要公正,进一步说,人格与尊严、生命与财富、平等与自由、公正与安全等价值,其实是东西方人群整个人类社会都要主张,都能够接受的普遍价值和思想原则。在这种普遍价值和思想原则的基础上,又自然会产生人类社会一系列普遍法律与规则。在西方,它最初很大程度上通过自然法思想予以表达。例如罗马法学家认为:自然法"是自然教导一切生命物的法律","是自然本身所提出的见诸一切民族法律之中的法律"。⑥ 而我们今天所要探讨和追寻的共同法,恰恰是这种见之于所有民族法律之中的法律。就此而言,自然法思想是共同法或普遍法发展的一个重要思想渊源。无论是古希腊罗马时期的自然法思想,还是欧洲文艺复兴时期的自然法思想及欧洲启蒙思想运动时期的自然法思想,都对人类社会的法律发展起到了巨大而深远的推动作用。⑦

总而言之,正是由于所有人和所有人群都一定离不开人与自然的关系和人与人的关系,所以,所有人和所有人群也就不可避免地共同走

---

①　见《孟子·公孙丑上》:"取诸人以为善,是与人为善者也。故君子莫大乎与人为善。"

②　《论语·卫灵公篇》。

③　Scriptores Historiae Augustae, vita Alexanderi Severi 51, 8 a.A. 这个黄金规则实在很有意思,几乎和孔子所说的话完全一样。难道这是一种东西方文化的巧合?抑或最初也是来自于其中一方?这本身就是一个很有研究价值的文化命题。当然,从年代上看,孔子的生存年代要早于亚历山大·塞维鲁(Severus Alexander,208—235)八百年。

④　New Testament, Mattew.7.12.: Therefore all things whatsoever you would that men shoud do to you, do you even so to them: for this the law and the prophets.《新约·马太福音》中的这段话,显然也是上述黄金法则的另一种表达。

⑤　Dig.1, 1, 10, 1; Inst.1, 1, 3.

⑥　Inst. 1, 1; Inst.1, 2, 1.

⑦　参见梅因在《古代法》中有关自然的论述。

向一个终点，即人类社会的大同，而这种大同秩序的制度基础就是一个最大程度上的共同的普遍适用的法律，即我们现在通常说的共同法或普遍法。[①] 当然，如果我们现在说这种大同指日可待，那就未免有些理想主义的色彩，但这无疑是人类社会发展的一个目标。

基于上述人与人关系和人与自然关系的认识，我认为一个好的学者，应该从人出发思考问题，并自觉地通过自己的思想和学术活动，努力寻求人与自然之间的和谐，人与人之间的和谐，努力拉近人与自然之间的距离，拉近人与人、人群与人群之间的距离。因为人必然要与自然共生存，人必须要与他人和平相处。作为一个好的法学家，他必须要思考人何以为人，必须要认识到无论什么人都是人，要以己度人，待人如己。从人出发最终回到人，这是一个思想者和法学家不可脱离的思想轨道。这中间可能有很多人的中间存在形式，如家庭、家族、团体、阶级、等级、社会、民族和国家等，但无论如何，最终总要回到人这个终点上。在这个前提下，我们还必须认识到，人不是孤立的存在，而是一个类的存在，所以他们必然要有共同的生存之道和处世之道，否则就不会有一个所谓的人类。于是，探讨不同民族不同国家乃至整个人类社会共同的规则与法律，就成为一个好的法学家不可回避的天职和历史使命。

二、比较法

一般认为，1900年在巴黎召开的国际比较法大会标志着比较法作为一个学术领域或学术命题正式被提出并被普遍接受。不过，比较法这个概念其实早在1900年以前就已经提出并广泛讨论了。[②] 近110年来，关于比较法的性质、地位、功能和意义等，始终是学者争论不休的问题。这种争论如此频繁反复，以至于人们已经对于此类争论感到厌倦。

---

① 在中文里，也常常有人将其称作或译作普世法。
② 这是占主导的观点，当然也有不同看法。

进入21世纪之后，世界各国的法学家们对上述问题的探讨明显地趋于缓和，但问题并没有真正解决，它们仍然经常困扰着从事比较法活动的教授学者们。对于那些坚持比较法是一门法律科学的人来说，他们不得不面对比较法在整个法律科学体系中的地位不确定、不实在的问题，不得不面对比较法与其他法律学科的剪不断理还乱的关系问题；对于那些否认比较法是一门学科的人来说，他们又无时无刻地、不可避免地遭遇比较法的问题。但不管怎样，所有人可能都会承认，比较法确实是一种客观存在。那么，它到底是什么？

比较法作为一种客观存在的思想范式或学术领域，但却长久得不到普遍的承认。问题在哪里？有两个方面的原因：

第一，把现象混同于本质，用现象掩盖和替代本质。虽然比较法作为一个学科正式提出只是110年的事情，但是比较法作为一种方法，是古已有之。所以，我们长期以来面对和讨论的问题实际始终是两个不同范畴，即作为比较法基本方法的比较法律（或法律比较）①和作为一个法律学科的比较法学。我认为，作为一种法学方法的比较法是一种现象，而作为一个学科领域的比较法学则是事物本质。在很长一段时间里，法学界之所以对比较法争论不休，莫衷一是，实际上就是混淆了两个不同范畴的问题。②具体说，是将法律比较和比较法学混为一谈。从学术发展史和法律发展史上看，比较法律和比较法学是不同历史阶段上的产物，比较法律是法律适用和法律发展过程中自发的偶然的法律活动，但它走向比较法学则是自觉的和必然的法律发展结果。正像严格意义上的法学只是到了近代才开始而研究法律的活动早已经发生一样，比较法律也只是到了近现代之交时才进入一个具有独立概念内涵的法学领域。没有比较法律就没有比较法学，没有比较法学也就没有具有科学方法指导的比较法律。因此，无论如何，人们不可以简单地否认比较法学

---

① 法律比较和比较法律实际上是同一事物的不同表达。

② 不过，近些年来，人们已不再像以前那样纠结于比较法学的方法、目的功能等的讨论。如今，人们事实上已经很少讨论这些问题了，相反，倒是越来越关注法律实践的比较了。

作为一门学科的存在，否则我们将无法解释法律发展与进步过程中的许多现象。

第二，固守和封闭法律发展史上已经形成的法律体系，不愿意用开放的、历史的态度对待法律发展进程中出现的新的思想范式和学术领域。长久以来，在既已形成的法律科学体系中，人们习惯于用既成的或传统的眼光观察法学。由于比较法学是近现代以来才逐步发展起来的，故在既有法律体系中没有确定位置。于是，它就只有通过自己的持续存在和逐步深入广泛的影响来慢慢获取自己在法学体系中的位置。一百多年来，我们越来越清楚地看到比较法作为一门学科存在的事实与意义。在既有传统法律体系中，虽然每一个法律部门都可以运用比较法律的方法或范式，但是，没有一个法律部门可以覆盖比较法学应该覆盖的范围。换句话说，比较法学是一个不可或缺、不可替代的，具有独立存在价值的学科。它有自身的理论体系和方法论，具有自身的考察对象和追求目标，具有别的学科所不能起到的作用。不仅是实证法各个部门，即使是法哲学、法理学、法社会学、法史学、法人类学等，都可以置于比较法学的范畴予以展开。如果我们以开放的态度看待比较法学，那么我们就很容易接受它作为一个新的法学部门。

那么，比较法学到底是什么呢？概括地讲，比较法学就是通过法律比较的方法，探讨各国法律生成与发展的一般规律，发现和发展人类社会固有的、普遍适用的、最一般的交往规范和行为规范——共同法或普遍法，并从历史、文化、社会乃至人类学等角度予以说明的科学。它见之于所有法学部门，但又超越于所有法律部门。可以说没有比较法律就没有法律进步，没有比较法学就没有现代法学，比较法学归根到底是一种引领所有法学，超越于法哲学、法理学、法人类学的人类法学，是一种以人类社会普遍适用的普遍法或共同法为考察对象的法学。作为一个法学家，尤其是一个比较法学家，他的重要使命就是探讨和发现在不同的国家法律与法律、文化与文化之间的不同与共同，而其中探讨所有民族国家或者说人类社会普遍适用的共同法律，则是最崇高、最神圣、最高境界的使命。

二、共同法

比较法学的存在与发展是与世界性的生活与交往紧密相关联的。一个多世纪前的德国法学家耶林曾说："比较法学是未来法学的方法。"[①]一百多年来世界法律发展史确实已经佐证了耶林的论断。但是，事物的发展远非到此为止。今天的比较法学不仅是一种法学的方法，而且已经成为一门具有自己独立考察对象和作用的学科，比较法学已经成为未来的法学。因为通过比较法学我们可以达到一个许多先哲们预期已久的彼岸。这就是：文明人类的共同法。所以，共同法才是比较法学的对象与目的。

既然比较法学的使命是寻求和发现人类社会的共同法（ius commune），那么，究竟什么是共同法呢？

共同法实际并非一个新的思想和概念，它古已有之。广义上讲，共同法这个概念有以下三个方面的含义：第一，罗马普通法，或称欧洲普通法，有时又被称作罗马教会法（das römisch-kanonische Recht），即经过注释法学派和评论法学派注释阐发的罗马法与罗马教会法及日耳曼地方法结合形成的法律。第二，英国普通法（common law），即以中世纪英国习惯法为基础逐步发展形成的法律。在英国法律体系内部，它作为一种规则体系，经常相对于衡平法而言。第三，普遍法（Universalsrecht），亦即狭义上的共同法，指各个国家都能够接受，普遍适用于各个国家的世界性法律。不过，这个意义上的共同法概念只是到了近代启蒙思想运动之后才开始出现，而且主要是20世纪中期以后才慢慢受到关注。更具体地说，1900年巴黎国际比较法大会上，由朗贝尔（Lambert）起草的开幕式主题报告中所提出的共同法概念，即"文明人类的共同法"（droit commun de l'humanité civilisée）使近现代意义的"共同法"（ius commune）或"普遍法"（Universalrecht）概念得

---

① R.Jhering, *Geschichte des römischen Rechts*, Bd. 1, Aufl. 8, Einleitung, § 41.

以正式明确地提出。他和大会组织者萨莱耶（Saleilles）在这次大会上提出期望通过比较法学来克服没有创造性的注释法学方法，同时寻求把地方性的法律和普遍性的自然法学结合起来，从而为可能实现的文明人类的共同法做出准备。[①]

　　显然，今天在此所讲的是狭义上的共同法即普遍法。我们要了解这种近现代意义上的共同法，就必须要了解此前人类历史上就发生和发展的共同法。在某种意义上讲，当今世界之所以存在几个超越民族国家、超越地理地域、超越特定文化传统的法律传统或体系，尤其是大陆法系和英美法系，其根本原因就是由于这种传统或体系的本源中存在人类共同法的基因。进一步说，作为大陆法系源头的罗马法之所以能够被后世许多民族国家，其中包括具有完全不同文化传统的东方国家所接受，德国法、法国法、瑞士法、英美法之所以能够被中国和亚洲、欧洲其他许多国家学习接受，就是因为这些法律具有人类本质所决定的共同规则。如今，类似的人类社会共同规则正通过不同国家的交往和交流逐步为人们发现。关于现代意义上的共同法即普遍法，18、19世纪的一些杰出学者都曾不同程度地涉及。法国的孟德斯鸠、英国的培根、德国的莱布尼茨，都曾从世界法的高度鼓吹过比较法学。

　　在德国，对于普遍法论及最多的是19世纪时德国法学家费尔巴哈。他早在19世纪初期就已经明确提出了"普遍法学"的概念。他去世后才发表的论著《普遍法学的观念与必要性》（*Idee und Notwendigkeit einer Universaljurisprudenz*）提出了以广泛的比较法研究为基础的普遍法学构思。[②]在费尔巴哈之后，耶林也阐释了其共同法的思想。他认为："如果科学不决心把普遍性的思想与民族的思想作为同质之物一视同仁、

---

　　① Im Westen nichts Neues?—100 Jahre Pariser Kongreß für Rechtsvergleichung—Gedankenanläßlich einer Jubiläumskonferenz in New Orleans，Ralf Michaels, Rabels Z Bd.66 (2002)，S.101.

　　② Vgl. Anselm Feuerbach und die vergleichende Rechtswissenschaft, in Arthur Kaufmann hrsg., *Gustav Radbruch Gesamtausgabe*, Band 6, S.315. 为了能对中国的法律制度及法律制度史进行深入地专门研究，费尔巴哈曾作了长期的资料准备。如：他曾对中国传统法律中为什么没有民法作过研究。

并行不悖，就无法把握科学自身所处的世界。"①它不仅会使法学沦为
"国土法学"的田地，还会使法学的学术境界下降到政治的境界。②

从历史上看，共同法的发展进步有其一定的历史进程。共同法的
第一个发展时期是古典罗马法。在古代罗马法中，有两个重要组成部
分，即市民法（ius civile）和万民法（ius gentium）。但是真正促使罗马
法流传后世的，不是用于调整罗马公民之间关系的市民法，而是用于调
整罗马市民与拉丁同盟成员、罗马帝国公民之间关系的万民法。如果没
有万民法，就没有罗马古典时期的罗马法，就没有后来的优士丁尼《国
法大全》（Corpus Juris Civilis），于是就更不可能有后来的罗马法复兴，
那么自然也就不会有中世纪以后的罗马法普通法和大陆法系了。而所谓
的罗马万民法，正是在罗马帝国概念下的共同法。罗马帝国的建立，客
观上使得这个时期的共同法达到了鼎盛。

共同法的第二个发展时期是罗马法复兴之后，中世纪后期欧洲形成
了罗马普通法或欧洲普通法。这个时期的共同法是在欧洲民族国家之间
获得的，在此意义上可称之为欧洲共同法，这是一种有限国家间或特定
区域内的共同法（ius commune inter-nationes）。同时，这种共同法仍然没
有超越主权国家的立法。不过，这个时期的共同法虽然没有扩张到整个
世界和超越主权国家，但却构成了世界共同法或普遍法的一个重要发展
阶段，近现代意义上的共同法从此逐步进入世界法律发展史的考察范畴。
法国和德国对罗马普通法的继受，以及后来在此基础上形成的欧洲大陆
法系和英美法系这世界两大法系，使这个时期的共同法发展达到了鼎盛。

共同法的第三个发展时期是1900年巴黎国际比较法大会到欧盟建
立后的差不多整个20世纪。这个时期的共同法有了思想理论的支持和
引领，已经是一个自觉的、有目的的发展阶段。这个时期共同法发展的
重要标志是国际联盟、欧共体直至欧盟以及诸如联合国和WTO等国际
性组织的建立。其中，欧盟尤其具有象征性意义。因为欧盟实际上完

---

①   R. Jhering, *Geist des römischen Rechts auf den verschiedenen Stufen seiner Entwicklung*,
Th. 1, 7/8［1924］, S. 15ff.

②   Ibid.

成了一种主权国家的联合体系，"是一种具有为各成员国制定共同法律的国家联盟"，"欧盟从一开始就是一个由各民族国家联合起来的邦联组织，但它为超国家立法和为各国采取共同行动打开了大门"……① 与此同时，两大法系的趋同也更凸现了人类社会法律存在的共同性。这个时期的共同法发展具有两个明显特征，首先，形成主权国家的联合并开始接受超主权国家的立法；其次，超越了有限国家和特定区域的范围，扩大到整个世界。当然，两次世界大战严重阻滞了共同法发展，甚至使其两度陷于停滞。但每一次世界大战之后，经过人类对战争的深刻反省和反思，共同法则又会得到巨大的发展动力。

共同法的第四个发展时期是以2000年国际法律协会在美国新奥尔良杜兰大学举行纪念巴黎国际比较法大会100周年为起点，② 或许，它也将占有人类社会的一个世纪。如果说20世纪是从比较法走向共同法的世纪，那么21世纪将是共同法迅速和全面发展的世纪。在这个时期里，超越主权国家的共同立法或者能够被主权国家接受的普遍法律将会越来越多，越来越普遍。在当代世界，随着世界各国和各民族之间的交往越来越深入普遍，通过比较法学而冲破"国土法学"，逐步走向世界性法学已是势所必然。可以预见，这个时期的共同法发展将有重大的突破。21世纪将是共同法世纪。

三、世界主义

从事比较法学，必然走向共同法；寻求共同法，必然要有世界主义的思想基础。没有世界主义和胸怀，没有世界主义的世界观，就不可能成为一个真正的比较法学家。所以，谈论共同法或普遍法，不能不探

---

① 〔西〕圣地亚哥·加奥纳·弗拉加：《欧洲一体化进程——过去与现在》，朱伦、邓颖洁等译，社会科学文献出版社2009年版，第266页。

② 之所以将此次国际比较法学大会作为共同法发展的一个新起点，是因为它标志着世界范围内的比较法学者对于第一次国际比较法大会上所提出的方向与价值的进一步肯定与宣扬，同时并开始了新的历史背景下的更深刻思考。

讨世界主义。

如前所述，世界主义源于人的类本质。每种文化，每个民族发展之初，都有这种源于人的类本质的朴素世界主义观念和意识，尽管严格意义上的世界主义思想观念只是近代西方启蒙思想运动后逐渐发展起来的。当然，从历史上看，世界主义倾向虽然是潜存于人的本质之中，但能够表达这种世界主义思想的通常都是各个时代的思想或知识精英，更多的人只是无意识地实践着本属于人类的世界主义运动。正像瑞士历史学家布克哈特说的："世界主义通常都是从最有智慧的精英中发展而来，它是个人主义的最高阶段。"[1]

应该说，中国几千年农耕经济、几乎持续不断的大一统局面和高度的中央集权，很大程度上虽然使得"天下"观念得到实践，但却极大地窒息了有关世界主义的思考。所以，世界主义在近现代中国思想政治文化中几乎没有得到什么发展。与此不同，西方社会则从长期不断的邦国征伐、文艺复兴、工业运动、思想启蒙、民族国家和战争杀戮中获得了对世界主义思考的刺激。就此而言，近现代较为成熟的世界主义思想来于西方。近现代中国虽然有学者提出过"天下大同"的学说，但却是朴素的不成思想体系的。不过，我们虽然要明确近现代中国思想史上世界主义的基本缺席，但是却不可以否认中国传统文化中所具有的世界主义思想元素。例如，中国传统文化中所具有的天人合一、天下归一的思想和开放包容、多元共处及和而不同的特征无疑是世界主义的基本元素。因此，可以说中国文化中天然地存在世界主义的文化基因，尽管中国人并没有能够用近现代西方人文科学的思想方法将其抽象化和系统化。有些学者完全否认中国古代文化中具有的世界主义元素，认为世界主义完全是一个西方舶来品，这种观念是可以商榷的。[2] 但是正像梁漱溟和林语堂所认为的那样，在中国整个历史发展进程中，特别是古代和

---

[1] 〔瑞士〕雅各布·布克哈特：《意大利文艺复兴时期的文化》，何新译，商务印书馆1997年版，第129页。

[2] 参见安希孟：《中国古代哲学与世界主义》，载《人文艺术》第6辑，贵州人民出版社2006年版。

近代，中国的发展实际上是作为一个世界发展的，而不是一个国家。其实，中国的大一统思想当然不是什么世界主义，但是客观上却有世界主义的实践意味。

关于近现代世界主义思想，西方学者有不少论述和探讨，但我们不能不首先提到德国哲学家康德。他的思想与理论不仅是当代德国哲学的起点，而且也是整个当代世界哲学可以回溯的原点。康德哲学之所以有这样的地位和意义，原因非常简单，那就是他全部哲学的核心是从"人"展开来的。探讨"人是什么"以及人在世界中的位置这些对于整个人类来讲最根本的问题，这是康德哲学思想的重要贡献。其实，正是由于康德把人作为其哲学思考的起点及其全部哲学的核心，故决定了他自然去思考"人类理性"，把"人类理性"作为其哲学的出发点。这样一来，他的哲学就必然走向一种以人类为思考对象的，文明人类的"未来哲学"。于是，"永久和平"就成了他的哲学的一个应然结果。人—人类—人类理性—世界公民—永久和平—普遍主义—普遍法，这些问题在康德那里形成一个逻辑严密的思考脉络。一般来说，当一个思想者以人作为其思想元和思考起点时，那么他就一定会走向世界主义，其学说就有可能获得普遍的接受和永恒。因为这个世界本来就是人的世界，每个个人都是存在于这个世界中的组成部分，彼此间有着不可分割的各种关联。世界主义的必然诉求之一就是呼唤和平，而维护和平、保障和平的最有效手段就是寻求一种能够广为接受、普遍适用的共同法。于是，站在人类的高度和广度思考法律问题，就一定会去呼唤一种以普遍主义为思想背景的普遍法。对康德的世界主义观，哈贝马斯曾经有过积极评价："圣·皮埃尔神甫所追求的'永久和平'（Der ewige Friede），在康德那里是一种理想，它可以使世界公民观念充满吸引力和直观性。依靠这一理想，康德为法律理论引进了第三个纬度，除了国家法和国际法以外，还应当有世界公民的法，这是一次意义深远的革命。"① 哈贝马斯对

---

① 参见〔德〕尤尔根·哈贝马斯：《包容他者》，曹卫东译，上海人民出版社2002年版，第191页。在此应该指出的是，哈贝马斯对于康德的世界主义思想，尤其是永久和平的观念是进行了批判的。

康德世界公民和普遍法作出积极的评价，不仅仅是他对康德思想的一种肯定，其实同时也是一个同时代学者观念的一种体现。

不过，应该提及的是，包括康德在内的许多世界主义论者在论证普遍法时，往往都将注意力放在人权、国际法方面。康德虽然极有远见地看到"世界贸易的联合力量"对于普遍法律秩序的意义，并将其作为说明其世界主义的三个重要社会历史基础，可观其整个论述，他对人类社会从自然状态走向社会契约时必然带有的自然本性的作用却没有周到的观察和讨论。例如，在世界公民应该奉守的普遍法秩序中，不同人群或民族或国家出于人类生活的共同本质和特征都必然共同具有的规范与规则，亦即普遍的私法，其实是不可或缺的一个组成部分，甚至是主要的部分。但迄今为止的许多世界主义论者，却有意无意地忽略了。[①]究其根本原因，是他们忽略了最根本最普通的人性活动规律。具体说，虽然康德的哲学是从人出发，但是他只关注了人的一个方面，因而过度地强调了公法或人权对于世界主义的作用。

如前所述，世界主义是从人的本质引出的必然结果。所以，它是人类社会的一个永久话题。不过，我们今天所处的历史时代和社会境遇，亦即因人类生活本质所带来的日益密切、深入和广泛的国家、人群、民族、经济、文化和政治之间的交往，日益明显的对于人类赖以生存的自然环境的共同依赖，日益接近和趋同的对于人类本质和人类命运的认识，使得人们可以更加真切地感受到它对人们的吸引力和号召力，更加实际地感受世界主义的合理和必要；同时也使得人们可以更加深刻地认识和论证世界主义的思想内涵。今天的历史和社会状况，今天所谓的经济全球化和法律全球化，确实印证了康德关于"世界贸易的联合力量"的论断。21世纪将是一个更能体现和实现人的类本质、更能促使我们探讨和发现人际（inter-Menschen）法律关系的世纪。这是一个多元文化共存，彼此相互影响，逐步走向共同的世纪。其实，中国传统文

---

①　世界法的强有力主张者，法国学者戴尔马斯-马蒂在其《世界法的三个挑战》中则明确表示从人权出发。参见〔法〕米海依尔·戴尔马斯-马蒂：《世界法的三个挑战》，罗结珍等译，法律出版社2003年版。

化追求的一种境界恰恰是这种"和而不同"的境界。总之，我们今天谈论世界主义，应该不那么乌托邦了。不过，颇有意思的是，有的西方学者对于世界主义的历史背景虽然已有认识，但对其思想背景却有与众不同的解释。例如美国学者伯尔曼从《圣经》的教义来说明人类走向大同是"神意"。他说："从最古老的文明开始，经过许多世纪，所有人类已经逐渐进入一种世界范围的、日常的经济和政治互动状态，这肯定是神意。……活跃在许多不同信仰体系中的圣灵现在向我们提出了挑战，要把我们共同的人性从一个物质的现实转变为一个精神的现实。"①

　　必须指出，今天的经济全球化和法律全球化和我们这里所谈论的世界主义全然不同。两者之间最为根本的区别在于，世界主义是基于普遍的人的存在来宣扬和追求一种普遍的共性，它是从许多点中抽象和提炼出共同，是从个别到一般的思维过程，而全球化则是从一个点扩张到每个点，是想以一个点的特性来说明所有其他点的共性，是一种从个别到一般的思维过程。这显然是与世界主义的出发点和初衷相违背的。在某种程度上，法律全球化其实具有文化帝国主义的嫌疑。所以，我们宁愿以宣扬和强调世界主义来替代现在所谓的全球化，宁愿以一种普遍法观念代替法律全球化观念。因为这样更能说明人类的类本质，更有利于寻求永久的和平，更有助于我们正确和真实地认识人类社会发展的规律和必然，更能促进我们认识和理解人类社会的法律发展与进步，从而更有助于我们正确阐释和发现通向人类大同的共同道路。

　　当然，我们宣扬世界主义和追寻普遍法并不意味着我们要抹杀"民族精神"（Volksgeist）和民族国家的法律。换句话说，我们不能将民族精神与世界主义对立起来。②　相反，我们要做的正是在肯定每一种民族精神的前提下，去寻找和发现本来就存在，但由于历史和社会条件

---

　　①　伯尔曼的这种论点是很有意思的，但很显然，他从基督教的圣灵出发来解释正在兴起的一个世界社会本身，就恰恰充分地表明了他的以西方文化为出发点的立场。

　　②　参见〔德〕梅尼克：《世界主义和民族国家》，孟钟捷译，上海三联出版社2007年版。〔法〕阿兰·芬凯尔克劳特：《思想的溃败》,何清文：《民族主义和世界主义》，载《读书》1996年第9期。

被长久忽略或遮掩了的"民族间精神"（Inter-Volksgeist 或 sprit of inter-nationes），也就是整个人类的理想和精神。我们不否定差异，但我们要做的恰恰是从诸多的差异中寻找和发现普遍的共同。没有差异就没有共同，没有个别就没有一般，没有民族精神就没有人类精神，这是事物存在与发展的辩证规律。如同哈贝马斯在论述共同欧洲时所说的："一种共同的欧洲的历史（它是以诸多的民族中心为出发点的）才能在一种共同的政治文化中逐步重新显现出来。"①

最后，我要说，比较法既是所有法律的向导，又是所有法律的教父；它是走向共同法的通衢，它是追寻永久和平的卫士。作为一个当代比较法学家，他既要有一国公民的自觉，也要有世界公民的头脑，他既要有一种与生俱来的民族精神，又要有人类理性使然的世界主义胸怀。

一位西班牙诗人胡安·雷蒙·西蒙内斯（Juan Ramón Jiménez）曾有诗句说：立足于祖国土地，思想和心灵翱翔于世界的天空。

一位名叫林语堂的中国文学家也曾说过：两脚踏中西文化，一心做宇宙文章。

我用这两句话结束我的报告，并用以勉励我自己和诸位同仁。

谢谢！

---

① 〔德〕哈贝马斯：《在全球化压力下的欧洲的民族国家》，载《复旦学报（社会科学版）》2001年第3期。

比较法学与当代中国法制之命运①

一、当代中国法制与法律比较的历史关联

从世界法律史上来看，法律比较从一开始就与立法活动紧密联系在一起。在某种程度上甚至可以说法律比较的最初起因或动力就是立法和改进立法的需要。不过，法律比较意味着比较法学，但并不完全等于比较法学。法律比较是比较法学的基本活动和最为重要的一个方面，但有时可能是自发的甚至被动的；比较法学则是法律比较的必然的结果或高级阶段，它是自觉的、积极主动的。法律发展史表明的规律是，随着法律的发展与进步，法律比较越来越受比较法学的引导和支配，法律越是发展，比较法学的作用就越为重要；比较法学越是能够发挥作用，法律的发展与进步就越得其益。事实上，差不多整个20世纪期间，世界各国立法无不以法律比较为其立法改进的重要途径，而在此进程中比较法学几乎无处不在，其作用与影响如此重要与深远，以至于已经成为当代世界法律发展与进步不可或缺的重要手段。近些年来，欧洲私法统一运动或欧盟法律制度的建设，世界贸易组织的发展与建设，比较法学都起着不可替代的重要作用。完全可以说，没有法律比较就不可能有支持欧盟和世界贸易组织等类似国际组织存在的法律秩序，从而也就不可能

---

① 2004年8月比较法年会发言稿，2004年10月"北京论坛"学术报告，原载《现代法学》2005年第2期。

有欧盟和世界贸易组织等国际组织的真正存在。在当今世界，差不多所有的立法者都自然而然地采用法律比较的方法来寻求提高其立法质量。法律比较已经成为现代立法者们必然采用的一个手段，中国也不例外。

当代中国法制的生成以法律比较为起点。清末民初法律改制是当代中国法制的起点。而清末民初法律改制则是从法律比较入手的。所以，当代中国法制实际是以法律比较为发端的。这主要可以从当时法律改制的思想背景，即清末法律改制的指导思想予以说明。从清政府于清末启动法律改制历史背景和思想动机来看，可以清楚地发现，清政府当时进行法律改制是被动的。是在其天朝大国的地位受到西方列强的武力震撼，其社会统治遭受倾覆威胁之时，迫于时势不得已而为之的举措。但不管怎样，其法律改制的指导思想十分清楚，即借鉴西方国家法律，改造传统中国法律，以顺应时势，建成一个可与国际接轨的近现代法律制度。1901年西太后在逃避战祸至西安后曾以光绪名义发出一道诏谕说明了这种取向："以为取外国之长，乃可去中国之短。"[①]次年，在当时两江总督刘坤一和湖广总督张之洞等开明官员的奏请下，清政府正式下诏议定修律，是所谓变法第一诏。该诏书所述修律理由，充分表明了清政府于光绪二十八年变法诏书中所阐明的法律改制指导思想："惟是为治之道，尤贵因时制宜，今昔情势不同，非参酌适中，不能推行尽善。况近来地利日兴，商务日广，如矿律、路律、商律等类，皆应妥议专条。着各出使大臣，查取各国通行律例，咨送外务部。并着责成袁世凯、刘坤一、张之洞，慎选熟悉中西律例者，保送数员来京，听候简派，开馆编纂，请旨审定颁行。总期切实平允，中外通行，用示通变宜民之至意。"[②]同年，光绪皇帝还发布了第二个变法诏书："现在通商交涉，事益繁多，着派沈家本、伍廷芳将一切现行律例，按照交涉情形，参酌各国法律，细心考订妥为拟议。务期中外通行有裨治理。"依此诏书，清政府设立了修订法律馆。1904年5月，修订法律馆正式开馆。最初主要负

---

① 《德宗景皇帝实录》卷四七六。
② 《德宗景皇帝实录》卷四九五。

责整理删削旧律和翻译外国法律。① 甚至当时代表着保守势力的慈禧太后也曾明确地讲了同样的实事求是、吸取先进的法律改制思想："集思广益，博采群言，逐渐施行。择西法之善者，不难舍己从人；就中法之弊者，统归实事求是。"②

更为重要的是，通过中西社会制度和法律制度的比较，当时的有识之士已经明确认识到西方人重视权限，其法律著述往往"反复推阐，亦不外乎所谓权限者。人无论尊卑，事无论大小，悉予之权以使之无抑，复立之限以使之无纵。胥全国上下同受治于法律之中，举所谓正名定分息争弭患，一以法行之"。所以就此而言，"欧美大小诸国，无论君主、君民共主，一言以蔽之曰：以法治国而已"。③ 从今天的眼光来看，当时这些人对于西方法律制度的了解或许不那么全面深刻，但毕竟是看到了中西法律制度的不同之处，而且难能可贵地指出了西方国家实乃"以法治国而已"的实质。其实，正是在这种比较反思的过程中，清末的有识之士才越来越深刻和明确地认识到中国在政治和法律制度上的落后。"依法治国"的思想实际已从这时发生。

回首中国近代史，我们可以非常清楚地看到，清末中国的戊戌变法，除了当时特定的历史背景外，其思想上其实乃是源于对中西方社会政治制度的比较反思。虽然戊戌变法以失败告终，但这次变法的遗腹子却终于诞生，这就是清末的法律改制。毫无疑问，这是当时清政府既要顺应时势，又要把握局面的举措。

实际主持修律的修订法律大臣沈家本因其亲身经历，在保持传统、吸纳新制方面有较客观的认识。他既对中国传统旧法之弊端颇有体会，又对法律改制不能脱离本身传统有清醒认识。他认为改革进化之中，旧制新说于社会国家均无害处。因此，他反对简单地将人们分成守旧图新各执其事的两派，指出："旧有旧之是，新有新之是。究其真是，何旧

---

　　① 1907年修订法律馆重新改组后，其主要工作是：1.拟定奉旨交议的各项法律；2.草拟民商法、刑法及诉讼法等；3.删削不合时宜之旧律和起草法律法规。

　　② 《德宗景皇帝实录》卷四八六。

　　③ 黄遵宪：《日本刑法志序》。

何新？守旧者思以学济天下之变，非得真是，变安能汲也？图新者思以学定天下之局，非得真是，局莫可定也。世运推演，其是必出，倾轧者方将融化也。"①所以，他的修律思路非常清楚："折中各国大同之良规，兼采近世最新之学说，而仍不戾乎我国历世相沿之礼教民情。"②他始终关注研究西方法制和法学著作。当其受命主持法律修订工作后，力主博采西法精华以弥补传统旧法之不足。在法律改制过程中，沈家本的主要路径基本上就是法律比较。例如，他在光绪三十三年向清廷呈奏新刑律总则时就非常深刻地说明了西方各国以法治国的基本情形与优势，并且指出中国处在列强之间，迫于交通之势，万难守旧。而鉴于国际大同之势，法律亦不能不改。所以，借鉴西法改我旧制乃必行之策。

　　另外，当时的知识界对于解决中国问题都有共识，即改变旧制，尤其是法制。如近代改良主义代表人物郑观应（1848—1921）在其影响深远的《盛世危言》中比较了西方国家的议院制度与中国的君主政治，指出中国君主专制的弊端和议院制度的长处。认为西方国家所以强盛雄视宇内，原因并不完全是其船坚炮利，而是其"合众志以成城，制治固有本也"。③而他指的治固之本，就是议院制度。因为"议院兴而民志合，民气强耳"。不仅如此，他还认真考订西方几个主要国家的议院制，指出"美国议院则民权过重，因其本民主也。法国议院不免叫嚣之风，其人习气使然。斟酌损益适中经久者，则莫如英德两国议院之制"。④郑观应认为，除非中国甘于卑弱，不想富国强兵，"苟欲安内攘外，君国子民持公法以永保太平之局，其必自设立议院始矣！"⑤颇受由郑观应影响的孙中山也曾对欧美国家的宪法进行了比较研究，其五权分立，显然就是受到三权分立思想的影响演绎而来。他还主张通过比较研究的途径进行立法，即采取比较立法的方式发展法律。与此相同，戊戌变法

① 沈家本：《浙江留京同学录序》。
② 沈家本：《进呈刑律分则草案折》。
③ 郑观应：《盛世危言·议院上》。
④ 同上。
⑤ 同上。

的参与人梁启超也明确提出："今之立国，不能不讲西法。"①他所说的西法核心内容，不过也是议院制而已。此外，当时整个知识界对于改变法制的呼吁和基本思路，不仅造成了一种社会氛围，而且确实对当时统治者产生了很大影响。可以说，知识分子的呼吁呐喊，开明官员的赞同和奏请，是清政府下决心实行法律改制的思想动因。

从以上阐明的清末法律改制的思想背景来看，可知无论是政府层面抑或法律界和知识界，无论在朝为官之士，还是在野为学之士，都对当时的历史情势有非常明确的共识，即随着对外通商和国内商贸活动的日益兴起，原有旧的律法已经不能够适应对外往来和社会发展的需要，所以改革法制，纂修法律势在必行。基本方法则是派出使臣往西方各国查取其通行律例，从而在此基础上参酌各国法律，细心考订草拟。当然，这种吸取各国良规、兼采近世新说的做法，不应该与中国社会民情和中国传统文化相悖。如此，最终可达"中外通行，有裨治理"的目的。尽管这些思想的产生并非出于自觉主动，但无论如何，它反映了当时清政府对于改革的一种认识和思路。显而易见，实践这种认识并体现这种思路的具体方法，就是比较法学或法律比较。因此，近现代中国法律改制以比较法学为开端是毋庸置疑的历史事实。

清末法律改制以介绍学习外国法律，通过法律比较实施立法为基本内容。通观清末法律改制的整个过程，可以清楚知道法律比较发生了不可或缺的关键作用。清末法律改制的基本操作方法和实际内容主要表现为翻译西方法律，考察西方法政制度，兴办西式法律教育，培养新式法律人才及编纂西式法典等几个方面。所有这些方面，都离不开比较法学。

第一，翻译西方法律。如魏源所说："欲制外夷者，必先悉夷情始，欲悉夷情者，必先立译馆翻夷书始。"主持法律修订工作的沈家本也说："欲明西法之宗旨，必研究西人之学，尤必编译西人之书。"又："参酌各国法定，首重翻译。"②所以，在清末修律的整个过程中，翻译各

---

① 梁启超：《五十年中国进化概论》。

② 《清末筹备立宪档案史料》"修订法律大臣沈家本奏修订法律情形并请归并法部大理院会同办理折"。

国法律成了实际修律的重要前提和组成部分。毋庸置疑，法律翻译是比较法学最基本的工作，是了解外国法律的第一步。

首开译介法律之先的是林则徐曾主持翻译的《各国律例》。实际上这是瑞典法学家和外交家瓦特尔（Vattel）所著的《国家法》的大部分。其后，美国传教士丁韪良（William Alexander Parsons Martin）翻译的惠顿（Wharton）的《万国公法》（*Laws of Nations*），是翻译成中文的第一部西方法学著作。[①] 此后，《公法会要》《公法便览》《公法千章》《公法总论》《各国交涉公法》《各国交涉便法》等国际法著作相继译成中文出版。根据梁启超《西学书目表》和徐维则《东西学书录》统计，1862—1895年，所译西方法学书籍共有18种之多，其中大部分是外国人翻译。[②] 由此可见，最初中国引进西方法学是从公法开始。当然，其中也有涉及私法的译著。如京师同文馆化学兼天文教习法国人毕利干（Anatole Adrien Billeqiun）所译《法国律例》，实际上是对法国五大法典内容的摘译，所包含的法国民商法内容几乎占了全部译著的二分之一。[③] 随后也渐有私法方面的西学译著出现。

沈家本在光绪三十一年三月的《删除律例内重法折》中，对修订法律馆开馆近一年所作的翻译工作曾做了初步统计。据此统计，当时翻译出来的外国法律有：德意志刑法、裁判法（诉讼法），俄罗斯刑法、日本现行刑法和改正刑法、日本陆军刑法、海军刑法、刑事诉讼法、监狱法、裁判所构成法和当时还处在点校中的《法兰西刑法》，此外还有

---

① 第二次鸦片战争之后，为摆脱清政府对外交涉中屡屡遭遇的"语言不通，文字难辨，一切隔膜"的窘境，奕䜣等当朝重臣于1861年奏议在总理衙门之下设京师同文馆，选取八旗子弟，培养外交人才。次年，清政府设京师同文馆英文馆，随后法文馆、俄文馆、德文馆等相继开课。可谓近代中国外交学院之始。美国传教士丁韪良（William Alexander Parsons Martin, 1827–1910）曾在该馆长期担任总教习。

② 李贵连：《中国法律近代化简论》，载《比较法研究》1991年第2期。

③ 全部译作45册，17—38册为民商律例。但是，毕利干当时的翻译是他口述，中国学生记述，然后整理成书，故很零乱。况且由于"新学诸生，为首专门，不能甚至其意，故意多暗忽"，因而必然是难达本意，晦涩难懂。虽然1880年又以聚珍版刊刻全文成书，但几乎没有产生什么影响。详可参见前引李贵连：《中国法律近代化简论》，载《比较法研究》1991年第2期。

日本人的法学著作《刑法义解》。①不过两年以后，当其再次作了统计时，除了上述翻译出来的法律和已经完成的《法兰西刑法》外，又增加了数种：《荷兰刑法》《意大利刑法》《普鲁士司法制度》《法兰西印刷律》《日本新刑法草案》《法典论》《日本监狱访问录》《监狱学》等。正在翻译但未完成的有《德意志民法》《德意志旧民事诉讼法》《比利时刑法论》《比利时刑法》《比利时监狱则》《美国刑法》《美国刑事诉讼法》《瑞士刑法》《芬兰刑法》《刑法之私法观》等。②

第二，派官员出洋考察西方法政。为了切实深入地了解西方法律政治制度，清末时期清政府陆续派遣了许多高级官员到西方各国，如欧洲的英国、德国、法国和比利时等，考察其法政制度，了解其一般通行法律，特别是当时清朝政府急于参考的有关宪法和君主立宪制的第一手资料。这其中包括很多后来在中国法律史上占有相当重要地位的一些人，如薛福成、伍廷芳、王宠惠等。③这些人通过对西方政治法律制度的考察了解，通过对西方诸国的议院制和司法制度亲身观察和体会，如参加议院的辩论和法庭的庭审，的确给清政府和整个中国社会带回来了一些十分客观和有推动作用的信息和观念。如薛福成在对西方议会制度进行考察了解之后就说："西洋各邦立国规模，以议院为最良。"不仅如此，他还对西方一些国家的议会制度进行了比较，其观点后来直接影响了郑观应，后者对于议院的看法可以说基本来自于薛福成。④当然，这主要是基于中国传统政治制度本身的接受能力和理解能力而言。不仅如此，当时的有识之士考察得非常细微，涉及许多领域，如选举、婚姻、专利、税收、警察、刑罚、死刑执行等，均在其考察之列。有些人甚至用私访的手段深入社会民间来了解真实。⑤基于这种对具体制度的考察，

---

① 沈家本：《删除律例内重法折》。

② 《修订法律大臣沈家本奏修订法律情形并请归并法部大理院会同办理折》，载故宫博物院明清档案部汇编：《清末筹备立宪档案史料》，中华书局1979年版。

③ 有关历史背景资料可以参见米也天：《当代中国法律制度大陆法系模式的形成与发展》，载米也天：《澳门法律与大陆法系》，中国政法大学出版社1996年版，第147页及以下。

④ 参见郑观应：《盛世危言·议院上》。

⑤ 薛福成：《出使英法义比四国日记》。

薛福成甚至指出"英法德各国刑律，皆本罗马"。同时亦对中外法律进行了最初的简单的比较，得出中西法律虽有不同，但是也有彼此相同或类似的地方。①

第三，选送人才出国留学。清末时期，大批青年甚至少年或由政府遣派，或者自费到国外，包括日本以及美国和英国等留学。据现今可及的史料记载，最早选送学生出国留学是从澳门圣保罗学院开始，第一个被选送出国留学的中国留学生是郑玛诺。②后人谓留学之父的容闳，其实不是最早出国留学者。清末之时，法科的毕业生大约已有400人；而从清末到1945年，法科毕业生已经达到30000人左右。③

第四，兴办法政教育。1862年（同治元年），清政府始设同文馆，所开课目中有万国公法，即国际法，可谓中国外国法学或比较法学教育之始；④1898年成立的京师大学堂，即北京大学也设了法学分科；1904年中国成立了第一个以法政教育为主要内容的直隶政法学堂。1905年，沈家本和伍廷芳在向清廷奏进《删除律例内重法折》时，再次提出"新修修订，亟应储备裁判人才"。故建议在京师设立法律学堂，参照大学堂法律学门的课程设置专设仕学速成科目，次年，清政府准其奏议在北京成立了中国历史上第一所近代意义上的法律专门学校——京师法律学堂；1909年全国已经有了法政学堂47所，主要有：京师法政学堂、京师法律学堂、直隶法政学堂、山西法政学堂、山东法政学堂、江西法政

---

① 薛福成：《出使日记续刻》。

② 郑玛诺（Emmanuel de Sequeira，1633—1673），号惟俊，广东香山人，但出生于澳门。1645年，年方12岁的郑玛诺被澳门教区选中，随同陆德神父前往意大利罗马留学。他们当年出发，乘船经马六甲、爪哇、果阿、波斯、亚美尼亚、土耳其等地前往欧洲，历经艰险曲折，于五年后到达欧洲。1650年，郑玛诺被选入意大利圣安德勒学院读书，三年后他正式加入耶稣会，并转入罗马公学，攻读修辞学、逻辑学、物理化学、音乐、外语等课程。毕业后留在罗马教授拉丁文、希腊文法等，后又转欧洲各地教学，最于1671年回澳门，时正值康熙皇帝纳贤揽才之际，故旋被召入京在朝廷供职。可惜尚未来得及以其多年积蕴之才学为中西文化交流效力就不幸罹病，未几英年早逝。

③ 参见王健：《论中国的法律教育》，载《比较法研究》1994年第2期；又见刘清波：《现代法学思潮》，黎明文化事业公司1986年版，第19页。

④ 美国传教士丁韪良在1860年翻译的惠顿《万国公法》经清政府许可，于1863年成为同文馆的教材之一。

学堂等。在清政府《高等学堂章程》规定设置的法律课程中，除了各种中国传统律例制度的课程外，还有东西各国法律制度比较、各国宪法、各国民法及民事诉讼法、各国刑法及刑事诉讼法、各国商法、交涉法、泰西各国法。自京师法律学堂设立数年之内，从各法政学堂中"毕业者千人，一时称盛"①。

第五，西式法典的编纂。清末民初法律改制的实际内容、设定目标和最终成果是一致的，即表现为以西方国家法律为参照，其中又以大陆法国家法律制度为范式进行法典编纂，并且最终完成了一般法律的法典编纂。这一改制的完成，奠定了现代中国法律制度的基础，选定了现代中国法律制的基本模式。经过一百多年的发展演进，清末民初法律改制所选定的法律制度模式，包括法律渊源形式、法律实现途径以及法律操作过程实际已经成了现代中国法律制度不可逆转的传统。

清末法律改制以光绪二十八年清政府正式任命沈家本、伍廷芳为修订法律大臣，主持修律为标志正式开始。次年成立修订法律馆。主要工作就是对在广泛参照外国法律，充分调查中国民间习俗的基础上，起草编纂新的法律。当时所参照的主要是德国、日本、瑞士、法国和俄罗斯等国的法律。不过，由于最初的工作仅限于对既行《大清律例》进行修订，所以虽然做了相当大的努力，但在体例和内容上并没有太大的突破。到了光绪三十三年，修订法律馆重新组建后，在日本人松冈义正的参与下，开始以新的方式和思路起草法典。② 历时六年之后，拿出了史称"第一次民律草案"的《大清民律草案》，凡5编37章1569条。然未及审议颁行，清王朝覆灭。③ 这部草案主要是参考了德国、瑞士、日本等国民法，同时也确实参酌了各省民俗调查案。

不过，虽然在清政府时期基本完成的《大清民律草案》及其他立

<hr>

① 《清史稿》卷443，列传230，沈家本条；进一步可以参见前引李贵连：《中国法律近代化简论》，载《比较法研究》1991年第2期。

② 在整个清廷修律过程中，日本法律人士有相当份量的参与，发挥了重要的作用。如志田钾太郎、冈田朝太郎、小河兹次郎、松冈义正等；其中冈田朝太郎参与了刑律的起草，松冈义正起草了民律的前三编，志田钾太郎则参与了商律的起草。

③ 第二次民律草案（1926）和第三次民律草案（1930），均为5编1225条。

法草案没有来得及审议颁行，但它们却直接成了后来民国时期，包括北洋政府和南京国民政府时期立法的依据和基础。不仅如此，承担法律改制工作机构也仍然采用前清模式。杨鸿烈说："民国时代编纂法典不过完成清代未竟之业而已。"民国建立以后，法律编纂的机构曾两次变更，1918年又如前清定名为"修订法律馆"，任命董康、王宠惠为总裁。当时修订法律馆的主要任务一方面是会同司法部继续调查各地风俗习惯，另一方面是在调查研究的基础上对清末已经成形的各种法典草案予以修订。[①] 杨氏还指出："大概前清《民律草案》规定中适合理论不背国情的，大理院都采为条理……"[②]应该指出的是，清末民初法律改制过程中，除了日本人的参与外，中国政府还先后聘请了法国人艾斯卡拉（Escarra）、宝道（Podeux）以及后来的美国学者庞德（Pound）在立法、行政及教育等部门担任要职，以助中国司法改制的完成。

清末法律改制从20世纪初开始，经过了几乎30年的时间，到了20世纪30年代末最终完成。其标志是从清末开始的法律修订和法律编纂工作基本完成并且先后颁行，包括：民法、刑法、公司法、诉讼法等。

二、当代中国法制与比较法学的历史关联

1. 历史上中国法律比较之开端

在中国，法律比较可以溯源于春秋战国之时。当时，特别是战国时期先后出现的大部分国家的成文立法，都是在不同程度参照借鉴别国的情况下完成的。约形成于公元前407年，经战国初期魏国政治家和改革家李悝之手制定的《法经》，实际就是比较法律或比较立法的结果。对此，不同史籍均有记载。《晋书·刑法志》说，战国魏"承用秦汉旧

---

① 杨鸿烈：《中国法律发达史》（下），上海书店1990年版，第1033页。
② 同上书，第1057页。

律，其文起自魏文侯师李悝，悝撰次诸国法，著《法经》"。此外《唐律疏议》也说："魏文侯师于李悝，即诸国刑典，造《法经》六篇。"①总之，"李悝制定的《法经》是我国历史上第一部初具体系的封建法典，是集春秋后期各国立法之大成"。②不仅如此，《法经》中所体现的指导思想以及正律、杂律等律之体例以及罪与罚的具体概念，都对后来中国法制的发展起了奠基作用。秦时商鞅变法，实际也是对李悝《法经》的发展。其《九章律》就是在《法经》六篇的基础上增加了三篇而成。所谓"商鞅传授，改法为律"，正说明了这个历史事实。事实上，商鞅所以能够入秦为相是得力于《法经》，因为他以《法经》所蕴含的"强国之术"说服了秦孝公，从而得到后者的赏识直至重用，使之得以在政坛上施展。③纵观春秋战国时期各国的立法，差不多都是前后承接，相互影响；可以说你中有我，我中有你，足以说明法律比较积极与重要的作用。秦汉以后，历代中国法律制度无不在比较法的基础上完成。宋唐以后中国对周边国家，特别是对日本、朝鲜等国家的政治、经济和文化影响，说明了比较法律在其他一些国家的存在。也正是因为如此，才逐步形成了一个以中国文化传统为背景的中华法系。

2. 当代中国比较法学之开端

尽管法律比较在中国历史上可以溯源久远，但严格意义上的比较法学只是到了近代才开始，具体说，也就是到了清朝才见其端倪。有学者认为，清末薛允升是我国最早运用比较法学方法研究中国法律优劣得失的法学家。他开近代比较法学之先，对唐明两朝法律进行逐条对照比较，在比较中疏证考订，在分析律文源流沿革中解释文义、法意，比较宽严，论其得失，进而又对两朝法律整体结构进行对此。他的研究成果

---

① 《唐律疏议·名例篇》。

② 张晋藩：《中华法制文明的演进》，中国政法大学出版社2000年版，第94—95页。又见《唐律疏议·名例篇》。

③ 同上书，第79页。又见《唐律疏议·名例篇》。

集中体现在其编纂的《唐明律合编》(或曰:《唐明律合刻》)。① 不过应该指出的是,中国官方有意识将法律比较或比较法学作为一个教育和研究的科目,乃清末以后之事。但在官方开始比较法学教育之前,中国民间实际已经开始了这种法学教育的尝试。换言之,与官方相比,比较法学在私立学校的发生要早些。甚至可以说,近现代中国自觉的、严格意义上的比较法学是于一所私立学校开始,这就是东吴大学。

19世纪末20世纪初,为了培养法政人才,适应政治和社会发展的需要,除了清政府在兴办法学教育方面的努力之外,社会上,尤其是外国教会和民族资产阶级也尝试建立法律院校培养法律方面的人才。其中较为成功的就是东吴大学法学院、燕京大学法学院。其中东吴大学成立于光绪二十六年(1900)。它是在原有的苏州博习书院(Buffington Institute)和宫巷书院(Kung Hang School)以及上海的中西书院(Anglo-Chinese College)基础上三院合一而成,校址即为原苏州博习书院旧址天赐庄。② 自1906年起,东吴大学在上海中西学院旧址上开办了东吴大学法科。1915年,又将该法科学校改作比较法律学校。十年之后,即1925年,比较法律学校得到当时的北洋政府教育部批准备案,英文名称意为"中国比较法学院",1929年则正式在教育部立案,从而成了我国最早的,以比较法学为教学方向,英美法课程为主流课程,兼习其他各国法律的高等专科学校。③ 1940年以后,东吴大学开始采用中国国立

---

① 王立中、马芳城:《近代中国的比较法学教育》,载《比较法研究》1991年第3期。

② 三个书院均为美国基督教会监理会(The Methodist Episcopal Church, South)在中国所建。该会1846年成立,本部设于田纳西州。根据1900年12月制定的校董会章程,林乐知(Young J. Allen,《万国公报》创办人)被推举为董事长,孙乐文(David L. Anderson)为校长。孙乐文之后,还有两个美籍校长葛赉恩(John W. Cline)和文乃史(W. B. Nance)。早期的办学经费主要来自于捐款及学费。

③ 五四运动更进一步激起的爱国热情,促使东吴大学的中国知识分子努力尝试由外国人治校逐步向国人自己治校转变。1926年基督教不复为必修课程,礼拜仪式也改为自由参加,中国人在校董会中也占有三分之二。1927年出现了首任中国籍校长杨永清,杨氏为学校定下"养天地正气,法古今完人"的中文校训。到了1929年,南京国民政府正式核准东吴大学在国民政府注册立案。

大学培养研究生的方式招收比较法学专业的研究生。^① 从东吴大学法科学校到比较法律学校，又从比较法律学校到中国比较法学院，比较法学作为一个独具特色的学科渐渐在中国传播开来。而且在数十年间培养了一大批优秀法律人才，这些人中的许多人在后来中国法制建设与发展过程中成为法律界的领军人物。如东吴大学法科毕业生吴经熊曾担任比较法学院院长；^② 倪征燠、伍守功、高君湘、桂裕、王祎成、徐福基、戈剑农后来成为法院的法官；而成为当时国民党政府立法委员会委员的则有盛振为、江一平、端木恺、丘汉平、张庆桢等。

1938年，国民政府在对大学教育制度与内容进行调整的基础上，对于法科教育重新予以规制，并按照西方教育制度作出计划。从当时开设课程的科目表里，可以看到对于外国法律的重视。其实，当时的法学教育模式基本上是大陆法学的教育模式，大部分课程都是以外国法学为内容的。整个民国时期，其法学教育实际大体上是以《六法全书》为基础的。如在规定必修的142个学分中，国际公法和国际私法各占4—6个学分，此外还包括商事法概论、外国语。不仅如此，当时还正式开设了以比较法学命名的四门课程：比较法学概论、比较民法、比较刑法、比较司法制度。当时较为普遍使用的教材是王世杰、钱端升的《比较宪法》和李祖荫的《比较民法》等。

3.罗马法学在中国的开端

中国近现代立法活动开始之后，中国近现代法学随之而起。如前所述，近现代中国法学实际上就是以介绍研究和学习借鉴西方法律为重要契机和重要组成部分的。其中，罗马法学又是颇具代表意义的一个方面。因为罗马法学在中国的产生，表明中国法学家们已经意识到了大陆法的本源，并开始将法学作为一种文化和科学予以关注，这实质上是

---

① 王立中、马芳城：《近代中国的比较法学教育》。

② 吴经熊也任法官之职，1927年后被任命为上海特区法官，次年成为立法院委员，1929年成为上海特区法院院长。参见王健：《超越东西方：法学家吴经熊》，载《比较法研究》1998年第2期。

比较法学的一个较高阶段，而这个阶段在中国开始得相当早。如前所述，清王朝覆灭之后，北洋和南京政府继续了清政府派遣人员往西方考察学习法政的做法，不断派出许多年轻学者前往西方各国学习法政。如王世杰（留英、法）、汪精卫（留日）等，其中学习罗马法的有黄右昌（留德）、陈朝璧（留比）、周枏（留比）等。[①] 黄右昌后来著有《罗马法与现代》，陈朝璧著有《罗马法原理》，二人均成为民国时期著名的罗马法学家。此外，民国时期的罗马法学著作还有陈允、应时的《罗马法》，丘汉平的《罗马法》，他们与黄右昌、陈朝璧一起被时人称作中国的"五大罗马法学家"。在清末和民国早期陆续成立的一些法政学堂中，有关西方法律的课程中已经不同程度地包括了罗马法的介绍。燕京大学教授黄右昌、厦门大学教授陈朝璧、安徽大学教授周枏、武汉大学教授卢干东等都曾于留学回国之后开设罗马法课程。[②] 厦门大学法律系教授李景禧20世纪30年代留学日本之时，曾将罗马《十二表法》从日文翻译成中文，当为中国最早完整翻译《十二表法》的中国学者。

4. 1949年至改革开放以前的比较法学

1949年以后至1978年，即中华人民共和国成立至中国实施改革开放国策之前，是当代中国法制发展较为曲折的一个时期，同时也是比较法学发展的低谷和停滞时期。大致分为两个阶段：

第一个阶段：新中国成立至"文化大革命"时期。这个时期的特点是抛弃旧法统，建立社会主义的法律制度；否定资本主义国家法律，全面学习照搬苏联法律。因此，这个时期内大量的苏联法学文献被译成中文，影响了整整一代法学家。直到今天，这种影响的痕迹还时时见于各个法律领域。当时虽然也有对东欧及其他一些国家法律的研究，可数量极少。从某种意义上讲，这个时期当然存在着比较法学，但却是狭隘的、受意识形态支配的比较法学。在此情况下，比较法学的发展

---

① 陈朝璧于1982年去世，周枏于2004年去世。后者的去世标志着二十世纪三四十年代培养出来的老一代罗马法学家从中国法律史舞台上的逝去。

② 这里所说的校名基本上是上述学者离任时所在之大学。

必然受到极大限制，难以得到正常发展。特别是五十年代末反右之后对于资产阶级国家与法观念理论的清算，实际已经宣告了比较法学的死刑。

第二个阶段："文化大革命"时期。这个时期的特点是所有外国法律，包括苏联法律和其他西方法律一律被否定，同时也失却了自身法律。所以这个时期作为行为规范，代替法律存在的基本上是政治观念、党的政策及某些日常社会活动所需、维持社会秩序必不可少的规章制度、传统道德观念和社会习惯。其中，政治观点与原则高于一切。这大体是一个无法无天的时期，连基本的自身法律秩序都没有，更谈不上了解外国的法律制度。在此时期，比较法学当然不可避免地陷入低谷。

5.改革开放以后法学的恢复与比较法学的复兴

首先，中国法学的恢复与比较法学的兴起。1979年以后，随着改革开放方针政策的实施，我国的国民经济和社会状况发生了很大的改变，同时也极大地促进了我国法制建设的快速发展。在此社会历史背景下，作为调整社会关系的法律制度重建成为整个社会发展进步的关键环节。其实，改革开放初期经济法纷纷而起，经济法学一度炙手可热，其主要原因就在于此。而经济法学的相当一部分思想和制度，都来源于西方经济学思想及其相应的法律制度。美国的经济学思想，德国、日本等国的经济法理论，都对当时中国的经济发展制度建设产生了重要影响。可以说，改革开放以后中国法学的恢复首先是在经济法学领域发生的，是经济法学启动了中国法学的复兴。但应该意识到，如果没有比较法学，就不会有当时的法学复兴。不仅如此，1982年修宪时，比较法学方法得到了集中和最高层面的运用。当时，我们在广泛调查研究各国宪法和有关文献的基础上，结合中国的现实和国情，最终制定出一部具有现代宪法特征的新宪法。关于公民的基本权利与义务、关于外国人在中国的庇护权、司法审判的独立等，都进入了宪法。本质上说，改革开放最初虽然主要是指经济制度和经济活动的改革开放，但随之而来的，更深一步的改革开放却是思想上，政治上和法律上的改革开放。所以了解和借鉴外国法律制度原本是改革开放的当然内涵。也正是在此背景下，比较法学应运而起，及时地担当起历史赋予的使命。

　　这个时期比较法学的复兴与繁荣可以在以下一些事例中得以体现。1976年社科院法学研究所开始编辑出版《外国法学动态》，开辟了一个介绍传达外国法学动态与信息的渠道；1979年又开始编辑出版《法学译丛》，从而把外国法学介绍与传播引入一个更高的阶段；1995年，《法学译丛》改刊名《外国法译评》，改变了单纯介绍外国法的做法，将外国法研究纳入该刊物的范围；2000年，该刊物又更名为《环球法律评论》，办刊宗旨与境界又提高了一个层面。1985年，中国政法大学研究生院下设立"比较法研究室"，1986年在此基础上成立了外国法研究所；1987年，政法大学创办《比较法研究》杂志，由外国法研究所具体负责编辑出版，该杂志是中国唯一一家专门的比较法学杂志，目前已成为在学界具有相当学术地位和影响的学术刊物；1988年，该研究所正式定名为"比较法研究所"，目前是中国学术界内唯一专门以比较法学命名的研究机构；1986年，苏州大学法学院成立，该院承续东吴大学作为中国比较法学先驱的传统，以比较法学作为其教学研究重心，并于2000年成立了更具有比较法学特色的王健法学院。除此之外，20世纪80年代以来，中国的许多高校均陆陆续续建立了涉及比较法学和外国法学的教学研究机构，同时也设置了有关比较法学的课程。如南京大学法学院于1995年与德国方面合作成立中德经济法研究所；上海同济大学于1998年设立德国保险法教席；中国政法大学1998年成立德国法研究中心，1999年成立了罗马法研究中心，2002年在德国法研究中心的基础上又成立了中德法学院，同时成立中美法学院；不仅如此，还于2004年正式设置比较法学专业，开始招收比较法学专业的硕士研究生，这是中国现今第一个正式设置比较法学专业，招收比较法学硕士的大学。以上所述均为中国内地的情况，实际上，内地与港澳台地区的学术交流活动，其本身也构成比较法学的一个重要组成部分，因为历史原因，港澳台地区的法律制度本身就是比较法学的典型产物。综上所述，我们可以清楚地看到，中国比较法学近年来无疑呈现出一种非常繁荣兴盛的景象。

　　其次，比较法学与中国法制建设的高潮。总的来说，改革开放以来的大部分立法，无论是一般立法或特别立法，都不同程度地有着借鉴外国法律的过程和背景。换句话说，所有新的较为重要的立法，几乎都无一例外地采用了法律比较的方法或受到比较法学的影响。不论人们是否意识到，法律比较实际上起着举足轻重的作用。在此意义上，可以说比较法学与改革开放以来的中国法制建设是共命运的。从1979年的《中外合资经营企业法》和最初的三个合同法到1999年统一的新《合同法》，从《公司法》的几次修订，从已经颁行的《担保法》《海商法》《专利法》《刑法》和《刑事诉讼法》《反不当竞争法》及《银行法》等等，从目前仍然在讨论修改过程中的《破产法》和《信托法》等法律，都可以看到上述所有立法其实都是在对各国法律进行广泛调查和比较研究的基础上，根据我国的实际情况完成的。因此完全可以说，所有改革开放以来制定的法律，几乎都不同程度上采用了比较立法的方式，都受到比较法学的深刻影响。其中，由我国法律制度的社会背景和法律制度模式本身所决定的，学者对于法律理论的准备和对立法的实际，都充分表明了比较法学的作用。① 考察世界法律发展史，像中国这样如此充分运用法律比较的方法来建设自身法律，并且取得了举世公认的成就的国家并不多。② 1979年改革开放至今中国法律制度的发展建设，无一不是循着法律比较的途径在比较法学的基础上进行的。我国现今法制建设所取得的成果，充分表明法律比较对于一国法制建设的重要性甚至不可或缺性。法制建设与发展需要法律比较和比较法学，而比较法学反过来又必然促进着法制建设与发展。

　　再次，罗马法学在中国的复兴与高潮。罗马法学在中国的复兴与

---

　　①　对此可参见有关的立法说明。

　　②　1984年3月全国人大常务委员会通过的《专利法》就是在考察了几十个不同类型的国家的专利法资料的基础上，结合我国现实情况而制定的。1999年《合同法》本身就是在以前的三个合同法的基础上，更进一步参照各国有关法例和先进规则并结合我国实际情况而制定的。从中国实际出发，借鉴国外的有益经验是此次合同法制定的重要指导思想。

高潮从一个方面表明了中国比较法学的一个高潮。和整个中国法学半个多世纪以来的命运相一致，1949年中华人民共和国成立之初，法学教育，包括罗马法教学与研究并没有中断。当然，1957年反右之后，特别是"文化大革命"期间，罗马法和所有其他法学部门一样都遭受到严重破坏。1977年高等学校教育秩序恢复以后，法学教育，其中包括罗马法学亦逐步纳入教育与科学研究的计划中。总之，凡设有法律专业的大学或学院，大多不同程度地开设过罗马课程或罗马法讲座。如厦门大学（陈朝璧、周枏、胡大展）、人民大学（林榕年）、武汉大学（卢干东）、北京大学（由嵘）、安徽大学（周枏）、兰州大学（吴文翰）、西南政法学院（周枏、谢邦宇）、中国政法大学（江平、米健）、南开大学（曲可伸）等。1983年，大陆自1949年以来第一部教育部部定统编教材《罗马法》由周枏、吴文翰和谢邦宇撰成出版；[①] 1987年，江平、米健合著的《罗马法基础》出版；[②] 不久之后，又有曲可伸著《罗马法原理》问世。除了大陆方面，中国台湾地区的罗马法学也仍在继续，但主要的著作似乎还是30年代陈朝璧所著《罗马法原理》，1988年台湾地区出版的郑玉波的《罗马法要义》，也产生过一定影响。不过，直到20世纪80年代以前，中国的罗马法学水平基本上还停留在三四十年代。到了20世纪90年代，随着中国政法大学和罗马第二大学开始进行学术交流，以政法大学为中心，大陆法学界逐步掀起了20世纪初中国法律改制以来，中国最大规模的罗马法原始文献翻译与研究活动。在此翻译和研究活动的推动下，大陆罗马法学无疑发展到了一个新的历史阶段，而且可以说是一个非常辉煌的时代。1995年，周枏的《罗马法原论》由商务印书馆出版。这本著述代表了当代中国罗马法学的研究水平。[③] 罗马法学在中

---

① 此书后来多次印刷，在当时的大学罗马法教学中影响甚大。

② 此书1991年出版第二版，2004年第三版。

③ 1989年，时任中国政法大学校长的江平教授在前往意大利罗马第二大学做学术交流时，与意大利罗马第二大学斯奇巴尼教授（Sandro Schipani）签署了双方在法学交流和罗马法翻译领域进行合作的协议。据此协议，双方在此后至今的十多年里，在罗马法原始文献共享、学者交流互访、青年法律工作者培养诸方面进行了卓有成效的合作。现今国内已经成长起来的一批年轻民法学者和罗马法学者，已经出版的罗马法文献、教材和专著等，都是这一合作的成果体现。

国的复兴是比较法学在中国复兴的一个集中体现，它直接和间接地影响了整个法学界的学术走向，是法律建设开放，法律文化交流极富象征意义的重要活动。它在当代中国法律发展史上写下了重要的一页，其深远意义必然会随着我国法学与法制的发展而渐渐为人们所认识。

三、现时和未来我国法制建设和发展与比较法学

随着我国社会经济与政治近些年来的迅速发展，我国的法学也越来越走向更高的阶段，也就是说，对于基本理论的重视检讨和对具体制度的深入研究渐渐成为最近一些年来我国法学的基本倾向。它集中体现为法学界了解借鉴外国法已经从最初以个别实用为出发点转向了以全面把握为出发点，已经从孤立引进个别制度转向有机借鉴整体制度。如今，无论是对于英美法还是大陆法的认识与研究，都已经进入到一个新的更高的阶段。它表明我国法学和法制建设在经过快速发展和急功近利的浮躁之后，已开始认真反思和构建既能反映先进法律文化，又能反映结合中国实际的、真正具有中国特色的法律制度和理论体系。在此过程中，比较法学更是不可或缺。在目前我国法制建设与发展过程中，比较法学独领各个法学领域之先，作用越来越突出和重要，可以说没有哪个法学领域能够脱离比较法而独立存在，比较法学的意识、方法已经渗透了各个法学领域及其相应的立法程序中。

1. 比较法学在现今立法中的作用

在近几年的立法活动中，比较法学或法律比较的重要作用已经成为一种自然而然的必经程序。差不多近几年的所有立法，无论是反映基本社会价值观，特别是政治、经济观念的宪法，还是体现特别价值观和法律技术的行政法、诉讼法、刑法、民法和商法等，都经过了比较法学的研究、论证和选择。例如，不久前人民代表大会通过的《中华人民共和国宪法修正案》中，正式写入了人权的条款。而在此之前，我们经过了长时间的，谨慎的比较法考察，充分借鉴了当今国际社会对于人权的

认识和理解，最后结合我国实际予以规定。可以说这是中国立宪史上一个里程碑，而这完全是法律比较和比较法学的成果。近些年来先后修订的民诉法、刑诉法、刑法和公司法，目前正在进行的民法编纂，破产法、信托法立法等，都是在充分比较研究国外相关法律，合理借鉴其符合我国实际的情况下完成和实施的。有些立法甚至是在外国法专家直接参与之下进行的。如人大常委会法律工作委员会就聘请了有关外国法律专家参与咨询工作；有些接受立法委托的部委甚至直接聘请外国专家参与立法起草的咨询工作。

2. 比较法学与对外法律交流

比较法学的本质决定了它必然是以外国法律为主要考察对象的法学领域，所以比较法学发展不发展，比较法学的作用重要不重要，很大程度上取决于外国法学的水平高与低，取决于对外法学交流的普遍与深入。质言之，外国法学水平越高，对外法学交流越普遍深入，意味着比较法学越发展；反之，则意味着比较法学的低迷和缓滞。观察近些年来我国对外法学交流，可以说是空前普遍深入。无论是与美国等西方国家的人权对话，还是与德国进行的法治国家对话以及与其他国家的法律工作交流；无论是立法机关还是司法机关；无论是立法操作方面还是学术探讨层面；无论是官方对话还是民间交流；无论是原则制度层面还是技术规则层面，对外法律交流活动都呈现出中国历史上从来没有过的普遍繁荣。特别是中国加入世界贸易组织，使得中国对外法律交流和中国法律比较进入了一个新的阶段，而且几乎成了一种强制性的工作。毋庸置疑，没有比较法学，现今中国的经济秩序和法律秩序将有无法弥补的缺失。这意味着，比较法学或法律比较已经成了现今中国立法的一个不可缺少的程序或组成部分。

应该提及的是，20世纪80年代中期以后，中国学术界开始陆续翻译在世界范围内较有影响的比较法学专著，法国学者勒内·罗迪的《比较法导论》、德国学者茨威格特和克茨的《比较法总论》（1992）、法国学者勒内·达维德的《当代主要法律体系》（1995）、美国学者格伦顿等的《比较法律传统》（1993）、日本学者大木雅夫的《比较法》（1999）、美国学者埃尔曼的《比较法律文化》等，先后被翻译成中文。继此之后，20世纪90年代初开始，大陆法学界开始有计划、有系统、有组织地进行外国法学翻译出版工作，其规模与范围是中国历史上从没有出现过的。其中主要有由中国政法大学江平教授主持的"外国法律译丛"，北京大学罗豪才教授主持的"公法名著译丛"，季卫东教授主持的"当代法学名著译丛"，中国政法大学米健教授主持的"当代德国法学名著"以及北京大学贺卫方教授和清华大学高鸿钧教授主持的"比较法学丛书"，等等。

除了翻译国外法学著作之外，中国比较法学者自20世纪80年代末以来，渐渐开始撰写比较法学方面的著作。其中有：吴大英、任允正《立法制度比较研究》（1981），何华辉《比较宪法制度》（1988）、高格《比较刑法制度》（1991）、沈宗灵《比较法总论》（1995），李双元主编的国家"九五"计划重点图书《比较民法》（1998）；最近，商务印书馆出版了全套十册的"比较法丛书"，包括《比较司法制度》《比较刑罚制度》《比较宪法》《比较政治制度》；自2001年开始，江平教授主编、比较法研究会主办的年刊《比较法在中国》正式编辑出版。[①] 所有这些，清楚地向我们展示了比较法学近年来的繁荣。同时，它也从一个侧面反映出我国近年来法制建设与发展富有生气和成果颇丰的兴盛局面。

纵观世界历史发展的轨迹，我们很容易看到，人类社会事实上也还是一步一步地向着人类一统的大方向前进。人类在政治、经济、文化等方面日益广泛的交流和沟通所促成的区域和全球经济的逐步一体化；区域内部的法律统一，如欧洲联盟内部法律的逐步一体化；各种国际性

---

① 进入本世纪以来，有关比较法学的著述如雨后春笋般纷纷面世。如李其瑞的《比较法导论》（2001）、李洪祥的《比较法律文化》（2001）、刘静伦的《比较国家赔偿法》（2001）、宋玉波的《比较政治制度》等。可参见江平主编：《比较法在中国》（2003年卷），法律出版社2003年版，第648页及以下"比较法学主要著作、论文资料索引"（2001—2002）。

的贸易条约和调整特定领域法律关系的公约；国家间的各种双边条约以及各种程序法中的许多规则，实际都或多或少地体现着人类共同的一般原则。所有这些都充分表明各个民族国家之间，整个人类社会之间越来越注重法律的协调或和谐化，因为这是人类社会进一步发展的共同需要。而法律发展史已经充分证明，在此过程中，比较法学的作用是独特而不可缺少的，它是民族国家之间，国际社会之间或整个人类社会取得共同人类行为规则，调整共同人类社会关系，实现共同人类目标的必经之路。我们完全可以这样概括说，比较法学是人类获取人类社会共同法或普遍法的必要手段，是判断人类社会法律进步与法律文明的指标：比较法学发达之时，便是法律发展昌明之时；比较法学越发达，法律进步越充分，人类法律文明越有整体性。相反，比较法学衰微之时，也是法律发展受挫之时，更是人类法律文明整体性遭到破坏之时。一言以蔽之，比较法学是人类法律文明的晴雨表。

从中西法律文化的冲突与交融看
澳门法律制度的未来①

由于历史原因，澳门成了近现代中西文化的交汇点，在近现代中西交通中，它扮演着首先承受西方文化，包括政治、宗教、法律、文学艺术及经济等的冲击，从而逐步实现传统文化改造与演进的重要角色。澳门在中西文化冲突中的这种特殊地位，使它自然成为人们探讨中西交通和中西文化冲突与交融的一个极有意义的典型。正因如此，我们考察和探讨其法律文化的构成发展及其通过目前正在进行的法律本地化而在将来形成新的法律制度的可能走向，就成为一件十分有意义的工作。特别是在澳门目前正处于回归中国的过渡期历史条件下，这种研究就显得更为重要，它将直接有助于我们认识和把握澳门法律制度的未来。随着1999年的逐渐迫近及其各方的准备工作日益深入，中西文化，特别是法律文化通过澳门而实现的冲突与交融愈来愈为人们所瞩目。

一、中西法律文化的冲突

1. 中西法律文化冲突的历史渊源

如前所述，文化之间的冲突与交融是与民族之间的交往共始终的，

---

① 原载吴志良主编：《中西方文化交流》，澳门基金会1994年版；《法学家》1994年第5期；米也天：《澳门法制与大陆法系》，中国政法大学出版社1996年版；赵秉志主编：《澳门法律问题》，中国人民公安大学出版社1997年版。

所以，中西文化的冲突与交融也必然与中西交通共始终。考察中西交通的历史，最早可以追溯到公元前四百年左右，至少也有二千多年的历史。在中西交通的漫长历史中，中西文化的冲突与交融不断发展。大体而言，它呈现出由内在向外在，复由外在向内在递嬗演进的规律，冲突方面尤然；在某种程度上，它可以概括为由精神文化向物质文化，而后又从物质文化向精神文化演化的历史进程。在此进程中，中国文化曾有过截然不同的地位：先主动后被动，而这后一种地位远比前一种地位突出得多，并且尤为持续发展于近现代——中西文化真正开始全面接触以来的一个多世纪。当代中国文化人之所以每每对近现代中国史痛心疾首，反思日甚，其最主要的原因也正在于此。我们今天考察中西法律文化的冲突与交融，实际也主要是以近现代中国史为对象的。总的来说，近现代中西法律文化的冲突与交融是在世界走向中国，中国不得不面对世界的特定历史背景下逐步全面展开的。其整个过程的特点表现为中国传统法律文化受到全面冲击、被迫改革和重新构造。其结果，是中国法律制度的现代化实际上成为一个转型改造的过程。

　　从近现代历史看，中西法律文化的接触是以冲突为主流的，交流则往往表现为冲突的结果。这种冲突始于14世纪末和15世纪初。可以说作为早期资本主义殖民强国，作为率先经由海道绕过南非海峡抵达南亚及远东图谋东方之利的一个欧洲民族，葡萄牙人最早拉开了中西法律文化冲突的序幕。正因如此，澳门在研究中西法律文化的冲突中就更有特殊的意义。当然，这种冲突的全面展开，还是自18世纪末，即清代中叶起。此时，"中国法系……就呈现动摇倾覆的预兆"。①

2.中西法律文化冲突的焦点——不同的价值取向

　　中西法律文化的差异总的可以归结为价值取向不同，亦即内在的价值基础的不同。以"礼"及由此展开的伦理道德为价值标准的中国法律文化，基本上是主观的、静态的法律文化，因而也是脱离现实、保守

---

①　杨鸿烈：《中国法律发达史》，下卷，上海书店出版社1990年版，第869页。

的法律文化；它规范的主要对象是人在社会中的精神活动，而不是人在社会中的物质活动，所以它往往不能适应社会发展的需要，甚至于成为社会前进的阻力；它归根到底是规范如何做人，而不是如何做事，是一种约束人守规矩的义务本位的法律文化。与此相反，西方法律文化则是以"利"及由此展开的平等自由为价值标准；它基本上是客观的、动态的法律文化，因而也是注重现实、进取的法律文化；它规范的主要对象是人在社会中的物质活动，而不是人在社会中的精神活动，所以它每每能反映社会发展的现实需要，从而作为社会前进的动力；它归根到底是一种规范如何做事并让人自由进取的权利本位的法律文化。对于人的社会来说，权利与义务始终是相对存在的，永远也不会有什么绝对的权利或义务。而中国法律文化的关键问题之一，恰恰在于它将义务普遍地绝对化了。当这种绝对义务本位的法律文化面对充分权利的法律文化之时，其弊端就更加暴露无遗。如果我们要探讨近现代中国社会进步缓滞的原因，从而追究传统文化或法律文化对我们民族历史的历史责任的话，那么着眼点就应在此。17世纪西方传教士围绕中国的"礼仪"问题所展开的对中国文化的讨论，实际上集中体现了代表传统中国文化的儒家思想与当时以基督教精神体现的西方传统文化的差异，它也从一个方面反映了中西法律文化的根本不同。恰恰由于这种文化或法律文化上的深刻差异，决定了中西法律文化的冲突不可避免。而以中国落后的物质文化、封闭腐朽的社会制度，她显然毫无可能继续维持其偏重于伦理道德的法律文化。它从根本上决定了传统中国法律文化瓦解或改造的必然性。

二、中西法律文化的交融

1. 中西法律文化交融的基本内涵——改造传统与接受非传统

　　清末中国社会所处的特定历史条件，给传统中国法律文化带来了巨大的冲击，迫使中国自觉或不自觉地对自身法律制度加以改造。清朝末年的一系列现代立法活动就是在此情况下发生的。尽管清王朝的法律改革由于它的倾覆而未能最后实现，但它无疑已在改造传统中国法律制度，接受西方法律文化方面走出了第一步，对当代中国法律制度和中国法律文化的发展产生了重大影响。在客观上，它为后来国民党政府初期的现代化立法创造了条件。从法律史的角度看，它实际上确定了当代中国法律发展的基本方向，即使中国传统法律制度开始纳入了近现代世界各民族社会共同的法律生活。当然这并不意味着中国传统法律文化对自身传统文化的背离。相反，在历史渊源、社会基础等方面，中国法律制度的现代化都不可能完全放弃其自身的文化传统。一个要完全放弃自身文化传统的民族，无异于承认自身民族的消亡，而事实上这也是根本不可能的。总之，每个民族国家的法律都不能脱离其赖以植根的自身历史与文化传统；但同时也不应排斥吸收和借鉴异民族的法律文化。

2.中西法律文化交融的历史进程——传统法律的现代化

近现代中西法律文化交融的直接结果是传统中国法律完成了现代化或世界化的转型。它大致体现为传统中国法律在思想原则、基本制度、创制方式、结构体系以及实施过程等方面程度不同地接受了西方法律——民法法系或大陆法系的传统。自此，它在很多方面与当代世界各国的法律制度取得了某种程度上的一致和谐调。由于当时中国立法改革的主导思想和特定的历史条件，这个过程的实现基本上是通过继受德国和瑞士的法律而完成的。其中日本法学和法学者扮演了重要的角色。

传统中国法律文化实为礼刑合一的整体。所谓"出礼入刑"和"德主刑辅"正说明了"礼"和"刑"作为传统中国社会行为规范相辅相成的有机统一及其必然联系。而礼多形成于经，刑多形成于律。从现代法律观来看，前者非法条，后者为法条；故刑事、行政规范在中国传统化立法中有史可鉴，而民事、商事在中国传统法律中则难以援例。不过，这只是就现代法律的外在形式而言。因为传统中国法律文化中的"礼"，很大一部分长久以来都是起着民事规范的作用。事实上，清末民初的法律改制于后来见诸成就并对当代中国法律发生重大影响的，也正是民事、商事立法。总体上来说，清末完成的立法，包括民法、商法、刑法乃至诉讼法，基本上都是奉欧洲大陆的民法法系传统为模式。如《大清民律草案》——"第一次民法典草案"就是效仿《德国民法典》，即学说汇纂式的体例。在内容、风格甚至立法精神上也都以德国、瑞士及日本的民法为典范。[①]后来北洋政府的第二次修律工作完全是以清末的第一次修律为依据；而国民党政府的第三次修律工作又是以第二次修律为基础的。所以，现行中国台湾地区法律制度自然是清末法律改制继续发展的产物。对此，学界一般没有异议。[②]至于中国大陆的法律制度，虽然在立法思想和法律原则等方面与清末立法及现行台湾法律有很多重要不同，但它显然与前者有密不可分的历史、文化渊源。这是任何人都难以否认或无视的。

众所周知，现代中国历史以1949年为界分成了截然不同的两个历史阶段，但这主要是就社会政治制度方面而言。至于历史和文化传统却并没有、也不可能因此而完全割断。作为文化的一部分，中国法律文化传统仍在继续，因为它的载体——中华民族依然故我地生息在他们发源、成长和存在的土地上。简单地以社会政治制度所划分的历史阶段，当然不可以用来作为说明一个法律文化存续与消长的依据。所以，1949年中华人民共和国对以往国民党政府法律的废除，绝不是法律文化传统意义上的废除，而仅仅是对前此法律政策及体现在法律制度中的某些政治思想观念的摈弃。对于那些建筑在一般社会生活规律、悠久历史文化传统基础上的法律原则、规范化的道德观念等，新中国必不可免地要予以接受，这是不以立法者意志为转移的法律文化恒定因素。意识不到这

---

① 如民法典分五编，依次为：总则（323条）、债权（654条）、物权（369条）、亲属（143条）和继承（101条），共计1560条。

② 当代中国比较法学者，国民党时期曾任东吴大学法学院院长的吴经熊说："就新民法从第1条至第1225条仔细研究一遍，再和德意志民法和瑞士民法和债法逐条对照一下，倒有95%是有来历的，不是照帐誊录，便是改头换面。"台湾地区学者梅仲协也指出："现行民法采用德国立法例者，十之六七，瑞士立法例者，十之三四，而法、日、苏之成规，亦曾撷取一二。"另一台湾地区学者王伯琦则更明确地说："我们立法所采的，全套是西洋的最新法律制度。"见《法学论集》（中华学术与现代文化丛书）第294页及以下。

点，就无法对当代中国法律制度的发展与演进作出公允客观的判断。

3.中西法律文化交融的主要特点

从以上所述史实可知，当代中国法律制度的形成和发展实际上是传统中国法律文化在近代特定历史条件下被动地接受西方法律文化的过程，所谓中西法律文化交融，其主要内涵即如此。但是在此必须要明确的是，近代中国对西方法律文化的接受，总体上主要是形式结构和某些制度原则，其中当然也包括着一些思想观念。但贯穿民族历史传统，反映民族精神的思想观念至今使中国法律文化保留着明显有别于西方法律文化的特征。这种由不同民族文化传统决定的区别，从较高的层面上反映着中西法律文化的冲突。对此，前面已略有述及。而此处所言中西法律文化的交融，恰恰是指中国法律文化在不失其自身传统特点的情况下，为了适应社会发展和历史进步的需要而对西方法律文化——就其可继受或可移植部分，亦即人类社会共有的部分——予以吸收或接受。大体上说，近现代中国对西方法律的接受，主要体现在对那些直接关系到近现代社会劳动与生活的实体行为规范的接受，而这恰恰是中国过去的历史发展没有给予当代中国社会的。具体地讲，清朝末年中国虽然已有了民族资本主义生产经济，但仍然是以小农自然经济为主的社会，在这种社会条件下，当然不可能有适应商品生产社会的行为规范。更重要的是，西方资本主义国家不速而来，一定要在中国通商取利，并且还以武力使中国人认识到他们绝对优势的近现代物质文化和许多优秀的精神文化，进而领悟到接受西方法律的必要。但无论如何，所完成或实现了的接受基本上是产生于商品经济社会的那部分西方法律文化。中国大陆和台湾地区的现行法律制度及由此所体现的法律文化发展，都充分地说明了这点。即使是在香港和澳门，虽然由于殖民统治的历史原因而使这两个地区的法律制度完全表现为西方的法律制度，但事实上，很大一部分行为规范仍然是中国法律文化的体现。如果将调整商品社会中各种社会交往关系的行为规范视为人类社会所共有，那么，我们就有无可置疑的依据认为港澳法律文化的主体仍是中国法律文化。所以，在中国恢复对香港和澳门的主权之后，在可以预见的将来大陆与台湾地区实现和平统一之后，"一国两制"绝不会成为未来中国法治的困难或障碍。因为台湾、香港和澳门究竟是传统中国文化的载体——中国人生息繁衍的地方，究竟有着共同的法律文化作为其法治的共同基础。正常情况下，更可使人对未来中国法律文化具有信心的是：由于历史原因而长久以来作为中西文化交汇的香港、澳门及较大陆更多地受到西方法律文化影响的台湾地区，其现实的法律文化及法律制度必然会对未来中国法律文化的丰富和各项法律制度的建设起到积极重要的作用，并会成为中国法律文化和中国法律制度发展到一个新的历史阶段的有利动因。

三、澳门现行法律制度

澳门现行法律与香港现行法律有一共同之处，即都是以西方的法律为其基本法源。然而也正因为如此，它们又都具有一个众所周知的最大不同：澳门法律整体上是属于大陆法法律体系，即以制定法、法典法为其基本法律渊源；香港法律则是属于英美法法律体系，即以案例法为其基本法律渊源。除此以外，澳门法律与香港法律还有一个很大的不同，即在法律文化的构成方面，前者比后者要复杂得多。至少在现行法律的渊源方面如此。澳门目前的法律基本上是由葡萄牙的几个主要大法典为框架的，即葡萄牙宪法典、民法典、刑法典、民诉法典、刑诉法典、商法典六大法典。从其法制体系来看，葡萄牙宪法是澳门地区当然的最高法律，但实际上大体是形式上的设置。①其他五大法典则在理论上适用于澳门地区的法院。除此之外，澳门立法会也在其设立之后制定了越来越多的各种法律和法规；与此同时，澳门总督也通过法令、训令及批示等形式制定着大量的法律，这部分法涉及十分广泛，而且甚为具体。所有这些法律构成了澳门现时法律的基本渊源。

---

　　① 这主要是就一般情况而言。在某些普遍的基本原则方面，如人权、公民基于权利等问题，澳门当然和葡萄牙保持一致。如《国际人权公约》已由中葡双方协议延伸到澳门。

　　但无可争议的事实是，虽然长久以来葡萄牙的法律制度就是澳门的法律制度，但这只不过是在理论或总体制度上；而实际上的情形则是，从葡萄牙管治澳门开始至今，澳门始终并行着两种截然不同的法律制度和两种法律组织机构——即中国的和葡萄牙的。[①] 在葡国的亚洲殖民统治中，除了果阿（Goa）以外情况大体都是如此。关于澳门的法律发展过程，有的在澳葡国人士把它分为三个时期：

　　（1）混合管辖权时期——自1557年葡萄牙人长期定居于澳门时起，至拆除中国海关站、阿马留总督（Ferreira do Amaral）拒交地税；

　　（2）准殖民时期——1822年葡国宪法确定殖民澳门至1974年葡国开展非殖民化运动；

　　（3）由葡萄牙管辖的中国领土时期——始于1974年4月25日开展的非殖民化运动并直至现在。

　　如果我们把这种分期作为考察近现代澳门法律发展史的一个对象，那么显然可以知道葡国法律制度在澳门的确立，理论上只能是1822年之后。而且，尽管19世纪时阿马留曾努力推行法律殖民化过程，并竭力把葡萄牙法律适用于澳门中国居民的所有刑事与民事案件，同时又在1884年，撤销了曾可以由中国官员担任的，具有一定司法权限的代理行政长官职位，从而把所有司法权归于葡人法官。[②] 但事实上，这种法律殖民化的努力从来没有能够彻底实现。例如，在商业活动方面，葡国法律在澳门的实际施行或影响很小。到20世纪初，澳门建立的商社大多不是以葡国法律为依据的，这种情况至今仍不鲜见。在民事活动及其关系方面，特别是在家庭和婚姻关系方面，澳门当地的习惯始终起着很大作用。总之，若从法律文化角度来看，澳门的法律文化体现为一种由葡国法律、澳葡政府的法律、中国法律以及华南地区，尤其是澳门当地

---

　　① 有的学者也持此观点。参见 L. A. Oliveira rocha, Aviabilidasde Do Sistema Juridico De Macau, Administração, Revista de Administração Publicade Macau（以下简称：《行政》）第13/14期，第544页。

　　② 简秉达：《法律翻译——保障澳门法律–政治自治之核心工具及遵守联合声明之必要条件》，载《行政》第16期，第527—531页。（以下简称："简文"）

的风俗习惯以及香港的某些法律——特别是商法的一些领域——共同构成的多元法律文化的法律制度。

那么，在澳门这种多元素法律的法制中，葡国的法律制度究竟占有多大的分量？在澳门的法律生活中，葡国的法律究竟起着多大作用？这个问题似乎应当另以专题讨论，不宜遽下断言。不过，有葡国学者已经指出："中国居民则一直以来都是生活在葡国法律以外"，"对葡式法律制度的合法性，我们没有准确看法，但一切表明，居民对澳门现行法律制度模式的认同是微不足道的。"[①]在某种程度上，可以说这种判断是客观的。

四、澳门法制的现有问题及紧要的工作

澳门法律制度既是多元法律文化的产物，而其中又以属于大陆法系的葡国法制为基础框架，那么，在目前这种特殊的历史时期中，在澳门这种特殊的社会环境下，在实现澳门法律本地化的过程中，究竟存在着哪些不可忽视的问题和必须要做的工作呢？

1.法律体系定型

首先要涉及对澳门法律制度未来发展的取向及其付诸实现的过程。这似乎并不是大的问题，因为如前所述，澳门的法律制度结构由于葡国法律制度的缘故，早已具有了大陆法系法制的特点，故它的未来取向也应如此。但是由于澳门的法律制度呈现为一个多元法律文化的集合体，即在葡国法制形式的框架下同时并存着：澳门当地法律、习惯；华南地区（如福建）的习惯；甚至于台湾地区和中国内地的法律和习惯。若以法律文化是法律制度的基础而论，则澳门的法制从来就没有确定的基础。因为，澳门从来就没有形成过独立确定的法律文化。实际上，法律制度的建立绝不仅仅是一方面的，它也必然应是呈现为立体结构的，包

---

① 见 J. A. Oliveira Rocha，Aviabilidasde Do Sistema Juridico De Macau。

括诸多不可分割的环节，如立法、司法、执法、法律教育以及法律运用等。总之，在未有确定的法律文化的情况下，澳门法律建设的当务之急是应在未来法律制度发展既有取向的基础上，尽快明确自身法律文化最基本的构成要素，进而构造并确立自身的法律制度。在可供选择的范围内，以既有葡国法律——主要是几大法典为基本框架，以澳门现政府的法律、法令或法规为主要内容，并在某些具体方面参照中国内地法律和澳门当地习惯及台湾地区有关法例，从而建立未来澳门的法律制度，这应不失为一种客观和明智的取向。当然，同时亦不应排除在某些部门法的制度中吸收其他法制的内容，如香港的商法。

2.健全法律制度

这个问题是澳门目前面临的最严峻问题，也是不那么容易解决的问题，而它又直接关系到未来澳门法治的成败。对此，澳门政界、法律界似乎都有共识，但实际的措施并不得力。这个问题的严峻基本上反映在以下几个方面：

立法方面。作为大陆法系法律制度的一支，澳门法律的构成应是以几个主要法典为躯干。然而由于澳门长期以来仅以葡文为唯一法律语言，甚至"自从葡人治澳以来，澳门的整个法律体制的运转几乎全部是通过葡文来进行的"。①故澳门法律的效用与影响似乎也仅仅限于少数澳门居民，即葡国人或土生葡人。即使是"在行政当局内，法律议案之起草人在工作上仍觉困难。因为在中、葡文中间，看葡文文本的人较少"。②而且事实上这种所谓"法律起草人"严格来说在澳门还不存在。③《澳门基本法》虽然确认了中文的官方法律地位，但因为必须经由翻译，故尚需要有一个相当的过程。仅此而言，澳门这种以几部主要法典为框架的法律制度，实际上大体不过是徒有其名。换言之，一个实实在在的从葡国法律移植过来的法典化法律制度并不是真正存在。所以，目前澳

---

① Pedro Horta e Costa e Sergio de Almeida Correia，载《行政》第7期，第264页。

② 参见简文。

③ 《行政》第13/14期，第279页。

门进行法制建设的首要任务之一，应是加快各大法典的翻译工作。无论1999年的局势究竟如何，澳门政府当局都应以积极的态度进行这项工作。葡国方面首先要有自信心，先把现在能做的工作做好，尽快使几个大法典面诸社会。此外，作为有立法自治权的政府，澳门政府应进一步加强立法工作，这方面澳门政府的确做了不少努力。但立法质量、立法的社会效应似乎还要用心去提高和增强。同时，立法机构要确实本地化，确实具备有效率的立法能力，而不仅仅是徒有形式而已。例如，由于立法质量问题，法律翻译工作常常遇到很多困难，这样的例子实在不少。这个立法会应该是能够代表澳门大多数人利益的而不是只代表少数人利益的民意代表机构。总之，立法工作的原则应是反映澳门地区的实际社会情况、民众利益和长久发展的需要。此外还应该提及的是，由于澳门法制与香港法制有根本的不同，故澳、港两方均不能相互以对方的法律转换情况衡量自己的工作成果。当然，这并不是否认澳、港两方在工作方法和技术等方面进行积极交流相互借鉴。

　　司法方面。从组织方面来看，和澳门的立法组织差不多一样，澳门至今也没有完全实现自身独立的司法组织系统。长期以来，澳门的法院不过是葡国法院系统的一个从属部分。1990年8月9日，葡国政府通过了"司法组织"提案，并提交葡国议会，当时曾引起很大的争论，该提案最后于1991年6月由立法会通过。然而，该提案由通过到施行尚有很多工作要做。[①]而且，1999年以后它究竟如何，许多人颇有疑虑，从法律适用方面来看，通过澳门现在司法组织解决法律问题，只能适用葡国法律。这就产生了一个较为严重的问题。正如我们所谈到的，澳门的法律规范并不只是葡国法律，而是还有许多其他因素。况且葡国法律从来也没有能深入影响华人社会。根据葡国学者在澳门进行的社会调查表明：即使最近几年司法活动增加甚快，但涉及民事诉讼的某些重要领域的诉讼却相对萎缩。而且，所有增加的司法案件，大部分是要取消其出生登记时有关放弃葡国国籍的声明，其目的显然是为了获得葡国国籍，

---

① 可参见黄显辉：《澳门司法组织简介》，载《澳门日报》1992年7月19日—21日。

以防 1999 年以后的不正常情况。[①]当然，这不仅是司法问题，而且还是立法问题。至于司法人员方面，澳门现今主要的司法专业人员，包括法院的法官、刑事法庭的预审法官、检察院公署的检察官等全是葡国人，几乎没有一个是华人。现今在澳门注册的律师三十余名，全部是接受的葡国法律教育，多来自于葡国，少数是接受葡国法律教育的土生葡人。[②]就澳门现实和未来的发展来看，这种情况显然不能满足澳门法制建设的需要。这固然是历史造成的现象，很难归咎于现今某一方面。但问题在于，到目前为止，仍很难看到未来澳门法官由华人担任的可能，至少短期内不行。澳门政府在此方面做了不少努力，但似乎效果欠佳。

此外，从审理程序上来讲，如今华人诉诸法庭并由法院审理的案件，绝大多数要由翻译员沟通当事人与法官的对话。当事人既对所适用的葡国法律无从了解，又对翻译员的翻译和法官的理解及询问（如律师对他人当事人的质询）一无所知。在某种程度上，当事人的法律地位和法律境遇可以说完全取决于翻译员的准确理解与翻译，甚至于翻译员的诚实信用。显然，这不仅对当事人的利益是极大的危险，而且也对法律安全构成很大的危险。有的葡国学者总结葡国殖民统治经验说："葡国模式法律制度在果阿消失，很大程度上归因于葡制司法人员所留下的空缺被'普通法'制度所培训出来的司法人员取代。"而这种情况也可能在澳门发生，因为双语司法人员已为数不多，而且他们大部分都可能在 1999 年之前就离开澳门。[③]所以，有的葡国学者明确指出：澳门现在"问题的症结还是澳门日常法律工作中使用中文有限，毫无疑问，这是过渡时期面临的一个大问题"。[④]它既说明了澳门法律翻译的重要性，亦说明了澳门法制建设还远远不只是法律翻译的问题。澳门法律翻译办

---

① 《行政》第 13/14 期，第 449 页。

② 《行政》第 7 期，第 268 页。

③ Boaventura de Sous Santos, A Justica E. A. Comunidade Em Macau: Problemas Sociais A Administração Publica E. A. Organizacao Comunitaria No Contexto Da Transicao, 载《行政》第 13/14 期，第 710 页、第 712 页［表二］。

④ 毛青文:《澳门法律专业教育之我见》，载《澳门日报》1990 年 4 月 17 日。

公室负责人也曾明确地指出这点："很明显，如果只有对法律翻译部门以人力及财力资源作出果断投资，方能确保有能力回应过渡期之要求的话，亦应同时考虑到在法律翻译政策与其他关于法律本地化策略之间之配合，否则，在法律翻译方面所付出的努力只会带来一个虚有其表、只具有空泛的学术或文化利益的结果，而这对澳门的将来毫无益处。"①

总之，在司法人员和司法手段等方面，必须要确实实现本地化。即抓紧培训和使用当地华人司法人员，其中包括法官。这个过程越有效迅速，对澳门法制的未来就越有好处；衡量这一工作效果的尺度之一，便是法庭中语言是否已经转为中文及翻译员在司法审判中作用的大小。换言之，中文在法律生活中，特别是在司法实践中使用得愈深入广泛，翻译在司法过程中的作用越小，则法律本地化的收效也就越能被证明。

3.法律教育与法律普及

这方面，澳门已做了些实际工作。1988年，澳门大学开办了法律课程，第一批当地华人的法科毕业生可望在今年投入社会。这些人正常情况下将会在未来的澳门法制中起到重要作用。目前，澳门的法律教育完全是葡式法律教育，大体是抄袭葡国现有的东西，与澳门的实际需要和发展有很大的距离，但较以前毕竟是一个不无意义的进取。要想更进一步地适应澳门的现实情况，就必须在教学方法上努力避免教条和照搬葡国的法律课程。对当地的习惯，现在适用并且将来仍然要适用的中国法律与香港法律要予以足够的重视。总之，法学教育不能只是理论或教条，要立意于解决澳门的切实需要。同时也不能孤立地看待澳门法律，要把未来澳门法制纳入未来中国及至整个世界的大格局中，并以此为参照去建立澳门的法律制度。这就需要将澳门的法学教育与外界的法学教育联系起来，以使澳门的法律能够和世界的法律发展相适应。至于法律普及，虽然也开始以传播媒介做些工作，但显然很不够。由于澳门的立法现在仍是单语立法，一些重要法规虽然能以双语发布，但能深入影响

---

① 参见简文。

民间的还颇为有限。①不仅如此，各方面的法律咨询工作也十分有限，它显然需要通过多种途径加以推动。另外，在法制环境方面，澳门还欠缺一些起码的基本活动，如法学在澳门几乎没有场合可以体现和发展，甚至一本正式的法学刊物也没有。"严格来讲，除了由公共行政培训中心所办的课程和讲座以外，培训工作实在做得不多。"②总之，法学研究与交流、民间宣传等，是要造成一种环境和气氛，使之真正能够反映澳门自身的法律取向，体现澳门本地的法律文化，从而在根本上为澳门的法制建设创造条件。

五、澳门法制的未来

以考察中西法律文化冲突与交融的历史背景及其必然性为出发点，我们对澳门现今的法律制度及其社会与文化基础作了大致的分析。毫无疑问，澳门的特殊历史发展背景及其既存的社会现状，为我们考察中西文化的交流相互提供了难得的实际典型。由以上的考察和分析可以得出结论：一个民族的法律制度通常是该民族法律文化的体现。而作为民族文化之重要组成部分的法律文化，乃是起源、形成和发展于特定民族所固有的精神与物质世界历史进程之中，故在任何情况下都不可能被另一具有完全不同历史进程的民族法律文化所取代。但是，人类社会生活的共性所决定的那部分普遍行为方式和观念却又决定了在特定的历史条件下，一个民族的法律文化对另一民族的法律文化发生影响和渗透直至被部分继受或移植是完全可能的。换言之，只要具备了历史和社会条件，则民族法律文化的转型和改造就有可能发生。这是不足为怪的历史规律。关键在于，这种转型和改造只能在有限的范围内发生，即在人类社会生活的共性所确定的普遍行为方式和观念范围内进行。而产生于这个

---

① 根据1988年2月20日第11189号法令规定，葡萄牙文的法律、法令、训令及澳门行政机构的批示均要附有中文的译本。但中文文本仅具有参考价值。而且，总督亦有权下令在无中文译本的情况下在政府公报上刊登任何法律文件。

② 《行政》第13/14期，第549页。

民族本身固有历史发展的，用以区别另一民族法律文化的那部分行为方式和观念则永远不可能被一朝取而代之。迄今为止的世界法律发展史已充分证明了这一点。澳门为我们提供的考察典型也已经并且还将进一步对此予以证明。本此认识，我们可以对澳门法律制度的未来作出较客观的判断。

1. 澳门未来法制的可能形态和应有的取向

从澳门现在的政治、社会背景来看，澳门未来法制的形态不外乎有二种可能：（1）以澳门现行葡式法制为基本框架，当地习惯、香港普通法为补充内容，并在某些个别问题上做出必要调整以同中国内地法律取得和谐的法律制度；（2）以中国内地法律为基础吸收现行葡国法律内容以及当地习惯和某些香港法的法律制度。究竟澳门未来法制会以何种形态出现，这在很大程度上取决于澳门未来在过渡期间所做的努力及其相应的准备工作如何。至少从目前情况及理智正常的角度来看如此。但有一点可以明确，无论将来情况如何，澳门的法律制度特征仍将是大陆法系式的——以法典法为基本法源的法律制度。因为这是中国内地和澳门共有的法律制度特征，双方都没有必要和理由舍此共有而它求。所以，澳门主要法律领域的法典或法律应尽快翻成中文，以加速澳门法律本地化的过程。对此，澳门有关方面亦有较清楚的认识。①

当然，未来澳门法律将在某些方面（特别是商法）不可避免地要受香港法律影响。但其作用充其量只是外来和补充的，不可能反客为主地建立起一个普通法系风格的法制。事实上，从当代世界法律发展趋势来看，两大法系——大陆法系和普通法系现正处于所谓"趋同"（convergence）的发展过程中，即大陆法系现在愈来愈多地以"案例"为法例来弥补法典法的漏罅或不足，而普通法系则也愈来愈多地以成文法或法典法为"普通法"的法例，以适应各自身法制的发展需要。如果

---

① 澳门立法事务办公室负责人在谈及刑法典修订时表示：澳门目前要制定一部切合澳门社会需要的法典，而不是照搬葡国或其他国家的法律。见：《澳门商报》1992年8月21日。

把握得好，澳门与香港很可能会在两大法系的相互融合沟通方面成为一种典范。

2. 澳门和内地在澳门法制建设中各自应取的态度

虽说法制与政制是密切相关和不可分割的，但作为调整人们种种社会关系的行为规范，法律又不完全取决于政制。这也是为什么不同时代、不同社会、不同国度或民族的法律何以能够借鉴、继受甚至于移植。所以，澳门、内地双方都应最大程度上摈弃政治上的或意识形态上的歧见或不确定因素，积极配合协作，着力做好过渡期的法律转化工作。从目前情况看，双方的配合十分不够，而且更谈不上积极主动。由于过渡期法律转化工作主要是由现澳门政府承担或负责，故澳门政府更应着意实施这方面的工作。

总体上说，澳门政府在诸多方面对未来缺少自信心，虽然不无原委，但也不能构成充分的理由放却目前的必要努力。进一步说，1999年对不少葡人和土生葡人来说都是一个未知数，似乎是末日，而不是新的开端，以致许多措施都是维持性的而不是建设性的；太多短期行为或目标，而太少长期行为或目标。例如，澳门现政界、司法界的绝大多数重要官员（几乎百分之百），非葡人即土生葡人，而这些人将来大多数会离开澳门。对此，政府并非不是不清楚，然而相应的对策却没有，至少未见诸实施。公务员本地化只限于较低级的服务层，领导层却尚未有显著成果。在这种情况下，一旦1999年到来，上述大多担任现政府行政、法制领导职务的，在目前澳门政治生活中起着骨干作用的葡人或土生葡人离开澳门而去，则这种空缺如何填补？现澳门当地人已多感到：如今葡人治澳，将来是"京人"治澳。如果在当地人才未能培养出来而原有人才外流的情况下，不得不以大量的内地人员来补充这种空缺，则必然会真形成"京人"治澳而不是澳人治澳的局面。这对澳门民众来说当然是不公平的。果然如此，则澳门现政府自有难以推诿的责任。很明显，澳门政府应尽可能快地培养和挖掘出将来要与澳门共命运的人来逐步接手澳门的行政与司法管理。如果葡人真想在澳门留下影响，真想在

1999年后仍与澳门利害与共，那么这是唯一的选择。即使许多葡国的有识之士也明确指出这一点。如有葡国学者谈道："至于司法组织，我们希望它能迅速建立起来，使澳门司法制度成为一个自治的整体，而司法官员们则可以逐步由能使用澳门两种官方语言来从事司法工作的人替代。"①

在内地方面，似也不应是观望，而应本着《联合声明》的基本精神，积极配合澳门政府的法律转化工作，促进澳门法律本地化、澳门法律工作人员本地化和澳门官方语言中文化的进程。只有这样，才能主动避免将来以内地人来填补澳门人才空缺的局面，从而稳定和增强现今澳门人对1999年后在澳门的安全感。而这种安全感对澳门、香港来说同样都是非常非常重要的。

---

① 《行政》第13/14期，第555页。

实践基本法　铸造澳门精神①

　　澳门的价值在哪里？澳门的价值是什么？澳门的价值体现了一种什么精神？长期以来，这对澳门和整个中国来说都是一个饶有兴味的问题。一个社会共同体恒久和真实的存在，在很大程度上体现为一种人们认知和承认的文化及其精神存在。一个民族或社会如果没有文化根基，那么这个民族或社会就没有独立的文化人格，同时也会缺少凝聚力、创造力，就会欠缺自信和认同，就很难在林林总总的民族或社会之中树立自己的形象和地位。所以，在澳门回归祖国五周年之际，追寻上述问题具有特别的意义。因为如果能够明确回答些问题，就会更加尊重澳门的历史存在与现实存在，就会更有意识地保护和发扬澳门的特色，就会更自觉更有信心地树立澳门形象和铸造澳门精神。

一、澳门《基本法》的精神

　　《基本法》的核心内容是"一国两制"，即在一个统一的国家中，除了主导的社会制度外，还可以在局部地区实行另外一种非主导社会制度，具体说，除了在中国大陆实行社会主义制度外，在中国的台湾、香港、澳门地区可以实行资本主义社会制度。那么，《基本法》的这个基本内容究竟体现了一种什么精神？从政治上讲，就是理想主义和现实主

　　① 本文是作者2004年在澳门基本法推广协会主办的"庆祝澳门回归五周年座谈会"上的发言基础上整理而成。

义相结合的务实精神，从文化上或根本上讲，就是和而不同，[①]多元一体的包容精神。应该说，《基本法》确立的这个国策，是当代中国几代领导人的集体智慧结晶，是一种明智和进取的政治决策，但它有着深刻的文化传统背景和特定的社会现实基础。《基本法》能够得以实施，"一国两制"能够成功实践，不是偶然的，而是必然的。尤其是在澳门，更有着深刻的历史人文背景。

《基本法》的思想基础实际上是传统中国文化的"和为贵"精神与一统情结，是中国历史文化和社会传统"一体多元"的现实写照。一方面，"和"是中国人自古以来追寻的一种理想境界，是最能体现中华文化传统的精神。但与此同时，又不否认差异，此即所谓"和而不同"的思想境界。孔子曰："礼之用，和为贵"；[②]儒家经典《礼记》说："和也者，天下之达道也"；[③]孟子曰："天时不如地利，地利不如人和"，[④]等等。另一方面，从历史上看，中华民族文化传统之中很重要的一种精神意识就是"大一统"和"大一统"之下的"包容"。中华文明史自夏朝建立时实际已经有了一统的意识，这种意识经过商周两朝愈加分明，而经过春秋战国时期到了秦始皇统一中国时，这种"大一统"之下包罗各族众生的意识已经成为中华民族文化的一种价值取向。孔子曾赞扬管仲说："管仲相桓公，霸诸侯，一匡天下，民到于今受其赐。微管仲，吾其被发左衽矣。"[⑤]中国历史上许多被颂扬的民族英雄实际都是为了民族尊严和国家一统而舍生取义的。历史上这种价值取向经过历代封建王朝直到清王朝越来越明确巩固，以至于最终成为一种大中华民族文化的精神。正因如此，即使到了新民主主义革命时期和社会主义建设时期，这种一统包容的精神仍然继续发展。中华人民共和国建国初期时毛泽东就提出了和平解决台湾问题，尝试第三次国共合作的主张，指出"我们都

---

① 《论语·子路》：君子和而不同，小人同而不和。

② 《论语·学而》。

③ 《礼记·中庸》。

④ 《孟子·公孙丑下》。

⑤ 《论语·宪问》。

是中国人，三十六计，和为上计"。① 毛泽东的这个主张此后成为大陆对台湾政策的基本格调。经过周恩来的阐释推行，实际已渐渐呈现出"一国两制"的思想轮廓。到了邓小平时期，终于成为明确的国策，并且首先得以在香港、澳门实践。从思想渊源上看，我们完全可以说这个国策就是传统中国文化中"和为贵"及"和而不同"精神的时代诠释。

其实，从历史和现实情况看，澳门最具有实践《基本法》，宣扬其包容共存、多元一体的精神的条件。较之于香港和台湾地区，澳门更早地开始了不同民族寻求共存，多元文化实现和谐的历史，这种历史文化特征恰恰是中国历史文化特征的典型缩影。因为中华民族五千年的文明史本身，实际上就是一个多民族共存，多文化融合，多元性一体的文明史。对此，无论是中国人还是外国人，差不多都有共识。在这种意义上，可以说澳门以往历史文化的演进发展本身就是中华民族历史文化演进发展的一个写照与实践。不仅如此，从现实社会条件看，澳门回归祖国之后，澳门主流文化载体重新成为澳门社会的主人，社会政治制度建设和区域社会管理又有《基本法》予以保障，社会经济结构得到进一步的调整改善，对外经济和文化交往进一步扩大。总之，社会政治、文化和经济各个方面都更为积极主动，更为自信自主，更为丰富多元。所以，无论是从历史发展轨迹，还是从现实社会条件看，澳门都有更充分的理由在未来担当整个中华民族历史文化发展进步的模范者与先行者。这就是澳门的特色，这就是澳门的价值，这就是澳门精神的来源。

二、澳门精神的内涵

澳门社会包容异质、和谐共生的精神具体可见之于以下几个层面：

民族的和谐。在澳门这个方圆总共27.6平方公里的土地上，至今约46万人口的居民中，生存着东西方诸多民族，他们杂居共处，和谐

---

① 《毛泽东文集》第七卷，人民出版社1999年版，第420页；又见《毛泽东军事文选》，中国人民解放军军事科学院编，人民解放军战士出版社1981年版，第365页。

生存。其中除了中国人、葡萄牙人和土生葡人外，还有来自世界众多国家不同民族的人们，在政府、学校、公司、商店、饭店以及各种服务部门里，到处都可以见得到不同民族、不同肤色和不同人种平静和谐地相处，共同营造着祥和幸福的个人、家庭与社会生活氛围。这种世人咸集、天下为一的情形在世界上任何其他地方，世界史上任何一个时期，都难得一见。我国人文学者费孝通所说的"中华民族是一个多元一体的民族"，①在澳门这里最能得到体现，最容易得到理解。

　　文化的融合。不仅在中国历史上，而且对于世界史也是一样，澳门在中西文化交流方面具有特殊的意义，做出过重要的贡献。近代中西文化交流的高潮是在澳门发生，无论是西方文化的传入，还是中国文化的传出，都是通过澳门展开，主要由耶稣会教士们完成的。就现实而言，澳门一个多世纪以来，特别是1986年《中葡联合声明》签署以来，澳门社会更是加速和拓展了这种文化沟通与融合的步骤与渠道，更加呈现出一种融合各种文化的气象。所以，无论是历史上还是现实中，澳门都扮演了沟通中西交通，传递异质文化的文化使者角色。自然，澳门也在此过程中水到渠成地成就了本身的一种特色文化，即融汇了东西方文化的一种融合文化。尽管由于澳门主要文化载体是中国人而使得中国文化具有主导地位，但是这种占据主流地位的中国文化显而易见地已经融进了诸多异质文化的因素。同时，在澳门的其他非主流文化也深受中国文化的浸透，因而使得整个澳门文化具有了一种融各种文化为一体的、丰富多彩的混合或融合文化的鲜明特征，以至于她已经成为澳门精神的一种体现。我们虽然不能说澳门文化已经有了世界文化的色彩，但至少她是在此方向上发展的文化。我国学者钱穆终其一生感悟说："中国人最喜言'天下'，'天下'二字，包容广大，其涵义即有使全世界人类文化融合为一，各民族和平共存，人文自然相互调适之义。"②如果说钱穆在此所言表达了一种中国文化的精髓或精神，那么澳门则是这种中国文

---

　　① 见《费孝通学术论著自选集》，北京师范学院出版社1992年版，第602—645页。

　　② 钱穆：《中国传统思想文化对人类未来可有的贡献》，载《中华文化的过去现在和未来——中华书局成立八十周年纪念论文集》，台湾中华书局1992年版，第43页。

化精神的实践与传扬者。

社会的多元。澳门是一个小社会，但是在这个本来就小的社会中，还存在着多种多样的更小的社会共同体。从人种或民族类别上看，有本地华人主流共同体、葡萄牙人共同体、土生葡人共同体、外来华人共同体、欧洲人共同体、非洲人共同体等；从行业和阶层来看，有丰富多彩的文化人共同体，有各式各样的商人共同体，有热热闹闹的博彩娱乐业共同体，还有普通居民共同体和特殊居民共同体等。所有这些共同体都有其自身的行为规则与习惯，但是又都能够在一个社会秩序下和平共处，按部就班地展开社会活动与生活。这些共同体的区分在其他国家和地区或许也能够同时看得到，但是像澳门如此多样而集中，各行其道又融洽平和的情形并不多见。联合国教科文组织顾问杜鲁斯特（Bernd von Droste）也曾就澳门的多元社会特征说："澳门有特别的历史和文化，有欧洲的，也有中国的，甚至拉丁的，使澳门成为丰富的文化都会。……澳门的这种独特的多元化，对中国和欧洲都有重要性影响。"①

利益的一体。在某种程度上，我们可以说澳门的历史决定了澳门的现实，因为今日澳门的多彩多姿实际上来自于历史。澳门的多民族共处，多文化共生，多共同体共存，决定了澳门社会的多元性。但是所有这些多元因素，并没有妨碍澳门作为一个利益整体的存在；相反，它们自然的相互结合与和谐的共同生存，不仅赋予澳门以独有的神奇魅力，而且还带给她一种共同的利益，即多元结合的一体利益。无论是哪一个社会共同体，无论是哪一种文化存在，无论是哪一个民族，它们的兴盛与衰颓都是相互影响的，即它们的利益都是共同的。澳门的历史和现实最有说服力地向澳门本身和整个世界证明了这样一个道理，即终极意义上讲，全部人类利益一体，他们之中一荣俱荣，一损俱损。其实也正是这个缘故，澳门的和谐与祥和才有现实的基础。

人性的包容。人性是多维度、多样式、多类型的，人性的善恶随着时代、社会的发展，因人群的不同而变化不一，既每每存在区别，又

---

① 《澳门日报》，2000年7月24日B2版。

始终善恶并存。任何时候，任何社会，任何人群，都不可能实现一种绝对理想和美好的统一人性，这是人们必须面对和接受的现实。但是，在善恶之间，其实存在着各种中间表现形态，所谓人生百态，就是人性中间形态或人性不一的现实。所以，明智和客观的社会管理应该是人性化的，即能够在对人性充分理解的基础上最大限度地对待所有非恶的人性行为予以包容，要有三教九流任生之，形形色色可容之的宽容与大度。只有这样，才能使一个社会富有人的生命气息和跳跃脉搏。当然，这里所说的人性的包容，是有序的包容，不是无序的放任。具体说，就是社会应该以相应的规则对可能表现出来的人性行为与存在予以规制调整。在这方面，澳门的历史与现实无疑是一个成功的典型。其实，澳门回归前的博彩娱乐经济，澳门回归后的"舞照跳，马照跑"的策略，都体现了对人性多样的认可与包容。如果没有这种包容，而仅仅以理想的人性规制社会生活，那么无论是澳门的社会经济还是澳门的社会生活模式都会失色很多。

　　澳门回归已经五周年。五年来澳门社会在《基本法》精神指引下，在澳门特区政府开明睿智的领导管理下，在全体澳门民众的共同努力下，在社会管理、社会经济和文化发展诸方面获得了令人瞩目的辉煌成就。这既是澳门人的成功，也是全体中国人的成功；既是《基本法》的成功实践，也是澳门精神的成功实践。所以，值此欢庆澳门回归五周年之际，我们应该发现和宣扬澳门精神。因为正像澳门学者所说的，在澳门历史上和今天发生的，是在"小剧场"上演的"大剧目"。[①] 在这个大剧目中，实际演出的是一种体现人性冲突但却能够求得和谐的人类生存活动，从中我们可以发现一种人类的精神与理想。

---

　　① 杨允中:《"一国两制"与澳门成功实践》，中国大百科全书出版社2004年版，第391页以下。

论大陆法传统[①]

——及其与大陆、台湾地区和澳门法制的关系

在澳门过渡期内，澳门法律本地化无疑是至关重要的一个环节，这已是澳门各界、各阶层的共识。所谓澳门法律，简单地讲就是以葡萄牙法律制度为模式，以葡国的几个主要法典及有关制定法为主要法律渊源，属于大陆法传统的法律。现时澳门法律本地化之所以将葡萄牙五大法典的中译作为一项基本工作，恰恰是取决于葡萄牙法律的这一特点。那么，何谓大陆法传统？它是如何产生和发展的？它具有哪些特征？与此同时，由于澳门的将来与内地、香港及台湾地区兴衰攸关，故它与后者的法律之间有何关联？弄清这些问题，我们才能把握现行澳门法律的背景情况，才能使我们在法律本地化的过程中避免盲目并争取主动。

一、大陆法传统的形成与确立

（一）什么是大陆法传统？

大陆法传统或大陆法系（os sistemas continentais），是指渊源于上古罗马法（jus romanus 或 jus civile）并以其法律制度为基础演进发展

---

① 原载澳门政府《行政》，1995年；《澳门日报》1995年5月23至6月5日连载，其部分内容取材于作者与江平教授合著的《论民法传统与当代中国法律》，载《政法论坛》1993年第2、3期。

而成的法律传统：因其产生与发展及至后来的"继受"都发生在欧洲大陆，所以人们习惯上把它叫作"大陆法系"。这一法律传统的最初形式，即古代罗马社会的市民法（jus civile），现今所谓民法传统即由此而来：由于它与罗马法有最久远的历史关系，而且至今还大体上以罗马法的制度、体例以及诸多法律原则为模式，故又称其为"罗马法传统"（tradicões romanas）或"民法传统"（the civil law tradition）。

（二）大陆法传统的形成

大陆法传统或法系起源于两千五百多年以前的罗马国家，但它真正形成是在中世纪日耳曼各部族继受罗马法之后，这种继受的主要依据或基础是公元6世纪时由东罗马皇帝优士丁尼（Justinianus）主持编纂的《民法大全》（Corpus Jutis Civilis）。《民法大全》将自罗马建国以后的诸多法律、敕令、裁判官告示及法学家解答等，在整理、甄选的基础上加以汇编，实际是对以往罗马法发展的全面总结，是集罗马法之大成，但同时也宣告了罗马法发展的终结。不过，最为重要的是，通过这部法律大全，罗马人给后世留下了天才创造的、丰富的法律文化遗产，它直接产生了一个现今世界上影响最为广泛、继受国家最多的大陆法传统。

11世纪以后，欧洲在经历了中世纪早期的长期战乱纷争之后，各民族国家已相继大体完成了封建化过程。新的社会生产关系形成，带来了新的较为稳定的政治局面和较有生气的经济环境，从而使社会经济相应地得到发展。于是，近代资本主义的萌芽，中世纪商业城市开始出现。这种新的历史条件所造就新的社会生产关系和社会生活关系，要求一种与其相适应的新的社会行为规范制度，而古罗马人创造的法律及其制度恰好可以满足这种需求。于是，罗马法的复兴成为必然。

对罗马法复兴起了最重要作用的是当时业已在欧洲，主要是在意大利城市形成的文化中心。作为中世纪欧洲第一所大学，博洛尼亚（Bologna）大学最早讲授教习罗马法，它以产生培育了注释法学派而尤负盛名，一度成为当时研究罗马法的学术中心，吸引了各国众多的学子，从而对罗马法在意大利和意大利以外的传播做出了重要贡献。时至13世纪，注释法学派的工作因阿库修斯（Accursius，1182-1260）的《注释大全》（Glossa Ordinaria，1250）而发展到了一个新的阶段，即评论法学派兴起。该学派不像注释法学派那样仅以诠释古典罗马法为主，而是力求把罗马法的解释适用于当时社会发展的需要。"其结果首先是在欧洲恢复了法的意识，法的尊严，法在保障社会秩序、使社会得以进步方面的重要性。"①

在意大利域外的欧洲，最先成功地继受罗马法的是德意志民族国家，他们的继受也是从博洛尼亚开始。一般说来，德意志民族继受罗马法首先开始于大学的法律教育。他们有计划地大量培养年轻的法律专家，而这些年轻人无不以罗马法为必修之科。因为当时"在欧洲的所有大学里，任何法律教育的基础是罗马法，辅之以教会法"，②这种情况一直延续到19世纪。虽然15世纪以前德意志法学教育以寺院法为主，但后者与罗马法有密切关系。罗马法事实上是学习寺院法的必要基础。正是在此背景下，中世纪德意志民族国家于16世纪首先完成了对罗马法的继受。而中世纪罗马法的复兴和德意志对罗马法的继受，又直接产生了"罗马普通法"（jus comune），"这是欧洲学术界完成的不朽作品。"③同时也是大陆法传统得以形成确立的实质基础。如果没有这种变古代为现代，融个别为一般，化局部为一统的罗马普通法，这一法律传统就无从谈起。

（三）大陆法传统的确立

大陆法传统在欧洲大陆上确立是以近代资本主义国家的法典编纂为标志的，其中最主要的是1804年的《法国民法典》，此前虽有一系列民族国家的法典编纂出现，但都未产生过像这部民法典那样深的影响。如17世纪斯堪的纳维亚国家的民法典，其影响仅限于本地区或本国。另外，18世纪还产生了由普鲁士弗里德里希二世和奥地利约瑟夫二世

---

① 〔法〕勒内·达维德：《当代主要法律体系》，漆竹生译，上海译文出版社1984年版，第48页。

② 同上书，第41页。

③ 同上书，第43页。

主持编纂的法典，其影响也较为有限。这些早期民族国家的法典均在很大程度上以罗马法为基础。《法国民法典》的出现，对民法传统的确立起了一锤定音的作用。它将发源于罗马法，形成于中世纪德意志民族和其他民族继受罗马法过程中的法律传统，划时代地以近代社会生活的思想观念和生活内容集大成于一典。从此，一个严格意义上的、自成体系的民法传统最终得以确立。作为大陆法传统中的典型代表，作为当时和后世其他国家编纂法典的重要模式，法国法典编纂在世界法律史上具有非常重要的意义。

　　作为近代史上第一部重要法典，《法国民法典》实际上是"法兰西法"，即"普通习惯法"和罗马法长期融合的产物。前者是混乱不成文的，而后者是成文且统一的。《法国民法典》在形式上完全奉罗马法——优士丁尼的《法学阶梯》（Institutes Justiniani）结构为模式。不仅如此，在许多内容和原则方面，《法国民法典》都取材于《法学阶梯》。所以，《法国民法典》无论是就其历史源流言，还是就其现实内容而言，都确实体现为罗马法传统，即民法传统的继续与发展。该法典颁行后近百年内，不仅成了欧洲各民族国家的立法典范，而且还为东欧、近东、中美洲和南美洲甚至北美某些地区所仿效，即使在德国和意大利，它也长期地发生着影响。时至今日，比利时、卢森堡和荷兰的民法典还依然受这部法典支配。

二、大陆法传统的巩固与发展

　　如果说1804年的《法国民法典》标志着"民法"式传统的确立，那么，1896年颁布的《德国民法典》则标志着这一传统的巩固与发展。换言之，没有后者，大陆法传统也已是客观存在，但由于后者的出现，民法传统又得到了发展改进，从而使得这一传统又获得了在新的历史条件下存续的生命力。《德国民法典》的历史功绩，它高于《法国民法典》之处正在于此。进一步说，《德国民法典》对近现代法律文化的意义在于：德意志人又在以往历史已奠定的基础上颁布了与罗马法有血脉之缘的《德国民法典》。这部民法典的诞生将已由《法国民法典》确立的大陆法传统予以发展并使之在制度与技术上、原则与思想上、形式与内容上达到了新的时代高度。

　　与《法国民法典》相比，《德国民法典》不仅独具风格，而且还在形式、内容方面有很多不同。究其原因，主要是两部法典所处的历史时代颇不相同。通常情况，"一部民法典编纂的特点根本上是要由它所赖以产生的特定的历史条件来决定"。①《德国民法典》比《法国民法典》差不多晚了一个世纪，而在这一段历史时期内，欧洲较为先进的几个资本主义国家酝酿并且实现了重大的历史转折。《法国民法典》颁行之时，正值大资产阶级夺权不久，尚为自由资本主义蓬勃发展之际；而《德国民法典》颁布之时，则是自由资本主义向垄断资本主义过渡且已经接近或已基本完成。因此，反映在这部法典中的思想与规范远非像前者那样激昂进步，相反，明显地冷静保守。就此，当代德国法学家拉德布鲁赫的评价较为中肯："《德国民法典》与其说是20世纪的序曲，毋宁说是19世纪的尾声。"②或如齐特尔曼所言，它是："一个历史现实的审慎终结，而非一个新的未来的果敢开端。"③然而无论怎样，它毕竟反映了《法国民法典》限于时代而不能反映的社会关系。另外，由于受学说汇纂派的深刻影响，它在语言、技术、概念和结构诸方面独树一帜。历史已证明，《德国民法典》的颁布又把民法传统发扬光大。它对后来意大利、希腊、葡萄牙及亚洲的日本、中国清末民初的法典编纂乃至当代中国的法律都有着直接或间接的影响。

三、大陆法传统的基本特征

　　大陆法传统既是世界法律发展史上的最重要的法律体系之一，而

---

　　① Zweigert/Kötz, *Einführung in die Rechtsvergleichung*, J. C. B.Mohr (Paul Siebeck), Tübingen, 1984, Vol.1, S.168ff.

　　② Ibid., S.169.

　　③ *Deutsche Juristenzeitung*, 1900, S.3.

它在当代世界的社会生活中又产生着如此广泛深刻的影响，那么，我们何以判断并评论它的历史发展和现实存在呢？为此，我们首先要明确这一传统据以区别于其他法律传统或法系的基本特征。德国法学者茨威格特和克茨曾就法系的划分提出了他们的标准或应予考虑的要素：（1）一个法律秩序的发源与演进；（2）其独特的法律思维方式；（3）特定的、有代表性的法律制度；（4）法律渊源及其解释的种类；（5）思想因素。①

法国法学家达维德则简单地认为："罗马法学研究的恢复是标志罗马日耳曼法系诞生的主要现象。属于这个法系的国家就是历史上其法学家与法律实际工作者使用罗马法学家的分类、概念与推理方式的那些国家。"②他们的观点各有独到之处，但基本特点还是一致的。就全面性而言，前一种观点似更有启发。其实，作为一种法律体系，大陆法传统的特征是多方面的，举其大端可见之于以下几点：

第一，发源于罗马法，与罗马法有直接或间接的历史文化渊源。

如前所述，大陆法传统还直接取义于罗马法，即罗马"市民法"这一概念。西罗马帝国灭亡后，日耳曼各部族也都自觉或不自觉地汲取着罗马法：中世纪中期罗马法的复兴，直接产生了大陆法传统赖以形成的罗马普通法。近代世界的第一个民法典——《法国民法典》无论是在历史上、思想上、法律制度上、法典体例上乃至许多具体规定方面，都与罗马法有着不可分割的联系。而此后近百年颁行的《德国民法典》也同样如此。当然，两个法典对罗马法的借用与倚重有很大不同。此外，因受法国法和德国法影响而纳入罗马法或民法传统的诸近代民族国家法典编纂，应视为间接源于罗马法。

第二，以法典法为主要法律渊源，法规法辅之。

法典法是大陆法传统的最基本特征，也是它区别于普通法律传统的重要所在。早在罗马国家时代，法律编纂就是其整个法律制度的核心。公元前450年《十二表法》的制定，可谓"民法"最古老的法典编

---

① Zweigert/Kötz, *Einführung in die Rechtsvergleichung*, S.79.

② 〔法〕勒内·达维德：《当代主要法律体系》，第49页。

纂。罗马古典法时期以后，在罗马法和罗马法学得到空前发展的基础上，曾相继出现几部法典，即《格雷高利法典》（Codex Gregorianus，295）、《赫尔摩格尼法典》（Codex Hermogenianus，324）和《狄奥多西法典》（Codex Theodosianus，435）。西罗马帝国灭亡后，又有几部日耳曼习惯法与罗马成文法杂糅的法典编纂，如：《狄奥多利克敕令》（Edictum Theodorici，约500）、《西哥特罗马法》（即《简明阿拉利克法典》）及《勃艮地罗马法》（Lex Romana Burgrungionum，约517）。此外当然还有最重要的《民法大全》。中世纪晚期，欧洲又出现了《现代法学汇纂实用》（Usus Modernus Pandectarum）。除此之外，中世纪欧洲各国差不多都曾进行过法典编纂的尝试，且无不受罗马法影响。西班牙卡斯提尔王国，阿方索十世时曾编纂《七章法》（Siere Partidas，Codigo de Las，1265）。大概稍后时期，葡萄牙也出现了敕令的编纂（见本文第六部分）。到了近代，以法典作为主要法律形式更成了大陆法传统的规律。如法国、德国及瑞士、意大利、西班牙、荷兰、比利时、卢森堡、葡萄牙等无不如此。

不过，将法典法作为大陆法传统的基本法源，并不应该忽视该法律传统中的其他法源。特别是近现代以来，法规法和判例发挥着愈来愈重要的作用。它们弥补了法典的不足，为适应社会发展而不断开拓着新的法律领域，创建着新的法律原则，已成为大陆法传统中不可缺少的重要组成部分，以致没有它们，一个完整的法律制度就无从谈起。

第三，以民法为其法律制度的核心。

大陆法传统的法律制度或法律体系，差不多均奉"民法"为核心。当然，此处所言民法是指作为一个法律领域意义上的民法。所以如此，有其历史和社会的原因。如前所述，从历史上看，该法传统源于罗马法，而且直接取义于"市民法"。实际上，我们现今所谈的罗马法，一般系指以"市民法"笼统概括的私法。无论"市民法"也好，罗马私法也好，它们所含的主要内容恰恰基本上相当于近现代的民法范畴。于是，以罗马法为基础发展而成的法律传统以"民法"自我标榜就成了自然。在此，民法始终是其法学与法制的重要基础，其他法律部门通常是随着民法的发展而发展。从社会方面讲，民法制度或民法范畴反映着最一般最普遍的生活劳动关系，是处于一定社会制度下而生活、劳动和进步的人们无时不涉及的行为规则。因而，说明一个社会或国家的法律制度首先要着眼于民法制度，这也是理所当然的。正因如此，当今世界上大多数法学家仍视民法为该传统的真正核心。"在某些国家，它甚至具有准宪法的性质。"①这也说明了为什么许多比较法学者在研究近现代民法法系乃至其他法系时，都以民法典或民事法律为主要的考察对象。

第四，法律的进步倚重于法学。

虽然各个法系中的法律发展都无一例外地受法学影响，但像大陆法系这样特别地倚重于法学则是其他法系所不及的。在罗马法时代，促成罗马法迅速发展成熟的重要因素就是罗马法学的发达。可以肯定地说，如果没有罗马法学，就不可能有存留后世、千载享誉的罗马法律。在罗马共和国中期至古典罗马法时期以前，虽然法官法，即裁判官告示（edictum praetorum）极大地丰富了罗马法，但这种裁判官告示也是经常地以法学家的见解或咨询为依据。②古典罗马法的繁荣，实际上可以说是罗马法学的繁荣。德国当代罗马法学权威马克斯·卡泽尔（Max Kaser）写道："前古典和古典时期的，亦即在此期间获得决定性发展的罗马私法，体现为法学家法。它的思想上的创作者，即精谙法律的人们，并不是脱离现实的学者，而是实际法律生活中的人们——即使不一定是司法组织——他们直接地从法律生活中创造着他们的科学并转而又以其学识直接服务于法律实践。通过这种法律适用、法律改进和法律科学的完美结合，罗马法的这种生活现实性成为可能。"③

11世纪开始的罗马法复兴，也正是始于法学，最后又归结于法学，注释法学派和评论法学派莫不如此。18、19世纪德意志国家的学说汇纂学派在德意志的法律发展过程中，也起着至关重要的作用。以至于

---

① 〔美〕格伦顿等：《比较法律传统》，米健、贺卫方、高鸿钧等译，中国政法大学出版社1993年版，第48页。

② Rudolf Sohm, *Institutionen*, Duncker & Humbolt, 1917, S.102.

③ Max Kaser, *Das Römische Privatsrecht*, C.H.Beck, 1966, S.12ff.

大陆法传统确立之后直到今天，法学始终是该法律传统的重要组成部分。在此，它与普通法有明显的区别，后者主要是判例法或法官法。所以，一般地说，大陆法传统中法学家地位要高于法官，普通法传统中则是法官的地位高于法学家：在法律发展史上，大陆法传统中的法学家往往名垂后世，而普通法中的法官往往倍享殊荣。[①]不过，在大陆法传统内部，也有愈来愈多的人批评或贬黜法学的作用。德国学者基希曼（Kirschmann）曾有一篇著名的论文——《论作为科学的法学的无价值》，索性直言不讳地说："只要立法者三句话，全部的有关藏书就可能成为废纸。"[②]但直至今天，法学在该法律传统中的地位并未动摇和削弱。

四、大陆法传统与近现代中国法制

（一）传统法律改制的背景

和葡萄牙法制归属大陆法传统的原因不一样，中国法制纳入大陆法传统只是20世纪初才实现的。在此之前，中国法律完全建立在自身历史文化传统的基础上，是自成体系并独具风格的中华法律传统，与以西方历史文化传统为基础的大陆法律传统和英美法律传统相去甚远。然而，自19世纪中期以后，中国闭关锁国的政策彻底失败，面对西方强国的军事与经济力量，腐败无能的清政府一筹莫展，屡屡丧权辱国，招致朝野同声谴责。其结果，迫使当时的中国政府很不情愿地开始正视越来越多的对外经济交往和政治交往，并意识到以往中国那种与世隔绝自成一统的国策及相应的法律制度，根本不能适应时代的需要。此外，当时国内各种社会矛盾也不断尖锐化，直接动摇着清王朝的统治。在这种情况下，中国朝野有识之士都努力探求摆脱危局和救国救民之道。他们大都认为，中国的失败皆因政制与法制的落后与不完善，故中国的出路

---

① 〔美〕格伦顿等：《比较法律传统》，第81页及以下。

② Radbruch, *Einführung in die Rechtsvergleichung*, K. F. Köhler, 1958, S.102.

只能是改革政制与法制。但是由于当时的社会条件尚不成熟，政制改革终于以革新派失败而暂告结束，不过法制改革却得以进行并基本完成。当时进行法制改革的取向，就是参照西方法制，尤其是以大陆法系的法制为模式来建立一个能适合现代社会生活和对外交往的中国法制。经清末政府、北洋政府和民国政府的不断努力，20世纪30年代初时终于大体完成了传统中国法律改制的工作，先后草拟并颁布了几部法典的草案，从而为现代中国法律发展奠定了基础且规定了方向。现代中国历史虽然曲折多变、政制更迭，但这种法律发展的方向或模式却始终没有改变。

传统中国法律之纳入罗马日耳曼法系或民法传统，自清末立法开始，至民国初立法完成。它大致体现为既有法律制度渐渐脱离了中华法律传统的局限，并且从各项制度、创制方式、结构体例及实施过程等方面基本具备了大陆法传统的特征，从而开始与当代世界各国法律制度相谐调。

中国近现代立法是近现代中国面向世界的必然结果。其发生的契机乃闭关锁国的失败。有学者认为，"近代我国立法运动最初之起源，远在中日战争之后，而盛于清之末际"[1]，而实际立法活动"实始于日俄战争之后，当时所谓士大夫认定日本以蕞尔小国竟能战胜大国，咸归功于日本立宪之结果。深信专制国家必难图强，于是'颁布宪法''召集国会'已成为一般知识阶级之愿望"。[2]

不过，根据当时的历史情况看，清末立法活动酝酿既久，实际活动乃正式开始于1902年，即日俄战争前两年。光绪二十八年，清政府在当时两江总督刘坤一和湖广总督张之洞等开明官僚的奏请下，正式下诏议定修律。[3]清廷修律之诏既出，社会颇有响应。同年，光绪皇帝又

---

① 杨幼炯：《近代中国立法史》，台湾商务印书馆1967年版，第1页。

② 同上书，第3页。

③ 谓曰："惟是为治之道，尤贵因时制宜，今昔情势不同，非参酌适中，不能推行尽善。况近来地利日兴，商务日广，如矿律、路律、商律等类，皆应妥议专条。着各出使大臣，查取各国通行律例，咨送外务部。并着责成袁世凯、刘坤一、张之洞，慎选熟悉中西律例者，保送数员来京，听候简派，开馆编纂，请旨审定颁行。总期切实平允，中外通行，用示通变宜民之至意。"

发出敕谕:"现在通商交涉,事益繁多,着派沈家本、伍廷芳将一切现行律例,按照交涉情形,参酌各国法律,细心考订妥为拟议。务期中外通行,有裨治理。"①

两年以后,即光绪三十年四月一日,清廷正式设立修订法律馆。自此,现代中国的法律改制工作实际展开。主要内容是派员出国考察西洋法制;选派人才出国留学以学习西洋法律;调查和修订现有律例;聘用外国法律人士协助起草法律文本。其中,日本的法学家发挥了重要作用。

(二)清末中国传统法制改革的大致过程

传统中国法律实为礼刑合一或民刑不分,所谓"出礼入刑"恰恰说明了礼刑两者作为传统中国社会行为规范的作用及其彼此之间的联系。正所谓"礼"多形成于"经","刑"多形成于"律"。前者非法条,后者才是法条。故刑事、行政立法在中国有史可鉴,而民事、商事立法在中国则难以援例。事实上,清末立法后来见诸成就的,对当代中国法律发展影响较大的,也恰恰是其民事和商事立法。当时,民律草案的编纂是在"遴选馆员分赴各省采访民俗习惯,再依据调查情况参照各国之成例,斟酌各省报告之表"的情况下完成的。宣统二年(1910)有了初稿,后又多次修订并增加立法理由。宣统三年,民律草案最后正式定稿,此即后来所称《大清民律草案》。这部民律草案大体上是仿德、瑞、日三国民法例。

由于晚清中国面临的中西方冲突首先是直观和客观地表现在对外商业贸易方面,故早在制定《大清民律草案》提到日程上之前,清廷就先已拟议商律了。②光绪二十九年(1903),清王朝正式开始修订商律。

---

① 《大清光绪实录》卷四八九,又见沈家本:《删除律例内重法折》。

② 中国古重邦交。有清盛时,诸国朝聘,皆与以礼。自海道大通而后,局势乃一变。其始葡萄牙、和兰诸国,假一席之地,迁居贸易,来往粤东;英、法、美、德诸大国连袂偕来,鳞萃羽集,其意仅求通市而已。洎乎道光己亥,禁烟衅起,仓猝受盟,于是畀英以香港,开五口通商。嗣后法兰西、美利坚、瑞典、那威相继立约,而德意志、和兰、日斯巴尼亚(西班牙)、义大里、奥斯马加、葡萄牙、比利时均援英、法之例,订约通商,海疆自此多事矣。见《清史稿》卷一五三·志一二八《邦交一》。

在商律制定过程中，清政府与西方列强签订的一系列通商条例成了重要的立法参照。由于商律门类繁多，短期内难以完成，故先行制定了《商人通例》9条及公司律131条奏进。《大清公司律》于同年完成并依旨奉行。但该律过于简单，不能适应当时的社会需要，因而1908年又由日本人志田钾太郎主持起草商律。因此，商律草案多取于日本商法，而后者又完全取于德国商法。[①]因此，宣统元年（1909）完成的商律总则和商行两篇印于世后，以"未适国情"而受到各地商会的普遍反对。在此之后，商会自行在各地进行调查，在此基础上参照各国有关新法例，编成"商法调查案史"。调查案史上陈清廷后，复交由各地农工部予以修纂。最后，新"商律草案"公布，但只有总则和公司律两篇。清王朝末年修订民律与商律的同时，刑律和诉讼法律也有修订。日本学者冈田朝太郎主持起草的《大清刑律》于宣统二年完成，清廷旋即命刊印颁行。[②]诉讼法草案则先由伍廷芳起草，并于光绪三十二年提交清廷，但该草案当时未有民刑之分。故后又在日人小河滋次郎的帮助下重新起草，并也于宣统二年草就民事和刑事两部诉讼法草案。这是现代中国史上的第一部诉讼法草案。

（三）清末中国法律改革的基本特点

清末完成的各项立法草案，基本是追随了大陆法律体系国家的模式，民法、商法、刑法乃至诉讼法皆不例外。《大清民律草案》是以《德国民法典》为模式，同时还在内容、风格甚至思想和原则上都深受德国学说汇纂派的影响；与此同时，也在许多方面受到瑞士和日本民法的影响。正因如此，从法律文化的角度来讲，直接由清末法律改制所产生的清末立法，在很大程度上脱离了本民族社会历史与文化的基础，以致有不可能完全实现于本民族社会的缺欠。就商律、票据法、海商法而言，它们皆出于日本人志田钾太郎一人之手，且多以日本商法为参照。

---

① 日本首部商法典草案是由德人吕思乐（Hermann Rösler）起草的，完全是以德国商法为模式。

② 参见潘维和：《中国近代民法史》，汉林出版社1982年版，第123页。

而如前所述，日本的商法实际上完全是以德国商法为蓝本，这里所表现的承继关系，表明了以清末立法为基础发展起来的现代中国法制，亦继受了大陆法律体系的传统。除了上述有关商法领域的法律之外，清末立法中还涉及并草拟了破产法、银行法及轮船公司注册给照章程。这些法律同样也是以大陆法系法制为模式。

然而，清末立法即将完成之时，却正是清王朝覆灭之时，故大部分立法尚未得以公布实施。可是，它究竟大体奠定了当代中国法律发展的方向。清朝覆亡后，北洋政府和国民党政府时期立法工作正是在此基础上进行的，因而可以说它们是清末立法改制的继续与完成。就此而论，清末立法改制对中国法律制度发展的历史贡献是不可抹消的。

（四）清末法制改革的继续与发展

清朝覆灭，民国建立。由于当时各种政治力量的对比结果，造成了北洋政权的建立。袁世凯执政之后，即以"民国法律未经议定颁布"之故，颁令准援用前清法律及新刑律，除非其与民国国体抵触而应失效力。1912年1月3日，民国参议院议决：所有前清时规定之《刑律》《刑事民事诉讼法草案》，以及先后颁布之禁烟条例、国籍条例等，除与民主国体抵触而应废止外，其余均准暂时适用。同时，由于民律草案在前清时并未宣布，无从援用，故凡有关民事案件仍适用前清律中的有关规定。

1914年，北洋政府农商部依清末资政院未议决公布的《大清商律草案》为蓝本，参考全国商务总会提出的商法调查案改订商法。当年元月公布《公司条例》，三月公布《商人通例》，两者均于九月一日生效。由于未经正式立法程序，故不称"律"，而称之为"例"。此两例编制上以日本商法为模式，内容多取自德国新商法。与此同时，北洋政府也开始制定票据法。至1918年，复设修订法律馆，置总裁、副总裁、总纂、纂修及调查员等。该机构的设置，继续了因清王朝覆亡而中断的立法工作。1921年，修订法律馆编修的《民事诉讼条例》公布。次年，在法国人艾斯卡拉（Escara）的参与下完成《票据法》等的第二次草案，后每年提出一稿草案，直至1925年第五稿票据法草案，该法始得议定。与此同时，新的民法典草案也完成并公布，是为晚清以来中国第二次民法典草案。不过该草案并没有最后付诸实施。但这次民法修订及其他立法最后确定了当代中国法制的基本体例与结构，亦大体上完成了传统中国法制实现自我突破而向西方法律传统过渡的改造过程。

　　1929年，国民党政府在北洋政府民法起草的基础上再次草拟民法，历时三年完成，是所谓第三次民法典草案，亦即现行中国台湾地区民事法律规定的原身。该草案更多地以德国、瑞士民法为参照，同时也略受苏联民法的影响。总则、物、债三编先行颁布，亲属、继承两编到了1931年始得制定颁行。至此，晚清以来历时近30年的现代立法工作终告初步完成，它最终将中国传统的法律制度经过改造纳入了大陆法法律体系之中。①

五、中国大陆与台湾地区法制间的关系

　　自清王朝覆亡至今，现代中国史以1949年为界分成两个截然不同的历史阶段。1949年以前，即中华民国时期，其法律制度直接继续着清末民初立法过程中所确立的法律制度与体系：而1949年以后，即中华人民共和国，其法律制度则是在废除民国时期立法的基础上建立发展

---

　　① 当代中国比较法学者，国民党时期东吴大学法学院院长吴经熊曾就此谈过自己的看法："就新民法从第1条至第1225条仔细研究一遍，再和德意志和瑞士民法和债法逐条对照一下，倒有95%是有来历的，不是照帐誊录，便是改头换面。"台湾地区学者梅仲协也指出："现行民法采德国立法例者，十之六七，瑞士立法例者，十之三四，而法、日、苏联之成规，亦尝撷居一二。"而台湾地区的另一学者王伯琦则更加直截了当地认为，我们立法上所采用的，全套是西洋最新法律制度（《法学论集》中华学术与现代文化论丛，第294页）。不管这些学者的观点是否完全中肯妥当，都至少表明了一个客观事实，即当代中国法制即使没有脱离本身民族的历史文化传统，也不完全是传统的自身法律制度。取其折中而言，当代中国法制是以西方民法传统法制为模式而加以完全改造了的法制。因而，在其基本结构体系或表现形式上，它无疑是西方化的法律制度。

的新法律制度。①但必须明确，这种对旧法统的"废除"，实际并非意味着当代中国法律发展进程完全中断，亦非意味着中华人民共和国要完全摈弃中华民国的所有立法：它只是标志着当代中国的法律及法律制度，在以往的基础上开始了一个全新的历史阶段。实质上，中华人民共和国对中华民国的法律及其制度予以"废除"，只是对其法律政策及反映在法律中的某些政治思想的否定。至于那些建立在一般社会生活内容和悠久历史文化传统基础之上的法律思想、传统观念及相应的规范原则，中华人民共和国都必然要加以继承和发展，这是不以执政者的意志为转移的社会历史规律：不论这种继承和发展采用什么形式，这都是必然要发生的历史事实。

总之，作为中国法律发展史上的两个不同历史时期，中华民国时期的立法与现今中华人民共和国的立法有着必然的历史与文化联系，它们自然体现着当代中国法律发展的民族性和连续性。不过，1949年以后，中国的立法与法制长久地未能正常发展。20世纪80年代以来，中国的法制已得到逐步健全和迅速发展。我们有理由相信，未来中国法律在社会管理中将起到愈来愈重要的作用。

应该指出的是，1949年前后的法律与法制所存在的承继关系，不仅仅在于其历史文化上的联系，而且还确实体现在中国大陆法学家对台湾地区法制的学习与借鉴，换言之，台湾地区法制对中国大陆法律的影响是不可否认的。在七八十年代之交，大陆法学者对台湾地区法制的研究与借鉴，对推动当时中国法学界的思考和实际法制建设起到了直接或间接的重要作用。所以产生这种情况，主要取决于两个原因：首先，台湾地区与大陆法律本身都是一个法律传统的继续，有着共同的历史文化及民众基础，故相互产生影响是自然而然的；其次，当时中国大陆刚从长期的大动乱中开始恢复，法律秩序实际几乎是在废墟上面重建，法学在中断了十几年之后，几乎是荒芜一片，而当时

---

① 1949年2月，中国共产党中央委员会决定废除国民党六法，同年9月，该决议在全国政治协商会议上得到确认。

的政治和经济形势又十分迫切地需要法制的健全和法学的发展。在这种情况下，出现了中国大陆单方面偏重研究台湾地区法制的现象。不过，随着大陆法学的发展与深入，随着大陆对外开放政策的广泛实施，大陆法律界考察研究的重点已从偏重于台湾地区转向了世界，中国大陆学习借鉴的视角已愈来愈广阔。而且，台湾地区与大陆法律界的影响与交流已从单向逐渐成为双向。事实上，现今中国大陆法律制度和台湾地区法制已愈来愈显现出共同性：而海峡两岸法学者之间的相互交流与影响已愈来愈频繁广泛。去年，台湾地区法律界代表团正式访问大陆，使两岸法学者能够聚首交流，而其成功之处或社会意义，更绝不限于法学领域。最近，台湾地区又以大陆中青年法学者为主，合作编纂出版了系统介绍大陆法律的丛书。可以预见，海峡两岸法学交流势必会逐渐加强，其结果，必然会促进两岸法制的逐步接近。而在法律体系上，中国大陆与台湾地区的法律制度，过去、现在和将来都将以同属大陆法传统为基本特点。

六、大陆法传统与现今澳门的葡萄牙法制

作为由葡萄牙在海外管治的一个特别地区，澳门自19世纪中期以后开始逐步施行葡萄牙法律。如今，无论从理论上或从实际情况看，澳门法律，其中当然包括民事法律，原则上都就是葡萄牙法律在澳门的延伸；澳门现行民法即以1966年的《葡萄牙民法典》为基本法源。① 不过，应该指出的是，葡萄牙立法机关在向澳门延伸适用其立法时，并非总是完全不加变动，它也往往作一些保留或修订；而澳门的立法机关根据本地区实际情况，也经常作些必要的修订和补充，《民法典》亦不例外。② 但不管怎样，澳门民法即葡萄牙民法是明确的。

---

① 这部《葡萄牙民法典》在1966年和1967年分别由葡萄牙共和国的法令和澳门总督的训令正式延伸到澳门施行。

② 曾作过几次较大的修改，其中1976年有关永佃权、婚姻及不动产租赁的修订甚为重要。但其中有关废除永佃权的法令并未正式延伸到澳门生效。

像欧洲大多数国家一样，葡萄牙法制亦归属于大陆法传统，这主要是由它的历史文化传统本身所决定。具体讲，作为一个欧洲国家，它的西方文化传统源远流长，它一开始就循着西方文化传统的方向发展，并且也以此为其本身固有的特征。当近代启蒙思想运动蓬勃展开之时，葡萄牙也深受其影响。当时，它同样正处于自由资本主义迅速发展，即"市民经济"扩张之时。与此相应，其民族国家的各种因素也迅速成长，故它也面临把这种自由资本主义的生产与生活关系加以确立和规范的任务：以往那种零散破碎的习惯或法规已不能适应充分发展了的社会政治和经济需要。于是将以往的法律或习惯汇纂统一并整理提炼就势在必行。当然，葡萄牙法制之纳入大陆法律传统，完全不是像近现代中国那样通过法律改制实现，而是一个历史文化传统较自然地演进的结果。

15世纪中期至17世纪初期，葡萄牙先后有三部重要的法律汇编，即阿丰索（Alfonsinas，1446）、马努埃罗（Manuelinas，1521）和菲力蒲（Filipinas，1603）等敕令集（Ordenacões）等。这些敕令汇编可以说是后来葡萄牙法典编纂的民族传统基础，同时也是葡萄牙法律的重要内容。但它们所受罗马法的影响却是很明显的。此外，这一时期的葡萄牙法学也在很大程度上受到罗马法学及法国法学的很大影响。当时的学者罗舍·潘尼茨（Rocha Peniz）在其《格式实践》（*Pratica Formularia*）中大量参考了《法国民法典》和当时法国知名民法学家多玛（Domat）的著述。同时，法学家克莱亚·泰勒斯（Correia Telles）又编纂出版了他的《葡萄牙法学大全》（*Digesto Portuguez*，1825）。但引用这些外国法典最多的学者是在葡萄牙法律史上占有重要地位的著名法学家柯艾留·罗舍（Coelho da Rocha），他的《葡萄牙民法原理》（*Instituicões de Direito Civil Portuguez*，1848）是19世纪葡萄牙最全面、最有影响的著作，而他是深受法国法和德国法影响的。在此背景下，葡萄牙在编纂制定民法典时也就极为自然地接受了以法国代表的、法典化的、从罗马法承继而来的大陆法律传统。

1822年，葡萄牙的第一个法典——政治宪法产生，它是葡萄牙近现代法典编纂的基石和开端。1867年,《葡萄牙民法典》颁行,它确定了葡萄牙法律归入大陆法传统大家族的形式基础。当时,德国哲学与法学对葡萄牙影响日渐深入,尤其是学说汇纂派对葡萄牙法律界影响更大。1896年《德国民法典》(BGB)颁布,它更进一步地影响了葡萄牙法律界。1966年葡萄牙颁布了新民法典。它是目前欧洲大陆法国家中最后颁布的民法典,因而可广泛借鉴以前法典编纂的成果,其中尤以借鉴和汲取德国、意大利法律为多。

七、澳门现行法制与内地及台湾地区法制的关系

澳门现行法制与内地及台湾地区法制的关系可通过这三个地区法制的共同点和不同点加以阐明。

(一)同属大陆法传统

如前所述,无论是中国大陆和台湾地区的法律制度,还是以葡萄牙法制及其主要法典为基础的澳门现行法律制度,实际都可归于大陆法传统,也就是说,这三个地区的法律制度有着共同的基本特点。因而,中葡双方在澳门过渡期法律本地化方面,在明确未来澳门法制走向方面,相对于香港来说就比较容易沟通和调整。中葡双方所以将葡萄牙的几个主要法典翻译成中文作为过渡期法律工作的重要内容,正是因为大陆法传统的基本特点就是以法典法为主要渊源,而评价澳门法律本地化工作,也因此有了一个较为直观的尺度。这个形成于历史的特殊条件,使澳门法律本地化或过渡期建设十分偶然地多了一个有利因素。

(二)有共同的民族历史文化背景

从整体上看,无论是大陆还是台湾地区及澳门(当然也包括香港),都是中国人或以中国人为主的社会,故理论上讲,这几个地区的法律制度当然都应是以中华民族的历史文化为背景。不过,这并不意味

着要否认或拒绝来自一个异民族历史文化传统的法制。其实，这个接受异文化传统法制的问题早已在清末民初中国法律的改制过程中解决了，现在已不应再作无谓的争议。但是，一个来自异民族的法律制度，不可能一点不作调整就能完全用于接受该法律制度的社会之中，这是已为世界法律发展史所证明了的经验。所以，反映葡萄牙法律文化的澳门现行法制，终究要同澳门社会的主流文化相结合。

（三）各地区法制的相互影响

澳门虽然长久以来是独立的自治体或社会，但它本身的特殊政治、经济条件及现代社会生产与生活活动的特点，决定了它不可避免地要受所处区域内其他地区的政治、经济和法律影响。毫无疑问，澳门与内地、香港乃至台湾地区现在和将来都必然会休戚相关，互为影响。法制方面也不例外。就长久以来的事实看，香港法律实务对澳门法律实务的影响极为广泛。此外，在家庭、婚姻及继承等领域，澳门在相当时期里是以台湾地区的相关规定为参照。不过，自1979年中葡建交以后，尤其是《中葡联合声明》发表以来，澳门已转为以中国内地的法律为参照，但这只是就理论而言。近年来，随着澳门与内地、台湾、香港的商业和经济交往不断扩大和频繁，这三个地区的商事法律愈来愈多地渗透和影响着澳门有关法律领域。事实上，在商业、经济与文化等的交往中，各方面的影响总是相互的，但由于政治或经济等的实力不同，这种相互的影响常常是有所侧重的。如一般情况下，澳门的法律多是单向地受到香港、内地及台湾法制的影响。

（四）社会制度的不同

内地、澳门、香港和台湾地区虽同为一国之地，但由于历史的原因，却有不同的社会制度。这种客观现实决定了这几个地区之间必然有不同的法制。不过，总体上讲，这种不同主要还是表现在公法领域中的个别问题，如宪法、行政法、刑法及部分诉讼法内容等，而私法领域的法律制度，如民法、商法等，大多还是共同的，尤其是后者。而且，将来按"一国两制"原则在港澳台地区实行社会管理，法律方面的相互影响与逐步接近乃是必然的。当然，因社会制度不同而产生的法制上差异，将始终是一个客观的存在。因为，我们不能否认，社会政治制度与法律制度有着密切关联。不同的社会政治制度，必然体现为不同的法律制度；不同的政治观念，会引出不同的法制观念。这意味着，内地与澳门之间的法制在某种程度上必定有差异。但也应看到，因意识形态的分歧和价值观念，包括政治、法律、经济及道德观念等的差异而造成的隔膜和冲突，随着人类之间更广泛、深入的沟通，将会愈来愈少。出于人类的共同本性，国际社会今天比以往任何时候都能本着求同存异的原则寻求共同发展。所以，内地与澳门之间的现行法制尽管不同，但终究可以本着以上认识寻求调整和完善。

八、澳门法制的未来

以上对大陆法传统及其与大陆、台湾地区和澳门法制的关系作了阐述。由此，可对澳门法制的源流及其所处的区域宏观法律环境有一大致了解。至于香港，由于它的法制属英美法系，故虽然其法制与澳门法制有相当的关联，仍应当别论。那么，在上述区域法律环境下，未来澳门法制应是如何呢？

根据《中葡联合声明》和《澳门基本法》的精神和原则，未来澳门法制将是在一国两制基础上建立起来的，独立于内地的特别行政区的法制。具体说，澳门法律制度的建设与发展应依据以下几个原则：

（一）应为本地区自身的法制

长期以来，作为葡萄牙管治的一个地区，澳门所实施的法律基本上是葡萄牙法律或是以葡萄牙法律为参照的葡式法律。就现今澳门法律的实际渊源看，其中大部分法律均是从葡国延伸而来。在这些法律中，从人类社会普遍的生活与行为规范着眼，无疑有许多可以适用于澳门社会。但是，由于这些法律的立法背景毕竟不是澳门，故也有一些不能适用于澳门的法律。此外还应明确，将来澳门法律既非中国内地法制，亦非葡萄牙法制。它须是澳门本身——特别行政区的法律。具体说，将来澳门的立法背景应是澳门地区社会；所代表的民意应是大多数居民的意愿，而所反映的历史文化传统应是糅合了葡萄牙文化的中国人的历史文化传统。

（二）以现行法律制度为基础

根据《澳门基本法》第8条规定，澳门在1999年成为中国的一个特别行政区后，现有的法律、法令、行政法规及其他规范性文件，在不与《基本法》抵触的前提下，并经澳门特别行政区立法机构或其他有关机构的立法程序后，均予以保留。这表明，未来澳门特别行政区法律制度将以现行澳门法律为基础。

不过，现行澳门法律作为未来澳门特别行政区法律制度的基础，并不意味着现行法律将全部过渡成将来特区的法律。在此，有内容和程序上两方面的限制：首先，在内容方面，必须是不与基本法抵触，且能反映澳门社会的实际情况；在程序方面，必须经特别行政区的立法机关的立法程序，方能视为特区的法律正式生效实施。

（三）以大陆法律传统为模式

如前所述，澳门现行法制是以大陆法传统为模式的，这当然是葡萄牙法制在澳门长久实施的直接结果。可是，这一结果恰恰又与中国内地和台湾地区现行法制相偶合。因此，未来澳门法制在1999年以后，就没有什么理由改变现行澳门法律的传统特点。就是说，它仍应以制定法，其中主要是法典法为基本法律渊源。所以，几个主要法典在澳门是有重要意义的。当然，如前所述，这并不意味着排除英美式的案例法创制。

（四）与邻近区域的法制相配合

在现代世界上，任何一个国家或地区的政治、经济及社会生活都不可能完全孤立地存在，法律制度自然要反映这种关联，在澳门情况更不例外。因此，要想使澳门法制的社会效应更好，澳门就不能忽略本地区立法可能与邻近地区法制发生的关联。而且，将来澳门是一个有别于内地的特别行政区，故在一些法律制度方面不可能与内地一致。但在许多领域，内地、澳门、台湾及香港之间都可以就同类法律作可能的调整，以避免不必要的区域法律冲突。如在婚姻、继承、时效、商业票据、证券及公司法律方面，均有不少可以考虑作出调整的问题。

略论罗马万民法产生的历史条件和思想渊源[①]

　　罗马法学家的全部法律分为两大部分：公法和私法，其主体是私法。现在所谓罗马法，一般是指私法而言。而就私法的构成来说，即是市民法与万民法，它们在罗马法中长期并存，因而决定了罗马法的二元制体系。其中市民法为早期罗马法的主体，而万民法则是罗马法在较成熟阶段的产物，它是摈除了民族和地区局限，普遍适用于所有民族与国家的国际法。罗马法所以能够对后世法律产生深远的影响，万民法起着决定性的作用。要了解资产阶级法律的本质及其特征，首先宜从罗马万民法入手。因此，考察罗马万民法产生的历史条件和思想渊源，对于我们更有效地对资产阶级法律批判地继承，加强我国社会主义法制建设，是有一定现实意义的。

一

　　罗马法的起源最早可以追溯到纪元前一千年前后。王政时期（前753—前510）是古罗马社会发展的一个重要阶段。继之建立的共和国以及市民法的形成，在很大程度上是以王政时期的社会经济与政治制度为背景的，这时期的社会制度具有明显的父权制痕迹。公元前510年，罗马人民推翻"傲慢之王"塔克文的统治，结束了王政，建立起罗马共和国，它标志着罗马社会发展的新开端。随着罗马社会生产和社会生活

---

　　① 原载《厦门大学学报》1984年第6期。

的发展，罗马国家的习惯、立法等法律渊源不断得到积累和丰富。特别是平民与贵族的斗争，加速了共和国的立法工作。公元前451—前450年，《十二表法》由十人立法委员会制定颁行。

《十二表法》是现在所知共和国最早的较完整的立法。主要是对王政时期前后罗马社会习惯的整理编订，同时吸收了一些希腊法律规定，故可以说是一部成文的习惯法，它是典型的罗马城市法。市民法首先在此得到反映。依据市民法，要作为权利主体并获得法律的保护，首先就必须具有罗马公民资格，亦即市民权（公民权）。然而他们充其量不过是罗马国家内部全体人民的一部分。非罗马市民的拉丁人或外国人，并不是市民法的权利主体。所以市民法本质上就不是罗马国家内全体人民的法律。这种法律上的不平等，是与罗马社会的发展相悖的。因为罗马社会生活无论在经济上或在政治上都不只以"罗马人民"为限。随着共和国的扩张，随着罗马人与意大利人及外国的关系日益加强，随着生产力的发展和商业贸易的频繁，这种矛盾必然趋于尖锐化。

就市民法的内容而言，它有形式主义、僵化、僻陋之嫌。一项交易的完成，必须经过多种郑重但却烦琐的仪式，才能造成一定的法律事实，实现当事人双方的法律关系。在这过程中，即使是忽略了一个细小的环节，都会导致整个交易无效。市民法有很大一部分是旧有习惯的沿袭，这些习惯产生较早，很可能是在书写出现之前，"所以手势、象征的行为和庄严的成语便被用来代替了文件的形式，冗长和复杂的仪式是为了要使有关各造都能注意到它的重要性，并使证人们因此获得深刻的印象"。[①] 当时，所有人与人之间的交易都包括在两种法律行为中，即"曼企帕蓄"和"耐克逊"。前者实际上是一种出卖或让与，后者则为一种借贷。一个曼企帕蓄的实现需要具备三个条件：（一）以现金进行交易；（二）须有五个证人和一名司秤在场并应为罗马公民；（三）物件的移转必须在当事人双方在场时当面进行。这些条件缺一不可。《十二表法》明文规定："出售和转让的物品只有在这样的情况下才为买主所

---

① 〔英〕梅因：《古代法》，沈景一译，商务印书馆1959年版，第28、116页。

有，他们付给卖主买价，或以某种方式对他们保证满足（他们的要求）。例如提供保证人或给予随便一种物品作为抵押。"① 这势必给人们带来不便。耐克逊严格意义上讲是一种庄重的借贷。它的实现方式与曼企帕蓄概同，它的实现可以加强于人以一种义务，而且必须履行，否则会受到债权者合法的人身惩罚，甚至解体分肢，一般多为豪富用来奴役贫苦平民。

市民法的法理原则还有时代的局限。《十二表法》中，公、私法混杂一体，如在第三表债务法第七条中列入对叛逆者起诉的时效规定，就其本质实为诉讼法，当归诸私法，然就其意义，乃关系到罗马国家之状况，故又可归诸公法。另外，《十二表法》中不少地方自相矛盾。如同态复仇与罚金并存，概括继承与遗嘱自由并存等。

《十二表法》中，有许多规定属于物权法，所有权法涉及不动产房屋、土地等。这实际上反映了"土地私有者只是作为罗马人才是土地私有者，但是，作为罗马人，他一定是土地私有者"。②《十二表法》有关债务、高利贷的规定简单且不成熟。它无论如何都是难以满足社会发展需要的。

二

平民与贵族的斗争是共和国早期的主要社会矛盾。这种斗争促进了共和国的立法工作。《十二表法》《坎努里阿法》《李锡尼法》《波提利阿法》《霍腾西阿法》等都是在这种斗争中产生。这些法律、法案标志着平民斗争的逐步胜利，调整了共和国内部的阶级关系，尤其是自由民阶层之间的关系，从而扩大和巩固了共和国的社会基础。表现在：上层平民与贵族合流组成新贵，加强了统治阶级的力量；一般平民取得完整的公民权，在法理上成为共和国的主人，自由身份受到法律保护；共和

---

① 《十二表法》第七表第十一章。

② 《马克思恩格斯全集》第46卷（上册），人民出版社1979年版，第477页。

国的国家机构进一步趋于完备，部落大会由平民会议成为有最高立法权的公民会议。

在共和国社会基础逐步巩固的同时，罗马国家加紧对外扩张与侵略。从公元前五世纪末直到公元前一世纪中叶，共和国进行了大小数十次战争，确立了它在地中海、爱琴海区域的霸主地位，成为当时最大的殖民主义强国。这时，罗马国外领土已五倍于意大利本土，罗马行省和隶属罗马的国家已环绕地中海。

恩格斯曾经指出："罗马的占领，在所有被征服的国家，首先直接破坏了过去的政治秩序，其次也间接地破坏了旧有的社会生活条件。其办法是：第一，以罗马公民与非罗马公民（或国家臣民）之间的简单区别，代替了从前的等级划分（奴隶制度除外）；第二（这是主要的），以罗马国家的名义进行压榨……最后，第三，到处都由罗马法官根据罗马法进行判决，从而使地方上的社会秩序都被宣布无效。因为它们和罗马法制不相符合。这三种办法必然产生惊人的荡平一切的作用，特别是运用于各民族达一二百年之久的时候更是如此。"[1]

伴随着罗马共和国扩张而发生的是愈来愈多的移民涌入罗马，究其原因主要有三点：首先，城市是商业的发源地，城市人口增长正是商品贸易发展的结果。其次，罗马的繁荣和强盛吸引着大量的商人和移民进入罗马定居。再次，许多人希望寻求安定的社会环境生息，而它当时是相对稳定的。后来帝国最安定之时，人口曾达五千四百万人。

时至公元前三、二世纪，罗马已不是原来那种城邦国家了，它已成为世界上各个民族和国家进行交易的共同市场。这种商业贸易的必然结果之一，就是平衡划一这些人民或民族间的区别。与此同时，由于希腊文化的发展，由于希腊文化对罗马的影响，原有的城市的狭隘的公民观念在逐渐遭到破坏，而罗马公民本身也正被改造为有世界观念的"世界公民"。在这种情况下，罗马人在法律上的特权地位再也不能继续下去。更重要的是，由于私有制进一步发展，人的私有意识大大加

---

[1] 《马克思恩格斯全集》第19卷，人民出版社1963年版，第331页。

强，商品货币经济的深度与广度都已今非昔比。其内容之丰富，形式之多样远非市民法所能逮及。而市民法的形式主义，程序僵化与内容狭窄都已是社会经济进一步发展的障碍。英国法学史专家梅因曾就此论述到："无论是为了罗马的利益或是为了罗马的安全，都不允许把外国人完全剥夺法律的保护……况且，在罗马史中从来未有一个时期忽略过对外贸易。"[①]"法律只是事实的公认。"[②]而现在恰是要对新的社会情况作出新的公认的时候。由于社会的进步，市民法扩大为世界性的法律——万民法，已势在必行。罗马法实际进程所遵循的方向路线就这样决定了。"如果说国家和国家法是由经济关系决定的，那末不言而喻，私法也是这样，因为法本质上只是确认单个人之间现存的、在一定情况下是正常的经济关系。"[③]而这种确认的结果，就是万民法的逐步形成。

三

　　万民法的产生和发展在理论上并非无所继承。在罗马人看来，万民法就是人与人交往的"自然平衡"原则，是这种原则的具体化、明确化。一句话，自然法乃是万民法赖以产生发展的思想基础。

　　罗马法改进所依据的自然法思想，其渊源最早可溯及希腊的政治思想家、诡辩大师普罗泰戈拉和政治思想家、哲学家伊壁鸠鲁，但直接对罗马法产生影响的是斯多葛学派。斯多葛学派的主要思想是伦理学。它确信在人们繁芜纷杂的事务中，一切要求的目的无非是要给人的行为提供一种理性的、道德的模式，而理性则是这样一种禁止和抑制的指导力，亦称之为法。这种思想的意义在于：首先，人的生活目的和世界的构划是一致的。要按自然而生，即人必须服从一种超自然的人类理性。其次，世界是一个庞大的城市，是一个整体，人作为一个世界公民，对这个城市应负有义务和保有忠诚。他必须在这个世界的种种事务中发挥

---

① 〔英〕梅因：《古代法》，第28、116页。
② 《马克思恩格斯全集》第4卷，第124页。
③ 《马克思恩格斯全集》第21卷，第346页。

积极的作用，这个世界乃是道德和正义的象征。能本此而为则是"智者"，而"智者"这个有很大个人主义倾向意味的概念是与原有的公民集体观念相对立的。显然，斯多葛学派对于城邦国家、民族差别是漠不关心的。在他们看来，人类对社会生活的自然幸福的渴望，只有在全体人类合理的、平等的交往中才能实现。自然理性赋予每个世界公民以同样的权利与义务，而民族与国家在这种意义上是不存在的。斯多葛学派的这种社会思想，这种世界主义观念，很大程度上反映了希腊城邦观念的破灭和希腊化时期社会生活方式的改变。正因如此，当罗马共和国不断扩张，在地中海建立霸权时，这种自然法思想便为罗马的政治家、法学家所接受，并予以进一步的阐发。

首先系统继承斯多葛学派自然法思想的是西塞罗（公元前106—前43）。他是当时罗马著名的政治家、雄辩家、法学家，曾长期出任执政官和元老院议员，著有《国家论》《法律论》《义务论》等。在西塞罗的法律理论中，他赋予自然法以更广泛的意义：人定法是自然法的精密化。自然法普遍应用，永恒不变。国家与人的最高行动准则均在自然法中。同时他又认为法律与国家都是人民的共同财产，法律体现着正义。所以合法的政府方是正当的合理的政府。此外，塞涅卡（公元前3—65）也对斯多葛学派的思想有新的发展，是罗马斯多葛学派的奠基人之一。他赞同斯多葛学派的自然法观念，提出人的灵魂平等的看法，阐发了社会契约思想，还认为整个世界是人的祖国。他的政治、法律思想是罗马帝国的政治思想基础。帝国时期的法学家同斯多葛学派哲学家联袂为盟达数世纪之久，对罗马法的进步产生了重大影响。他们一致认为：人们所根据的"自然平衡"原则乃是一个理性的统一体，它意味着法律规则是为人们所普遍接受或承认的，全体人类可能自然遵守它。万民法就是在上述基础上建立起来的"所有国家共有的法律"。它以罗马市民法为基础，参照地中海沿岸各国的商法而制定，用以调整罗马统治区域内全体人民的社会关系。它是罗马法发展到较高阶段的产物。

自然法对罗马法的影响具体表现在衡平原则的运用。第一，它否认各民族、各社会集团之间和各种财产之间的大量人为的划分，坚持界限不分。如市民法中的宗亲、血亲之分，要式交易物与略式交易物之分在万民法中均不复存在。"这种界限不清，就是以衡平所表示的万民法的特色。"但是，应该指出，这种界限不清是极为有限的。在各社会集团之间的关系中，界限始终存在。奴隶作为一个阶级，作为社会生产发展的能动因素，从来就无法律上的地位。第二，它体现了历来自然法学家所鼓吹的那种臆想的自然状态及其均匀秩序原则，而人们的生活都是按这些原则进行的。它反映了全人类共有的理性。第三，衡平作为一种均匀秩序的原则，其概念是很不确定的，它能以不同的解释而用之于完全不同的目的，产生不同的效果。换言之，它是变通灵活的。所以，当罗马法要扩大、改变、创新时，它便成为一种现成的行之有效的原则。"于是，从此以后，在法学家和盲目相信他们的人们眼中，法权的发展只在于力求使获得法律表现的人类生活条件愈益接近于公平理想，即接近于永恒公平。而这个公平却始终只是现存经济关系在保守方面或在其革命方面的观念化、神圣化的表现。"①

万民法的形成和发展的过程是缓慢、渐进的，并与市民法长期并存，历时五百余年。它的主要渊源是裁判官告示、法学家解答和皇帝敕令。裁判官告示是万民法最重要的渊源，因而又称万民法为"裁判官法"或"大官法"。这里的裁判官或大法官一般指内事裁判官、外事裁判官、市政长官、罗马警监、总督等具有裁判权的高级官吏。所谓告示，就是指裁判官或执政官在就职时发布的阐明自己施政方针的通告以及指导和审理案件时公之于众的原则。其中，外事裁判官告示尤为重要。"裁判官在其法庭中主持一切事务，自为主宰。他拥有最高的司法权威。在其职权范围内，他又是一个执法官，代表罗马人民的主权。所以，他审判裁定不只是一项现存法的适用，而且也要成为一种新法创制的媒介。"②这就是说，裁判官的特殊地位，使他集司法、立法、行政权力于一身。

---

① 《马克思恩格斯全集》第18卷，人民出版社1964年版，第310页。

② Rudolf Sohm, *The Institutes of Roman Law*, Clarendon Press, 1892, p.74.

裁判官告示一般包含三个因素：1. 现存地中海各国商法中的某些规定；2. 剔除了形式主义、内容僵化刻板的部分市民法旧法；3.裁判官个人的公允正义观念。最后这种因素，是裁判官们按自然法的原则，根据法的精神而不是法的条文，运用"衡平"的手法而做出的裁决。这是万民法中积极而有生气的重要内容。裁判官告示通常刻于白色木板之上，因为它只需保留一年。它被置于罗马广场，与《十二表法》并立。其有效期与裁判官在任期相同。后任不受前任告示的束缚，重复抑或修改自便。但岁月既久，裁判官当中形成一种习惯，即在很大程度上重复前任告示的内容。在这种基础上，最终建立起裁判官法制度。起初只是纯粹的裁判官法，但在共和国后期和帝国初期，它也包括其他一些执政官的敕令，如市政官和总督。到西塞罗时代，裁判官告示已经成为罗马法发展的主导因素。通过裁判官告示，新的法律意识和交易习惯实现了它们在法律中的影响。裁判官对罗马法的改革凭借衡平原则取得了最基本的成果。

裁判官法发展到共和国末期和帝国初期，已接近尾声。一方面是因为有些较重要的问题都已解决。如《爱布蒂亚法》允许罗马公民之诉采用程序诉讼，公元前120年到公元前17年，《育利亚私诉法》，则使一切诉讼均可采用之。在程序诉讼中，裁判官在市民法、万民法范围内均有权审理案件。继承法已从最初的概括继承经过平民遗嘱发展到裁判官遗命。债权法中现在有了较为成熟的契约形式：口头契约、文书契约、要物契约、诺成契约。诺成契约又有四种形式：委任、合伙、买卖、租赁。显然，这些形式直到现代仍是商品经济活动中最一般常见的内容。另一方面，帝制的建立，皇帝统揽一切权力的本能，使裁判官独树一帜、号令一方的特权不复为其所容。裁判官每年颁发告示已流于形式，未经皇帝的同意，他们不得修订增删告示，否则皇帝有权予以否决。公元129年，哈德良帝（217—138）指示著名法学家萨尔维斯·犹利安修订内事、外事裁判官的告示以及有关重要的市场条例，然后汇编，经元老院批准颁行天下。从此以后，凡裁判官告示皆以此为圭臬，不得擅自更改或标新立异。是为著名的"哈德良敕令"或"犹利安永久敕令"。

市民法与裁判官法在法理上的对立消失，二者开始了相互融汇的过程。

万民法其次一个渊源是法学家的解释。罗马法学家的工作不过是编撰、办案、解答、著述。后二者对罗马法贡献最多。罗马法学大致可分为三期。共和国中期到共和国末年为第一期，该期的法学工作主要限于解释旧法，且解释权多掌握在僧侣手中。帝国初年到公元三世纪末为第二期，正当所谓罗马法古典时代或"黄金时代"。该期法学对罗马法的发展和成熟影响、作用极大。产生不少法学派别。公元前一至二世纪有两大学派：萨比尼派和普拉库拉派两派互相争鸣，以解答和著述的方式对裁判官法从法理上予以论证并使之增添不少新内容。所谓解答就是法学家对征求其意见的案件作出解释和回复。这些解答具有法律效力。奥古斯都曾特别授予某些法学家以解答特权。"犹利安永久敕令"以后，罗马万民法，亦即平衡法学主要由法学家予以继续发展。公元三世纪前后，有五大学家：帕比尼安、乌尔比安、盖尤斯、保罗、莫迪斯汀。他们从法理上对万民法、自然法、市民及其相互关系作了阐发，并且均有所著述。公元三世纪以后，罗马法学进入一个新的时期。这时法学主要是整理编辑，帮助皇帝立法，故很少有独到之处。罗马法学由是日趋低落，但依然有一定影响。

总而言之，裁判官法是万民法在最初就获得承认并且随之渗入罗马法的渠道。但只是在罗马法学家手中，这类法律才得以明确系统化，同时也受到了必要的限制。没有这种限制，它固有的并由法学加以明确的原则就不会保持永不磨灭的生命活力。罗马法学家解答的本质及其社会意义表现在："在旧法律和新的社会政治状况之间已出现了一些矛盾。正在这时候就应该用新的解释使旧法律能够适用新状况。"①

帝国立法是万民法的另一渊源。包括元老院决议和皇帝敕令，但以后者为主。帝国初年，元老院尚有法律创制权，但公元一世纪后，这种权力已有名无实，殆为皇帝的咨询机关，立法权完全落入皇帝一人之手。哈德良帝以后，皇帝主要以四种方式创制法律：裁决——亲审特殊

---

① 《马克思恩格斯全集》第6卷，人民出版社1961年版，第274页。

案子所作的决定；复文——对呈报案件的批复；训令——对就职官吏的训诫；通令——对全体人民的命令。到戴克里先（284—305年在位）时期，他采取了新的方式，即每项敕令不再为特定案件发布，而是根据帝国的一般要求。从而摆脱了以前敕令的司法色彩，真正具备了立法的特征。

公民权的扩大是万民法发展过程中的一个重要方面，它实质上是民事权利主体的资格问题。这个问题很早就在罗马存在。公元前340—前338年的拉丁战争就是由这一问题触发的。对拉丁同盟的胜利使罗马统一拉丁平原。但同时它也迫使罗马对原来的城市公民观念做了第一次大的突破。罗马人以不同的条件与拉丁城市或公社缔结了和约，对于离罗马最近城市的居民都给予罗马公民权。对于其余的拉丁公社，除公权外，也都给予罗马公民同样的私权，因而奠定了拉丁公民权的基础。但是，"同盟无军事、政治的有利地位，详而言之，乃是罗马的附属物"。[①]这种情况日益引起意大利人的不满。共和国末年，全体意大利人共同的愿望就是取得罗马公民权和有关特权。对此，罗马统治者内部分成民主与保守两派。后来民主派领袖、保民官李维尤斯·杜鲁苏斯遭到保守派暗算，这一事件使意大利人感到愤慨和绝望。同盟战争（公元前91—前89）重创罗马，意大利人则通过公元前90—前89年的两项法律，全部获得了公民权。这是拉丁战争以来，罗马对其公民权享有范围的又一次扩大。在凯撒和奥古斯都的统治下，第一次大规模的罗马公民权的扩大在诸行省开始。这一扩大建立在意大利血统移民的市民基础上。他们或为军团老兵，或为小农，商人和经济人。但对各省当地居民的公民权授与仍然鲜见。时至卡拉卡拉（212—219年在位），终于授与帝国的全部自由民以罗马公民权（卡拉卡拉敕令）。这对罗马法的发展起了重大作用。罗马公民与罗马臣民之间的身份差别从此消灭，一个新的帝国公民制度建立起来，地方性公民和地方性法律一变而为世界的公民和世界的法律，市民法因此成为旧的概念，罗马法二元制体系亦随之寿终正寝。罗马法达到了统一时代。正如恩格斯所说："在罗马帝国时期，所

① A.N.Sherwin-White, *The Roman Citizenship*, Oxford: Clarendon Press, 1939, p.126.

有这些区别，除自由民和奴隶的区别外，都逐渐消灭了；这样，至少对自由民来说产生了私人的平等，在这种平等的基础上罗马法发展起来了，它是我们所知道的以私有制为基础的法律的最完备形式。"[①] 此处所说的最完备的法律最终集大成于优士丁尼一世（527—565年在位）的《国法大全》中，它标志着罗马法学的极点。应该注意到，在《国法大全》中，尽管市民法与万民法已合二而一，但无可否认，万民法才代表成熟的罗马法内容。

罗马法在人类法律发展史中占有重要的地位。它对后世法律，特别是对资本主义法律产生了极为深远的影响。西罗马帝国崩溃以后，罗马曾一度为日耳曼国家的地方法所排斥。但罗马法的生命活力却始终存在，而对《国法大全》的研究几乎没有中断过。通过深入持久的研究，罗马法的影响很快波及全欧。及至16、17世纪，西欧各国经济中的资本主义成分有了很大发展，封建制度已走向全面瓦解崩溃，罗马法恰好为其提供了现成的模式。最先系统继承罗马法体系的是1804年法国的《拿破仑法典》，这是一部以罗马法为蓝本、吸收资产阶级法学新成果的商品生产社会第一部比较完备的法典。以后，在《拿破仑法典》基础上形成了当今世界两大法系之一——大陆法系（罗马法系）。1900年《德国民法典》、1907年《瑞士民法典》、1938年《丹麦民法典》、1865年《意大利民法典》以及明治维新后《日本民法典》和国民政府时期的立法等，无不受罗马法的影响。事实上，罗马法之所以对后世法律发生这样深刻的影响，其根本原因就是：罗马法是商品生产社会的第一个世界性的法律，是"简单商品即资本主义以前的商品生产的完善的法，但是它也包含着资本主义时期大多数的法权关系"。[②] 这是罗马法的本质特征之所在。而万民法对于这种特征的形成，起了决定性的作用。

---

① 《马克思恩格斯全集》第20卷，人民出版社1971年版，第113页。
② 《马克思恩格斯全集》第36卷，人民出版社1975年版，第169页。

罗马法对法国法的影响[①]

> 罗马曾三次征服世界,第一次是以武力,第二次是以宗教,第三次则以法律,而这第三次征服也许最为平和、持久。
>
> ——〔德〕耶林
>
> 我的光荣不在于打胜了四十个战役,滑铁卢一战会抹消这么多胜利……而不会被任何东西摧毁的,能永久存在的,则是我的民法典……
>
> ——〔法〕拿破仑

历史常有惊人的重复之处,而这种重复又是多么规律地从自然趋向于必然。罗马法的命运和法国法的命运恰恰就是这种何其相似的螺旋式重复,以致我们不能不将二者的命运紧密地联系起来。当我们谈到今天的大陆法系时,不能不考察法国法,而考察法国法则又必然要了解罗马法,因为前者正是站在后者这个"巨人"的肩膀之上,拓展了现今世界上得到最广泛承认的法律科学。

一、法国法继受罗马法的历史条件和思想基础

罗马法本质上是罗马奴隶制社会的法律。但与此同时,它又是"简单商品生产即资本主义以前的商品生产的完善的法,但是它也包含

---

① 原载《法国研究》1986年第2期。

着资本主义时期的大多数的法权关系"。[①]这是罗马法的本质特征之所在，也是它固有的生命活力。固然，这种本质特征并非从来就有，它是在长达一千多年的罗马社会发展进程中逐步形成确定的。罗马从公元前753年的弹丸小城发展到后来的横跨地中海和亚、欧、非洲的庞大帝国，其间罗马的政治、经济和其他社会关系都发生了深刻的变化。就经济而言，罗马从起初的农业经济社会逐步发展为农商并重的社会，单纯的农业经济关系日益为商品经济关系所破坏、取代。罗马法发展史上所以在市民法之外别开生面地产生万民法，进而又从市民法、万民法两元制融合划一，实际正体现了这种经济关系的演变，而罗马法的本质特征正是在此过程中形成的。它从根本上决定了罗马法的未来命运。除此之外，罗马法在其长期的发展过程中，经过法学家的研究编纂，经过裁判官的司法创制，渐渐具备了独有的特点：法理严密成熟，语言简明凝练，内容丰富全面，制度完善健全等。这也是罗马法为后世推崇备至的重要原因之一。

　　罗马法既然具有上述本质特征和基本特点，那么尽管它因失去赖以生存的经济基础而一度销声匿迹，但却从未丧失其生命活力。一旦有了适合其生长的历史条件，则它必然会获得新的发展。17、18世纪的法国正是具备了这样的历史条件，从而使罗马法作为法国法的蓝本成为可能。

　　和罗马一样，法国也经历了相当长的农业社会阶段。但时至17、18世纪法国大革命之前，在法国封建社会的母胎中已孕育了相当普遍的资本主义生产关系。中世纪的各种行会经过商品社会的物竞天择而或生或灭。资本主义性质的手工工场大量出现并促动了法国机器制作的发展，北部尤然。在冶炼和煤矿业中，还出现集中的大规模生产，不少工业部门由此产生。身属第三等级的资产阶级和工人群众越来越多，成为不可忽略的新生社会力量。与此相应，商品贸易也日渐繁荣，商品经济关系逐步普遍深入。这些经济关系的变化势必需要相应的行为规范来调整现实社会的种种关系。而当时既存的法国法律远远不足以适应这种需

---

① 《马克思恩格斯全集》第36卷，第169页。

要。主要表现在法不统一，渊源多种，具体规范也不能反映业已出现的商品经济关系。它直接影响到法国新生资产阶级利益和法国社会的进步。于是，制定一部可以反映当时社会需要的统一民法典乃势在必行。1791年宪法宣布："应行制定一部适用于整个王国的民法典。"在这种历史条件下，中世纪虽然一度消沉，可又无时无处不以各种面貌表现自己的罗马法便应运复起。

罗马法对法国法的影响还取决于两者的思想灵魂是一脉相承的。在罗马法的发展过程中，古希腊斯多葛学派的自然法思想通过罗马的政治家、思想家和法学家而发生了重大作用。可以说它是罗马法从市民法到万民法，从简陋到完善，从僵化到灵便，从幼稚到成熟，从地区到世界发展的思想基础。因此，英国学者梅因说："从整体上讲，罗马法在改进方面，当它受到自然法思想的刺激时，就发生了惊人的进步。"① 所谓自然法思想，乃是从人的理性出发，肯定人类社会之初有种自然状态。在这种自然状态下，人人生而平等，享有同样的权力义务。人们的生活纯粹顺乎自然，各行其是而不害他人。整个社会秩序井然，有条不紊。每个成员都自觉地遵守一种以理性、道德为模式的规范。当然，在早期罗马社会，自然法思想尚得不到承认和发展。但当罗马国家逐步以武力征服世界之后，它则应社会发展的需要，通过罗马斯多葛学派的西赛罗、塞涅卡等著名政治家、思想家和法学家而得以传播，并给罗马法以深远影响。可以说，没有自然法思想，罗马法就不可能得到那么迅速、完满的发展，从而也就很难如此地为后世资产阶级所推崇仿效。

17、18世纪法国启蒙思想运动是以自然法思想为核心内容的，它把古代希腊、罗马的自然法观念发展到炉火纯青的划时代高度。既为法国大革命提供了思想动力，也为法国法规定了基本方向；既是大革命的口号，也是法国法的灵魂。启蒙思想家高举理性的旗帜，与封建专制、法律擅断等种种腐朽制度勇敢斗争，极大地解放了人们的思想。卢梭的社会契约论和主权在民的学说，孟德斯鸠的三权分立学说和狄德罗、爱

① 〔英〕梅因：《古代法》，沈景一译，第33页。

尔维修等百科全书派的自然法观念以及大革命时期革命者们的思想都直接或间接地给法国法以深刻影响。1789年《法国人权宣言》就是法国启蒙思想运动和大革命运动的直接产物。其思想渊源和核心则为自然法思想无疑。具体可见诸一些基本原则之中：如强调人的尊严，人人生来自由平等；人身权和财产权不可侵犯，主权在民、权力分立，自由以不损害他人的自由为限等。所有这一切，均不同程度地体现于后来的《法国民法典》中。

至于拿破仑本人，虽然不是自然法思想的信徒，但却深受其影响。他否认卢梭的人类不平等起源论，认为那是一派胡言乱语，[①]然却发扬了社会契约思想。认为是有这么一种充满仁爱友善、秩序井然、睦邻相处的社会，他多少流露出科西嘉农乡境况中培育出来的意识。拿破仑的主要观念是与卢梭的观念密切相关的，他甚至还曾试图把社会契约适用于他的军团。个人服从和赞助整体是其道德观念的实质。

总之，《法国民法典》的产生不是偶然的，它是一定历史条件下的必然产物，其精神实质和具体内容都是有本可稽、有源可溯的。由于罗马法包含了大多数资本主义生产的法律关系，而18世纪的法国正处于资本主义上升时期，故当其需要一部完备统一的民法典时，便选择了罗马法为模式，并且在此基础上制定出一部"典型的资产阶级社会的法典"。如果说罗马曾以法律征服了世界，那么《法国民法典》则又将这种征服推向深入。如同美国学者谢尔曼所说："《法国民法典》事实上是罗马优士丁尼法典于一千三百年后的重新颁布，以适应法国人民的时代与生活的需要。"[②]

二、罗马法基本原则对法国法的影响

罗马法的基本原则在法国法中充分地得到体现。法律面前人人平

---

① Schwarz, *The Code Napoleon and Common Law World*, 1954, p.7.

② Charles Phineas Sherman, *Roman Law in the Modern World*, vol.2, 1924, New York, p.245.

等是资产阶级法的基本原则之一。在漫长的中世纪时代，腐朽野蛮的封建专制制度不仅在人身上而且还在精神上给下层劳动群众以痛苦、压迫。因此，新生的资产阶级对封建专制、封建法制深恶痛绝。他们深深认识到不推翻封建专制和封建法制，就不会有他们应有的社会地位和法律地位。所以当革命到来时，他们就以反对封建专制和法律擅断，要求自由平等为口号。这在理论上源于自然法，实践上却来自罗马法。罗马法学家乌尔比安曾说："现今所谓法律即取义于正义，事实上它就是真善与公正的艺术。"①而"根据自然法，一切人生来平等"②。保罗也认为"平等和公正即法律，例如自然法"③这种精神也充分地体现于《法国民法典》（以下简称《法典》）当中，《法典》总则第8条规定"所有法国人都享有民事权利"，是为具体反映之一。当然，事实上这种自由平等是有很大局限性的。在罗马法律实践中，万民法很大程度上是为了弥补市民法的不足而产生发展的。在法律关系主体方面，万民法的功绩即逐步消除了罗马公民与非罗马公民间的不平等。依据罗马市民法，罗马境内的非罗马公民不得寻求保护，不能平等地与罗马公民发生民事上的往来，从而使外国人在财产流转和商业贸易中受到极大限制，处于极不平等的地位。随着罗马的迅速扩张和对外联系的加强，这种法律上的不平等再也不能继续下去，于是以裁判官告示为主要渊源的万民法就应运而生。与此同时，罗马统治者也被迫逐步扩大公民权，从而使罗马公民和非罗马公民的法律地位渐趋平等。④这种平等化巩固和加强了罗马帝国的统治。这也正是处于上升时期的法国资产阶级本能地向往的。

在商品经济占统治地位的资本主义社会，商品贸易和商品交换是最经常、最主要、最基本的经济活动，在这类经济活动中，无论作为权利义务主体的是何许人，都须以彼此平等身份，自愿地设立一定的权利义务关系。同时，权利义务的标的也须有平等的价值标准。如果不是这

①　D. 1, 1, 1, 1.

②　Inst. 1, 2, 2; Dig. 50, 17, 32.

③　D. 1, 1, 11.

④　D. 1, 5, 17.

样，商品社会的经济活动就无从开展。显然，契约自由与法律面前人人平等有着密切的联系，同为资产阶级人权思想的组成部分。在每一个存在着商品经济的社会里，契约自由都被奉为民事流转活动的基本原则。它允许人们在不损害社会利益的前提下，为获得生产资料和生活资料而在彼此自愿的基础上从事一切交换行为。其中包括劳动的自由雇佣和自由出卖，而这对资本主义社会来说尤为重要。可以断言，倘若没有这种自由，资本主义经济将会寸步难行。按照罗马市民法，具有公民权的自权人在设立、变更和消灭一定的权利义务关系时，都是平等自由的。后来随着罗马国家的扩张和发展，罗马的涉外经济活动和商业贸易逐步扩大，因而法律关系主体也就愈来愈不局限于罗马公民，而由于罗马公民和非罗马公民的身份差别，极大地限制了他们之间的自由经济往来。结果，市民法之外复产生万民法，后者为一切有权利能力和行为能力的自由人提供了参与民事活动的自由保障。其实，罗马法本身也正是在这种平等的基础上发展为以私有制为基础的法律的最完备形式。《法典》的本质决定了它必然地接受罗马法这一原则。在罗马法中，"契约是两个或两个以上当事人间的协议，即他们对于作某种实际契约目的的行为的同一后果而达成的意思合致"。①《法国民法典》第1101条规定："契约为一种合意，依此合意，一人或数人对于其他一人或数人负担给某物，作为或不作为某事的债务。"为了保证缔约人的利益，《法典》也在契约履行、违约责任、债务人破产等方面吸收了大量的罗马法内容。

　　所有权不可侵犯是一切私有制社会法律的最根本特征，它首先体现于罗马法中。罗马法学家认为所有权（dominium）是"人对物最完全的支配权"，即对物的统治、支配、控制，管领的绝对权利。所有人既可以积极地在所有物上作各种行为，又可消极地禁止他人在其所有物上作任何行为。就所有权内容而言，它有如下基本权能：

　　1. 占有权（jus possidendi）

　　2. 使用权（jus utendi）

---

　　①　Hex.1, 91.

3. 用益权（jus fruendi）

4. 处分权（jus abutend）

5. 返还占有权（jus vindicandi）

在罗马法时代，虽尚未有上述权能的明确概念，但其作为所有权的基本内容早就存在。所有权由此而具备绝对性、永久性、排他性的特征。不过，罗马法中虽然认为所有权具有绝对的、排他的特征，同时又规定它必然要受一定限制。主要表现为：受相邻关系的限制，受社会利益的限制，受债权关系的限制，受权能实现条件的限制。罗马法有关所有权理论对《法典》产生极深影响。《法典》第544条规定："所有权是对于物有绝对无限制的使用，收益及处分的权利。但法令所禁止的使用不在此限。"又第545条规定："任何人不得强制出让其所有权，但因公用，且受公正并事前的补偿时，不在此限。"另外，《法典》中有关用益权、使用权、居住权以及各种役权的规定均直接来源于罗马法的物权理论，实为自物权（jusa in re propria）和他物权（jura in re aliena）理论的发展。

过失责任原则也是资产阶级民法的基本原则之一，它最早为罗马法所确立。公元前287年《阿奎利亚法》（Lex Aquilia）是古罗马共和国最重要的法律之一。它首次从立法上确认了过失责任原则，从而取代了古代罗马法的加害责任原则，并在后来的《民法大全》中得以进一步确认和发展。《法典》同样接受了这一原则，它事实上是上升时期的资产阶级要求平等自由和意思自治、反对法律专断和等级差别在另一个侧面的反映。《法典》第1382条规定："任何行为人使他人受损害时，因自己的过失使损害发生之人，对该他人负赔偿的责任。"又第1383条规定："任何人不仅对因其行为所引起的损失，而且对因其过失或疏忽造成的损害，负赔偿责任。"根据上述两条规定，法国侵权行为法完全建立在过失责任基础之上。另外，在违约责任问题上，也以过失责任为原则，从而在债的主要原因方面确立了过失责任原则，并为之后的大陆法系甚至其他法系的立法提供了典范。

三、罗马法具体制度和规范对法国法的影响

罗马法对法国法的影响不仅表现在思想方面，而且还反映在体例结构和制度规范上。就前者而言，《法国民法典》基本上仿效了《优士丁尼法学阶梯》。按照《法学阶梯》，罗马私法可分为：

1. 人法，即财产主体，婚姻和亲属关系；

2. 物法，或财产法，包括物权，债务和继承法；

3. 诉讼法，包括权利的保护和救济程序。

《法国民法典》则分为：总则、人法、财产法和财产取得的各种方法（即继承、赠与、遗嘱、契约或债的通则和种类，以及侵权行为）。至于诉讼法则另由《民事诉讼法典》规定。可见，《法典》除增设总则和另外颁布诉讼法典以外，其余部分实际上是依罗马法中《法学阶梯》的体例略事变动而成。这种基本上继受罗马法体例的编纂方式为后来许多的大陆法系民法典所依循。

法国法间接地承认了罗马法有关法人的内容。无论是在罗马法和法国法中，均未有"法人"的明确概念，但其基本内容却已具备。古代罗马法称人的身份为caput，后又改称为persona，所指的就是"人格"。人格观念是法人观念的理论基础。所谓人格即作为权利义务主体的资格，它不以生命的有无为依据，只取决于身份地位。罗马法中的法人观念正是以此为依据拟制而成的。乌尔比安曾说："在团体中其成员是否经常变化对团体的存在没有意义，因为团体的债务并不是其个别成员的债务。团体的权利无论如何也不属于个别团体成员。"[①]事实上这已揭示了法人的本质：独立享受权利或承担义务的一定社会组织。不仅如此，罗马实际在社会生活中已产生了类似今天法人的团体组织。主要有：社团、财团、实业团体之类。1804年《法典》虽未有此类规定，但却间接承认了法人的存在。如第537—542条、619条以及赠与中的有关规定。

---

① 　D. 3, 4, 7.

不管怎样，在《法典》制定时，未有对法人这个概念作出明确的规定，这是立法者的历史局限性所造成的缺憾。

在罗马，家庭被视为基本的社会组织，《法国民法典》继承了这一观念。在家庭关系中，罗马法对法国法影响最深的是"家父权"（patria potestas）概念。所谓"家父权"是指"家父"（pater familias）对一切家庭成员的绝对权力。包括对子女、奴隶、门客以及夫权婚姻中的妻子的权力。盖尤斯曾评论说：恐怕再没有其他民族像我们罗马公民那样享有对子女的这种权力。然而有趣的是，自诩为建立在自由、平等原则上的《法典》最初却明显地保留了这些痕迹，主要体现为亲权和夫权。根据罗马市民法，家子的婚姻须得家父同意。1804年《法典》第148—160条亦有类似的规定。这些规定直至20世纪初期才陆续颁布新律加以修改，降低了成年人的年龄，扩大了子女的婚姻自由权，从而缩小了亲权行使的范围。

法国法中夫权的有关规定保留了罗马市民法"夫权婚姻"的某些特点。尽管法国大革命时期抽象地鼓吹男女平等，可是结果在《法典》的规定上并未体现出来。《法典》第213条规定："夫应保护其妻，妻应顺从其夫。"这公开承认了夫对妻的人身权力。此外，《法典》第108条、第214—221条等也反映了夫妻间的不平等。包括人身和财产方面的权利不平等。所有这些均可在罗马法中寻得根源。另外，《法典》中有关"民事死亡"①制度实际直接来自于罗马法的"人格减等"（capltis deminutio）概念。如"人格大减等"和"人格中减等"的法律后果实际就是法国法中的"民事死亡"。

罗马法学家莫迪斯汀说："婚姻就是夫妻间发生神事与人事的共同关系的终身结合。"②而这种结合是必须以合意为基本要件。《法典》接受了这一观念，规定"未经合意不得成立婚姻"（第146条）。在离婚问题上，《法典》也像罗马法一样严格加以限制。因为立法者为了配偶双方

---

①　1804年颁行的《法典》第17—33条现已废除。

②　参见 D. 23, 2, 2。

的利益必须对感情冲动予以某些限制来稳定婚姻关系。[①]

　　罗马法的编制分为人法、物法和诉法，其中的物法实际相当于现代民法中的物权、继承和债三个部分。《法典》虽采用三编法，但它将物法分列为财产法和财产取得的各种方法两编，后者包括债和继承两部分。关于所有权，《法典》完全承袭了罗马法中的概念（第544条），而所谓他物权，在《法典》中则表现为用益权、使用权、居住权、役权和质权的具体规定中。在罗马法中，他物权系指对他人之物的权利。具体到用益权（iusfructus）则为，对他人之物使用和收益而不改变其性质的权利。[②]《法典》第578条规定："用益权为对他人所有物，如同自己所有，享受其使用和收益之权……"，又第637条规定："役权系指为供他人不动产的使用或便利而对一个不动产所加的负担。"事实上，役权是基于相邻关系所产生的权利。如《法典》第640—648、653—685条，均涉及相邻关系。

　　除物权理论外，罗马法关于物的分类也深深影响到《法典》。乌尔比安说"物实际上可以分为可动物和不动物"[③]是为《法典》中"财产或为动产，或为不动产"（第516条）的依据。罗马法对法国法的影响最深入普遍的部分当为债法，即"取得财产的各种方法"中的主要内容。无论是其概念、内容、种类、发生依据和消灭的原因等均不例外。特别是关于契约和侵权行为的理论，几乎是原原本本地承袭下来。

　　罗马法规定："债为法锁拘束我们必须按国家的法律而为一定给付。"[④]由此可见，债的本质是一种法律上的约束，即"法锁"（vinculum）。它或直接产生于法律，或间接地产生于法律。其标的不过是给与（dare）、作为（facere）、交付（praestare），其发生的依据主要有四种：契约、准契约、侵权行为、准侵权行为，其种类概有：特定之债，种类之债，选择之债、可分之债，不可分之债、连带之债，其消灭

---

①　Schwarz, *The Code Napoleon and Commow Law World*, p. 27.

②　Inst. 2, 4, 1-2.

③　Inst. 2, 6.

④　Inst. 3, 13.

的原因概有：清偿、给付不能、免除、抵销、混合、更新、当事人死亡、消灭时效、人格减等、争讼等。上述所有理论均为法国法所接受，甚至未作"任何实质性的修改"①，如《法典》第1234条列举债的消灭原因为清偿、更新、自愿免除、抵销、混同、标的物灭失、取消、解除条件成就等，几乎完全与罗马法相同。

罗马法中的"契约"（contractus）实质是基于合意产生之债，即两个或两个以上当事人间为实施某种行为或不行为的意思合致，《法典》完全接受了这一概念。不仅如此，《法典》中关于契约成立的要件、契约种类的划分，契约的内容等都完全以罗马法为楷模，并在某种程度上予以发展。债的发生依据除契约以外，罗马法尚规定有准契约，侵权行为和准侵权行为。《法典》将其统归类于"非因合意发生的债"，然基本内容前后相承。侵权行为与准侵权行为条款虽然不多，但却确立了侵权行为的过失责任原则。同时也保留了某种场合的无过失责任形式，如代负责任。应该提及的是，像一切古代法一样，罗马法早期也是民刑不分，诸法合体，并且直接影响到优士丁尼的《民法大全》。在罗马法的侵权行为当中，有些内容乃属现今法律中的犯罪范畴，如窃盗、强盗、胁迫、欺诈。这在《法典》中已不复存在。它反映了法国法毕竟比罗马法跨进了一步。

《法典》按《优士丁尼法学阶梯》的划分方法将继承和债并列为"取得财产的各种方法"。罗马法的继承是指人格的延续，是权利义务的同时接受和延续。这与法国民法截然不同。可是罗马法有关继承的一些制度、原则，如继承人的资格、继承的开始、继承的顺序、法定继承和遗嘱继承的关系等，都对法国法产生很大影响。特别是遗嘱继承制度不仅对法国，而且对世界各国的法律都有不同程度的影响，罗马法规定："遗嘱即一个人对身后生效的愿望的合法表示。"而遗嘱继承则是依照死者生前的嘱托对其财产实现转移和分配，实质是按遗嘱人意愿指定继承人。《法典》第967条规定："任何人均得或以指定继承人的名义，或以

---

① D.28, 1.《马克思恩格斯全集》第21卷，第454页。

遗赠的名义，或以其他适于表示自己意志的名义，以遗嘱处分其遗产。"
此外，罗马法中对遗赠的一些限制也为《法典》所接受。

　　综上所述，足以知法国法无论是在思想原则方面或是制度内容方面都直接继受了罗马法。上述各项不过是举其荦荦大端而已，尚有许多具体内容未暇一一顾及。如监护保证制度，特留份制度，买卖契约中的"非常损失规则"，所有权的取得方式等。法国法与罗马法所以有如此的因袭关系，这有着深刻的历史、社会原因，但根本还是取决于罗马法固有的本质特征。① 而法国法所以能够在罗马法征服古代世界的一千多年以后，再次重振罗马法的生命活力，从而征服近代世界，原因就在于此。

----

　　① 参见《马克思恩格斯全集》第21卷，第454页。

周枏先生《罗马法原论》札记^①

周枏先生去世时，我曾写了《带走一个时代的法学家》以寄追思。为什么这样说，因为他的人品、学品和命运在某种程度上浓缩了一个时代的众多法学家的个性特征、学术生涯和人生追求。无论是其人品学品，还是其生涯命运，都有时代的印痕。现今我们所处的时代，已经很难产生、锻造周枏先生这样的学者，即使有人想去追求。这就是时代的不可抗力，它既可带给人们光辉与希望，也可给人造成黯淡和神伤。所幸的是，一种纯净的人品和精深的学品总能给人以激励和向往。周枏的《罗马法原论》（以下简作《原论》）就是这样一部体现了作者学品，并且给人以激励，为后来者奠基的著作，是他留给后人的法学成就。这个成就既是一种已然的学品，又是一种应然学品的基础；有了这样的基础，将然的学品成为可能。周枏先生去世带走了一个时代的另一层含义，是说作为老一辈学者，他其实是前一个时代的罗马法学者在后一个时代的仅存。从20世纪初以来至今，中国的罗马法学著作可以说并不少，除译著外，中国法学者自己的著述也有十四五种之多。这些著作在不同时期、不同地区都产生过相当的影响。其中影响较为持久广泛的当属黄右昌的《罗马法与现代》、陈朝璧的《罗马法原理》以及改革开放以后在中国大陆出版的周枏、吴文翰、谢邦宇的《罗马法》（群众出版社，1983）和江平、米健的《罗马法基础》（中国政法大学出版社，1987）。从时间上看，虽然《原论》1994年才问世，但在此之前，

---

① 原载《环球法律评论》2005年第6期。

像《原论》这样系统全面、深入具体、资料翔实的中文罗马法专著还不曾有过。这部著作是周枏倾其一生精力与心血的巨制大作，是他一生学术积累和造诣的集中体现。此前已有的任何一部罗马法著作，都没有像《原论》这样做了几十年的酝酿和准备，融入了几十年的学术探讨与教学积累。仅此而言，《原论》可谓对其他既有罗马法学著作的超越，是中国罗马法学近乎一个世纪的集大成。正因如此，该书出版之后，受到了学界的广泛关注和欢迎。到2004年4月，该书已经五次印刷。这在同类学术著作中，无疑独享殊荣。在此意义上，完全可以说斯人已逝而不去，学品无声得永生。这就是一个学者的价值，无论他生存时曾否得意辉煌，或者曾有多少失意怅惘。

从《原论》中我们可以看到哪些学品呢？

一、《原论》的资料来源与学术风格

周枏早年到欧洲留学，这对他的整个人生无疑有决定性的影响。1928年他到比利时留学，直到1934年以优异成绩学成归国，整整六年异域寒窗。这段求学的人生经历既是他法学之旅的开始，也是他法学生涯的奠基。观其一生的法学路径，可以说其治学方法、学术境界和风格，都深深地刻下了他留学比利时的烙印。无论是从他的自传性文字《我与罗马法》，还是从他的《原论》及其他作品中，都可以清楚地了解到这点。留学之初，他受业于第柏里埃（Dupriey），并在其整个留学期间颇受其影响。他对罗马法的钟情与喜爱，应该发生在第柏里埃的罗马法课堂上。不仅如此，由于他在比利时的学习语言是法语，故法语的罗马法著作与资料是他主要的学习资料来源。按照他自己所说，除了第柏里埃的《罗马法讲义》外，法国罗马法学家吉拉尔（Girard）的《罗马法》一书，也对其后来的教学工作有很大影响。对此，作者在其《我与罗马法》中有较清楚的描述："我在寓所一楼客厅里摆了一张双人大写字台，座椅前面放了第柏埃里教授的讲义和我的笔记本，左手放了吉拉尔德（即吉拉尔）著作，右手放了库克的著作。其他学者的专著也依次放在大桌面上。……遇到问题则比较各家观点，取其所长。"《原论》所列外文参考文献计约74种，其中法文文献63种，英文文献11种。从其所列文献范围来看，应该说实际起主要作用的是法文资料。当然，这并不意味着英文资料所起的作用可以忽略。《原论》使用的文献资料，除了像《民法大全》和《法学阶梯》这样的罗马法原始文献外，几乎囊括了可见的所有法文、英文罗马法重要著作。就此而言，《原论》与黄右昌的《罗马法与现代》以及陈允、应时的《罗马法》有不同。不仅如此，也与丘汉平《罗马法》资料来源有别。尽管丘氏著作使用了"拉丁、英、法、德、意等文种，学术之博，殊堪钦佩"，[1]但其资料融通和自身风格反倒欠缺。不仅如此，"殆丘氏参采各家学说，忽于整理，遂致前后矛盾而不自觉也"。[2]平心而论，上述周枏对丘氏著作的评价基本是客观中肯的。大概是同出一师之门的缘故，《原论》在资料使用方面与陈朝璧的《罗马法原理》较为相近。如果同改革开放以后我国法学界相继出版的几部罗马法专著比较，则《原论》的文献资料积累与使用在许多方面明显丰富许多。当今法学界，著述纷繁缭乱，目不暇接。但这种著述繁荣之背后，具有相当文献资料积累和融通使用的著述并不多。有的人看过几本书，甚至一本名著，就写出了自己的一本或几本著作。这样的书纵然几十本，其学蕴和知识信息也无法和一本《原论》同日而语。我想，这是我们读《原论》时首先应该体会到的。

二、严谨的治学精神

在同类著作中，《原论》款款来迟。这其中除了历史和个人经历的原因外，最主要的还是作者精益求精、严谨认真的治学态度。事实上，早在1936年前后，作者已经写出了30万字左右的罗马法讲义，可惜因

---

① 周枏《编著罗马法之缘起并告诸同学》，原载《持志学院罗马法讲义》。

② 同上。

抗日战争爆发而未能如计划出版。此一搁置，竟然长达数十年。在这半个多世纪里，他生活坎坷，经历曲折，但只要有可能，他对于罗马法的钻研探求就未曾停止。从20世纪30年代回国直到70年代末改革开放，他曾在不同社会历史背景和工作环境下几度执罗马法教鞭，但却从没有满足于既成，到晚年仍然始终保持着学生时代养成的勤学好问、善于发现问题、敢于探究问题的精神，不断充实积累着自己的知识，深化自己的研究。例如，早在比利时留学之时，他就对《十二表法》中三次出现的"hoste"一词含义进行过具体深入的探讨。[①] 以我个人的看法，现今中文罗马法著作中，甚至包括中译的外国学者著作，对于"hoste"最恰当清楚阐释的莫过于周枏的《原论》。虽然没有太多笔墨，但却关联明确，内涵清楚，文义精到。毫无疑问，这是长期积累、严谨治学的获得，非一日之功。除此之外，对于罗马法上的另一基本概念"patria potestas"，《原论》也有不同的看法与译法。作者认为，"patria potestas"这个拉丁文中文多译为"家父权"，但较为妥当的是译作"家长权"。因为：第一，"家父"是相对子女而言，家长则可相对于子女、妻、媳、孙子女等所有的家属；第二，按罗马法的规定，父亲死后，其子即可成为自权人，而在此情况下该成为家父的原家子，并不一定有子女；第三，拉丁文"pater"本身不仅可作"父"解，而且还可作"长"解。总之，"家父"与为"家父"者是否为父亲没有必然联系。[②] 周枏的以上分析可以说完全正确，无疑具有很强的说服力，它反映出作者对罗马法制度有精当的理解。所以，《原论》用"长"而不用"父"有可以接受的依据。当然，若是把"patria"作为一个被赋予特定内涵的制度概念，我认为无论是"家父"还是"家长"都是可以成立的。但不管怎样，《原论》这种立足于对制度及其社会文化背景之深刻理解基础上的严谨，确实能给人以提点与教益。

---

　　① 参见周枏：《罗马法原论》，上卷，商务印书馆1994年版，第115—116页及下卷第1046—1048页。

　　② 参见同上书，上卷，第116页。

三、语言的现代与表达的统一

《原论》的语言是现代的，也是清楚流畅的，这是与作者同时代的罗马法学家都未能做到的一点。所以单从语言来说，《原论》具有鲜明的时代特征。当然，这并不是说其他老一辈罗马法学家不能做到，而是历史没有给他们以时间和机遇。例如，无论是黄右昌《罗马法与现代》，还是陈允、应时，丘汉平、陈朝璧的罗马法之作，其语言对于今天的读者来说，都显得有些疏远生僻，某种程度上影响了读者群的扩大和理解的效果。而作为一个从民国时代走过来的老学者，周枏《原论》的语言一扫民国早期许多书面语言文白相间、古板诡奇的文风，用通畅平易的现代文字表达，阐释了古老而深刻的法理与制度，述古而不复古，读之犹如聆听，拉近了作者和读者之间的距离，增进了读者的理解和领会。

记得多年前周枏先生和我谈到罗马法的写作时就认为，现在写罗马法一定要用现在的语言，这样更容易让现在的读者明白。如今读其《原论》，颇能感悟其用心和努力，觉得他的确做到了这点。当然除此之外，《原论》语言的现代化还有一个非常重要的前提，那就是作者本身对其所述理论与制度的深刻理解与融会贯通。进一步说，古老深奥的法理与制度实际上是经过作者头脑的加工运行之后才可能转换成深入浅出的现时语言。像罗马法这样既古且洋的事物，如果没有整体把握和深入理解，就很难述诸平易浅出。现今许多译作甚至著作，读起来不中不洋怪怪的，其中重要原因之一就是没有理解和把握，没有融会和贯通。从1915年黄右昌《罗马法》印行到1994年周枏《原论》出版，80年间中国先后有十多种罗马法著作出版，译著也有出自意大利文、德文和英文的多种。不用说各个著作之间的内容深浅各异，就是各个著作之间的术语表达方式也差别甚大。本义同一，而表达迥异的例子举不胜举，早期的作者就有关罗马法的诸多人名、地名、规则与制度几乎均有不同的传译表达，可谓各行其是。由于翻译著作多在改革开放以后一段时间内较

集中地出现，而且还有此前罗马法著作参照，故情况略好些。《原论》
出版问世，可以说某种程度上起到了促进罗马法术语表达统一的作用。
在这方面，他不仅仅远远超越了早期面世的黄、丘、陈之作，而且还颇
有胜过改革开放以来普及甚广的周、吴、谢和江、米之作的地方。例
如，罗马市民法上的"mancipatio"，在以前多音译为"曼兮帕蓄"，①而
在《原论》中则意译为"要式买卖"，直接清楚地传达了这一罗马法制
度的意义和特征。又如，"consul"在丘氏著作中被译作"总裁"，这种
译法显然与本义有较大差别，尤其与今天常说之总裁有重大不同。②但
在《原论》中，则以"执政官"取代之，避免了不必要的误解。不仅如
此，《原论》作者其实还超越了自己。熟悉其作品的读者不难发现，《原
论》的许多术语、人名、地名及法律名称等，已经与其早期著述的表达
不同。例如，"Justinianus"在其早期著述中表达为"优斯丁尼亚诺斯"，
在1988年出版的《罗马法提要》中作"优士体尼安努斯"，简称"优
帝"，《原论》中进一步作"优利安努斯帝"，仍简称"优帝"。这样，至
少《原论》与陈朝璧《罗马法原理》中的简称已经达成一致。③可以说，
虽然此一译名的选择是不涉实质的事情，但这却反映了我国罗马法学的
资料来源。因为事实上法学界中不少人常常使用的"查士丁尼"译名是
受英文翻译的影响，而"优士丁尼"或"优斯丁尼亚诺斯"译名则更多
地受拉丁文影响。④此外，像"Ulpianus""Gaius""Papinianus"以及
诸多人名或法律名称，在早期周枏的罗马法著述中以及与其同时代的罗
马法学家笔下，均有与现在很不同的各式各样翻译方法，而在《原论》

① 有关"mancipatio"的中译五花八门。如"曼兮帕因""曼兮拔恪"等。
② 参见丘汉平：《罗马法》，朱俊校勘，中国方正出版社2004年版，第19页。
③ 在陈朝璧《罗马法原理》中被译作"优司悌尼亚帝"，亦简称"优帝"；丘汉平
《罗马法》中译作"优斯丁尼诺斯"，但亦简称"优帝"。
④ 1983年出版的周枏、吴文翰和谢邦宇合著的《罗马法》中使用了"查士丁尼"的
译法，盖因此是合著之作，故周枏并没有坚持个人意见。他在许多场合也说，此书真正的
主编是谢邦宇。同样原因，张企泰所译《法学总论》(《法学阶梯》)，商务印书馆1989年版，
亦从英文译出，故也作"查士丁尼"。

中则取一般通行的或较为接近的译法。[①]只要将此前诸多罗马法著作和《原论》做一比较，就可以发现这方面的差别与变化。

我读《原论》，可以感觉到周枏是在保持自身行文特色的基础上，尽可能地寻求术语表达的统一和书面语言的时代化。这对一个老一辈学者实在难能可贵，体现了学者大家的气度；对于罗马法学界来说，这无疑也是一种宝贵的贡献。

四、内容的全面与系统

在我国迄今既有的罗马法著作中，《原论》可以说是最为全面系统的一部著作。无论是黄、丘、陈的著作，还是周、吴、谢及江、米等的著作，或此或彼，多少都有不及《原论》充分之处。其实，这也是《原论》作者追求的目标。全书上下册，70余万言，分总论、人法、物法、继承法、债法和诉讼法六编，结构上基本是以罗马法的《法学阶梯》为模式演变而成。其中，总论部分尤其体现了《原论》的独到之处。作者在这部分下了许多功夫，虽然牵涉广泛，但却能简明概括地对罗马法作了总体的描述，包括罗马法的基本认识、社会基础、历史发展、体系构成及其世界影响等，从而为此后展开的罗马法制度研究阐释铺垫了基础。对此，周枏同事朱学山先生曾引苏轼之语予以极恰当的评价："博观而取约，厚积而薄发。"[②]相比之下，早期罗马法著作在这方面都没有如此厚润的笔墨，而20世纪80年代以来新出现的罗马法著作即使有，也大多未能出其之上。《原论》在人法、物法、继承法、家庭法、债法和诉讼法诸方面，内容也大大超出学界已有的著作。不仅内容的广度，而且内容的深度，材料的充分，都称得上独占头筹。

---

① "Ulpianus" "Gaius" "Papinianus" 在沈景一译的梅因《古代法》中分别作 "阿尔比安" "该雅士" "巴平尼安"，显然有英译的影响。见〔英〕梅因：《古代法》，沈景一译，商务印书馆1984年版。

② 苏轼：《杂说送张琥》。参见朱学山：《罗马法原论给我们的启迪》，安徽大学出版社1999年版，第271页。

五、《原论》对于若干问题的探讨

在罗马法学中，有不少问题至今难有定论。而在中国的罗马法学中，没有弄清的问题似乎更多。有些问题看起来小，其实影响面很大，尤其是现今的学者们多有引古论今的倾向，故罗马法的问题实际直接影响着部门法学如民法学的问题讨论。在这方面，《原论》为了澄清一些问题进行了较细致深入的探讨。

对某些制度认识的阐释与论辩。周枏是老一辈学者，但其《原论》并没陷于古旧拘泥，相反，除了其语言运用有大家平易之风之外，其方法立场也体现了其把握制度整体、洞察事物本质的特点。这在许多方面都可以予之例证。如他认为："罗马法虽无'法律行为'这一术语，但对它的构成和效力以及代理等均有详明的规定。"①以此为出发点，周枏用了相当的笔墨发掘罗马法上表现为法律行为的具体制度形式，并且用现代法律理论阐明了其原理。相对于现在有些法学家武断地以为"法律行为"只是近现代法学的产物，忽略甚至排除罗马法在这方面的贡献，周枏的认识无疑是深刻和洞察本质的。特别可贵的是，他还强调"罗马法认为市场经济是法制经济"，并且由此引出诚实信用、公平合理、信息公开、交易透明、保护交易弱者及维护交易安全等民法的一般原则。②由此可见，周枏治学是出乎此而不拘于此，立于此而放眼于彼的，其视野和思想境界不落学究俗套。

另一个可以说明问题的例子是如何理解"capitis deminutio"。对此，周枏与其同门师兄陈朝璧先生始终有不同意见。③他主张应将其译作"人格变更"，而陈朝璧则将其译作"人格减等"，现今较为流行的

①　参见周枏《原论》下卷第628—676页及其1996年的《罗马法原论总结报告》。我本人认为现今一般所说的"法律行为"最好应译作"法律交易"，而其起源就在罗马法。但这是需要另以专题论述的问题。故在此仅从众译。

②　参见周枏：《罗马法原论总结报告》。

③　除了陈朝璧之外，丘汉平等也采用"人格减等"的表达。

是后者。^① 前者从有些具体情况出发立论，指出了"人格减等"的内涵不周延性，后者则从拉丁文字面和当时罗马人人格内容顺位出发立论，道出了罗马法人格内容的层次特征。从学术中立的角度来看，我认为两个人的立场各有千秋，区别在于侧重或角度不同。但周枏对于"capitis deminutio"的分析阐释是严谨深刻的，应该引起重视，它至少可以提示我们对于"capitis deminutio"所产生的法律后果要全面理解。正像周枏分析的那样，父亲出卖儿子虽然使儿子丧失家族权，但另一方面却又使之获得了自权人的地位。在此意义上，"capitis deminutio"显然不只是减等。不过，相对于既定的全部罗马法人格内容而言，无论是哪一部分权利丧失，首先都是一种减损无疑。在此意义上，说其减等也未尝不可。总的来说，我认为这是一个对事物分析的角度问题。但周枏对此提出了疑问，而且还做了严谨深刻，且完全可以成立的分析阐释，这在国内罗马法学界只有周枏一人。

　　关于一些基本问题的探讨与澄清。对于一些罗马法具体制度，我国罗马法学者之间认识常有不一致的地方，或涉其实质，或涉其范畴。在这方面，较能集中反映周枏敏锐深刻、勇于探讨风格的是他早年与丘汉平之间的学术论辩。20世纪30年代中，丘汉平《罗马法》问世不久，周枏即就其中的一些问题向当时已有一定地位的学者丘汉平提出商榷。其中关于"auctorites patrum"和"responsa prudentium"的讨论，充分反映出当时他对于罗马法把握与理解已经高人一筹。首先，关于"auctorites patrum"的认识，丘氏译作"贵属之同意"，实在是只反映了其中一个方面的内容。正像周枏深入分析的那样，"pater"总的说有三层含义，即"家父""贵属"^②和"元老院"，而"auctorites patrum"也有三种可能的情形，即"家父的同意""尊亲的同意"和"元老院的批

　　① 参见周枏：《罗马法原论》，上卷，第118—124页及下卷第1045页。又见：陈朝璧《罗马法原理》，上册，台湾商务印书馆1979年版，第37、63—68页。江平、米健的《罗马法基础》沿用了陈朝璧《罗马法原理》的表述方法。

　　② 作者以为译作"尊亲"可能更好。当然，这里的尊亲不以年龄大小论地位，而以在家庭中地位论。

准"，确实的含义应视具体情况来定，但至少有两种含义，即"尊亲的同意"和"元老院的批准"不能仅仅以一代全。[①] 其次，关于"responsa prudentium"周枏与丘氏探讨了两个颇重要的问题，即法学家解答的真正作用和公开解答权（ius publice respondendi）的来龙去脉。《原论》对此问题用了相当的篇幅作了细致深入和层次分明的探讨，在现有罗马法著作中可谓功力独到。要了解法学家解答和公开解答权，当知《原论》提供了清晰充分的阐释。不过，关于法学家解答权产生的时间，周枏最初似乎认为是起自哈德良帝的《犹利安永久敕令》（Edictum Perpetum），但后来改变了立场，这可从他最初同丘氏商榷的立场与现今《原论》立场的变化比较中看出。[②] 应该说，周枏现在也接受了公开解答权起自奥古斯都的观点。[③] 除此之外，特别应该指出的是，周枏早期在与丘氏的论辩中，还澄清了若干基本史实、年代和制度问题。其一，他指出优士丁尼与优士丁的关系不是丘氏所说的父子关系而是叔侄关系；其二，指出了丘氏著作中对"执政官"（consul）、"裁判官"（preator）的混淆；其三，考察说明了罗马古典法初期两大法学流派，即拉贝奥（M.Antistius Labeo）和卡比多（C.Ateius Capito）两学派产生的实际年代；其四，指出了"犹氏（犹利安,Salvius Julianus）在共和帝政交替时代，数居显职"说法的舛误，并且考察澄清了犹利安与哈德良帝及其鼻祖卡比多的关系；其五，强调研究罗马法资料除了《民法大全》外尚有1816年发现的盖尤斯《法学大纲》（Institutiones Gai）以及其他文献，《乌尔比安法律规则》（Regulae Ulpianus）和《梵蒂冈残片》（Fragmenta Vaticana）等，尤其是盖尤斯《法学阶梯》的重要性似乎更在优士丁尼

---

① 德国法学家卡泽尔多处提及处在家父权下的子女缔结婚姻必须要有家父的同意。见 Max Kaser, *Das römisches Privatrecht*, Th.1, Verlag C.H.Beck, 1971 S.76, 314, 324。黄风《罗马法词典》中"auctorites patrum"只讲了其中一个含义。近现代大陆国家民法，如《法国民法典》也受到这一罗马法规则的影响。

② 周枏《评罗马法上几个问题商榷之一》，原载《中华法学杂志》新编第一卷第三号，第134—145页，1925年11月出版。周枏：《罗马法原论》，上卷，第50—67页。

③ 江平、米健的《罗马法基础》亦认为公开解答权实际于奥古斯都帝时已经出现。见江平、米健：《罗马法基础》，第64页。又见 Max Kaser, *Das römisches Privatrecht*, S.210，此处也明确说公开解答权始自奥古斯都皇帝之特许。

《法学大纲》之上。以上几个问题，显然都是罗马法史或罗马法研究的一些基本问题，以现今我国罗马法学的成果看，周枏早在七十年前就已经提出的大胆质疑显然多数是正确的。

关于罗马法起讫时间。关于罗马法的历史分期，国内外学者有多种不同的观点，而国内学者的划分方法事实上基本不出国外罗马法学者的划分框架。一般来说，有五分法、四分法和三分法。但是无论何种分期方法，一般都把罗马法产生发展的上限定为公元前753年。与此不同，周枏却将罗马法产生发展的上限定为公元前578年，即罗马王政时期第六王图利乌斯（S.Tullius，公元前578—前534），下限定为公元七世纪初，即东罗马帝国皇帝赫拉克利乌斯（希拉克略，Heraclus，610—641）。周枏对于罗马法史起讫时间的立论依据是社会形态或国家性质，即首先确定罗马社会是奴隶社会，罗马法是奴隶社会法律，进而在此基础上判断法律发展的进程。[①]这种思路显然与众不同，但也不意味着唯此观点才正确。实际上，罗马法起讫时间的判断同样也是一个标准问题，标准不一，自然结论不一。如前所述，周枏上下限之定分主要是从社会发展形态出发，这当然是一种思路，但应该不是唯一的思路。在史学界，对于罗马帝国何时从奴隶制过渡到封建制也是颇有争议的。何况一个制度的变迁根本不可能一天或一年完成，故判断一个制度的转变只能找一个标志性的时间点作象征性依据。于是，分歧与不同意见也是不可避免的了。应该指出的是，虽然在罗马法起讫时间上《原论》独树一帜，但在罗马法分期上，作者倒没有因此特立独行，仍然采用了以政治制度为分期标准的四分法。[②]即以王政时期（公元前752—前510）为罗马法发展的第一个阶段，不过这样一来实际就与其罗马法起讫时间的观点有些冲突了。

关于法律交易的原因。法律交易须以一定原因为必要，即一项法律交易的成立必须要有一定的原因，这已是罗马法以来形成的一个传统

---

① 参见周枏：《罗马法原论》，上卷，第3、4页。又见周枏《罗马法原论总结报告》中相关论述。

② 周枏：《罗马法原论》，上卷，第28页及以下。

原则，至少多数人认为如此。在萨维尼创立其物权交易无因性理论之前，这似乎是一个不太成问题的基本认识。特别是研究罗马法的学者，一般都认为法律交易需以原因为必要是罗马法的规则。周枏与众不同地提出罗马法上的法律交易并不以原因为必要，而且他的这种观点早在20世纪40年代就已经提出。到了《原论》出版时，他的观点显然进一步明确。他从三个方面对其立场予以论证。第一，词源本义。他认为，拉丁文"causa"既有"原因"之解，又有"渊源""方式"或"动机"之谓，故罗马法上涉及"causa"者，未必就一定指的是"原因"。第二，罗马古法中诸多要式交易实际都不以原因为必要，换言之，无原因的交易并不必然无效。他认为，古罗马法中最古之交易形式就是要式交易，后世各种法律交易形式都是循此演变发展而来。所以，要式交易所体现的交易规则，在罗马法中应该具有代表性，并且能够成为后世法律交易的起点与模式。第三，在双方契约中，原因即彼此的给付；而在赠与契约中，双方合意即原因。所以，在这些情况下其实没有什么所谓的原因，或者说有无原因都无关紧要，只是一个有无标的和合意的问题。故刻意要求一个原因，乃有画蛇添足之嫌。[①] 由此可见，在罗马法上法律交易原因理论问题上，相对于国内有些学者来说周枏是独树一帜，立场鲜明。细细分析他的立论阐释，显然有一定的道理。这里的关键其实是究竟如何理解原因，原因在制度上的地位和它所带来的法律效力。更应该指出的是，从《原论》中的立论阐释来看，作者在论述这个问题时实际已然进入了物权交易与债权交易两分的思路。如他在论述要因交易与不要因交易时说："债权行为原则上为要因行为，如租赁、合伙等；物权行为原则上为不要因行为，如对象的交付，所有权的抛弃等。"[②] 不论这种观点正确与否，这种表达方式实际上都已经超越了罗马法本身的语言。因为在罗马法上，原没有物权交易和债权交易的概念与理论。另外，能否以上述方式来判断罗马法上的交易原因，似乎也有进一步探讨

---

① 周枏：《罗马法上几个问题的研究》，第1—20页。周枏所论的那个原因实际已经非常接近了英美法上的对价理论。

② 周枏：《罗马法原论》，下卷，第631页。

的空间。

　　关于诺成买卖中所有权是否移转。这个问题实际上是与法律交易是否以原因为必要有密切关联的，后来萨维尼创设"物权行为抽象原则"，即"物权行为无因性"，其原点就在于此。我国的一些罗马法学者，如丘汉平、陈朝璧等，都有意无意地在阐释诺成买卖中出卖人义务时，谈及"移转物标的占有"（tradere rem）和"移转标的物所有权"（dare rem）的区分。并且认为在诺成买卖中，出卖人转移的是占有权，不一定就是所有权。对此，丘、陈从不同的角度作了说明。[①]与此观点截然不同，周枏在经过比较分析和充分论证之后提出了自己的看法。他认为，诺成买卖原则上，亦应转移所有权，但实践中所有权是否转移应该视具体情况而定，不能一概而论。因为"诺成买卖，即为补救要式买卖之缺陷而兴。若仍规定以转移所有权为要件，则非特外国人之无财产者，仍不能利用买卖以交易，'即市民之有裁判官法所有权（in bonis rem habere）'者，势亦无法以买卖流通其货物，而外省土地、债权、遗产，他人之物等，均将被摈于买卖范畴以外"。如此一来，就会偏失买卖的本旨。但是，契约的本质和诚信原则又要求出卖人应将其转移物上所有权利予以转移，所以，只要有可能，出卖人当然应负转移之责。如果出卖人即所有人，但出卖时又不转移所有权，那便构成欺诈罪。由此可见，周枏关于在诺成契约中所有权是否转移的观点与丘、陈等完全不同，且其分析理论也颇有说服力。但是，这里有一个问题，即如果将周枏关于法律交易原因理论的观点与其关于诺成买卖中所有权转移的观点相联系，就会发现这两者之间有某种程度上的不契合之处。而实际上，诺成买卖所有权是否转移与法律交易原因理论密切相关。但不管怎样，早在20世纪40年代周枏就已经对法律交易原因理论及与其相关的诺成买卖是否转移所有权的问题进行了深入探讨，并且提出了给人启发的思路与观点，这在罗马法学家中，在中国的民法学者中，应属开先河者。

　　以上主要围绕着周枏《原论》对其学品的风格、特点、知识蕴含

---

　　① 参见丘汉平：《罗马法》，朱俊校勘，中国方正出版社2004年版，第338—339页。

以及独到的立论等尝试进行说明，其实完全是个人的读书心得。掩卷之余，复生感慨：人们常以著作等身来赞叹一个学者的成就丰盛，虽有一定道理，但许多情况下也不尽然。孔子一部《论语》传世两千多年，影响了一个民族和社会的文化传统形成与发展。仅此已足见著作等身未必是成功与造诣的唯一指标。其实，治学有人以量取胜，有人以质取胜。以量取胜者谓之教，以质取胜者谓之学。教者，授也，解说基础知识之术；学者，思也，启发思想、养育理性之道。当今时代技术发展，手段多样，求量容易，求质困难。所以更应以学为重，追求上品之学。周枏先生去世一年之际，再读其《原论》，感其教学并存，尤显学品之重。观其一生著述，虽未达等身之盛，但一部《原论》已足以让同人敬佩，后学仰止，今人实难有出其上者。所以，留给后人的学品是周枏先生的贡献，也是他留给人们的永久纪念。

澳门回归

——一个文化世纪的序曲①

今年12月10日，游离祖国四个半世纪多的澳门将回到祖国母亲的怀抱。它表明着近现代世界历史在本世纪结束之时，终于完成了"末日的审判"，并因此给中国近现代史画上了一个较为圆满的句号。它一方面意味着，自古以来就作为中国领土一部分的澳门，从此不复在葡人的管治之下，葡萄牙人作为租借者、统治者和管治者于澳门存在的历史结束；另一方面，它还表明随着澳门回归的实现，中国人民将最后结束任人摆布、由外国分割领土的历史，开始完全把握自己的命运。如果说，当年自诩为天朝大国的清王朝因其无知狂妄和腐败无能而屡屡丧权辱国，那么今天我们已经在主动面对世界和富民强国的过程中一步步地恢复了国家的主权和民族的尊严。中国以往所受外国列强的侮辱、欺压之耻，随着今天澳门的回归将最终得到完全雪洗。痛洗国耻之余，人们完全可为今日自己国家的发展和强大而感到自豪。不仅如此，澳门的回归实际还标志着国家统一的又一进程。如今海峡彼岸的台湾地区虽然还恃守于一方海岛，但显然已经更加孤零。我们完全有信心断言，以"一国两制"的国策实现台湾和大陆的统一只是时间上的问题。中国实现最后的国家统一已是一个不可忤逆的历史大势。

---

① 原载《比较法研究》1999年第4期，"澳门回归专号"，发表时题为《二十世纪的尾声，新的世纪的序曲》。

　　澳门是一块福地，因为它是块莲花宝地，历经沧桑但却每每免遭战乱横祸；澳门又是一块飞地，因为它是中国的领土，但却又在葡人统治之下达450多年；澳门是有趣之地，因为澳门社会的很多典故、现象都令人感兴趣；澳门又是一块奇地，因为它的历史发展和社会现状中有如此多的事实如此费解，以至于可视为待解之谜。而所有这些，实际最终都能归结或上升为人类交往的最高形式，即人类的文化交往。所以，澳门足可谓世界文化史的宝地和有趣之地。可以相信，围绕着澳门的历史文化及其特殊的社会现象与群体，将来完全有可能形成一个像敦煌学那样的新学科——澳门学。进一步说，在长达四个半世纪多的历史进程中，澳门这个弹丸小城中所展开的东西方异民族的接触了解，共同生息与互动发展，以及东西方文化的冲突与交融，折射了比她本身大千万倍的整个人类世界的共同与差异、和谐与冲突、兴盛与衰亡、成功与失败、强权与真理、力量与尊严。任何民族国家都可从澳门这面镜子中发现和借鉴历史及现实赐予的经验。毫无疑问，这就是非澳门莫属的独特之处，是她拥有的宝贵财富。

　　在中国近现代史上，澳门是东西方文化最早发生全面深刻接触的地方。1557年葡人在澳门建造房舍作久留澳门的打算后，不仅葡萄牙人，而且还有其他欧洲国家的一些传教士陆续来到澳门，以澳门为基地向中国人传教，这些人当中的大多数人后来都成为中西方文化相互传播和交流的重要代表人物。如：利玛窦、罗明坚、郭居静、熊三拔、艾儒略、金尼阁、马若瑟、邓玉函、汤若望、南怀瑾等，他们都对近现代东西方的相互认识和了解做出了积极的贡献并产生了深远的影响。不仅如此，在名为传教，实为文化窥探和交往的过程中，西方的学院式教育首先在澳门登陆，然后渐渐进入内地。因此可以说，研究中西文化交流史，研究西方学院式教育在中国的起源，不能不研究澳门西方式教育的发生，如澳门"圣保罗学院"。

　　与西方传教士通过澳门了解认识中国一样，当时不少中国有识之士也通过与澳门耶稣会的联系接触和了解了西方的文化与科技。当时他们对后者更感兴趣，其中大多数人后来都成为中国介绍西方科学与文化的先行者。如：徐光启、李之藻、杨廷筠等。如果对上述这些中西学者的活动及其著述能有一大概了解，那么16—19世纪中西方文化交流的历史画面便会生动地展现在我们面前。

此外更应该注意的是，16世纪末期之后，中西方海上丝绸之路的形成给近现代世界，特别是给中国带来了深刻影响。但是，这条海上丝绸之路是如何出现、伸展及存续的呢？通过这条海上丝绸之路，西方人给中国人带来了什么，中国人又给西方人送去了什么？这种双向的输送与交流究竟给彼此对方造成何种影响？这条海上丝绸之路今天是否还有生命力或如何给它注入新的生命活力？陆上丝绸之路和海上丝绸之路究竟有何不同，它们对近现中国历史都产生了什么样的共同和不同影响？凡此种种，都是饶有兴味，颇有学术诱惑力及历史借鉴意义的问题。总的说来，海上丝绸之路的影响比陆上丝绸之路的影响要深远得多。不仅如此，它的这种特殊地位直到今天仍然在某种程度上保持着。如果说陆上丝绸之路的意义在于中西方通过贸易进行初步接触和探视，那么海上丝绸之路则是中西方通过贸易和文化逐步接近，彼此影响。

最后，还有一点是澳门所独具的，这就是她在近代中国史上所产生过的积极作用，换句话说，澳门还是近代中国社会进步和变革的一个思想与运动的试点和源点，这也许更是澳门具有的夺目光环。中国近代思想家郑观应（1842—1921）在澳门生活期间写下了对近代中国锐意变革图存之士影响深远的《盛世危言》。此外，中国近代史上的一些其他历史人物，包括思想家、早期民主革命活动家、学者及开明官绅等，都曾与澳门有不解之缘，如：魏源、梁启超、康有为及其胞弟康有仁、林则徐、朱执信、容闳。如果对这些历史人物在澳门的活动作全面系统的研究，无疑会对近现代中国改良主义和民主革命的思想来源与演进，对近现代改良主义运动和民主革命的社会历史背景作出更好的阐释。

综上所述，澳门的回归不仅为中国近现代史写下了最后一笔，而且还给世人昭示了一个意义深远的象征：人类的文化世纪拉开序幕。中国政府于本世纪末收回澳门的治权，除了国际法上的依据和政治家们的考虑之外，实际上还有极为深刻的历史含意，即中国将在下一个世纪以全新的面貌和巨人的姿态步入世界民族之林。而澳门以往四百多年的历史，又给我们提供了一个有深刻世界文化史蕴含的视角；从这个视角我们可以清楚地考察和理解不同民族和国家之间交往的实质和基础及这种交往的发展脉络和必然走向。在此历史经验和历史认识的基础上，我们再来观察一下历史的现实，特别是近十几年来的世界史现实，那么我们就不难得出：本世纪末发生的所有重大世界历史事件，实际都是下一个世纪世界历史的预演和铺垫，而新世纪的世界史将是一个以文化融合、冲突、竞争乃至战争为主旋律的世纪。就此而言，澳门无疑在世界文化史和民族交往史上具有独一无二的典范意义。

实际上，如果我们认真考察一下近二十年来的中国发展过程，很容易发现中国的巨变可以概括为三个步骤：首先，沿海经济特区的设立。其社会历史意义在于，中国终于尝试摆脱单一的国家计划经济体制，开始发展不同模式的生产方式，中国从此进入了一个多元经济制度时期。其次，根据历史的经验和现实的情况，中国政府明智正确地提出了"一国两制"的国策，并将据此国策收回香港、澳门乃至台湾地区。它意味着，中国在坚持社会主义道路的原则下，第一次正式承认了资本主义制度在中国的合法存在，使之在中国成为与社会主义制度并存的一种社会制度。其社会历史意义在于，自1949年以来的单一社会主义制度局面被突破，中国将成为一个多元政治制度的国家。1997年7月1日香港主权正式移交中国，标志着中国实际进入一个多元政治制度时代。而澳门回归祖国，则将是本世纪中国历史上最后一件大事，也是二十年来中国改革历程中的第三个步骤。它的社会历史意义不仅在于中国的多元社会制度进一步得到巩固，更为重要的是，澳门将以其独特的历史和多元文化社会的特征，象征性地把中国带入了一个新的世纪，即多元文化世纪。

在澳门，以华人为载体的中华文化和以华人为主要代表承载的东方文化，同以葡萄牙人为载体的葡国文化及葡人为主要代表承载的西方文化，各成一体，同时又交叉存在。澳门的宗教、哲学、史学、文学及与此相应的政治、法律和经济制度等，均有非常明显的多元文化色彩。

在澳门，人们可以看到华人与葡人相对平和的共处；亦可以看到一个相对独立的社会群体——土生葡人；还可以看到天主教和佛教发言人在同一个仪式上各宣其道，而这些现象在其他地区和国家很难看到。正是在此意义上，我们说澳门是一个多元文化融合发展的社会典范。

应该指出的是，当今世界经济全球化或全球经济一体化已经是公认的大趋势。然而，在这种经济全球化或一体化的背后，实际上隐含着一个意义更为深远，同时也将构成21世纪国际关系和生活主旋律的趋势，这就是文化全球化和全球文化一体化。必须看到，就像经济全球化必然以全球的经济竞争为前奏，伴随着冲突与战争一样，这种文化的全球化也必然是以文化竞争为序曲。事实上，这种竞争早已悄悄拉开序幕。正在发生的科索沃战争，实际正是下一个世纪的战争形式，即文化战争。毫无疑义，在新的世纪中各个民族和国家之间将展开人类最高层次的对话和交流，他们都将以各自的国力为支持，用各种方式和途径向国际社会展示传播自身的文化及与此相应的价值观。实际上，这是不同文化之间进行比较、选择、淘汰从而求得发展的过程。在此过程中，文化的冲突是不可避免的，必然会进一步地以加速度展开。就此而言，美国学者亨廷顿的文化冲突说并非竖子狂言。

文化的竞争只有在彼此平等的前提下才能和平进行，才不至于造成文化的强权和文化的毁灭。某种程度上我们可以说，在未来的文化世纪中，中国是最具有文化竞争资本和实力的国家之一。中国4000多年的历史融汇吸收了诸多不同文化元素，使之成为世界上绝无仅有的一种大一统文化。也就是说，中华文化本身实际就是一种多元一体文化的最成功典范。那么，中华文化在下个世纪中应该扮演什么角色，我们应以何种方式参与即将在全球范围内展开的文化竞争并化解这个过程中的冲突矛盾，从而将中华文化作为全人类文化的一部分展现于世界各民族国家面前，这是我们必须要认真思考的问题。总之，21世纪的到来给予中国最后一次机遇。能否把握这次机遇，使中华民族在人类的终极竞争——文化竞争中取胜，将直接决定着中华民族未来的命运。这是我们在澳门即将回归祖国之际应该得到的历史启示。

澳门香港法律过渡问题的同异
及其相应政策[①]

无论是澳门或是香港，都由于中国将对这两个地区恢复行使主权而面对一些共同问题：现行政制与法制的过渡。显然，主权能否顺利移交，澳门和香港能否在主权移交后，如中国、葡萄牙和英国政府与人民所愿，继续保持稳定和更加繁荣，与上述两个过渡有密切的关联。其中，在政制过渡的基本方针确定之后，法制过渡尤其重要，而且有大量的工作要做。所谓法制过渡，不外是以未来特别行政区法制为取向，对现行法律及其制度作必要的调整与发展。总体来说，澳门和香港的法制过渡均可以"法律本地化"加以概括。

澳门和香港虽然都由于将移交主权而面对一些共同的问题，但同时却又由于各自的社会条件和法制特点不同而发生一些不同的问题，政制方面如此，法制方面亦然。就社会条件而言，我们可以清楚地看到，澳门和香港的政治、法治、经济、文化教育等状况颇有差异。这也许正是法律本地化在香港并不像在澳门这样颇为强调的原因之一。至于法律制度，澳门现行法制是以大陆法系的葡萄牙法律为基础，而香港则是以普通法系的英国法律为基础。因而，两地法律过渡所包含的内容、采取的方法及呈现的形式与特点也颇为不同。

---

① 　原载《中外法学》1995年第3期（总第39期）。

一、法律过渡的共同问题

1. 法律过渡的基本原则

基本法中规定的原则与"一国两制"的精神相一致，两个基本法的第8条都规定："澳门（香港）原有的法律、法令、行政法规和其他规范性文件，除同本法相抵触或经澳门（香港）特别行政区的立法机关或其他有关机构依照法定程序作出修改者外，予以保留。"毫无疑问，这一规定是澳门和香港进行法律过渡的最根本依据。它表明，澳门和香港的现行法律只要具备"不与基本法抵触"这个大前提，即可纳入过渡之列。当然，这并不是说所有不与基本法抵触的法律都将全部过渡。是否过渡，在何种程度和什么内容上过渡，均还应有具体的尺度。但不管如何，这一规定给澳门和香港提出了共同的任务：在过渡期内将现行法律依照上述原则予以过渡。

基于两地各自立场的原则无论是澳门政府抑或是香港政府，都有一个共同的愿望，即在主权移交后保留各自地区的现有法制及其特色。所谓澳门和香港的现有法制，无非是分别以葡萄牙法律和英国法律为基础的澳门和香港法制；至于所谓特色，即澳门乃以大陆法系为模式，香港则以普通法系为模式。具体地讲，在主权移交后，澳门仍应以大陆法系为模式，香港则仍应以普通法系为模式。可以说，这也是现今澳门和香港政府在法律过渡中各自坚守的一个原则，同时也是中国、葡萄牙和英国三国政府的共同立场。

2. 法律过渡的实质内容及由此产生的任务

法律过渡实质上是将现行澳门和香港法律转化成为未来特别行政区的法律。它给澳门和香港带来了以下共同的工作：

第一，过渡法律的评价与确认。无论是澳门的现行法律抑或是香港的现行法律，都颇为复杂。法律形式多种多样，法律部门种类繁多，各种法律的数量更是庞大。而所有这些法律，除了其准确的种类与数量外，其制定的时间或早或晚，社会效应或大或小，内容仍适用或已不适用，都是应在进行法律过渡时首先要明确的。于是就产生了对现行法律整理归纳，并在此基础上加以评价和确认的工作，以便对现行法律的整体情况有一准确认识。只有如此，才能正确判断哪些法律应予过渡及如何予以过渡。

第二，过渡法律的调整与修订。在前一步骤——对应予过渡的法律已加以确认的基础上，进一步的工作就应是明确将予过渡的法律是否仍完全适用于新的社会情况或将来特别行政区的情况。如果不然，就有必要根据现实或可能要出现的情况作出调整与修订。只有如此，法律过渡才不会是盲目，才可以说是妥善安全的。

第三，过渡法律的选择与翻译。鉴于澳门和香港的法律语言均不是大多数居民的母语——中文，故法律过渡的当然工作之一就是将以葡文和英文载述的法律翻译成中文。但如前所述，澳门和香港的现行法律数量庞大，要将其悉数翻译几乎是不可能的。在澳门，除了人们常说的五个大法典外，还有其他诸多小的法典及数量颇大的单行法律、法令以及各种各样、不胜枚举的法律规章。自1910年至1994年，澳门政府于《政府公报》上公布的各种规范性法律文件已有1623项，而其中纳入本地化的法律则有265项（《澳门日报》1994年11月23日），同样，香港现今的法例汇编（Laws of Hong Kong）已有32册之多，其中"有正章编号的达一千之数，其下附例、宪令无数"。至于案例，香港从1905年开始编辑案例，现已累积到一百余册，而且这还是编辑者认为较重要的案例〔《香港日用法律大全》（*Everyday Law of Compendium for Hong Kong*）李宗锷编，1991年，第71、73页〕。所有这些，其数量之大、内容之烦琐，根本没有可能也无必要全部加以翻译。所以，有关机构首先须对将予过渡的法律加以斟选，依其重要性和较大适用性而循序翻译，尽可能提高法律翻译的社会实用性，而不要只是考虑政治上的或形式上的需要。

第四，法律过渡中的根本过渡——立法过渡。在法律过渡的诸项工作中，立法的过渡才是最重要或最根本的过渡。事实上，前面所说的几方面工作，都产生于立法。如果能够尽早解决立法过渡问题，则会大大减少其他几方面的工作量和压力。所谓立法过渡，有内容和形式两个方面：

一是立法本地化，即立法实质内容的过渡。首先，它要求立法机关的本地化，即一般的立法均应出于本地区的立法机构，而不是由葡萄牙或英国的立法机构立法，然后再延伸到澳门或香港（当然这种情况现在已颇有限）；其次，它要求立法内容的社会背景应以其将适用的地区的社会实际为依据。

二是立法中文化，即立法语言的过渡。澳门和香港的立法不仅要以本身的社会实际为依据，还必须以中文为立法语言。只有如此，才能反映两地的语言文化状况，才能体现两个应有的正常立法语言，才能体现对大多数居民所具有的文化传统的尊重。

上述两个方面，可以是我们用以判断立法过渡的两个尺度。

二、澳门、香港法律过渡的不同问题

澳门、香港法律过渡的不同问题，实际主要是在处理整体上的共同问题过程中，由于各自不同的社会条件和法制特点所发生的问题。它们主要涉及具体的工作。

1. 法律过渡的对象不同

在澳门，法律过渡工作集中在所谓的五大法典（即民法典、刑法典、民诉和刑诉法典及商法典）。与此同时，司法人员的培养也占有引人注目的位置。我们可以认为，正常情况下，澳门的法律过渡将比香港更容易集中和指明，因为在大陆法系中，几个特定的法典就可以大体确立一个法律制度的框架。在香港，现行法律是以案例法为主要法源，各种法例、习惯法和衡平法为补充法源，其分布零散且数量巨大，故法律过渡的对象难以像在澳门那样以一个工作重心加以集中或指明；同时，仅是案例法也不能反映一个法律制度的基本框架。其结果，香港的法律过渡便有意无意地集中在中文立法和培养法官及律师方面，而这些法律工作者必须要能领会普通法的精神，并且能够在法院和其他法律实务中真正发挥作用。

2. 法律过渡的条件不同

对此问题可以从两个方面加以阐明：首先是法治的成熟程度不同；其次是人力资源条件的不同。

（1）法治成熟的程度不同。法治的成熟与否及成熟的程度如何要由多方面因素表明，包括立法水平、司法效率、执法谨严及公民的法律意识等。在这些方面，应承认澳门与香港相比是有距离的。

首先，从立法看，澳门直到1976年以后才有了自身的真正立法系统，而大量的本地立法也只是在80年代以后才陆续制定。而且，其立法的系统性和完备性也都颇有欠缺。由于各种原因，英国在香港的管治则比葡国在澳门的管治成熟和有条理，其中包括法制的建设与发展。或许，这是由于普通法系的法律创制特点所造成的，因为它使香港的本地立法早已潜移默化地存在。

其次，从司法方面看，因语言的隔阂和司法系统的不健全而产生的问题，在香港不像澳门这样严重。1991年8月29日，葡萄牙共和国议会通过了《澳门司法组织纲要法》，首次为建立澳门本身的司法体系提供了法律依据①。次年，澳门总督根据《司法组织纲要法》所赋予的权力，先后颁布了三个有关的补充法令，即17/92M、18/92/M和55/92/M号法令，对澳门的司法制度、各类及各级法院和检察机构的组织与运作、司法官员的管理与纪律等作了具体的规定。但直到1993年4月，澳门本身的司法系统才正式开始运作。而香港本身的司法系统差不多是与英国在香港的殖民统治同时开始的。1844年，英国制定了《最高法院法例》，并依此于同年设立香港最高法院，任命了首席法官和律政司。香港本身的司法系统自此开始存在并逐渐发展，1953年香港地方法院

---

① 　Aleide Organizäco Juridiciátria de Macau—Lei N0112/91—de 29 de Agosto.

的设立，表明香港的司法系统得到进一步完善。

长期以来，澳门司法的效率的确有限，案件的积压已是司空见惯之事。以澳门统计暨普查司的统计数字为例：

1991年澳门法院的结案率：刑事案为62.43%，民事案为78.83%；而该年度由上年度接受而来的积压案件，刑事案为878宗，民事案为1192宗；

检察公署方面，由上年接受的积压案件为1667宗，受理5494宗，结案为6094宗，结案率为84.47%[①]。

再次，就公民的法律意识而言，澳门亦不及香港，其中语言的障碍固然是很重要的原因之一，但更重要的原因应是当局过去重视不够或太迟才给予重视。如官方的法律中译和法律教育都是到了1989年才正式开始；同时，法律资讯和推广也开始得较晚。不过，1993年6月第30/93号法令，其中第2条第1款规定以中文进行法律推广及资讯提供之工作，终于着手改变这种情况。该法令规定由法律翻译办公室负责向居民进行法律推广工作，目的在于普及有关的基本法律原则以及权利、自由及保障制度的知识。根据这一法令，法律翻译办公室抽调并招聘了相当一部分人力组建了法律资讯与推广部门。自该部门从今年年初正式开始运作以来，通过组织学术研讨会，通过报纸、电台和电视等传播媒介，进行了一系列的推广工作。可以说，这些活动已收到了一定的社会效果，并得到了各方面的肯定。就此项工作的现况及有关部门所采取的态度而言，可以说澳门并不逊色于香港。

但总体上来看，香港的情况还是好得多。早于1970年起，香港就已将中文作为法定语文的问题提到日程上来讨论，并且于当年成立了"公民使用中文问题研究委员会"，从而"研究在公事上使用中文问题，并提供切实的办法，以便在公事上能更广泛地使用中文，以求有利于公务处理及方便民众"[②]。1974年的《法定语文条例》正式明确英文和中文

---

① 见澳门统计暨普查司编辑的《统计年鉴》。

② 陈弘毅：《香港法制与基本法》，广角镜出版有限公司1986年版，第109页。

同为官方语言，但实际英文仍是立法的唯一语言（参见上述法例的第4条）。到了1986年，律政司署正式颁布《中文立法讨论文件》并随之为立法局通过。自此，香港开始了中文立法实践。在1987年11月举行的联合联络小组第八次会议上，中英双方商定了就联合王国法例本地化进行磋商的一般原则。此后，"香港律政署下成立了一个法例本地化组，负责统筹及加快本港适用的联合王国法例本地化的工作。该组与宪制事务科及律政署辖下的国际法律科和民事检查科，共同研究所有适用于香港的联合王国法例，并就日后是否仍需要这些法律咨询各决策科。如有需要，便会拟备草拟法例的指示，说明应与何种形式予以重写，及通过立法成为本地法例。截至1991年12月31日，有五项本地化条例获得通过，并已制定31套本地化规则"。时至1992年12月31日，香港完成或未完成的双语立法草案已有377件余，计16386页之多。

但在澳门，立法至今仍是以葡文为单一立法语言，公布的中文本基本都是以葡文本为根据的翻译。1991年，双语发布的法律为52项，1992年为166项，1993年为210项，1994年11月22日止为187项。[①]从上述立法双语发布的数量来看，澳门政府和澳门立法机构这几年已做了大量的工作。其中以中文发布的法律文本，质量已有了明显的进步。与香港有关的工作相比较，可以说并不逊色。这的确也是一个不可忽视和低估的事实。但是，这远远不能排除长期以来澳门居民无法了解现行法律所造成的消极影响，其中之一就是居民的法律意识较为淡薄。

（2）人力资源条件不同。主要可从以下两个方面说明：首先，是双语人员的实际状况。很明显，在法律过渡的进程中，双语人员起着十分重要的作用，没有他们作为沟通思想与文化的桥梁，法律过渡就无从谈起。这在香港不会是太大的问题，因为他们有足够的双语人员在各个方面参与法律过渡。但在澳门，情况则不尽如人意，因为澳门至今为止仍没有必需的双语人员来承担过渡期的各项工作，而受过良好法律教育的双语人员更是寥寥无几。事实上，这种双语人员严重短缺的状况已给

---

① 见《澳门日报》1994年11月23日。

澳门的法律过渡造成了显而易见的消极影响。

其次，是法律工作者的实际状况。从香港现今的情况看，其法律工作者大体可以满足现在需要。早在1987年，香港已有各类律师1500余名，其中包括政府律师200名，所谓的首长级律师20多名，其中有3名华人。时至今年，香港的各类律师已达3500余名，其中半数以上为华人（有关香港律师人数，有不同的统计结果，此处仅取其一）。而且，我们有足够的理由相信，1997年以后，这些法律工作者中的多数还会留在香港，因为现在他们当中华人占有相当比例，故即使外籍法官、律师和法学和法律教育工作者在1997年后离开香港，也不会留下一个一时填充不了的空缺。况且，如果香港在政权交接后能保持人们所期望的稳定平静，则相当一部分外籍法律工作者也会留下。除此之外，香港现今法律界中，已有相当一部分重要职位由华人担任的，律师和法学及法律教育者自不待言，华人法官（包括首席大法官）亦有华人充任。但在澳门情况则大不一样，澳门现有的法律工作者虽可勉强应付实践需要，但已呈现出愈来愈不能满足过渡期发展的需要，更不能适用将来澳门特别行政区的法制需要。这大体可由四个方面的实际情况反映出来：

第一，除了在澳门法院、检察院、澳门政府有关机构任职和在澳门大学执教的法官、检察官、法律专家和法律教师之外，高水平和有经验的法律工作者不多，而且他们绝大部分都是从葡萄牙聘请而来。

第二，法律工作者群体的构成至今仍是以葡人或土生葡人居绝对主要成分。截至1995年10月1日，澳门共有律师87名，加上13名见习律师，共计100名。其中正式开业的律师除9名土生葡人以外，没有一名华人；在已注册实习的律师中，虽有一人为华人血统，但严格来讲也应归于土生葡人。至于在法院和检察系统，长期以来则一个华人也没有。造成这种情况的原因有多方面，其中语言障碍是主要原因，特别是当这种语言障碍被有意地加以夸大时，情况就变得更加严重。我们也许可以用香港一位学者的分析来予以说明："在法律知识和法律服务垄断的基础之上，法律职业的特权是显而易见的。在一种以外国语言为基础的法律制度中，这种特权与作为讲外国语的律师所享有的特权合为一体，而且还因此而加强。法律的复杂性和技术性所导致的法律神秘化色彩，又由于以一种外国语言表达与运用而被喧染了。"①

　　不过，根据《司法组织纲要法》，澳门设立了司法参事一职，主要以本地培养出来的法律工作者为对象，目的在于为将来本地的司法和检察机关培训人才。司法参事实质是司法助理人员，可视之为助理司法官，包括助理法官或助理检察官，但本身没有独立的司法裁判权（见《澳门司法组织纲要》第19条）。今年下半年以来，澳门已先后两次招收了8名司法参事，其中多数为华人。

　　第三，澳门的法学与法律教育至今仍然与客观现实的需要有很大差距。从法律课程开设的历史、课程的设置及范围、法律教育的规模和专门化程度等因素，学生的专业素养及在法律实践中的参与能力等，均可看出这种距离。如澳门直到1989年才开始设立法律课程，而在此20年前，香港大学中就已有了法律课程。如此，香港本身的法律教育及法学已发展到相当的水平，而它培养出来的法科毕业生已广泛地参与了自身社会的法律实践。相比之下，澳门至今才有两批共27名法科毕业生，他们对澳门社会法律工作的参与只不过刚刚开始，发挥的作用及所产生的社会影响尚颇为有限。所有这些，虽有历史的原因，但却是不得不承认的现实。

　　此外，澳门大学法律课程设置以来，基本上是全套采用葡式法律教育制度，而且由于教学语言的限制，学生来源受到很大限制。现有两批法科毕业生，第一批14名（以毕业典礼所列名单为根据，实为15人），其中只有一个半为华人；第2批12人，只有3名为华人。其余共计22名半，非葡人即土生葡人。

　　第四，对澳门所处的区域法律环境欠缺针对性的教育和研究，质言之，尚未把澳门的法律教育和研究置于区域法律环境的大背景之下。

────────

①　参见陈弘毅：《以外国语载述的法律：香港的实例》，载《过渡期的挑战》，香港大学1989年版，第217页。

因此，对将来可能出现的法律问题可以说尚无积极的准备。

（3）技术条件不同。所谓技术条件不同，主要指因法律制度和法律体系不同而产生的不同法律问题：a. 个别的法律制度不同；b. 法律语汇不同；c. 法律渊源或形式不同。

三、澳门和香港法律过渡工作的相应政策评价

由于前述澳门和香港在法律过渡问题上的相同与差异，两地区政府及有关部门亦相应地采取了适合于他们自身的相似和不同的政策。对此加以考察和比较，可以使我们得到有益的借鉴。

1.法律过渡工作的立场

总体上来讲，澳门和香港对法律过渡有着共同的认识和立场，但在具体工作中，他们又经常有不同的方式和选择。所以，这些不同并非产生于不同的政治立场和观点，而是取决于法律过渡的具体条件。在澳门，由于其法律制度与大陆的法制均属大陆法体系，故中葡双方在整体法律制度和具体技术问题上有较多的共同认识，因而中葡双方于法律过渡工作上的合作较为自然和容易。另一方面，由于澳门政府现今可用于法律过渡工作的人力资源颇有限，故在达成共识的基础上，在一定的工作领域内，较为容易与中国方面合作。如中葡双方均认为五大法典的翻译以及本地司法人员的培训乃是法律本地化重要组成部分，而自1989年成立的法律翻译办公室，也聘请了几位内地的法律工作者来澳门参加葡萄牙和澳门法律的翻译工作。但在香港，由于法系不同，加上自身人力资源的雄厚，故有关部门在谨慎和自信的原则下，在法律过渡的具体工作上，较少与内地沟通。法律翻译方面亦然。其实即使是从维护现行香港法制和普通法系纯正的角度出发，这也未必是可取的立场。不过，在法律实践和教育中，香港与内地的交流却活跃得多，相比之下，澳门则较少。不过，近些日子来也在逐渐加强。而且，就澳门本身的条件来讲，现有的交流与合作已颇为难得。总的来说，两地各有需要向对方学

习的长处。

2.法律教育的取向不同

澳门与香港在法律教育的方针或取向方面，也表现出很大的不同。香港的大学法律课程设置虽以普通法教习为主，但由于香港的特定社会环境及有关决策人的客观远见，其法律教育总的来说是开放性的，普通法以外的法律制度也受到较多的注意。这使得香港培养出来的法律工作者有较强的参与能力和在同业中的竞争能力。但澳门则不然，唯有的一间大学在强调葡国法律教育为重心的同时，有意无意地忽略或至少未重视对其他法律制度的教学，尽管有一些相应的法律课程设置。同时，一些法学者的个别研究，也构不成一种相应的社会气氛。而且，澳门大学虽然至今已培养出了两批法科毕业生，但其中大部分学生却是在澳门葡萄牙人或土生葡人学生。而他们当中的大多数人的立足点并非一定是要长久地服务于澳门社会。对于不少人来说，一张法律学士的文凭可能重于它应含有的实际内容。在这种情况下，澳门培养出来的法科毕业生将很难面对来自香港、内地和台湾地区法律工作者的挑战和竞争。对此，澳门的有关部门必须要尽快加以检讨，某些不妥当的做法应尽快纠正。澳门社会用了大量的资源办教育，法律教育尤然。其宗旨理所当然地应着眼于本地的切身利益和长远利益，而不能过于去应付形式上的需要，甚至是为一部分人的利益而办教育。此外，澳门本身的特殊社会条件和环境使其政治、经济乃至法律不可避免地受到本地区以外的因素的影响。所以，澳门的教育，其中包括法律教育，还必须放眼于本地区以外和将来，如果还是那样一如既往地搞封闭式法律教育，则结果只能是贻误真正想立足于澳门社会的学生，遗患于将来的澳门社会。

当然，我们也应该指出，澳门大学法学院这一两年来也的确作了不少努力来改变法律教育的现状。如已于去年正式开设有关澳门本地法律的专门课程；两年前，法学院于第五学年正式设置了比较法及中国法总论的课程。与此同时，也开始与内地法律学院进行学术交流并请内地法律学者来澳讲授中国法律等。但由于许多的问题是以往长期做法所导致的结果，故确实是积重难返，殊不容易在短期内予以改变。除非从根本上采取一些措施，如在教学语言上更多地采用中文，以扩大可以接受法律教育的社会层面。

3.对内地法制的态度

对任何事物所持的态度，均取决于对该事物的认识。所以，对某一事物的认识是否全面正确，直接决定着对该事物所持态度的正确与否。在充分认识某一事物之前就表明立场或态度，那么不是成见就是偏见。因此，对澳门和香港来说，在努力实现本身法律过渡的同时，也必须要尽可能地了解中国内地法律及其制度，以妥当把握自己对内地法律制度的立场或态度。否则，不但不能利用有利的条件，反而会扩大隔阂甚至造成不应有的障碍。

在澳门和香港，对内地法制的了解均需要增进。虽然在一些实务性较强的法律领域，如金融、公司、税务、票据和投资等方面已有不少认识，但对内地法制的整体认识仍是欠缺的。这无论在教育方针上，还是在具体工作中，都直接地给法律过渡工作造成了消极的影响。如不少澳门和香港的人士认为内地法制不健全，法律教育落后，法学水平不高，所以不愿主动对内地的法律与法律理论多加了解，更无信任感。近年来，随着港澳与内地的各方面交流日渐广泛和频繁，这种观念虽有改变，但仍然普遍存在。这固然有历史上的原因，而且也是特定历史时期内中国法制的实情。但随着近年来中国的政治、经济改革，这种不正常的状况已大大改变。一个现代化的、较为系统的法制正逐步在中国内地建立，这是一个不应忽视的事实，尽管还有许多不完善的地方。至于内地的法律教育和法学水平，20世纪80年代中期至今，更是有明显的发展。可以说，内地的法学水平和法律教育与现今社会政治制度的现实相对而言，在不少方面已是超越发展的。从法学教育对社会生活的反馈及法学对社会实践的指导效应来看，这种判断应能得到肯定。对此，无论是澳门还是香港，都应有所认识。总之，澳门和香港两地应摈弃成见，积极加强与内地的合作与交流，促进沟通，从而共同为两地的法律过渡，为将来的"一国两制"创造良好的条件。

最后，应着重指出的是：作为人类的行为规范，无论何时何地的法律，均有共同之处，海峡两岸和港澳的法律如此，普通法系和大陆法系之间亦然。现在应做的是，通过更多的交流与沟通，达到更深刻的相互认识，从而求大同，存小异。这样，既能加强自信，又能把握立场。因为愈多地了解对方，就会愈多自信；愈能选择妥当立场，就愈能取得预期的成果。

中国内地法制对澳门地区法制的借鉴①

——多元法律制度下的法律发展途径

随着1997年香港的回归，中国将开始其史无前例的社会、政治制度多元化时代。1999年澳门回归后，这种社会和政治制度的多元化将会进一步丰富；与此相同，将来台湾问题的解决，在正常情况下也势必将循着香港和澳门的模式。这样，21世纪的中国，显然将是一个社会、政治制度多元化时代国家。与此社会、政治制度多元化相应，还必然产生一个法律制度的多元化时代。具体说，1999年以后的中国法律体系中，除了国家性的，或是国家层面上的法律体系以外，还将同时存在香港特别行政区法律体系和澳门特别行政区法律体系。作为中国国家性法律体系中的组成部分，这两个地区性法律体系将相对独立地与国家性法律体系并存。这意味着：分别基于英国法制和葡萄牙法制建立起来的香港和澳门法制，将相对独立地存在于中国全国的法律体系之中，从而给中国法律制度带来了全新的内容，促使中国法律文化进一步得到丰富与发展。于是，中国的法学家们当前就面临着一个具有世纪性挑战的问题，即如何从理论上客观、准确地认识和设计这种法律制度上的多元化，从而在现实中真正、妥当地执行和实现这种多元化。毫无疑问，这个问题解决得好坏，将直接影响到"一国两制"国策的成败，并对21世纪中国命运产生重要影响。在对这个问题作思考时，必然的前提无疑

---

① 原载《"一国两制"法律问题研究·澳门篇》，法律出版社1996年版。

是要对港澳两地现行法律制度从主观意义上的法权观念和客观意义上的法律设置两方面进行全面了解。在此基础上，进一步将其与现今我国内地的国家法律体系相比较，以期能有所鉴别和评价，并从全国的高度把握国家性法律制度和区域性法律制度之间的关系，使之能相互借鉴、相互促进、共同发展。

如果对当代中国法律制度的发生与发展作一全面考察，我们会清楚地看到，现今中国法律制度所具有的结构、体系、具体法律设置及相应内容与理论，基本上是以西方法律制度为模式建立起来的。这里说的西方法制，一般指大陆法系的法律制度，其中主要是德国、瑞士、法国及在前述国家法律制度基础上建立的日本法律制度。因此，就法系或法律传统而言，当代中国法律与欧洲大陆国家基本相同。实际上，这完全是上世纪末和本世纪初之际——清朝末年和民国初年传统中国法律制度改革的结果。我国内地法律制度属于大陆法系或民法法系，这为我国的国家性法律制度和澳门地区性法律制度的并存与交流提供了比较有利的法律文化背景和法律技术条件。但这并不意味着大陆国家性法律制度与澳门地区性法律制度完全一样，彼此间已无差异可言。相反，现今大陆国家性法律制度在等级、性质和具体制度及原则诸方面，都与澳门地区性法律制度不同。首先，前者是国家性的法律制度，而后者则是地区性的法律制度。其次，前者是以社会主义的社会制度为基础，后者则是以资本主义的社会制度为基础。再次，两个法制各有其不尽相同的社会、历史及文化背景，以致在法律观念、具体制度和原则方面都有许多不同。不过，也正是因为这些不同，使得对这两个法律制度进行比较与借鉴成为十分必要和具有实际意义的工作。概括地讲，我国内地的国家性法律体系可从以下几方面从澳门法律制度中得到有益和重要的借鉴。

一、主要法律法典化：突出大陆法系的特点

自中国内地进行改革开放以来，其法律制度也随着经济体制改革和某种程度上的政治体制改革迅速发展；尤其是在对外开放以后，内地

在与西方的各种实际交往中，也从西方国家的现代化法律制度中汲取到了一些养分，从而促进了中国现今法律制度的发展进步，这是不可否认的事实。但是，这种学习与借鉴并没有改变中国当代法制或体系在清末民初法律改制过程中已奠定的基本模式——大陆法系的模式。虽然在中国学界，包括大陆和台湾地区的学者对当代中国法制属于哪一法系或法律传统尚有不同看法，但大多数人的意见和客观的事实都表明，当代中国的法律传统应归属大陆法系无疑。尽管英美法对大陆和台湾地区法制的影响十分明显，但它毕竟只是局部的、具体制度上的；总体上的法律制度模式，包括法制结构或框架、法律体系或法律形态、法律渊源或表现形式、立法与司法的程序和途径等，均体现着大陆法系的特点。所以，现今中国大陆法律制度的特征仍然应该以属于大陆法系为定论。在这一前提下，如何使中国大陆法律制度更加大陆法系化，更加具有大陆法系法制的优点，就是一个颇值得思考的问题。在这方面，葡式澳门法律制度为我们提供了一个非常现成的考察对象。正像我们所看到的，澳门现行法制是一个典型的大陆法系法律制度，从理论上和形式上讲，它具备了所有大陆法系法制的特点，并且较为突出和明显。其中最为直观和典型的是主要法律或一般法律的法典化。如，由葡萄牙延伸至澳门实施的《葡萄牙民法典》《葡萄牙商法典》《葡萄牙刑事诉讼法典》《葡萄牙民事诉讼法典》和去年11月颁布、今年1月1日开始生效的《澳门刑法典》[①] 构成了澳门现行法律制度的基本框架。通过这些法典，人们比较容易对澳门现行法律制度予以大致了解；而对于国家性法律制度来讲，这是一个十分有借鉴意义的特征。因为虽然我们一般把中国法制视为大陆法系风格的法制，但事实上，大陆法系法制的最突出特征之一，即主要法律法典化，在中国至今没有体现出来。这不能不说是现今中国法制的一大缺憾。前些年，由于条件不成熟，中国的国家性立法机构

---

　　① 另外，澳门立法事务办公室已向澳门立法会提交了新起草的《澳门公司法典》《刑事诉讼法典》等。考察大陆法系国家的法典制定，可知葡萄牙是大陆法系国家中制定法典最多的国家，它有许多小法典，如《道路法典》《军事司法法典》《农业劳动法典》以及《物业登记法典》。

采取了成熟一个制定一个的方针；现在，经过十几年的发展和积累，中国实际上已基本具备了制定一些主要法典的条件。自20世纪70年代末以来，国家立法机关已相继制定了一系列重要的成文立法，如《宪法》（1984）、《刑法》（1979）、《刑事诉讼法》（1979、1996修订）、《婚姻法》（1981）、《民法通则》（1984）、《继承法》（1985）、《收养法》（1991）、《海商法》（1993）、《公司法》（1994）、《银行法》（1995）、《票据法》（1995）、《保险法》（1995）、《担保法》（1995）等，它们实际已基本上构成了中国的国家性法律的成文法体系。目前，虽然一些较为关键的理论和技术问题尚未完全解决，故使制定一部民法典显得不无困难，但这些问题其实完全可以在研究探讨制定统一法典的过程中，个别、逐步和轻重循序地解决或创造条件解决。等到一切问题都解决及一切条件都具备时再考虑制定法典，那就会落后于现实的需要，不能满足社会发展的需要，更谈不上指导法律实践和社会生活与生产活动。从立法功能与作用来讲，这也不符合立法本身的社会法治意义——立法对社会生产与生活实践的指导意义。

促进我国国家性一般法律的法典化，不仅在于突出大陆法系法制的特征，更重要的是，这是我国国家性法律应该甚至必须具有的形态。这种必要性可以通过以下两个方面来说明：首先，中国是一个幅员广大、地方省份众多的国家，应该而且必须要有统一的普遍适用的主要法律，其最好的形式就是法典。因为法律的特征在于它的包容性、系统性、科学性、确定性和整体性，这是其他法律形式所不能体现的。对于中国这样一个大国，尤其应该具备一个统一的普遍适用于所有地方法律的一般法律（宪法规定的两个特别行政区除外）。否则，法律规范在法律实践，特别是司法实践中的适用及其社会效应，就会大大受到限制，事实上，中国大陆现今的法律实践已证明了这点。由于没有这样几部各集一类法律规范于大成的法典，现今各地在具体适用法律的过程中，有的不得不根据较为简单和概括的国家性法律重新制定相应的实施法，而这些具体的实施法往往也会出现一些不必要的地方之间的差异，从而在一定程度上损害法律的安全性与统一性。这种客观存在的现象对于一个法律制度的发展显然是不利的，是必须要加以改变的。其次，由于近现代中国史造就了香港、澳门这样特别的地区，而在1997年和1999年以后，香港和澳门将先后成为中华人民共和国的两个具有本身相对独立的社会制度和法律制度的特别行政区。它意味着，当这两个特别行政区产生之后，中国历史上将划时代地开始政治制度和法律制度上的多元化时期，这无疑将对未来中国历史发展产生极为深远的影响。法律制度方面，除了国家性法律体系以外，还将先后出现两个（在可能的情况下甚至三个）与之并存的特别行政区的法律体系。在这种格局下，如果国家性的法律体系中没有几个基本的、高度概括化、高度科学化、高度系统化、广泛包容和普遍适用的主要法律或法典，那么在国家性法律体系和特别行政区法律体系之间就会发生反常的不和谐甚至失衡现象，即地区性的法律体系中所具有的法律形式或渊源，将要比国家性法律体系中所具有法律形式或渊源更为丰富或等级更高。这不仅会直接说明国家性法律的不足，还会给国家性法律本身的权威性和普遍性（或整体性）带来问题。在有些情况下甚至会产生地区性法律反过来影响国家性法律，即地方性规范向国家性规范倒流的情况，这是我们不可不预见的可能。因此，制定国家性的统一的民法典、刑法典及与其相应的诉讼法典，已成为现今我国国家性法律建设的一项当务之急。

二、法律渊源多元化和规范化

法律渊源不只是法律的表现形式，而且还在某种程度上间接地反映着一个法律制度的成熟程度和发展水平，反映着一个法律制度的内部结构及各部门法律之间的有机联系。从目前中国的国家性法律来看，法律渊源无疑也呈现出明显的多元化。但是在各种法律渊源中，却没有一种像法典那样的基本、主要的法律渊源，如上所述，这说明我国国家性立法的不足。不仅如此，各种法律渊源之间的相互或从属联系也不十分明确，中央和地方的法律和法规之间的联系与划分也不是非常严格。更有甚者，法律的形式太多太复杂，名称也没有一个严格明确的标准。根据大致归纳，现今内地国家性法律体系中，法律渊源的形式或具有法律拘束力的法律性文件形式约10多种，如法（法律）、法规、规范性解释和批示等，其中包括条例、规定、补充规定、决定、通知、答复、解答、批复、复函、意见、办法、实施细则、复示，等等。所有这些规范性文件，其等级效力或彼此间的关系有时并不很清楚；再加上种类繁多，故给法律适用造成很大困难。其结果必然是影响立法的严谨和效果。要解决上述问题，不妨认真考察一下澳门的各种法律渊源及其相互间的关系，在此基础上或许可以有所借鉴。当然，这不是说澳门的法律渊源形式及其结构已尽善尽美，相反，澳门法律的渊源也同样存在许多问题，如法律形式运用的混乱不清，实际有效的法律不是多以法律的形式出现，而是多以法令形式出现。但这主要是葡萄牙在澳门实行准殖民统治，澳门立法实际操作机构本身素质和各立法机关之间关系不可避免地失衡所造成的。在法律理论上或根据葡国宪法，澳门法律的渊源是明确的。在何种场合或何种情况下应采何种形式，法律渊源的等级与轻重都是有明确法律依据的。如《葡萄牙共和国宪法》第3条规定，"法律、法令及区立法命令均为立法行为"。其中立法性命令也涵盖了各类政府职能部门或机构的规章和纲要。所以，从理论上讲，澳门法律渊源体系中的法律渊源或所出现的法律形式名称相对比较明确和严格，加以概括不外乎有：法律（leis）、法令（decretos-leis）、训令（portaria）、规章（regulaments）和纲要或章程（estatutos）等，而法典则是一系列同类法律或其他形式规范的系统化、科学化和综合化。总之，其法律渊源或法律形式的基本轮廓是清楚的，而远不像我国内地现今法律渊源形式那样模糊。

对于中国国家性法律来讲，由于其调整的范围、内容和地域及层面很广泛，故法律渊源的多元是不可避免的。所以，明确各种法律渊源及其相互之间的有机联系，就更显得必要。从目前国家性法律体系中的各种法律渊源来看，首先应该从根本法上明确几种重要或基本的法律形式或渊源，如法律、法令、规章、规定和条例等，其中较为重要的法律还应采用法典的形式。而所谓指示、指令、办法乃至精神等都应从中央一级国家性法律渊源中排除。其次是要对各种法律渊源或形式所调整的范围、内容及某相互间的有机联系作出明确划分，如法律与法令、规章之间，法令与法律、规章及规定之间的关系或联系，等等。总之，全国性法律体系的法律渊源也应是多元化，但应将法典作为一种基本形式，同时具备法令、规章及规定等，使全部法律形式规范，层次分明，结构严谨，系统科学。如此才能建立一个明确、科学和严谨的法的渊源体系，而这对国家中央立法机构的工作，也会相应地起到促进和发展作用。我们在此所说的法律渊源多元，不只是指上述种种直接确定的法律形式，而且还在一定情况下包括司法判例和法律学说等间接的法律渊源。因为这两种间接法律渊源都在现代立法和法制中起着愈来愈重要的作用。特别是在大陆法系的国家中，它们更具有特殊的意义。因而，我国国家性法律渊源也应像当今大多数民法传统的国家一样，将司法判例和法律学说正式纳入法律渊源范畴，从而进一步丰富国家性法律渊源。

三、重视法律学说对法律建设的作用

对于任何一个法律制度或法律体系的存在与发展来说，法律学说都是一个必不可少的重要因素。没有法律学说的法律制度及其体系不可能是一个健全和完善的制度和体系。所以，一个法律制度及其体系的健全与否，与法律学说的发展及其对法律制度和体系所产生的作用有直接联系。在大陆法系国家中，法律学说的作用尤其突出和重要，这是自罗马法以来早已形成的传统。如果说至今仍具有生命力的罗马法是罗马人天才地创造，那么，这些创造人首先应是那个时代的罗马法学家。没有罗马法学家，就没有法学家的解答（responsa prudentium，或 interpreteris prudentiumh）；没有罗马法学家，就没有古典罗马法的产生发展；没有罗马法学家，就没有后来优士丁尼皇帝的《学说汇纂》和《法学大纲》（或《法学阶梯》），如此一来也就没有了后世推崇备至，千余年奉为模式的罗马法了。总之，在罗马法的历史发展过程中，法学家的作用是极为关键的因素。德国著名法学大家马克斯·卡泽尔曾就此说过："罗马私法在前古典和古典时期，亦即它在其中决定性地形成的时期，主要体现为'法学家法'（Juristenrecht）。"① 由此可知，我们通常所指罗马法学家，绝不单指学院里的学究式法学家，而是有实践经验，对社会实际有充分了解的法学家。自罗马法时代以来，这些人在法律发展与进步的过程中所起的作用始终十分积极和重要。当然，现今所说的法律家，在大陆法系国家中主要还是指法学家和法律教授，这也是大陆法系和英美法系的重要不同之一，即法律家所指的主要对象不同。作为大陆法系中的一个成员，葡萄牙的法律学说也同样对其法律制度有很大的影响。《葡萄牙民法典》和《葡萄牙民事诉讼法典》中明确规定法律学说也是其法律渊源的一种。这种传统当然也在澳门法律制度和体系中得到反映。如前所述，1999年以后澳门特别行政区的法律将基本上以澳门现有法律为基础，即仍将是一个大陆法系模式的法律制度和体系，而法律学说的作用也仍将构成其法制和法律渊源的重要组成部分。澳门法律制度及其体系的这一特点，无疑应该给予大陆国家性法制及其体系以最直接的启发和借鉴。我国内地实行改革开放政策以来，法律制度显然得到相应的迅速发展。其中法律学说无疑也产生了明显的推动作用。但就大陆法系的特点而论，法律学说的作用在我国内地还远远没有充分实现。当然，这与内地目前的社会法治环境或条件及法学的现状有直接关系。在1949年中华人民共和国建立以后相当长的历史时期内，我国的法治基本上没有得到保障和实现，法律制度和法学也长期未能得到应有的重视和正常发展；与此相应，法学在国家行政管理、立法以及司法活动中的作用，法学家在社会上的地位都是微不足道的。对于一个现代民

---

① 英文中的"lawyer"泛指法律职业工作者，某些场合又分别专指法学家或律师。这个词在中文上的完整翻译实在是一个困难，因为的确很难找到一个与此西方词完全贴切，但又不使人感到勉强的中文词。港台有些人将其译为"法律人"，而大陆则有人将其译为"法律家"。显然，两者都有不足：前者虽然可笼统地涵盖所有工作职业与法律相关的人，但在语词选择上有问题，很容易使人与"法人"相混淆；而且没有表现此类人的划分是就其职业而言，后者显然准确表明了其中一部分内涵，但毕竟是不全面的。不过因为此处所谈主要是"法律职业工作者"中有较高职业地位和技能的那部分人，故特别译为"法学家"。见 Max Kaser, *Römisches Privatrecht*, C.H.Beck, München und Berlin, 1966, S.12ff.

主法治的国家而言，无论它的法制是属于大陆法系还是英美法系，抑或是自成一系，其现代化的标志之一就是法治的水平或程度；而法治与法律制度的程度与发展水平又直接地体现在法学对国家管理、立法、司法活动的影响，以及法学家在社会上的地位诸方面。所以，我国不管从哪个方面着眼，都应更加重视和明确法律学说对立法、司法及行政的深入影响，注意提高法学家的社会地位及其对国家立法与司法活动的直接和间接参与。这无疑将对我国全国性法制的发展产生积极作用，而且法律的进步也将反过来刺激法律学说的发展。特别是我国目前正处在一个政治和经济实现巨大变革的时期，法学和法律学说的前导性和指导性不仅十分重要，而且还显得更加迫切。可以肯定，在我国国家性法律制度及体系逐步重视和接受法学影响的同时，它的大陆法系的固有特征也将会愈加鲜明。

四、引进判例的补充立法机制

众所周知，传统的大陆法系法制的最突出特征就是其法律以成文法，即制定法为主要表现形式，这是大陆法系所以同英美法系相区别的重要标识。但是自19世纪末以来，尤其是20世纪中叶以后，大陆法系和英美法系这两大法系却越来越明显地呈现出一种所谓"趋同"现象。即英美法系逐渐开始采用成文法的形式，以缓解其案例日益浩繁冗赘之累，并且同时也以此提高其在某些领域的立法和法律适用效率及其稳定性。而大陆法系则也愈来愈多地以案例的形式对其既有的制定法予以补充和改进，从而在保持其法律稳定性和安全性的同时也不断地引进新的法律原则和精神，以使法律在整体上能够及时适应社会发展的需求。于是便产生了大陆法系和英美法系在法律形式方面逐步接近的现象，是所谓法系的趋同现象。作为大陆法系家族的一员，葡萄牙法律及以葡萄牙法律为基础的澳门法律显然也依循着这一时代性的发展方向，而且在某些方面比其他大陆法系国家更为突出，其原因正如我们前面已经单述的，即葡萄牙法律在很多方面都借鉴了德国、意大利和法国等大陆法系国家的立法经验，并且还考虑到了现代社会发展的需要。如前所述，《葡萄牙民法典》第2条明确规定了判例是法律渊源的一种，这在大陆法系国家中相对而言是比较进步的规定。但是澳门的现实情况是：由于澳门本地区的司法系统正式开始运作只是近年的事，所以司法判例尚不发展，而且既有的判例在何种程度上可作为具有法律拘束力的法律渊源尚在模糊之中。另一个应该注意的问题是，由澳门高等法院合议庭所谓的裁判——"acordãos"，并非葡萄牙法律理论上严格意义上的判例，具体说，其等级不同于葡萄牙最高法院合议庭制作的判例——"assentos"。但是作为大陆法系法律制度中的一个环节，澳门法律体系中的判例仍不失其重要意义。

从上面我们已经知道，在目前我国大陆国家性法律体系中，法律表现形式虽然多种多样，但彼此间的联系及其运用还不太规范和严格。而司法判例无论是在实践中还是在理论上及立法上，都远没有作为一种确定的法律渊源。不过，目前我国法院、检察院内部的答复、批复和答复等，都是对下级法院具有束力的规范性文件。但是它们和判例不同，首先，它们不是以法院或特定法院合议庭裁判的形式；其次，它们产生的程序不是司法程序，而是行政程序；再次，它们形成的依据大多不是法理学说，而是政策、指示精神和其他政治上的因素。所以，从法治的精神和发展去认识并从专业角度去评价这种现状，就知道这并不是一种可取的长久之计，应该适时和逐步地予以改变。当然也必须看到，就目前我国司法领域的实际情况来看，如法官的专业素质、审判的程序、判例的制作经验及水平、司法机构与立法机关的关系等，将判例作为一种具有普遍拘束力的法律渊源还有一定的限制。但是不管怎样，作为大陆法系国家之一，作为一个地域广阔、省份众多的大国，作为立法和司法正处在发展改革过程中的国家，国家性的法律体系无疑也应该考虑通过司法实践影响和促进立法质量与水平，具体说就是应尝试逐步以判例来修订和改进我国既有的成文立法，这对我国法律建设尤其具有十分重大的现实意义。因为它可以在某一领域的全面立法条件尚不具备或修改既有成文立法条件尚不成熟时，使司法部门根据法律的精神和原则，对具体的情况以个别判例的形式，确立对其他类似情况具有拘束力的法律原则或具体规定。这种司法立法已是现代法制改进与发展的常用手段，而处在亟需不断改进和完善过程中的国家性法制及其相应体系，更有必要利用这种手段。

从上述几个方面来看，澳门法律体系虽然在1999年之后将只作为国家性法律体系中的一个组成部分，但是由于它特殊的历史发展过程和特殊的法律文化构成，由于它的法律制度所具有的个性或特征，由于它将在整个国家性法律体系中相对独立地存在并将与后者形成客观上的对照，因而国家性法律需要而且应该从这个从属它的，但又相对独立于它的地区性法律体系中吸取一些有益的借鉴，以使其本身得到丰富、改进和加快发展。从空间上讲，这是以地区或局部促进和增益全国或整体；从时间上讲，这是从现时放眼于未来；从文化上讲，这是汲取其他民族的文化之长来丰富本民族的文化；从政策上讲，这是"一国两制"的深刻内涵之一；从立场上看，这是乐观自信，积极进取；从方法上讲，这是以多元强化一元，以个别充实一般；最后，从历史上讲，这则是任何一个民族、文化及其相应社会制度自我发展与完善，从而在各种进化竞争中作为强者的必由之路。

按"一国两制"原则建设澳门法制的
必然性和可行性[①]

一、"一国两制"框架下的澳门法制建设

按"一国两制"原则建立澳门与香港自身的法律制度,是以"一国两制"的模式解决这两个地区历史遗留问题的最重要、最基本环节。因为它一方面将直接体现未来的"一国两制",另一方面又将确保这种"一国两制"。"一国两制"并非中国某个政治领导人的突发灵感,而是历史与现实给予人们的启发,是历史所决定的必然,并且也是中国的利益所在。因此,人们应该对此具有充分信心,进而积极去争取一个较理想的未来。

(一)"一国两制"式的法律制度体现与保障着"一国两制"式的社会制度

从现今历史条件及港澳台地区的社会条件来看,以"一国两制"的方针来解决历史遗留下来的问题,无疑是最好的选择,这大体已为国际社会公认。当然,有了最好的选择,不一定就意味着能最好地实现,可它毕竟为我们确立了一个合理合情的目标。至于这个目标将在多大程度上可如善良的人们所期待的那样实现,这完全取决于我们现今所做的

---

① 原载《澳门日报》1994年1月14、15日;又见米也天:《澳门法制与大陆法系》,中国政法大学出版社1996年版。

工作和努力。也就是说，"一国两制"不能仅仅是一个顺应民心的口号，不能只停留在方针或原则的层面上，它必须要从各个方面去加以实现。其中"一国两制"原则下的法律建设尤其重要。可以直言，能否在澳门和香港按"一国两制"的原则建立有别于现今中国内地法制的独立性律制度及其完善与否，将直接决定未来两个地区"一国两制"的成败。因为在任何一个民主与法治社会里，任何一种政治或经济制度，都必然要上升为一种法律制度，从而由相应的法律制度予以体现、确立和保护。未体现为法律制度的政治、经济制度，只能是形式上的、不确定的、混乱模糊而又易受破坏的制度。这既与法治国家的精神信念相悖，又不能适应"一国两制"的真正需要。所以，要想实现"一国两制"，首先须建立一个与此相适应的、最能体现其精神与原则的"一国两制"式的法律制度。澳门如此，香港如此，将来台湾地区以"一国两制"和平统一时也必然如此。

（二）"一国两制"是历史与现实所决定的必然

自中国提出"一国两制"的方针至今已十多年了。这些年来，中英、中葡在解决香港和澳门的问题上，已本着这种精神取得了举世瞩目的长足进展。不过，中葡双方在澳门问题上的合作，显然要比中英双方在香港问题上的合作更有诚意和成效。然而无论是在港澳或在西方，对未来能否在港澳实现"一国两制"心存狐疑的，仍大有人在。所以如此，原因种种，但最主要、最普遍的原因是不能以历史发展的眼光去观察分析现时中国内地的基本情况及其所奉行的基本政策。

略知近现代中国史的人都很清楚，100多年以来的中国，是多灾多难、充满痛苦忧患的中国。1840年鸦片战争以后，中国长久闭关锁国、自封天朝大国的历史结束。面对着以洋枪洋炮破国门而入的西方强国，腐败的清王朝政府束手无策、一败涂地，无以自持。然而，也正是这种惨败，才激励了无数有志有识之士奋起寻找救国救民之道。此后一个世纪，这种寻求从没有停止过。但遗憾的是中国毕竟走了太多的弯路，付出了太大的代价。特别是在第二次世界大战以后，当各国在战后重建的基础上飞速发展的时候，中国内地却在历史的积患和人为的内耗中浪费了几十年的时间。其结果是，中国内地在经济上比当代先进国家落后了几十年，而且还远远落后于香港和澳门的发展。虽然这历史责任究竟由谁来负已是历史学家的研究课题和文学家的写作素材，但它给中国带来的消极影响却极大，这也是为什么许多人对未来中国是否能在香港和澳门实现"一国两制"表示怀疑的原因之一。不过，如果我们在了解中国以往历史的情况下，再看看近十多年来中国的变化发展，那就不能否认中国正在一个正确的轨道上前进，显然，只要循此方向发展，未来中国一定是大有希望的。要知道，从"打倒资本主义，宁要社会主义的草，不要资本主义的苗"，到"不管黑猫白猫，抓住老鼠就是好猫"，再到"一国两制"，无疑都是认识与政策上的一次次飞跃。而这种认识与政策的改变和目前正确道路的选择，是中国人以一个多世纪的时间、无数人的生命甚至伟大民族的尊严等不可估量的代价换来的。事实上，中国在香港和澳门问题上所主张的"一国两制"方针，正是建立在检讨过去、面对现实、把握未来的基础之上。也就是说，是历史的经验和教训给中国指明了今后她应取的路向和方针，也指明了她在香港和澳门问题上应有的方针，而她绝不会轻易放弃以那样大的代价才换来的历史选择。换句话说，这绝不是中国某个政治领导人的突发灵感，而是整个一代中国人的普遍共识。所以，"一国两制"就像中国经济与政治改革一样，都是历史所造就的不可逆转的大趋势。我们完全可以有把握地说，谁要逆此大势而动，那他就必败无疑，就必会成为中国及其历史的罪人。因此，即使现在的中国政治决策人将来离开了政治舞台，现行的对内对外的基本政策，尤其是改革开放的政策和"一国两制"政策也不会改变。

（三）在澳门、香港实行"一国两制"并建立相应的法制是中国的利益所在

人所共知，澳门和香港实行的社会制度是以其"宗主国"的社会制度——资本主义制度为模式。长期以来，葡萄牙人和英国人凭着这种

社会制度对澳门、香港进行管治，而这两地区的中国人在这种社会环境中，通过自己的劳动，在给其"宗主国"带来巨大利益的同时，也为本地区及其民众创造了财富。这是任何人都不会否认的。事实上，中国在澳门和香港实行"一国两制"，就是对这种历史发展结果的肯定。因为历史已经证明，在澳门和香港实行的资本主义制度是有成效的，是对这两地区的人民有利益的，因而对中国也是有利益的。将来中国没有理由，亦没有必要去改变现行有效的地区性社会制度，那只会给中国带来风险甚至损失；尤其是在澳门和香港的利益就是中国利益的情况下，中国更会力求确保澳门和香港两地区的稳定与繁荣。这就意味着，中国政府将来从中华民族的整体利益出发，一定会在这两地区保持现行的、有成效的社会制度，即奉行"一国两制"。其中，现行澳门、香港两地的法律制度，更会得到尊重和保留，因为任何一种社会制度都必须通过与之相应的法律制度才能得到体现和保障。作为社会制度的一个最基本组成部分，澳门和香港现行的法律制度不是一朝一夕就形成固定的，它是地区性社会的历史、文化及政治与经济生活长期发展和积淀的结果。以澳门来说，它已经历了400多年的过程。虽然澳门与香港都是以华人为主的社会，但它的法律制度与中国内地有很多差异。由于葡萄牙殖民管治及其政治力量的影响，澳门这个小社会的政治与文化具有十分明显的葡国色彩。对这种历史造成的现实，不可能一日就加以改变。况且从尊重历史、面对现实、保证澳门繁荣稳定的角庭出发，更无必要刻意地、不加鉴别地去加以改变。相反，以现行澳门葡式法律为制度基础，以澳门本地居民文化传统或价值观念为社会文化基础，在保留现行澳门切实有效实施的法律这一前提下，建立和完善未来澳门特别行政区的法律制度，显然是对中国的最佳选择：它不仅是未来澳门社会的利益所在，也是中国内地的切身利益所在。总之，它是中国利益的需要。基于以上分析，可以认为：澳门和香港民众完全有理由对未来在澳门和香港实现"一国两制"具有充分信心。

二、建立糅合中葡法律文化特点的澳门法律制度

在澳门建立糅合中葡法律文化特点的自身法律制度是完全可能的。因为作为人类社会生活与交往的行为规范，所有民族的法律都有本质上的共性，从而决定着不同民族法律在人类最一般的社会交往与生活方面必然有共同性和普遍性，它从根本上决定了中葡两国法律文化交融的可能。而且，由于中葡两国的法制同属民法法律传统，中葡两个民族的人民在澳门毕竟共同生息了450多年，故其法制更有彼此融合的有利条件。

（一）法律的本质决定着不同民族的法律具有共同性

任何有人类群居共存的地方，必然要产生人与人之间的交往及由此形成的关系，而要共同地生息发展，就需要对上述交往与关系予以确认和维护，以确立一种社会秩序。于是在一定社会历史阶段上便产生了法律。概括地讲，法律就是一个社会以国家力量保障和调整其社会生活与生产关系的行为规范。因此，任何民族之间，无论他们的文化有多大差异，无论他们的地理距离多么遥远，无论他们的社会制度有多大不同，他们的法律都不可避免地会具有共同性，因为所有民族都是人类生活的共同体，他们的基本生存需要、基本生活内容、基本行为方式，都是共同的。这就是为什么古代罗马法律能够如此深远地影响后世，能够被那么多具有不同历史和文化背景的民族国家所接受，以至于最终形成了几乎分布在全世界的民法法律传统。但是，由于人的社会关系是多方面、多层次的，故使得用来调整这些关系的行为规范也颇为丰富复杂，也就是说，法律是多种多样的。我们通常所说的法律主要指宪法、民法、商法、刑法及现代社会中新产生的经济法、劳动法等，所有这些法律都有其特定调整范围，并由此决定着它们各自在法律体系中的地位。不过在一般情况下，最经常、最重要的法律莫过于民法和商法。因为，正是民法和商法从积极的方面规定着人类社会最一般、最普遍的生活与劳动关系，如属于人身关系的婚姻家庭及继承关系、属于财产关系的物

权关系和属于交换关系的债权关系等。显然，这些关系在所有民族的社会生活中都必然要发生和存在，因而各民族法律的相互融合或彼此借鉴也最容易在这两个领域中发生。古代罗马法的很多内容能为法国、德国、意大利继受，有些条款甚至在2000多年后在《葡萄牙民法典》中原原本本地保留着，英国法能在香港实行，葡萄牙法律能在澳门实行，其道理就在于此。从这两个领域来说，中葡两国法律文化的融合没有什么不可逾越的障碍。当然，不能否认，历史和文化传统的差异，社会制度的不同，生产活动方式的不同，决定了不同民族或社会有不同的价值观念和行为准则。中葡两国间的法制，中国内地现行法制与澳门现行法制的不同，其根据即在于此。因为中国毕竟是一个本身具有悠久历史文化传统的亚洲国家，而葡萄牙是一个有其自身历史文化传统的欧洲国家，所以反映在法律制度上的差异是不足为奇的。它决定了任何不同民族的法律，都原可能彼此毫不排斥地完全融合，一个民族接受另一民族的法律只能在一定范围实现。否则，即使是接受，也只能流于形式。例如，民法中有关调整人身关系的那部分法律，即家庭婚姻法和继承法，由于大多取决于各民族的历史与文化传统，故很难交流融合，世界法律发展史已充分说明了这点。中葡法律工作者在澳门过渡期法律建设中，在法律本地化过程中，必须要对此有较明确的认识。除此之外，宪法、刑法等公法及介乎公法与私法之间的经济法和劳动法，也不会像私法那样能较容易地继受或融合，因为这些部门法既受传统历史与文化的影响，又受社会制度的制约。但在澳门、香港，这个问题已在"一国两制"的方式下得以解决，故不会对建立一个融异民族法律文化于一体的法律制度构成障碍。

（二）中葡法律特有的共同之处

中葡法律之间除了因法律本质所决定的普遍共同性以外，还有它们特有的共同之处——同属民法法律传统（又称大陆法律传统）。这一法律传统形式上的最大特征即以制定法，主要是法典法为基本法律渊源。通常情况下，大陆法国家的法律制度大多是以民法典、商法典（有些国家是民法商法合为一典，如瑞士、泰国等）、刑法典、民事诉讼法典、刑事诉讼法典为基本结构，并以此作为整个法律制度的基础。比较中国和葡国的法律制度，就会清楚地看到两国法制在这方面的共同性。但在香港情况则不然，因为香港所奉行的法制乃其宗主国英国的法制，而英国的法制是属英美法法律传统，即以所谓习惯法和案例法为基本法律渊源。英美法律传统中，法制的基础不是各部门法典，而是无数累积并仍不断累积的案例。因此，英美法制的结构不似民法传统那样分明。就此而言，中国与葡国法制度的彼此容纳要比中国与英国法制的彼此容纳简单明确。这的确是历史给予这两个民族的偶然巧合，自然也是历史给予澳门的又一次机遇。

（三）中葡法律同属民法法律传统的历史背景

中国与葡国两国的法制同属一个法律传统或法律体系，这种偶然后面，又有绝非偶然的历史背景。从葡萄牙方面看，它的法制所以归属民法传统，取决于它的历史文化传统。进一步讲，作为一个欧洲国家，它的西方文化传统源远流长而且深受欧洲其他大国的影响，它一开始就是循着西方文化传统的方向发展，并且也以此为其本身固有特征。当近代欧洲国家的启蒙思想运动蓬勃展开，进而逐渐影响到葡萄牙时，葡萄牙也正处于自由资本主义迅速发展之时，这也同样突出地表现为所谓"市民经济"的扩张。与此相应，葡萄牙民族国家也迅速发展，与王朝主权相对立的民众主权，即表现为中央集权的政治也不断加强，于是它也面临把这种自由资本主义生产与生活关系加以确立和规范化的任务；以往那种零散破碎的习惯或法规已不能适应充分发展了的社会政治和经济的需要。于是将以往的法律或习惯汇纂统一并整理提炼就成为迫切的工作。18世纪末期，葡萄牙也陆续有一些法律汇编，如阿丰索、马努埃罗和菲力蒲等敕令集（Ordenacões）等。这些法令汇编可以说是后来葡萄牙法典编纂的民族传统基础，同时也是葡萄牙法律的重要内容。但它们所受罗马法的影响却是很明显的。此外，这一时期的葡萄牙法学也在很大程度上受到罗马法学及法国法学的影响。如当时的学者罗舍·潘尼茨（Rocha Peniz）在其《格式实践》（*Pratica Formularia*）中就大量参考了《法国民法典》和当时法国知名民法学家多玛（Domat）的著述。同一时期，法学家克莱亚·泰勒斯（Correia Telles）又编写出版了他的《葡萄牙法律大全》（*Digesto Portuguez*，1825）。但引用这些外国法典最多的学者是在葡萄牙法律史上占有重要地位的著名法学家柯艾留·罗舍（Coelho da Rocha），他的《葡萄牙民法原理》（*Instituições de Direito Civil Portugeuz*，1840）是19世纪葡萄牙最全面、最有影响的著作，而他是深深受到法国法和德国法影响的。在这种历史背景下，当《法国民法典》公布之后，欧洲许多国家都相继效仿之时，葡萄牙法制也接受这种以法国代表的、法典化的、从罗马法承继而来的民法法律传统，就是极为自然的事了。

　　1822年，葡萄牙的第一个法典——政治宪法产生，它是葡萄牙法律史上法典编纂的基石和开端。此后约半个世纪，葡萄牙又于1866年编纂了它的第一部近现代法典——民法典，这虽是当时葡萄牙法学家的个人作品，但却表明了当时葡萄牙法律界对社会的最一般认识。它确立了葡萄牙法律归入民法传统大家族的形式基础。此后，德国哲学与法学对葡萄牙影响日深，尤其是学说汇纂派对葡国法律界的影响更大。1896年《德国民法典》（BGB）颁布，进一步扩大和发展了《法国民法典》奠定基础的民法法律传统，它更深一步地影响了葡萄牙法律界。进入20世纪以来，葡萄牙和其他欧洲国家一样，在政治与经济方面的进步与发展也颇为迅速，已远远超出了19世纪中期那部民法典所能反映的范围。于是新的民法典编纂就提到日程上来，其结果是葡萄牙于1966年颁布了新民法典。这是目前欧洲大陆法国家中最后颁布的民法典，因而它颇得借鉴其他国家民法编纂成果之益，其中尤以借鉴和摄取德国、意大利民法典为多。这也就使得葡萄牙民法典具有了许多其他民法典不具备的优点。和葡萄牙法制归属民法传统的原因不一样，中国法制纳入民法传统只是在20世纪初才实现的。在此之前，中国法律完全建立在自身历史文化传统的基础上，是自成体系并独具风格的中华法律传统，与以西方历史文化传统为基础的大陆法律传统和英美法律传统相去甚远。然而，自19世纪中期以后，中国闭关锁国的政策彻底失败，面对西方强国的军事与经济力量，腐败无能的清政府一筹莫展，屡屡丧权辱国，招致朝野同声谴责。其结果是，迫使当时的中国政府很不情愿地开始正视越来越多的对外经济交往和政治交往，并意识到以往中国那种与世隔绝自成一统的法律制度，根本不能适应时代的需要。此外，当时国内各种社会矛盾也不断尖锐化，直接动摇着清王朝的统治。在这种情况下，中国朝野有识之士都努力探求摆脱危局和救国救民之道。他们大都认为，中国的失败皆因政制与法制的落后与不完善，故中国的出路只能是改革政制与法制。但是由于当时的社会条件尚不成熟，政制改革终于以革新派失败而暂告结束，不过法制改革却得以进行并基本完成。当时进行法制改革的取向，就是参照西方法制，尤其是以民法法系的法制为模式来建立一个能适合现代社会生活和对外交往的中国法制。经清末政府、北洋政府和民国政府的不断努力，20世纪30年代初终于大体完成了传统中国法律改制的工作，先后草拟并颁布了几部法典的草案，从而为现代中国法律发展奠定了基础且规定了方向——以民法传统法制为模式。至此，现代中国法律也把自己纳入了民法法律传统的大家族。现代中国历史虽然曲折多变、政制更迭，但这种法律发展的方向或模式却始终没有改变。于是，当澳门将要回归祖国怀抱时，人们发现澳门的葡式法制原来竟和中国现今法制同属一个家族。这使澳门法律本地化或过渡期法律建设无形中多了一个有利条件。

（四）建设澳门法制和澳门法律本地化的有利条件

从以上的分析可以看到，将来在澳门和香港实行“一国两制”，绝非政治上的空谈，它有着较为成熟的社会和历史条件。在这个基本前提下，澳门法律本地化和澳门过渡期法律建设不仅可能，而且还有着特殊的有利条件。由于葡萄牙法制和中国法制都渊源于大陆法法律传统，故双方在过渡期法律建设方面就更容易沟通和协调。中葡双方之所以将葡萄牙的几个主要法典翻译成中文作为过渡期法律工作的重要内容，恰恰因为民法传统的一个最基本特点就是以法典法为主要渊源。于是，澳门过渡期法律建设工作的轮廓便比较分明、比较好把握，至少有一个较为客观的评价尺度。因此，加速翻译葡萄牙的几个主要法典，的确是十分紧要的工作。当然，这绝不意味着只要这几大法典翻译出来，法律本地化的工作也就大功告成。事实是，几百年来葡萄牙法律并没有在澳门切实施行；严格来讲，葡萄牙几个大法典只是在理论上作为澳门的法律。况且，澳门毕竟是一个华人社会，它有完全不同葡萄牙的历史文化背景，澳门人有其自己的价值观、自己的习惯，而这些内容不可能包含在葡萄牙人原本是为自己而制定的民法典中。实际上，目前真正属于澳门自身的法律，仅仅是各种各样且难以统计的法令或规章。在这种情况下，法律本地化显然不只是法律翻译问题，而是有多方面的工作。时至今日，澳门已进入主权回归祖国的后过渡期，各方面的工作都日益迫切。但无论是在澳门方面，还是在葡萄牙方面，对将来澳门实现"一国两制"心存疑虑的还大有人在，在某种程度上，它已成为过渡期工作的消极因素。从前述分析来看，这些担忧虽然可以理解，但却没有充分依据。而且，对于生活在现实中的人们来说，谁也不可能完全把握未来，然而无论如何，无论何时，人们都可以去积极争取未来。如果因为回首过去的历史而放弃未来的理想，那将是极其错误的做法。既然将来在澳门和香港实现"一国两制"有其必然性，既然中国和葡萄牙法制有其特别的共同之处，那么，我们就更应该充满信心地来把握历史的机会，为澳门尽可能地争取一个美好的未来。在法律领域，就是要在"一国两制"方针下，抓紧进行法律本地化和过渡期法律建设的必要工作，以便为将来真正能在澳门实现一国两制而创造条件和提供保障。

"一国两制"原则下澳门法律制度
面临的挑战①

今年12月20日，在20世纪末结束之前，澳门将回到祖国的怀抱，这无疑是中国历史上一件具有划时代意义的大事，它表明当代世界历史将完成一次世纪末日的审判，最终给中华民族作出了一个较为公正的判决。随着澳门回归实现，中华民族将最终结束任人摆布、由外国分割领土的历史，同时它还意味着，中国的国家统一又向前迈进了一大步："一国两制"在中国进一步得到实现。可以说，在香港、澳门成功实践"一国两制"的基础上，以"一国两制"的国策最终实现台湾地区和大陆的统一已经是大势所趋，在下一个世纪，中国的多元政治和多元经济制度必然将把中国引向繁荣昌盛。

然而，"一国两制"国策的实现必定是一个过程，收回香港、澳门的主权和治权，实际只是实施此项既定决策的第一步，更为重要的是此后如何深入和完全实践这一国策，显然，这将是比收回主权与治权更难、更复杂的工作，而其中一个最重要的方面就是建立和完善"一国两制"原则下的法律制度。因为任何社会和政治制度建立之后，必然要体现为法律制度，并通过法律制度得到确认和发展。在此意义上讲，一个"一国两制"式的法律制度必然是澳门最终实现"一国两制"及在此准

---

① 原载澳门《行政》1999年第4期。本文是在1999年5月4日在北京举行，由《行政》暨公职司与北京语言文化大学合办的"澳门公共行政前瞻"研究会上的发言稿基础上整理而成。

则下发展繁荣的保障，在澳门即将回归之际，认识研究澳门法律制度及其与内地法律制度的关系，并由此明确澳门目前和将来在"一国两制"原则下建立自身特别行政区法律制度的问题与任务，无疑是十分紧迫和关键的。对此，可从以下几个方面予以说明。

一、澳门法律制度与内地全国性法律制度的关系

第一，澳门与大陆法律制度之间的历史联系。澳门自古以来是中国的领土，因此它的法律制度自始也是纳入中国法律制度范围的，16世纪中叶葡萄牙人到澳门后，澳门法制也是长期以中国本身传统法制为主，还经历过中葡两种法制共存的阶段。只是到了19世纪中期以后，葡萄牙人以葡萄牙法制代替了中国的法制。从此，澳门法制成了在中国领土之上与中国法制并存的葡萄牙法制，这种局面一直持续到今天，而且根据"一国两制"的方针和《澳门基本法》，它在某种程度上还将会继续下去。

第二，澳门法制与内地法制的现实关系。澳门法制与内地法制之间的现实关系表现在：澳门回归后，澳门法制将作为中华人民共和国澳门特别行政区的法律制度而相对独立地存在于国家法律体系内。具体说，继香港特别行政区法律制度之后，在中华人民共和国法律体系内部，又将出现一个相对独立的区域性法律制度，毫无疑问，这将是未来澳门"一国两制"整体社会制度中最重要的实质性组成部分；另一方面，它也是中国坚持"一国两制"方针，保持澳门固有政治与法律文化特色，同时丰富和完善国家整体法律制度的重要途径。

第三，澳门法制与内地法制的共同之处。从近现代史和现实情况来看，澳门法制显然是以葡萄牙法制为模式建立起来的法制。就此而言，澳门法律恰恰与内地全国性法律具有共同之处。在澳门，基本的法律渊源可以见诸所谓五大法典，这些法典构成了澳门法律的基本框架。内地现今虽然尚没有以法典的形式立法，但实际始终以成文法或制定法为基本法源。而且，清末民初中国以西方大陆法制为模式的立法改制，

明确地取向于法典化法源，大陆和台湾地区虽然于1949年之后因政治制度的变化而各自有不同的法律制度，但是成文法传统却都没有改变。只不过这种传统在台湾地区表现得更有连续性，更为鲜明。但内地方面的发展趋势必然也是法典编纂。事实上，这种进程早已经开始。现今中国内地生效实施的新的刑法，刑诉法及民诉法实际上已经具备了法典的雏形，将来势必以法典的形式定形，此外，现在内地正在进行的物权立法准备，实际上就是以未来结合其他民事法律制定一部现代化民法典为取向的。

在探讨这个问题时，我们必须看到，澳门法制与香港法制完全不同，后者是奉英国法制为模式建立的英美法系式法制，即以习惯法和判例法为基本法律渊源的法律制度，其法律渊源并非表现为几个主要法典，而是存在大量的、长期司法实践创制的判例。正因为如此，我们可以说澳门法律较之于香港法律与内地法制关系更为密切，也更有借鉴意义。

二、澳门法制在其回归之际的现状问题

在澳门即将回归之际，我们必须认真思考的是，在经过十多年的过渡期之后，在进行了过渡期内法律本地化及与此相关的种种工作和努力之后，现今澳门法制究竟处于何种状态，尚有何问题，我们应如何在"一国两制"的原则下解决这些问题，从而确实建立起一个有澳门特色的澳门特别行政区法律制度。如前所述，澳门法律制度完全是以葡萄牙法制为模式建立的法律制度，无论是法律渊源还是法律实现即司法操作等均有明显的葡萄牙色彩。但是，作为未来澳门特别行政区的法律制度，它不应该，也不可能是完全照搬葡萄牙法律的法制。一百多年来澳门法制基本以葡萄牙法律为法源，以葡萄牙法官为法律实现主要操作者的局面只是葡萄牙在澳门实现管治的不正常表现。未来澳门特别行政区的法律制度必须：1.以澳门社会为立法背景；2.代表澳门大多数民众的民意；3.依据澳门中国人的文化传统。当然，这并不意味着否认具有葡萄牙特色的法律及其制度继续在澳门存在；相反，我们还要尽可能地保

留其法律制度的特征。关键在于，我们必须清楚地认识到，作为人类社会的行为规范，不同民族国家和不同时代的法律都有一些最基本的共同之处，而我们应从葡萄牙法律接受的，也正是这些基于人类社会的共性所决定的，同样可以适用于澳门的内容。恰恰本着这种思想，《中葡联合声明》（第2条第4款及附件一第3条）和《澳门基本法》（第8条）均阐明和规定了澳门“原有法律”保持不变。其实，澳门自过渡期以来所进行的法律本地化，其指导思想和目的正是要把原本完全体现为葡萄牙的法律，但实际却是人类文化共同财产，在所有人类社会中都行之有效的那部分行为规范，具体按照澳门社会的实际加以改造调整，从而使之能确实有效地用于澳门社会。那么，在澳门马上就要回归之时，其法律本地化的进程究竟进行得如何呢？

第一，就法律渊源而言，体现现行澳门法律概貌，构成澳门现行法律框架的民法、民诉、商法、刑法和刑诉五大法典应当是未来澳门特别行政区法律的基础。这也是中葡双方早就达成的共识。然而，经过十多年的法律本地化进程之后至今，完成本地化程序的只有刑法典和刑诉法典，而民法典、商法典和民诉法典仍处于本地化的过程中。葡萄牙人以刑法典作为开展五大法典的本地化程序实际上主要是出于政治上的考虑，即认为“刑法典本身代表着对公民之第一项基本保障，亦为体现某一社会值价之参考依据”（法令第58/95/M号立法说明）。从葡萄牙方面来讲，他们本此出发点决定法律本地化步骤的动机似乎无可厚非。但问题是，在优先进行刑法典和刑诉法典本地化的同时，其他几个法典的本地化也不应缓滞。在长达十多年过渡期中，澳门现政府投入了相当的力量和资源实施五大法典本地化，但时至今日，在澳门回归指日可待之时，五大法典中的三个法典尚未完成本地化，这不能不说是一个遗憾。况且，从大陆法系法制的特征看，民法典是至关重要的，因为它直接涉及最广泛的社会生活和生产关系，规定着整个社会的最普遍、最一般关系。因而在民法法系，即大陆法系内，常常称民法典为小宪法。然而，出于单纯的、直观的政治考虑，葡萄牙人在首先完成《澳门刑法典》三年后，仍然没有完成《澳门民法典》的本地化工作，可以说这是他们一个严重失策。更为重要的是，任何一个法律，必须要得到社会民众的认可和了解。这样，它才可能在社会生活和生产活动中被民众所遵行，才能使民众自觉地用以规范生活生产关系。澳门以往的历史事实证明，葡萄牙法律长期以来根本没有实际生存于澳门社会。澳门的大多数华人直到非常晚近的时候，仍然对葡萄牙法律毫无所知。在此情况下，保留葡萄牙特色的法律制度实际很成问题。而在过渡期内相当长的时间里，葡萄牙人仍然未能利用时间和机会改变这一状况，现在，澳门回归已经相当迫近，即使澳门现政府能够争取在回归之前颁行上述三部法典，其效果也是颇有疑问的。无论如何，它都必然会给未来澳门特别行政区法律建设遗留下一个严峻的问题。因此，以业已产生的澳门特别行政区长官为首的未来特区政府，从现在起就应该将此问题纳入其工作的重要日程。如何解决这个问题，显然已经不是澳门现政府要面对的，而是未来澳门特别行政区政府首先要面对的重要任务之一。

第二，就法律人才而言，澳门正经过了十多年的法律本地化进程之后，已培养出了一批本地法律专业人才，他们当中的许多人如今已经分布在澳门立法、司法、行政和法律教育等部门的重要岗位上，这无疑是近些年来澳门法律本地化和公务员本地化富有深刻意义的成果。这些人才在未来澳门特别行政区的自治管理和建设发展中必定能发挥积极而重要的作用。但是，与此同时我们也不能不清楚地看到，由于澳门法律本地化开始较晚，而公务员的构成在《中葡联合声明》发表之前几乎是清一色的葡萄牙人和土生葡人；而且此后华人进入公务员阶层的速度和人数始终都很缓慢，特别是法官、检察官和高层次行政领导职位直到近几年才陆续由华人担任，直到今天，这种职位的交接仍未彻底完成。这种姗姗来迟且有限的本地化成果，必然造成了澳门高级管理人才资历较浅，实践和领导经验不充分的客观状况。这是我们不得不认识到，亦不得不承认的棘手问题之一。更为严峻的问题是，澳门于今年年底回归后，葡萄牙人与本地华人高层领导人员最终完成领导职位的交接后，后者所面临的压力和困难必然很大，这种已经不可避免的客观事实无疑会对未来澳门特别行政区的司法和行政效率产生消极影响。以澳门高级司法人员，如高等法院院长和法官、助理副总检察长及审计院院长等为例，如果按照现行《澳门司法组织纲要法》第20条第2款的有关规定，则这些职位在相当长的时间内必然只能由葡萄牙人担任。因为由于澳门华人法律工作者出现很晚，故多年内不可能有具备法定资历的法官、检察官等司法人员能够担当此职。

应该指出，在此方面澳门也同样与香港完全不一样。因为香港较早就开始培养当地华人参政和进入司法部门，所以早在1997年香港回归前几年，香港公务员中就已经有相当一部分是华人，而且不乏一些担当重要职位、主管某一部门的华人；同时，律师、高级法官包括首席大法官均有华人担任。所以即使英国人都离开香港，也不会发生填补不了领导和司法职位真空的困顿局面。香港回归后的事实也充分证明了这一点。相比之下，澳门则完全不具备这种条件。客观地说，纠缠其原因何在已经没有实际意义，现在的关键是如何解决这个问题。如果不解决这个问题，而是按照既有的规定行事（《澳门司法组织纲要法》第20条），那么在澳门的某些领域，至少是在司法领域就不可能真正实现澳人治澳。果真如此，则《中葡联合声明》和《澳门基本法》的基本原则和精神就不能完全贯彻落实。正因如此，在1999年7月2日至3日的澳门特别行政区筹委会第九次全体会议上通过的《中华人民共和国澳门特别行政区司法机关具体产生办法》，根据澳人治澳的精神对此问题作了相关规定（第75条），从而初步灵活地解决了这个显然十分棘手，但又必须解决的问题。

第三，就法律人才培训而言，澳门法律课程开设以来，由于主要的课程均以葡文讲授，故接受法律教育的前提是必须有相当的葡文水平。因此，能够具备接受法律教育的人在澳门少之又少，故极大地限制了澳门法律教育的发展。以至于在澳门法律课程开设之初，甚至出现了葡人和土生葡人学生占绝对多数，华人学生寥寥无几的奇怪现象。虽然这种情况近年来有颇多改变，但以葡文为主要教学语言的事实，仍然是澳门法律教育发展和法律人才培养有限和甚为缓慢的主要原因之一。应该明确的是，保持澳门法律的葡国特色，并不意味着必然以葡文讲授法律课程。而且，一个法律制度的影响和存续，也不取决于以该种制度的原生语言传播施教。另外，澳门法律课程开设以来，似乎过多地强调了葡式法律，而忽略了更广阔法律文化教育的意义。换句话说，只注重了保持澳门葡式法律的特色，但却没有注意到一个法律制度的生长环境，即把澳门法律制度孤立地置于澳门这个小城，而忘记了它将不可避免地要与香港和内地及国际社会上的其他法律制度发生联系及相互影响。其实，这种影响早已经发生，澳门商法典草案中的很多内容就已经充分说明了这个问题。不仅如此，这种认识上的局限还会造成澳门的法律工作者在未来的职业竞争方面处于劣势。这是一个不能不引起澳门有识之士注意的问题。

近几年来，澳门政府及社会各界一些有识之士越来越多地强调澳门与欧洲联盟的关系以及澳门在沟通中国内地与欧盟方面的特殊地位和优势。但从现今的情况看，这还基本上停留在认识阶段，现今澳门政府有关机构和澳门社会法律及教育界对欧盟的认识才刚刚开始，对欧盟法律的认识几乎处在空白阶段，更谈不上进行有关的教育和研究了。如果不加强这方面的工作，包括宣传、教育和研究，那么澳门就不可能在中国内地与欧盟之间发挥其应有的积极作用。澳门在这方面的优势就只能是流于空谈，显然，这同样是未来澳门特区政府应该考虑的，对澳门未来有深远意义的问题。

值得指出的是，现代中国法律深受罗马法系法律和德国法律的影响，正是因为这种影响才使中国现今法律制度与澳门葡式法律制度发生了法系上的偶合。可是，这种影响及其生命力的延续完全不是依靠其本来语言的教学与传播发生的。一个外来法律制度的真正生命力在于它所体现的精神和规范能够被它所处的社会认同和接受。忽略这一道理，必然会事与愿违，适得其反。

第四，就官方语言来讲，澳门现今的官方语言是葡文和中文。但是澳门的情况是，政府长期有意无意地忽略了葡文在澳门的普及，长期以来，葡语没有被作为一种社会的语言，而只是作为官场的、特权的语言来使用，范围一般只限于澳门政府公务员内部，葡人和土生葡人群体内部，而澳门的绝大多数民众与葡语无缘。所以，葡语除了作为官方语言的意义外，更可以贴切地说它是"公务语言"，而在公共管理范围以外，在澳门大多数民众的社会生活中，可以说根本不使用葡语，于是便发生了一个深刻的矛盾，即一方面作为澳门统治阶层母语的葡语，其使用遍及所有公共管理领域，包括立法、行政、司法以及教育诸多领域；但另一方面，葡语对绝大多数居民又是完全隔膜陌生的语言。认真考察一下就会发现，澳门过渡期中的许多问题实际都是因这种矛盾而发生，所谓三化：法律本地化、公务员本地化和中文官方语言化的一些难点和症结追根溯源实际就是因语言产生，众所周知，现今澳门政府津津乐道的本地化一大工作就是将葡萄牙法律，主要指五大法典完成中译，而这项工作的真正起因就是语言，因为立法语言是葡文，而要使之为澳门民众认识，又必须翻译成中文。此外，公务员本地化的选择余地之所以甚小，不外乎因为可纳入本地化范围的人员首先只能是懂葡语的人，至少大部分高级公务员选任如此，在此情况下，不少优秀的人才难免因其不懂葡文而被排斥在本地化范围之外，从而给公务员本地化带来消极影响。总之，语言的问题给澳门公共管理活动带来了许多困难，而且的确带来了许多不必要的资源浪费，所以，未来澳门特区政府在解决某些难题时，亦应把握语言这个关键。当然，目前的这种情况是历史所造成的，不能因此而责备某一方面，而在未来的澳门特别行政区应如何改变这种状况，却是一个不能不认真思考并予以解决的问题。可是，怎样能够既保证"一国两制"不受质疑，又使"保留葡国文化特色"得以合理体现，也是未来澳门特别行政区政府须认真谨慎地把握和平衡的一个问题。

　　第五，就法律的文化背景而言，澳门法制是以葡萄牙法制为模式建立的，但又存在于与葡国文化完全不同的、以华人为主体的社会中。而根据《澳门基本法》，它还要以"原有法律"的形式在澳门回归后继续存在。于是，这里便产生了一个法律文化上的冲突问题。由于人的本性所决定的人类社会生活共性，葡萄牙法律的绝大部分实际都与中国人的行为规范相一致。1999年之后葡萄牙法律之所以能够存续于澳门，其根本原因就在于此，但是，基于各自本身文化传统的内容，却必然呈现出冲突状态，这主要见于家庭和继承法，因为任何国家法律中的这些部分，都深深植根于本民族的文化传统，都最直接地反映着本民族的生活价值观。对此，葡萄牙人也有明确的认识，当1867年《葡萄牙民法典》于1879年延伸到澳门适用时，就保留了民法典中的有关部分，并且还依照中国人的文化传统于1909年专门颁行了《华人风俗习惯法典》，该法典作为澳门民事法律的补充一直实施生效的1948年，现今正处在立法程序中的《澳门民法典》，实际主要是《葡萄牙民法典》的翻译和部分按照澳门情况的修订，其家庭和继承法部分虽考虑到澳门的情况，可主体上仍是葡萄牙法律文化的体现，所以未来澳门特别行政区是否将对该部分法律重新予以调查修订，也是一个不能回避的实际问题。除此之外，刑法中的死刑问题其实也是一个文化传统和价值的问题。究竟如何处理，也应由未来澳门特别行政区的绝大多数民众自己来决定。

　　以上所述种种问题，都是我们现今面对的、显然都必须得到解决的问题。然而如何解决，解决的效果如何，将是摆在即将产生的澳门特别行政区面前的难题，它们共同构成了对建立未来澳门特别行政区"一国两制"法律制度的严峻挑战。

澳门本土法学与本土法律者①

　　作为中华人民共和国的一个特别行政区，澳门在中国具有独特的地位，具体体现为政治、经济和法律制度的相对独立和固有特征，尤其是她在近500年历史中形成的文化特征。未来澳门社会独立地位的巩固发展，很大程度上将直接或间接地取决于其上述制度或特征的建设和完善。就法律制度而言，澳门与香港截然不同，但与内地及台湾地区基本相通，同时又在诸多方面与其有所区别甚至具有长处。所以，如何在保持自身法制个性和特色的基础上，加快建设澳门本地区法律制度，使之不断发展完善，乃是澳门回归祖国后，澳门特区政府本身和澳门本地区法律者应予关注和重视的一项重要工作。如果每每强调澳门特色，但却又对发展自身最富有个性特征的制度之一，即法律制度予以忽视甚至没有自觉意识，是一种严重的失误，至少是缺乏远见和敏感。事实上，从1989年澳门实际展开法律本地化至今，特别是在澳门回归之后，有意识和着意地建设发展澳门本土法律制度已经具备了较为充分有利的条件，问题在于人们是否已经对此有了普遍的意识。毫无疑问，酝酿和促成一个澳门本土法学环境，将澳门法学引向全面深入，已经成为现今澳门法制建设的当务之急。于是，这就给现今澳门地区法律工作者提出了一个严肃和光荣的历史使命：为建立发展澳门本土法学，实现从法律本地化到法律本土化的转折而奋斗。

---

① 本文是出席2000年8月澳门经济与法律协会举办的研讨会的发言，原载《澳门日报》2000年6月1日和15日。

一、澳门本土法学

何谓澳门本土法学？简而言之，就是以澳门本土特有法律制度为对象而展开的法学。那么，澳门本土特有的法律制度又是什么？就是以澳门地区本身历史文化发展脉络为背景产生、形成和发展起来，在澳门存在和施行的法律制度。由于澳门本身历史文化发展所具有的特殊性，澳门地区法律制度自然而然地被赋予有别于香港地区和中国内地及台湾地区的独有特征。

澳门本身历史文化发展的事实是，在长达400多年的历史进程中，她通过商业贸易和宗教及文化交流，与西方文化，主要是葡萄牙代表的欧洲文化最早发生了全面且深入的接触，而其中当然包括法律文化。19世纪中期，当帝国主义列强纷纷以武力踏上中国领土之时，葡萄牙人乘人之危强占了澳门，从而使葡萄牙政治、法律制度逐步全面地在澳门确立，最终形成了以葡萄牙政治法律制度为模式的澳门政治和法律制度。不过，在400多年的历史发展过程中，澳门地区从来没有失去其本身的中华历史文化根本内容和特色，无论是政治、经济方面，还是行为规范方面都是如此。而且近几十年来，它还或多或少地接受了近邻香港的英美法制度。其实正因如此，澳门社会及其法律制度才有其特殊的价值。质言之，即文化或法律文化的多元现象。所以，现今澳门法律制度也可以具体表述为：以葡萄牙法律制度模式和原理为架构和制度基础，传统中国文化行为规则为实际补充调整机制，吸收当今世界上先进法律制度和原则，在澳门地区生效实施的法律制度。

既然如此，那么构成现行澳门法律制度的法律渊源究竟如何呢？众所周知，现行澳门法律的基本法律渊源是所谓的"澳门五大法典"，即《澳门民法典》(1999)、《澳门商法典》(1999)、《澳门民事诉讼法典》(1999)、《澳门刑法典》(1996)和《澳门刑事诉讼法典》(1997)。这五部法典是在长达十几年的澳门法律本地化进程中，逐步翻译、修订并相继完成立法程序，最终在澳门回归前成为澳门现行法律的。它们共同构成了澳门法律制度的架构和澳门法律制度的基础。当然，除此之外，澳门法律的构成还有其他许多不可忽略的成分，即现今在澳门生效实施的诸多特别法律，包括法律、法令、立法性命令及判例等。所有这些，共同构成澳门整体法源，并在此基础上确立了现行澳门法律制度，同时也构成了澳门法学的具体考察对象。

在确认澳门本土法律及其相应法律制度现实存在的前提下，我们有必要进一步明确促进澳门本土法学的重要意义和基本思路。

众所周知，构成澳门现行法律制度基本框架的澳门五大法典，是在回归前的澳葡政府有关部门主持下，经过长时间的努力工作，在对延伸至澳门生效的五部葡萄牙法典进行翻译、调整和必要修订的基础上，相继完成了本地化程序的。但是，无可否认的是，现行澳门五部法典总体上还是对原葡萄牙法律的翻译，换言之，它们是葡萄牙五部法典在澳门的移植。从世界法律史上看，这种全面移植异国法律制度的情况在世界上是独一无二、只此一家的。从比较法学的观点看，澳门法律制度的形成发展无疑极具东西方法律文化交流的典型意义。但与此同时我们也不能不看到，这种移植是在一种极为特殊的历史条件下进行和完成的。而且，世界法律发展史告诉我们，任何时期、任何国家对异国法律的移植，都必须建立在与本国法律文化和制度相结合的基础上，否则这种移植的法律制度是不可能真正生存的。澳门回归以前澳门法律制度的实际状况其实已经说明了这点。当时，澳门法律界曾对葡萄牙法律制度在澳门社会的真实存在和实际作用进行过热烈和认真的讨论。在这一讨论过程中，无论是澳门本地法学者，还是葡萄牙法学者，都对一个历史和现时的事实达成了共识，即从葡萄牙延伸至澳门生效实施的葡萄牙法律，主要是五部法典，在一百多年的历史中，它们对于澳门现实社会生活的调整和规范作用是极为有限的，甚至可以说是长期游离于澳门社会主体，即华人群体之外的。1987年《中葡联合声明》签署发表之后，前澳葡政府鉴于过渡的需要，或者干脆说是政治的需要，开始着手对澳门现行的各种法律进行整理、翻译和修订。但是，这个过程自始至终是个政府行为，而且仅仅局限于一个很小的专业人士范围内。澳门回归之前，前澳葡政府最终匆忙颁布了三部经过立法程序的法典，从而使澳门五部主要法典都在程序上完成了本地化进程。但是，这几部完成了"过户"手续的法典事实上还远远没有经受澳门社会生活和法律实践的检验。

另外，还应该指出的是，澳门回归前的法律本地化工作，实际主要是对葡萄牙法律或葡文立法的翻译，而针对澳门社会的实际情况而对当时生效实施的法律进行修订调整的工作非常有限。所以，某种程度上甚至可以说，当时澳门法律本地化的过程主要表现为对葡萄牙法律进行中文翻译的过程，至少，法律翻译工作构成了澳门法律本地化的最重要内容。在上述情况下，澳门社会对澳门法律的了解，并没有因为澳门法律本地化进程的完成而获得长足的进步。何况，在当时还并不存在一个以澳门华人为主体的法律者群体或阶层。在这种客观情况下，很难说现行澳门主要法律能为法律界人士明确全面地了解，更不用说为社会民众所了解了。而在此情况下，澳门本土法学的全面展开更无从谈起。

说明上述客观事实，并非是要对澳门现行葡式法律予以否定。相反，目的在于使人们对现行法律更加关注，增进对它们的了解。因为无论如何，人们也不能否定澳门既有的葡式法律及其相应制度，进一步说，不管情愿与否，澳门法律制度的葡萄牙色彩都将长久地存在下去，这是澳门社会历史发展过程中形成的客观事实，是历史赋予澳门社会及其法律制度的烙印。不仅如此，我们还应该认识到，葡萄牙法律本身其实具有非常突出的特征和非常成熟的制度体系。尤其是葡萄牙的法律理论深受德国、法国、意大利法学理论的影响，而且吸收了现代西方法律制度和理论的一些长处。其实，它不仅能够作为澳门法律制度的基础设施，甚至在某些方面还非常值得中国内地法律制度借鉴。我们要提出的问题是，现今和未来的澳门法律者对于这种继受而来的法律制度有多深的认识？对其制度规则后面的法理和关联性究竟了解多少？这种法律制度如何能在澳门实现？

在对上述历史和现实的实际情况予以阐明的基础上，我们可以得出这样一个结论，即，澳门回归以前澳门五大法典被翻译成中文并作为澳门原有法律在现今澳门特别行政区继续生效实施，并没有改变这五部法典的实质——葡萄牙法律在澳门的延伸。所以，构成澳门现今法律制度基本框架的五大法典，其实还有待于根据澳门社会的实际情况，尤其是文化背景进行调整和修订。进一步说，实际从1989年开始的澳门法律本地化工作，并不应该以澳门回归为终点，相反，它应该成为一个新起点。只有这样，才能使澳门现行法律制度在不失其原有特色的情况下，获得真正的生命活力和健康发展，才能使之真正成为澳门社会自己的法律。为了达到这样一个目的，必须要建立和发展澳门本土法学，必须要有澳门本土的法律者，即澳门本土的法律者阶层。否则，澳门法律制度建设和发展就会受到消极影响，就会一如以前那样与社会实际和社会民众相脱离。总而言之，现今的澳门法律者必须要对澳门原有和现行法律展开探讨和研究，进而为澳门自身法律制度的建设发展提供理论上的依据。这是澳门进入新的历史时期，即澳门特别行政区历史时期后，澳门法律者肩负的社会责任和历史使命。

二、澳门本土法律者

如前所述，澳门未来发展的一个重要方面是澳门法制的建设与发展，而这样一个历史使命应当由澳门本土法律者来承担。那么，什么是澳门本土法律者？这是指所有受过法律专业教育，具备法律专业知识，在澳门特别行政区生活，从事法律工作的各类法律专业人员，包括法官、检察官、大学法学教师、法律研究人员和律师等。澳门社会的法制建设和发展、澳门社会的法治状况和法律实现、澳门社会的法律秩序和整个社会秩序，无疑都直接或间接地取决于这些法律者本身的专业素质、工作业绩、责任意识和奉献精神。其实，在任何一个地方，任何一个社会或国度，一个品质优良、具有敬业和奉献精神的法律者阶层，都是实现法治和秩序的关键。没有一个成熟的法律者阶层，要想真正实现法治是不可能的。内地改革开放二十多年来，经济得到了很大发展，政治改革或社会管理制度的改革也取得了一定成绩，但是，在争取实现法治国家方面，显然还有一定的困难和很多工作要做。其原因是多方面的，但最为重要的原因之一是，中国大陆现在仍然没有一个成熟的法律者阶层和成熟的法治环境。所以，就历史和现实的经验而言，如果澳门要想发展成为一个真正的法治社会，同样也必须要有一个属于自己的较为成熟的法律者阶层，并且还要通过他们促进和营造一种良好的法治氛围。

但从目前情况看，澳门尚未具备一个成熟的法律者阶层。其实，这也是个历史遗留的问题，不难理解。从1849年葡萄牙人强占澳门，并对澳门实行殖民式管治起，直到1987年《中葡联合声明》发表，澳门只有殖民式统治，并没有真正的法治。1987年过渡期开始之后，澳门葡萄牙政府虽然在中方的不断要求和促使下，逐步展开了法律本地化进程，但无论是其对法律本地化的理解还是实际操作，实际上都较为狭窄有限。具体说，当时的工作重心仅仅放在了法律表现形式，即以五大法典为主的法律渊源上，而对构成法律制度和法律秩序的其他因素，如：司法、立法和法律教育本地化等，投入相对较少、较慢。虽然澳葡政府在后过渡期迫于形势的压力加速了司法本地化进程，但由于回归在即，故有关本地化的工作完成得相当有限。澳门回归后，在新的澳门特别行政区政府的领导下，澳门法律本地化，包括立法、司法、法律教育等全面展开，所取得的成就国人有目共睹。不过，从澳门长远利益讲，澳门法制建设还必须要随着澳门的回归，进入一个新的历史时期，即实现从法律本地化到法律本土化的转折。如果说澳门法律本地化是着重将澳门原有的法律，主要是葡萄牙延伸至澳门实施的法律按照澳门的实际情况进行调整修订，从而使之能够实际适用于澳门，那么澳门法律本土化则意味着：以澳门本地区的文化传统和特色为背景，根据澳门社会的实际社会情况，通过澳门本地的立法、司法，依靠澳门本地的法律工作者，在原有法律制度模式和框架的基础上，建立和发展完全产生或适合于澳门的法律及其相应制度。为此，除了一个正常和良好的法治环境外，法律者阶层将是最为关键的因素。

从澳门现实情况分析，现今澳门法律者阶层大体由三个部分组成。第一，原澳门法律者群体，即在原澳葡政府行政、立法、司法和教育机构和法律实务部门工作的人员，其主要构成是葡萄牙人和土生葡人。他们的文化和专业知识背景完全是葡萄牙的，对于澳门本土文化和社会虽有了解，但未必能够主动积极地按照新的情况转换思考方式和更新知识背景。但作为澳门原有法律制度基础设施的建造者和澳门特有法律文化的一个载体，作为具有法律专业知识，实际工作经验丰富的法律者，他们对于现今澳门的立法和司法无疑具有不可或缺的意义并能够发生相应作用。可是，随着澳门回归，随着澳门作为一个独立的特别行政区的建设发展，这部分法律者必然逐步转化或融入新的法律者群体。尽管在相当的时间内，这部分人仍是一种现实存在。

第二，新法律者群体，即在澳门过渡期内逐步产生形成的法律者群体，包括原先曾在前澳葡政府，现今又在澳门特区政府行政、立法、司法、教育机构及其他法律实务部门工作的法律者，所以，也可称其为过渡期法律者。这部分人在澳门过渡期的特定条件下，接受过以澳门原有葡式法律为主的专业教育，其中一部分人还接受过中国内地的法律教育，所以，既了解澳门原有法律，又了解中国内地法律制度，专业知识背景扎实，而且还认同澳门本土文化，对澳门社会有归属感，是澳门法律政治生活中承上启下的法律专业人员。他们无疑是现今澳门法律建设和发展的中坚力量，对于澳门法律秩序的建立和维护举足轻重。

第三，未来法律者，即正在成长的澳门法律者群体。这部分人多为澳门土生土长，在澳门过渡期末期开始法律学习，澳门回归后相继完成或正在完成法律学业。这个群体的特点是生长并生活在澳门，主要在澳门或大陆接受的法律教育，他们是澳门特区自己培养或在澳门特区环境下产生成长的第一批法律者，和前述第二种法律者一样，对澳门有强烈的归属感和社会责任感。这个群体的薄弱之处可能是对澳门原有法律没有系统的认识和了解，尚缺乏从事法律活动的经验。但由于他们自始生活在澳门这样一个环境中，故假以实践和时间，他们对澳门原有法律的认识将会逐步加深。不仅如此，这部分人可能还具备一种特别的优势，即他们的视野较为开阔，从一开始就能够超越澳门自身法律制度的界限，对其他地区和国家的法律有一个概念。因而在未来澳门法律建设和发展进程中，会有较远的眼光和较高的境界，能够参与同外部法律者的对话和竞争，但却不会脱离澳门社会本身。这部分人不像过渡期法律者那样，在现今澳门特区政府中占有重要和关键的领导地位，但他们生活工作在普通的社会层面，是法治社会最基本的操作者和实践者，一个社会的法治氛围及其实现通常要依靠这些人去营造和完成。如果说澳门的第二类法律者群体是在澳门法治社会的柱石栋梁，那么则可以视这类法律者为澳门法治社会的墙壁和门窗，只有他们之间的相互结合和配合，澳门法治才能够实现。客观地讲，澳门未来的法学主要将依靠这些人来推进和发展。

澳门是一个非常有特色的地方，她的法律制度不仅有特色，而且还在现实中国的法治格局下具有特殊的意义。但无论是澳门地区本身，还是中国内地，对于澳门法律及其相应制度的认识和理解梳理，都还不足以促进这种特色的宣扬。而能够承担此项历史重任的，只有澳门本土法律者阶层。因为只有这样一个法律者阶层，才能带动和推进澳门本土法学，从而最终促进澳门法治社会的实现。

粤港澳大湾区建设与澳门未来发展[①]

一、大湾区建设的意义与大局认识

《粤港澳大湾区发展规划纲要》（以下简称《规划纲要》）提出了大湾区发展建设战略，这是新时代下国家整体发展战略的重要组成部分，新一轮改革开放的重要举措，"一带一路"倡议的内功和支撑，也是实现新时代国家宏伟蓝图、走向民族伟大复兴的重大步骤。因此，大湾区发展建设如何，直接关系到国家新时代总体战略的实现，更会影响未来中国的发展与前途。

整个粤港澳大湾区从地理上看，可以珠江为界分作珠江东岸和珠江西岸两个区域。珠江东岸经济发展相对快些和充分，珠江西岸则迟缓薄弱一些。但从长远发展来看，珠江西岸潜力和空间可能更大，无论是自然资源、生态状况还是土地空间面积，珠江西岸都具有明显优势，"一国两制"实践获得巨大成功的澳门，更有可能带动和激活珠江西岸的大湾区发展建设。

总的来说，在相当一段时间里，大湾区发展建设的重心和热点将在珠江西岸，而珠江西岸发展建设的重心应该在澳珠一极的建立和引领，澳珠一极的发展建设重心又在澳门与横琴的合作，澳门与横琴的合作核心又在于通过科技创新形成一个突破。所谓突破有两层意义，一个

---

① 原载《行政管理改革》2019年第12期。

是澳门经济适度多元形成新的突破，一个是大湾区建设形成突破，也就是说，澳门经济适度多元与大湾区建设命运紧密相关。

二、粤港澳大湾区建设的实质

粤港澳大湾区建设的实质是在一国之内的区域经济一体化，但是，由于香港、澳门被纳入大湾区发展规划，故使得这个一国之内的区域经济一体化与既有的京津冀协同发展和长三角区域一体化发展有一个很大的区别，即京津冀协同发展和长三角区域一体化发展是在"一国一制"条件下展开实施，而大湾区区域经济一体化则必须在"一国两制"条件下展开实施。如此一来，后者面对的困难和挑战要比前者多得多。但也正因如此，如果大湾区建设做得好、做得成功，那么它所带来的发展前景和效应也就广阔和长远得多。

总的来讲，大湾区发展建设必须解决两个最基本的问题：第一，基本条件问题，即区域经济一体化必须具备的条件和要素，具体说，必须解决"4+1"（"四动一静"）的问题，即人员、商品、资金和信息技术的自由流动以及克服"关税壁垒"和"税率差异"的困难。第二，规则制度保障问题，即在"一国两制"背景下的实现不同规则和制度的对接，包括：解决因一个国家、两种制度及由此产生的两个法系、三个关税区、三种货币和三个法域等问题。

总的来说，大湾区发展建设要解决的是"123334"等诸多制度性问题，即一个国家、两种制度、三个关税区、三种货币、三个法域以及四个流动的要素问题。就前述两个最基本问题而言，第一个问题是前提条件，第二个问题是解决第一个问题的保障。这两个问题解决不了，大湾区发展建设的目标就很难达到。

解决好上述问题的基本思考和逻辑是，坚守"一国之本"的前提，最大限度地善用"两制之利"，寻求"两制之和"的叠加效应。

三、粤港澳大湾区与世界三大湾区的比较

（一）粤港澳大湾区与世界既有三大湾区的本质不同，目标也不同

纽约、旧金山和东京三大湾区是通过产业集群或高端产业的集中与集约运行，实现资源利用和配置、生产质量与效率的最佳与最大，而中国粤港澳大湾区则是要通过区域经济一体化，实现资源利用和配置、生产质量与效率的最佳与最大，从而使整个区域的经济得到一体化发展，并带动整个国家的经济发展与飞跃。因此，纽约湾区、旧金山湾区、东京湾区的目标是局部的、特定生产领域的，而粤港澳大湾区的目标则是全局的，涉及多个方面。简单说，格局不一样。

（二）涉及的问题或者前提不一样

世界既有三大湾区主要是通过以一个城市为中心来解决经济优化、效率和高质量的问题，一般情况下并不太多涉及规则和制度问题，更不存在"一国两制"的情况，换句话说，它是在一个规则、制度相对成熟的平台上展开；而粤港澳大湾区则是要在"一国两制"框架下解决诸多协调、合作和一体化运作等问题，规则、制度都需要创新突破和明确，这样才能具备一体化运作的条件。后者所面对的问题要远远比前者复杂、困难和严峻。

（三）基础和条件不一样

世界既有三大湾区的基础和条件较为单一、成熟和充分，但粤港澳大湾区两区九市的基础和条件多有不同、各有特点，涉及范围和人口大得多。粤港澳大湾的特点在于，它是通过区域经济一体化实现以科技创新为主导的综合发展，即包括世界三大湾区的产业元素。

四、澳门在粤港澳大湾区建设中的优势

概括起来有两个方面：第一，"一国两制"的优势；第二，澳门自身的优势。

（一）"一国两制"是澳门参与粤港澳大湾区建设的最大优势

2018年，习近平主席在会见香港澳门各界庆祝国家改革开放40周年访问团时，充分肯定了港澳同胞在国家改革开放中的作用和贡献，明确了两个历史评价：首先，明确指出港澳对于国家改革开放的作用是不可替代的；其次，明确指出了港澳的最大优势就是"一国两制"。港澳之所以能够对国家改革开放做出特殊的、不可替代的贡献，恰恰是由于港澳具有"一国两制"这个最大优势。

"一国两制"是粤港澳大湾区区别于其他国际著名湾区最为显著的特征。这一国策实际为国家统一和港澳发展提供了三个方面的有利条件：首先，使港澳在原有制度基础上运行和发展的社会管理和经济运行得以继续平稳发展；其次，强化了内地和港澳在政治、经济和文化上的密切联系；再次，为中国内地的改革开放，包括经济发展和管理模式提供了更多的路径选择。不仅如此，还为重构、加强和扩大与世界的各方面联系创造了条件。

"一国两制"优势的体现：

1.四个要素的自由流动

澳门是国际化城市和国际自由港，人员、商品、资金和信息可以自由进出，无外汇管制，可充分融入国际贸易市场。此外，作为单一关税区还可单独签署经贸协议。

2.规则和制度

澳门实行自由经济或市场经济的运行模式、规则和制度与国际高度接轨。

3.低税制

澳门实行低税制，职业税和所得补充税最高累进税率均为12%，甚至低于邻近香港的17%薪俸税和16.5%利得税最高累进税率。

4.营商环境的安全

澳门拥有较为国际社会承认的法律体系和公开透明的市场机制，社会的法治观念和规则意识较强，多年来一直被公认为具有开放和安全的营商环境。

（二）澳门自身的优势

1.社会经济持续繁荣发展，社会和谐稳定

今年既是我们国家建国70周年，也是澳门回归祖国20周年，可谓双喜临门。回归二十年来，澳门经济飞跃发展，社会和谐稳定，"一国两制"在澳门取得了举世瞩目的巨大成功。这些都成为澳门参与国家发展战略，融入国家发展大局，成功推进大湾区建设的有利条件。

2.区位优势

澳门是一座滨海城市，已有近500年的开埠历史，是早期中国与西方贸易通商的重要城市，是联系中国与世界的"窗口"和"桥梁"，形成了澳门对内对外交流的独特便利条件。与此同时，作为珠江口西岸的自由港，澳门也是"21世纪海上丝绸之路"的节点城市，在"一带一路"建设中，享有优越的区位优势。港珠澳大桥开通后，澳门的对外交通网络更为便利，澳门的区位优势更加突显。

3.多元文化共存和具有丰富的历史文化积淀

在澳门，传统中国文化又根深叶茂，多元文化和谐共存，世界文化和地方文化在澳门的结合和融合，已经成为东西方文化交流融合的一个典范，并使澳门充满文化魅力。这个典范由近五百多年历史造就，世界上独一无二，是可遇不可求的人类文化发展财富。正因如此，《规划纲要》赋予澳门打造"以中华文化为主流，多元文化共存的交流合作基地"的光荣使命。

4.“超级中间人”的地位和角色

主要表现在三个方面：

首先，国家“十二五”“十三五”规划将澳门定位为“世界旅游休闲中心”和“中国与葡语国家商贸服务合作平台”，此次《规划纲要》又赋予澳门建设“文化交流合作基地”的使命，都凸显出澳门作为中国与世界联系，特别是与葡语国家联系的桥梁作用。

其次，在新一轮改革开放进程中，澳门同样被期待发挥大湾区内地城市起不到的、不可替代的作用。如此一来，澳门又被置于改革开放承前启后的衔接地位。

再次，大湾区建设的核心问题之一是制度和规则对接，而澳门和香港一样，其制度规则与国际高度接轨，于是，澳门又具有内地与国际制度规则对接的中间作用。

5.具有特定领域的科研基础

澳门在特定领域拥有良好的科技创新发展基础。现时，澳门有四个国家重点实验室（中药质量研究国家重点实验室、模拟与混合信号超大规模集成电路国家重点实验室、智慧城市物联网国家重点实验室、月球与行星科学国家重点实验室），为澳门科技创新发展提供了重要基础和平台。

6.财政相对充裕

截至2019年9月底，澳门财政储备总额6,273.5亿元澳门币，外汇储备1,710.2亿元澳门币。此外，IMF（国际货币基金组织）公布的2018年经济资料中，澳门人均GDP为81,730美元，位居世界第三，仅次于卢森堡（人均GDP为115,540美元）和瑞士（人均GDP为83,160美元）。

五、澳门在粤港澳大湾区建设中的定位与作用

国家在“十二五”和“十三五”规划已提出了澳门“一个中心、一个平台”的定位，即世界旅游休闲中心和中国与葡语国家商贸合作服务平台。此次《规划纲要》进一步阐明确了澳门作为“一个中心、一个平

台"的地位，同时还赋予澳门四项新的任务和使命，包括：

第一，明确了粤港澳大湾区发展建设的四个中心城市，即香港、澳门、广州和深圳。这四个中心城市将发挥"核心引擎"的功能。对于澳门来说，这一使命是国家对澳门的高度信任和期待。澳门将努力发挥好"核心引擎"的作用，继续发挥比较优势，做优做强，增强对周边区域发展的辐射带动作用。

第二，将建立国际科技创新中心作为粤港澳大湾区战略的核心内容之一，并将其列为大湾区七个重点建设领域的第一位。《规划纲要》提出，要推进"广州－深圳－香港－澳门"科技创新走廊的建设，从而使澳门成为这一走廊中的重要一环，又是其中的一个支撑点。澳门要充分利用既有科技创新成果和资源，以学研带动产业，以产业促进学研，发挥生产性功能，整合、培育、发展具有创新元素的产业方向，最终在此基础上形成珠江西岸科技创新发展的新引擎。

第三，赋予了澳门打造"以中华文化为主流，多元文化共存的交流合作基地"的时代使命。这既是对澳门历史文化积淀，多元文化和谐包容、东西方文化交流共存的高度肯定，也是对未来澳门发展的一个独特期待。

第四，澳珠合作是粤港澳大湾区建设的三极之一。《规划纲要》提出，在空间布局上坚持要极点带动。发挥香港－深圳、广州－佛山、澳门－珠海这三极强强联合的引领带动作用。澳门与珠海的合作是这三极之一，深化澳珠合作对于构建结构科学、集约高效的大湾区发展格局，引领大湾区深度参与国际合作具有重要意义。

六、"两制之和"的思想内涵

《规划纲要》提出了"一国两制"、依法办事的基本原则，要把坚持"一国"原则和尊重"两制"差异有机结合起来，坚守"一国"之本，善用"两制"之利。

习近平主席2018年10月视察横琴时指出："澳门的体制机制过不

来，内地的体制机制过不去，在横琴要形成制度的贯通变通。"习近平主席的这一指示直接揭示了"两制之和"的思想基础，也就是要通过两种制度的融和创新，实现两种制度的有机结合，形成制度合力，启动更大动能，确实实现"1+1>2"的效应。

"两制之和"中的"和"字，体现的是尊重各种制度和规则的差异，寻求其背后的共性，达到法律理念和规则的和谐合一。当前粤港澳大湾区的发展中，由于制度差异所带来的问题，同样适用这种"求和"的方法理念。

概括讲，我们要做好以下几个方面的工作：

第一，应当克服"两制之差"造成的困难和障碍，主要是实现规则与制度的软对接。

第二，善用"两制之利"提供的机会与条件，主要是发现和利用两制的优势和方法。

第三，获得"两制之和"的合力与叠加效应，主要是通过善用"两制之利"，获得"一制"情况下难以获得的成效。

整个思路或路径是："两制之差"→"两制之利"→"两制之和"。"两制之差"是现状现实，"两制之利"是手段，"两制之和"是目的。

七、澳门参与大湾区建设的原则和策略

《规划纲要》明确提出，依托粤港澳良好合作基础，探索协调协同发展新模式，为内地与港澳更紧密合作提供示范。这就为真正实现"两制"之下各自制度的有机结合提供了条件和契机。

为实现"两制之和"，可以先行先试，在大湾区特定的区域范围内为两种制度的融合创新提供新的实验载体，坚持"定向合作，错位发展"的原则和"借地突破、借人突破、借力突破"的策略。

（一）原则：定向合作，错位发展

澳门应凭借自身条件和优势，结合其他大湾区城市的特点和优势，

拓展与大湾区各个城市特定发展方向的合作，实现错位发展，避免不必要的同质化竞争。

（二）策略

1.借地突破

澳门土地空间极度饱和，早已形成对澳门发展的极大制约。在新时代大湾区发展建设中，澳门要想履行担当、有所作为，那就必须要有破茧之功，抓住大湾区发展建设的时机，跳出澳门发展澳门。进一步说，澳门如果把自身限制在区区32.9平方公里寻求大的发展和突破，几乎不太可能，澳门必须有"借地突破"的路径和智能。

2.借人突破

澳门居民人口颇为有限，人力资源供应本来就远远不足，面对大湾区发展建设的需要和对国家的担当，如果仅仅依靠澳门自身的人力资源，尤其是人才资源来寻求突破，那是相当困难的，很可能会失去千载难逢的发展机遇。所以，澳门必须在充分利用本地人才的基础上，具有"借人突破"的气度和格局，即下决心引进澳门所需的人才，让他们与本地人才一起实现新时代下澳门发展，尤其是经济适度多元的突破。

3.借力突破

澳门娱乐博彩业多年的龙头老大地位，虽然给澳门带来了相当的财富，使得"共建共享"获得一定的基础，但客观上也压缩了澳门中小企业的发展空间，面对新时代下新一轮改革开放和大湾区发展建设的需求和机遇，仅仅依靠澳门中小企业自身的力量很难形成突破力量，所以特区政府一方面要为澳门中小企业创造条件，使他们能够立足澳门、走进大湾区，另一方面也要谋划方案、创造条件和制定政策吸引内地和国际上大的成功企业进入澳门，帮助和带动澳门中小企业走出澳门，冲向大湾区，走上"一带一路"。也就是说，澳门必须"借力突破"。

八、创新的政策思考

第一，要有新时代的思维、站位和格局。今年2月19日，在《粤港澳大湾区发展规划纲要》公布后，澳门特区行政长官崔世安先生发表署名文章《融入国家发展大局 担当澳门时代使命》，文章指出："新时代背景下，新一轮改革开放进程中，最关键的是要有'新意'，即新时代的境界、新时代的思维、新时代的格局、新时代的勇气、新时代的担当、新时代的智慧、新时代的创新，积极主动地参与到大湾区的发展建设。"

第二，要在区域合作的模式上寻求突破。2011年《粤澳合作框架协议》签署至今，我们在区域合作方面的深切体会是，区域合作是否能够顺利展开并达到既定目标，关键是开始时合作模式的选择。大湾区建设的实质是区域经济一体化，因此各个城市之间的合作是大湾区建设的基本内容和前提。但如何合作，合作是否成功，关键在于合作模式的选择。一言以蔽之，模式创新乃是必由之路。

第三，国家政策要有韧性和容量。模式的选择有两个关键，一是要有顶层设计的明确目标和基本原则，没有明确的目标和基本的原则，基层或前线的实践就不好把握；二是要有国家政策韧性和容量，没有韧性就没有空间，太刚易折，没有容量就没有尺度，基层很难把握。

进一步说，一个国家的顶层设计，一个国家的战略或安排，其实现模式如果完全交给地方执行者选择确定，往往会陷于地方局部利益考虑的权衡困局。这里面通常没有对错，都是双方从各自利益出发的不同立场或选择。所以，模式的确定一定要有中央政府的目标性倾向作指导，否则，即使能够展开，也会不断碰到困难和阻碍，以致最后影响顶层设计或国家战略的有效实现。

第四，创新突破要有重点。大湾区建设工作很多，千头万绪，故一定要有轻重缓急之分，其中抓住重点尤为重要，因为"没有重点就没有政策"。有两个重点必须做好：第一，即前面所说的大湾区建设的核心问题，"四个要素"的自由流动在规则和制度方面的对接，必须在"制度规则对接"方面下功夫，突破了这个难关，接下来许多工作就好做了。第二，明确路径和突破点，即以《规划纲要》要求的"国际科技创新"为路径并以此形成突破，进而造成以"科技创新"引领大湾区建设的局面，这也是特区政府目前把和珠海横琴合作的工作聚焦"澳门产学研一体国际研究院"的原因。

第五，港澳居民的身份融合。大湾区建设的实质是区域经济一体化，其中人员的自由流动是最基本的要素，因此如何减少甚至消除港澳居民与内地居民的身份差别是一个特别显现新时代思维和新一轮改革深度的问题，在这方面必须有所突破，例如允许港澳居民以永久居民身份证为法定身份证件自由进出大湾区（对澳门来说至少是横琴），即真正做到一国公民的"一个身份、一次查验"的身份融合。这个融合意义重大而深远：1.促进港澳与内地的人员流动；2.方便港澳居民在大湾区乃至整个国家内的生产和生活活动；3.让作为中华人民共和国公民的港澳居民真正享有法律上的"同等待遇"，而不是被给予"国民待遇"；4.支持和促进港澳居民加速融入国家发展大局；5.增强港澳居民回归祖国的幸福感，促进人心回归。

下 篇
民商法

略论公害的民事责任^①

　　广义而论，一切对人类赖以生存的客观环境的社会性危害，都可称之为公害。公害问题古已有之，但与现代社会的概念大不相同。公害问题真正引起人们的重视，并成为一个举世关注的社会问题，乃是近现代的事情。特别是现代，公害已构成对人类生存的严重威胁，控制和消除公害已刻不容缓。工业、科学技术发展较快的国家，如西欧诸国、美国、日本等，自然首当其冲。20世纪70年代以来，世界范围内都在加强对公害的控制和治理，它充分反映在各国有关的立法中。与此同时，国际社会也开始对公害采取共同措施。1959年成立了"政府间海事协商组织"，1971年成立了"经济合作与发展组织环境委员会"，1972年六月在斯德哥尔摩举行了第一次世界范围的人类环境会议。这次会议通过了三项主要草案：《人类环境宣言》《海洋污染控制的原则》和《防止倾倒废物及其他物质污染海洋的公约》。会议的意义在于它将许多年来世界各国人民保护人类生活环境的经验知识综合系统化，从而把控制公害、保护人类环境的活动推入了一个新的历史阶段。人类在利害与共、生死攸关的环境保护问题上，第一次团结起来，公害问题正愈来愈为国际社会所重视。

　　现代立法中，公害一般是指由于生产、科研、生活及其他人类活动所产生的废气、废水、废渣、粉尘、垃圾以及放射性物质等有害物质和噪音、震动、恶臭等。从当今世界趋向看，环境保护的法律已逐渐自

---

①　原载《法学研究》1984年第3期（总第32期）。

成体系，而公害则是环境保护法中的重要内容。所以，从环境保护的角度探讨公害的法律责任是十分必要的，其中公害的民事责任又是不能忽视的一个方面。现从以下几个方面加以说明。

一、公害法律关系的主体

公害的法律关系主体广泛而复杂，这是它的重要特征之一。从加害人方面讲，它可能涉及国家机关、企事业单位或集体组织和个人；从受害人方面说，它可以包括所有能够依法参加法律关系的一切法人和自然人。造成公害的行为人，一般都具有行为能力，其责任就此而言是不可推卸的。在追究其责任的过程中，任何公民或法人都有权作为受害人提起诉讼。美国《联邦水污染控制法》和《联邦大气净化法》及日本的一些相应立法都明确作过此类规定。不过，公害的法律关系主体问题，最重要、最常见的并非是上述责任能力，而是共同侵权行为问题。公害的发生往往涉及数个主体的加害人：或者是数个企业、工厂、事业单位和集体组织，或者是数个法人的竞合。在这种情况下，它们是否都是加害人？是否构成共同侵权行为？例如：某一家工厂的煤烟和废水在正常排放过程中由于其他工厂的煤烟和废水的共同影响而导致公害发生，该工厂是否可以免负责任？这是个共同侵权行为得以成立与否的问题，一般说则是远因责任或无过失责任问题。民法上的无过失责任原则现在为愈来愈多的国家所接受，其特征表现为以客观结果为责任依据，而不论其主观上有无过错。采用这种原则来分析侵权行为，则可以认为共同侵权行为的构成并不以各个行为人有意思联络为依据，而是以其竞合行为所致损害为依据。因此，竞合主体中的每一行为人都应承担责任。这种客观原则无论从理论上讲，还是在实践中，都是合情合理的。首先，民事责任的基点是赔偿受害人的损失，这是它与刑事责任不同的地方。从这个基点出发，确定民事责任首先要考虑客观上已发生的损害；其次再考虑各个致害人之间是否有意思上的联络。毫无疑问，正是由于它们当中一方或多方的过失同潜在的公害基因竞合，才使公害发生。它们对公害的发生都具有间接或直接的因果关系，应当不同程度地或一致地负担赔偿责任。不过也有新的问题，即，受害人固然可以因此得到及时的赔偿，但对加害人有时却有失公允。因为连带责任使公害案件中的轻微加害人也要负赔偿责任。资产阶级学者提出"比例责任分担论"，即依各侵权行为人的致害多少而决定其赔偿责任。然而实践中这种理论颇难完全实现。因为"多少""比例"事实上很难确定。然而并不排除在有些场合运用这种理论的可能性。究竟如何确定共同侵权行为的赔偿责任，当在实践中进一步探讨。

二、公害的因果关系

在现代社会，由于工业技术、科学技术的高度发达，造成公害的原因往往错综复杂。因而给证明公害的因果关系带来困难。有时为证明公害的因果关系不得不涉及物理、化学、生物、气象、地质、地理等专门学科问题。针对这种情况，有些国家的学者提出举证责任转换问题。如日本学者提出所谓"盖然性的证明方法"。所谓"盖然性"，是指"有可能又不是必然的性质"。详言之，即原告不必做严格的证明，只须做盖然性的举证。倘被告不能做出推翻的反证，便认为因果关系存在。显而易见，这种"盖然性的证明方法"是从保护受害人利益出发，以加害结果为依据，以及时有效地赔偿损害为目的，它实际上是对因果关系事实上的推定，而它又意味着举证责任的转换。它打破了民法上传统的责任原则。我国在司法实践中已采用了这种原则。例如，1979年苏州人民化工厂发生了大量液氰流入河道造成大片水域严重污染的事件。液氰的流失量问题是审理核查此案的重要问题。当时法院即要求苏州人民化工厂提出有关证据。该厂将原有的液氰库存量减去现有库存量再减去使用量，从而得出流失量是28吨，法院经核审后即以28吨为定案根据。在此案中，如让其他受害单位或个人来举证说明其致害原因和程度是很困难的甚至是不可能的。这充分说明实行举证责任转移原则的必要性。一般说，在现代社会要想证明公害的存在及其因果关系，必须采用环境监测、技术鉴定和分析化验等手段。这些手段的实现只能依赖国家专门的环境监测机构和技术力量，非个人可以完成。再者，公害所致损害，往往不是直接和短期内所能发现的，许多是间接造成并长期才能显示出来的。因此，为了证明公害的因果关系，采用举证责任转移的原则，是必要的，也是合理的。

三、公害的过失责任

过失是一个十分复杂却又重要的问题。所谓过失，一般认为是不具有正常人预见能力的心理状态。表现有二：（一）应当预见却又未能预见，（二）虽预见到却又轻易相信其不会发生。在民法中，这种传统观念对自然人来说无可置疑，但对法人则未必。而且，现代社会中造成公害的多为企业、事业等法人组织。尽管它们常常也承认自己有过失，可是，有过失并不能概括所有的情况。社会发展的现实表明：仅仅有传统的过失责任原则已不能恰当处理有关侵权行为问题。也就是说，侵权行为的成立仅以过失为依据已不足以适应现代社会的发展需要。因此，在采用过失责任原则的同时，也应当采用无过失责任原则。世界上大多数国家已充分认识到这点，各国环境保护立法已反映了这个问题。1978年，我国青岛市中级人民法院审理王娟请求赔偿损失案就采用了无过失责任原则。当年7月1日晚，青岛化工厂因电器设备遭雷击，造成氯气大量外溢事故，青岛市房产局女工王娟因吸入大量氯气中毒致病。经青岛市中级人民法院调查审理后判决，化工厂不仅对王娟负担一切医疗费用，而且还对其出院治疗过敏性支气管哮喘（氯气中毒所致）期间的工资费用等负赔偿责任。

现有不少国家在一些特别法中明确规定了无过失责任原则。除英、美以外，1938年日本就于《矿害赔偿规定纲要》中加以明确规定，后来又在《水质污染防治法》《大气污染控制法》中规定：工厂或企业由于生产活动而排放的有害于人体健康的物质造成生命和健康的损害,该工厂或企业应无条件地负赔偿责任。日本的有些公害事件就是依照这一原则处理的。联邦德国环境保护法规定,有高度危险的行为的责任,不管造成损害有无过失都要承担损害赔偿责任。苏联也把污染危害列入危险责任一类,实行无过失责任制。

唯物主义辩证法认为,法律上的权利与义务总是相对而言。没有无义务的权利,也没有无权利的义务。在一定的前提和范围内,无过失责任原则恰恰体现了这种精神。具体说,有权利为某种行为的团体或个人,同时必然负有保证该行为不侵犯他人或社会利益的义务。

公害既是一种侵权行为,行为人就应对它所引起的民事责任承担损害赔偿,但同时也应要求侵权行为人排除损害,负担消除损害的费用。现在世界各国对于侵权行为普遍都以损害赔偿为最普通的民事救济方法,包括一些国际性公害。但损害赔偿是对受害人遭受损失的赔偿,总以一定的损害结果为依据,故本质上是一种消极被动的救济方法。现代社会中人们已经感到对公害行为追究赔偿责任是远远不够的,更为重要的是防治和控制公害的发生。

排除妨害的救济理当予以重视。实践中如能及时发现公害苗头并尽快排除其进一步发展的可能性,就会减少或避免不应有的损失,防患于未然。这不仅对受害人而且对加害人都更为有利。特别是在社会主义制度下,国家、集体和个人三者利害关系根本一致,在生产资料公有制和计划经济的前提下,应该也完全可以在统一规划、统一部署、统一建设中,力求维护自然界生态系统平衡,保护人民群众生活环境正常,从而把公害减少到最低限度。这是资本主义社会很难做到的。

负担消除公害的费用,实质为一种间接的损害赔偿,适当地加以运用,却可发生积极的效用。在现代立法中,往往以法律或法令以及具有法律效力的规章规定负担消除公害费用的义务。这种由法律规定的义务是一种积极有益的义务。我国国务院1982年颁布《征收排污费暂行办法》后,北京随即开始执行《关于〈国务院征收排污费〉实施办法》即为一例。联邦德国、日本等国也早有类似立法。

公害的发展史告诉我们，人类在创造物质财富，推进社会文明的过程中，有时不可避免地带来副产品。对此不仅不能掉以轻心，而且必须积极努力地防治。对此采用法律手段是完全必要的。加速改进我国有关公害防治的立法，也是建设社会主义、实现四化的当务之急。

现代侵权行为法归责原则探索①

本世纪以来，侵权行为法中的归责原则发生了引人瞩目的变化，无过失责任原则的确立是这种变化的重要标志。本文对于无过失责任原则产生的原因、根据以及在世界一些主要国家确立的过程作了分析和介绍，认为保险事业和社会安全制度的兴起为无过失责任原则的确立提供了重要条件；当前和今后一个相当的时期内，侵权行为法中的归责原则将是过失责任原则与无过失责任原则并存。

侵权行为法历来是民法的重要组成部分，而侵权行为的归责原则又是侵权行为法的核心内容。自法律产生以来，侵权行为归责原则已经历了几个截然不同的历史阶段。19世纪中期，正当过失责任原则达到鼎盛之时，无过失责任原则也应运而起。本文拟对无过失责任原则的形成和确立及归责原则的发展趋势作些探讨。

一、无过失责任原则的形成和确立

（一）社会条件

19世纪中期前后，西方资本主义各国经济得到迅速发展。先进的科学技术和生产工具在给社会带来贡献的同时，也产生了危及社会安全的副产品。首先，工业灾害频繁加剧，对个人与社会都造成了巨大的威

---

① 原载《法学研究》1985年第5期。

胁。其次，交通事故锐增，包括航空、汽车、火车等方面的事故。第三，环境污染严重，主要是公害问题。第四，产品瑕疵。随着科学技术、制造工业的发展，产品瑕疵即制造上的缺陷，造成对消费者或使用人的损害不断增多。此外，还有医疗事故问题等。

上述各种灾害具有如下特点：一是损害频繁而严重；二是造成损害事故的活动虽有危险但又必不可少，像航空、航海、汽车、火车、科学试验、核能利用等都是现代社会的物质生产和社会生活所必需；三是对事故因果关系的判明和有无过失的认定常常极为困难，而有的公害还是由几个单位共同作用而产生，更不易分清究竟谁有过失。以上情况说明，无过失责任原则的确立是社会生活的客观要求。

（二）理论依据

过失责任原则以违法为要件，而违法一般意味着主观上的故意或过失。但是，损害的发生不只限于故意或过失的违法，无故意过失的合法行为同样可以造成损害。因此，仅仅以过失作为确定侵权行为的标准就显得不足。无过失责任原则同样符合民法的精神。民事责任的目的主要在于赔偿，这是它与刑事责任的根本区别。如何根据各个时代的生产力发展水平及其特点，最有效地建立并维护正常的社会秩序和生产秩序，是确立侵权行为归责原则的根本依据。在近代特别是现代社会经济生活条件下，实现无过失责任原则，既不妨碍生产力发展，又可保证维护社会安全和个人利益。对于加害人来说，这是公平合理的。首先，无辜受害人没有任何理由独自承受不幸事故或飞来横祸带来的损失，无论其损害来自个人或团体。其次，通常情况下，行为人从事一切活动都应以避免致害他人或社会为前提，应承担其行为的责任风险。如果从事生产或社会活动的同时制造了危险来源，理应对此危险导致的意外事故负责。最后，在现代社会中，加害人的赔偿责任可以通过种种方式予以分散转移，而不致使加害人承担过重的赔偿负担而影响正常的生产或经济活动。总之，一切权利、义务都是相对的，现代社会尤其如此。无过失责任原则体现了这种精神。

资产阶级学者对于无过失责任原则从不同角度提出了种种解释。在社会连带主义法学派那里,无过失责任原则的理论根据得到代表性的阐发:"人是在社会中生活的,而且也只能在社会中生活,人由此服从一种行为规则,在它的基础上有社会性,而在它的实践上则有个别性。它所以不得不有一个规则,是因为规则是社会本身带来的,如果没有社会纪律,如果没有一种规则禁止社会成员做某种事情,如果不命令他们做某些其他事情,那就不可能有社会的存在了。"①狄骥在谈到归责原则时说:"主观责任的范围逐渐缩小,而过失或疏忽的归属原则不复涉及个人与个人之间的关系,而只涉及团体或团体与个人间的关系。但是到了这个地步,不再是过失或疏忽的归属问题,而仅为危险的问题了……因此,就发生了一个客观的责任而不是主观的责任。在研究责任的时候,无须探求有无过失或疏忽,而仅在研究最后应由哪一个负担危险的责任。只须证明所发生的损害,损害一经证明之后,责任就自动成立了。"②以上说明无过失责任原则在资本主义国家已从理论上成熟起来。

(三)基本途径

无过失原则的确立经历了长久而曲折的过程,以下几个国家和地区的情况可资说明。

1.法国

1804年,《法国民法典》第1382条确立了过失责任原则。同时,法典第1384条又规定:"任何人不仅应对自己的行为所造成的损害,而且对应由其负责的他人的行为或在其管理下的对象所造成的损害,均负赔偿责任。"这条规定表明,雇主对雇工、家长对未成年子女所致损害应负责任,动物、建筑物、运输工具所有人应对动物、建筑物、运输工具造成的损害负责。严格讲,这是无过失责任的反映。但是,直到19世纪中期,人们才注意到这一条款的潜在意义,从而对其作出新的解释。

---

① 参见〔法〕狄骥:《宪法论》,钱克新译,商务印书馆1959年版,第147页。
② 参见〔法〕狄骥:《拿破仑法典以来私法的普通变迁》,徐砥平译,会文堂记书局1937年版,第115页。

首先是在比利时，1870年，一次强烈的锅炉爆炸，造成12名工人死亡。布鲁塞尔区舆论为之大哗。在初审中，代检察长费德强调：被告公司应负赔偿之责，除非它能证明自己没有过错。布鲁塞尔法院依此引用《法国民法典》第1384条并解释如下："如果人们洞悉该条的精神，便能够确认，一旦引起伤害的事实发生，责任即告产生。事实上，具有监督和管理权利义务的物之所有人，在其所有物导致损害的情况下，应从法律上推定其过失状态是自然而合乎逻辑的。"事实上，这里的推定是以形式上的过失引入了实际上的无过失。虽然上诉法院否定了初审的意见，但它毕竟是举证责任转移乃至产生无过失责任原则的先声。几年以后，比利时法学家劳朗再次提出这种观点。1887年，他在主持修订比利时民法时甚至将其观点拟为条款。但直到1904年，即《法国民法典》颁行整整一百年后，最高法院才接受这种观点。

与此同时，法国力图通过契约法乃至立法手段解决工业事故问题。1896年最高法院判给一个雇工的妻子以损害赔偿，该雇工在受雇期间因一次发动机爆炸而丧生。倘若依第1382条规定，原告则无论如何也得不到赔偿。1897年最高法院诉状庭承认该被告负无过失责任。1898年，法国最高法院的一项判决指出，除非物之保管人能证明损害出自不可抗力、受害人过失或第三人过失，则须对所生损害负赔偿责任。到了1927年，著名的"让德尔案件"中的判决，重申"对引起他人伤害之无生命物应予注意者，除非证明偶然事件、不可抗力或不可强加于他的外因存在，不得免负其责"。该判决是无过失责任原则在法国最终确立的标志，对以后法国的司法实践发生着重要影响。

2.德国

《德国民法典》中也不同程度反映着无过失责任，如第833条、836条等。但是，德国的无过失责任原则主要是通过一系列单行法规确立的。其开端为1838年的《普鲁士铁路法》，该法第25条规定，铁路公司"对在铁路运输过程中发生的一切损害，无论是对被运送的人或对象，还是对其他人员或对象，均须负严格责任"。这个首创无过失责任的法律为随后同类法律提供了模式。该法颁行后几度修改充实，不仅适用于铁路运输和电车运输，而且还涉及矿井、采石等各种存在风险的工业部门。1909年《公路交通法》、1952年《航空交通法》、1957年《水保持法》、1959年《原子能和平利用及防止危害法》等一系列法规进一步确立了无过失责任原则并使其影响愈来愈广泛。联邦德国法学家海恩茨·休布纳（Heinz Hübner）认为："几十年来，技术进步造成的危险使得有必要免除侵权行为请求权的主观要件。"1968年联邦德国关于"鸡瘟案"的判决正式引入举证责任转移原则，意味着无过失责任原则开始适用于产品责任案件。最高法院1968年第六次民庭决议认为：1. 倘工业产品在依其性质而予以使用的过程中，某人或物因其制造缺陷而受损害，则被告必须证明他就产品缺陷方面不具过失；2. 如果制造商不能提出证明，则根据侵权行为法的主导原则，他须负责任。居间人不得基于契约请求第三人之损害赔偿。民主德国情况亦然。新的《民主德国民法典》规定加害人应为自己的无过失举证。此外，关于损害赔偿请求，在某种程度上民法典都推定为加害人因其个人过错而引起损害。对此公民可以提出证据而免责，而法人则必须证明已充分利用了避免损害发生的一切因素，而事实上，这种证明几乎是不可能的。除此之外，《民主德国民法典》还明确规定某些场合下的无过失责任，如在因加剧危险根源产生的责任方面规定："企业因其活动加剧了第三人的危险，应对这种活动产生的任何损害负责。"（第344条）"动物的所有人应对动物造成的任何损害负责。"（第346条）"地段或建筑物的所有人应对建筑物的倒塌、设施的坠落、砖瓦灰皮的脱落，或者建筑物及土地上其他成分的分离所造成的损害负责。"（第347条）

　　3.英美法

　　英美法上的无过失责任原则的确立是通过三个途径完成的。第一，立法。这在英美法中范围和数量有限，主要是特别法，如英国1949年《民航法》，1959年和1965年《原子能装置法》，美国纽约州1910年《工人赔偿法》和英国1925年《工人赔偿法》等。第二，传统的无过失责任。主要是：动物所有人责任，代负责任，妨害责任等。这三种责任形式无论是在大陆法还是英美法中，都已源远流长。第三，判例创制。这是英美法确立无过失责任原则的最主要途径。最有代表意义的是"莱兰兹诉弗来彻案""麦克弗森诉布瑞克汽车公司案"和"格林曼诉尤巴动力产品公司案"。在前一个案件中，最高法院法官布兰克本对其判决作如下解释："我们认为法律真正确切的规则是：为其个人目的在其土地上集聚并保留任何倘若溢出就可能造成损害者，必须自负其风险。否则，须对因其逃逸的自然结果而造成的一切损害负直观责任。"根据这一判决，英国确立了无过失责任原则。后来美国也在司法实践中逐步予以接受。产品瑕疵的无过失责任与其他领域不同，它迟至20世纪初才逐渐发展起来。迟缓的原因主要是由于英国"温特伯顿诉赖特案"所确立的"相对原则"的影响。根据这一原则，出卖人对契约相对人以外的第三人不负契约法或侵权行为法上的赔偿责任。1916年，美国纽约上诉法院对"麦克弗森诉布瑞克汽车公司案"的判决，使产品责任突破了"相对原则"的樊篱。该案判决认为：对于出卖有瑕疵车轮的制造人，在车胎爆破导致使用者遭受伤害时，该制造人应负过失责任。1944年，加利福尼亚最高法院法官泰诺就"爱司克拉诉弗兰斯诺可口可乐瓶装公司案"提出了产品无过失责任的主张："公共政策要求在能最有效地减少进入市场的瑕疵产品对人的生命健康带来危险的基点上，确定其责任。"他指出："无须迂回曲折地将过失作为赔偿的基础而强加实际上的无过失责任。"然而这种主张直到1962年才为该州法院在"格林曼诉尤巴动力产品公司案"中所接受。该案判决认为："要在本案情况下对制造人强加严格责任，原告无须举出明确的证据……因制造人明知其产品将不经检查以证实其是否具有不法伤害的瑕疵便会为人使用，而将其投放市场，故他应负侵权行为法上的严格责任。"三年后，美国立法机构颁布侵权行为法附则，其中第402条第1款全面接受了产品严格责任。

4.苏联及东欧各国

无过失责任早在1923年《苏俄民法典》中就反映出来，该法典1946年修订时予以坚持。它大体表现在两个方面：第一，一般侵权行为。1964年民法典规定："对公民的人身或财产造成损害以及对组织造成的损害，都应由造成损害的人全部赔偿。如果造成的人能够证明损害不是由于他的过错所致，则免除他的责任。"（第444条）苏联民法在此采用的是推定过错的归责责任，即以过错的形式引入无过错的内容。第二，特殊侵权行为。可见于三种类型：

（1）经营高度危险业务的人或企业的责任。《苏俄民法典》第454条规定："其活动对周围的人有高度危险的组织和公民（交通运输组织，工矿企业，建筑工程部门，汽车占有人等）如果不能证明高度危险来源所造成的损害是由于不能抗拒的力量或受害人的故意所致，应当赔偿造成的损害。"在这种情况下，损害赔偿责任只须具备两个条件，即使他人遭受损害的行为是违法的和这种行为与结果之间具有因果关系。

（2）承运人对运输事故造成的损害的责任。除民法典第454条规定外，还有特别规定。"如果货物由于运输事故遭受损害，即使事故的过错人是其他组织，承运人也应对货物的完善保存负责。"①《苏联空运法典》第78条也规定，航空承运人对一切损害负赔偿责任。

（3）组织对其工作人员，国家机关对其公职人员，家长对其未成年子女的代负责任。这些规定分别见于民法典第445、446、450条。除苏联外，东欧其他国家如波兰、捷克斯洛伐克、匈牙利等国的民法和南斯拉夫的新债法都规定了一般侵权行为的过失责任和特殊侵权行为的无过失责任。

综上所述，经过百余年的演进，无过失责任原则已从个别的例外法发展为一般的原则法，并已在全世界范围里确立。它对于保护大工业生产中的工人利益和现代化物质生活条件下的人民群众利益，维护正常的社会生活秩序，加强各个社会成员和组织的社会责任感，保证生产活动和经济流转的正常进行，有着积极作用。无过失责任原则的确立，是人类法律制度史上的一个巨大进步。

---

① 《苏联部长会议国家公断处裁决》。

二、现代侵权行为法归责原则的发展趋势

自罗马法以来，侵权行为法归责原则发展的基本脉络是：加害责任原则——过失责任原则——无过失责任原则和过失责任原则并存。其中加害责任原则和无过失责任原则都是以损害结果的存在作为确定侵权行为成立的标准，而不管主观上是否具有故意或过失，因而都是客观的归责原则。但是，它们赖以存在的社会基础不同，适用目的和具体手段也有根本区别。侵权行为法归责原则的发展史是一个否定之否定的过程，过失责任原则是加害责任原则的否定，无过失责任原则又是对过失责任原则的否定。从发展趋势看，无过失责任原则的适用范围会逐步扩大，并在一些特别立法中占主导地位。但在相当的历史时期内，侵权行为法的归责原则将是二元制，即过失责任原则与无过失责任原则并存。

对侵权行为法发展趋势产生影响的因素不外乎两个，社会经济基础的发展变化和社会各种制度之间以及法律各部门之间的自行调整和相互作用。就后者而言，主要表现在两个方面：

（一）保险制度

保险的功能和本质在于转移、分散危险和危险造成的损失，即某一社会成员或团体遭受的不幸损失，得以通过保险转移、分散给社会。在现代化物质生产和社会生活条件下，风险每时每刻都存在，一旦发生损害，常常非个体所能承受。事实表明，工业、交通和科技愈发展，意外事故和危险来源愈多，就更需要从整个社会的角度来看待和解决赔偿问题。只有这样，才能解除企业、事业部门乃至每个社会成员的后顾之忧，较大限度地调动物质生活和经济生产的能动性，保证全社会经济机制和效能的正常运转和发挥。

保险有人身保险、财产保险、社会保险三大类。其中与无过失责任关系密切的是财产保险中的责任保险。所谓责任保险，是指以投保人对于第三人的损害赔偿责任为保险标的的保险契约。保险制度对侵权行

为法的意义在于它为无过失责任原则的发展提供了社会的现实基础。在责任保险情况下，加害人通过与第三者的保险契约，将自己的赔偿责任转移给第三者；而第三者则由固定的保险费收入，将其赔偿的损失予以分散。于是，责任保险的目的便得以实现。在这种情况下，侵权行为之诉已不是双方的事情，而是三方的事情。诉讼中的第三方就是整个社会。其结果，使得侵权行为法的功能具有明显的二重性，即单纯转移损失和多方分散损失。这一点对于侵权行为法的发展具有重要意义。

我国在建国初建立了保险制度。1951年政务院颁行《关于实行国家机关、国营企业、合作社财产强制保险及旅客强制保险的规定》，而后，于同年4月又分别颁布了《财产强制保险条例》《铁路车辆强制保险条件》《铁路旅客意外伤害强制保险条件》和《飞机旅客意外伤害强制保险条件》。近几年来，我国的保险事业重新为人们所注意。1983年我国颁行了《中华人民共和国财产保险合同条例》，1985年国务院又发布了《保险企业管理暂行条例》。随着我国社会主义建设的发展及物质生产和物质生活水平的提高，保险事业必将得到进一步发展。

（二）社会安全制度

社会安全制度和社会福利制度起源于19、20世纪之交的资本主义国家。社会主义国家也建立了社会安全制度。其内容是由国家代表社会在全社会范围内，以国民收入的一部分及保险费收入作为基金，为保证社会生产和社会生活的正常进行，对社会上所发生的局部损害提供最起码的补偿和保障。它以社会保险制度为实现社会安全的主要手段。社会保险制度使受害人在正常合法的社会活动和社会生活中所遭受的损失，在侵权行为法得不到赔偿的情况下，从国家和社会得到物质帮助，借以维护正常生活。这也为无过失责任原则的确立提供了条件。

在资本主义国家，率先举办社会保险的是德国，后来各资本主义国家相继效仿。20世纪70年代以来，有的国家已在尝试一种综合的社会保险制度取代侵权行为法和意外事故保险制度，这是一个引人注意的新动向。

　　至此，我们概略地探讨了现代侵权行为法归责原则发展的基本情况。这对我国的立法工作有着重要的意义。我国现在正处于改革经济体制，努力建设四化的重要历史时期。尽管我们目前的物质生产和生活水平与发达国家相比还有不小差距，但现代科学技术，现代化社会生产和现代工业、交通等早已深入我国的社会生活。因此，同样也存在着改进侵权行为法的社会基础。不可否认，我国目前的立法工作还不能适应形势发展的需要，但司法实践中已有不少可取的创造。如无过失责任原则事实上已普遍得到应用，特别是"公平责任"更为常见。所谓"公平责任"系指损害赔偿不以加害人是否具有过失为要件，也不以其过失大小为依据，而是根据双方当事人的经济状况确定赔偿责任。显然，这是一种变通的方法。它既不否定过失责任原则，又不墨守成规，唯以妥善解决赔偿问题和教育双方当事人为目的。这一责任形式在许多国家的法典中均有体现。但应指出，公平责任往往不是独立存在的。它的"公平"意义在于，责任已经确定，但为合理补偿而以其确定赔偿标准。换句话说，它多半是赔偿标准问题而不是责任依据问题。所以，它能否作为一种独立的归责原则还大有探讨余地。

　　国内不少学者认为，民法的教育作用是不容忽视的，而无过失责任原则恰恰忘记了这一点，所以不宜作为我国侵权行为法的归责原则。但民法的这种教育作用毕竟是通过建立和维护正常的社会秩序和经济秩序而间接地实现的，它不是民法的根本目的，我们也不否认将来实行全面的社会综合保险制度的可能，但相当一段时期内恐怕是难以办得到的。鉴于各国的立法经验，面对我国的社会现实，恰当而科学地接受归责责任二元化制，即过失责任原则和无过失责任原则并存的制度，将是我国民法建设中值得重视的一个问题。

论侵权行为归责原则的两元制定式[①]

——从罗马法到现代法的历史考察

侵权行为法历来是民法中的一个重要组成部分，其主要功能是调整因人身或财产权益遭受侵害而发生的损害赔偿关系，目的在于规定如何对受害人进行赔偿，转移或分散社会上发生的各种民事损害，保护个体和整体利益，维护社会秩序并保障社会安全，核心内容是归责原则。对此，我国法学界长期以来存在不同看法。但概括而言，实质分歧就在于是依客观结果归责，还是依主观过失归责。

应该看到，从罗马法时代直到近现代以来，过失责任原则一直是主导的归责原则。然而无论是从思想方法上讲，还是从整个民法的发展史看，过失归责原则从来不是唯一的归责原则，始终与之共存的还有无过失责任原则。从古至今，没有例外。只不过在不同的历史时期，两者的地位和分量是不同的。历史唯物主义认为，法律只能出自一定社会的经济基础，"无论是政治的立法或市民的立法，都只是表明和记载经济关系的要求而已"。[②] 仅此而言，也不会存在永久的、绝对的原则。不仅如此，一切古代法事实上都采取加害责任原则（或结果责任原则），古罗马法、古日耳曼法、汉穆拉比法典、摩西法、伊斯兰法以及古中国法等莫不如此。最早确立过失责任原则的典型立法，是罗马共和国在公

---

① 原载《月旦民商法学》2005年第2期。

② 《马克思恩格斯全集》第4卷，第121页。

元前287年前后施行的《阿奎利亚法》（Lex Aquilia）。中世纪以后，随着民法的日益发展，过失责任原则即主观归责原则逐渐取代加害责任原则的主导地位。但只是到了近代，在大陆资本主义国家不同程度接受罗马法以后，在私人自治和理性法思想的影响下，过失责任原则才真正占据了主导地位，从而使之几百年来成为民法的基本原则之一。但19世纪以后，过失责任原则长期固有的主导地位逐步受到无过失责任原则的冲击，从而呈现出过失责任原则和无过失责任原则并存的趋势。到了20世纪，过失责任原则与无过失责任原则已是并存并重，形成两元制归责原则的格局或不可否认的定式。当然，现今无过失责任原则绝非古代法加害责任原则的简单重复，它是事物由低级向高级发展的必然过程，是一个螺旋式的上升过程。罗马法以来侵权行为归责原则的变化发展充分说明了这个问题。

一、古代罗马私犯法的归责原则

举凡古代法，包括汉穆拉比法典、摩西法律、罗马法、日耳曼法、秦律等均有如下共同特点：诸法合体，民刑不分；保留大量氏族社会残余；受古老的宗教道德影响；实行加害责任原则。其中古罗马私犯法更具典型意义。[①]

所谓古代罗马私犯法，主要就《十二表法》的有关内容而言。它大体反映在第八表"侵害犯"（delictum）中。该表共计27条，涉及私犯的24条（第1—25条，第18条除外），涉及公犯的2条（26—27）。此外，第七表第8、9条，第六表第9、10条，第十二表第2、3条均对私犯行为作了规定。因此《十二表法》关于私犯行为的规定共32条，除

[①]　古代罗马法乃至一切古代法起初并无等同于现代法上侵权行为的概念。即使有相应的概念，则其内容特点也与现代不同。如罗马《十二表法》和《阿奎利亚法》中均有"侵害犯"（delictum）的概念，这是一个较为宽泛的概念，具体分为"私犯"（delict private）和"公犯"（delict public）。以现代法理观念看，后者无疑是犯罪，而前者则既包括了后世的犯罪，也包括了后世的侵权行为。参见 B.Nicholas, *An Introduction to Roman Law*, 1979, Cambridge, p.208。本文所讨论的主要是古代罗马私犯行为法，是取其狭义。

去公犯2条则共30条。它所表明的私犯行为种类有：诽谤（第七表、第八表第1条）、人身伤害（第八表第2—6条，第24、25条）、财产损害（第八表第7—8、10—11、19、20、22条）、盗窃（第八表第9、12—17条）、欺诈（第八表第21—23条）。这四种私犯行为是后来《民法大全》有关私犯行为的基本依据，这些条款充分反映出古代法所具有的一般特点。

　　第一，诸法合体，民刑不分。对此，结构和内容上均有体现。从整体结构上看，《十二表法》包括了程序法、私犯行为法或刑法、民法、宗教法和公共管理法。从具体规范上看，《十二表法》不仅没有整体上的民刑概念，而且也没有具体的民刑区分。如侵犯行为法中既有公犯又有私犯，况且这还是后来法学家的解释。[①] 诉讼法、实体法的概念也不明确，各表的内容多有舛乱之处。第二，保留氏族社会的残余。第八表第2条规定："毁人肢体者，除非与受害人达成和解，受害人得依同态复仇而""毁伤其肢体"。[②] 第三，宗教的影响，古罗马普遍存在着家父权，它的来源和依据之一便是家父乃祭祀继承人，故至高无上。《十二表法》第四表专就家父权作了规定。另外，《十二表法》还规定："杀人的处死刑，过失致人于死地，应用一只公羊祭神，以代替本人。"[③] 该规定反映了当时人们的犯罪观念。惩罚的目的是求得神的宽宥，而不是为了赔偿。第四，归责原则以加害责任原则为主。古罗马私犯行为法的归则原则既不是完全的加害责任原则，也不是统一的过失责任原则，而是两者并存，以前者为主导。这种情形也是和古代法民刑不分相应的。第八表第5条规定："对他人之偶然侵害，行为人须予赔偿。"又第6条："如牲畜致人损害，受害人得依此提出诉讼。所有人或则将致

---

① W.C.Morey, *Outlines of Roman Law*, G.P. Putharns, 1891, p.41.

② A.C.Johnson, P.R.Coleman-Norton and F.C.Boune, *Ancient Roman Statutes*, University of Texas Press, 1961, p.11, 该条原文是："Si membrum rupsit. nicun eo pacit. Talio esto"。"membrum rupsit"，颇有争议。首先是其伤害是否必然重于骨折，其次所谓肢体是否包括眼、鼻、耳等部位。实际是伤害程度问题，由此可知当时对同态复仇已有了一定限制。参见F.P.Walton, *Historical Introduction to the Roman Law*, Green Son Limited, 1920, Law Publishes, pp.220-221。

③ A.C.Johnson, P.R.Coleman-Norton and F.C.Boune, *Ancient Roman Statutes*, pp.11-12.确切地讲当为造物之神，但常又引申指婚姻，农业之神特别是植种、收获之神。

人损害之牲畜交付投偿，或则赔偿损害。"该表第15条还规定："如赃物在他人处发现而此人无法证明此物系他人所托或无法指出盗窃者时，该持物人须负赔偿责任。"此外，第七表不动产法（相邻关系）中第8条规定："如果经过一片公地的水流对某个人造成损害，该个人有权提起诉讼……应给予该所有人以安全担保。"[①] 又："如果邻地一棵树因风吹落倒于某人地上，该地主人立即可以提出诉讼请求移动此树。"[②] 这都表明，只要造成损害，则不论合法与否，过失与否，都要予以赔偿或排除妨害。[③]

以上表明的无疑是一种加害责任原则。它们强加赔偿责任的依据完全是损害结果，而不管这结果是如何造成的。但与此同时，该表第10、24条却规定："烧毁房屋或堆置于房屋附近的谷物堆的任何人，如其为故意，得将其捆绑鞭打，然后烧死；如属过失，则须赔偿损害；如无力偿还，则可代以较轻惩罚。"又："如果一件兵器偶然失手，而不是故意致人伤亡，加害人得祭杀一只公羊赎罪，以防血族复仇。"[④] 在此，又可看到过失责任原则的采用。然而也不无结果责任原则的意义。因为不管怎样，总是要因自己的损害行为负责赔偿。

由上可知，罗马《十二表法》中的私犯行为法是以加害责任为原则，但同时也存在过失责任。二者并行不悖，但以前者为主。它表明《十二表法》所反映的归责原则是一种二元制。

---

① 《十二表法》第七表第8条。有关该条的几个译文有异，意义迥然不同。现常见的有两种。其一："倘流经公共土地的水流对个人造成损害，该个人有权提起诉讼……所有人应得到防止损害的保证"。见《外国法制史资料选辑》《十二表法》第七表第8条。其二："用人为的方法变更自然水流以致他人财产受到损害时，受害人得诉赔偿。"见 Lobingines, C.S., *Evolution of the Roman Law From XII Tables to Corpus Juris*, 1923，其中有关《十二表法》部分和周枏译《十二表法》第七表第8条。

② 《十二表法》第七表第9条第2款。

③ 又参见《十二表法》第十二表第2条规定："隶属的人或奴隶侵犯他人引起了损害诉讼，家主或奴主应按损害结果给予赔偿或将加害者交给受害人处置。"是为损害投偿的规定。周枏的译法文字上与此略有不同。

④ 同上。该条当出自王政时期法："如果某人过失致人死亡，他须在全族人面前为偿付受害者生命而向受害者祭献一公羊。"

　　古罗马法的加害责任原则是古罗马社会接受氏族社会残存，因袭同态复仇习惯的必然反映。[①] 同态复仇（talio）是指不法行为者必须给受害人以所受损害的同类赔偿，即以命还命，以眼还眼，以牙还牙。这是远古各氏族社会的通则。因为古代社会的人们本能地要对抗任何可能的损害，并对已生损害或损失的缘由进行直接攻击以寻求情感上的平复。[②] 此外，由于那时的财产观念尚不深化，所以人们对损害赔偿的要求总是相应的、具体的。他们本质上并不要求什么赔偿，而只是寻求情感上的满足，因此并不注意实际上是否得到了补偿。不过，《十二表法》一方面保留了同态复仇，但另一方面又将它限制在"不能达成和解"的情况，说明它毕竟不同于最初的复仇。它已从自发的私人复仇变为有意识的社会加以控制的复仇。社会在某些情况下已强迫受害人放弃同态复仇而接受协议的赔偿，如一定的血钱或赔偿金。但是必须看到"金钱赔偿并不仅仅视为对私犯行为的赔偿，而是受害人认可的放弃私人复仇权利的价值"。[③] 同态复仇反映在法律中，就是一种有害必偿的加害责任原则的体现。这种原则不仅直接决定人身伤害的损害赔偿，而且也影响着财产损害的损害赔偿。

　　加害责任原则是古代法中的一般原则。其意义在于：首先，行为人的损害赔偿责任并不以其主观上有无故意、过失为要件，而只取决于客观上是否有损害发生，有损害就有责任。因此，它是客观的归责原则。其次，在阶级社会之初，尽管平等共产早已不复存在，然而原始社会那种古老传统的平等观念仍然残存。无论怎样，加害都被视为是破坏平等和平，必须予以赔偿，而不论其主观心理状态如何，此即损害惩罚相应（ponae nocae par esto）。[④] 再次，古代社会的人们物质生产既不发展，文明程度又很低下，在这种文明程度上，人们所能意识到的只是客

[①] 复仇一般指血亲复仇和同态复仇（blood-feud 和talio），两者不能混为一谈。

[②] J.Declareuil, *Rome the Law-Giver*, 1927, London New York, p.197.

[③] F.F.Jolowica and Barry Nicholas, *Historical Introduction to the Study of Roman Law*, 1972, Cambridge, p.218.

[④] "Poenae noxcae par esto"（损害惩罚相应）在《十二表法》中得到了充分反映。

观上的损害，而根本不考虑损害由以发生的主观心理状态以及客观条件。换言之，在他们看来损害既然是客观的，那么也只能由客观上给以消除。

综上所述，古代罗马私犯行为法和一切古代法一样，对于私犯行为多采用一种具体的、相应的损害赔偿方式，它集中表现为加害责任原则。在古代法民刑不分的情况下，这种笼统的加害责任原则有双重意义。它体现在刑法上是报复主义，体现在民法上则为无过失责任原则。这是我们分析加害责任原则所必须明确的。

二、《阿奎利亚法》及其确立的归责原则

《阿奎利亚法》是古罗马共和国最重要的法律之一，[①] 由三章构成，是关于私犯行为的专门立法。第一章主要规定："倘若任何人杀死属于他人之男女奴隶或可牧之畜，则他须偿付受害物于损害发生前一年中的最高价值。"[②] 第二章规定："承诺人以欺骗要约人手段解除债务，当对其提起诉讼。"[③] 第三章的内容为："除了奴隶和被杀家畜之外的其他一切对象，倘任何人由于焚烧、折损或折断造成对他人的不法损害，那么无论争讼之物是什么，都应赔偿其在尔后三十日的价值。"在这三章中，第一、三两章均对有形物损害做了规定，而第二章则是对无形损害的规

---

① 该法产生的确切年代已无从查考，但概可推知为公元前287年前后的产物。依据有三：第一，乌尔比安说"《阿奎利亚法》是一项平民决议，保民官阿奎利斯通过平民会议使之通过实施"。由此可推知该法乃公元前449年之后施行。因为是年元老院通过霍拉蒂亚法（Lex Valeria Horatia），该法正式确认平民会议决议对全体人民有约束力。第二，生活于公元前二世纪中期的法学家尤尼·布鲁特（M. Iunius Brutus）曾对《阿奎利亚法》作过评论，故其下限至迟不晚于公元前二世纪中期。第三，与优士丁尼同时代的法学家狄奥菲勒（Theophilus）在其《法学阶梯释义》中谈及该法是在平民最后一次撤离时通过的。这次撤离还导致霍腾西阿法（Lex Hortensia）通过，时为公元前287年。根据以上三点，《阿奎利亚法》产生的年代大体可推断在公元前287年。目前世界上学者多持此观点。

② D.9,2,2,1.

③ F.H. Lawson, *Tortious Liability for Unintentional Harm in the Common Law and the Civil Law*, 1982,Cambrigde University Press, p.11, 以下简为：*Tortious Liability*。

定。但不久第二章便予以取消。①所以，严格讲来《阿奎利亚法》有效实施的只是第一、三两章。根据《阿奎利亚法》的规定，构成私犯行为的要素有四：第一，行为人的行为必须是直接地使用暴力②，如焚烧、折损或毁坏，以及一些稍次于杀害的行为；第二，它必须是违法的；第三，它必须导致原告的损害；第四，损害物必须是原告的财产。显而易见，这已经具备了现代侵权行为法侵权行为的基本要件。

第一个要素实际上是个因果关系问题，它说明如果一个人由于自己的行为直接导致他人的损害，那么该行为与损害有因果关系。《阿奎利亚法》中的"杀害"（occidere）最初指被告直接使用身体某一部分或执用武器而致，否则便不负责任。如某人推搡另一介于他与某奴隶之间的人，结果使之撞倒奴隶并造成奴隶的死亡。在这种情况下，此人不对奴隶死亡负责。但到了拉比奥（Labeo）时，开始区分不同情况的责任，并将后一种情况纳入事实诉讼（actio in factum）之列。③例如，一个接生婆给一产妇服药，后者因此死亡。那么，如果是接生婆直接将药送服则对此负责，是为"杀害"；但如果是接生婆送与产妇自己服用，则该接生婆的行为只是"实现死因"（mortis causam praetare）。对此，可提起事实之诉。④行为是否具有因果关系还视行为人是否有过失。这也是古代私犯行为法对因果关系和过失的混淆。第二个要素是违法，行为人除非能表明自己有合法理由（如自卫、避险），则须对其行为所生损害负责。在古典法中，违法（injuria）实际被等同于故意和过失（dolus and culpa）。第三个要素是损害，即原告必须遭受了实际损失。在罗马法后期，有法学家认为没有损害而提起诉讼是可能的，但没有损失的损

---

①　D.9,2,27,4.

②　乌尔比安说：我们必须视杀害为某人以剑或棍及用手（扼杀）等打击受害人，或是踢、撞及任何其他方式D.9, 2, 7, 1。"毁伤"（rumpere）一词必然包括直接的人身伤害（corrumpere）。不过，这种"直接暴力"的限制很快被裁判官免除了。

③　D.9, 2, 7, 6; D.9, 2, 7, 3. "dolus"一词意义很多，此处当指恶意，故意等，与"culpa"相对，后者此处意为过失、未能尽力、应受责备等。在古典法中，这两个概念与"injuria"相应。因为一旦某人违法，则他必居其一。

④　D.9, 2, 9.

害不可能予以确认。当然，一般情况下损害总是导致损失。第四个要件是被损害物必须是原告的财产。所以，用益物和抵押物的损害都不得依此法提起诉讼，尽管有损失发生。

以上四个方面的要件表明，《阿奎利亚法》基本上奠定了现代侵权行为法的基础。它已规定了私犯行为成立的一般要件，即违法、致害、过失及因果关系。但最为重要的是，它首次明确地规定了私犯行为成立的主观标准，即过失责任原则。对此，可以从"injuria"这个概念中得到进一步理解。

"Injuria"一词在《十二表法》中既已出现，但当时的意义仅限于"对人身的程度不同的损害"，①而《阿奎利亚法》则赋予它新的意义。《阿奎利亚法》规定："如果行为人的行为不法（injuria），那么，行为人须对此引起的损害负责。"所谓不法，就是"没有权利"（nonjure）。② 这实质上意味着行为人当时主观心理状态不是故意便是过失。因此要想规避不法就只有无过失了。乌尔比安认为："我们切不要将'不法'理解为一些侮辱、伤害诉讼中的行为，而应理解为不依法办事的行为。简单说，即与法背道而驰，就像过失致人死亡……所以我们在此应当把'不法'作为因过失所引起的伤害，即使行为人毫无伤害意图。"③根据该法，法学家还提出了责任能力问题。"如果一个精神病人造成损害，根据《阿奎利亚法》是否须提起诉讼，贝加苏（Pegasus）否认之。他说，鉴于他没有正常的理智，在他身上能有什么过失可谈呢？这完全是正确的。"④优士丁尼《法学阶梯》指出："某人倘若偶然致人于死而未曾具有过失，则他不负责任。因为根据《阿奎利亚法》，过失与故意同论。"⑤例如：一士兵在操练场投掷标枪，恰好刺中一路过的奴隶，这时他无须

---

① *Elements of Roman Law*, p.382; *Precis de Droit Romain*, p.493; F.H.Lawson, *Tortious Liability*, p.19.

② F.F.Jolowica and Barry Nicholas, *Historical Introduction to the Study of Roman Law*, p.222.

③ D.9, 2, 5, 1.

④ D.9, 25, 2.

⑤ Inst. 4, 3, 3.

对此负责。但倘他是在其他本非习武场所投掷标枪因而致人伤害，则因有过失而负责。[1]又如："一个外科医生手术后怠忽职守而使病人死亡，则视为有过失而负责任。"[2]可见，《阿奎利亚法》所确立的过失责任原则，到了优士丁尼时不仅得到承认，而且还有进一步的阐发。

应该指出，古罗马的过失概念，至少是在《阿奎利亚法》制定前后，并不十分明确。它不可能像我们近现代的过失概念那样深化明确。首先，罗马法学家并不十分强调过失，因为在他们看来，违法的就是有过失。而提起一项诉讼，最轻的过失也足够了。因此，他们更重视诉讼形式。其次，罗马法学家并非将过失与因果关系像现在这样明确区分。如上述私犯行为要件之一"直接暴力行为"既包含了因果关系因素又涉及故意过失因素。第三，在《阿奎利亚法》中，过失的概念并非确定不变，它常受到道德、习惯等因素的影响。最后，过失究竟是主观的或客观的标准，他们并不十分清楚，至少实践中如此。因此，在分析古罗马的过失责任时，切不可以今度之。

《阿奎利亚法》首次以立法规定了过失责任原则，表明古代私犯行为法的加害责任原则已为新的过失责任原则取代。但是，我们同时也不能忽略原有的加害责任或特殊私犯行为的责任原则仍然保留或存在。这主要反映在准私犯行为和动物致害的有关规定中。

准私犯行为，是指在某些例外情况下，一些类同私犯行为但却没有相应规定的事实，法律对此强加赔偿责任，是为准私犯行为责任。[3]优士丁尼《法学阶梯》列举了四种准私犯行为：法官做出偏袒的判决；坠落物和倾倒物致人损害；公共场所悬挂物所致损害；船主、店主和厩主等因某雇员所致损害。[4]上列四种私犯行为，除第一、二项外，其余两种都具有无过失责任或严格责任的意味。在第三种情况下，公共场所悬挂物的坠落常有两种可能，即人为的和非人为的，而后者多见于不可

---

[1]　Inst. 4, 3, 4, 35.

[2]　Inst. 4, 36.

[3]　R.W. Leage, *Roman Private Law*, 1924, London, p. 399.

[4]　Inst.4, 4, 1-3.

预见性和不可抗力。如船主、店主、厩主等为其奴隶雇员的行为损害负责显然是一种代负责任（vicarious liability），①同样有两种情况。其一，主人选任不当或管理不当，这理应为之受责；其二，主人尽了一切注意可能，损害完全由奴隶、雇员的过失所致，而主人仍负责任。除准私犯行为外，《民法大全》还进一步确认了《十二表法》中已有的动物所有人责任，并专列一节。《法学阶梯》规定："动物没有理性，但是如果它们由于放纵、激怒，野性而致人损害，则《十二表法》提供一种四足动物损害诉讼（noxal action 或 actic de pauperie），其结果是，倘被告将其交出即可免除责任。"据此规定：主人有两种选择：或是予以金钱赔偿，或是做损害投偿（noxal surrender 或 noxae deditic），即将致害动物交出。② 再者，对于奴隶的私犯行为。如盗窃、强盗、伤害，也可提起损害诉讼，主人亦得选择"损害投偿"免责。在上述两种情况下，主人可能都是无过失的，但仍不免负责。这种归责方式究竟是否为无过失责任原则的表现尚有争议，但至少不是过失责任原则。

通过以上分析，可知在罗马私犯行为法确立了过失责任原则之后，还存在着无过失责任或特殊私犯行为的归责原则。与其说这是旧的加害原则的保留，不如说它是归责原则的相对性体现。

三、近代侵权行为法的过失责任原则

罗马法对后世纪法律的影响极为深远广泛，侵权行为法也不例外。具体说，近代处于资产阶级上升时期的一些国家，其侵权行为法的归责原则基本上继承了罗马法的归责原则。不过，这种原则被接受和确立的社会观念却有不同的、更深刻的阐释。根本上讲，是观念形态在发生作用。首先，社会价值观。在资本主义时代，个人与社会在观念上不再像以前那样截然分开，而是被紧密地联系起来。特别是在启蒙运动之后，

---

① 有人将其译作"代替责任"并不准确，至于"代理责任"更是错误的。

② 具体而言是损害投偿中的一种"家畜损害诉讼"（Actio de pauperie），具体规定已见于 Inst. 4, 8, 1; Inst.4, 9。

"个人自由"与"社会安全"被视为社会生存和发展的基本条件和基本价值。一方面，法律必须平衡这二者间的冲突与矛盾。过失责任原则最能满足这种要求。因为它能使人们不受约束地充分享有自主权，从而充分发挥个人的积极能动作用，又可避免不负责任地滥用自由而危及社会安全。另一方面，法律又必须维护个人利益与社会利益的一致。过失责任原则同样可以担负此任。因为它要求人们在尽其注意义务的情况下即使发生损害，也能免负责任。这既不失保护个人利益，又顾及社会的共同利益。其次，理性道德观。新兴资产阶级鼓吹强调理性，以此反对封建统治阶级的野蛮专断。过失责任原则可体现这种理性道德。一个人因自己的过失而致人损害，理当负赔偿责任，而倘若此人并非出于过失而仍要求其负责，似乎有悖情理。再次，逻辑观，无论刑法、民法都存在因果关系问题。逻辑上加以分析，都具有两个方面，即行为与结果，过失与归责。因某种行为而导致某种损害，是为事件本身的因果关系；而因有过失而归咎责任，是为法律上的因果联系。所以，过失责任原则在逻辑上也有依据。

总的来看，在侵权行为法领域，后世资产阶级国家差不多没有例外地继承并确立了罗马法时期已经形成的过失责任原则。长期以来，西方各资本主义国家的侵权行为奉"无过错即无责任"为根本原则，体现着二百多年来侵权行为法的主导精神。

1804年《法国民法典》第1382、1383条的规定，1896年《德国民法典》第823条规定，此外，1811年《奥地利民法典》《瑞士债法典》、[1]1942年《意大利民法典》第2043条、[2]《阿根廷民法典》第1143条、[3]

---

① Swiss Code of Obligations, 2, 1, 1, 41.

② 《意大利民法典》第2043条。该法典于1942年施行，取代了1865年的法典。它是最现代的从整体上规定民事责任的法典。但就侵权行为来讲，它不过是法国民法的再现。另外，在许多场合也反映出德国、瑞士民法典的影响。

③ 《阿根廷民法典》1968—1870年由著名法学家萨斯菲尔德拟定，1871年国会通过作为民法颁行。该法典1143条规定：任何人因其行为的过失或疏忽而对人发生损害时，须负赔偿责任。

加拿大《魁北克民法典》①第1053条、《日本民法典》第709条、《中华民国民法》第184条第1款②都规定了过失责任的归责原则。但应该指出的是，19、20世纪以来的各国民法，在采用过失责任原则的同时，也多在不同程度上保留着无过失责任原则。如《中华民国民法》③《意大利民法典》④等。只不过当时并没有对其实质作出解释罢了。此外，原《苏俄民法典》第403条也采用了过失责任原则。⑤

　　和大陆法系一样，英美法亦采取过失责任原则，不过它形成的过程和方式与大陆法系迥然有别。整个来讲，英美的侵权行为法直接受其诉讼程序的影响。就像梅因所说的："诉讼法在审判之初所具有的支配作用如此之大，以致实体法不得不在程序的间隙中逐步地隐现。"⑥英美侵权行为法发端于令状制度（writ-system），即每一加害事实须与法定侵权类型相当，不然虽有损害而受害人无从请示赔偿。与侵权行为法关系最大的是两种令状，即直接侵犯（trespass）和事实侵犯（trespass on the case）。这两种令状包括了大多数可诉的加害行为。但是，过失责任原则真正明确地在英美法中确立是在19世纪上半叶。19世纪30年代以后，随着大量侵权案件的增加，过失这个概念在法院中日益受到重视。在把行为人的过失作为责任基础的同时，受害人的与有过失（contributary negligence）也出现。在此，"布朗诉肯达勒案"

---

① 由三名立法委员负责起草（其中一名讲英语，两名讲法语），1865年加拿大国会予以通过。该法典第1053条规定："每个具有区别善恶能力者，对由其过失而对他人造成的损害须负责任。无论是由于其行为，或是不谨慎，过失或不熟练。"

② 《中华民国民法》第184条："因故意或过失不法侵害他人之权利者，负损害赔偿责任；故意以背于善良风俗之方法加害于他人者亦同。"

③ 存在推定过失责任，第184条第2款：违反保护他人的法律者亦推定其有过失；又如第187、188、190诸条；第66、2051、2050、2054页，亦采用了举证责任转移。

④ 《意大利民法典》第2050、2051和2054条亦采用了举证责任转移。

⑤ 1923年《苏俄民法典》第403条；1964年《苏俄民法典》第454条。

⑥ *Early Law and Custom*, H.S.S Maine, B.R.Pub. Co., Distritute by D.K.Publisher, 1985, p.389.

具有很大意义。[①] 到20世纪，以著名的"多诺哥诉斯蒂文逊案"（1932）为标志，过失责任原则最终在英美法中确立。[②]

从罗马《阿奎利亚法》首先提出过失责任原则，到19世纪资本主义诸国陆续接受确立这一原则；在两千年的历史过程中，它对人类社会的进步具有卓越的贡献。特别是在近代，它有力地维护了新兴资产阶级的利益，促进、保障了资本主义生产经济的发展和人类文明的进步。具体而言，它使资本主义社会中成员最大限度发挥个人的能动创造作用，对繁荣商品经济、发展社会生产产生了巨大影响；它调整了资本主义社会早期个人与社会的矛盾，将所谓"个人自由"与"社会安全"有效调和，对维护资本主义的生产秩序和社会秩序亦发挥了积极的作用；它彻底摆脱了加害责任原则所带有的寻求感情满足的复仇色彩，确立了以赔偿损害为宗旨的民法方针，从而对维护个人利益、保护社会安全都产生了积极作用。最后，它还使资产阶级的个人主义和民主自由得以更广泛地深入社会生活的每个领域，使个人意志和行为普遍受到重视和关注。

---

① *Brown v. Kendall* 60 Mass (6 cush) 292 (1850).在该案中，两条分别属于原告和被告的狗正在撕咬，于是被告用一根约四尺长的棍子打狗以便分开他们。原告于一安全位置走近。被告继续打狗而不知原告已走近，所以在举起棍子时意外地打着了被告的眼睛，使原告受到严重伤害。法官肖（Shaw C.J.）在陈述此案判决时说，这是一项侵犯诉讼。……整个案件基于这种假定进行审理，即原告因被告的棍子所蒙受的损害是由于疏忽和故意……我们用"unintentional"（无意）一词而不是"involuntary"（不愿），是因为在某些情况下它表明持有并使用武器或用具的行为是有意的，尽管伤他人这一特别结果并非被告行为的本来目的。如果被告看来有违法行为而且无意地伤害了原告，那么除了他能表明被告具有过错、过失、疏忽或欠缺谨慎，无权请求赔偿。见 P. Keeton, R. E. Keeton, *Cases and Materials on Torts and Accident Law*, West Pub. Co., 1983, p.64。

② *Donoghue v Stevenson* (1932) A.C.562. 见 LAJ Armour and G Samull, *Case in Torts*, Macdonald and Evans 1977, p.59 和 P.Keeton, R. E. Keeton, *Cases and Materials on Torts and Accident Law*, p.371。在该案中，原告在被告那里购得一深色瓶装的啤酒，其中有腐败的蜗牛尸体。喝完之后始发现，原告为此对被告提起人身伤害诉讼。判决结果，作为被告的制造人因有制造上的过失而应负赔偿之责。

四、近现代无过失责任原则的形成和确立

过失责任原则达到鼎盛之时，也是无过失责任原则应运而起之时。所谓无过失责任，即侵权行为的成立不以行为人主观上的过失为要件，而只取决于事实上已生之损害。一旦因果关系确定，行为人即使完全无过失也须负责。显然，无过失责任原则和过失责任原则是相对立的，二者以不同的标准确定行为人的责任，从不同的途径达到民法的目的。由此而言，它们在根本上又是统一的。

19世纪中期前后，正值西方资本主义各国经济生产得到迅速发展，资本主义已步临垄断的门槛。无可怀疑，这种生产力的发展在很大程度上依赖于工业革命后生产技术和生产工具的改进，依赖于科学技术的日益发展，依赖于机器大工业的广泛采用。先进的科学技术和生产工具在给社会带来贡献的同时，亦产生了危及社会安全的副产品。首先表现在工业灾害频繁加剧，这无论对个人还是社会都造成巨大的威胁。其次表现在交通事故方面，包括航空、航海、汽车、火车等。这是工业发展、科学进步带来的另一副产品。第三表现为环境污染，主要是公害问题。第四表现在产品责任问题上。这是随着科学技术、制造技术的发展而在20世纪以来逐渐展开的问题。第五是医疗事故问题。现代医学的发达，使医疗技术水平不断提高，但与此同时也更为复杂而有风险。最后，还有科学实验带来的高度风险。科学技术是现代人类社会进步的主要杠杆，没有科学技术的发展，就没有现代人类社会的高度物质文明。然而，科学技术给人类社会带来的损害风险及其严重性却也是不言而喻的。概括来讲，所有上述几个方面的因素均有如下几个方面的共同特点：

第一，损害频繁而严重，不补偿不足以维护个人利益和社会安全。如在工业事故中，受害人常常"暂时或永久地失去工作能力"；在伦敦1952年烟雾事件中，浓重的烟雾使4000人丧生；1984年12月3日凌晨，印度中部博帕尔市北郊的美国联合碳化物公司印度公司农药厂发生的毒气泄漏事件，造成2万余人死亡，5万余人失明或终身残疾，殃及20

余万人；1986年4月26日发生在苏联切尔诺贝利核电站的核泄漏事件，造成5万余人死亡，数万人残疾。这些事故的损害面及其严重程度显然都必须要予以充分救济的，否则必然会对社会稳定和进步带来极为消极的影响。

第二，造成损害事故的活动虽有危险却又必不可少。像航空、航海、汽车、火车、科学试验、核能利用等都是现代社会的物质生产和社会生活所必需的，但它们随时都有可能在合法的情况下造成损害。如1986年1月28日美国航天飞机挑战者号和2003年2月2日哥伦比亚号航天飞机失事等。在诸如此类的事故中，行为人有时具有过失，有时可能并不具有过失，是技术条件、自然条件或不可抗力等因素使行为人的行为意外地造成了灾害。换言之，在行为人完全没有过失的情况下，损害同样会发生。现代社会越来越发达的交通工具和近些年来不断进展的航天飞行所具有的永远不可预料的高风险，更加突出了这个问题。这类活动一旦发生意外，其影响范围之广，对民众和环境损害之大，采用传统的规则原则显然是远远不能有效消除或弥补的。

第三，加害主体复杂。当事人常常在政府、企业、事业和个体之间，交相和连带地发生关系。加害主体和因果关系的判明和认定通常极为困难。例如公害往往是由几个单位合法或不合法的行为共同作用而发生，究竟谁有过失，谁是近因或远因，事实上极难确定。另外，高层建筑物抛掷物致人损害，但加害人却难以确定的情况也时常发生。而在多数情况下，出于公平考虑，受害人无论如何都应该得到救济。

由上可知，现代社会生活与生产的特点，决定了因循固守过失责任原则就不可能解决人们面临的新的社会问题。因此，突破传统侵权行为法归责原则，确立不问过失的无过失责任原则乃势在必行。因为在当今社会历史条件下，无过失责任原则更能体现民法的精神。民事责任目的在于赔偿，这是它与刑事责任的根本区别，而侵权行为法正是通过转移或分散损害来实现民法的目的。因此，如何根据各个时代的生产力发展水平及其特点，最大程度上发挥民法的作用并实现其目的，这才是确立侵权行为归责原则的基本依据。面对现代飞速发展的科学技术、工业交通和物质生活，只有无过失责任原则才能既不妨碍羁绊生产力发展，又会保证维护社会安全和个人利益。对于加害人来说，这也是公平合理的。首先，无辜受害者没有任何理由独自承受不幸事故或飞来横祸的损失，无论这种损害来自个人或团体。做为社会一分子，每一社会成员的人身或财产权利理应受到社会的保护。其次，通常情况下，行为人所从事的一切活动都应以避免致害他人或社会为前提，即他应承担行为所致一切可能后果的责任风险，即使是在毫无主观过失的情况下也不例外。再次，无论何种类型的当事人，尽管他们是在正常合法情况下从事生产或社会活动，但不可否认的是，他们同时还是制造了危险来源，所以理应对此危险导致的意外事故负责。最后，在近现代社会中，加害人的赔偿责任可以通过种种方式或途径予以分散转移，从而不致加害人承受过重的赔偿负担影响其进一步的生产或生活。总而言之，一切权利、义务都是相对的，现代社会尤其如此。"没有无义务的权利，也没有无权利的义务。"①应运而生的无过失责任原则集中体现了这种精神。

西方法学者早就对无过失责任原则从不同的角度提出种种阐释。在社会连带法学派那里，无过失责任原则的理论基础得到代表性的阐发："人是在社会中生活的，而且也只能在社会中生活，人由此服从一种行为规则，在它的基础上有社会性，而在它的实践上则有个别性。"②以此为基础，狄骥在另一场合又专门谈到归责原则问题。"主观责任的范围逐渐缩小，而过失或疏忽的归属原则不复涉及个人与个人间的关系，而只涉及团体与团体，或团体与个人间的关系，但是到了这个地步，不再是过失或疏忽的归属问题，而仅为危险的问题……因此，就发生了一个客观的责任而不是主观的责任。在研究责任的时候，无须探求有无过失或疏忽，而仅在研究最后应由哪一个负担危险的责任。只须证明所发生的损害，损害一经证明之后，责任就自动成立了。""这种责

---

① 《马克思恩格斯全集》第16卷，第16页。
② 〔法〕狄骥：《宪法论》，钱克新译，商务印书馆1959年版，第147页。

任的采用是法律社会化的结果。"①狄骥的观点代表了部分资产阶级学者
对无过失责任的看法。尽管他不可能完全从社会经济基础上去探讨这个
问题，但却看到了它所反映的现实关系及其特征，从而得出较为接近实
际的结论。这也说明，在现代社会，无过失责任原则的理论早已在西方
国家发展成熟。

无过失责任原则的确立绝非是一朝一夕便完成的，它最初的表现
也不是大量明确的立法。因为过失责任原则实行二千余年，给人们的法
律生活留下了深刻的烙印，已经是深入人心。所以，当人们想突破过失
责任界限，着眼于赔偿每个损失确定行为人责任时，便采取一种隐蔽的
形式。在法国它表现为"推定"（presumption），德国表现为："直观证
据"（prima facie Beweis），而英国则为"事实自证"（res ispa loquitur），
名虽各异，却有同工的妙用。它们的意义在于，表面承认现存的法律原
则，但实际运用中已予以改变。英国法学家梅因曾论及法律进步的三大
手段，即拟制、衡平和立法。②无过失责任原则的形成和确立，也正是
循此途径完成的。从以下各国的有关立法，可以清楚地看到这点。

1804年《法国民法典》第1382条确立了过失责任原则，但与此同
时，第1384条又规定："任何人不仅对其自己的行为所造成的损害，而
且对应由其负责的他人的行为或在其管理下的对象所造成的损害，均应
负赔偿的责任。"这条规定表明：第一，雇主对雇工、家长对未成年子
女所致损害应负责任，实质为"代负责任"（vicarious liability）。③第二，
动物所有人或建筑物持有人，运输工具所有人应对动物、建筑物、运输
工具造成的损害负责，是为动物或建筑物持有人责任（animal liability
or occupier's liability）。严格讲，这是无过失责任的反映，只不过当时

———————
① 〔法〕狄骥：《〈拿破仑法典〉以来私法的普通变迁》，徐砥平译，中国政法大学出
版社2003年版，第115页。

② 拟制（fictio），表面不改变法的原则，但实际效果已断然不同的法律创制手段。如
罗马法上的拟诉弃权（cessio in jure）。衡平（equity），法官根据法的精神而不是法的条文，凭
自己的公平正义观念实现司法职能的手段。梅因《古代法》第二、第三章对此有精辟的论述。

③ "Vicarious liability"的中译不一：有译代理责任者，有译大体责任者。但代理是法律
交易，有积极之意，而此处责任乃指损害后果的消极承担，故译为"代负责任"更为妥当。

没有对此做出实质性解释。直到19世纪中期，人们才注意到这一条款的潜在意义，从而对其作出新的解释。这标志着法国民法的一个很重要发展。其意义的深远甚至超过了英美法上的"赖兰德诉弗兰彻案"（*Ryland v Flecher*）在普通法中的意义。首先对1384条做出新的解释的是在比利时，而不是在法国。1870年，一次强烈的锅炉爆炸造成12名无辜工人死亡。布鲁塞尔区为之舆论大哗。在初审中，代检察长费德先生强调，被告公司应负赔偿之责，除非它能证明自己没有过错。布鲁塞尔法院依此引起用1384条并解释如下："如果人们洞悉该条的精神，便能够确认：一旦引起伤害的事实发生，责任即告产生。事实上，具有监督和管理权利义务的物之所有人，在该所有物导致损害的情况下，应从法律上推定其过失状态是自然而合乎逻辑的。"[①]虽然上诉法院驳回了初审的意见，但却毕竟为举证责任转移乃至无过失责任原则留下了潜在的可能。五年以后，比利时法学家劳朗（Laurent）再次提出这种观点。1878年，他在主持修订比利时民法时甚至将其观点拟为条款。[②]但是直到1904年，即《法国民法典》颁行整整100年之后，最高法院才接受这种观点。

与此同时，法国力图通过契约法乃至立法手段解决工业事故问题，但直到19世纪收效甚微。1895年行政法院作出一项决议；而一年以后最高法院便有一项创新的判决，判给一个雇工的妻子以损害赔偿。该雇工在受雇期间因一次锅炉爆炸而丧生。倘若依第1382条规定，原告无论如何得不到赔偿。1897年，最高法院诉状庭承认被告是无过失责任，这样，推定过失便得以确立，1898年4月9日，《工人赔偿条例》通过，使上述情况下的受害者完全得受赔偿。至此，法国的无过失责任原则基本确立。1906年4月12日，该条例得到进一步充实修订。[③]总的来讲，

---

① *Tortious Liability*, p.148.

② 1876年，劳朗在其《民法原理》中提出了有利原告的推定过错。1879年他在主持修订比利时民法期间起草了一条款，规定："因负有注意义务的物件所引起的伤害，义务人须负赔偿之责。因此蒸汽机爆炸，所有人应负责任。除非有相反的证据，所有人推定为有过错。"参见 *Tortious Liability*, p.148。

③ 〔法〕狄骥：《〈拿破仑法典〉以来私法的普通变迁》，第116页。

1914年以前虽然有适用过失原则的一般倾向，但这种过失责任原则在推定的形式下，已发生了质的变化。实质上是过失责任到无过失责任的过渡形式。1914年，法国最高法院在一项判决中提出：除非物之保管人能证明损害出自不可抗力、受害人过失、第三人过失，则须对所生损害负责赔偿责任。到了1927年，著名的"让德尔案"（cas de Jand heur）表明，自1896年最高法院判决和1897年诉状庭判决以来，无过失责任原则已达到最后完成阶段。[①] 让德尔案件是无过失责任原则在法国最终得以确立完成的标志，它对以后法国的司法实践发生了重要影响。从此之后，无过失责任原则在法国不可动摇。1943年，"康诺特诉弗朗克案"（*Connut c. Franck*）将其发展到更完善的水平。[②]

《德国民法典》中有两个条款不同程度反映着无过失责任原则。其一为第833条，该条对某些类型的动物规定了严格的无过失责任；其二为第836条，规定对建筑物或其他物体崩塌适用推定过失的原则。但是，德国的无过失责任原则主要不是通过民法典，而是通过一系列的单行法规实现的。其开端为1838年《普鲁士铁路法》（Prussian Railway Law），该法第25条规定：铁路公司"对在铁路运输过程中发生的一切损害，无论是对被运送的人或对象，还是对其他人员或对象，均须负严格责任"。[③]这个首创无过失责任的法律为随后此类法律提供了模式，在许多方面较1871年《帝国责任法》更具深远意义。该法颁行之后几度

---

① 让德尔案案情如下：1925年4月22日，加勒里·贝尔费戴斯公司雇员司机所驾驶的货运车颠覆，使当时正穿越马路的小丽丝·让德尔受到严重伤害。让德尔太太以其幼女监护人身份对加勒里公司请求损害赔偿20000法郎。五年后，在经过各级法院反复多次的审判之后，最高法院合议庭于1930年2月13日作出终审判决：根据民法典第1384条第1款：鉴于该条款确立的责任推定，对引起他人伤害之无生命物应予注意者，除非证明偶然事件（cas forfuit）和不可抗力（force majeure）或不可强加于他的外因（une cause etrangere）存在，不得免负其责。即使他证明不具任何过错或损害事实的原因仍然不存在……但根据本法律（1384条），为运用它所指示的推定，无须再区别引起伤害的物件是否直接为人所为，亦不必具有内在缺陷和引起伤害的可能，1384条是要求对物之注意者强加责任，而不是对物之本身。D.P.1930 I.57, Cour de Cassation Chambres Reunies. Jand'heur C.Les Galeries belfortatses.

② D.C. 1942.J.25, Cour de Cassation Chambres Reunies Connut c.Franck.

③ *Tortous Liability*, p.158.

修改充实，不仅关系铁路运输和电车运输，而且还涉及矿井、采石等各种存在风险的工业部门。接踵而来的俾斯麦社会立法，也应予以注意。因为它们进一步提供了无过失责任制原则的社会基础。[①] 随之制定的法律法规主要有：1909年5月3日《公路交通法》（The Road Traffic Act）[②]，1952年8月1日《航空交通法》（The Air Traffic Act），1957年《水保持法》（The Act Dealing with Matters of Water Supply），1959年12月23日《原子能和平利用及防止危害法》（The Act on the Peaceful Use of Atomic Energy and Protection against its Dangers）等。这一系列法律法规确立了无过失责任原则并使之影响愈来愈广泛深入，瑞士和奥地利均有相应的法律。"二战"以后，德国分裂，虽然东西方社会制度不同，但其归责原则仍然具有共同点：都是无过失责任和过失责任并存，而且有无过失责任扩大的趋势。1968年西德关于"鸡瘟案"[③] 的判决；正式引入举证责任转移原则，这意味着无过失责任原则开始适用于一般民事侵权行为案件。它的重要性不亚于"麦克弗森诉布瑞克汽车公司案"[④] 和"多诺哥诉斯蒂文逊案"在普通法中的作用，是德国产品责任的转移点。联邦德国最高法院对于该案的决议明确确立了举证责任转移原则。

　　英美法无过失责任（严格责任，strict liability）原则的确立是通过三个途径完成的。第一，立法。这在英美法中范围有限，主要是特别

---

　　① 例如：《疾病保险法》，1883；《事故保险法》，1884；等等。这些社会立法还包括了健康（卫生）和老年保险等。

　　② 该法经过了几次修订。现为1952年12月19日的《道路交通法》（Road Taffic Act，1959年修订）。

　　③ 该案情况如下：1963年11月21日，原告（养鸡场主）请兽医给鸡接种以防鸡瘟。数日之后鸡瘟突发，4000余只病死，100余只不得不屠宰。调查结果表明兽医所用药液不纯。原告为此向药品制造商请求损害赔偿。对此，联邦德国最高法院认为，当代商品制造科学性极强，原告常无法证明被告的过失，故应转移举证责任。因而，联邦德国最高法院1968年11月26日第六次民庭决议认为：（1）倘若在依工业产品性质而予以使用的过程中，某人或物因其制造缺陷而受损害，则被告必须证明他就产品缺陷方面不具过失；（2）如果制造商不能提出证明，则根据侵权行为法的主导原则，也须负责任。间接所得者不得基于契约法请求第三人之损害赔偿。Decision of the 6th Civil Senate of 26. Nor. 1968. (BGHZ 51.91), *Tortious Liability*, p.184.

　　④ Macpherson v Buick Motor Co., Court of Appeals of New York 1916. 217 NY 382.

法。如英国1949年《民航法》（Civil Aviation Act）①，1959年和1965年《原子能装置法》，1910年美国纽约《工人赔偿法》和英国1925年《工人赔偿法》②。第二，传统的无过失责任。主要是：动物所有人责任、代负责任；包括家长或监护人对子女或无行为能力人的代负责任，雇主对雇工的代负责任；主人对仆人的代负责任等。妨害责任（nuisance liability）包括公妨害和私妨害（public and private nuisance）。这三种责任形式无论是在大陆法系还是在英美法系，都已源远流长，从未绝迹。第三，案例创制，这是英美法确立无过失责任原则的最重要途径。主要体现为高度危险活动责任和产品责任的案件判决。前者实际源于英国著名的"莱兰德诉弗来彻案"（Ryland v Fletcher）③，后者则出自美国"麦克弗森诉布瑞克汽车公司案"并经"格里曼诉尤巴动力产品公司案"予以完成。根据"莱兰德诉弗来彻案"的判决，英国确立了高度危险活动的无过失责任原则。后来，美国逐步在司法实践中予以接受。

产品瑕疵的无过失责任与其他领域不同，它迟至20世纪初才完全发展起来。搁置的原因主要是由于英国"温特伯顿诉赖特案"所确立的相关原则（doctrine of privity）的影响。根据这一原则，出卖人对契约相对人以外的任何人不负契约法或侵权行为法上的赔偿责任。1953年以后，美国纽约上诉法院对"麦克弗森诉布瑞克汽车公司案"的判决，使产品责任突破了"相关原则"的樊篱，对产品责任的发展具有里程碑

---

① 1971年重新修订颁布。

② 此处指1925—1943年有效的法律。该法第一条规定："在任何职业中，倘若由于雇用工作过程中的事故而引起人身伤害，则雇主应负赔偿责任。"参见A.R. Blackburn George, *Elements of The Law of Torts*, p.230。

③ 在"莱兰德诉弗莱彻案"中，原告拥有并使用着与被告土地相邻的地下煤矿竖井。双方都不知道还有些废井使原告的井与被告地下的旧井相通。被告系一水磨主，他在自己地上建一蓄水库并雇承建人完成这一工程。在修建水库过程中，承建人发现废井但并未做必要的填塞。结果水库使用时，水泄进竖井以致煤矿被淹。最高法院法官布兰克本就此做如下判决："我们认为法律的真正确切的规则是：为其个人目的在其土地之上集聚并保留任何倘若逸出便可能造成损害者，必须自负其风险，否则，则须对因其逃逸的自然结果而造成的一切损害负直观责任。"后来，议员凯恩斯进一步指出："这种使用是非自然时（non-natural），所有人应对其逸出物所致损害负责。"分别参见：*Outlines of English Law*, p.129; *Cases in Torts*, p.156; *Law of Torts*, p.397。

的意义。① 判决认为：对于出卖有缺陷的车轮的制造人，在车胎爆破导致使用者遭受伤害时，该制造人应负过失责任。② 在此基础上，1944年，加利福尼亚法官泰诺就"爱司克拉诉弗来斯诺可口可乐装瓶公司案"提出了产品无过失责任的主张："公共政策要求在能最有效地减少进入市场的瑕疵产品对人的生命健康带来危险的情况下，确定其责任。"他透彻地指出："无须迂回曲折地将过失作为赔偿的基础而强加实际上的无过失责任。"③ 然而这种主张直到1962年才为该州法院在"格林曼诉尤巴动力产品案"④ 中所接受。该案中，原告妻子从被告零售商购得一多用工具给其丈夫使用。其丈夫在使用时，工具突然脱离机器飞出，正中原告前额使之受到严重伤害。原告为此向零售商和制造人同时提出诉讼。法院判决认为："要在本案情况下对制造人强加严格责任，原告无须举出明确的证据，……在制造人明知其产品将不经检查以证实其是有不法伤害的瑕疵便会为人使用，而将其投放市场中，他应负侵权行为上的严格责任。"⑤ 三年后，美国立法机构颁布侵权行为法附则，其中第402条第1款全面接受了产品的严格责任。至此，英美法上的无过失责任原则已发展到了较为完备的水平。⑥

苏联的《苏俄民法典》中，无过失责任原则早就有所反映。例如，1964年《苏俄民法典》第454条规定："其活动对周围的人有高度危险的组织或公民（交通运输组织、工业企业、建筑工程部门、汽车占有人等），如果不能证明高度危险来源所造成的损害是由于不能抗拒的力量或受害人的故意所致，应当赔偿所造成的损害。"此外，《苏俄民法典》还就不同场合的代负责任做了规定。总的来讲，苏联的无过失责任概有

① *Cases and Materials on Torts*, pp. 360, 549.

② D.W. Noel and J.J. Philips, *Products Liability*, 1981, West Publishing Co., p.29.

③ Ibid. p.32 , *Escola v.CoCa-Cola Bottling Co. of Frensno*.

④ Ibid. p.33, 377, 2d. 897［cal 1963］.

⑤ Ibid., p.38.

⑥ Ibid. p.35. 1980年，针对产品瑕疵而产生的共同侵权行为，加利福尼亚州最高法院又就"辛德尔诉艾伯特制药厂案"创制了一种以各个被告人的市场份额为依据的责任理论。依此理论，每个被告人在判决确定的债务中依其市场份额分担。

三种类型：第一类，经营高度危险业务的人或企业的责任；第二类，承运人对运输事故造成的损害应负无过失责任；第三类，组织对其工作人员、国家机关对其公职人员、家子对其未成年子女的代负责任。这些规定分别见于445、446、450条。除苏联以外，当时东欧其他国家如波兰、捷克和匈牙利等都不同程度上采用无过失责任原则，对于无行为能力人的责任，对于委托人职员的责任以及对有危险来源活动的责任均如此。[①]

综上所述，当过失责任原则达到最后的鼎盛之时，无过失责任也应运而起。经过近百年来的演进，无过失责任原则已在世界范围内确立起来。无过失责任原则对于现代社会，正如过失责任原则对近代社会一样，都对社会的发展产生了积极的作用。首先，它对保护大工业生产中的工人利益和现代化物质生活条件下的人民群众起着一定作用。其次，在新的历史条件下，它更能维系社会与个人的相互依赖关系并维护彼此的利益，从而对维护社会秩序和生产秩序都有积极的作用。最后，它更能体现民法的根本精神，最可能地给予受害人赔偿，同时增强每个社会成员的社会责任感。所以，无过失责任原则在现代社会的法律生活中确立，是人类法律制度史上的一个巨大进步。

五、侵权行为法归责原则的历史趋势

通观罗马法以来侵权行为法的发展，可以看到其归责原则的基本脉络。即加害责任原则——过失责任原则——无过失责任原则和过失责任原则。其中加害责任原则和无过失责任原则都是以损害结果的发生作为确定侵权行为成立的标准，而不管主观上是否具有故意过失，因而都是客观的归责原则。但是，它们是形同而质不同的两种原则。二者赖以存在的社会基础、适用目的、具体手段都有根本区别，完全不可相提并论。用辩证观点来看，侵权行为法至今的历史乃是一个否定之否定的过程。过失责任原则是对加害责任原则的否定，无过失责任原则又是对过

---

① 《东欧五国民法典民事违法责任的规定》，载《法学译丛》1982年第6期。

失责任原则的否定。不过在现代社会两种归责原则并存的情况下，自然还不能说否定之否定业已完成。尽管如此，也应该看到：无过失责任原则是归责原则在新的历史条件下的发展，而绝非加害责任原则的简单重复。归责原则的这种规律性发展，完全取决于其相应的经济基础。真正的情形是，生产方式的否定之否定，决定着侵权行为法归责原则的相应发展。而否定之否定"是一个极其普遍的，因而极其广泛地起作用的，重要的自然、历史和思维的发展规律"。但"否定不是简单地说不，或宣布某一事物不存在，或用任何一种方法把它消灭……我不仅应当否定，而且还应当重新扬弃这个否定。因此，我做第一个否定的时候，就必须做得使第二个否定可能发生或者将有可能发生"。[1] 侵权行为的发展史正是这一规律的印证。事实表明，无论是《阿奎利亚法》、近代欧洲大陆法国家的民法典，还是英美法，都从未彻底否定无过失责任原则，而现代社会的诸多立法也同样没彻底否定过失责任原则。只是二者的地位有主次之分罢了。所以，认为过失责任原则是一种绝对的传统原则甚至是古今中外通则的观点是不妥当的。事实上，在现在社会中，侵权行为法的归责原则是过失责任原则和无过失责任原则并行不悖。而且从总的趋势看，后者必将在侵权行为法中占据越来越大的比重。影响这种趋势的因素不外乎两个：作为内因的社会经济基础的发展变化；作为外因的各种社会制度之间以及法律各部门之间的自行调整和相互作用。就后者而言，主要表现在保险制度和社会安全制度两个方面。[2]

以上所谈两方面的情况，可以说是影响侵权行为法发展的外因，而决定性的内因则是现代化物质生产和社会活动。它们的特点是科学技术高度发达，工业交通日益发展，从而造成社会中每个社会经济组织和个人的行为都有高度的风险性和强烈的社会性，不仅常常直接与他人和整个社会利益关联，而且往往具有损失后果难以个别承担的风险。但即使如此，人类的本性和人类社会发展的不可逆转性也仍然要求和促使人

---

① 〔德〕恩格斯：《反杜林论》，载《马克思恩格斯全集》第20卷，第154—155页。
② 这是一个需要另外专题讨论的问题。

们在承受高风险、强社会性的负担的情况下继续各种社会活动，以从这些活动中获得行为人个人或组织的利益，而所有这些利益的总和必然又体现着社会进步的利益。总而言之，个体获取利益和社会争取进步需要代价，这个代价就是他们在特定情况下要为自己的行为所带来的一些未曾预料的后果承担责任。这种内因外因的作用，使侵权行为法的归责原则不可逆转地从以过失责任原则为主导趋向过失责任与无过失责任原则并重。英国法学家梅因曾有一句名言说，从罗马法到近代的历史发展是一个"由身份到契约"的过程，而自梅因以后，即近代以来的社会发展则表明了这样一个规律，即"从契约到社会"。这是人的社会性越来越强使然，同时也是人类社会的宿命。

六、现今我国侵权行为法的理论、立法与实践

关于侵权行为归责原则，我国法学界长期以来存在不同看法。概括起来大致有三种立场：第一，一元制归责原则，即以过失责任原则为唯一归责原则；第二，两元制归责原则，即认为过失责任原则和无过失责任原则并行；第三，多元制归责原则，即认为过失责任原则、推定过失责任原则、无过失责任原则以及公平责任原则同时并存。但严格意义上讲，推定过失责任原则可以被过失或无过失责任原则吸收，没有独立存在的价值；[1] 而所谓公平责任原则却是一种误解，这是一种根本不存在的归责原则。[2] 因此，实际上只存在一元制和两元制之分。但是，目前理论界有相当一部分学者并没有看到归责原则的本质性内涵，只是依据表面现象作判断，坚持认为我国侵权行为归责原则是一元制的过失责任原则，尽管近年来世界各国，包括我国的立法与实践的发展越来越清楚地表明无过失责任原则适用的普遍化。[3] 此外，另有一些学者则采取了较为模糊的立场，将归责原则泛化，从而形成了所谓多元制归责原则

---

① 参见米健：《推定过失的比较观》，载《中国法学》1988年第5期。
② 参见米健：《关于公平归责原则的思考》，载《中外法学》1997年第1期。
③ 王卫国：《过失责任的第三次勃兴》，西南政法大学出版社2003年版。

立场，即将差不多所有由客观或主观归责原则衍生出来的归责方法都视为归责原则。显然，这在理论上既无必要也难以成立，更为重要的是，这对司法实践会产生误导，很可能造成法律适用的混乱和不严谨。从以上的历史考察我们可以证明，侵权行为归责原则实际上始终是过失与无过失并存，只不过不同的历史阶段有不同的侧重。现代侵权行为归责原则则明显呈现为一种过失与无过失并重的两元制格局，而绝非一元制。[①] 只有站在这个立场上，才能够准确有效地调整现今社会生活生产关系，正确理解和解释司法实践的解决方法，并最终明确未来有关立法的取向。

应该指出，到目前为止，除了1986年颁行《民法通则》第五章对侵权行为所做的规定以外，我国民事立法尚未对侵权行为归责原则做出明确的一般规定，统一的有关司法解释也不具备。对既有相关立法做进一步的分析，《民法通则》第121—127条关于特殊侵权行为的规定，实际具有严格责任的性质。除了这个一般法律之外，2002年12月，全国人大常委会上通过、向法律界公布征求意见的《中华人民共和国民法（草案）》第八编第一章第1条第2款和第2条，其后第四至第九章的第25至60条及第十章的第65、67和68条对几种特殊侵权行为的规定，实际都体现了侵权责任无过失原则的取向。从表面上看，这个立法草案似乎对侵权行为责任规定了三元制归责原则，即过失责任原则（第1条第1款），推定过失责任原则（第1条第2款）和无过失责任原则（第2条）。但如前所述，这实质上是两元制归责原则的体现。第八编第一章第1条第2款规定的推定过失责任，虽然文义上是要求过失，但实际上却已然不以过失为必要了，因为无论有无过失，全在于能否自证无过失。在此情况下，责任范围显然扩大，而这也正是立法者的目的。实际上，推定过失的本质是以表面上的过失掩盖着本质上的无过失，是可以由无过失吸收的归责方法。这正是梅因所说的那种表面上不改变法律规则，但实际上却已然改变法律规则性质，典型的法律创

---

① 米健：《现代侵权行为法归责原则探索》，载《法学研究》1985年第5期。

制手段——法律拟制。

　　就我国现实情况而言，虽然有关立法和司法解释整体上远未能适应社会发展的需要，但在司法实践中，举证责任转移，无过失责任实际均早有运用。早在1979年，因苏州人民化工厂将大量液氯排放到河道，致使大片水域严重污染，引起损害赔偿诉讼。在审理过程中，法院要求该厂为自己的无过失举证，即采用了举证责任倒置的规则。可以说这是我国司法机关较早地采用举证责任转移方法的案例之一，也被称作中国环保第一案。此外，1978年青岛市中级人民法院关于"王娟诉青岛化工厂案"的判决，则是无过失责任原则在我国司法实践中的较早运用。当时，立法落后与社会发展需要的矛盾十分突出，而司法实践积极运用了实际可行的归责原则，在一定程度上弥补了相关立法的不足。

　　2000年，重庆渝中区法院对一起加害人不明的侵权损害赔偿案件进行了审理。[①] 法院审理此案时，采用举证责任倒置的方法，由不能合理证明排除加害行为可能性的22户居民分担损害赔偿负担。这是我国司法机关采用举证责任倒置，扩大责任范围的又一个典型案例，它实际上体现了无过失责任原则的精神。2001年南京市玄武区法院审理的一起因下水管道堵塞而加害人不明引起的侵权损害赔偿案件也是一个类似的典型案例。[②] 诸如此类的案件还可以举出不少，都足以证明我国现今

---

　　① 2000年5月10日，重庆市巨汇工程机械租赁公司的董事长、年仅33岁的郝跃于当天凌晨1时多加完夜班回家，步行至学田湾正街65、67号楼下时，一个突然飞下的烟灰缸正巧砸在郝跃的头部。郝跃当即被砸倒在地，昏迷不醒。郝跃经手术急救，在昏睡了70多天后脱离危险。医疗鉴定结论是，三级智力障碍，外伤性癫痫病，基本丧失生活自理和工作能力。由于公安机关没有能够破案，故断定烟灰缸为谁所扔不能确定。在此情况下，2002年初，受害人郝跃将学田湾正街65、67号楼的所有24家住户作为被告诉至渝中区法院。该法院受理了诉讼请求，并且在审进行了新的调查取证未果时，采取过错推定原则判决22家住户各承担损害赔偿负担8100元，总计为17万元。

　　② 2001年6月17日，《今日说法》以"楼上楼下"为题报道了发生一起因下水管道堵塞而引起的加害人不明的案件。南京市民肖东刚装修的新房被二楼堵塞的下水道溢出来的水浸泡，无法入住，引起下水管道堵塞的是菜叶、抹布等生活垃圾。因为找不出这些垃圾是哪一户人家扔的，肖东将二楼以上的4家住户作为被告告上法院，南京玄武区法院根据推定过错和均分责任的原则，判定4位被告负连带赔偿责任各支付2104元。

司法实践在解决有关问题时的理智与灵活，应该能够成为有关立法的经验来源。总之，必须明确这样一个现实，即当今侵权行为归责原则显然不是一元制，而是清清楚楚的两元制格局。我国正在进行的民事立法和法典编纂，应该明确反映这种社会现实和历史趋势。

推定过失的比较观 ①

现代民事立法，无论是普通法还是大陆法，亦不论是社会主义国家还是资本主义国家，都愈来愈多地就民事责任的认定问题，采用推定过失原则。实践表明，这对于及时、正确地解决现代社会生活和经济活动中的民事纠纷，从而保证正常的经济流转，维护正常的社会秩序，乃是一种行之有效的方法。所以，我们有必要对其基本内容、实质特征以及它在现代法制中的意义作一概括了解。

一

推定过失的核心内容在于"推定"。推定则是从已知的事实推断未知的事实。1804年《法国民法典》第1349条规定："推定为法律或法官从已知的事实推论未知的事实所得出的结果。"这是世界上首次从立法上明确界定推定。②依据不同标准，推定可分两类：第一，法律推定和事实推定；第二，绝对推定和相对推定。③事实上，推定的重要意义并不在于实体规范的表现形式，而在于其实体规范所引起的程序规范变化，即"法律上的推定免除受其利益之当事人一方的举证责任"。但一般"法律许可提出反证"。④显然，这种规定就带来了实践中的"举证责

---

① 原载《中国法学》1988年第5期（总第25期）。

② 古罗马法虽已采用"推定"方法确认责任，但并不明确且场合极少。

③ 《法国民法典》第1350—1353条。

④ 《法国民法典》第1362条。

任转移"问题。不过,并非所有学者都持这种观点。①我国的《民法通则》亦就"推定"作了具体规定。②

概括起来,推定的成立须有四个要素:

1. 确定某一事实的发生或存在;

2. 在既定事实基础上根据法律规定或法官推断确认另一相关事实的发生或存在;

3. 被告提出反证;

4. 认定反证的成立与否从而确认推定的成立与否。

不过,实践中有的被告也往往放弃其反证的权利,从而使推定成立的秩序更为简单。在明确推定的实质内容之后,所谓"推定过失"也就不言而喻,即在确认加害事实发生或存在的基础上,根据法律规定或法官判断来推论加害人具有过失,如加害人提出的反证不能成立,则其过失确定。

过失责任原则是近现代各国民事立法的传统原则之一,它最早为古罗马的《阿奎利亚法》所确立。19世纪以来,资本主义各国民法不仅陆续接受了罗马法的过失责任原则,而且还将其奉为民法三大基本原则之一。1804年《法国民法典》第1382条、1896年《德国民法典》第823条、《日本民法典》第709条、《意大利民法典》第2043条、《中华民国民法》第184条等大陆法系各个国家及地区民法均规定了过失责任原则。19世纪中,英美法也以判例确认了这一原则,即"布朗诉肯道尔案"(*Brown v. Kendall*)。然而,为什么与此同时各国民法又设立了推定过失的条款或判例原则呢?究其原因主要为:第一,民事法律规范和其他基本法一样,是一种概括性和抽象性的指导规范,它不可能包容社会生活和劳动生产过程中一切错综复杂、变化万千的现象。因此在一般性的原则规范之外,尚须有个别、例外的规定。第二,随着科学技术的高度发达,随着劳动工具的不断改进,随着经济生产的不断社会化,原

---

① 见德国学者克茨(Hein Kötz)的观点:〔德〕罗伯特·霍恩等《德国民商法导论》,楚建译,中国大百科全书出版社1996年版,第152页。

② 《民法通则》第126条。

来在简单商品生产情况下视为例外的情况愈来愈普遍多见。因此，过失责任原则愈来愈不足以反映现代社会经济关系的需要。于是，为了使法律正确反映社会现象，满足社会发展的需要，人们不得不在过失责任之外另辟途径。但是，从罗马《阿奎利亚法》至今，过失责任原则已有两千多年的历史，它在资本主义上升时期曾产生过巨大的积极作用，给资产阶级法律乃至世界各国的法律打下深刻的烙印，颇为深入人心。所以，当人们想打破过失责任的界限，着眼于最大程度给受害人以补偿时，便首先寻求到"推定"这种隐蔽而又易为人们接受的法律改进方法。表面上看，推定的整个过程不过是完成一种假设，而实际上却并不如此简单。如前所述，推定往往造成举证责任转移，它一方面因免除原告的举证责任而有利于被告，另一方面则增加了被告承担民事责任的可能性。因为，现实中加害人据以反证的理由极为有限。除依法执行公务、紧急避险、正当防卫等一般的违法阻却行为外，无非就是不可抗力、共同过失或第三人过失。况且这些有限的反证也是难于成立的，有时甚至不可能成立。在这种情况下，推定无疑是扩大了加害人的责任范围。进一步说，这时的责任归属已不以实际上有无过失为要件，它以过失责任的表面形式掩盖了无过失责任的实际内容。事实上，它正是侵权行为的归责原则潜移默化的反映。当然，对于这种潜在的变化人们最初并未像现在这样认识深刻。恩格斯说过："如果说民法准则只是以法律形式表现了社会的经济生活条件，那末这种准则就可以依情况的不同而把这些条件有时表现得好，有时表现得坏。"[1]所以，不妨说推定过失原则就是力求准确表现现代社会生活经济条件的一种手段。

在人类法律制度史上，推定的源流一直可以溯及古代法。固然，那时并无推定的明确概念，更不能对其本质特征作出解释，罗马《十二表法》规定："任何人不得在城市里举行夜间集会。"[2]倘若违反这一规

---

[1]　《马克思恩格斯全集》第21卷，第347页。
[2]　《十二表法》第八表第26条。

定，就推定其为聚众叛国。不过，这方面罗马法中最为典型的乃是"拟诉弃权"（cessio in jure），即"拟制"（fictio）的表现形式之一。英国法学家梅因认为，法律所凭以改进的三大手段即拟制、衡平和立法，而其中拟制则为人类最初改进法律的重要手段。他认为，法律拟制"是要用以表示掩盖，或目的在掩盖一条法律规定已经发生变化这种事实的任何假定，其时法律的文字并没有改变，但其运用则已发生了变化"。梅因甚至认为英国的"判例法"和罗马法的"法律解答"（又称"法学家解答"responsa prudentium）都是以拟制为基础的。①拟制为什么能用以实现其改进法律的功能？它为什么能适用于新的社会情况之下？重要原因之一就是它具有形式不变、内容已变的本质特征。如梅因所言："它们能满足并不十分缺乏的改进的愿望，而同时又可以不触犯当时始终存在的，对于变更的迷信般的嫌恶。在社会进步到了一定阶段时，它们是克服法律严格性最有价值的权宜办法。"②然而，梅因毕竟有他的历史局限，他虽然道出了拟制的本质及其意义，却未能论证拟制在新的历史条件下进一步发展的可能和必然。他断言："它们有它们的时代，但是它们的时代早已过去了。"③的确，以往的拟制本身已不复存在，可它得以成立的方式与精神仍可为后世所用。体现在近现代立法中，就是推定。不同的是，推定乃是人类文明和法律进步更高阶段上的产物。它集拟制、衡平和立法三大手段之所长，从而在现代法律制度中发挥了远比以往的拟制更为深刻、普遍的积极作用。具体言之，当过失责任原则已不能够满足社会发展需要时，推定过失充当了突破旧的传统和藩篱的先驱，从而把侵权行为归责原则引向一个新的发展阶段。实际上，推定过失乃是过失责任原则和无过失责任原则的结合点。两种截然不同的原则由于推定得以兼容并蓄，并行不悖。因而，可以说推定在某种程度上反映了无过失责任原则的存在。

① 〔英〕梅因：《古代法》，沈景一译，商务印书馆1959年版，第16页。
② 同上。
③ 同上。

二

推定过失真正为人们所重视，是在19世纪末以后。在英美法中它表现为"事实自证"（res ispa loquitur），①在大陆法中则称为"直观证据"（prima facie evidence），德国还有其专门的用语"表面证据"（Anscheinsbeweis），但和前述概念是同一所指。这些概念虽有异于推定，然实际上却有着同工的妙用。

1804年《法国民法典》于第1382条确立过失责任原则的同时，又在第1384条规定："任何人不仅对自己的行为所造成的损害，而且对应由其负责的他人的行为或在其管理下的对象所造成的损害，均应负赔偿的责任。"这条规定表明：第一，雇主对雇工，家长对未成年子女所致损害均应负责任，是为代负责任；第二，动物所有人或建筑物持有人，运输工具所有人应对动物、建筑物、运输工具造成的损害负责，是为持有人责任。严格意义上讲，这两种责任都可归类于无过失责任，而其责任成立的依据往往就是推定过失。不过，当时的人们并未对此作出实质性的解释。

在法国，人们力图通过契约法乃至立法手段解决近现代经济生产和社会生活中所出现的新问题。不过，整个19世纪几乎没有什么显著的成效。直到该世纪末，即1897年，法国最高法院诉状庭才承认了一项两年前既已由行政法院和最高法院作出的一项无过失责任判决。该判决实际上就建立在第1384条确立的推定过失的基础上。1914年，法国最高法院在另一项判决中指出："除非物之保管人能证明损害出自不可抗力，受害人过失或第三人过失，则须对所致损害赔偿责任。"②至此，法国的推定过失最终明确确立。

1896年制定1900年实施的《德国民法典》（BGB）对于推定过失作

---

① 拉丁语，但不是罗马法上的用语。英译为：the thing speaks for itself.
② 《法国民法典》，马育民译，北京大学出版社1982年版，第1384条补充款。

了较明确的规定，这也是它较《法国民法典》精深的表现之一。不过这些规定仍然限于几种特殊的侵权行为。如雇用人责任，监护人责任，动物持有人（所有人）责任，建筑物及其他工作物持有人责任。[①]1968年联邦德国关于"鸡瘟案"（fowl pest case）的判决，正式引入举证责任转移，这意味着推定过失已开始适用于产品事故及一般民事侵权案件。[②]

民主德国情况亦然，1976年《民主德国民法典》规定加害人应为自己的无过失举证，举证不能成立，则推定为有过失。当一方为企业或者法人而另一方为公民时，不论引起损害的是哪一方，在某种程度上，民法典都推定加害人因其个人过错而引起损害，但是公民得提出反证而免责，法人则不然。

英美法中的推定过失在19世纪中期以后出现。1850年英国有两列属于同一家公司的火车相撞。法院认为在此事故中，既然两列火车同属一家公司，则原告也就无必要证明被告过失。在这种观点基础上，1863年英国法院对"伯尔尼诉波得尔案"（Byrne v. Boadle）的判决采用了推定过失原则认定被告责任。两年后，"斯各特诉伦敦圣凯瑟林船舶公司案"（Scott v.The London and St. Katherine Docks Co.）的判决又进一步阐发："必须要有合理的过失证据；在加害物显然归于被告或其雇工管理，而且事故通常也不会发生的情况下，只要管理人予以适当注意，他就能够提出合理的证据；而倘若他无法解释时，则事故产生于欠缺注意。"这就是所谓"事实自证"理论。它"意味着发生的事实是推定过失的根据，但不是强制作出这种推断；在直接证据可能欠缺时，它们提供了要加以考虑的过失的环境证据，而且不必认其为充足时才予以接受。它们可以解释和反驳，……"[③]

一般讲，"事实自证"有三个要素：

① 《德国民法典》第831—836条，其中第833条最初规定动物持有人的绝对责任，遭到反对，故复于1908年5月30日增订后半段。

② F.H.Lawson, B.S. Markesinis, *Tortious Liability for Unintentional Harm in the Common Law and the Civil Law*, Cambridge, 1982, p.184.

③ W. Page Keeton, *Cases and Materials on Tort and Accident Law*, p.274.

1. 除非被告具有过失，事故不会发生；

2. 引起损害的代理人或工具是处于被告的专门控制之下；

3. 不存在共同过失。①

很明显，"事实自证"的要素与前述推定的要素是完全一致的，唯表达的方法不同。美国纽约州上诉法院于1916年对"麦克弗森诉布瑞克汽车公司案"的判决中首先就产品责任引入推定过失。该判决认为：对于出卖有缺陷产品的制造人，在其产品的合理使用过程中致使用人损害时，该制造人应负过失责任。在此基础上，1944年加利福尼亚州最高法院法官泰诺就"爱司克拉诉弗兰斯诺可口可乐装瓶公司案"，进一步适用"事实自证"判决被告负担赔偿责任。同时，泰诺还敏锐地指出，"事实自证"不过是"迂回曲折地将过失作为赔偿的基础而强加实际上的无过失责任"。②英美法的推定过失至此最终确立。

与上述各资本主义国家不同，苏联及其他一些社会主义国家民法中，推定过失一开始就被确认为一般原则。无论是1923年《苏俄民法典》还是1964年的《苏俄民法典》，都显然采用了"推定过失"原则。它既适用于一般侵权行为，也适用特殊侵权行为。1923年《苏俄民法典》第403条规定："使他人的人身或财产遭受损害的人，应当负赔偿损害的责任。如果能证明这种行为是由于不能防止或者由于授权，或者损害的发生是由于受害人本人的重大过失造成的，则可免除这个责任。"③有些学者据此认为苏联民法的民事责任归责原则是无过失责任原则，④这在当时未免言之过甚。即使现在，也须看到推定过失与无过失的不同。前者是以形式上的过失掩盖内容上的某些无过失，所以是相对的、不完全的无过失；后者则形式、内容都是无过失，是绝对的、完全的无过失。而且，就苏联国内法学者的观点来说，也都普遍认为其民法以过

---

① Howard, L. Oleck, *Oleck's Tort Law Practice Manual*, p.58.

② D. W. Noel and J.J.Philips, *Product Liability*, p.29.

③ 1964年《苏俄民法典》第444条同，关于特殊情况下的推定过失责任分别见新、旧法典的第454、404条。

④ 史尚宽：《债法总论》。

错为损害赔偿的一般要件。^①除苏联民法以外,《捷克斯洛伐克民法典》第420—422、428条,《匈牙利人民共和国民法典》第339、345、352、354诸条均明确规定了推定过失的民事责任。特别值得注意的是南斯拉夫新债法,该法不仅规定了推定过失原则,而且还发展到"推定因果关系制度"。"据此,由于与危险物体或危险行为有关而发生损害,就认为它是由这个物体或行为所引起的,'除非能证明这些物体或行为不是造成损害的原因'。"^②显然,这是推定在民法领域中的新开拓。它更进一步表明"推定"这一手段在改进法制过程中的积极意义。

三

综上所述,19世纪后半叶以来,特别是在现代立法中,推定过失已普遍为世界各国民法所采用。从法律发展史上看,当社会要求法律改进,而这种改进暂时又不宜与传统精神相冲突时,推定便成了潜移默化、蓄旧纳新的办法。不能否认,随着当代科学技术,工业交通飞速发展;人类的经济活动、社会生活无论就其内容还是方式都愈来愈丰富复杂、变化多样。而法律规范既不可能包容万象,又不能朝令夕改,所以,为能适应社会发展的需要,为能保证法律原则的相对稳定,理当对"推定"予以足够重视。不过应该指出:推定本身所具有的两面性决定了它绝非法律上的独立原则,它只能依存于某种原则或制度。民事法律责任的真正功能在于救济、调整和疏导。推定的存在意味着现有原则规范的不足,推定愈多,则改现存原则愈为必要。其结果,将会产生一种新的、更为完善的、更能反映社会发展现实的法律原则。无可否认,传统的过失责任原则正受到日益严峻的挑战。固然,我们不能仅仅凭此

---

① 分别参见〔苏〕坚金等主编:《苏维埃民法》第2册,法律出版社1957年版,第206页。

〔苏〕马特维耶夫:《苏维埃民法中的过错》,法律出版社1958年版,第95页。

〔苏〕约菲:《损害赔偿的债》,中央政法干部学校翻译室译,法律出版社1956年版,第29页。

② 《外国民法资料选编》,法律出版社1982年版,第336页。

就断定过失责任原则将要被无过失责任原则取而代之。同时，推定过失即无过失的论点①也是不可以接受的。但不管怎样，此后相当长的历史时期内，民事责任的归责原则将是过失责任原则和无过失责任原则并行不悖的两元制。其中，推定过失起着联系和调整二者关系的重要作用。倘若二者一旦达到真正的统一，它的存在就不复有实际意义了。我国的《民法通则》也对推定过失作了具体规定，一定程度上也反映了它的时代特点。但和世界上其他多数国家的有关立法比较，似尚有保守之嫌。这突出反映在推定过失条款极为有限，仅于第126条作了明确规定。事实上，我国司法实践中早已采用推定过失来确认民事责任，1979年苏州两起环境污染案②和1983年重庆南岸区人民法院就"贾玉芳诉大兴粮油站案"的判决即属此类。后案事由为：原告贾玉芳去大兴粮站购买玉米100斤。该站制度规定：凡购买玉米100斤以上的由顾客自己去仓库内取出。原告开好提单进去装粮时，因玉米麻包塌落砸伤其右足。原告要求被告大兴粮油站赔偿此次事故造成的全部损失。法院判决认为："原告贾玉芳受伤系粮站自然事故所致，……原告贾玉芳去粮站买玉米，在粮站内被砸伤，粮站应该负责赔偿。"显然，此处是依据推定过失而追究大兴粮油站的民事责任。

总之，推定过失的本质特征，使之对法律的改进有着积极的作用。随着经济体制改革的深入进行，商品经济活动的丰富发展必然会提出新的、与既有法律原则已不相应的民事法律问题。所以我们不能不对此有较明确的认识，从而更为有效准确地予以适用。

---

① 《比较法年鉴》第1册，第44页。
② 《环境保护》1983年第2期，第35页。

关于"公平"归责原则的思考[①]

近年来，我国民商法的理论研究发展很快，其中侵权行为法尤为突出。在侵权行为法当中，归责原则或归责标准是一个核心问题；所以，凡论侵权行为法，必然要涉及于此。目前，学界对此的观点主要有三种：过错责任的一元制原则；[②]过错和无过错责任并存的二元制原则；[③]过错、推定过错（或严格责任、无过错责任等）及公平责任的三元制原则。[④]三家之言各持其据，长期莫衷一是。作为二元归责原则的主张者，笔者认为三元制归责原则中的公平原则是不能成立的；实质上，它是一种"公平负担"或"衡平责任"的错误表述。[⑤]

一、公正与公平

法律追求的一般或终极价值是公正或正义[⑥]的理念。但是在现实社

① 原载《中外法学》1997年第1期（总第49期）。

② 参见王卫国：《过错责任的第三次勃兴》，浙江人民出版社1987年版。

③ 参见米健：《现代侵权行为法归责原则探索》，载《法学研究》1985年第5期。张新宝：《中国侵权行为法》，中国社会科学出版社1995年版，第44页及以下。

④ 参见王利明主编：《民法·侵权行为法》，中国人民大学出版社1993年版，第105—106页。扬振山主编：《民商法实务研究》侵权行为卷，山西人民出版社1994年版，第310—311页。杨立新：《侵权损害赔偿》，吉林人民出版社1990年版，第128—131页。

⑤ 参见王利明主编：《人格权法新论》，吉林人民出版社1994年版，第621页及以下。陶广峰、刘艺工主编：《比较侵权行为法》，兰州大学出版社1996年版，第83—87页和第129页。

⑥ "公正"与"正义"在中文乃同义词，但在某些著述中使用并不清楚。本文按中文习惯在不同场合使用，但在意义上都是相对于拉丁文中的"justitia"或"iustus"，英文中的"justice"以及德文中的"Gerechtigkeit"。

会中，公正的观念与理想意义上的公正理念始终是有差别的。自古代西方的哲学家起，对此就有较深入的探讨，如伊壁鸠鲁曾说过："一般地说，公正对于每一个人都是一样的，因为它是相互交往中的一种相互利益。但地点的不同及种种其他情形的不同，即使公正有所变迁。"①其实，马克思历史唯物主义的有关思想也能对此予以说明。② 德国一代法学大家拉德布鲁赫也以他的实证相对主义法学方法对此予以开发。按他的看法，公正只能个别地存在，而不可能一般的存在，因为不同时期法律所体现的公正观念总是有差异的。也就是说，现实社会中实际具有事实公正（Sachgerechtigkeit）与理念公正（Vernunftgerechtigkeit）的区别；前者是一种现实价值，后者是一种理想价值。③ 由此来说，可知能够实现的公正实际上只能是相对的。但不管怎样，任何法律都应以一个永恒的正义理念为其价值取向，而且所有的立法者都会毫无例外地宣称他所制定的法律是公正的，尽管事实上可能完全与此相反。一般地讲，理念上的公正是人们想象或期待的理想，而事实上的公正则是国家或社会根据其意志提出的标准或规定，两者之间永远也不可能达到完全的重合。不过，正当的法律恰恰是在这永远也不能实现的重合中，追求和接近着这种重合。这既是正当法律的使命，也是所有真正法学家的追求。

在中国，无论是公正（正义）或是公平都是古已有之的概念。荀子曾说："正利而为谓之事，正义而为谓之行。"关于公平，管子说过："天公平而无私，故美恶莫不覆；地公平而无私，故小大莫不载。"史籍又说："商君治秦，法令至行，公平无私。"在这里，其实很难对两者作出截然不同的认定，一定程度上可以说两者具有相同意义。但是，作为古已有之的哲学理念，作为现代法律中的观念，正义与公平似乎主要源起并演绎于西方文化，而且还是有区别的。我国法学界从20世纪末本世纪初传统中国法律改制以来至今，始终没有对有关的理论进行过较深

---

① 北京大学哲学系编：《古希腊罗马哲学》，商务印书馆1982年版，第347页。

② 参见《马克思恩格斯全集》第42卷，人民出版社1979年版，第63页及以下。

③ 参见拉德布鲁赫《法学导论》第一章有关论述。G. Radbruch, *Einführung in die Rechtswissenschaft*, Quelle & Meher, Leibzig 1929.

入、较科学的探讨，所以也一直没有形成较明确和较能被普遍接受的认识或理论。可以说，现今大多数论者谈论正义与公平时，大多是以西方的哲学思想为基础来加以阐释的。而这种阐释或是由于所依据的资料片面有限，或是由于思考讨论不够而显得颇为欠缺，甚至于存在混乱。如有的学者在论及"公平责任"原则时，就以"公正"这一理念作为"公平责任"原则的起源，显然是犯了概念性的错误。

在理论上，公正与公平都是一个内涵并不十分确定的概念，它们所表达的都是一种人性的理念，但二者显然是有一定区别的。通常，公正或正义具有公平和正当的含义，"是社会制度的首要价值，正像真理是思想体系的价值一样"。[①]在一定程度上，它为社会权利与义务的分配提供了一种方法，确定着社会合作的利益和负担的适当分配。公平主要是指平等、合理、公允和不偏袒。在此，公平与正当共同构成公正这种概念，而公平则是公正这一种概念下的属概念，概念的内涵与外延都不一样，自然不可混淆。当然在某些情况下，种概念和属概念是可以重合地指向同一对象的，即作为同义词表达；但在任何情况下，都不能将两者等同而论，它们毕竟是不同层位的概念。

探讨公正（justice）与公平（fairness or equity）的内涵与关系，是法哲学上的根本问题，是一个超越了法的实然（实际状况）而表明法的应然（应有状况）的问题，是关于法的理想的思考问题。因此，它已不是能在实在法讨论的范围内可以解决的问题。但无论如何，我们可以肯定公正与公平的价值取向是一致的；进一步说，公正当然蕴含着公平，而公平也必然要体现公正。正因如此，美国的哲学家罗尔斯才有"作为公平的正义"的立论。[②]我们强调法的公正时，公平也在其中；任何具体的法律规则，在其立法者的眼中，都是实现着一种公正或公平。因此，如果立法者或法律执行者在同一范围的规范上设置并行的原则，但却强调其中某一原则是公平的，那么不言自明地意味着此外并行的原则

[①]　〔美〕罗尔斯：《正义论》，何怀宏等译，中国社会科学出版社1988年版，第1页。
[②]　同上。

就有失公平。在思维逻辑上，它实际是给自己设置了一个不可自我开释的悖论。具体在侵权行为法领域来说，如在过失原则与无过失原则之外还另设并强调"公平责任"的归责原则，实际是在某种程度上否认前两种原则的公正或公平，而这恰恰是一个悖论。

二、公平与衡平

"公平责任"原则不能成立，不仅因为它实际上是以公正与公平的混淆为前提并可能导致思维逻辑上的一种悖论，而且还因为这种"公平责任"也许根本就是一种语源上的片面理解。在前面已有阐述的基础上，我们可以明确这样一种客观情况，即现今我国法学界对公平的阐发多是以西方有关法律理念为依据的，衡平（aequus，equity）这个概念同样如此，也就是说，这两个概念实际都是源起于西方法律理念。但是，公平与衡平却是性质、层次完全不同的两个概念。公平是法律追求和体现的一种价值，衡平则是用以获取和实现这类价值的手段；前者是目的，后者是方法，显然不可混为一谈。但现今我国民法学界和司法实践中，对这两个范畴的误识和混淆却很常见。关于"衡平"，意大利学者彭梵得认为：

> 为了从内在的和目的的意义上，即从法的宗旨的实质上表现法，罗马人使用aequitas这个词。这个词有确定和似乎明显的词源，它产生于一个含有"统一""平等"意思的词根，它生动地体现着法的宣告性原则，即为单个人的活动确定条件和限度，在人民意识中，考虑到每个人的理由以及与联合体的其他人的关系，这些条件和限度对每个人都是平等的。然而，在优士丁尼的谕令和编纂者作了添加的法学家著作中，aequitas和aequus有了温和、宽让的含义，它们一般指审判员所欣赏的情形。既然古代概念同现代概念之间存在着矛盾，把原始文献中的"aequum"和"aequitas"通常译为"公平的"和"公平"，这纯属误解，它给论

理造成影响。①

在此，我们可以看到，虽然"aequum"也有理念上的意义，但它与"iustum"（正义或公正）是不完全相同的，与公正中所含有的公平之义也不是同一件事物。可见，关于这个词的含义，即使是西方学者本身也有模糊之处，而这更直接影响到了我国的学者。

当然，除了上述区分之外，公平与衡平之间的确很难作断然的界定或划分。对于西方人来说，除了以"fairness"表达"公平"外，他们还以"equity"表述公平的含意，而后者同时又有"衡平"的意义，而且这是它在法律中比较经常表达的意思，主要是指使某事持平。在此西文实际是以同一术语（aequus，equity），表达着两种不同层次和性质的内容或意义，而这只能根据确定的场合予以区分和理解。对我们中国人来说，这却往往成为一个颇不容易把握的难题，尽管不可过多地纠缠于术语与概念的分歧，因为这于问题的解决往往无益处，但我们必须要明确目的与手段之间的不同。注意观察现今国内民法学的有关著述，会看到已有学者注意并论及这方面的问题，但是可惜仍未能完全摆脱"公平责任"这一极容易带来认识混乱的概念。由王利明教授主编的《人格权法新论》中就谈到了："所谓衡平原则是指双方当事人对侵权事实的发生均无过错，法律又无特别规定时，双方当事人应公平、合理地分担损失。"显然，这较以往一些著述有较大的进步。但作者随后又说道："必要时，可以本着公平的原则，按照他们的经济状况，作出适当的损失分配，即公平分担责任。"②一看即知，作者在此同样没有对公平与衡平、损失与责任作出严格区分和限定，亦明显地存在着概念上的混淆。

---

① 参见〔意〕彭梵得：《罗马法教科书》，黄风译，中国政法大学出版社1992年版，第4—6页。在此，译者将"iustum"译作"正义"，但却将"aequum"译作"公正"，这很值得商榷，因为"公正"与"正义"实为同义词，"aequum"更不能译作"公正"，这里同样是个概念区别问题。作者在此依个人的理解，将"iustum"理解为：公正或正义，行文亦然，与译者行文有别。

② 王利明主编：《人格权法新论》，吉林人民出版社1994年版，第621页。类似的混淆还出现在该书中其他场合，见第623页及以下。

但无论如何，该书是我国民法学界第一部以较多的文字论及公平与衡平之间区分，并有一定见解的著述。

　　无论是从理论上还是事实上，现今我国法学界或司法实践中所谓"公平责任"，实际上是以衡平的手段确定当事人双方各自要承受的损失负担。它当然取向于公平，但却不是公平本身；明确地讲，两者之间是手段与目的、方式与价值的关系。正像契约自由是实现公平的途径，但却不是公平本身一样。其实，现今国内很多法学者乐于引以为据的《德国民法典》第829条，更多的是表现一种"衡平责任"（Billigkeitshaftung）。①但是，或许是受到《苏俄民法典》及有关法律观念的影响，这种"衡平"在我们的法律理论中转变成了"公平"，一字之差，但所表明的内涵完全不同，法律逻辑和思维逻辑在此被破坏了。所以产生这种情况，不外有两个原因：首先是未对公平和衡平本质作出区分，其次是对有关法律规则或设置的意识形态化的演绎。对此，以下进一步从"公平"责任的起源作一阐述。

　　最后还要指出的是，在一个法治原则的国家中，法律安全是法律制度的一个重要价值，而衡平责任之所以不可以作为一个一般原则，是因为它会直接影响法律安全价值的实现；质言之，衡平责任与法律安全是一对矛盾。《德国民法典》制定之所以没有将衡平责任作为一般规定，其主要理由就是它自然会对法律安全产生消极的影响，故只能限制在个别情况的范围内。在我国，由于目前司法实践经验和司法人员本身素质都还有颇大的局限，故更不宜过多地强调衡平原则，否则必然会带来本可以避免的混乱和失误。

三、"公平"责任的起源

　　如前所述，作为法律追求的一般价值的组成部分，公平是公正或

---

　　① "Billigkeitshaftung"中的"Billigkeit"当然也有"公平""合理"之意，但立法者在此要表明的不是一种理念，而是一个实现理念的方法。见本文下文。中国台湾地区学者将其译为"衡平"。

正义的重要内容。事实上，过错责任和无过错责任原则都是体现和追求公平的方式，是二律背反，但又是辩证统一。它们基本上可以概括民事责任发生的各种情况，实现法律的目的，故根本没有理由和必要在它们之外另予强调所谓的"公平责任原则"。那么，何以会在我国法律界出现这一不少法律工作者都津津乐道的归责原则呢？

事实上，现今许多人所讲的"公平责任"充其量只是一种"衡平责任"。严格地说，它最早起源于古罗马法，即罗马裁判官法中对"不法损害"（injuria）额的确认方式。这一方式本身在当时就已超出了责任确认的范畴，它一开始就是一个补充的手段，而不是一个一般原则。如在因胁迫和欺诈而作意思表示的情况下，如一方当事人无其他法律救济方式可以援用时，则可以"欺诈之诉"，即"胁迫所致之诉"（action do dolo，acfio quod metus causa）请求救济。在罗马古典法时期，这种诉讼主要是为了弥补早期罗马合同法的狭窄缺陷，使合同的受害一方当事人在合同中没有列明，故意不明显，因而依合同得不到合理赔偿的情况下，从裁判官那里寻求一定的补偿手段。[1]这种诉讼有较明显的裁量判断性质，故它又可称作"仲裁之诉"（或"调解之诉"action arbitraria）。[2]由此可知，这种衡平责任一开始就以一种补助性手段出现的，是在无明确法律依据的情况下，由法官出于公平合理的考虑确定损失负担，它是要解决不法损害所致损失的合理分配，即损失额分担的问题，而不是去确认责任。

现在有的学者认为"公平责任"最早产生于罗马法，并将《优士丁尼法学阶梯》中涉及准侵权行为的有关规定作为依据。[3]其实，这里也有一个对"衡平"和"公平"的区别问题。前述《法学大纲》所涉及的情况与我们现今所说的情况略有不同，用今天的法理分析，它很可能已关系到一种犯罪行为，而远远不单是一个当事人双方均无过错但又要

---

① R.Sohm, *Institutionen des römischen Rechts*, Aufl.16, Duncker & Humbolt, München/Leipzig 1917, S.576ff.

② Max Kaser, *Römisches Privatrecht*, Aufl.5, C.H.Beck München/Berlin 1966, S.46,197.

③ 《优士丁尼法学阶梯》IV.5.1.

予以救济赔偿的问题。当然，它使用了令我们在用语上难以捉摸确定的"公平"或"衡平"（aequus）一词，即规定要按"公平"或"衡平"确定赔偿金或罚金（quantum ob eam rem aepuum iudici videtur）。在此，如果我们抛开用语不论，单看立法目的，那么，显然是要解决一个赔偿或罚金额的问题。无论是"公平"也好，还是"衡平"也好，它最终要解决的问题是"额"而不是"罪"或"责"。所以依此规定来为"公平责任"正名，同样未必妥当。

罗马法以后相当长的历史时期内，侵权行为法是以过错责任原则占主导。但无过错原则自近现代以来不断得到扩展。与此同时，衡平责任也作为一种补充的救济方式提出。最早试图将此种方式作为一般规定的是《德国民法典》第二稿草案，然而在诸多反对意见的情况下，正式颁行的《德国民法典》并未将其作为一般规定，而只是将其作为辅助性的特殊手段。而且，《德国民法典》也并未明确提出一个所谓的"公平责任"概念，只是在"出于合理理由的赔偿义务"（Ersatzpflicht aus Billigkeitsgründe，或作："出于衡平理由的赔偿义务"）的标题下，对有关的损害赔偿负担人作了规定。不过虽然《德国民法典》第829条和本身没有将"衡平责任"作为一般规定，但受其影响，1922年的《苏俄民法典》第406条却进一步规定："依本法第403条至405条所规定之情形，加害人不应负赔偿责任时，法院得酌量加害人及受害人之财产状况，令其赔偿。"显然，这一规定与《德国民法典》第829条在立法精神上是完全一致的。考察我国有关"公平责任"的起源与相关理论，不能不说与此处的规定有密切关系；在一定程度上，我们可以认为我国民法学界所谓"公平责任"之说，基本上是由于这一规定的影响。可是如果进一步分析这一规定，就会发现该条规定实质上也已根本不是"责任"，因为它的前提就是责任的不能成立，即"加害人不应负赔偿责任"；但是根据当事人双方的财产状况，他应该承担一部分损失。显而易见，这里只是一个承担损失的原则或标准。而这个实质性的特征长期以来恰恰被我国民法学界忽视了。另外，尽管1922年《苏俄民法典》第406条如此有限制地对损失分担作了规定，但1964年的《苏俄民法典》中还是将其取消了。这一方面是因为理论上的问题，另一方面是因为它在实践中运用是十分有限的，而且它还涉及法律安全这一重要问题。

除此之外，"公平责任"之所以成为现今国内一些论者的主张，还部分地由于他们将此问题与社会意识形态或相应的道德观念联系在一起。这种方法显然已超出了法律教条或理论本身的范围，因此很容易误导有关法律价值理论及法律目的的讨论。可以说，所谓"公平责任"问题，与社会主义或资本主义的意识形态和道德观念无必然联系，它是一个法律技术和法律价值的认识问题。况且，这个规则本身就形成于资本主义社会的法律。[①]

四、关于《民法通则》第132条

目前，我国民法学界主张"公平责任"原则的论者均以《民法通则》第132条为依据，认为该条规定是"公平"归责原则的体现。[②]然而，该条规定无论是概念还是逻辑都有明显的错误，有学者已指出，这条法律规定本身是模糊不清的。[③]因而，以此为依据立论"公平责任"原则，自然是谬之愈远。《民法通则》第132条的规定表述为："当事人对造成损害都没有过错的，可以根据实际情况，由当事人分担民事责任。"字面上看，这一规定显然比《苏俄民法典》的同类规定更为广泛，

---

① 《德国民法典》第829条规定："具有第823条至826条所列情形之一，而基于第827、828条规定对造成的损害可以不负责任的人，在不能向有监督义务的第三人请求赔偿损害时，仍应按照实际情形，特别是按照当事人之间关系，合理地（als Billigkeit，或作：衡平）要求损害赔偿，但以不剥夺其为维持适当生计或履行其法定义务所必需的资金为限。"至于第823—826条乃是有关故意（vorsätzlich）或过失（fahrlässig）不法行为所作的规定；第827、828条是有关无行为能力人不法行为的规定。

② 这方面的例子可以参见王利明主编：《民法·侵权行为法》，第106页和陶广峰、刘艺工主编：《比较侵权行为法》，第86页。

③ 参见王利明主编《民法·侵权行为法》，但该书认为《民法通则》第106条及其他一些条文都是关于"公平责任"原则的法律依据，似没有说服力，而且很难成立。参见该书第105—106页有关阐述。

它将后者的"财产状况"扩大为"实际状况",以致后者原来作为特殊情况予以规定的,在此成了非常一般的规定,这一发展可谓质的变化,故已不能将这两个法律相应规定的立法宗旨和精神视为等同。从理论上说,这一规定存在较为明显的问题。

首先,"由当事人分担责任"这一表述混淆了民事责任与损失负担。民事责任与损失负担是两个截然不同的概念。民事责任是依法对行为人行为进行价值判断的法律后果,是根据法的固有价值观念对某一法律行为的评价;在对行为人行为进行价值判断阶段,法律或法官并不关心其"判断"本身对行为人利益将产生的影响,而只考虑"行为"本身在法律上产生的效果;亦即只考虑行为是否正当合理,而不管行为正当与否给行为人带来的利益上的后果。从逻辑上看,只有依法对行为完成价值判断——是否有责任之后,才可能依这种判断对行为所导致的利益后果予以确定。在此,行为的价值判断是第一个法律后果,据此判断进行利益分配或利益判断是第二个法律后果。总之,法律不可能在没有任何价值判断的情况下就直接确定行为的利益后果。更明确地讲,责任是依法对某项行为进行价值判断的结果,而损失负担则是依这种判断对行为进行客观判断的结果。所以,民事责任与损失负担是法律适用不同阶段上的不同产物,并非同时发生的同一事物。法律操作正是通过这两个阶段来实现一种价值——公正。

其次,"由当事人分担责任"在逻辑上是错误的。因为责任作为法律行为判断的结果,应是确定的。在一个法律关系中,只能根据法律规定或法官的裁断确认责任或归咎责任,不可能去"分担"责任;更不可能"平等地分担"责任。如果以"公平"观念(或标准)令当事人分担责任,那么实际上以"公平"的旗号实现着不公平。在侵权行为法律关系当中,如果双方均无过错,那么在任何情况下,受害人都谈不上去分担责任。让受害人去分担责任,在理念上是极为荒谬的;不过,在特定情况下受害人却可以作为当事人合理地分担一部分损失。所以,鉴于民法和民事责任的功能,"由当事人分担责任"的实际含义应是:"由当事人分担损失",不论法律对行为的判断是肯定还是否定。

负担是基于责任而发生的，当责任确认之后，当事人或责任人要依责任的性质和严重程度对受害人负担相应的赔偿义务。在此种情况下，加害人赔偿损失的依据是依法确定的民事责任；标的是受害人的受损害物；负担额是受害人遭受损失的程度。具体到衡平责任，所谓"公平责任"情况下，实际上首先确定的是加害人或受害人相对人的无过错责任，然后是依此对其应该承担的损失份额予以确定。这正像在刑事诉讼过程中，首先确定的是当事人有无罪，之后才是罚及如何罚。在此应该明确的是，民事责任所导致的赔偿负担额与责任的严重程度并无必然联系，它完全取决于受害人所受损失的程度。对无过错加害人或受害人相对人强加承担一定损失的义务，是因为他是有关法律关系中的直接当事人，是他的行为直接导致，或因其作为而发生了对受害人人身或财产的损害，换句话说，他是直接或间接的加害人。在社会生产与生活中，人们的行为一般总是趋向于对自身利益的维护。法律在此正是依此对行为人要求绝对的（社会）责任。因为按照法律的公正理念，任何人的自我利益行为，均不可以对他人造成不利益的后果，否则该行为人就必须要对受害人所遭受的损害负责，无论其是否有主观上的过错。所以，无过错责任其实正是基于公正理念而发生的一种责任。它与过失责任所追求的是一个共同理念。

由于《民法通则》第132条的规定，加上概念规范与思维逻辑不严格，故使得"公平责任"原则之说在民法学界至今甚为流行。

论"民事法律行为"命名的谬误①

近来，因民法典编纂引起的学术争议纷纷而起，这是非常自然的事情。一部法典编纂，如同一面镜子，它既能反映出我们的法学成果和学术水平，也能暴露出我们法学所存在的各种问题。所谓"民事法律行为"，正是长期以来一直使许多学者尤其是民法学者感到困扰的一个难题。此次《民法草案》第四章又对其专门作出规定，这就使得澄清这个问题更为迫切。因为第一，"民事法律行为"的命题本身在逻辑上是不成立的；第二，法律翻译的文化间隙，造成了我国民法学界长期以来将"法律行为"和"法律交易"混淆；第三，我国民法学界长期以来谈论的"法律行为"实质上应是"法律交易"。因此，如果在未来的民法典中对相应内容予以专门规定的话，那么它应该是"法律交易"，而不是"法律行为"，至少不能是"民事法律行为"。

一、"民事法律行为"命题的逻辑错误与认识问题

从民法典编纂角度来讲，"民事法律行为"的命题本身从逻辑上讲是不能成立的。因为在一个专门调整民事法律关系的民法典编纂中，任何一个具体概念都不必要，也不应该重复大前提或最上位概念，换言之，民法或民法典这个上位概念已经包容了其下位概念的外延，而其下位概念则不应该具有包容其上位概念外延的表达成分。例如，我们不能

---

① 原载《人民法院报》2003年10月10日。

在民法典中作出诸如"民事物权""民事债权""民事继承权"或"民事婚姻权"这样的规定,因为它违背了上述思维逻辑。当我们谈到继承权,谈到债权和物权时,所指向的范畴必然是民事法律关系,无须再用"民事"加以限定。同样的道理,"民事法律行为"这一表达所指向的思考对象,其实也是一个必然属于民法范畴的问题。所以,用"民事"加以限定,理论上没有必要,逻辑上也不成立。

"法律行为""民事法律行为"或"民事行为"问题是我国民法学界长期以来纠缠不清的问题之一。自清末民初法律改制到民国时期民法典的编纂完成乃至此后相当长的时间里,我国有关立法和法律理论始终采用的表述是"法律行为",台湾、澳门地区至今仍然如此。但到了20世纪80年代中期,在我们讨论制定民法通则的过程中,随着对"法律行为"制度和理论认识的深入,越来越多的学者意识到"法律行为"命题下的理论和逻辑存在着问题。最为关键的是,人们发现"法律行为"概念并非民法独有的一个范畴。为了与其他领域的"法律行为"相区分,有学者建议在民法领域的"法律行为"前加一个"民事"予以限定,以避免与民法领域以外的"法律行为"理论相混淆。正是在此背景下,1984年的《中华人民共和国民法总则》(草案初稿)中首先采用了"民事法律行为"这一表述,而且对此作了专章规定。两年后通过颁行的《中华人民共和国民法通则》正式采用了这个表述,从而使"民事法律行为"这一概念正式进入民事立法。但是,很少有人意识到,这种避免混淆或误解的做法恰恰是因认识错误而起。这种有意以"民事法律行为"与"法律行为"加以区分的做法,主要由于我们对现今"民事法律行为"(或"民事行为")特定的客观指向或实质特征从一开始就没有准确认识和把握。如前所述,在民事法律领域内,谈"民事法律行为"本身就是一个逻辑错误。何况,特定种类的法律活动或法律事实不可能因为加上"民事"一词的限定就会发生性质的改变。事实上,这里涉及如何区分"法律交易"和"法律行为"两个完全不同的概念。而对于这两个在德国民法理论上原本存在的概念的区分,我国民法学界至今还没有提到讨论的层面。

二、"法律交易"和"法律行为"之区分

在德国民法中，同时存在一对概念，即"法律交易"（Rechtsgeschäft）和"法律行为"（Rechtshandlung）。两者相对存在，而且显然都是在各种具体的法律现象或法律事实基础上逐渐抽象而成的。也就是说，它是归纳的产物，而不是演绎的产物。所谓法律交易，是说以一定意思表示指向特定法律后果的行为，简单地说，是意欲获得一定法律后果的行为。而法律行为则是说根据法律规定必然产生一定法律后果，无论交易行为人是否有获此法律后果的意思指向。由此可见，法律交易与法律行为的本质区别在于一个行为是否具有法律后果的意思指向。有意思指向者是法律交易，无此意思指向者则为法律行为。法律交易是作为本身要获得的特定法律后果的行为出现；与此相对，法律行为则是作为法律规定其后果的行为出现，而不论行为人本身是否想要获得这种后果。如除了准交易行为和事实行为以及某些程序行为外，还有住所的设定和取消、无因管理、占有取得行为、加工行为等，都可纳入法律行为范畴。

德国法学界对法律交易的认识虽有不同观点，但基本上是明确和一致的。《德国民法典》没有对法律交易给出定义，但《德国民法典第一草案提案说明》所采用的温德沙伊德的观点是德国民法关于法律交易理论的起点，即"法律交易是一种私人意思表示，目的在于导致一种法律后果，该法律后果因其为表示人意之所愿而依照法律秩序发生"。现今德国法学对于法律交易的理解基本就是这个思路的展开，即法律交易是"一个人或多个人从事一项交易或若干项具有内在联系的交易，其目的是为了引起某种私法上的后果，亦即使个人与个人之间的法律关系发生变更"。同法律交易一样，法律行为也是一个非常抽象的概念。根据《德国民法典第一草案提案说明》的阐释："法律行为是法律交易外的一个特殊范畴。与作为具有意欲达到的法律后果而出现的法律交易相对。因为事实上就存在着这样一些行为，其法律后果产生于法律秩序的要求，而不论行为人是否愿意获得。"但当时的立法者认为，这样的表

述难以说是一个严谨的概念，故《德国民法典》最后不仅干脆放弃了对法律行为作一般的定义，而且根本没有采用法律行为这个表述，只是采用了法律交易这个概念。至于有关问题，则灵活地留给了法学家或法官根据具体情况来确定解决。从德国法学理论发展的现实看，法律行为迄今为止仍是一个悬而未决的问题，是一个开放的、有探索余地的学理问题。

在此还应该指出的是，关于法律行为还有一个广义和狭义的分别问题。前面所说的是狭义上的法律行为。广义上讲，在整个法律秩序范畴内，所有合法的，与法律后果相连接的行为都是法律行为。所以，除了民法上的法律行为以外，还可能有公法上，如行政法上和司法上的法律行为，像判决、形成判决、强制执行、逮捕、成年宣告、监护设定等；以及介于公法与私法之间的劳动法合同等。但是上述这些法律行为均非民法意义上的法律行为，更非法律交易。法律理论或法哲学意义上的广义法律行为，现今欧盟法律制度中的法律行为，也都不是民法范畴所要谈论的法律行为。此外，违法行为，其中主要是侵权行为、不法行为、违约行为——尤其是契约关系范围内的给付障碍或积极违约行为等——也都不是法律行为。

由此可见，德国民法上有关法律交易和法律行为的理论十分严密。广义上讲，两者是不同层次的概念，狭义上讲，它们是不同范畴的概念。通常情况下，民法范围内所谈的大多是法律交易，法律行为只是法律交易以外的部分内容。进一步来说，在谈到"法律交易"时，必定是在谈民法范畴的问题；在谈论"法律行为"时，一般是谈法律交易以外的民事法律活动或事实。在德国民法理论中，对于法律行为的定性和涵盖范围虽然有争议，但并不构成十分严重的问题。现在一般有两种理解方式：其一是将法律交易以外的民事法律活动或事实，如准法律交易行为和事实行为概括为"法律行为"；另一种方法是，有意识地回避法律行为概念，只是具体地谈准法律交易和事实行为。但是无论如何，法律交易与法律行为的区别是存在的。从现今德国民法著述或教科书来看，所谈论的主要范畴是法律交易，不是法律行为。更为重要的是，法律行为只是一个学理上的概念，在《德国民法典》中自始至终没有采用法律行为的表述，而只是采用了法律交易的概念。因此可以说，在德国民法中，法律行为只是一个学理概念，而不是一个规范概念。但由于历史和现实的原因，我国法学界的情况却恰恰相反：人们只认识到一个法律行为概念，但在这个概念之下所谈论的又是法律交易的内容。于是乎，将法律行为这个德国民法的学理概念作为规范概念在我们的民法中予以规定就不可避免了，而本来在《德国民法典》中存在的实体规范概念，即法律交易反而被摒弃了。由此可见，我们对法律交易和法律行为认识和阐释的混乱和错误是十分明显的。我国民法学界在法律行为理论上产生诸多混乱的根本症结就在于此。

对于"民事法律行为"存在的问题，有的学者已经敏锐地察觉。尽管这些人所阐释的观点仍然没有摆脱我国法学界法律行为原始混乱的迷惑和影响，没有走出"民事行为"这样一个陷阱和怪圈，更没有发现这一困惑的真正原因所在，但至少指出了"民事行为"不是什么理论上的突破，而是为了避免自相矛盾使用的一种规避手段或权宜之计。

三、法律翻译的文化间隙造成的误导和错觉

我国民法学界甚至整个法学界对于法律行为和法律交易认识的混乱，之所以存在而且长期以来没有解决，最主要的原因是我们从一开始就陷入了概念的错乱当中。具体说，我们当初在引入"法律交易"这个概念时就已经将它与"法律行为"混淆起来。其后，在学习借鉴西方法律的过程中，多少又受到翻译偏差的影响，从而导致了这种混乱的发生。具体可以从历史和现实两个方面予以说明。

首先，日本法律翻译对我国学者的误导。应该指出，20世纪初中国法律按照西方法律模式改制并制定民法时，并未对所接受的各种法律概念和制度进行过透彻充分的研究。当时的法律改制显然具有"一揽子"接受的情形，有些先拿来再慢慢消化的心理。所谓"法律行为"也是其中之一。"法律行为"这个术语实际上是我国清末民初法律改制过

程中从日本民法中借用的，而日本民法中的"法律行为"，又是日本法学者在明治年间法律改制过程中接受德国民法的"法律交易"概念和制度时的日文表达。从史料上看，最早将德国的"Rechtsgeschäft"译成"法律行为"的日本学者是梅谦次郎。他在明治年间参与民事立法并主持起草《日本民法典》时，最先在日本民法中引入了德国民法概念"法律交易"（Rechtsgeschäft），不过却将其译作"法律行为"。对此问题，日本学界也曾有人提出不同看法，可惜并没有能够引起广泛的重视和讨论。日本学者将德文的"Rechtsgeschäft"译作"法律行为"，实际上产生了这样的问题：首先，如果是在整个法律领域，它是将一个大概念用作了本位概念，即将法律行为用作了法律交易；其次，在民法领域，它是将一个相对概念混淆了本位概念。也就是说，在原生法律理论中的实际上三个概念，狭义上讲至少两个概念，现在被我们用作一个概念统一予以阐释。更为糟糕的是，许多学者没有看到其中问题所在，故不少民法学者用一般意义上的法律行为理论来解释法律交易，有些法理学者用民法上法律交易的理论来阐释一般意义上的法律行为，如此一来，自然乱上加乱。

其次，西方法律翻译所造成的错觉。除了上述历史方面的原因外，还有另外一个不可忽视的现实原因。由于法律交易是一个典型的德国法概念，所以西文的转译有各种不同的方法，而且多离不开"行为"。例如，对于德文"法律交易"（Rechtsgeschäft），英译有几种不同的译法："juristic act""legal transaction""juristic action"和"legal act"等。上述所有英文译法，实际上都与德文表达的原意有一定程度的差别，特别是"legal act"的译法与原文本旨相去甚远，实际上可以对应于德国法一般意义上的法律行为概念。但是，这种客观情况对许多不了解德文的中国学者自然产生了误导，从而对错误理解和演绎法律交易起了推波助澜的作用。我国清末民初法学家王宠惠在其《德国民法典》英译本中将"Rechtsgeschäft"译作"juristic act"，显然要比"legal act"这样的译法接近原文本旨。其实，在英美法学者中间，对于德国民法上的"法律交易"的理解也未必都完全清楚。不过有些英美学者却意识到了法律行为和法律交易的不同，因而主张用"legal act"表示一般意义法律行为概念，而以"juristic act"表示德国法上的法律交易概念。奥地利法学家凯尔森将"Rechtsgeschäft"译作英文的"legal transaction"，应该是最为贴近德文本旨的译法，这可能与其原本是德语法学家有关系。我国比较法学者沈宗灵在翻译凯尔森氏著作《法与国家的一般理论》时将其译作"私法行为"，虽然这个译法可以探讨，但它至少已与"法律行为"区别开来。可惜这个细节并没有为民法学界注意和重视，因而除了沈宗灵的翻译外，所有能够传世的对"Rechtsgeschäft"的其他译法，统统都成了"法律行为"。于是乎，由于法律翻译所产生的文化间隙，使得一般意义上的法律行为和民法上特有的法律交易的差别被模糊了，原来非常有特色的一个理论制度在我们这里发生了混乱。

综上所述，可以看到我国法学界关于法律交易理论从基本认识到概念体系，从概念体系到整个理论存在的问题。对此，法学界并非毫无察觉，但却没有展开深入讨论且予以澄清。已经公之于众的《民法草案》中仍然以"民事法律行为"为题作出了专门规定，表明这个问题不但没有解决，而且还进入了立法讨论层面。因此，探讨并说明这个问题已经是不可回避的紧迫工作。

意思表示分析①

　　在任何社会里，在任何法律秩序下，任何人的社会活动通常都必然受其意志支配，因意志而发生并且根据意志内容与状态而导致一定的法律后果。所以，在绝大多数情况下，意志都是法律关系的起点。在私法领域里，我们将这种意志的精神存在或心理存在称作"意思"，而将其外在的物质存在或形式存在称作"表示"。两者之间的关系在于，一个是实质存在，一个是外在表达。民法上所谓"意思表示"，就是指要获得一定法律后果的意思的外部表达。在此意义上讲，"意思表示"是绝大多数私法关系的当然起点；私法关系中的合同关系尤其是以意思表示为起点和核心。所以，可以说没有意思表示就没有合同关系，同时也就没有了私法关系的大部。于是，意思表示理论及其相应制度必然是所有国家私法制度的一个基本问题，即使是英美国家法律制度也是如此，只是表现形式不尽相同而已。②

　　虽然现今大陆法国家民法几乎都有意思表示的理论设置，但是有关理论与制度发展最为缜密的还是德国民法的意思表示（Willenserklärung）。现今我国民法学界对于意思表示理论的讨论，实际也主要是围绕德国民法上的意思表示展开的。一般来说，无论是德国学者抑或外国学者，都普遍认为《德国民法典》最有特色的部分或重心是

---

　　① 原载《法学研究》2004年第1期。
　　② 德国法上的"意思表示"（Willenserklärung）和英美法上的"意图"（intent）具有异曲同工的意义，但两者差别亦非常明显。是两种法律体系下同类法律制度不同风格的典型例子，很值得专门进行研究。但这不属于本文的考察探讨范围。

其总则（allgemeiner Teil）部分，而总则最有特色的部分或核心内容则是法律交易（Rechtsgeschäft），至于法律交易的重心又是意思表示。事实上，大多数法律交易其实都是当事人意欲达到一定法律后果的行为，所以大多数法律交易都必然要指明或表明产生这种法律后果的意思。换言之，在绝大多数法律交易中，意思表示都是不可或缺的要素。

一、意思表示的历史源流与发展

关于意思表示的起源，学界有不同的看法。德国学者艾森哈特（Eisenhardt）认为："法律交易是私法的核心部分，它在概念上是德国近代自然法——普通法法学的产物。法律交易与意思表示法律制度关联密切不可分割，但是意思表示究竟起于何时，却很难论定。"他认为，法律科学对于罗马法的依赖，在意思表示这个问题上并不清楚。[①] 换句话说，意思表示的产生发展与罗马法没有多大关系。这种观点虽然有些绝对化，但是在某种程度上也不无根据，代表着现今许多德国学者的看法。

从法律历史上看，的确不能否认，作为一个明确的法律概念或认识，意思表示和法律交易一样，在罗马法时期都还没有出现。虽然在《学说汇纂》中也出现过保罗的用语"意愿表示"（declarare voluntatem），但它不是作为一个概念术语使用的。[②] 但不管怎样都不应忽略，在罗马法学家的丰富著述中实际已经存在意思表示的萌芽，或是可以间接说明意思表示意识存在的某些制度。首先，最为典型的例子是古罗马的要式买卖曼兮帕蓄（mancipatio）和拟诉弃权（cessio in iure）。在这两种情况下，无论是当事人说的套语，抑或出让人的沉默不语，实

---

① 艾森哈特：《德意志法律史》（Ulrich Eisenhardt, *Deutsche Rechtsgeschichte*, Verlag C.H. Beck, 3. Auflage 1999），第230、231页。

② 见《学说汇纂》（Digest）1, 3, 32, 1。以下简作：D.1, 3, 32, 1。又见卡泽尔：《罗马私法》（Max Kaser, *Römisches Privatrecht*），第1卷，第238页。

际上都意味着当事人为着交易而作出的明示或默示的意思表示。^①其次，罗马法上对于意思表示是否必须归于某个意思受领人，是否可以通过信使而送达都有过规定。对此，意大利罗马法学家彭梵得阐释说："意思可以通过他人加以表达，只要这种活动的形式不对此构成障碍。使用传信人（nuntius）表达自己的意图（比如缔结婚约、实行售卖，等等），这是罗马人的一种广泛实践。传信人不过被视为表示意愿的实际工具，同一封信或其他手段一样。"^②显然，在他看来，罗马法中传信人制度本身，实际已经表明罗马法上具有"意思表示"制度的内容。再次，罗马法上已经有了限制行为能力人的规定，而行为能力之所以被限制，就是因为被限制者的认识能力和精神状态不成熟或不正常，从而不能真实正确地表达其行为意思。如罗马法理论认为："未适婚人不能订立遗嘱，因为他们没有判断能力，精神病人也一样，因为他们缺乏理智。"^③"患精神病者不能进行任何行为，因为他们不理解他们所为之事。"^④显而易见，这里所谓的"能力"，实际上都涉及交易的主观意向或愿望，而这恰恰就是在现代民法上的"交易能力"，^⑤这实际上也是"法律交易"基本内核。特别是到了罗马法晚期，即东罗马时期，许多罗马法学家已经渐渐地从各种不拘形式的交易背后看到交易意思的存在。如要物契约、合意契约、有正当原因的交付以及质押等，都不同程度地表明着交易意思的存在。特别是"合意"和"善意"概念的出现，更使得交易活动中的意思存在得到普遍承认，尽管还不是直接地以概念表达的方式承认。

---

① 曼兮帕蓄是古罗马时期的买卖方式，又称作"要式买卖"或"铜衡式"；拟诉弃权则是在曼兮帕蓄基础上演变而来的非要式买卖，目的在于满足当时社会迅速发展的交易需要。有关内容可参见：江平、米健：《罗马法基础》，中国政法大学出版社1987年版，第136—138页；〔意〕彭梵得：《罗马法教科书》，黄风译，中国政法大学出版社1992年版，第212页及以下。

② 〔意〕彭梵得：《罗马法教科书》，第61页。

③ 《优士丁尼法学阶梯》（Institutionen 2, 12, 1），以下简作：Inst. 2.12.1。

④ Inst. 3, 19, 8; 3, 19, 10；又见江平、米健：《罗马法基础》，第58页。

⑤ 本文所说的"交易能力"，即现今民法学界所说的"行为能力"。作者认为，在本文主题，即意思表示所涉及的范围内，只能是"交易能力"。行为能力是交易能力的上位概念，除了交易能力外，它还包括不法行为能力或侵权能力。

另外，还有一个可以说是较为直接的证据就是后期罗马法已经有了所谓的"心素"（animo）的意识。如五大罗马法学家之一保罗在论及"丧失占有"（possessione affectio）时曾说："即使在占有丧失情况下也应该重视占有人的意思。如果你就在你的土地上，但却不想占有这块土地，那么你立即丧失对该土地的占有。也就是说，人们可以仅仅因为心素就丧失占有，虽然人们不能以这种方式获得占有。"[①] 所以，从以上探讨来看，关于意思表示的源流，其实还是离不开罗马法的渊源。[②]

德国法学家认为，意思表示这个术语作为一个有一定内涵的概念，大体首先出于格劳秀斯，但最初的根源似乎见于中世纪晚期神学家们有关诺言和誓言的诠释之中。对私法核心理论的意思构成做出最有意义贡献的是荷兰法学家格劳秀斯的"承诺拘束理论"（Theorie vom verbindlichen Versprechen）。格氏的这个理论实际在很大程度上与中世纪道德神学理论有着密切关联，而且深受16、17世纪西班牙自然法学派学说的影响。格劳秀斯在其理论中提出了承诺的拘束力问题，从而进一步涉及并且阐释了意思表示和合同订立的问题。他在其契约理论中采用了意愿表示（declaratio voluntaris）的概念，并且将其作为法律拘束力的依据。前面说过，罗马法学家尤瑞安虽然使用过这个表达，但不是作为一个有明确内涵的技术术语，而在格劳秀斯这里，这个表述方法已经具备了较为明确的内涵。按照格劳秀斯的合同法理论，一个人的意愿表达是法律上产生拘束力的基础。较格劳秀斯稍早一些时候，西班牙法学家莫利纳[③] 已对意思表达作了纯粹意思表达和有拘束力意思表达的区分，后者实际是给予意思受领者一个权利。他的立论多少也对格劳秀斯产生过影响。显然，格劳秀斯谈论这个问题时还没有完全摆脱荷兰道德神学观的影响，也并非后来民法上法律交易中的意思

---

① D.41, 2, 3, 6.

② 卡泽尔：《罗马私法》第2卷，第83页。

③ 莫利纳（Luis de Molina，1535-1600），西班牙神学家和自然法学者，西班牙后决疑派的代表性人物之一。该学派的学术思想和理论对格劳秀斯的影响很大。主要作品是六卷本的《正义与法》（De Iustia et Iure）。

表示。但无论如何，他毕竟提出了这样一个给人以启发的概念。在他的理论中，已经提出的关于契约概念的法学理论实际上就是具体的契约表示问题，他的这个观点引导人们在探讨契约理论时超越了契约概念的局限，开始注意到契约表示的问题，并且最终获得了一个下位概念：意思表示。① 同时在格劳秀斯那里，已经开始注意到"意思"与"表示"的关系问题，并且指出表示的法律后果系于能够自我独立负责的人身上。他认为一个具有拘束力的承诺须以一个"认真的意思"（ernsten Wille），一个充分的表示事实为前提条件。一个有拘束力的承诺只有具备这种表示的认真性、可靠性时，这种作为自由的表达而发出承诺的理论设置才能具有理智和交易安全方面的说服力。格劳秀斯的理论对于后来许多自然法学家都有深刻影响，如普芬道夫（Pufendorf）、托马修斯（Thomasius）、沃尔夫（Wolff）等，从而渐渐形成了一个意思表达的概念。在这方面起了非常重要作用的是沃尔夫的弟子内特尔布拉特，② 他迈出了更大的一步，即将意思表示作为法律交易的属概念提出来。

从整个法律史发展来看，在古老的日耳曼普通法中，债法上的契约是最上位概念。与之相对，自然法理论中又逐渐发展出一个抽象的概念，即前述出自格劳秀斯的意愿表示（declaratio voluntatis）。在19世纪期间，德国的学说汇纂法学派追随了这个源生于自然法理论的概念，并以此为思路，将意思表示和"行为"（actus）合而为一，从而使得"法律交易"（actus juridicus）这个最初用来泛指法律上具有意义的所有行为的概念渐渐精确化，最终产生了法律交易的概念。所以，意思表示理论的产生发展，对于整个私法制度都产生了极其重要的影响，它至少对德国私法的体系划分产生了重大作用。一方面，它引申发展了一种可以概括民法上所有领域，不只是债法，而且还包括物法、家庭法、继承法等领域中的各类法律交易的理论；另一方面，一系列民法基本问题，如

---

① 科英：《欧洲私法：1500—1800》（Helmut Coing, *Europäisches Privatrecht, 1500 bis 1800*, C. H. Beck, München 1985），第182页。

② 丹尼尔·内特尔布拉特（Daniel Nettelbladt, 1719–1791），18世纪德国著名法学家。

意思瑕疵（错误、欺骗、强迫）、虚假行为、交易能力等，都可以根据这个理论予以阐释。相反，在原有日耳曼普通法中，债权契约或具体契约类型中都未能提出和解决这些一般性的问题。[①] 总之，原来日耳曼普通法中的契约法理论因此而得到了极大的丰富和发展。而德国私法本身也因此冲破了罗马普通法以来的传统，最终发展出德国私法的特色。例如，《法国民法典》关于债的一般规则和基础仍然是传统式的，即以罗马法以来的契约理论为圭臬的，法国的法学也只是仅此而已，没有越历史之雷池一步。[②]

尽管我们前面已经谈到"意思表示"的思路最早出于格劳秀斯，此后还有一些学者的演绎发展。但它能够作为一种成形的法学理论，从而直接为近现代法学所用，还应该归功于萨维尼。萨维尼认为，意思表示是导致法律关系发生和消灭的事件，因此，它是法律事实的一般概念。考察法律关系应该从这个一般概念出发。在此法律事实之下，他提出了法律伙伴（Rechtsgenossen）[③]的"自由行为"（freie Handlungen）的理论，并将这种自由行为分作两类：第一类是直接指向法律关系设立和消灭，如意思表示和法律交易；第二类是指向其他非法律目的，其法律后果或者行为人完全无意识，或者是法律所拒绝的行为，如侵权行为。[④]其实，这也正是萨维尼最初将不法行为作为法律行为一部分的重要原因所在。[⑤]

就立法而言，意思表示首次出现在《普鲁士普通邦法》（Preußisches Allgemeines Landrecht, ALR）中，该法典一个小节专门对意思表示作出

---

① 科英：《欧洲私法：1800—1914》，第275页。

② 参见《法国民法典》第1101条及以下。

③ 德文"Rechtsgenossen"，是萨维尼自己提出的一个概念，后来并没有得到广泛使用。这里权将其译作"法律伙伴"，意指处在共同或相关法律关系甚至法律秩序之下的人。德文"Genossen"又有"同志"的意思。但按照中文的理解或表达习惯，这里显然不是指"同志"的关系状态。

④ 科英：《欧洲私法：1800—1914》，第275页及以下。

⑤ 这种影响在西方大陆法国家中至今仍然存在，它涉及另一个非常重要的问题，即法律行为（法律交易）究竟包括不包括"不法行为"。对此，将另外以专题进行讨论。

了规定，首开"意思表示"纳入法典之先河。① 将意思表示在法典中予以规定，意味着普鲁士立法者把"意思表示"当作一个一般予以承认的法律制度。这样一种外在化的人类意志由此成为一个独立的法律范畴。②

在德国以外，意思表示理论为奥地利和瑞士法学所接受。不过，它既未成为1881年《瑞士债法典》的基础，也未成为1912年修改后的《瑞士债法典》的基础。除此之外，在受法国法影响的各个国家范围内，意思表示说自19世纪末也渐渐发生影响，主要表现在对于法国民法系统化理论的影响。法国司法部曾于1876年设立了比较立法委员会（Comité de legislation comparée），1900年《德国民法典》生效后，该委员会即组织对该法典进行翻译研究。与此相关的一项有重要意义的工作是，法国比较法学家萨莱耶提出了关于"意思表示"的意见陈述。为此，萨莱耶与外国法学家如德国的冯·基尔克（von Gierke）、克勒尔（Kohler）、莱纳尔（Lenel）、瑞士的胡贝尔（Eugen Huber）和意大利的齐龙尼（Chironi）等建立了工作联系。此外，参与过意大利民法改革的法学家卡罗亚（V. Scialoja）1885年曾以《法律交易中的责任与意思》（Responsabilità e volontà nei negozi giuridici）为题专门研究探讨了德国法上的意思表示问题。③

最后，还值得提及的是，葡萄牙民法采用的意思表示的表述，在民法传统意义上，或者说在罗马法传统意义上可能更为贴切，即"交易表示"（declarácão negocial）。如果不是从强调意思自治的角度予以评价，葡萄牙民法上的有关表示在内涵与表达统一方面，可以说是最为准

---

① 《普鲁士普通邦法》I.4.规定了"具有法律效力之意思表示的要件"：第1条：意思表示是根据表意人意图应该发生或不应该发生的事情的外在表达；第2条：如果一个意思表示要产生法律上的效力，则表意人必须是对其表示内容所指向的对象有处分权；第3条：表意人必须占有该项财产，并理智和慎重地予以交易；第4条：意思表示必须是自由、认真、确定或可靠的。

② 艾森哈特：《德意志法律史》（Eisenhardt, *Deutsche Rechtsgeschichte*, C.H. Beck, München 1999），第232页。

③ 科英：《欧洲私法：1800—1914》，第63、279页。

确的。①

二、意思表示的构成要件及其相互关系

作为法律交易的基本要件，意思表示本身的构成亦需要特定的要件。意思表示概念本身意味着，法律交易参与人或交易人为设立一定法律关系的主观想法的外在表达或宣示。据此，它显然有两个最基本的要素，即意思本身和意思的表达；其中前者是实质要素，因为没有意思，也就没有所谓意思的表示。正如萨维尼所言，"意思表示的基础就是意愿的实在"（Dasein des Wollens）。"一个特定的意思理所当然的要作为唯一重要和生效的因素来考虑。"② 简单地讲，意思表示的要件可以分作主观要件和客观要件，即意思要素（Willensmoment）和表示要件（Erklärungstatbestand），任何完整的意思表示都必然包含这两个要件。③ 于是，在此就发生了下面几个问题：第一，如何认识主观要件（意思要素）和客观要件（表示要素）；第二，如何理解主观要件和客观要件的关系；第三，主观要件和客观要件在法律交易成立或法律关系形成中轻重之分。在这三个问题中，前面两个属于对意思表示的基本认识问题，应该首先明确。至于第三个问题，则是一个价值判断方向或法律政策问题，是一个具有选择性的制度原则问题。所以，我们可以在对前面两个问题有了基本了解后，再对第三个问题予以探讨。

主观要件和客观要件的认识问题。首先，主观要件或意思要素。主观要件是意思表示中的根本要素，它比作为客观要素的表示要件复杂一些。在德国民法理论上，一般认为意思表示的实现首先要明确直接目的何在，即行为意思；其次是如何参与或实现，即表示意思；然后是法

---

① 参见〔德〕茨威格特、克茨：《比较法总论》，潘汉典等译，法律出版社2003年版，第167页。

② 萨维尼：《当代罗马法体系》第三卷，第237、258页。

③ 当然，因沉默发生的意思表示是一种例外。

律上的后果，即交易意思。[①]与此相应，意思要素通常被分成行为意思、表示意识和交易意思三个方面。

所谓行为意思（Handlungswille），是指由某种意识支配的举动或行为，亦可以说是有意识作出的表示象征。例如，有意识的讲话、有意识的手势、有意识的沉默或其他由意思主导和支配的作为和不作为。具体说来，一个人无意识或处于无意识状态时的举止行为，永远不能构成行为意思。例如，一个人无意识的言语和手势，睡觉时的梦呓和举动，处于催眠状态时的动作及其他与行为人意识毫无联系的举止行为等，都不能视为行为意思。又如，一个公司的董事在董事会进行决议表决时机械地或偶然地举手或点头并不当然地构成行为意思，只有当他的这种举止是由其意识支配时，才构成行为意思。总之，凡不受意思支配的作为与不作为（或行为与不行为）均不得被视为行为意思，包括一些因外界环境或情境，如"人身胁迫"（vis absoluta）所发生的不由自主的言行举止。在意思表示的要件中，行为意思是一个实质性的要件；没有行为意思，意思表示不可能成立。概括而言，行为意思的实质在于表明一个人是否有进行一项行为的意思或愿望。

表示意识（Erklärungsbewußtsein），又称作表示意思（Erklärungswille），是指意思表示人将其举止作为表示的意思；至少，是有意识地将其举止作为表示的要件。德国法学家冯·图尔[②]称其为"通知意识"，即进行任何一种通知的意识。现今人们使用的"表示意思"或"意思表示"术语，通常被理解为表达意思的表示人将其举止作为具有法律意义的表示。[③]简单说，表示意识就是想通过特定方式传达参与法律交易或法律交往的意识。因此，通过表示意识，我们可以获悉表意人有参与交易或进行交易的愿望及其具体内容，从而由此对整个法律交易有一基本判

---

①　胡长清：《中国民法总论》，中国政法大学出版社1998年版，第223页。

②　冯·图尔（Andreas von Tuhr，1864-1925），俄裔德国法学家，德国实证民法学代表人物。

③　弗卢梅：《法律交易论》（Werner Flume, *Das Rechtsgeschäft*, Springer-Verlag, 1992），第46页。

断。简而言之，表示意识就是要进行一个交易表示的意思。

虽然关于表示意识在意思表示中究竟发生什么作用，至今在德国民法学界有不同意见，但上述意见可以说是德国法学界的主导观点。对此，1991年德国联邦最高法院的一项判例（BGHZ 91，324）中指出："如果表意人一旦具备了民事交往应有的注意谨慎就应该或者能够认识到，他的表达根据诚实信用原则和交易习惯可以被理解成为意思表示时，而受领人亦实际上如此理解时，即使欠缺表示意思，意思表示仍然成立。"但根据《德国民法典》第119、121和143条的有关规定，此类意思表示可以请求撤销。德国法律实践中据此所采用的做法是，没有表示意思然仍可成立意思表示，只要能够判断表意人有责任能力。然而，对此判决法学界颇有争议。[①]具有代表性的是卡纳里斯的观点，他认为："没有'行为意识'的行为不是一种自决行为，要让表意人对表示受领人所理解的表示内容承担责任，就必须要求表意人是有意识地从事其行为的。"否则，行为人充其量只能根据《德国民法典》第118条和122条承担信赖损害赔偿责任。[②]

关于表示意思的作用，台湾地区学者之间也有不同意见。但似乎多数学者主张无表示意思则无意思表示。但无表示意思却有表示行为时，并且因此给相对人带来了信赖利益损失，那么无意思表示人应对相对人的信赖利益损失予以赔偿。[③]道理很简单，因为他的表示行为造成了一个信赖事实，表意人无论如何要对这个事实负责。同时，这也是维护交易安全所要求的。从事实上看，这种立场是一种折中。

交易意思（Geschäftswille），是指获得一定法律交易结果的意思，因其是具体法律后果的直接基础，故又称法律后果意思（Rechtsfolgeswille）或基础意思（Grundswille）；再具体一些又可以说它是旨在获得受法律

---

① 参见科伦琴格：《民法导论》（*Einführung in das Bürgerliche Recht*, Verlag Vahlen, 1993），第60页。

② 〔德〕拉伦茨：《德国民法通论》，谢怀栻等译，法律出版社2003年版，第482页，边码356。

③ 参见王泽鉴：《民法总论》，2000年，第364页。

保护的特定经济结果的意图，故也可称目的意思。交易意思体现于表示行为之中，并与表示行为成为一体。如购买出卖物的意思、出租某物的意思、终止或撤销合同意思、转让或抵押某物的意思等，均通过交易意思而得以外部表现——表示行为，从而被确定为具体的法律后果指向。与行为意思和表示意识相比较，某些情况下交易意思是意思表示过程中不可缺少的要件，即使前两个要件已经存在。[1] 但有些学者认为原则上没有交易意思，意思表示同样可能发生，只不过它可能导致法律意思撤销的发生。[2] 但无论如何，交易意思的实质在于一个人是否有获得特定法律后果的意思。交易意思的特点虽然表现为意图产生一定的法律后果，但表意人表示其欲然的法律后果无须具有法律上的精确。因此，所有人，无论其是否有法律上的知识或经验，都可以实现其交易意思，即以法律上具有拘束力的方式达到一定经济或社会结果的意思表示。换言之，具体的交易意思实现无须法定方式。

在对构成意思表示的各种意思要素作了阐明之后，有必要进一步了解其中哪一种要素是意思或整个意思表示的实质所在，即在具体意思表示的实现过程中实际必须具备的要素。其意义在于，可以据此明确哪一项要素欠缺时会直接影响意思表示的成立。为此，就需要对意思进行分析。对于这个问题，德国民法学界的观点很不一致。但较普遍的看法是，意思表示的实质部分是行为意思，没有行为意思不发生意思表示。

---

[1]　胡长清认为，"自表意人为意思表示之言之，必先有一定之动机，次有目的意思，次有法效意思，次有表示行为，而意思与表示之间复有一定之联络，然后意思表示始能成立。"此说逻辑上似无可置疑，但实践中有时很难在目的意思和法效意思之间截然划分出先后。例如，一个人为了要购买一批货物而发出一个定货单，但由于疏漏而在定单中提供了一个错误的货品号码。在此，他既有行为意思也有法律上的相关表示意识，但却没有正确表明交易目的，以致不能获得交易指向的法律后果。在此，是否有必要再以"经济上的"或"法律上的"依据进行划分似乎可以探讨。实际上，胡氏在此阐释的理论可能是受了19世纪下半叶德国法学界出现的"经济交易意思"理论的影响。该理论认为，交易当事人的交易意思实际上是指向一定的经济后果，其法律交易就是要为了实现这种经济后果。但是该理论在德国法学和实践中并没有产生太大的影响。分别参见胡长清：《中国民法总论》，第223页；拉伦茨：《德国民法通论》，第475页；科英：《欧洲私法：1800—1914》，第278页。

[2]　科伦琴格：《民法导论》，第59页。

因而，如前所述之例，任何处于昏迷无意识和催眠状态的表示均不构成意思表示。对于德国法学家图尔所说的表示意识或通知意识是否也属于意思表示的实质部分，德国法学家是有争议的。有些法学家认为，一个没有这种意识的表示要件不构成意思表示；① 而另有一些法学家认为，即使仅仅发生了行为意思，而表示意识或表示意思没有出现，意思表示也可能成立。如果按照这种看法，一个人在露天拍卖会上以一定手势向朋友打招呼的人就很有可能碰巧被视为一个意思表示。概括地讲，最终的区分无非是：意思以何种方式直接表明着法律交易或其内容；是否涉及法律后果意思或经济后果及法律上予以保护的结果等。不过有一点是学界中达成共识的，即交易意思与表示意思是否完全一致，并不影响意思表示的成立。

其次，客观要素即表示要件。如前所述，意思表示需要一个可以为人们认识感觉的外部表达，只有如此，人们才能够谈得上"表示"（Erklärung）。这就是所谓表示要件，它是意思表示中的另一个要素，功能是基于行为意思举止将交易意思及其中所包含的表示意识让他人所知，从而实现意思的外部表达。每个可以被外部予以认识的举动，只要其是明确或隐含地与潜在的法律上的意思相关联，都构成表示要件。例如：说、写、举手、点头或摇头，以及其他可以按照经验判断其所含意思的各种举止或举动。譬如，一个人在报摊前一声不语地拿走一张或几张报纸，随后将钱放到报摊上；超市的顾客从货架上取走商品，然后走到交款处；一个行人向一辆出租车招手，该出租车在其身边停下后他随即登车等，均表明其欲订立一项合同，完成一项买卖或实践一个合同的表示行为。在理论上，它具体表现为有以下几个方面的形式：明示（ausdrückliche Erklärung），即直接以言语或文字将交易意思予以表达，从而使意思表示受领人直接从表示中获知意思内容。这种表示只需以普通的语言和文字清楚地完成意思表达即可。推断表示（konkludente

---

① 胡长清大体持此论。见胡长清：《中国民法总论》。德国民法学家拉伦茨、索尔格尔（Sörgel）等均持此观点。见拉伦茨：《德国民法通论》，第452、453页。

Willenserklärung）和默示（stillschweigend），是指可以从某些特定行为中推断出某种意思的表示，故又称推断行为或推断表示（konkludente Erklärung）。该类表示不体现于言词，而是体现于某些表明欲然结果的表示行为。具体说，在特定情境和在与其他情况相联系的情况下，人们可以从一个行为中得出一个确定的意义或作出一个结论，从而明确其中的意思，因而又称其为结论性行为（schlüβigen Verhalten）。

　　第二，主观要件与客观要件的关系。关于意思表示中的意思与表示的必然联系或自然存在的关系，有各种阐释的尝试。如冯·图尔认为意思表示中的表示是："一个为达到特定目的而进行的行为，是要把一种内心活动引荐给同类。"[1] 但是至今被德国学界奉为金科之言的，乃萨维尼与之颇为不同的看法。萨维尼认为："意思与表示之间的关系恐怕不好这样去理解，即认为两者本质上说是彼此互不依赖的，就像一个人的意志和另一个人的意志一样，它们之间的相互一致，其实完全是一种偶然；相反，仅就两者的本质而言，可以认为它们是相互联系的。意思本身必须被看作唯一重要和有效的，只不过因为它是内在的、不可见的事物，故需要一种可以使之为他人所知的表达，而这个使意思得以对外宣示的表达，恰恰就是表示。由此可以知道，意思与表示的一致并非什么偶然之事，而是它们的必然联系。"[2]

　　由此可知，正像萨维尼所说的，意思与表示之间存在一种必然的关系，并不意味着在法律交易行为的实际发生中，意思和表示总是一致。相反，表示在把意思从内心世界带到外部世界的过程中，内容上很可能已经与表意人确实想表达的内心活动有所偏离或差异。如果说法律交易就是法律关系形成的自我确定行为，那么法律秩序就不能不把意思与表示之间的必然联系作为法律交易的实质所在来理解。萨维尼虽然把表示视为意思对外宣示的手段或方式，并不是说前者是后者——心理事

---

　　① 　参见弗卢梅：《法律交易论》，第51页；谢怀栻等译拉伦茨《德国民法通论》译作："意思表示是一种行为，从事这种行为是为了将内心生活的某个过程告诉大家。"见此书第453页。

　　② 　萨维尼：《当代罗马法体系》第三卷，第258页。

实的简单通知，而是着眼于"意思的宣示，由此，欲然的内在活动才作为现象出现于可观察的世界之上"。[①] 在德国，萨维尼对于意思表示的观点奠定了德国法学有关理论的基础，后来学说汇纂派的意思表示理论在很大程度上是以他的观点为基础发展而来的。学说汇纂法学派代表人物之一温德沙伊德在他1780年发表的《意思与意思表示》的著名论文中将意思表示理论又予以进一步阐发："意思表示也是一个既有意思的通知，但这个意思绝不是一个与意思表示分离的，而是它所包含的；不是一个过去的，而是一个现在的意思。因为它不仅是一个意思的通知，而且还是意思的表达。它是自我显现的意思。在意思表示中，实现的不单纯是那个可以让人感知某种意义的表达，而且同时还有那个导致一定法律后果的意思。"[②] 在此，温德沙伊德不把表示视为一种意思通知，而是意思"表达"，从而发展了萨维尼的理论。同时，他将意思又进一步区分为表示意思和交易意思，即表示人想要做出一个法律上具有意义的表示意思和表示人想要获得一个法律后果的意思。显而易见，萨维尼和温德沙伊德的基本思路是以意思为重心。其实这也是意思说自《德国民法典》颁行后长期占主导地位的重要原因之一。

三、意思与表示在法律交易中的地位

在明确了意思表示主观要件和客观要件及其相互关系之后，我们自然会进一步面临这样一个问题，即在一个法律交易的进行或实现过程中，主观要件和客观要件各自具有的地位是什么？对此，德国法学界有不同的理论和立场，概括起来即意思说、表示说和效力说三种。显然，采用何种原则将直接影响法律交易的法律后果以及由此指向的法律关系的形成。实践中，无论当事人是否对意思与表示的空间距离有明确意识，最终结果上，法律都必然地取向于一个价值标准：或前或后，或主

---

① 萨维尼：《当代罗马法体系》第三卷，第277页。

② 温德沙伊德：《演说和论文》(Windscheid, *Reden und Abhandlungen*)，第377页。参见弗卢梅：《法律交易论》，第50页。

观或客观。而法官在判断当事人交易内容和目的时，也都必然地要有一个基本坐标或标准，否则他就不可能对法律交易的意思表示做出必要和正确的解释，因而也就不可能进一步做出公正和正确的裁断。

首先，意思说（Willenstheorie）。在罗马法时代，至少是古典罗马法，判断意思表示效力是以其中的意思为依据的，即站在表意人立场来做判断。根据罗马法，"法律交易因意思瑕疵而无效"。19世纪罗马普通法直到《德国民法典》公布实施之初，德国民法学中居主导地位的理论始终是意思说，即认为意思表示形成的决定性根据是意思要素，而表示在此的作用只是使内在的意思，即一个既有的内心事实予以公开。萨维尼、温德沙伊德和齐特尔曼等均持此观点。如前所述，萨维尼认为"意思表示的基础就是意愿的实在"，所以"意思本身必须被看作唯一重要和有效的，只不过因为它是内在的、不可见的事物，故需要一种可以使之为他人所知的表达，而这个使意思得以对外宣示的表达，恰恰就是表示"。按照这一学说，表示不过是意思的证明和通知。假如后来证明表意人并没有表示的法律后果意思，则按照私人自治的原则，法律后果的唯一依据只能是确认的意思。这就说明了没有表示，仅有意思也同样会导致法律后果。按照萨维尼的看法，如果一个表意人对于其表示的意义发生错误，则该表示没有法律上的效力。因为，这里欠缺表意人的意思。[①] 不过，这种学说与《德国民法典》第116条关于意思表示"内心保留"的规定多少有些不一致。该条规定"意思表示并不因为表意人的表示保留着其内心意愿而无效"。之所以有这样的规定，是因为民法典的制定者考虑到必须使意思受领人能对表示给以信赖。这条规定的确表明《德国民法典》也不是绝对地、百分之百地主张意思说。但是，从18世纪末期到19世纪末期，差不多是在学说汇纂法学的整个鼎盛时期，以萨维尼为代表的意思说在德国法学界中占据了主导地位。当然，在此期间也有些修正，特别是后来对于表示的意义更多地予以强调。德国法学界中不少人认为，《德国民法典》中，注重保护交易他方的利益和法

---

① 科英：《欧洲私法：1800—1914》，第276页。

律交易安全是一个基本思路，所以意思说占主导地位。但是德国法学家弗卢梅不以为然。他认为，事实上即使是《德国民法典》也没有绝对地实行意思说，至少是在很大程度上受到限制的意思说。[1]

其次，表示说（Erklärungstheorie）。从19世纪下半叶开始，渐渐产生了一个与意思说偏离的学说，此即表示说。该学说认为意思表示形成的根本依据是表示，持此主张的主要有科勒（Kohler）、莱昂纳德（Leonard）、贝尔（Bähr）及丹茨（Danz）等。但不同的是，持表示说的学者中并没有一个像萨维尼和温德沙伊德那样的领军人物，它是通过各个学者个别的理论观点最终综合形成的一个理论。这种学说的出发点是保护意思表示受领人，将通过表示创设的信任要件看作法律交易后果的形成依据。为此，它赋予表示以独立于意思的意义。按照这种学说，意思表示的法律后果所据以发生的基础是，意思表示受领人能够根据表意人已做出的表示来做出判断并设立与之相应的关系，即使该表示与表意人的意思相去甚远，或者说甚至与该表示相应的意思根本就不存在。例如，一个商人请邮电局发出一份电报购买一批货物。但是，邮电局却错误地发出了一份销售一批货物的电报。在此，出于对表示受领人或信赖原则的保护，应该肯定这个电报在法律上的效力。表示说的代表人物之一贝尔说："某人在缔约过程中以他自己的方式将其意思予以外在化表现，以至于使出于诚信的表示受领人相信可以从中取得权利，那么他所强调的，事实上其表示欠缺相应的意思的说法就根本不能成立。他要根据其意思的外在表达而负责，恰恰就像他真的如此所想的一样。"[2] 贝尔认为，表示人是否有过错对于表示的成立与否并不重要，只要可以确定表意人的表示已经发出，表意人就要承担后果。相反，对于受领人来说，只要他没有过错，就完全可以不必了解表意人的表示是否真的具备相应的意思。德国法学家丹茨以意思表示解释为例，说明表示在意思表示中的地位。他说："意思表示解释与一个内在的意思毫无关系。在由

---

[1]　弗卢梅：《法律交易论》，第56页。

[2]　同上书，第55页。

于使用有争议词语而需要予以解释时，缔约当事人中一方的表示究竟是何种意义实际上与意思不太相关。"①丹茨言下之意，意思表示解释实际就是要以所用的言词为依据进行。后来，莱昂纳德追随了丹茨的思路。他认为，一个意思表示的意义就是表示的意思，是一个人想要使人周知的，通过表示传达出来的意思。这是一个客观的意义，是法律必须予以尊重的意义，是受领人必须要作为表意人的表示予以理解的意义。意思表示解释的目的就是要对这种客观的意义予以确认。②

显而易见，这种理论把表示与意思完全分离开来，与前述萨维尼那种观点截然不同。它恰恰相对于《德国民法典》形成了另一个极端，即忽略了意思的重要性。有趣的是，《德国民法典》除了有前述第116条的规定外，还在第118条规定："非出于诚意，但又指望其诚意的欠缺不被误解而作出的意思表示无效。"显然，此处关键是意思的诚实与否，而所说的指望是否恰当，意思表示受领人方面是否有诚信保护的需要都不起决定性作用。另外，批评表示说的人认为，如果按照表示说的观点，意思表示中只有表示才是关键要素，那么就很难解释为什么欠缺意思的表示得以撤销，即使受领人还没有认识到这种欠缺。科英认为，表示说只是根据一些具体个别的情况发展出来的理论，不能作为法律交易的一般理论。但是它却表明了一个新的评价表示要件因素的思路，即，发出表示的人事实上也就带出了一个独立的、有拘束力的效果。不过，表示说在德国始终没有成为一个占主导地位的观点。

再次，效力说（Geltungstheorie）。意思说和表示说的争论到了19世纪末实际差不多已经结束，其标志是效力理论的形成。③该理论与前述两种理论不同，认为意思表示的法律后果既不单纯取决于意思，也不单纯取决于表示，而是意思和表示共同作用的结果。恩内克鲁斯－尼

---

① 拉伦茨：《法律交易的解释方法》（Karl Larenz, *Methode der Auslegung des Rechtsgeschäfts*, Alfred Metzner Verlag, 1966），第12页。

② 同上书，第14页。

③ 《德国民法典》颁行之后的一些年里，虽然还有关于意思说或表示说的个别争议，但是并没有形成普遍的讨论氛围。有些德国学者认为表示说于冯·图尔《德国民法典总则论述》发表之后曾占主要地位的看法似乎并没有充分的证据。

佩戴（Enneccerus-Nipperdey）的教科书较早地提出了这个学说，但拉伦茨认为是比洛（Bülow）首先提出了这个理论，而弗卢梅更是以为萨维尼时就已经将意思表示作为一个实质本体来对待。因为萨维尼曾经指出，从本质上看，"应该将意思和表示联系起来思考"。①

　　实质上，把意思表示作为效力表示来理解的理论与意思说的对立仅仅在于，意思说认为只要表示与意思不一致，那么它原则上就是无效的。而按照效力说的观点，将表示与意思分离，认为表示只是意思的证明和宣示手段的观点是不对的，故想要以效力说克服这种意思与表示的分裂或意思表示的二元主义。他们反对意思表示分别是由内在意思和外在表示这两个要素构成的看法，认为不应该将作为心理上基本事实的意思行为（Willensakt）与作为客观事实的表示行为（Erklärungsakt）相分离，两者实际上是一个实体。因此，该学说主张法律交易的意思只能于表示中实现，并且只能在表示范围内获得法律上的承认。在这方面，即使是意思表示的代表人物温德沙伊德和恩内克鲁斯也曾明确说过，意思表示最终不是单纯的"内在的"意思的通知，而是意思的实行。用另一种方式说，人们所谓的意思其实始终是一个规范的意思，不管程度如何，它始终是一种应然（Sollens）和可然（Dürfens），一个不应（Nichtsollens）和不可（Nichtdürfens）的规定性范畴。所以，意思的效力只能是从体现这种规定性的表示而来，亦即法律交易的效果只有通过体现规定性的表示来获得。于是，意思表示实际上应该作为"效力表示"（Geltungserklärung）来理解。此外，效力说还有一个显然较为接近表示说的重要思路，即一方面，对于表意人来说，他的自我负责当与自我决定相应，他完全可以自己选择和把握表示的方法或手段；另一方面，对于意思受领人来说，他所获知的仅仅是他能够认识到的，从而实际上大多是客观的意思表示内容，而不是他无法揣度的表意人的意思。正是基于这个考虑，意思表示受领人对于意思表示人的信任应该予以保护，而效力说恰恰可以给意思表示受领人提供这种保护。此外，法律交

---

① 　弗卢梅：《法律交易论》，第58页；萨维尼：《当代罗马法体系》第三卷，第258页。

往的安全性也要求尽可能不去考虑尚未表达出来的意思，否则，意思表示乃至法律交易就很可能常常处于被潜在的意思不确定加以干扰质疑的状态。只有这样，才能期望保护交易他方的利益和交易本身的安全。

综上所述，从《德国民法典》的有关规定和在现今的德国民法科学与实践中，可以明确得知德国民法既没有绝对地接受意思说，也没有完全地否认表示说，而是实际采取了一种妥协或折中的做法。其实，早在《德国民法典》制定之初，第二编纂委员会在此问题上作了一个立场说明："人们首先认为，无论是意思说还是与之相对的表示说，均没有导致什么较大的修改，故有必要对具体的情况分别考虑，而不是对这个或那个学说去做积极的肯定。"① 后来的实践表明，这种做法或立场实际上为效力说提供了伸展的余地，至少效果上如此。② 所以，就当今德国法学与实践而言，有关意思表示的主流观点不是以意思表示两元主义为基础的意思说或表示说，而是以意思表示一元主义为基础的效力说。

---

① 参见穆可丹:《德国民法典编纂备忘录》(Mugdan, Protokolle I, 710)。

② 克勒尔:《德国民法总则》(Helmut Köhler, *BGB. Allgemeiner Teil*, Aufl.19, Verlag C.H.Beck, München 1986)，第125页。

法律交易论①

在现今我国法学界探讨的诸多问题中，法律行为（法律交易）理论是长期以来一直使许多学者，尤其是民法学者感到困扰的一个难题。究其原因，主要有三：第一，法律交易理论完全是来自西方法学，即德国法学的理论，在我们的传统法律文化中原本没有这种理论的根源。第二，由于受到日本法律翻译的影响，我国法律界借用了"法律行为"这个日语的偏差表达，因而从一开始就偏离了原来的德文"法律交易"的内涵及相应理论。第三，19世纪与20世纪之交中国进行法律改制引进德国民法时，并没有正确把握法律交易理论，对其制度体系并没有明确的认识。正是由于上述三个方面的原因，造成我国民法学界，乃至整个法学界在法律交易理论上的很大混乱，而且越讨论问题越多，因为起点就是错误的。鉴于最近提交的"民法草案"将"民事法律行为"作为一项重要的内容纳入草案中，所以，对于这个问题进行梳理和阐释，从而避免整个理论和体系上的继续混乱是十分必要和迫切的。

一、法律交易理论的历史来源

法律交易（Rechtsgeschäft）是德国民法中十分重要的内容，甚至可以说是核心内容，是理解德国民法的一把钥匙。理解德国民法及其特色，不能不了解法律交易。德国民法学家弗卢梅认为："19世纪德国

---

① 原载《中国法学》2004年第2期。

法学的主题就是法律交易，19世纪德国法学所获得的成果就是以法律交易为基础的。"① 然而究竟何谓法律交易？最初，它对于德国立法者本身也是一个难题。《德国民法典》"法律交易"一节下以总共81条对法律交易作了规定，但却没有直接予以定义。② 当时的德国法学家们采取了罗马法学家雅沃伦（Iavolen）的立场，即"民法上的所有定义都是危险的"（omnis definitio in iure civili perculosa est），③ 有意地回避了对法律交易做出定义。而《德国民法典》以前的大多民法典编纂实际都没有采用"法律交易"这个概念，如：1794年《普鲁士普通邦法》、1804年《法国民法典》和1811年《奥地利普通民法典》等。《普鲁士普通邦法》只是采用了"意思表示"来替代"法律交易"，而即使意思表示也是间接定义："所有可以获得一项权利或向他人转移的物或行为均可成为意思表示的对象"（第5条）。1863年的《下萨克森州民法典》（第88条）第一次对法律交易做出了定义："如果某一意思的行为旨在根据法律设立、变更、消灭一项法律关系，则这个行为就是法律交易。"可以说，这个定义不仅对德国，而且也对于后来大陆法国家的法学家理解法律交易产生了很大影响。

从法律发展史上看，"法律交易"的明确概念和相应理论出现于18世纪时的德国，是一个较为典型的德国法学概念。在此之前，虽然有可以纳入"法律交易"范畴的各种法律现象，但始终没有十分明确的概括和理论。罗马法时代，法学家还没有概括出一般的债务合同，只是规定着个别类型的债务合同，如买卖、租赁等。罗马法中虽然已经出现了"行为"（actus）、"适法行为"（actus legitimi）及"法律事务"（negotium juris）的表达，但却并不是作为法律技术术语来使用的。即使后来罗马法中债务合同类型扩大了许多，但一般的债务合同仍然没有得到承认。不少学者认为，虽然罗马法上对有关契约和遗嘱的行为规则和效力规则有了较为详细的规定，但尚未有法律交易的概念或与其相应

---

① 弗卢梅：《法律交易论》（Werner Flume, *Allgemeiner Teil des Bürgerlichen Rechts*, Band II, Das Rechtsgeschäft, Aufl.4, Springer-Verlag），第30页。

② 《德国民法典》第104—185条。

③ 罗马法学家雅沃伦之语，参见 D. 50, 17, 202。

的明确认识。不过即使如此，罗马法上关于各种具体契约的一些规定实际上已经为后来对于一般债务合同的抽象提供了基本思路。如果抽去罗马法上已经存在的诸如契约行为、收养行为、无因管理等交易形式，那么近现代的契约法理论和法律交易理论就失去了重要的基础。近现代契约法及其理论与罗马法中出现的交易形式有着密不可分的历史和现实联系。例如，《学说汇纂》中已经出现的、我们称之为"适法行为"（negotium juris）的概念，实际就是"法律交易"概念的原身或源流，也就是说，所谓的"适法行为"实际和"法律交易"是一回事。①如意大利学者彭梵得给"适法行为"所下的定义与德国学者对于法律交易的定义完全一样："法律在其规定的条件和限度内承认能够产生主体所期待的法律后果的表示。"②问题在于，最初介绍罗马法的学者将其译作"适法行为"，而后来的学者又没有进一步予以研究并将其与德国民法上的法律交易联系起来，因而导致长期以来我国法学界将其与"法律交易"割裂开来理解。③在欧洲大陆法系一些国家，除了德国民法以外，意大利、葡萄牙等国家的民法也直接承继和发展了罗马法上的"适法行为"思想，如意大利和葡萄牙民法都采用了在罗马后期已经采用的"negozio giuridico"和"negocio juridico"这样的专门表述。

从18世纪起，德国法学家们开始有意识地致力于寻求发现一个一般概念，这个一般概念既是高度的抽象，又可以独立存在。它可以从法律上予以解释阐明，然后再以演绎的方式用于一般概念的表现形式上面。而法律交易就是从人类行为这个大概念出发，并作为人类行为的属概念被抽象概括出来的。第一次将"法律交易"作为法律术语引入德国法学的是18世纪中期德国自然法学派人物内特尔布拉特。在其《普通日耳曼实证法学新论》（ *Nova Introductio in Jurisprudentiam Positivam*

---

① 这还是一个因不同的翻译而产生的问题。

② 〔意〕彭梵得：《罗马法教科书》，黄风译，第59页。

③ 关于"适法行为"这个不同译法的源头，尚无学者予以考证，笔者也没有考证出于何人之手，出于何时。但对于它与"法律交易"之间的思路关联或概念渊源无疑应该予以说明。对此可以参见董安生：《民事法律行为》，人民大学出版社1994年版，第1页及以下。

Germanorum Communem，1772）中，他将罗马法的拉丁文用语"法律行为"（actus juridicus）和"法律事务"（negotium juridicum）翻译成"法律上的交易"（ein rechtliches Geschäft）。不过，根据德国法史学家科英的看法，当时所谓的法律行为（actus juridicus），最初是指一般具有法律意义的行为，远不像今天这样有体系或具体。① 不管怎样，从18世纪末起，德国法学界渐渐在有关著述中开始使用法律交易这个用语。如韦伯（A.D.Weber）在其《自然拘束理论的系统化发展》（1784—1787）中，胡果（Hugo）在其《学说汇纂教科书》（1790）中，均使用了法律上的交易这个用语。② 后来，达贝罗夫（Dabelow）在他的《当代综合民法体系》中首先设立了"法律上的交易"（rechtliches Geschäft）这个专题。③ 在此题目下，他说："在人类行为当中，存在着一种出色的类概念，人们把这种类概念称作法律上的行为或法律上的交易。人们在此概念下所理解的是合法的人类行为，它们对于交易对象具有相互的权利和拘束。"这种思想发展的结果，使"法律上的交易"相对于它的表现形式而抽象化和概括化，于是产生了法律交易这个概念。不过，直到海瑟④之前，虽然法律交易常常被法学家使用，但还未成为一个重要的法律概念。 只是到了海瑟的《学说汇纂讲义的普通民法体系大纲》发表后，这个术语才作为一个较明确的法律概念被学界普遍接受。从这个意义上讲，海瑟对法律交易概念的确立起了重要的促进作用。 对此，海

① 科英：《欧洲私法：1500—1800》（Helmut Coing, *Europäisches Privatrecht, 1500 bis 1800*, C. H. Beck, München 1985），第182页。

② 参见韦伯：《自然拘束理论的系统化发展》（A.D.Weber, *Systematische Entwicklung der Lehre von den natürlichen Verbindlichkeiten und deren gerichtliche Wirkung*）， 第1版，1784—1787；胡果：《当代罗马法制度》（Gustav Hugo, *Institutionen des heutigen römischen Rechts*），1789年版。但是德国学者图尔认为"法律行为"这个概念首先出现在胡果的《学说汇纂教科书》中。参见图尔：《德国民法总论》（Andreas von Tuhr, *Der allgemeine Teil des deutschen bürgerlichen Rechts*）第2卷第1册，第143页 。

③ 见达贝罗夫：《当代综合民法体系》（Dabelow, *System des gesamten heutigen Zivilrechts*），第329小节。

④ 海瑟（Georg Arnold Heise, 1778-1851），曾为海德堡和德国哥廷根大学法学教授，1820年起担任吕贝克州高等上诉法院院长，在他的领导下，该法院成为当时德意志最为有声望的法院。该法院的判例对后来德国商事立法产生了很大的影响。

瑟的老师胡果给予高度评价说，在法学史上，恐怕还没有这样不同凡响的理论建树。① 在此之后，德国法学家萨维尼在其《当代罗马法体系》第三卷中又进一步将法律交易概念和理论进一步予以阐释发展，最后确立了法律交易理论在德国民法中的地位。总之，德国法上的法律交易意识其实出自罗马法上的适法行为，两者思路一脉相承。

二、法律交易的理论与构成要素

在学说理论上，德国法学界对法律交易的认识虽有不同意见，但基本上是明确和一致的。《德国民法典第一草案》的说明中采用了温德沙伊德的意见，即"本草案所指法律交易是一种私人意思表示（eine Privatwillenserklärung），目的在于导致一种法律后果，该法律后果因其为表示人意之所愿而依照法律秩序发生"。② 现今德国法学界的一般看法，基本就是这个思路的展开，即法律交易是"一个人或多个人从事一项交易或若干项具有内在联系的交易，其目的是为了引起某种私法上的后果，亦即使个人与个人之间的法律关系发生变更"。③

于是这里产生了一个问题：既然法律交易是一个意思表示指向的结果，那么意思表示与法律交易的关系或意思表示在法律交易中的地位究竟如何就成了一个关键的问题。在这方面德国学者之间是有分歧

---

① 弗卢梅：《法律交易论》，第28—31页。

② 同上书，第23页。又参见《德国民法典立法说明》（Motiv I，126）。

③ 参见〔德〕拉伦茨：《德国民法通论》，谢怀栻等译，法律出版社2003年版，第426页。〔德〕梅迪库斯：《德国民法总论》，邵建东译，法律出版社2000年版，第140页。不过，这两个译本仍约定俗成地将"法律交易"译作"法律行为"。显然，这使读者了解"法律行为"和"法律交易"及其区别产生一定的概念转换困难。当时，"当代德国法学名著"编委会之所以没有专门讨论这个问题，是因为这是一个非常复杂困难的问题，很难通过一次两次学者之间的讨论予以解决。所以，这个问题留了下来。本文为了尊重译者当时的表述选择，在征引谢译译拉氏《德国民法通论》和邵译梅氏《德国民法总论》的观点资料时，凡涉及德文"Rechtsgeschäft"，以下一律仍以"法律行为"表述，但是在绝大多数的情况下，谢、邵译本所说的"法律行为"，实际上都是德国民法上，亦即今本文所讲的"法律交易"。以下除特殊场合外，不再对此一一说明。

的。许多人常常将其理解为一种心理状态。19世纪德国法学界的法学大家萨维尼、索穆和温德沙伊德，都是如此。萨维尼认为，用意在于引起一个法律后果的行为事实就是法律交易或意思表示。① 索穆说："私法上的法律交易是私人依法所做出的，指向特定法律后果的明确意思表示。"② 除此之外，德国民法学者拉伦茨也指出，由于"旨在使某种法律效果产生的意思是通过某些行为来实现的。这种行为通常就是这一意思的表示，即'意思表示'"。③

　　另有些学者虽然也认为法律交易不过是意思表示的体现，但也不否认法律交易的成立还需要其他要件，德国当代的许多学者均如此，如弗卢梅、拉伦茨、梅迪库斯等。现在看来，普遍的观点认为，法律交易的核心内涵就是意思表示，但法律交易构成或成立除了意思表示之外还必须要有形式上的要件。在这个问题上，德国学者之间虽然有分歧，但它不是实质性的，区别只在于前一种观点更加强调意思表示在法律交易构成中的地位。我国有些学者提出了这个问题，认为意思表示混同于法律交易而在《德国民法典》中被接受，但被后来德国学者予以否定，可事实并非如此。④《德国民法典第一草案提案说明》曾指出："意思表示与法律行为的表达通常具有同样的意义，所以使用前者即意思表示的表达，是因为它在这种情况下占有核心地位，同时，也可能因为一个意思表示是否仅为某项法律交易构成要件的一个组成部分尚未确定。"⑤ 对于这个问题，宋炳庸在其《法律行为辩证论》中曾有过较为清楚的阐释。他认为："显然，意思表示确实为法律行为的核心要素；但意思表

---

　　①　弗卢梅：《法律交易论》，第106页。萨维尼：《当代罗马法体系》，第3卷，第5页及以下。

　　②　索穆：《罗马法原理》(Sohm, *Institutionen—Geschichte und System des römischen Privatsrechts*)，第7页。

　　③　〔德〕拉伦茨：《德国民法通论》，第427页。

　　④　参见高荣云、徐炳煊：《法律行为概念的难解病症状》，载《延边大学学报》2001年第4期。在现今有关法律行为理论的讨论文章中，这篇文章有认识基础，提出了问题，也部分地指出了产生问题的原因所在，但有些结论并不完全正确。

　　⑤　《德国民法典第一草案提案说明》(Mot. I, 125)；见穆可丹编：《德国民法典资料汇编》(Mugdan I, 421)。

示本身并不等于法律行为。……总之，意思表示是构成法律行为的法律事实之一，并且是核心的一种法律事实；而法律行为是以意思表示为核心的各种法律事实之总和，因此不能把意思表示与法律行为完全加以等同。"①台湾地区学者王泽鉴承袭了德国法学界的主流观点，所作阐释简洁清楚。他认为："法律行为是以意思表示为要素，意思表示是法律行为的核心。法律行为与意思表示并非相同，在概念上应严加区别。法律行为有由一个意思表示构成者，如撤销权的行使；有须多数意思表示构成者，此最为常见……由是可知，法律行为与意思表示并非一致。"他还解释说，人们之所以常以意思表示代替法律行为，盖因其为法律行为构成不可缺少的要素，但实质上，两者不可同一而语。②

　　具体说，任何法律交易，都必然包含着至少一个意思表示，也就是说，没有意思表示就没有法律交易。德国学者梅迪库斯曾对此有明确说明："所以，看来法律行为的必要前提是至少有一项意思表示。这一点，无疑也是民法典的出发点。"③意思表示包含两个要素，第一，表示人（或表意人）旨在取得一定法律后果的意愿；第二，宣告该意愿的接受者，即受表示人（或受意人）。但也有学者认为，构成法律交易的要素除了意思表示，即想要实现特定法律后果的意愿表达行为，还有可能是一项意思实现（Willensbestätigung）。意思实现与前述意思表示的共同之处在于，它同样包含着要取得一个法律后果的意愿；不同之处在于，它不是通过宣告法律后果意愿来使法律后果实现，而是要使行为人所欲达到的法律后果用与其相应的事实状态来实现。所以，意思实现与意思表示不同，它没有所谓意思告知目的。也就是说，它是一种纯粹的实现行为，而不是表示行为。④但也正是因为如此，有些德国学者，如梅迪库斯反对将所谓意思实现作为法律交易的要件之一。

---

　　①　参见宋炳庸：《法律行为辩证论》，延边人民出版社1994年版，第139—143及172页。
　　②　王泽鉴：《民法总则》，第271页。此处王泽鉴所说"法律行为"，即本书所说"法律交易"。以下引文同，不再说明。
　　③　〔德〕梅迪库斯：《德国民法总论》，第191页。
　　④　这主要是拉伦茨的观点，它涉及一个更为复杂的问题，即债权行为和物权行为以及事实行为等问题。见〔德〕拉伦茨：《德国民法通论》，第435页及以下。本文下面也将进一步涉及。

拉伦茨指出意思实现是一种实施行为，同时还认为意思实现有时也可以作为法律交易的构成要件之一。例如他认为，有些法律交易不是由一个或若干个意思表示组成的，而是体现为一种简单的意思实现。"所谓简单的、法律交易上的意思实现是相对于意思表示而言。它是指行为人的一种行为（Handlung），这种行为并不是通过行为人表达法律行为意思的方式而使法律后果产生，而是以创设相应状态的方式使人们所希冀的法律后果实现。这就是说，意思表示有时纯粹是一种实施行为"，[①] 如：先占、抛弃，等等。但是当这种实施行为一旦与交易人的意思相结合，就构成一个法律交易的组成部分。在此问题上，拉伦茨的看法显然与梅迪库斯不尽相同。拉伦茨还认为，《德国民法典》中所谓法律交易，实际上可以理解为一种行为（Handlung）或一种彼此相关的行为集合，只要其目的是想获得一项私法上的法律后果。在拉伦茨的著述中，他将构成法律交易的意思表示要素分作了两个要素，一个是通常说的"意思表示"，另一个是他自己概括的"意思实现"，实际上是某种程度上可以和事实行为相提并论的说法。他认为，意思表示是指行为人向其他人或某个特定的人表明某种法律交易意的行为；而简单的意思实现则是指某种没有表示意义的行为，但它同样也能够产生法律后果。[②] 他甚至指出："任何法律交易至少必须包含一个意思表示或一个意思实现。"拉伦茨这种法律交易构成的二元论，实际成了物权行为抽象原则的思考支点之一。[③]

但是仅仅有意思表示还不能构成完整的法律交易，这在德国法学界已经成为共识。任何情况下，法律交易都必须包含一个意思表示，但是仅仅在很少数例外情况下，法律交易的要件限于一个意思表示。大多

---

① 拉伦茨：《德国民法通论》，第430页。
② 同上书，第431页。
③ 拉伦茨：《德国民法通论》第8版（Larenz/Wolf, *Allgemeiner Teil des deutschen Rechts*, 8. Auflage）第432页同样强调了这点。非常值得在此指出的是，某种程度上，可以说拉伦茨将意思实现作为法律交易的构成要件之一的思路，实际上是与德国法上交付行为可以独立成为一个交易的抽象原则思路相一致的。相反，否定实施行为可以作为一个具有意思的独立交易的思路则与抽象原则理论有些矛盾。就此而言，意思实现理论实际为物权行为的独立和抽象提供了理论基础。

数情况下，法律交易的成立需要两个意思表示。[1] 不仅如此，除了意思表示之外，法律交易的成立通常还需要其他要件。首先，它必须还要遵循一定的形式，以使交易人的意思得以表达。这种形式提高了法律交易的权威性、安全性和确定性。它强迫当事人事前细心准备和考虑，促使其尽可能小心、谨慎和准确。此外，每一种形式都会直接间接地说明法律交易的构成，促使法律交易的公开。使法律交易周围的人知道，并以此方式使有关第三人可能对其产生兴趣。虽然形式自由原则是法律交易中所包含的意思表示的出发点，但出于各种理由，如为了证据保全的目的，为了公证和咨询具有实际可行的意义，法律规定意思表示只能以一定方式进行。在此意义上，它是意思表示的表现并成为法律交易的一个要件。其次，由于某些法律交易需要特定的形式，故常常涉及第三人的共同作用。如结婚的成立需要登记局，设立非亲笔遗嘱时所要求的形式要件，公证时需要发给公证书的公证机关等。最后，在某些情况下，除了意思表示之外还需要实现行为作为法律交易的构成要件。

　　就法权与形式而言，法权用以表达和证明的形式是任何一个法律秩序的实质性风格因素，而且原则上是与一般的时代风格相一致的。从法律发展史上看，远古法律的形式强制较之于现代法明显更多。正是在这种意义上，我们常常说法权与形式的密切关联是古代法的一个实质特征。此外，形式有时又非常容易被人滥用从而导致事实上的不公正。对此，耶林曾以一句著名的话形象地予以表达："形式是任意专断审判的仇敌，但又是自由的孪生姊妹。"

三、法律交易理论的意义与影响

　　由上可知，法律交易理论虽然源远流长，但是真正确立和成熟是在德国法学中。德国法学家提炼和抽象出的"法律交易"概念，除了在

---

[1]　冯·图尔：《德国民法总则》（Andreas von Tuhr, *Allgemeiner Teil des deutschen bürgerliches Rechts*, zweiter Band, erste Hälfte），第147页。

法律关系构造和法律适用方面具有特殊的作用外，它对社会生活有何意义，对整个民法制度有何意义？

首先，就其社会意义而言，法律交易制度体现和保障着私人自治原则。因为法律交易的核心是意思表示，而意思表示的价值取向又是意思自治。所以，法律交易的真正要义在于私人自治，它是民法的基本原则之一，即契约自由得以实现和保障。按照德国学者的理解，所谓私人自治，是指"各个主体根据他的意志自主形成法律关系的原则"。[①] 换句话说，是"对通过表达意思产生或消灭法律后果这种可能性的法律承认"。[②] 它为实现私人自治的法律构造提供了法定的前提条件和范围。进一步说，它实际体现了自由资本主义时期以来，处在商品经济环境中的市民阶层或法律关系主体所追求的私人自治理念。正因如此，这也成为一个被普遍接受和采纳的原则。在日本民法中，法律交易只要能够完全表达当事人的意图，即可产生法律效力，于是乎有了"法律交易自由原则"，而这一原则具体在契约法中则体现为"契约自由原则"，它直接体现了私人自治的精神。事实上，《德国民法典》就是建立在私人自治理念基础上的一部法典，它的基本原则就是从私人自治理念出发的。私人自治的理念意味着，个别人可以按照其自身的想法意志来参与社会生活，即设立、变更乃至解除法律关系。为此，一个相应的法律秩序应该是尽可能地给予这些个别人以最大的自由，从而使之能够最大程度积极能动地参与和把握社会生产和生活。具体说，它应该使任何一个有行为能力的个人不仅享有实际实现自身权利的权利行使自由，而且还能够按照自己的意愿，自主地设立、变更和消灭一项法律关系，只要其设置法律关系的意思不违背法律的精神及社会公共利益。正如德国法学家拉伦茨所言："每个人都通过法律交易的手段来构成他同其他人之间的法律关系；法律交易是实现《德国民法典》的基本原则——'私人自治'的工具。"[③] 英国学者梅里曼认为，德国民法上法律交易的思想根源是意思

---

① 弗卢梅：《法律交易论》，第2页。
② 参见〔德〕梅迪库斯《德国民法总论》第142页引比德林斯基（Bydlinski）语。
③ 参见拉伦茨：《德国民法通论》，第426页。

自治或个人意志，而后者是德国法学家们对私法关系最为深刻的发掘，他认为德国民法学者要在整个法律秩序中区分私法与公法，其根本动机就是想确定私法自治的范围，因为"私法上权利的创立以及私法义务的设定，仅需当事人之间的合意。他们力图找出私法关系的最终渊源，最后他们在个人意志中获得了答案"。① 总而言之，《德国民法典》通过法律交易这个抽象的制度设置，给予所有个人在特定法律秩序范围内按照自己的意志设立法律关系以自由空间。②

　　私法自治或契约自由还有一层更深的含义，即所有的社会经济关系原则上不应通过国家调控，而应通过竞争予以调整，而竞争本质则是参与社会经济的自由个体自由决定的总和与表达。例如，所有人不仅能对其所有之物占有和利用，而且还可以按照自己的意志与他人设立、变更和取消一定的法律关系。产品出卖人可以根据自身的利益和判断，自主合理地确定产品价格、出卖对象并商定交付地点与方式。事实上，契约自由原则完全是以法律交易为前提的。如果没有法律交易制度及其所体现的精神，契约自由也就没有了制度上的依据和保障。正因如此，德国民法上规定法律交易制度乃是私人自治的必然之举。

　　其次，就其理论意义而言，法律交易对于德国民法来说是一个不可或缺的灵魂概念。如果没有法律交易这个概念，整个德国民法理论体系就要解体。如前所述，在民事法律关系中，法律交易是最为重要的法律事实，除了不法行为领域外，绝大部分民事法律关系都具体体现为各种各样的法律交易。换言之，法律交易是民事法律关系的最基本元素，是法学家对民事法律关系最精粹的抽象，是大部分民事法律关系的"最小公因数"。无论是债权关系、物法关系、家庭关系、继承关系还是人的能力，都离不开法律交易这个基本法律事实。对于立法者来说，通过对法律交易这个最一般法律事实及其相应法律关系的规范，实际上建立了一个法律秩序下最为重要的一部分规范体系和制度；对于交易参与人

---

① 参见〔德〕梅利曼：《大陆法系》，顾培东等译，第83页。

② 参见《帕朗特民法典评论》(Palandt, *Bürgerliches Gesetzbuch*, C.H.Beck, Aufl. 62)，第104条。

来说，通过对法律交易的现象与本质的认识和把握，完全可以达到正确、有效、有序地参与民事活动的目的。在此基础上，就有可能实现社会生产和生活的规范化、秩序化和法制化。总之，法律关系是全部处于法律秩序下的社会生活和生产关系，而法律交易则是构造这些法律关系的基本手段或途径。其实，法律秩序的实际生命现象主要是法律交易，没有法律交易就没有了私法法律秩序的基本内涵。

再次，就其制度或秩序意义而言，法律交易理论还意味着行为责任自负原则。实际上，这也是私人自治基本原则的另一个方面。换句话说，一项法律交易之所以能够成为法律予以保护的交易，就体现在它无论是对他人还是交易人自己，都有约束力。因为法律既然赋予每个人或每个经济组织以完全自主地决定参与经济活动和交往的权利，那么，交易人就必须对自己的交易意思、交易承诺、交易方式及交易后果负责，而相对交易人也有理由对交易行为给予信任。在所有民事交易活动中，这种信任都不可缺少，它是一切民事活动的起点，是诚实信任原则的重要内涵之一。本着这种思路，民事法律在赋予民事法律主体以自治权能的同时，也对其规定了信任责任，所谓信任责任意味着，法律交易与其他交易形式不同，是言必信、行必果的交易形式，交易人或行为人必须受其所作的意思表示约束。每一个交易人都必须对其意思表示所影响、触及的法律范围负责。"私法自治的精神在于'个人自主'，个人既能自主决定，就其行为应'自我负责'，相对人的信赖和交易安全亦须兼筹并顾。民法总则关于法律行为的要件、行为能力、法律行为之标的、意思表示不一致、意思表示不自由等，所以不惮其烦，详设规定，即在调和个人自主及自我负责此两项原则。"①

概括而言，整个自由经济或商品经济的法律规定性在法律交易制度上得以充分体现。这意味着，社会经济，特别是表现为私人经济的市场经济或资本经济，必然要求经济生产和生活中的每一个人都能够自由自主地决定其生产和生活活动，因为只有这种个人生产和生活活动的自

---

① 王泽鉴：《民法总则》，第269页。

由自主才能赋予整个社会的生活和生产以生命活力、创造力和竞争力。没有自由自主就没有竞争与创造，而没有竞争与创造，社会发展进步就会疲弱无力。所以，一个体现为法律秩序的社会秩序，必然要赋予每一个个别的社会成员以意思自治的法律规定性和保障，而这个意思自治的核心思想就是每一个人都可以按其自己的意志参与社会生活与生产活动。当然，与此同时他也必须对自己自由自主做出决定的后果负责。在法律上，这集中体现为契约自由和责任自负。由此可见，自由社会→自由经济→意思自治→契约自由→法律交易→意思表示乃是一个不可断裂的社会发展链条，是一个合乎逻辑的必然结果。

在19世纪学说汇纂法学派的法律理论中，法律交易实际成为一个基本的概念。尽管对于法律交易理论从一开始就有不同的意见，但不可否认的是，它对于19世纪民法的发展产生了极为重要的影响，在德国尤其如此。[①] 它是处理一系列一般问题的基础，它使得将私法中不同部门的问题予以统一理解成为可能。同时，它也被理解成为私人自治思想的最尖锐渗透。如果没有法律交易这个概念，一个私法总则就是不可想象的。[②]

法律交易这一古老的交往意识经过德国学说汇纂法学派的阐释发展形成了一种较为成熟的法律理论。当这种法律理论经过德国民法典编纂者们的使用确认之后，它又成为一个具有实用价值的制度。这个制度通过《德国民法典》对一些大陆法国家的法律制度产生了极大的影响。这可以从两个方面予以说明。

首先，继受或借鉴《德国民法典》国家所受影响。《德国民法典》是晚于《法国民法典》约一个世纪制定颁行的法典。在此之前，由于《法国民法典》的颁行及法国在19世纪通过政治、军事手段对欧洲及欧洲以外国家的影响，许多欧洲国家和欧洲以外的国家主动或被动地受到了《法国民法典》的影响。这样一来，《德国民法典》在世界上的影响

---

① 科英:《欧洲私法:1500—1800》,第182页。

② 同上书,第183页。

范围就大受限制。但是即使如此,由于《德国民法典》的独到之处,由于19世纪末,尤其是20世纪以来欧洲一些国家多有修订民法典之举,亦由于欧洲以外世界许多国家和地区,特别是一些亚洲国家都恰恰在努力制定法典,《德国民法典》还是从20世纪以来在世界上产生了很大影响,许多国家和地区直接继受了《德国民法典》或间接地受其影响。如欧洲的《意大利民法典》《葡萄牙民法典》,因此又有《巴西民法典》《希腊民法典》;介于欧亚的《土耳其民法典》、亚洲的《日本民法典》和现今中国台湾地区的"民法典"、泰国、韩国的民法典等。

对于法律交易,日本法学界直接继受了德国法的主流观点,即"法律行为是指能够产生法律效果的人的行为,它以意思表示为成立要素,是权利、义务发生、变动的原因"。[①] 在我国台湾地区,多数学者所持亦为德国民法学界的通说。[②] 在中国大陆,法律交易被表述为:"民事法律行为是公民或者法人设立、变更、终止民事权利和义务的合法行为。"(《民法通则》第54条)但是,中国民事立法采取这个定义,实际在某种程度上是受了苏联的影响。

四、有关法律交易认识的问题与分析

如前所述,现今我国法学界中,许多人并没有了解到法律交易的实质以及它与法律行为的差别,故往往将法律行为与法律交易相提并论,混为一谈。大多数人都把法律行为理论和法律交易理论相互交叉阐释,以致越讲越乱。其实,我国民法学界长期以来所说的"法律行为",就是德国法上的"法律交易"。而我国法学界的最大问题就是我们没有意识到法律交易与法律行为之间的区别。对于法律行为和法律交易问题

---

① 参见邓曾甲:《日本民法概论》,法律出版社1995年版,第53页。邓氏写日本民法,当然是采用"法律行为"而不是"法律交易"的表述。

② 胡长清:《中国民法总论》,中国政法大学出版社1997年版,第175页。王泽鉴:《民法总则》,第270页。李宜琛:《民法总则》,第208页。梅仲协:《民法要义》,中国政法大学出版社1999年版,第88页。

真正有较深入研究的学者在我国实在不多。即使是某些对法律交易和法律行为有较多、较深入研究的学者，也仍然没有意识到这其中的区别。[①]正因如此，我国法学界一个多世纪以来始终围绕着"法律行为"转圈圈，经常是毫无觉察地用法律行为的理论来阐释法律交易，或者是用法律交易的理论来阐释法律行为。如有人认为："在大陆法系，法律行为一词首先是用在民法中，而后因其概括性而为其他法域广为采用……民事法律行为与法律行为并无其它不同。""民事法律行为是具有'民事意义'的法律行为。"[②] 显然，这种观点从根本上就是错误的，既不符合历史事实，也不符合客观事实，更不符合事物本质。第一，如前所述，从法律发展史看，民法中首先出现的不是现今人们所说的"法律行为"，而是"法律交易"。第二，"法律交易"和"法律行为"两者一开始都是相对独立出现，而且显然都是在各种具体的法律现象或事实的基础上逐渐抽象而成。也就是说，它是归纳的产物，而不是演绎的产物。第三，民事法律行为与法律行为的不同并非是因为"民事法律行为是具有'民事意义'的法律行为"，更不可能是因为在法律行为前加上个"民事"一词限定，法律行为的性质就改变了，事实上它们本身就是不同本质的事物。广义上讲是不同层次，狭义上讲是不同范畴的概念。

正是由于基本概念的混乱，导致我国民法学界有关法律行为理论的矛盾混乱和对法律交易认识的偏差与错误。概括来讲，可以见诸以下

[①] 董安生是国内至今对法律行为理论下功夫最大、最有研究、最有思考的学者之一。但即使是他也同样落入了概念误译的陷阱。例如他说："德文中首创法律行为（Rechtsgeschäft）概念的是胡果，可胡果在使用这一概念时，主要用来解释罗马法中的'适法行为'，其内涵泛指具有法律意义的一切合法行为；而在拉丁文中，以类似含义使用法律行为这一概念的还要早些。"见其《民事法律行为》一书第30页。在此，董安生实际已经认识到了法律行为与法律交易之间的不同以及德国法上法律交易与罗马法上适法行为的历史联系。可惜由于最初概念翻译或命名的错误，误导他不知觉地因概念的误用造成与正确思路的偏离，从而使他与正确的思路失之交臂，当然也就决定了他最终所得出判断的必然失误。

[②] 参见李小华、王曙光：《民事法律行为不仅为表意行为》，载《法学》2001年第12期。由于此文的展开基于对法律交易范畴的错误认识，故在方法、逻辑、观点上都存在许多明显的矛盾错误。

几个方面：

第一，对于法律交易与法律行为欠缺一般的认识。在德国法学界，对于法律交易的认识是有共识的，根本不存在我国法学界所提出的问题。至于法律交易与法律行为之间的差别与关系，虽然有分歧意见，但并不涉及根本问题。而我国法学界由于欠缺对于法律交易理论与制度的一般了解，所以在一些基本问题上远远没有达成较清楚一致的共识。例如，在德国民法上，凡谈到法律交易则必然是一个民法上的问题；此外，法律交易与法律行为在德国民法上是明确区分的。按照大多数德国法学家们的看法，法律行为是指不属于法律交易范畴，但同样发生私法上后果的行为。"法律行为概念是一个与法律交易相对的概念。"① 根据《德国民法典第一草案提案说明》，"对法律交易（Rechtsgeschäft）的界定引出一个特别的法律行为（Rechtshandlung）的范畴"。② 换言之，由于有些行为不能纳入法律交易范畴，于是乎就采用了一个办法，即将法律交易以外的、同样在民事法律上产生后果的行为归入另外一个范畴，此即法律行为。显而易见，两者的区别在于：法律交易是作为本身要获得的特定法律后果的行为出现，与此相对，法律行为则是作为法律规定其后果的行为出现，而不论行为人本身是否想要获得这种后果。如某些程序行为、住所的设定和取消、无因管理、占有取得行为、加工行为等，此外，还有一些事实行为也都可以纳入法律行为范畴中。

同法律交易一样，法律行为也是一个非常抽象的概念。德国法学者认为，对它做出定义同样也是困难和危险的。根据《德国民法典第一草案提案说明》："法律行为是法律交易外的一个特殊范畴。与作为具有意欲达到的法律后果而出现的法律交易相对。因为事实上就存在着这样一些行为，其法律后果产生于法律秩序的要求，而不论行为人是否愿意获得。"但是很明显，这样的表述"算不上是一种严谨的概念"。③ 所以，《德国民法典》最后干脆放弃了对法律行为下一个一般的定义，也没有

① 弗卢梅：《法律交易论》，第105页。
② 《德国民法典第一草案提案说明》（Mot.I, 127, Mugdan I, 421）。
③ 弗卢梅：《法律交易论》，第105页。

采用法律行为这个概念，只是采用了法律交易这个概念。至于在法律交易之外存在的那些亦将产生法律后果的行为，其性质、范围和特征等问题则留给了法学，由法学家们或法官们根据具体情况来确定特定行为是否属于法律交易抑或法律行为。因此要想了解法律行为，必须要从整体上加以把握。事实上，法律行为迄今为止在德国法上仍然是一个悬而未决的问题，是一个开放的、有探索余地的学理问题。但在德国法学界至少有一个共识，那就是法律行为是法律交易范畴以外的问题。在葡萄牙，法律行为基本上也被限定为一个法律交易以外的范畴，凡是不属于法律交易的私法上的行为，都被称作法律行为。和《德国民法典》不同的是，《葡萄牙民法典》除了法律交易（negocios juridicos）这个概念以外，也还采用了"法律行为"（actos juridicos）概念，可是完全没有做出任何具体规定，只是规定法律行为类推适用有关法律交易的规定。①

在我国，最大的问题是长期以来法律交易和法律行为始终被混为一谈。对于法律交易理论上存在的矛盾和问题，学者和立法者们早已经意识到了，并且以各种办法去寻求说明或解决。但是，由于很少学者了解这个问题的真正病原所在，故这个问题非但没有解决，反而越来越没有头绪。在民法学范围内，问题已经十分复杂，再加上民法以外的法律行为理论，更使得问题复杂混乱。对此，张俊浩在其《民法学原理》中关于"民事行为"的论述中已经有所涉及，而且敏锐地感觉到了其中存在的问题。尽管他所阐释的观点仍然没有摆脱我国法学界法律交易原始混乱的迷惑和影响，没有走出"民事行为"这样一个陷阱和怪圈，更没有发现这一困惑的真正原因所在，但他至少指出了"民事行为"不是什么理论上的突破，而是为了避免自相矛盾而使用的规避手法，此外他还难得地感觉到了"无效法律行为"与"可撤销法律行为""具有储藏特别信息的修辞价值，而不存在什么自相矛盾"。可以说，这是一个法学者在没有接触到关键原始资料，但却凭借法学家法律感觉能够做出的谨

---

① 《葡萄牙民法典》仅仅以第295条一条对法律行为作了规定："在类似情况下经调整，非法律交易之法律行为适用前章规定。"此处"前章"是指前面有关法律交易的规定。《澳门民法典》亦追随了这样的做法，仅以第288条对法律行为作了内容完全一样的规定。

慎而不唐突的学术判断。他对这个问题的处理恰恰可以用他自己的话说，是一个"不失机智"的技术处理。①

在此应该提及的是，我国《民法通则》采用了"民事法律行为"这个自以为是创新的术语，正是基于上述法学背景。但这个术语的采用恰恰表明了我国法学界对法律行为认识的模糊以及对法律交易理论没有清楚的了解。②

第二，法律行为的广义和狭义问题。广义上讲，即在整个法律秩序范畴内，所有合法的，与法律后果相连接的行为都是法律行为。或者如《施道丁格民法典评论》中所说，"每一个法律上具有意义的行为都可称之为法律行为"。③ 所以，除了民法上的法律行为以外，还可能有公法上，如行政法上和司法上的法律行为，像判决、形成判决、强制执行、逮捕、成年宣告、监护设定等；介于公法与私法之间的劳动法合同等。但是上述这些法律行为均非民法意义上的法律行为，更非法律交易；法律理论或法哲学意义上的广义法律行为，现今欧盟法律制度中的法律行为，④ 也都不是民法范畴所要谈论的法律行为。此外，违法行为，其中主要是侵权行为（不法行为），违约行为等也都不是法律行为，其中尤其是契约关系范围内的给付障碍如积极违约行为。狭义上，即在民法范畴内，法律行为是指那些法律后果的发生不以行为人表达的意思为依据的行为。而一旦某种行为的法律后果是因行为人的意思指向而发生时，那么便产生了法律交易。在民法范畴内，通常讲得比较多的是后者。《德国民法典第一草案提案说明》将法律事实作了三部分划分：法律交易、法律行为、不法行为，以此将上述三个概念作为平行的、同层次的概念来看待。

---

① 参见张俊浩：《民法学原理》，中国政法大学出版社1991年版，第254页。

② 参见同上书，第215页及以下。张氏在此的说明很具有代表性，表明我国民法学者已经意识到了阐释法律行为理论的逻辑矛盾和内涵疑惑，但是却仍然没有认识和挖掘到，为什么产生这种矛盾和困惑。

③ 《施道丁格民法典评论》第104条注释。

④ 在现今欧共体即欧盟范围内，法律行为这个概念是指欧共体或欧盟所有确立权利与义务的行为，如指令、命令及决议。

20世纪的法学家胡长清干脆认为，"法律行为为私人发生私法效果之行为"。在他看来，除了民法上的，其效果仅止于私法上效果的法律行为之外，在公法上也有各种法律行为：如国家管理机关实施管理职能过程中所为之行为，如法院之判决；此外，又如公务人员之选举；国际条约包含之法律行为概念；等等。但这类行为均与民法上的法律行为无关，民法上所论法律行为，只限于私人发生私法上法律后果的行为。应该说，胡氏的看法根本上是明确的，但问题是他在此也只是采用了法律行为的概念，仍然存在随后可能产生的概念体系或逻辑问题。①

第三，法律行为是否包括违法行为。这个问题在德国也曾是一个存在争议很久的问题。很大程度上，这个问题是与法律行为的广义和狭义相关联的。将不法行为包括在法律行为当中实际是自萨维尼就已经形成的思路，至今仍然有着一定影响。② 如有些德国学者认为，法律行为可以分作两类：其一是合法行为（或：适法行为、允许行为），主要是法律交易；其二是违法行为，主要是不法行为即侵权行为（或：不允许行为）；此外还有侵害债权（Forderungsverletzung）。③ 对此理论，我国有学者已经接触到，如《德意志法上的法律行为》说到法律活动行为分作适法行为（rechtmäßig）和违法行为（rechtswidrig）两类。④ 但是，纵观萨维尼之后德国法学理论发展，可知人们已经渐渐将不法行为从法律行为当中剥离开来。从现今整个情况看，德国学者大多都是将法律行为和违法行为区别而论的。其实从一开始，早在达贝罗夫的著述里就已经对法律交易的合法性作了说明，他认为，人们在法律上的交易概念下所理解的是一些合法的人类行为，它们对于交易对象具有相互的权利和

---

① 参见胡长清：《中国民法总论》，第185页。不过，应该说明的是，胡长清在此使用"法律行为"这个概念作为民法上的一般概念，但实际上它应该包含着法律行为和法律交易两层意思。由此可见，法律行为理论概念体系的模糊来之久远。

② 弗卢梅：《法律交易论》，第106页。

③ 《帕朗特德国民法典评注》"法律交易"条。

④ 见沈达明、梁仁洁：《德意志法上的法律行为》，第48页。如果我们将其所谓的"法律活动"理解为"法律行为"，那么编著者在此的分类还是正确的。

拘束。① 此外，德国具有代表性的民法学者拉伦茨和弗卢梅都认为违法行为不在法律交易之列，另当别论。如拉伦茨认为，对于法律行为这个问题主要还是应该限制在私法领域内来说，故违法行为应该排除在法律行为之外。从他对法律交易的阐释看，他事实上已经排除了法律交易包括不法行为的可能。如"我们说法律交易的目的是引起法律后果。这一表示的意思是：法律交易之所以产生法律后果，不仅是因为法律秩序为法律交易规定了这样的后果，首要的原因还在于从事法律交易的人正是想通过这种法律交易引起这种法律后果。当然，法律秩序承认法律交易的法律后果是一项必不可少的条件。可见，通常情况下，法律交易是一种有目的的行为，即以最后引起某种法律后果为目的的行为"。② 另一个德国法学家弗卢梅也认为："如同人们一般所理解的一样，法律行为是对特定法律秩序中所有事实要件的抽象，其中主要是那种不违法的行为，同时也不是法律交易的行为，这类行为也要产生法律上的后果。这种根据法律规则而导致一定法律后果的行为，就是法律行为。"③

由此，我们可以明确，德国民法上现今完全是把法律行为和违法行为分开而论的。至于法律交易，则无疑更应该是合法行为。这从理论上也可以明确予以阐释，因为法律交易的法律后果是交易人指向而法律制度予以承认的，因此，交易人指向的法律后果和法律承认和接受的法律后果在法律价值判断方面必然是一致的，因为法律不可能承认和接受一个指向不法后果的交易。一句话，法律予以接受的交易后果，必然是合乎法律价值取向的后果，否则交易人也不可能主观地设定。因此，法律交易的合法性是其本质使然。一个已经成立的法律交易如果违法，那

---

① 达贝罗夫：《当代综合民法体系总论》（Dabelow, *System des gesamten heutigen Zivilrechts*），第一版，1794，第329小节。

② 见〔德〕拉伦茨：《德国民法通论》，谢怀栻等译，第426页。德文新版第8版（Larenz/Wolf, *Allgemeiner Teil des deutschen Rechts*, 8. Auflage）第432页同样强调了这点。还应该指出的是，拉伦茨在此是明确使用"法律交易"的表达，而不是"法律行为"的表达，同时还用了"行为"这样的表达。所以，这段话所指，一定是"法律交易"，而不是"法律行为"。

③ 弗卢梅：《法律交易论》，第105页。

么结果必然是无效。对此，意大利学者彭梵得也有清楚的说明："法律行为分为适法行为和非法行为，后者是指在法律上不正当的行为。在前一种行为中，人的意思在法律规定的限度内活动，并且法律所承认的后果或多或少是主体所追求的目的。"①毫无疑问，法律所承认的必然是法律规定范围内的合法活动。此外，台湾学者王泽鉴在谈及法律交易内容的限制时曾说："法律行为（交易）的生效，须以法律行为（交易）的内容可能、确定、适法妥当为必要。"②他从法律交易内容限制的角度出发所谈的适法妥当性，从一个方面说明了法律交易必须合法的逻辑。总而言之，法律交易的合法性是法律交易的题中之义，是毋庸讨论的一个必然性。

有的学者认为合法性并非法律交易的独有特征，故不能作为评价法律交易依据。指出"法律行为本质上属于合法行为，是指法律行为在合法与违法的行为分类上的归类问题。合法性并不是法律行为本质特征的完整内容"。这种观点认为多数人所持法律交易乃合法行为的认识是不够准确的，应该予以修正。③这种观点可以说是较为深刻的，是在了解到法律交易本质的基础上做出的判断。但是认为合法性不是法律交易本质特征的看法，可以进一步讨论。但是另有人认为："法律行为应该包括合法行为和违法行为及一切具体的设权行为。"同时还指出《民法通则》第54条有关法律行为的定义："把法律行为界定为合法行为，而把违法行为排除于法律行为之外的主张，不仅与客观实际不相符，亦有悖于法律行为本质与现象之间的对立统一规律，而在理论上也行不通。何况合法不合法乃价值标准，并非概念标准。"④显然，这种观点是不正确的。

第四，关于无效法律交易的认识问题。在涉及法律交易是否为合

---

① 〔意〕彭梵得：《罗马法教科书》，黄风译，第58页。
② 王泽鉴：《民法总则》，第295页。
③ 宋炳庸：《法律行为辩证论》，第143页。
④ 高荣云、徐炳煊：《法律行为概念的难解病症状》，载《延边大学学报》2001年第4期。

法行为的讨论中，还有一种观点认为，无效法律交易存在的本身是对法律行为合法性的一个否定。但这个问题大多情况下实际是法律交易成立与生效的区别问题，而不是法律交易性质问题。具体说，法律交易成立，并不一定意味其在法律上生效或受到法律保护，而不在法律上生效或不受法律保护的交易行为未必一定是违法的。当然，也会存在某些指向特定法律后果的交易行为是违法的或存在重大瑕疵，在此情况下，法律交易自始无效，换句话说，这样的交易在法律上从来没有存在过。所以，在此并不存在合法的法律交易违法这样一个悖论。总之，实质上这是一个法律交易的成立与有效要件是否同一或有区别的问题，不应该和法律交易本身的合法不合法性混同。对此，有的学者也已经看到。[1]

五、法律交易与法律行为理论混乱的历史原因

以上所述，反映出我国民法学界甚至整个法学界对于法律行为和法律交易理论认识的矛盾和混乱。这种混乱所以存在而且长期以来没有解决，最主要的是因为我们从一开始就已经陷入在概念的错乱当中。具体说，我们当初在引入"法律交易"这个概念时就将它与"法律行为"混淆起来。究其历史原因，是由于日本学者首先将德文的"法律交易"译成"法律行为"，而我们又在上个世纪初学习了日本法律。从史料上看，最早将德国的"Rechtsgeschäft"译成"法律行为"的日本学者是梅谦次郎。[2]他在明治年间参与民事立法并主持起草《日本民法典》时，首次在日本法中引入了德国民法概念"Rechtsgeschäft"，但却将其译作

---

① 宋炳庸：《法律行为辩证论》，第144页。

② 梅谦次郎（1860—1910），日本民法学家。曾在法国、德国留学法律，1890年回国后执教法学。曾参与明治政府的多项法律起草。他的学术见解对当时《日本民法典》的起草产生了相当大的影响。他在制定民法典问题上所持的慎重立场和对于法律稳定性的强调，很类似德国萨维尼在制定德国民法典时所持的立场。他主持制定的民法典草案，一改原先由法国人布瓦索纳德起草的旧民法典草案，后者因具有太多的法国色彩而遭到日本国内学界的批评。不过，梅氏主持起草的民法典草案，显然又具有了德国色彩，而且这种倾向性丝毫不比原先的草案弱。梅氏因其对于民法典制定的参与而被称作日本民法典之父。

"法律行为"。对此问题，日本学界也有人提出不同看法，可惜并没有能够引起广泛的重视和讨论。[①] 日本学者最初将德文的"法律交易"译作"法律行为"，实际上产生了这样的问题：首先，如果是在整个法律领域，它是将一个大概念用作了本位概念，即将法律行为用作了法律交易；其次，在民法领域，它是将一个相对概念用作了本位概念。也就是说，在原生法律理论中的实际上三个概念，狭义上讲至少两个概念，现在被我们用作一个概念统一予以阐释。更为严重的是，我们许多学者没有看到其中问题所在，有些民法学者用一般意义上的法律行为理论来解释法律交易，有些法理学者用民法上法律交易的理论来阐释一般意义上的法律行为，如此一来，可谓乱上加乱。就此而言，我国法学界长期以来存在的关于法律交易概念理论的混乱，其始作俑者为日本学者。[②]

对于法律行为概念的错误命名问题，在我国已经有学者意识到，并且试图从另外一个角度予以阐释。如宋炳庸认为，之所以产生现在这样的问题，主要有三个原因：无视概念三要素中的名称要素；对法律行为历史的研究仅仅局限于国家与法的社会；把法律行为混同于法律交易。[③] 应该说，这种观点已指出了"法律行为"这一概念本身在理论和体系上原来就存在问题，同时也看到了产生这种问题的部分深层次原因。但是，应该指出，无论法律行为概念原初是否被错误命名，我们对它的讨论都必须以对其的正确认识为前提。换言之，我们不能在错误命名的情况下再一次错误命名。那样，对事物本质的认识必定会谬之更远。而对于我国法学界来说，问题恰恰如此，即在根本没有完整了解法律行为和法律交易的情况下，对于法律行为和法律交易给予错误的命名或定义。

另外一个不可忽视的原因是，由于法律交易是一个典型的大陆法概念，所以英文的转译有各种不同的方法，而其中大多数译法还是离

---

① 胡长清《民法总则》的第185页对此有说明。张俊浩《民法学原理》的第215页对此也有说明。

② 又可见宋炳庸：《法律行为辩证论》，第8页。

③ 宋炳庸：《法律行为概念被错误命名的原因》。

不开英文的"act"。对于德文"Rechtsgeschäft"的英译有几种不同的译法："juristic act""legal transaction""juristic action"和"legal act"等。上述所有英文译法，实际上都与德文表达的原意有一定程度的差别，特别是"legal act"的译法与原文本旨相去甚远，实际上可以对应一般意义上的法律行为概念。但是，这种客观情况对许多不了解德文的中国学者自然产生了误导作用，从而对错误理解和演绎法律交易起了推波助澜的作用。① 其实，即使是英美法学者，对于德国民法上的"法律交易"的理解也未必完全清楚。但是有些英美学者却意识到了法律行为和法律交易的不同，因而主张用"legal act"表示一般意义法律行为概念，而以"juristic act"表示德国法上的法律交易概念。奥地利法学家凯尔森将"Rechtsgeschäft"译作英文的"legal transaction"，应该是最为贴近德文本旨的译法，这可能与其原本是德语法学家有关。我国比较法学者沈宗灵在翻译凯尔森氏著作《法与国家的一般理论》时将其译作"私法行为"，虽然这个译法可以探讨，但它至少已与"法律行为"区别开来。可惜这个细节并没有为民法学界注意到，因而除了沈宗灵的翻译外，所有能够传世的对"Rechtsgeschäft"的其他译法，统统都成了"法律行为"。于是乎，由于法律翻译所产生的文化间隙，一般意义上的法律行为和民法上特有的法律交易的差别被模糊了，原来非常有特色的一个理论制度在我们这里发生了混乱。

综上所述，可以看到我国法学界关于法律交易理论从基本认识到概念体系，从概念体系到整个理论，都存在明显的问题。对此，法学界并非毫无察觉，但却没有展开讨论且予以澄清。已经出现的《民法草案》中仍然以"民事法律行为"为题做出了规定，表明这个问题不但没有解决，而且还进入了立法讨论层面。因此，解决这个问题已经是一个紧迫的工作。

---

① 我国清末民初法学家王宠惠在其《德国民法典》英译本中将"Rechtsgeschäft"译作"juristic act"，显然要比"legal act"这样的译法较为接近原文之旨。但是最为妥当和接近原文本旨的应该是"legal transaction"，奥地利学者凯尔森曾采用此表述。

现今中国民法典编纂借鉴德国
民法典的若干思考①

一、当代中国民法与德国民法的历史关联

德国法学家拉德布鲁赫在谈到德国法对罗马法的继受时曾说过："因此，一个史无前例的历史进程得以实现：即一个伟大的民族为了一个外国的、异国语言的、千年之久的法典而放弃了她的祖国的法律。"②当他说这些话的时候，也许还不知道，另一个伟大的、历史更悠久的民族也放弃了她的传统法律，这就是中国。当时，她正处在对西方法律，其中主要是对德国法律制度的继受过程中。如今，这两个不同时代发生的法律继受都成为历史。但是，当我们回顾继受发生以来的德国和中国法律发展过程时，就会意识到这种继受的历史意义是何等的深远！事实上，德国对罗马法的继受直接促成了百科全书法学派的产生，从而使得德国法律，特别是民法获得了长足发展和独特风格，并且在此基础上制定了具有时代特征的民法典，而这个民法典无疑对大陆法系的发展传播产生了积极而深刻的影响。与此同时，《德国民法典》对20世纪以来德国社会生活与生产的积极意义更是毋庸置疑的。历史的情形是，《德国民法典》颁布实施之时，正是中国寻求政治和法律改制之际。于是，新

———————

① 原载《政法论坛》1998年第5期；范健、邵建东、戴奎生主编：《中德法律继受与法典编纂》，法律出版社2000年版。

② 〔德〕拉德布鲁赫：《法学导论》，米健、朱林译，中国大百科出版社1996年版，第60页。

诞生的《德国民法典》自然成了中国人借重的对象。正因如此，当代中国法律制度在很大程度上是以德国法律制度为模式建立的。当然同时还受法国、瑞士以及当时苏联法律制度的很大影响，而先行一步继受德国、法国法律制度的日本法学在此历史进程中起到了极为重要的中介作用。中国法律制度对德国和法国法律制度的继受，完成了中国法律制度最终脱离传统法律文化的转轨，从而建立了一个中国历史上全新的、现代模式的法律制度。20世纪初以来中国法律制度的发生发展，就是由这一继受而一锤定音的。

（一）当代中国法律对德国法律的继受

当代中国法制对德国法律的继受主要表现在以下几个方面：

1. 翻译德国法律

20世纪开始，在清政府准备法律改制之初，曾大量地翻译了欧洲各国的法律，其中主要是法国、德国以及日本的法律。如沈家本主持法律修订馆一开始，就翻译了德国的《德意志裁判法》；1907年以后，又翻译了《德意志刑法》《德意志民事诉讼法》《普鲁士司法制度》以及没有完成的《德国民法典》和《德意志旧民事诉讼法》；当时的商务印书馆还组织翻译了《普鲁士地方自治说》。① 另外，非常值得在此提及的是，曾在德国、英国留学，对后来中国法律改制的实现产生过重要影响的王宠惠，在其于1906年前往英国留学期间，还将《德国民法典》译成英文，这是当时欧洲最早的《德国民法典》英译本之一。②

在此应该特别指出的是，在最初中国学习、接受西方法律制度的

---

① 李贵连：《沈家本年谱长编》第282页。又见郭成伟、田涛：《罗马法东渐与中国近代民法形成》，载杨振山等主编：《罗马法、中国法与民法法典化》，中国政法大学出版社1995年版，第179页及以下。

② 王宠惠（1881—1958），字亮畴，民国资深的法政官员。早年曾先后留学日本、德国和英国。1931—1935年曾出任海牙国际法院法官，先后担任过南京临时政府的外交总长、北京政府的大理院院长、司法总长和修订法律馆总裁、南京国民政府第一任外交部长和司法院长。曾主持制定国民政府的刑法典，并参与制定国民政府组织法案。对二十世纪二三十年代的中国法制改革的推行与实现起到过十分重要的作用。

过程中，日本法学家和日本法学发生了积极而重要的作用。但同时也必须明确，虽然出于文化比较接近的原因，当时的翻译作品有许多是日本的法律和法学著作，但考其实际内容基本都来源于德国、法国。因为日本在明治维新以后，从西方，主要又是从德国学习了政治法律思想及其相应制度。19、20世纪之交时期，几乎所有著名的日本法学家都是从德国学成归来，而这些人对日本法学和法制发展的影响是极为重要的。因此，从内容上讲，当时中国的法律改制实质上主要还是以西方，尤其是以德国、法国为模式的。

2.民法典编纂采取德国模式

法律改制后的中国民法编纂最终采取了德国百科全书派模式，即采用了《德国民法典》的人法、物法、债法、亲属、继承五编制，而没有采用《法国民法典》的人法、物法及债法三编制。这就决定了当代中国民法以德国法律制度为模式发展的基本方向。不仅如此，在具体内容的安排结构方面，民法典第一草案时，多有仿照日本民法之处，而第二草案及最后定稿时，则主要以《德国民法典》为模式。如：改制后的民法典在总则编中即以《德国民法典》为样式，分别对"人""物"及"法律行为"作了一般规定，唯一不同的是按照当时《瑞士民法典》《苏联民法典》的做法，在总则编首规定了"法例"一章。诸如此类，通篇比比皆是。

3.民法典内容基本来自于《德国民法典》

法律改制后的中国民法典不仅在形式上追随了《德国民法典》，而且还在内容上广泛采用了《德国民法典》的内容。特别是总则、物权和债权部分。对此，三四十年代中国的一位著名法学家、原东吴大学法学院院长吴经熊说过："就新民法从第1条至第1225条仔细研究一遍，再和德意志民法和瑞士民法和债法逐条对照一下，倒是有95%是有来历的，不是照帐誊录，便是改头换面。"[①]现今台湾地区学者梅仲协也曾经说过："现行民法采用德国立法例者，十之六七，瑞士立法例者，十之

---

① 吴经熊：《新民法与民族主义》，载吴经熊：《法律哲学研究》。

三四，而法、日、苏之成规，亦当撷取一二。"①总而言之，当代中国民法，主要是总则、物法和债法中的大多制度、规则、术语，差不多均来自于西方法律，而其中绝大部分又直接来自于德国民法。事实上，还在民法典编纂的准备时期，清政府中就有了"以德为镜"的主张。1906年（光绪三十二年）为筹备立宪而出国考察的清政府官员戴鸿慈就从德国向清政府奏呈说："其（德国）人民习俗，亦觉有勤俭质朴之风，与中国最为相近，盖其长处，在朝无妨民之政，而国体自尊，人有独立之心，而进步甚猛。是以日本维新以来，事事取资于德，行之三十载，遂至勃兴。中国近多钦羡日本之强，而不知溯始穷原，正当以德为镜。"②毫无疑问，这种认识与分析在很大程度上影响了后来的民法典编纂。

（二）当代中国法律制度的格局

如前所述，清末民初中国法律改制奠定了当代中国法律制度的发展路向。但是，这只是就当时中国大陆而言。从整体上看，中国近现代历史决定了当代中国法律制度的基本格局。

首先，大陆的法律制度。必须明确，中国大陆法律制度自清末民初以来，始终是循着大陆法系法制的模式构建发展的。虽然1949年中国大陆发生了政权的更迭和社会制度的改革，中华人民共和国政治协商会议宣布废除原国民党政府法律，但这只是从政治制度和意识形态的层面或角度采取的必然举措，而法律制度本身的基本内容实际上不可能一下子予以取缔；同样，20世纪初中国法律改制所确定的法律制度模式实际也没有改变。当然，不能不认识到意识形态和政治制度对中国大陆的法律制度产生了十分深刻的影响，一个时期内中国大陆法制完全追随苏联法制，就是意识形态和政治思想的作用。但即使如

---

① 梅仲协：《民法要义》，初版序言。又见：《法学论集》（中华学术与现代文化丛书），第294页及以下。对此，作者没有去一一考证，因为无论是在法律的术语、规范、原则以及整体制度方面，都已经明确无疑地表明了这种承继关系。至于是否为照搬和改头换面，已非重要。

② 故宫博物院明清档案部汇编：《清末筹备会立宪史料》，中华书局1979年版，第10页。

此，大陆法律制度的大陆法系模式始终没有改变，况且，苏联法律制度本身也是大陆法系法制之一。正是由于共同的文化传统和这种共同的法律制度模式，70年代末以来中国大陆法律制度的重建才自然而然地首先取资于台湾地区的法学和法制。一方面讲，这是停滞十数年法制建设的重新开始；另一方面，这又是清末民初法律改制后确定的法制模式在新的历史阶段上的发展。

其次，台湾地区的法律制度。1949年国民党败退台湾，结束了在大陆的政治统治。但它的政治制度和法律制度，亦在此时一并被带到了台湾，所以，台湾地区现今法制乃清末民初法律改制所确立的法制的直接延续。当然也应指出，无论是在大陆还是台湾，现今的法律制度都不是单纯地借鉴于大陆法系法制，而是越来越多地吸收英美法律的一些制度。特别是第二次世界大战之后，由于政治和经济等种种原因，台湾地区法制更是受到英美法制的影响。而大陆则由于与台湾和香港的特殊关系以及日益广泛的对外开放，也经由各种途径自觉不自觉地接受着英美法制的影响，在有关商业贸易领域更是如此，但这并不等于台湾法制模式已经或正在向英美法制模式发生着转化。

再次，香港地区的法律制度。在中国范围内，香港法律制度由于英国百余年的殖民统治而自然形成其独有特征——属于英美法系。在80年代末以前，香港的法制很少和中国内地发生接触。但是，80年代末以来，香港的法律却随着香港和内地各种关系的日益增多而越来越多地与内地法律发生接触。其原因主要有二：第一，中国改革开放首先是在东南沿海，特别是在和香港毗邻的广东地区展开，从而使香港的法律随着商业贸易不断进入大陆。其次，1949年后直至中国实行改革开放，中国内地法制长期中断，造成当代中国内地法制的严重滞后乃至甚多空白，这也使香港法律"乘虚而入"成为必然。不过，内地学者主动的学习借鉴更促进了英美法制在内地的影响。中国内地改革开放以来大批人员赴美留学，客观上极大地促进了英美法制在内地的渗透和普遍影响。[1]

---

① 事实上，美国官方在这方面具有文化战略意图的积极主动也是一个不能忽略的原因。

但是无论如何，英美法制只是香港特别行政区的法制模式，在中国并不具有普遍性。

最后，澳门地区的法律制度。和香港一样，澳门的法律制度也是以其管治者葡萄牙人的法律制度为基础建立的，长期以来实际上完全是葡萄牙法律在澳门的延伸。只是在1987年《中葡联合声明》公布之后，澳门葡萄牙政府才逐步开始了所谓的"法律本地化"工作。但是和香港不同的是，澳门法制是承葡萄牙法律之制而属大陆法系法制。而且，由于20世纪中葡萄牙先后对其刑法和民法进行了新的修订，从而吸收了大陆法系20世纪以来的最新发展成果，故葡萄牙法制更能代表大陆法系法律发展的状况。就此而言，澳门法律与内地法律有基本的共同之处，故未来澳门法律对内地法制来讲更容易理解和把握，内地更应该予以借鉴。

综上所述，当代中国法制整体上，包括大陆、台湾和澳门都是大陆法系法制，即以法典法或制定法为基本法源，唯有香港法制属英美法系。当代中国法制的这种基本格局，与清末民初中国学习借鉴德国法律有着直接关系。客观地讲，未来中国法制发展应该明确一个基本原则，即整体上要以大陆法系法制为取向，而没有理由向英美法系法制转化。当然，同时并不排斥以案例法的形式来充实和完善制定法。另一方面，香港的法律制度在保持自身特色时，也应该逐渐接近大陆法系法制。实际上，在现今世界经济越来越趋于一体化的形势下，大陆和英美两大法系相互吸收或趋同的现象是理所当然、不足为奇的，而且，它还将越来越明显。

二、关于民商分立

近些年来，我国法学界对如何制定民法典，制定一个什么样的民法典展开了热烈的讨论。其中，首先面临的一个问题就是，未来中国民法典是应采用"民商分立"，抑或"民商合一"的模式？对此，中国法学界至今分歧很大，似乎还没有形成主流意见。如前所述，清末民初中国法律改制开始之时，由于主要是借鉴德国民法，故当时中国的民法典编纂也自然采取了民商分立的模式。但是，二十年代末，当国民党政府最后一次拟定民法典草案时，又正式通过决议决定根据中国国情采用民商合一的模式。[①] 所以，现今中国法学界大多数人，无论是在大陆或台湾地区，都因此视当代中国民法编纂为民商合一模式，并以此为依据主张现今中国的民法典编纂也应因循此制。而细心考察整个台湾地区的私法结构，可知事实并非完全如此，所谓的民商合一实际上只是一种法律编纂的指导思想，而事实上民商既没有，也不可能完全合一。对此，我国有的学者已经指明。[②] 当然，这首先涉及究竟什么是商法或商法和民法的分界问题。

现今所谓商法主要是在中世纪时期作为商人的等级法律（Standesrecht）发展起来的，故其发展与当时的商人行会及其诉讼管辖权和政治地位紧密相关。从这种意义上讲，它当时乃表现为一种等级阶层的法律制度。正是因为这种历史根源，大陆法系中的商法从一开始就与一般的民法区别开来。直到19世纪，商法依然被理解为商事的，从而为商人所用的法律。早期最为著名的德国商法学家托尔（Thöl）给商法下了如此的定义："商法体现为属于商事的法律制度。"而"商事则是一种经营，但不是生产性的经营。商事沟通着生产者和消费者而无需生产，其目的是将产品从前者流通到后者。这种沟通是通过销售，即买卖和交换行为以及其他的购置合同和转让合同。人们还把这种商事称为'真正的'（eigentlicher）商事。商人、商品及真正的商行为等概念，均属于这种真正的商事"。[③] 这里所谓"真正的商事"是指仅仅关系到商人的行为或活动，而与工业和制造业等生产者相关的则不在此列。后者被有

[①] 1929年5月，时任当时国民党政府立法院院长的胡汉民和副院长林森提出动议说："查民商分编，始于法皇拿破仑法典，维时阶级区分，迹象未泯，商人有特殊地位，势不得不另立法典，另设法庭以适应之。……吾国商人本无特殊地位，强予划分，无有是处。此次订立法典，允宜社会实际之状况，从现代立法之潮流，订为民商统一法典。"胡、林两人的动议被交付中央政治会议讨论并获得通过，从而确定了此次立法的民商合一模式。见林咏荣：《中国固有法律与西洋现代法律之比较》，1982年，第173页。

[②] 郭锋：《民商分立与民商合一的理论评析》，载《中国法学》1996年第5期。

[③] 托尔：《商法》（Heinrich Thöl, *Das Handelsrecht*），1879年第6版，第1—5页。

些学者称为"非真正的"（uneigentlicher）商事。[1]

不过19世纪以后，尽管人们仍将商法理解为商人活动的法律，但却开始否定其作为等级法律的思想，这与启蒙思想运动和法国大革命中产生的一些基本原则的影响有直接关系。在此情况下，人们便不是从主体上，即不是把商人的经营职业活动看作商法的基础，而是从客体上去认定商法，即将商法定义为一种实际的、客观的特别法，它主要用来规范特定范围的活动，即"商行为"（actes de commerce），于是便产生了商法的客体标准和主体标准之争。[2] 与此相应，立法中也就发生了法典编纂的不同模式。《法国商法典》追随了客体标准；而1897年《德国商法典》则追随了主体标准。由此引发了一场关于商法和民法关系的热烈讨论。

在这场讨论中，主要涉及的是，商法是否一定有依据与民法并列，是否应该融于民法之中，持否定主张的主要代表人物是莫棱格拉夫（Molengraff）和意大利商法学家维万德（Vivante）。[3] 维万德认为，民商分立违背了社会生活的统一本质（Unità essenziale della vita），从而也自然违背了正义。因此，商法必须引进民法之中。不仅如此，他还认为民商分立会带来司法管辖权归属方面的许多不必要问题。在德国，著名学者恩德曼（Endemann）和德恩堡（Dernburg）认为，一个现代化的法律比构造一个作为特别法的商法更加必要。越少特别规范，越多商事案件根据民法来判决，这个法律就越健全。然而与此相反，戈尔德施密特（Goldschmidt）及其追随者却维护商法"自治"的原则，认为一个特别的商法是必要的。

从法律史上看，"民商合一"和"民商分立"均有其产生发展的历史背景和条件，即都有其一定的合理性。在19世纪法典编纂的运动中，《瑞士债法典》《荷兰民法典》和《意大利民法典》采取了民商合一的方

---

[1]　在1849年在法兰克福提出的一部《德国商法典草案提案》中，工业活动被称作为"非真正"商事。

[2]　参见科英：《欧洲私法：1800—1914》（Helmut Coing, *Europäisches Privatrecht* 1800—1914, C. H. Beck, München 1985），第2卷"19世纪"，第532页。

[3]　同上书，第533页。

式，而德国则同法国一样，采取了民商分立的方式。那么，中国的民法典编纂究竟应该采用那种模式呢？

其实，只要我们不能完全否认民法与商法的区分，则当然还应采用"民商分立"的方式。因为这种两元的私法体系显然更为明确、更为合理一些。问题是如何把握"合"与"分"的标准？应该说，民法和商法应该有所区分，但又不应该予以绝对化，至少要在明确它们共同的私法属性基础上来认识其不同。具体说，在以民商分立为原则制定民法典时，不应绝对地排斥有关商事行为或活动的规范。至于商事规范在多大程度上应在民法典中规定，或商事活动或行为在多大程度上可以适用民事规范，则应以私法关系的一般原则为尺度，即私法的一般原则无论是对民法或商法，都应予适用。对此，美国比较法学者也阐述过同样的看法："民法和商法的划分不是绝对或确定的。首先，为了明确一项交易行为是由民法或商法来调整，所有的制度都会发现'商业'或'商业行为'这些概念难以确定。其次，商法典缺少那种一般原则和内在的一致。于是，民法典就频繁地被用之于填补商法典及其辅助性法律的罅漏。"①

总的说来，民商分立的合理性可具体从以下几个方面阐明：

第一，民事和商事活动在主体及客体方面均存在一定区别。如前所述，民事法律主要是调整公民之间关系的规范，因此所有公民都可能成为民事法律关系的主体。但商法则不然，它是调整作为商人的那一部分公民之间的规范，因此，并非所有公民都可成为商法关系的主体。尽管现在越来越多的学者不再从主体角度，而是从客体角度，即把商法视为特别法或特别规范来加以认识，但两者主体的确定不同是不能忽略的。具体说，商法所调整的对象显然与民法不同，前者调整的对象主要是类似买卖这样的贸易活动，权利义务标的一般是商品；而后者则是所有涉及人身关系、财产关系、权利或其他利益的行为或活动。商法和民法在主体和客体方面的这些不同，决定了两者的合一不可能完全实现。

---

① 〔美〕玛丽·A.格林顿等：《比较法律传统》，米健、贺卫方、高鸿钧译，中国政法大学出版社1993年版，第72页。

　　第二，商法没有国界，而民法则有国界。虽然不同国家的商法是不同的，但一般来讲，商法是超乎于国家或地域的。由于商法是商人的法律，而商人的活动又没有国界限制，并且必然还要越来越走向世界，所以，商法从其一产生就具有普遍化或世界化的可能。而民法则不然，后者在很大程度上受自身文化传统和国度的限制。至少，一个"公民"的法律地位永远都是与国家联系在一起的，而一个"商民"（商人）的法律地位则取决于他所处的具体交易地点和场合。正因如此，"商法首先不断地开辟使国内法与国际法趋向统一的道路。交易中不存在任何国界，正如个人主义只承认世界公民和世界市场一样"。罗马法之所以能够"超越时间和空间，具备在另一个世纪控制另一个民族的能力"，①就是由于它包含了很大程度上体现着商法规范的万民法（ius gentium），而这个特点本身决定了罗马法系的法制无需再建立另一个特别的商法。其实，当代欧洲私法统一的趋向与可能性，首先是以商法为主要内容并以其为基础的。所以，德国法学家拉德布鲁赫早就预言："未来欧洲统一的票据法也会冲破一切障碍，产生于'欧洲合众国'之前。"②如今看来，这真是一种远见卓识。由此来说，民商法的发展在某种方面不可能完全步调一致，故其合一将会造成整体法律发展的不平衡，以致影响法律的操作与实施。

　　第三，商法的调整范围复杂多样，不同的商法典所包括的内容也往往不同，而民法和民法典调整的范围和包括的内容实质上大体一样。如商法通常包括公司、票据、保险、破产、海商等特别的商事领域，各个领域都有其很强的特殊性和技术性，调整的手法和方式很不一样，而民法则基本都是围绕着人身关系和非人身财产关系来进行调整。与此相应，不同的商法典之间所包括的内容也不尽相同，如《法国商法典》和1861年《德国普通商法典》（ADHGB）所包括的内容就大不一样。在此情况下，若要进行民商合一，必然会使各种各样的商事规范归入民法典，从

---

① 〔德〕拉德布鲁赫：《法学导论》，第72、73页。

② 同上书，又见科英：《欧洲私法：1800—1914》，第535页。

而使民法典变得臃肿繁杂，结构体系难以清晰明确。而事实上，这是很难做到的，特别是在现代社会商事活动日益纷繁复杂的背景下更是如此。

第四，如前所述，民法来自于根深蒂固的、源远流长的一般社会生产和生活；而商法则出自于变化多端、随时发生或更新的商业活动习惯。所以，相对于民法而言，商法是不稳定的、多变的。总的说来"贸易交往不仅对个别消费者，而且对整个民族承担着满足不断变化的生活和经济利益需要的使命"。①与此相反，民法则必须在某种程度上保持一定的稳定性，否则就会导致法律安全受到消极影响。所以，民法的相对稳定性和内在一致性与商法的变化性和流动性显然就形成冲突。进一步说，民商的合一便会破坏法律制度内部的和谐关系。

第五，从现今中国法律制度的整体结构看，民商分立的格局已经确立。首先，清末民初法律改制后所选择的法律体系模式无论是在大陆或台湾地区，都没有改变，而且还有所发展。不仅如此，澳门的回归使中国法律体系内又多增加了一个民商分立的区域性私法体制。不久前，在经过了长期的法律本地化工作后，澳门终于同时颁布了《澳门民法典》和《澳门商法典》，从而将民商分立的私法体系最后确定下来。②这对中国大陆民法典编纂无疑是颇有借鉴意义的，客观上也必然会产生一定影响。在上述客观情况下，如果我们的民法典编纂还要坚持民商合一的体制，那无疑有主观和舍近求远之嫌。何况还没有什么令人信服的理由。

基于以上几个方面的考虑，我国民法典编纂仍应采取民商分立的模式。

三、关于抽象原则

在我国现今有关民事立法和借鉴德国民法学说的过程中，是否接

---

① 〔德〕拉德布鲁赫：《法学导论》，第75页。
② 1999年8月3日澳门政府公报第一副刊和第二副刊公布了经过本地化程序的《澳门民法典》和《澳门商法典》。该两部法典将和1995年和1996年先后公布的《澳门刑事法典》和《澳门刑事诉讼法典》一样，在1999年12月20日之后继续在澳门施行。至此，澳门完成了五大法典中四部法典的本地化工作。

受德国的物权行为理论，即物权行为抽象原则，乃备受关注，讨论最多也最热烈的问题之一。因为，采用物权行为原则与否，将直接影响到物权制度的设置和体系，甚至整个民法典的构造。对此原则或理论，我国法学界至今还没有形成一个占主流的看法。有些人认为，我国民事司法实践已经不自觉地承认了物权行为理论；与此相反，另一些人则认为我国民法根本没有承认物权行为理论。[①]事实究竟如何呢？可以简单地说，即使我国司法实践中有些案例确实一定程度上体现了物权行为理论所描述的情况，但这并不等于我们对物权行为理论有了明确的认知。它只不过是我们在解决某些实际问题时采用的一些具体办法，根本没有系统明确的理论作为指导思想。所以当然不可以用这些案例来确认物权行为理论在我国民法制度中的存在。鉴于物权行为理论是典型的德国法制度和理论，因此，首先明确认识和研究德国民法的抽象原则就是必然的。

（一）抽象原则的基本理论

抽象物权行为理论，即物上处分行为的法律效力不取决于债权法律原因的理论。按此理论，买卖实际被分为债权基础行为和物权处分行为，而这两个行为是相互独立的。这一理论构成了德国民法理论和教条的突出特点之一，同时也是德国民法上物权抽象原则（Abstraktionsprinzip）或分离原则（Trennungsprizip）的核心思想。根据这种原则，即使原因行为欠缺抽象行为也是有效的。例如：在买卖关系中，即使买卖合同无效，买卖物的转移同样有效，买受人仍然通过这种转移而成为所有权人。这种原因行为（负担行为）和抽象行为（处分行为）彼此分离的法律设置相应地构成了所谓抽象原则。[②]

---

① 参见梁慧星：《我国民法是否承认物权行为》，载《法学研究》1989年第6期；孙宪忠：《物权行为理论探源及其意义》，载《法学研究》1996年第3期；梁慧星：《我国民法是否承认物权行为》，载《法学研究》1989年第6期。

② 抽象原则虽然渊源久长，但最终形成较完整成熟理论的，当归功于萨维尼。即使是在《学说汇纂现代实用》当中，也还没有这个理论。温德沙伊德和基普（Windscheid/Kipp）在其《学说汇纂教科书》中清楚阐述的有关基本思想，不仅影响了学说汇纂法学，而且还被《德国民法典》编纂委员会所接受。

物权行为理论是德国民法的一个特征，尽管对此理论的法律政策价值始终存在激烈的讨论，但它作为现行德国民法的一个重要制度却是不可否认的。《德国民法典》的立法者从学理和体系的角度予以评价认为，抽象原则既不是先验的"正确"，也不是"不正确"，不过作出如此评价实际是出于客观解决问题的意图。[①] 他们认为凭借抽象原则，可以使处分行为不受其据以产生的要因行为是否成立的影响，从而保护法律交易的安全并提高物权法益交换的效率或通畅程度。在债权行为同时就是处分行为的情况下，对于法律交往的安全是有威胁的。具体说，按照抽象原则理论，从第一个物之取得人那里取得物的第二取得人，就如同第一取得人的债权人一样，当第一个取得人要将取得之物质押给他时，他无需关心该取得人是否基于有效的合同而取得了质押之物的所有权，或者是否他有法律上的原因。只要其所有权取得是根据一个有效的物权合同，那么就足够了。买卖合同的欠缺或物之转让人与物之取得人之间其他的作为物之取得基础的法律行为欠缺，并不能构成对抗第二个取得人的依据。总之，抽象原则为后位交易人省却了核实前位交易合法性的必要认定过程，使前位交易人行为的无效对其让与行为不发生作用。于是乎，这种抽象的物权行为（das abstrakte dingliche Rechtsgeschäft）就保证了法律交易的安全，提高了法律交易的效率。[②]

---

① 弗卢梅：《法律行为论》（Werner Flume, *Das Rechtsgeschäft*, Aufl.4, Springer-Verlag, 1992），第176页及以下。

② Karl Larenz, *Allgemeiner Teil des bürgerlichen Rechts*, C.H.Beck, 1997, S.459-460.另外，为了使抽象原则的功能得到实现并不会给法律交易带来弊端，《德国民法典》本身还作出了一些相关规定。如《德国民法典》第812—822条有关不当得利的规定虽然表面上是为了弥补债权人因不当得利而受损失的救济方法，但却与抽象原则有相当的关联。按照第812条规定："无法律上的原因，通过受领他人给付或基于他人负担以其他方式取得利益者，有向该他人返还受领利益的义务。"也就是说，在没有法律原因情况下，物之所有权人可以据此规定请求相对关系人履行给付返还的义务。但是，此规定只是提供了债法上的手段，仅仅使债权人能够请求相对债务人返还给付（Leistungskondition）（第815、816条），而却仍然不得对抗第三人。也就是说，如果债务人已经把受领之物转移给第三人，那么原所有人最多只能向其直接受领人请求损害赔偿，而这种损害赔偿请求权的行使在诸多情况下还受法律的限制，如《德国民法典》第817、823条的限制。

（二）关于抽象原则的利弊

在此应该指出的是，《德国民法典》第 932—936 条有关善意取得的规定在主观和客观上均一定程度地保证和实现了法律交易的安全和效率，实际上与抽象原则起着异曲同工的作用。因为根据第 932 条规定，第二取得人能够实现善意取得的条件，已经使第一个取得人的债权人在强制执行和破产的场合对其完全无能为力。所以，从这点上看，抽象原则和善意取得两种制度可能还会有机能上的重复。除此之外，第 932 条的规定在某种程度上又与《德国民法典》第 812、815、816 诸条的立法意图不无相悖，甚至与其客观效果不无抵销。于是，德国民法中关于抽象原则立法的初衷，即力求获得物权交易的安全和效率，实践中又完全可能因其有关的制度设置而具有难以解决的悖论，甚至潜伏下操作重复、缓滞法律交易的弊端。此外，抽象原则显然也带来了不可避免的法律交易困难，尤其还会导致买卖关系中出卖人利益受到损害的危险。[①]由于这些原因，《德国民法典》生效之后，对抽象原则的论争就开始了，特别是对于动产转移亦适用这一原则以及由此引发的一系列有关问题，更是争论不休。如当时的基尔克（Gierke）、金德尔（Kindel）及斯托奥尔（Strohal）等都提出过严厉的批评。20 世纪 30 年代以前，这些批评曾一度沉默，但 30 年代后批评之声又重新泛起，而且仍是出于一些著名的德国法学家，如：凯美尔（Caemerer）、黑克（Heck）、克劳泽（Krause）、朗格（Lange）及艾西乐（Eichler）。[②]

反对抽象原则的观点主要可见诸以下几个方面：首先，认为"德国法重复设置了法律行为（交易）要素，从而在债权合同和债权的实现过程中还另外包含一个物权转移合意（合同）"，但这种分离"无论如何

---

① 德国不少赞同抽象行为理论的法学家们都认为，和其他一些没有抽象行为法律制度的国家相比，德国民法中的这个制度对于避免因债权关系错误而导致整个法律交易无效是不可忽略的优点。尽管这个制度有些问题，但是取消这个制度所带来的问题可能更多。Werner Flume, *Das Rechtsgeechäft*, S.177.

② 《欧洲私法杂志》（*Zeitschrift für Europäisches Privatrecht, ZeuP*），1/1993，第 57 页。

都与现实生活要件完全不相适应"。① 其次，认为"它把对当事人间一个完整的行为分裂成两个行为……与心理上的确认相违背"②。基尔克说得更尖刻："这是对生活的强暴。"③ 至少在现金交易的情况下是如此，因为在这种情况下，当事人双方的买卖交易在其还没有意识到所有权转让的合意及其实际实现时就已经完成了。④ 第三，认为它是一种"非大众性"的理论。因为无论是现实生活中，还是普通的民事交往活动中，一般人根本想不到自己的一个简单的买卖行为要分成两个阶段完成，对抽象原则的理论依据，也更难以理解。⑤ 还应特别指出的是，近些年来德国法学者本身及诸多大陆法系国家的法学家在法学理论上和法律政策方面对此原则越来越持有疑义，同时德国民事司法实践中有越来越多的案例尝试规避抽象原则并阐明其不必要性，并因此而对其加以限制。⑥

由上可知，即使是在抽象原则发源之地德国，对抽象原则也提出了愈来愈多的质疑这个事实本身就已经说明，这个原则是可以讨论的，而具体到我国法律更是如此。全面分析抽象原则理论，并认真考察其在德国的实践经验，然后再联系我国法学和法律实践的实际，可以得出结论说，抽象原则即使不是德国法学家们多余的"抽象的偏好"，⑦ 至少也是利弊俱存而须认真权衡的。而对于中国法学界来讲，它或许更是弊大于利的，因而在我国大可不必采用抽象原则。对此，具体可从以下几个方面说明：

第一，物权行为理论不仅是一种法学家的抽象，而且还是一种法学家思维的拟制，现实中并非必然存在债权合意与物权合意的区分。退而言之，即使是真有这种物权合意，原则上或一般情况下也必然是以业

---

① Hermann, Einigungsprinzip und die Neugestaltung des Sachenrechts, *AcP* 1939, S. 312 ff.

② Vgl. Karl Larenz, *Lehrbuch des Schuldrechts*, Bd.II, C.H.Beck, 1986, S.16.

③ Otto Gierke, *Der Entwurf eines BGB und das deutsche Recht*, 1890, S.314, 335.

④ Karl Karenz, *Allgemeiner Teil des bürgerlichen Rechts*.

⑤ Heinlich Lange, Rechtsgrundabhängigkeit der Verfügung im Boden- und Fahrnisrecht, *Archiv für die civilistische Praxis* (*AcP*) 1941, S.28 ff.

⑥ Werner Flume, *Das Rechtsgeschäft*, S.176.

⑦ 王泽鉴：《民法学说与判例研究》第一册，第284页。

已存在的债权合意为基础或表现为债权合意的延续，否则就无法解释形成债权合意的原因和动机，就无法解释法律交易的统一性。这就是说，在此，债权合意和物权合意事实上并不是分离和相互独立的。于是，物权行为的独立性也就大可质疑。

第二，对于中国而言，抽象原则或物权行为理论尤其难以把握。因为无论是我国法学理论或法律实践，都缺乏认识这种理论的法学传统或法学思想方法基础。萨维尼的抽象物权理论是他以罗马市民法上要式交易（mancipatio）的要件来分析万民法中交付（traditio）的实现，并在注释法学派和评论法学派有关交付分析的基础上得出的结论。此外，德国还有学说汇纂派所带来的概念法学的基础。因此，对于德国法学来说，抽象物权行为理论多少有一个探讨、思考的历史过程。而对中国而言，则完全没有这种法学史的背景和基础。况且，鉴于现今中国司法实践操作人员的构成或成分，让他们去接受这种完全抽象化的理论显然是勉强的。

第三，除了上述原因不谈，实际此处最为关键的问题是，抽象原则所要解决的问题或要达到的目的是否可以通过其他途径解决或达到。如果后一个问题可以得到肯定的答案，那么抽象原则无疑可以不予采纳。其实，如同前面所说的，抽象原则所要达到的目的即使不能完全，也能大部分由善意取得制度取代。特别是当我们考察了德国法学界对此原则的各种意见及其法律实践的利弊之后，更有可能考虑以较完备的善意取得制度及相关制度代替抽象原则，从而有意识地避免这种离现实太远的抽象理论所带来的实践弊端。[①]

第四，物权行为理论本身其实很大程度上是有悖传统法律理性的，即在强调维护交易安全和效率时，将法律的最高价值——公平正义置于次要的地位。它集中体现在萨维尼关于物权行为无因性的核心思想之中："即使是出于一项错误的交付也是有效的。"所以，从法律理性的角

---

① 参见梁慧星：《我国民法是否承认物权行为》，载《法学研究》1989年第6期；王利明：《物权理论若干问题探讨》，载《中国法学》1997年第3期。

度出发，也不宜采用物权行为理论。

　　最后还应该指出，现今台湾地区的法律虽然原则上接受了德国抽象物权理论，但最初这种接受很难说是自觉的。清末民初中国法律改制对德国民法的接受，决定了当代中国民法物权制度取向于德国，但这并不能证明当时对物权行为理论已经有了明确的认识。台湾地区法学对物权行为理论的认识可以说只是在这种制度已经经由立法确立之后才慢慢开始。而现在却愈来愈有学者像德国学者本身那样对此理论持保留或修正态度——物权行为无因性的相对化理论。[①] 就此而言，现今中国大陆对德国抽象原则的讨论其实表明了当代中国法学已经发展到了一定的水平，而当初中国接受德国民法时，中国法学远远没有达到这种水平。

　　在当前中国正在准备编纂民法典之际，中国民法对德国民法的借鉴显然不限于上述问题。除此之外，法律行为、用益权制度及其构造与形式、担保用益、所谓公平或衡平原则等问题，都是要进一步予以讨论明确的。

---

① 　王泽鉴：《民法学说与判例研究》第一册，第286页及以下。

论我国现阶段城市中的相邻关系①

一、相邻关系的概念及其变化

劳动创造了人。而劳动之所以能发生，人之所以能被创造，乃以一定的物质条件和生存空间为必要前提。换言之，土地、阳光、空气、水等生态和生物恒素构成的物质空间，是人类生存、繁衍、发展的最基本条件。"空间是一切生产和一切人类活动所需要的要素。"② 所谓相邻关系，传统上系指因土地相邻而引起的相邻土地所有人间的权利义务关系。这方面的权利义务关系从来都是一种极为重要的民事法律关系，也是人类社会中除血缘关系外最早发生的一种财产关系。早在四千多年前的《汉谟拉比法典》以及继后不久的《中期亚述法典》《十二表法》《圣经》和中国的秦律、唐律中均有此类关系的反映。③其原因不外乎"土地是总的劳动手段。它给劳动者一个立脚地，它给劳动过程一个范围"。④正是由于土地在人类生存和劳动过程中的特殊地位，人类社会最初就不能不首先基此发生种种社会关系，从而，人们也就不能不特别强调土地对相邻关系的意义。近代以来，特别是现代，由于科学技术日新月异，航空、航海和陆路交通运输、石油化工、生物化学、电脑应用等

---

① 原载《政法论坛》1986年第2期（总第8期）。

② 《马克思恩格斯全集》第25卷，人民出版社1974年版，第872页。

③ 分别参见《汉谟拉比法典》第53—56条，《中期亚述法典》第12—15、17—20条，《十二表法》第七表，《新旧约全书》摩西五经，《法律答问》和《唐律疏议·杂律》。

④ 〔德〕马克思：《资本论》第一卷，第173页。

迅速发展，社会经济尤其是城市经济高度发达，使人类生活、劳动的方式和过程产生了巨大变化。其突出特征之一就是人类生存空间已从平面向立体过渡，即从地面向空间中扩展，从而促成现代社会物质生产和生活的立体结构。因此，传统的相邻关系概念已不足以阐明现代社会中相邻关系的内容。简单讲，现代社会的相邻关系当指由于同处相邻土地的有限三度空间而引起的权利义务关系。

一般来说，现代城市的基本活动内容包括：行政管理、公共事业、金融贸易、文教卫生、工业商业、科学研究、民用及公用建筑等政治、经济、文化要素。所有这些要素在有限的三度空间结合成有机的整体，从而形成高度集约化的城市空间结构。这种结构具体表现为城市范围内各种物质实体的密度、布局、形态三方面的关系。随着城市的不断发展，它也会相应地改变其结合方式和整体布局，以适应和反映社会发展的现实。而完成这一过程的基本前提和法律手段就是及时、正确地调整和处理城市中的相邻关系。

我国是个幅员广大的国家。就人口与土地的绝对量及其相对关系而言，相邻关系更应受到重视，特别是在城市，这个问题愈来愈成为矛盾的焦点。1949年以前，我国城市的布局就很不合理，其原因主要是：半殖民地封建社会经济发展落后、不平衡，民族资本受抑制，国外资本的地区性渗透等。新中国成立以来，由于新的生产关系的确立，生产力有了较大的提高，城市随之得到迅速的发展。目前，我国50万人口以上的城市有43个，其中百万人口以上的大城市15个，居世界第一位。[①]但由于城市的地区分布不合理，人口过度密集，工业布局紊乱，加之城建管理不善，以致我国城市中相邻关系的矛盾向来就颇突出。党的十一届三中全会以来，我国商品经济日渐发达，这几年经济体制改革更带来国民经济结构的重大改变，诸多经济成分的第三产业和农村商品经济的发展，明显导致了城镇的扩大化，因而城市的建设与管理又出现了不少新问题，其中相邻关系问题更加突出。因此，正确解决这个问题已经成

---

① 童宛书、黄裕侃：《环境经济问题》，中国人民大学出版社1983年版，第70页。

了当前城市经济体制改革的重要环节。

二、现阶段城市相邻关系的要素

（一）主体和客体

我国现阶段城市中的相邻关系的主体，主要是国家（各级政府机关、国营企事业单位、学校、公益单位等）、集体、个人。这三者之间纵横交错，其最基本的排列组合是：（1）国家与集体、个人，（2）集体与集体、个人、国家，（3）个人与集体、个人、国家。所有这些主体，在组织生产劳动，实现经济流转，发展文教卫生，进行科学实验的过程中，都必然会因为同处相邻土地的有限空间而发生一定的法律关系。如上所述，相邻关系是基于有限物质空间而产生的民事关系，其权利义务指向的对象是构成物质空间的各种物质，包括土地、水源、空气、阳光等生物或生态恒素，这些物质在权利主体的具体行为的作用下，最终成为相邻关系的客体。

（二）基本内容

根据相邻关系权利义务的具体指向，现代城市中相邻关系的基本内容有以下几个方面：①

1.因土地毗连本身所产生的相邻关系

尽管现代社会的物质生产和物质生活已由平面发展为立体、由地球表面发展至宇宙空间，但大量的、基本的劳动生产和生活活动仍然是在地面上进行。因此，土地毗连这种相邻关系依然是现时城市中最主要的相邻关系。我国是社会主义国家，城市土地归国家所有，因而城市中并不存在相邻土地所有人间的关系。但是，由于集体或个人可以通过正常合法的程序取得城市土地使用权，使用人可以在法律容许范围内自由

---

① 毗连不能与相邻混同。前者仅指地域上的连接，后者则含三度空间接触之义。

使用其合法占用的土地。所以，我国城市中的相邻关系当为相邻土地使用人之间的权利义务关系。这与资本主义国家是不相同的。在我国，这类关系主要有以下两种：

（1）生产建设、商业贸易、科研教育所引起的相邻关系。土地使用人在其合法占用的土地范围内虽然可以进行生产建设、经营商业或实施科研项目，但必须以不妨害相邻土地使用人的正当权益为前提。也就是说，土地使用人负有防止因自己对土地的使用而使相邻土地使用人的权益遭受损害的义务。具体而言，像工厂的废渣、废水、废气，商店的垃圾、噪声，生产或取暖用的锅炉，屠宰厂的动物内脏等，都必须通过有效的处理，消除其不利影响，使邻地使用人的正常工作和生活不致受到危害。当然，邻地使用人亦不得对这些土地使用人的权利滥加干涉。

（2）开掘、建筑所引起的相邻关系。开掘、建筑的具体情况很多，如开采煤矿，挖掘地基，安放地下装置，铺设地下管线，建筑商业性和公益性的设施以及民用住宅等。此类活动尽管是在使用人合法占用的土地范围内进行的，同样不得妨害邻地使用人的权益。比如，开采煤矿者不得因地下掘进影响相邻土地表面的建筑物或水库的安全；楼房建筑人不得因挖掘地基而危及邻地楼房的安全。此外，新建筑物须按有关规章与原有建筑物保持一定距离，以防相互影响和干扰。如果建筑物或工作物有倾坍、毁坏危及邻地使用人权益之虞的，该建筑物或工作物所在土地的使用人有义务实施预防；邻地使用人亦有权请求预防，这种情况的"相邻"还不以土地毗连为限，凡有遭受危害可能的邻地使用人，均可请求排除危害。

2. 基于土地毗连而产生的空气相邻关系

空气尽管不同于土地，它是流动无常的，但它同样是物质。一定范围内的空气，如果含有杂质或有害物质，会产生质量问题，有的甚至妨害人们的身体健康。如果这种有害的空气是相邻土地使用人在其土地范围内进行生产、运输、建筑乃至运用生活设施等活动中造成的，就产生了空气相邻关系。尽管从常识上讲，人们现在不能、将来也永远不能拥有某部分空气，但是遇到这种情况，受害人却有权请求相对关系人净化当地的空气。空气的重要性还不只在于能为人类提供氧气，而且还体现在输送光源和传递音响等上面，所以在现代社会中，空气相邻关系的内容不是单一的。它的发生，也不限于毗连土地，或者说，不完全取决于土地毗连。例如甲地距乙地数百米甚至数千米之遥，且其间隔有丙地。但甲地上工厂的废气、烟尘不仅影响与之毗连的丙地，而且还给乙地造成损害。在这种情况下，乙、丙两地使用人均有请求防止空气污染或净化空气的权利。

一般来说，基于土地毗连而产生的空气相邻关系会导致三种权利义务关系：

（1）净化空气请求权及与之相对应的义务。在上述甲乙丙三方关系中，无论是乙还是丙，都有要求甲地工厂净化空气的请求权，甲地工厂则负有排除空气污染的义务。

（2）噪声排除请求权及与之相对应的义务。现代城市中噪声声源十分广泛，不但街道交通工具或工厂生产设备等无时不在产生噪声，使市区缺少安静，而且有不少工厂，汽锤、马达、机器整日轰鸣不已，直接影响着邻地使用人的工作和生活。还有某些机关单位的食堂锅炉、取暖锅炉置于居民区中心，噪声终日，烟尘四落，给周围居民带来生活上的损害。似此，不论毗连土地的居民，还是附近土地上的居民，均可依法请求排除妨碍，直至请求损害赔偿：产生噪声的单位对此不得以任何借口延迟排除或拒不赔偿。

（3）生活工作采光权及与之相对应的义务。现代城市人口集中、建筑密集的情况日趋严重。因此，生活、工作采光权及与之相对应的义务也成了不可忽视的问题。这类纠纷在高层建筑大量出现的情况下尤为常见。例如：甲楼拟建成高层建筑，其北侧不远处已有乙、丙两楼，如果建筑规划不当，建成后会使乙、丙两楼的光源受到遮挡。乙、丙两楼所有人得知后，就有权请求及早排除妨碍，甲楼必须加以考虑，否则就要承担一切后果。

3. 基于土地毗连而产生的水流相邻关系

水流与空气同属流体，也是既与土地毗连相关，又不完全限于土地毗连。城市中的水流相邻关系虽然不及农村那样普遍、复杂，却也存在，例如：

（1）汲水、用水的相邻关系。此类关系常发生在集体与集体、集体与个人之间。正常情况下，水流的使用人虽然可以自由使用水源，但也不能因此影响到邻地使用人的用水，邻地双方或多方共临一水源时更是如此。如果工厂与周围居民共同汲取地下水，该厂不得因其生产上需水量大而滥钻井眼，致使减少甚至断绝周围居民的生活水源。有的地区，居民长期饮用地下甜水，如果有个工厂新建于附近上游，开掘深井数口，将该地区甜水全部占用，就会致使居民从此饮不到甜水。似此，该新建厂也应负恢复原状或损害赔偿责任。

（2）排水、疏水的相邻关系。所谓排水，即对于自然流向的水流，任何土地使用人均不得因自身利益而改变水路，截阻水流或以邻为壑，泄到邻地。倘若发生此类情况，则邻地使用人得请求行为人恢复原状或赔偿损失。所谓疏水，即当蓄水、排水、引水的设施受到损坏或失去作用时，该土地使用人须及时予以修缮、疏浚，以免对他人造成危害。

（3）房檐滴水的相邻关系。房檐滴水是普通事情，但城市由于住房密度大，却常常有为此事酿成纠纷的。一般来说，自然屋檐滴水邻舍有承受的义务。但如因人为设置物而造成的滴水，邻舍可以提出异议直至请求排除妨碍。因此使动产或不动产受到损害时，邻舍还可以请求恢复原状和损害赔偿。

4. 基于土地毗连而产生的其他相邻关系

相邻关系的表现形式极为复杂，不胜枚举，有的相邻关系虽与土地毗连相关，却又不完全限于土地毗连，除上面已提及的以外，最为常见的还有下述两种：

（1）管线通过的相邻关系，即由地下管道（包括输送用水、煤气、暖气等管道）和地下电缆、空中电话线、高压线、广播线的埋放、架设所引起的相邻关系。现代社会，生产与生活方面的建设高度社会化，各种管线的埋放或架设早已不限于土地毗连，而是超越了相邻范围。只要安设管线是人民生活与社会生产的需要，土地使用人均应给以便利，但也要以不使土地使用人遭受损害为前提。一旦发生损害事故，安设人应当无条件地给予赔偿，除非事故发生地的土地使用人本身或受害人本身具有过错。

（2）邻地通行的相邻关系。因邻地通行发生问题在现代城市中不太常见，但亦不乏其例。如某居民区外围有一建筑工程公司，居民外出非经该公司不可。似此，公司须为居民通行提供便利，但居民不得因此对公司利益有所损害，否则，须就其损害行为负赔偿责任。另外，由于现代城市空间狭窄，交通道路已从地面发展至地下。地下通道虽系社会公益所必需，但也不得危及地面土地使用人的合法权益。否则，应对其损害结果负赔偿责任。

三、相邻关系的本质及其特征

相邻关系实质上是一种物权关系，是对占有、使用物质空间的限制，这是人类劳动、生活的社会性所决定的。生产力愈发展，劳动分工愈严密，生活关联愈紧密，人类活动的社会性就愈突出，个别社会成员或团体的权利就愈要受到整体的制约，这是不以人的意志为转移的客观规律。社会主义社会的情形更是如此。马克思主义认为："没有无义务的权利，也没有无权利的义务。"①相邻关系恰恰是这种权利义务相对性的典型体现。依此关系，土地所有人或使用人虽得以任何方式对其土地进行使用、收益，但却不能由此损害相邻土地所有人或使用人的权益，即使其活动是公益性的也是如此。这种情况，实质是土地所有人或使用人依法自行限制或他人依法强行限制其权利，也可以说，这是有限行使权利的义务。反过来说，相邻土地所有人或使用人虽不得对相对关系人直接主张权利，但却可以根据正常工作、生活的需要，请求维护自身的权益，也可以说，这是延伸行使权利的权利。

相邻关系虽为一种物权关系，但由于"空间毗连"的限制，这种

① 《马克思恩格斯全集》第16卷，第167页。

物权关系往往是相对的，这是它区别于一般物权关系的重要之处。在现代社会，特别是在我国现阶段城市中，相邻关系具有以下几个方面的特点：

（一）强烈的社会性

相邻关系种种，每一种都有强烈的社会性。例如：环境噪声污染已成为我国大多数城市的普遍问题，各地群众反映强烈。再者，我国城市中每年关于房屋宅基、山墙、院墙、采光观望等方面的案件在民事案件中占有相当数量。特别是在人口密集、住房紧张的城市中，如广州、上海、北京等更是如此。凡此种种，都反映出相邻关系的社会性。

（二）复杂多样性

由于社会劳动分工日趋严密、具体，人们物质生活方式迅速变化，基于土地毗连而产生的各种相邻关系也愈来愈复杂多样。人们的劳动生活方式可能是有限的，但它们之间的相互联系和排列组合却是无限的，法律对此所作的规定是不能面面俱到的。

（三）深入普遍性

处于一定社会中的人，无论是在生产劳动过程中，还是在日常生活过程中，总不免发生这样那样的互邻关系。上至国家、政府，下及集体、个人；大如空气污染，小如房檐滴水，架设空中电线，开掘地下通道。可谓无时不有，无处不及，它们几乎渗入社会生活的每一部分和每一细节。

（四）影响深远性

相邻关系是一种较持久稳定的关系，一经成立便难以变更。所以，一定相邻关系带来的法律效果和社会影响往往是深远持久的。如基于土地毗连而产生的空气相邻关系中、空气污染所导致的权利义务绝不可能在短时期内实现和履行。其损害结果一般也不易在短期内得到证明。另外，建筑物所在的土地使用人之间、居民邻舍之间因采光、通风、排水而发生的纠纷，即使能及时调解，也很难立即消除损害或排除妨碍，甚至往往留有后患，得不到彻底的解决。

四、正确处理相邻关系的意义和手段

（一）正确处理相邻关系的意义

从上述相邻关系的本质和特征，我们就可以看出正确处理城市中相邻关系的重要意义。具体到我国，其作用主要有如下几个方面：

第一，促进安定团结。正确规定和处理城市的相邻关系对于稳定社会秩序、促进人民团结具有不容忽视的作用。相邻关系方面的矛盾纠纷解决不了，必然会影响社会的安定，破坏国家、集体、公民三者之间的正常关系。上海市1979年到1982年四年内有130个工厂因环境噪声干扰而发生厂群冲突，不仅造成1100余万元的停产损失，而且还有40人在冲突中受伤。近年来全国因环境噪声而起诉的案件在环境污染诉讼案件中占1/3。马鞍山市某厂由于选址不当，加之经营管理不善，使周围社员受到有毒气体的侵害，终于导致严重的厂群冲突，造成7万余元的停产损失。诸如此类的纠纷在全国各地城市、农村均时有发生，它表明相邻关系不只是当事人双方的事情，还会引起一系列社会后果。

第二，促进生产发展。相邻关系深入到社会生活和劳动生产的许多环节。所以，正确处理相邻关系问题，还会促进生产发展。首先，它可以减少不必要的损失和浪费。其次，它可以从客观上维系和加强国家、集体、公民之间的和谐联系与合作，最大限度地发挥社会主义经济机制的能动作用，从而提高劳动生产效率。再次，它还能促进、提高社会成员的社会责任感，使之坚定对社会主义制度的信念，从而调动社会成员的劳动生产积极性。

第三，促进环境保护。相邻关系绝大部分直接涉及环境保护。如空气、水源、土地等相邻关系多以防止污染为权利义务的客体。目前我国许多大城市中由环境污染引起的纠纷，大致都可以归于相邻关系的调整范畴。上海市华光拉链厂噪声污染，由于处理不及时，工厂与居民发生两次激烈冲突，直接经济损失10万余元。这个事件实际就是相邻关系问题。所以，正确及时地解决相邻关系纠纷，往往能对社会环境保护起积极促进作用。

第四，促进整体规划。着眼社会，规划全局，是确立相邻关系的根本依据，而正确及时地处理相邻关系的实践，反过来又能促成整体规划的实现，二者相辅相成，互为制约。如社会经济效益、城市经济布局、居民建筑区划、文化教育设施、体育娱乐场所等首先都要有整体规划，然后才可根据法律确认一定的相邻关系，并实施保护。具体的相邻关系得以实现和维护，整体规划就不至于虚无飘渺，言而无实。

（二）正确处理相邻关系的一般途径

正确、及时地处理我国城市中相邻关系是如此的重要，那么，我们应当运用怎样的手段去处理呢？就其大端而言，我认为有必要提到下面两个途径：

第一，社会立法。包括民事法律和有关的单行法令、法规等，其中以民事立法为基本依据。迄今为止，我国除一些个别的单行法规、法令以外，尚无较明确、较系统的相邻关系立法，讨论中的民法草案虽有相邻关系规定，但失之笼统、简单，远不足以反映我国现阶段社会相邻关系的内容与特点。所以，尽快加强我国相邻关系的立法，以适应社会生产发展和经济体制改革的需要，已成为当前立法工作的当务之急。

相邻关系立法当以防患于未然为基本出发点，民事制裁只能作为辅助手段。要统筹兼顾、缓急得当，城市生产建设、住宅建设、房地产经济、社会公益事业、文化教育事业等须确立比例关系，不能为求眼前利益而牺牲长远利益，为局部利益而忽略全局利益，为单方面的经济效益牺牲人类生存利益，必须以这些观念为指导。目前我国正实行经济体制改革，在此过程中无疑会出现不少涉及相邻关系的新问题，只要把握上述基本原则，这些问题便不难解决。

相邻关系立法不一定非在民法典中体现不可，它所应调整的内容实际上已远远超出民法调整的范围。所以，在民法典暂时还不可能制定颁行之前，不妨根据相邻关系在现代社会中的特点和内容，自成体系地先行制定相邻关系法。对相邻关系的本质、主体、客体、基本内容、法律责任及责任形式等作出一般规定，以使具体法规、法令和规章制度有章可循。目前常见的有关城市中相邻关系的立法，如城市建设规划法、市政管理法、公共民用建筑法、给水排水管理法等，都应以相邻关系基本法为准据。

第二，行政管理。在有法可依、有章可循之后，城市行政管理便成为主要问题。现代城市的市政管理是一门十分精密复杂的科学，不能凭主观臆断和长官意志。以往我国城市的管理，常常是无法可依或置法不顾，一些具体事项多取决于长官命令，经常造成混乱，这是有很多教训的。根据现代城市的特点，仅仅有完备的城市管理立法还不够，还必须建立自上而下的市政管理体系。有关城市管理的一切行政措施，必须依法而出，按规章办事。在有长官意志第一积习的情况下，尤其应该注意这一点。

我国是一个社会主义国家，国家、集体、个人利益在根本上是一致的。因此有条件、有可能比资本主义国家更好地解决相邻关系问题，从而促进社会主义现代化事业的顺利发展，我们要为此做出不懈的努力！

论所有权之相对性①

民法的传统物权理论认为，所有权乃是所有人对其所有物之占有、使用、收益和处分的权利。它是一种绝对的、排他的、对世的最充分权利。然而无可否认的是，历史和现实都曾并且正在向我们展示，所有权从来不是而且永远也不会是绝对的。在人类社会迅速进步的今天，认识不到所有权的相对性，就无法理解现实社会所提出的许多新问题，从而也就无从对之予以正确解决。

所有权本质及其起源的思考

所有权作为法权上的一个概念，体现着一定社会阶段上最基本的物质生产关系。这些最基本的物质生产关系，诸如生产资料的占有、支配和归属引发的种种社会关系，是人类赖以生存和发展的必需条件。建立于这种物质生产关系基础之上的所有制形式，则是决定一切社会性质与特征的根本因素。

既然所有权体现着社会中最基本的物质生产关系，那么，赋予所有权以实质内容的物质生产关系又缘何而起呢？按照历史唯物主义的观点，它们取决于人的本质——类存在物，并直接产生于人的有意识的生命活动——劳动过程中。马克思曾指出："任何人类历史的第一个前提

---

① 原载《政法论坛》1990年第1期，署名米尉中。

无疑是有生命的个人的存在。"① 但事实上,纯粹的、孤立的有生命的个人是不可能存在的。人"实际上,它是一切社会关系的总和"。② 它表明:人在积极实现自身的过程中必然地创造出种种社会联系和关系,必然地创造出人的社会本质。人生存于这种种社会联系和关系之中,同时必不可免地又受着它们的束缚。所谓人的社会,不过是人们相互依存,继而又相互制约的关系网络。而只有这种关系网络才使得社会能够存在、发展;才使得人能够生存、进化。

社会关系对人的存在如此重要,这使得人们不得不在创造它的同时更重视它的维系和保护,后者最充分地体现在"法律"这种社会行为规范之中。没有这种行为规范,人赖以实现自我的种种社会关系或社会联系就无从保障。如前所述,一定的社会生产关系或经济关系决定着所有制形式即生产资料占有形式的构成以及与之俱来的所有制关系。就此关系的本质来说,它显然要与人的社会共始终。马克思明确指出:"任何所有制形式都不存在的地方,就谈不到任何生产。因此,也就谈不到任何社会。"③ 当然,在原始社会初期,由于生产力的低下,由于劳动资料和生活资料的极为有限,由于民族或部族范围内的共有关系,所有制形式尚未最终确立。但即使那时,人类社会也毫不例外地存在双重关系:"一方面是自然关系,另一方面是社会关系",④ 后者的基本内容即劳动、生活资料的占有关系。所以马克思说,原始社会"还只是占有,而没有所有权。"⑤ 然而,在劳动资料和生活资料社会范围内共有的历史条件下,其占有制形式即已充分具备了后来所有制形式的意义。也就是说,当时"每一个单个的人,只有作为这个共同体的一个肢体,作为这个共同体的成员,才能把自己看成所有者或占有者"。⑥ 当然,所有制形式真正确立,真正具有了深刻的社会意义之时,还是在阶级集团产生之

---

① 《马克思恩格斯全集》第3卷,人民出版社1960年版,第23页。
② 同上书,第5页。
③ 同上书,第12卷,人民出版社1962年版,第738页。
④ 同上书,第3卷,第33页。
⑤ 同上书,第12卷,第752页。
⑥ 同上书,第46卷(上册),人民出版社1979年版,第472页。

后，特别是商品经济产生以后。所有制形式一旦体现为行为规范，则就是所有权制度。因而，所有权制度对于社会的发展和人类的进步有着密切相关的重大意义。这也是一切历史阶段上的社会都对所有权予以高度重视和充分保护的原因所在。

由于所有权体现的所有制形式乃是体现社会劳动生产最基本关系的制度，故它不是孤立存在、抽象静止的，它必须经过社会生产的全过程才能实现。因此，所有权的全部内容就是人对物（主要是生产资料）的占有、使用、收益和处分权。显然，尽管所有权直观上规定着人对物的关系，但实质上却体现着人与人之间的关系。同时，虽然所有权体现着所有制形式，二者有着如此密切的关系，但它们毕竟是不同的两个范畴。实际上，与其说所有权体现着所有制形式，不如说所有权体现着所有制精神。从历史上看，所有权从不是仅仅消极被动地体现所有制形式，作为社会行为规范的一个重要范畴，它总是积极、能动地反映所有制形式及与之相应的各种社会关系。可以肯定，在将来任何一个历史阶段上，所有权都会存在和发展。如果有人认为所有权既为法权之一种，那么也就必然要随着国家、阶级的消亡而消亡，则我们只好说体现一定社会物质生产关系的行为规范将会永远存在。否则，我们就无法解释所有权的起源和本质，结果也就会导致从根本上否定人的自身。

从所有权内涵的"占有、使用、收益和处分"几项权能来看，它的确是较之于其他权利——如债权更为完全和充分的权利。在一定条件下，在一定范围内，它确实也具有绝对、排他的特征。然而，考察历史和现实后我们就会发现：所有权就其整体而言，过去不是，现在不是，将来也不会是完全、绝对的权利。社会愈进步，人就愈接近其本质的实现。从积极的方面看，所有权不断地延伸渗透，而从消极的方面看，所有权则日益受到限制侵消。这种延伸与限制，渗透与侵消，相辅相成，辩证发展，构成所有权存在与发展的全部历史。英国著名法学家梅因在总结19世纪以前的法律发展史时，曾有一句恩格斯认为早已为马克思主义所阐明的名言："从身份到契约"，它科学地概括了在那以前的法律发展史特征。然而，时至今日，历史条件与社会条件早已发生了深刻的变化，并且直接规定着近现代法律的发展、演变。如果总结近一个世纪以来法律发展的历史，那我们可以说，这是一个"从契约到社会"的法律发展时期。

罗马法物权理论及其实践的启示

罗马法认为，凡有经济价值并可转换为金钱价值的都是物。因而，罗马法中"物"的内涵要比现代民法广泛，它包括了客体和客体之上的权利。有形物、无形物，对世权、对人权等都属物的范畴。奴隶和家主对奴隶的权利也都在罗马法的物之列。与此相应，罗马法的物权内涵也较现代广泛。罗马物法实际包括现代的物权法、债权法乃至继承法。不过在此最有意义的是罗马法中有关物权的分类及其理论。在罗马法中，物权被分为完全物权和不完全物权，前者即所谓"自物权"或"所有权"，后者则为"他物权"。凡是所有权以外的物权都是他物权。诸如用益物权、各种役权、抵押权和质权等均是，从罗马法关于自物权与他物权的区分，已足见其当时就对所有权的相对性有了认识。

罗马法中的所有权一词为"dominium"，意即统治、支配、控制、管领。用之于法律概念，则表示其完全和绝对之意，是所谓"人对物最完全的支配权"。其基本权能为占有权、使用权、收益权、处分权及返还占有权。罗马法对于所有权的认识与规定，基本上为后世法律所接受。不过近现代民法已将所有权权能概括为占有、使用、收益和处分权。有些国家的民法甚至仅规定使用、处分两项权能，但其中使用权包括收益权。至于占有，则另作规定。然而，尽管罗马法确认所有权是"人对物最完全的支配权"，可事实上，这种"最完全的支配权"从一开始就受到多方面的限制。依照罗马法物权理论，所有权在以下几方面受限制：

第一，受他物权的限制，包括相邻权、地役权、抵押权等。其中《十二表法》对因相邻权所引起的所有权限制规定得十分详尽。如规定："土地所有人耕作土地或于土地上建筑房屋时，须沿地界留置一定空间。"①"邻地树上之果实得允许其所有人于果实落在地拾取之。"②

第二，受社会公共利益的限制。由于整个社会公共利益的需要，有时国家代表社会对社会成员的所有权予以限制甚至剥夺。如按罗马先占理论，矿藏发现者可为矿藏所有人，但国家往往视需要对此限制，甚至禁止开采，而酌情给予发现者以适当补偿。③

第三，受权能实现条件的限制。由于所有权包括占有、使用、收益和处分等多项权能，而它们的实现又各需一定的条件，因而所有权事实上很难同时同地充分实现。

第四，所有权还要受理性和道德观念的限制。如罗马共和国中期的"特有产"制④就是对家父所有权的限制。自然，也可视之为家父所有权的分离。上述种种情形，都会导致所有权权能限制和分离的法律后果。

他物权是罗马法物权的一个重要方面，也是它不同凡响的所在之一。尽管后世各资本主义国家的民法都不同程度上承袭了这一理论，⑤但终究未能从理论上突破罗马法的深度或高度。罗马法中的他物权是指非所有人对他人所有之物的权利，其实质不外是对所有权的限制。如果将所有权与他物权作为一个整体来看，则所有权根本就不是最完全的绝对权利。罗马法中他物权包括役权、用益权、永佃权、地上权、质权等。这些权利的特点表现在两个方面：首先，它们是一种不完全的物权，只能在一定范围内行使；其次，它们必须以他人之所有权为前提。也就是说，没有他人的所有权，则无其本人的他物权。他物权的客体乃是他人所有之物，故他物权与所有权是不可分离的。其实，在任何社会中，物权都有这两方面的内容。商品经济社会中，所有权一般体现着社会个别成员的利益，而他物权则是社会整体利益的体现。只要人仍旧是类的存在物，只要人还是一切社会关系的总和，只要社会还存在生产分工和生

① 《十二表法》第七表第1条。
② 《十二表法》第七表第10条。
③ Inst. 2, 1, 12，参见江平、米健：《罗马法基础》3.3.8，中国政法大学出版社1987年版。
④ 特有产：家父权下家子法定应得财产份。参见上书2.2.3.2。
⑤ 《法国民法典》以专章加以规定。

产部类，则物权就必然包含这双重的内容。倘若物权没有这两方面的内容，则一个社会的生产劳动、经济活动及其他种种社会活动就不可能是主动积极的。这样，社会的进步和发展也就无从谈起。对此，两千多年前的罗马人就有了较清醒的认识，而且将其上升为法权形式。同时，在长期的法律实践中，罗马亦获得了成功的经验。

公元前5世纪到公元前1世纪是罗马共和国以武力征服世界的重要历史时期。通过一系列战争，罗马逐步确立了它在意大利、爱琴海、地中海等区域的霸主地位。然而，尽管罗马人建立了严密的帝国统治，可实际上他要有效地进行统治，维护其霸主地位，则僵化的国策是行不通的。在这方面，罗马的法律实践最先突破或弥补了帝国统治的保守和纰漏。显而易见，无论是意大利的土地还是海外的"贡地"或"税地"，罗马国家和皇室都不可能亲自管理、使用。它们事实上还是被分给当地人占有、使用并与罗马所有者共享收益。在这方面做得最为突出的是古典时期的哈德良皇帝（Hadrianus，117—138年在位）。他于公元117年实施改革，"把一些皇家土地转变为类似私有地产性质的产业。这种新型地产的名称叫做'法定私占的王田'或'按文契规定私占的王田'……改革的目的在于：通过减少租赋以及保证租地人得到近似于私有财产的长期租佃方式，来刺激皇家佃户的积极性，促使他们以更大的技巧来专心从事农务"。①哈德良时代还颁布了"曼契亚法"（Lex Mancia）。该法规定："凡是自愿在皇庄和公有田庄的处女地上播种或种植者皆可自由行事。只要占有者仍耕种土地，他们就一直是这块土地的持有者。他们按法律规定享有'宅地权'（jus colendi），而不需要有任何专门的契约。"②同时，哈德良还积极地"把日耳曼人输入来拓殖荒芜的土地"。③公元3世纪，罗马普遍出现"弃田"问题，因而，利用蛮族耕种此类"弃田"的情况也就更加必要。结果导致本是罗马人

① 〔美〕M.罗斯托夫采夫：《罗马帝国社会经济史》，马雍、厉以宁译，商务印书馆1985年版，第519—521页。
② 同上书，第521页。
③ 〔美〕汤普逊：《中世纪经济社会史》，耿淡如译，商务印书馆1961年版，第62页。

的土地，实际却由法兰克人及其他蛮族来耕种。[①]罗马法的基本原则之一是私产的不可侵犯性。可为了适应新的情况的需要，公元193年帕提那克斯（Pertinax）的一项敕令规定："如果有人进行耕种弃田，这块田地就成为他的财产。……如果占据者占有土地已满两年，而原主从未提出过抗议，他就获得这块田地的产权。"[②]这样，通过皇帝敕令、行省长官和裁判官告示的创制，法律上渐渐形成"外埠土地所有权"的概念。它一般指对罗马城邦以外意大利土地或海外行省土地的所有权。由于这种土地上的权利不是依市民法而是依皇帝敕令、行省长官或裁判官的告示创制而成，故此类所有权属万民法调整，又称之为"万民法所有权"（dominium ex iure gentium）。[③]除此之外，罗马法中尚有所谓的"裁判官所有权"。这类所有权系由裁判官在实践中依"善意占有"的事实裁决产生，故又称"事实所有权"，或"善意所有权"。当然，对此权利也有学者提出不同意见，认为"善意占有"的意义不过是简单地表明物主归属而已，并无更多的内容。[④]但不管怎样，这种由"善意占有"而导致的"事实所有"，确实大量地存在于当时的罗马社会生活中。而且，与此相对应，自然也就出现了"空虚所有权"或"分离所有权"（nudum jus quiritium）。[⑤]在罗马古典法时期前后，这种所有权广而多见。其产生除了和"外埠土地所有权"一样有着共同原因以外，尚由于当时罗马经济生活的日益复杂所造成的所有权保护的混乱情况。为解决这一问题，裁判官不得不通过司法途径确立既有法律不能保护，而现实中又大量存在的所有权。正如有的学者所说的："所有权一分为二，即分成形式上的权利和实际所有状态，乃是现实社会不可避免的结果。因为无论是前古典法学家抑或在此问题上接踵而来的古典法学家，都未

---

① 〔美〕汤普逊：《中世纪经济社会史》，耿淡如译，第62页。

② 同上书，第63页。

③ 这种所有权的保护方法，罗马法并无明确规定。优士丁尼时代，由于意大利土地和海外领地已无区别的意义，故该类所有权自然消灭。

④ 参见 G.Diósoli, *Ownership in Ancient and Pre-Classical Roman Law*, Akad. Kiado, Budapest 1970, 2.4.4.

⑤ 又译"裸体所有权"，参见江平、米健：《罗马法基础》。

能创制一种新的形式以满足已变化了的社会的需要，反倒固执地求诸早已废弃了的'曼兮帕蓄'和'拟诉弃权'。"①当时，依市民法得不到保护的所有权，一般均可请求裁判官保护，从而取得"事实所有权"。罗马法对该项权利的保护有两种方法：其一，"买卖成交之抗辩"（exceptio rei venditae et traditae）；其二，"普布利西安之诉"（actio Publiciana）。②显而易见，当"善意占有人"依实际拥有财产的事实经请求得到了事实所有权时，则另一方面必然使原合法所有人处于所有权"空虚"或"脱离"的境况。"后者明确无疑地意味着一种形式上的所有权，此时所有权标的实际已成为另一个人的财产。"③

上述罗马法有关物权的理论与实践，足以说明所有权的限制与分离乃是商品生产社会的一种客观规律。尤其是在土地及其他生产资料高度集中或社会化的情况下，这尤其不可避免。尽管罗马社会及其法律已去之久矣，但我们毕竟还可从中得到启示。

近现代社会中所有权的限制与分离

人类社会的发展与进步是与人的社会联系和社会关系的紧密、广泛程度成正比的。这种历史规律性反映到所有权上，就是所有权分离与限制的日益突出和加强。

1804年《法国民法典》是近代史上第一部资产阶级民法典，它概括并反映了当时法同社会的生产关系和生活关系，而这些关系恰恰是当时整个资本主义社会的历史趋向。资产阶级私法的三大基本原则：法律面前人人平等、产权不可侵犯、契约自由，就是由此而确立的。然

---

① G.Diósoli, *Ownership in Ancient and Pre-Classical Roman Law*, p.179.曼兮帕蓄（mancipatio），古罗马要式转移的重要方式，后期多体现为"铜衡式"；拟诉弃权（cessro in jure），古罗马要式转移到略式转移的过渡形态，实际是规避僵化法律的手段。它表面上不改变法律，而实际上却予修正。

② 该项诉讼因创制此项诉讼的法官名字而得名，但尚有争论，而且有的学者还不承认该诉讼与"善意占有"相对应。

③ G. Diósoli, *Ownership in Ancient and Pre-Classical Roman Law*, p.173.

而，就产权不可侵犯而言，与其说它是资产阶级私法的基本原则，毋宁说它是区别和批判封建专制的标志或旗帜。因为作为与封建专制统治斗争的胜利者，资产阶级深知财产权的重要意义。显然，没有财产权的平等持有和稳定存续，资本主义的商品经济就无从谈起。另外，启蒙思想运动的自然法思想，也深刻地影响着当时的法国法学。所以，当资产阶级推翻了封建统治，取得并建立了自己的政权以后，他们必然要以最基本的行为规范——法律来维护其生产关系的基本条件，旗帜鲜明地表明其立场原则，从而把产权不可侵犯作为一项基本原则和公民的一项完整权利。但是，这一权利从一开始就由法律规定本身加以限制。《法国民法典》第二编即名之为"财产及对于所有权的限制"。其中第578—710条，具体而明确地规定了对所有权的限制。当然，其中也潜含着大量的所有权分离。《法国民法典》第544条规定："所有权是对于物有绝对无限制地使用、收益及处分的权利。"但同时又规定"法令所禁止的使用不在此限"。紧接着又于第545条规定："任何人不得被强制出让其所有权；但因公用，且受公正并事前的补偿时，不在此限。"由此可见，即令是确定所有权的规定本身，也充分反映了所有权的相对性。除此之外，《法国民法典》还以第三章整章的篇幅具体规定了种种"他物权"，即用益权、使用权及居住权，从而使得对所有权的限制具体明确化。不过，虽然《法国民法典》如此明确具体地规定了所有权的限制，但究竟还未能摈弃传统的"绝对"观念。事隔近百年后，《德国民法典》弥补了《法国民法典》的这些不足。第一，它在规定所有权时，不复强调其"绝对"特征。第二，它不像《法国民法典》那样间接地规定对所有权的限制，而是直接、明确地予以规定。如第903、904、905条分别就所有人的权限、紧急避险、所有权的界限等作了规定。其中第903条规定："物之所有人在不对抗法律和不妨碍第三人利益的情况下，可以任意处分其所有之物，并排除他人之影响。"第三，第906—923条还就相邻权作了详尽具体的规定。第906条规定了"不可量物质的输导"。具体如："土地所有人不得禁止出于他人土地之煤气、蒸气、臭气、粉尘、煤烟、热气、噪声和震动等输导的外部影响，只要这种影响对该所有人使用土地不是或仅是非本质的损害。"第2款进一步规定在一定条件下，所有人"必须忍受"他人行使权利的影响。

由上可知，在反映所有权相对性方面，《德国民法典》较《法国民法典》更进一步，这主要取决于前者所处的历史条件和社会条件。《德国民法典》制定之时，正是垄断资本形成发展时期，这一时期的生产关系和社会关系的变化，以及由此引起的观念上的变化必然要反映到法典中来。而在物权方面，"所有权的社会束缚性"（Sozialgebundenheit des Eigentums）更为突出。[①] 20世纪初的《魏玛共和国宪法》第153条第3款曾进一步规定："所有权承担义务。其享用同时也就是对社会利益的义务。"[②] 除此之外，法典第226、228条也就不同场合对所有权予以限制。《德国基本法》第14条也对所有权权限加以严格的限制。[③]《烟尘限制法》《联邦建筑法》《航空器噪声法》等同样对所有权予以进一步限制。总的来说，近现代德国或联邦德国对所有权的限制表现在以下几个方面：所有权行使不得违反法律及法律确认的"善良风俗"；所有权不得妨碍或对抗第三人的权利；所有权行使须以社会一般利益为义务；所有权权益于必要时须服从他人之更大所有权权益。[④]

除了对所有权的限制，德国的一些特别法律还就所有权权能分离作出规定。1919年德国颁布的《建筑权利可继承法令》扩展并引申了民法典第1012—1017条有关建筑权利继承的规定，允许土地所有人以赋予他人在其土地上设置建筑的不动产权而转移其土地。这种可继承建筑权利的享有者，被认为是转移有效期间内该土地的所有人，而真正的所有人却作为"分离所有人"，但每年获取事先规定的"移转建筑权息金"。[⑤] 根据此项法令，继承建筑权利不得连续享有99年以上，

[①]　*Palandt Bürgerliches Gesetzbuch*, Aufl. 41, München, S.983.

[②]　同上书，第984页，参见Nobert Horn/Hein Kötz/Hans G.Leser, *German Private and Commercial Law: An Introduction*, Oxford University Press, 1982, 10.2。

[③]　*Palandt Bürgerliches Gesetzbuch*, S.984.

[④]　同上书，第999页。

[⑤]　Nobert Horn/Hein Kötz/Han G.Leser, *German Private and Commercial Law: An Introduction*, p.178.

但在此时限内，所有人可以自由转移之。显然，这种情况与罗马时代的"空虚所有权"和"事实所有权"同出一辙。德国人是否直接吸取了罗马人的法制经验，我们姑且不必遽下断言，但两者之间本质的联系和类似则是无可否认。正是由于社会生产经济的共同需要和客观要求，它们才在相距两千余年的不同时代里，作出了一脉相通的选择与规定。第二次世界大战后，1951年联邦德国的《住宅所有权法》亦进一步体现了所有权分离，即承认公寓住宅的居民为整个公寓的共同所有人或特定所有人，如对花园、门厅的共同所有及对自己房舍的特别所有等。该法曾在第二次世界大战后的联邦德国，特别是在城市区域收到了良好的社会效益。

在社会主义国家，所有权的分离与限制更为突出，这也是社会主义社会生产资料公有制和高层次社会化生产分工与合作的必然结果。从根本上讲，社会主义社会中个人与集体的所有权必然要受到更灵活的分离和更严格的限制。《苏俄民法典》第58条附则规定："国家机关暨采用经济核算制之机关，实行处分国家之财产时，应受本法第22条暨各该机关章程之限制。"尽管该规定字面上没涉及"经营管理权"，但实际却正是指这类权利。而且，虽然此规定表面上是对"处分国家财产权"即经营权的限制，但事实上却暗含国家所有权的分离。我国《民法通则》对所有权限制规定虽不够具体，但在原则上却作了比其他社会主义国家民法更为明确的规定。《民法通则》第81条第4款、第83条的规定，即是对所有权的限制。第82条则间接但却明确地承认了所有权分离，即授予全民所有制企业以合法经营权。不仅如此，近期颁布的《中华人民共和国全民所有制工业企业法》（1988年8月1日生效）第2条进一步规定："企业的财产属于全民所有，……企业对国家授予其经营管理的财产享有占有、使用和依法处分的权利。"根据这一规定，我国的国营企业和国家之间的关系，国营企业经营权和国家财产所有权之间的关系，国营企业经营权权能都得以明确。它反映了实行经济体制改革后我国社会生产关系的调整及其观念上的变化。

所有权相对性的现实基础及有关问题

19世纪70年代以来的一个多世纪，整个人类社会经历了几次重要的历史时期。首先，在19世纪末30年的短短时间里，主要资本主义国家先后完成了或行将完成从自由资本主义到垄断资本主义的过渡。这种资本的迅速集中与积聚以及相继而来的生产积聚和集中，促进了生产关系与社会关系的变化与更新。如公司增多，卡特尔、辛迪加、托拉斯、康采恩不断出现。在这种种新的经济组织中，人们的财产支配与运用，人们的财产所有权形式，都已发生重要变化。如在公司以及各种垄断经济组织中，个人财产所有权往往与整个经济组织的财产所有权相分离，且互为制约。20世纪以后，垄断资本进一步发展，并终于成为第一次世界大战的重要起因。第一次世界大战后，德国、日本、美国等相继出现了国家垄断资本主义。这种生产方式是资本主义国家为拯救危机四伏的资本主义社会经济不得已而为之的回天之策。而恰恰是这种国家资本主义更进一步强化了所有权的相对性。质言之，国家通过对经济的干预或以国家名义直接参与经济，实现财产或资本所有权的限制与分离。与此同时，大财团、跨国公司日益兴起，资本集中和积聚不断加强，企业生产规模愈益扩大，经营场所广泛分布，销售市场逐渐扩张。在这种情况下，要想有效地利用资本，有力地进行竞争，就必须要有一个高效率、高度和谐的集中管理和分散经营的体系。其结果，资本所有和资本用益的集中与分散，亦即所有权的限制与分离就势在必行。第二次世界大战以后，这一趋势更为突出。现在，整个资本主义世界都从资本主义经济的实践中认识到，资本从集中规划投放到分散使用收益，再到独立核算分配，最后重新规划投放，这乃是企业适应日益激烈的竞争，有效成功地运用资本的必由之路。例如日本、美国、联邦德国等资本主义大国的许多公司分支机构都可不同程度地享有自主经营、独立核算的权利，甚至资本的自主投放也是可行的。所有这些都充分证明了现代资本主义社会中所有权相对性即所有权权能分离与限制的必然性。总之，资本主义社会中垄断资本不断发展的趋势，乃是"所有权社会化"的根本社会原因。

在社会主义社会条件下，所有权权能分离与限制更是必然。因为在社会主义社会，生产资料公有制占主导地位，国家始终是以全民或社会的姿态来掌握生产资料并计划组织生产。全民所有制下生产的高度集中已远远超过资本主义社会的私有经济。然而，国家作为一种公共权力机关不可能自行实现整个社会生产过程。所以，它的经济职能，它作为全民所有者的权利，必然要延伸外化到它在实际社会生产过程中的代表——国营企业身上。具体说，在社会生产总过程中，国营企业代表着国家实现国家的经济职能，完成生产、交换、分配以及受此支配的消费部分环节。事实上，国家所有权的延伸或外化，所有者与经营者的分立和统一，本身就意味着所有权权能的分离与限制。更为重要的是，尽管社会主义与资本主义的生产方式大不相同，可二者都是商品经济社会，这就从根本上决定着所有权权能的分离与限制。当然这不是说没有商品经济的社会中就没有所有权的相对性。相反，这种相对性过去、现在、将来都会存在，只不过在商品生产社会中它更为突出普遍。所以，一味强调社会主义社会国家所有权的绝对性，脱离历史条件进行主观的、理想化的社会生产与生活，不仅会影响社会主义生产力发展，还会影响国家经济职能的实现，滋生行政经济管理流弊，抑制劳动生产者的积极性和创造性，这已为历史所证明。

十月革命胜利伊始，列宁就曾提出"新经济政策"的基本设想，然而，由于当时国内外斗争形势严峻，这一设想没能付诸实行。1921年，新生的苏维埃政权粉碎了外国武装干涉并平定了国内反动势力的叛乱。这时"新经济政策"才得以实施，其中重要内容之一就是允许一定程度的私营经济存在，同时以租赁、租让的形式发展国家资本主义。显然，这一政策直接涉及所有权权能的分离问题。然而，由于国内形势和国外环境，以及苏联党内对这一政策的意义认识不足，它终究未能贯彻到底。第二次世界大战以后，特别是近十几年来，许多社会主义国家都试图进行经济体制改革。而此类改革必然要涉及的一项重要内容就是所有权权能的分离与限制问题。改革的经验成败皆有，但总的情况表明，所有权权能的分离与限制在社会主义社会条件下，同样是一个不以人的意志为转移的必然规律。

当前我国深入进行的经济体制改革是我国社会主义事业的一项伟大实践。毫无疑问，它将直接对我国人民和我国的社会主义事业发生影响。在改革的过程中，曾引起热烈而广泛讨论的问题之一即是所有权权能分离和限制问题，其热点即是国营企业的所有权与经营权分离问题。我国的《民法通则》第82条已明确规定了"全民所有制企业的合法经营权"。对此，《中华人民共和国全民所有制工业企业法》第2条也予以明确的规定。国营企业正是通过对国家财产的这种权利，代表着国家实现其组织、完成社会生产总过程，并进行再生产的经济职能。无可否认，实践中的经营权，就是"事实所有权"或"准所有权"。国家作为财产所有人则只具有对其财产予以终极处分的权能。这项权能的意义仅仅在于它可决定财产的归属，至于事实所有人或经营人如何占有、使用以至处分国家授予的财产，国家均无需一一过问。所以，国家此时不过仅享有"名义所有权"或"空虚所有权""分离所有权"。在此，生产资料所有权的各项权能已不只是个别分离问题，而是几乎全部转移。这种法权现象不仅在社会主义国家，而且也在资本主义国家；不仅在今天，而且在历史上都曾大量地存在。但在社会主义条件下，在全民所有制经济内部，这种分离乃至转移更为突出和势所必然。

关于所有权与经营权分离，国内经济学界和法学界已进行了热烈而深入的讨论。对经营权内容及其本质的认识，基本上已达到了统一。此次公布的《全民所有制工业企业法》亦对此作了总结。然而，关于经营权的起源，它与所有权的关系，认识尚颇有歧义。尽管国内有的学者提出些颇有见地的观点，但毕竟也留有探讨的余地。

所有权的相对性表现在两个方面。其一是所有权的限制，其二是所有权权能的分离。从目前对经营权的认识和《全民所有制工业企业法》的规定来看，可知经营权与所有权已无质的区别，二者差不多是同一层次的概念。故倘若说经营权是从所有权中分离出来的次级权利，显然欠妥。但如果将所有权与经营权列为同级概念，则又会产生内涵重合而概念不一的矛盾。严格讲，所有权与其占有、使用、收益和处分权能的所谓"四权分离"学说，从理论上是不能成立的，实践中也会造成混乱。其实所有权权能分离只能就所有权权能个别发生。如果全部权能都分离出去，则所有权也就失去了它的实际意义。质言之，此时物权已全部实现转移。不过，在国家所有权不可动摇的观念下，这样的思路会违背思维的"排中律"和法学的"一物一权"原则，造成所有权重叠、权能实现冲突的现象。然而这种情况并非不可避免，问题在于我们是以事实为根本依据，还是以观念为唯一根据。如果说事实是不可否认的，那么解决问题的办法就只能是从检验既有观念入手。从某个角度来看，国营企业所有权与经营权分离的理论是为适应形势的需要但又不与传统观念冲突而产生的。事实上，这种理论正受到学理与实践的严峻挑战。

与所有权相对性密切相关的另一问题是相邻关系。一般说，它是指由于同处相邻土地的有限三度空间所引起的权利义务关系。这同样是人类社会中一种古老而重要的基本社会关系。其权利义务指向的对象是构成物质空间的各种物质，它从一个方面反映了所有权的相对性，即所有权的限制。例如土地所有人虽然可以用任何方式对其土地进行使用、收益乃至处分，但却不能因此损害相邻土地所有人或使用人的权益，即令其活动具有公益性也不例外。又如城市土地所有人（使用人）虽可于其所有（使用）地上设置建筑物，但却不得因此影响相邻土地所有人（使用人）的正常权益，如不能影响或侵犯邻人的采光权、流水权等。现代社会中，相邻关系日益突出重要，且大多具有强烈的社会性。诸如生产劳动、日常生活、环境保护、城市建设、农村土地的划分耕作、社会公益事业等，无不涉及相邻关系。也就是说，在前述各种领域，所有权均有受限制的可能或必然。

综上所述，作为一定社会之基本社会关系的法律体现，所有权具有不可避免的相对性。这是由社会活动的主体——人的本质决定的。自从人类社会中财产出现，商品经济产生以后，所有权始终具有这种相对性。而不是像有些人说的它只是生产力发展到一定水平，特别是社会主义条件下的产物，历史证明，早在两千多年前的罗马奴隶制社会，所有权的分离与限制就已出现。到了资本主义社会，它已成为一种十分普遍的现象。所有权的相对性，体现在所有权权能的分离与限制两方面。对所有权人来说，分离是积极的、主动的，而限制则是消极的、被动的。前者是个别的自主行为所致，后者则是社会的约束行为所致。而人类社会的任何阶段上，社会生产和社会生活的这种两面性或双重性都是不可避免的。不过，权能分离较权能限制出现得迟些，至少在其普遍性上是如此。特别是在现代社会，权能分离日益频繁普遍地出现在社会生产与生活过程中。当然，这并不意味着权能限制的情况减少。恰恰相反，权能限制必然会随着整个社会的发展而逐步深化加强。总之，人是类的存在物，在人的社会中，人要想最终实现自我，就必须首先放弃自我；人要想充分实现自己的权利，就必须首先适当放弃自己的权利。物权中自物权（所有权）与他物权的区别，所有权权能的分离与限制就充分体现着这种必然性。而所有这一切又都表明，人本身就是矛盾的产物，他是自由的，但又不完全自由；他具有权利，但同时又承担义务。一言以蔽之，"人是生而自由的，但又无往而不在枷锁之中"。因为，人永远是一个类的存在。

用益权的实质及其现实思考[①]

——法律的比较研究

一、所有权与用益权

（一）所有权的实质及其一般特征

所有权是人类社会生活与生产中必然发生和存在的一种法权现象，本质是确认生产和生活资料归属，从而在很大程度上进一步确认特定归属人在社会生活与生产中的地位。也就是说，所有权的社会和法权意义在于确定一种社会生产和生活秩序。广义上讲，"劳动秩序建立在物法基础上"。[②]于是，所有权自然就成了自生产和生活资料的概念

① 原载《政法论坛》1999年第4期。

说明：本文是作者作为德国洪堡科研奖学金获得者于德国所作关于用益权制度专题研究工作的一部分。此项研究从立意到完成始终得到作者的学术导师波恩大学教授克努特尔（Prof. Dr. R. Knütel）先生的悉心指导和帮助。此外，作者的老朋友、科隆大学教授何意志先生（Prof. Dr. Robert Heuser）和马普研究所教授明策尔先生（Prof. Dr. Frank Münzel）、波恩大学教授雅可布斯（Prof. Dr. H.H. Jakobs）教授、沃尔夫冈·舍恩教授（Wolfgang Schön）以及其他许多德国学者和同事，均曾给予宝贵的启发和帮助。作为首名安联−洪堡科研奖获得者，德国安联保险公司（Allianz）曾对作者的研究工作给予多方面支持，该公司国际培训部主任贝京教授（Prof. Dr. Johann Beginn）为作者提供、安排了甚为宝贵的实际考察机会，使作者的理论研究深获实践认识的裨益。在此，谨对他们表示衷心的谢意。

② 〔德〕拉德布鲁赫：《法学导论》，米健、朱林译，中国大百科全书出版社1997年版，第64页。

产生，即有了财产观念之后用来确定和规范人类社会生产与生活关系的一种重要法权方式。古今中外，所有的法律无不首先将所有权作为一种基本的法律制度予以规范。但是，对于如何认识这种对财产或物的权利，如何在法律上加以规定，如何使之对社会生活和社会生产起到能动积极的规范作用，在法律史上有一个长期发展过程；某种意义上讲，这种发展至今还没有完成。在古代罗马法中，所有权最初不外是"家父权"（patria potestas）之一，是对物以任何方式使用、转让或合法处分甚至毁弃的全权（Vollgewalt）；但是它在当时受到神法和公法的多方面限制，远没有像后世这样被相对地绝对化。[①]到了罗马共和国初期，仍然没有所有权概念，但物之主宰权（Sachherrschaft）的认识已具备，从而使得在法律秩序和私法自治范围内对物进行法定和事实处分的私法完全主宰权（Vollherrschaft）得以实现。直到共和国晚期，才产生了基本相当于近现代法所有权概念的表达："主控权"（dominium）和"财产权"（prorietas）。传统罗马法所有权是所谓的"公民法所有权"（dominium ex iur quiritium），即只有罗马公民方可享受的私法权利。[②]古典罗马法之后，它一般被理解为对物的完全控制，包括使用、收益、处分的权利。也正是在古典罗马法时期，罗马法明确地引入了时限所有权（dominium ad tempus）的概念。这是一种不可转让和继承的所有权，它慢慢地渗透到古典法的用益权中，因此将用益权的可转移和可继承性也排除了。不过与此不同，英国法则在有时间限制的不动产所有权中承认用益权的可转移和可继承性（但这只适用于有年限的用益权）。在此，罗马法和英国法的思想方法是不同的：英国法是根据两个权利人时间上先后享有权利的想法来规定的；罗马法则是根据两个权利人同时享有权利的想法来规定的。[③]

---

① 参见卡泽尔：《罗马私法》（Max Kaser, *Das römische Privatrecht*, C. H. Beck Verlaghandlungen, München 1971），第119—125页。

② 同上书，第402页。

③ 京特·雅尔：《论罗马法的所有权概念》（Günther Jahr, Zum römishen Begriff des Eigentums, in: *Gedächtnisschrift für Wolfgang Kunkel*, Klostermann Verlag, 1984），第98页。

　　但是罗马法制度在罗马晚期，即公元第4、5世纪曾经历了一个蛮族化（Vulgarisierung）过程，即日耳曼部族部落法（Vulgarrecht）对罗马法的冲击和渗透，它对罗马法的诸多制度发生了重要影响，物权制度尤其如此。如古典时期严格分离的所有与占有自此之后混同为一，所有权这时不外是一种加重的占有。于是，对所有权类型作进一步划分和确定便势在必行了。中世纪初注释法学派的代表人巴托鲁在此基础上，明确地将罗马法上原有的"主控权"分成广义和狭义两类概念。就其广义而言，"dominium"表明任何对有体物和无体物的权利，即对物权（ius in re），其中尤其是用益权。此外，他甚至还将债权也归入其类。与此相对，狭义上的概念将其理解为对有形物的所有权，这与《学说汇纂》中所采用的概念是一致的。①在此，狭义的概念表现为从属或下位概念（Unterbegriff）。②除此之外，巴托鲁还进一步将罗马法上的这种所有权分作"空虚所有权"（nuda proprietas）和"完全所有权"（dominium plenum）。其中完全所有权包括处分权和利用权（Verfügungs- und Nutzrecht）③。在此，用益权被表述为一种广义上的特别所有权或为部分所有权（pars dominium）。④

　　巴托鲁认为，人们必须区别全部（totum universale：逻辑上的大概念）和整体（totum integrale）、组合的整体（zusammengesetzte Einheit）。只要人们从广义上理解所有权，那么所有权就是相对于用益权的大概念（genus——种），而后者对于前者来说则是逻辑意义上的从

---

　　①　参见《学说汇纂》第7卷第1篇第1段，米健译，法律出版社1999年版，第1页；又见（Digesten 41, 1, 1.; 41, 2, 17），以下书名略作：D.,其后数码依序为：卷，篇，段，句。又参见《优士丁尼法学阶梯》第2篇第4章首句（Institutiones Iustiniani 2, 4, pr.），以下书名略作：Inst., 其后数码依序为：篇，章。又参见科英：《论巴托鲁的所有权理论》（Coing, Zur Eigentumslehre des Bartulus, in: *Zeitschrift der Savigny—Stiftung für Rechtsgechichte*）70［1963］，第348页及以下。

　　②　D. 7, 6, 3，此处所讲的用益权上的主控权（dominium）。

　　③　D. 45, 1, 58.

　　④　D. 7, 1, 4; D. 45, 1, 58；但有与之相矛盾：D. 50, 16, 25这些出处已经给予注释法学派启发，使之解释"dominium"和"ususfructus"，之间的关系。相反，只要D. 50, 16, 25正确的话，用益权就不是"domiunium"概念在逻辑上的从属概念。

属部分（species——类），但是如果人们在此不把部分（pars）理解为一个逻辑上的从属概念，而将其理解为一个合并而成的整体的一部分，那么，还可以将用益权（ususfructus）和利用权（Nutzrecht）理解为狭义上的部分所有权（pars dominii）。具体说，用益权作为部分所有权"pars dominium"，正如墙是房屋的组成部分一样。他认为这样一来，所有权理论的矛盾就解决了。不过，1901 年蒂堡发表了他的《试论法权理论的个别部分》的第二部分，即《论直接主控和用益主控》的论文。他在这篇论文的导言中说："虽然很久以来就有许多最出色和极敏锐的法学家，如：匝休斯（Zasium），杜阿兰（Duaren），库亚斯（Cujaz），唐尼尔（Donell），瓦尔特尤斯（Vultejus）以及他们之后的其他法学家，依据不同的理由都对直接主控和用益主控予以驳斥，可直到今天，这种矛盾仍然如故地存在。"①

但不管怎样，罗马法上对所有权的认识与规定基本为后世所接受。近现代各国民法及民法理论对所有权所作的规定与阐发，实际上大体都从罗马法发展而来。从法律理论的基本构思来看，后世始终没有对罗马法理论有过实质的突破，德国、法国及意大利民法均然。按照《德国民法典》第 903 条②的规定，所有权被理解成为与利用权（Nutzungsrecht）、③变价权或价值实现权（Verwertungsrecht）等限制物权（beschränktes dingliches Recht）相对的完全权利（Vollrecht），包括占有、占有的转移、利用和改变物之状态及对物最后处分并排除他人对物之妨碍等权利，其结果是使物概括地归属于某人，即法律制度赋予特定

---

① 蒂堡所反对的所有权分割的形态实际上是所有权理论的实质部分，这种理论由注释法学派和评论法学派构思而成，并在德国被接受。其权威的阐述出自巴托鲁的理论，参见沃尔夫冈·维冈：《论土地动产化的理论依据：抽象所有权概念》(Wolfgang Wiegand, Zur theoretischen Begründung der Bodenmobilisierung in der Rechtswissenchaft: der Abstrakte Eigentumsbegriff, in: Helmut Coing, Walter Wilhelm hrsg. *Wissenschaft und Kodifikation des Privatrechts im 19 Jahrhundert* Bd.3, Die rechtliche und wirtschaftliche Entwicklung des Grundeigentums und Grundkredits, Vittotio Klostermann, Frankfurt am Main, 1976, S.119f.)。

② 《德国民法典》(Bürgerliches Gesetzbuch, BGB,§903，本身并没有具体列举所有权的内容，而是由其他法律规范来予以表明。

③ 见本文下文有关阐述。

人对于一物之上的概括的主宰权利。①这与此前的《普鲁士普通邦法》②
对完全所有权的定义是一脉相承的:"完全的所有权包括对物的占有、
使用和转让。"在我国法学界,虽然对所有权的认识有多种多样,但概
括起来,基本上仍没有超越上述大陆法系民法的传统理论,存在的差异
不过是具体认识和表述角度的差异,实质内容上并无大的不同。③

　　应该说明的是,对所有权这种法律生活现象,科学与政治的思考
角度是颇为不同的。"在此,从制度和法律的方面分别产生一种思考,
而根据这些制度和法律,实在法规定着一项权利的权利人归属以及权
利的具体内容及其限制。"④因此,所有权人实际上同时概括地具有积极
和消极两方面权能。从法律制度角度看,人们大体可以这样认为:"所
有权表明一种生活关系,尽管社会政治和一般法的所有权制度变化不
定,但所有权总是一个普遍统一的私法内核,它产生一种主观上的法权
权利。但同时也有法律义务和其他现实既有的内容。"⑤从积极的方面看,
所有权的意义在于它可以实现对特定生产和生活资料的占有、收益和最
后处分,这些不同形式、不同层次的权能构成了所有权的全部内涵。

　　作为确认生产和生活资料归属的一种法权方式,所有权有其法律
上和经济上的特征。从法律意义上讲,所有权就是依法享有特定生产和
生活资料归属的权利,具有这种权利的人,即所有权人,可以依法对归
属于他的这些资料或财产实现占有、收益和最后处分,并可排除任何其

---

　　① 威斯特曼(H. P. Westernmnn):《物权法》(*Sachenrecht*, C. F. Müller Juristische
Verlag, Heidelberg, 1990),第1卷,第167页及以下;爱尔曼(Erman):《民法典评论手册》
(*BGB Handkommentar*, Aschendorffsche Verlagsbuchhandlung Münster, 1981),第2卷,第85
页及以下;沃尔夫·来瑟尔:《物权法》(Wolff-Raser, *Sachenrecht*),第170—187页,又见
§903 BGB;《法国民法》(Code Civil,以下略作CC.)第554条;《意大利民法典》(Codice
civile,以下略作Cc.)第832条;《葡萄牙民法典》(Código Gvil)第1305条。

　　② 《普鲁士普通邦法》(Allgemeines Landrecht für die Preußischen Staaten, 1794),以下
略作ALR。

　　③ 关于这方面的情况可以参见《法学研究》编辑部:《新中国民法学研究综述》,中
国社会科学出版社1990年版,第233—246页。

　　④ 威斯特曼:《物权法》,第164页。

　　⑤ 同上书,第165、169页。

他人的不法妨碍或干扰。同时，只要所有权人没有转移所有权的意愿，则其所有权就始终存在。因此，就所有权的法律特征而言，它是一种"自物权"或"主控权"（ius dominium），即一种对本身拥有之物实现绝对处分的权利，同时又是一种可以根据所有权人本身意志永久存在的物上权利。显然，一个社会的生产和生活秩序与所有权制度有直接而绝对的关联。

所有权的发生本是社会生活的需要，然而一旦所有权产生，它又反过来对社会生活加以规定。事实上，所有权的法律特征是对社会生活现象的体现与规范，故它不可避免地也具有经济上的特征。这些特征大体表现在以下几个方面：首先，它是一种个别或个体的权利。在人的社会生活中，所有权一般只能是个别地存在，即一个所有权一般只能由一个权利主体个别地所有，而不能同时有数个主体所有，共同所有权只是一种例外情况。在法律上，即所谓一物一权原则。其次，它是一种独立的权利。具体说，所有权是一种对归属于自己之物上的权利，就其存在条件而言，它不以其他权利或其他人权利存在为必要。第三，它是一种静态的权利。所有权实质上只是对物之归属的一种确认或规定。换言之，它是一种法权状态，是相对静止和固定的法律关系确认。所有权的法权意义或社会价值就是在这种静止不变的法律状态中得到实现。第四，它是一种抽象的权利。在实际社会生活中，所有权事实上仅仅是一个抽象的法律概念，是对财产归属从法律上的确认。如果所有权不是外在地具体表现为占有、使用、收益和处分等权能，则它便没有任何实际的价值，尽管这种情况下它仍然在法律上存在。正如德国民法学大家温德沙伊德（Windscheid）所说的那样："所有权是对物的充分权利，而其中各种权能则是这种充分权利的外化和表明。"[①]换言之，一个没有任

---

① 沃尔夫冈·舍恩：《论物上用益权——法律结构与法律行为构成》（Wolfgang Schön, Der Nießbrauch an Sachen—Gesetzliche Struktur und rechtsgeschäftliche Gestaltung, Verlag Dr. Otto Schmidt, Köln 1992），第11页；又见维冈：《论土地动产化的理论依据》，第145页及以下。同样的看法亦可见威廉文：《百科全书派理论中所有权的私人自由和界限》，亦见科英/威廉主编：《十九世纪的私法学和法典编纂》，第4卷，第19页及以下。

何实际价值的或不能从中取得任何利益的所有权是完全可能存在的。19
世纪时的德国法学家耶林在他的名著《不同发展阶段上的罗马法精神》
中就把罗马法中的所有权的概念视为一个抽象的形象例子。^①

（二）用益权的一般特征

1.用益权的实质及其根本特征

和所有权一样，用益权的发生与存在也是人的社会生活所决定的
必然法权现象。^②但两者所发生的依据或取向完全不同。当生活和生产
资料的归属确定，即所有权确定之后，紧接着的必然就是这些资料如何
以最大效率实现其价值的问题，不然所有权的确定就毫无意义。显然，
实现物之价值的根本方式是对物的使用和收益。而限制物权或用益权的
标的就是某种程度上的内在的"使用性"（Bräuchlichkeit）。^③正因为如
此，用益权的行使或实现就并非一定要在本人所有物之上，相反，它在
更多的场合下是表现为对他人之物的权利。换言之，与所有权确定财产
之归属的本质不同，用益权^④的本质在于实现生产和生活资料的价值，
而不论此类资料属何人所有。这是用益权与所有权之间的本质区别。换
句话说，用益权的指导思想在于，尽管所有权人和用益权人之间有权利
范围的划分，但仍要获得既有用益物的理想利用及其最大化的总体利
益，而且不管其利用人为何人。

---

① 耶林：《不同发展阶段上的罗马法精神》（Jhering, *Geiste des römischen Rechts auf
den verschiedenen Stufe seiner Entwicklung*, Leipzig 1874），第133页及以下。

② 在罗马法上，用益权的产生大致在公元前3世纪前后，很可能尚未脱离小农经济社
会形态。参见卡泽尔：《罗马私法》，第447页。

③ 19世纪德国法学界对于物权的认识普遍是从物之归属出发。参见戴希曼：《所有
权人和用益权人间的法律关系》（Deichmann, *Das Rechtsverhältnis zwischen Eigentümer und
Nießbraucher*），第17页。

④ 用益权的拉丁文表达是 "ususfructus"，《德国民法典》（BGB）中表达为
"Nießbrauch"，《奥地利普通民法典》(ABGB)中表达为 "Fruchtnießung"，《瑞士民法典》
（ZGB）中是：Nutznießung。参见努斯鲍姆：《德国民法典的用益权——法律事实研究的
历史观》（Arthur Nußbaum, *Das Nießbrauchsrecht des BGB, unter den Gesichtspunkten der
Rechtstatsachenforschung*, Julius Springer 1919），第3页。

　　用益权的发生大致可追溯到罗马共和国时期，当时的目的是为了给寡妇（uxor sine manu）提供生活供给，故可视为现今德国所谓供给用益（Versorgungsnießbrauch 和 Vermögensnießbrauch）的直接起源。[①]用益权被视之为"他物权"（iura in re aliena）之一，并被定义为："用益权乃对他人之物使用和收益并保持其实质之权利。"[②]至于近现代民法，如《普鲁士普通邦法》第20 I、21条规定："非减少用益物实质则不能取得之收益原则上不属于用益权范围"，它从反面规定了用益权的范围和限制。《德国民法典》规定用益权的思路是：用益权是一种他物权，用益权人可以出于经济上的必要对用益权标的进行获得利用的享益处分，但不能将用益物转让或毁损。[③]至于《德国民法典》第一编第1030条对用益权的定义是："物上得以为某人设定负担的方式而使之有权取得该物的利用（用益权［Nießbrauch］）。"[④]同时，第1036、1041条又强调用益权人在行使其权利时，应保持用益物的原来状况和经济用途。在学理上，当初德国百科全书派学者普遍倾向于赋予用益权更明确更多的权能，他们的观点曾直接反映在《德国民法典编纂提案／物权法》中，如该提案第276条规定："物上用益权赋予的权利是，代替所有权人为了获得物之经济出产而对用益物取得所有利用。"[⑤]不过，当时的民法典编纂委员会并没有完全接受学者的建议，它的有关决议对用益权具有的利用大大地打了折扣，从而反映出一种

---

　　① 卡泽尔：《古罗马法上的划分所有权》（Geteiltes Eigentum im älteren römischen Recht），载《科萨克尔纪念文集》（Festschrift für Koschaker），第1卷，第459页。又参见科萨克尔所著文章，载《萨维尼法律史杂志》（Zeitschrift der Savigny-Stiftung für Rechtsgechichte, 58, 1938），第252页及以下。

　　② D. 7, 1.

　　③ 《德国民法典编纂提案／物权法》（Vorentwürfe der Redaktoren zum BGB，以下略作：Vorentwürfe, W de G l982），111. 2. §276，第180页，181页；见雅可布斯／舒伯特：《德国民法典咨询》（Jakobs/Schubert, Beratung des BGB, W de G l991），第98页。

　　④ 参见§981，§986，996，2561，Cc.；§578 CC.。《葡萄牙民法典》第439条的定义差不多完全与罗马法上的定义一样："用益权是暂时且全部享有他人之物而又不改变其形式与实质之权利"。参见米也天：《澳门民商法》，中国政法大学出版社1995年版，第145页。

　　⑤ 《德国民法典编纂者提案／物权法》（Vorentwürfen），第98页。

较严格的限制。①最后基本上是以"用益权是以任何方式对他人之物加以利用的权利，只要该方式不侵犯用益物的实质"的思想规定下来。②此外"以任何方式"利用实际意味着"概括地"利用，表明用益权对负担用益之物的物权效果。用益权人的主控权尤其包括直接取得用益的权利（§1030 BGB）及为实现用益而占有负担用益之物的权利（§1036 Abs. 1 BGB）。③此外，理论上讲，用益权人在特定情况下还可享有所谓"处分用益"，即对用益物进行有限处分的权利。应该说明的是，消费物用益权人对其用益物的处分权能（在准用益情况下）不属于处分用益的范畴，它是基于返还用益物价值的法定债权关系而在用益权设定时就取得的真正处分权。④有的德国学者甚至认为，所有权和用益权仅在可转移性和可继承性方面才相互区别。而不可转移和不可继承又不是用益权的实质特征，实质是它附有期限。即使是用益权可以转移，也仍然有时限的限制，因为它会随着用益权人的死亡而消灭。可以说，时限所有权是一种可以转移和继承的用益；反过来说，用益权是不可以转移和不可继承的时限所有权。⑤

由此可见，德国民法上有关用益权的规定及其理论基本上与罗马法中的规定一样，只不过理论上不称此种权利为"他物权"，而是视其为"限制物权"（beschränktes dingliches Recht）之一。⑥同时基本上也

---

① 《施道丁格民法典评注》（J. von Staudingers Johann Frank, *Kommentar zum bürgerlichen Gesetzbuch*, 1994），第300、301页。

② 温德沙伊德/科普（Windscheid/Kipp）：《论学说汇纂派》（Pandekten），第1卷，§203。

③ 《施道丁格民法典评注》（J. von Staudingers Johann Frank, *Kommentar zum bürgerlichen Gesetzbuch*, 1994），第296页。

④ 同上书，第474页及以下。见本文下文有关准用益的阐述。

⑤ 冈特·雅尔：《论罗马法的所有权概念》（Günther Jahr, Zum römishen Begriff des Eigentums），载《昆克尔纪念文集》（*Gedächtnisschrift für Wolfgang Kunkel*, Klostermann Verlag, 1984），第97—98页。

⑥ 穆可当：《德国民法典资料汇纂》（Mugdan, *Die gesammten Materialien zum Bürgerlichen Gesetzbuch für das Deutsche Reich*, Decher's Verlag, 1899）；《德国民法典草案动议》（Motive zu dem Entwurfe eines bürgerlichen Gesetzbuehes für das Deutsche Reich）第3卷，物权法，以下略作：Motive Ⅲ，§980，第274页；《民法典编纂备忘录》（*Portokolle der Kommission für die zweite Lesung des Entwurfs des bürgerlichen Gesetzbuchs*，以下略作：Protokolle Ⅲ），§4058，第743页。

追随了罗马法的传统，将用益权置于役权一节中的地役权之后。因而，在《德国民法典》的体系中，用益权如同罗马法一样被纳入役权范畴。原因在于，罗马法上的用益权制度与相应理论已颇为发展，以至于以抽象、教条和系统、严格见长的德国民法也大体未能超越罗马法的体系。

如上所述，用益权从物权理论讲当然是一种有限制的物权，即所谓的"限制物权"。限制物权是相对于所有权存在于他人物上的用益权或利用权，如役权和地上权；或作价权，如抵押权、土地债、地租及质押等，而用益权是其中最为重要的内容。不仅如此，所谓的"限制"无论是理论上还是实践上只是相对于所有权而言；而且必须认识到，它是物权中最为重要，最为有实际价值的部分。一个没有用益权的所有权几乎可以说是空洞而没有实际意义的，而没有所有权的用益权却完全不会妨碍物上价值的实现。因而，无论是古代罗马法学家还是近现代的法学家，都认为用益权实际上就是所有权的部分或分割（pars dominii,Eigentumssplitter oder geteiltes Eigentum）。[1]具体说，它是一种被划分了的所有权。德国一些很有影响力的学者，如佛格特（Voigt）及其追随者甚至认为，罗马法上最初的四种田野地役就是所有权的部分分划，包括步行经过权（iter）、放牧通行权（actus）、驾车通行权（via）、汲水权（aquae ductus）等，[2]这种部分所有权甚至排除供役地所有权人的共有权。具有一项通行权的人，实际上就是具有了对通行之路的所有权；[3]而另一方面，所有权人已不具有排他的、完全的所有权。因为所有权的内容由于允许他人使用通路而被耗减。有的学者甚至还认为用益权就是所

---

① Inst. 2, 4, 1: "用益权作为所有权的分离而以多种种类和方式产生"(Ususfructus a proprietate separationem recipit idque plurismus modis accidit); 又见: Inst. 2, 4, 4及D. 7, 1, 4: Usus Fructus in multis casibus pars dominii est, ……; D. 7, 1, 3, 4等。参见布莱东尼：《罗马法的用益权概念》(Mario Bretone, La Notione Romana Di Usufrutto, Dalle Diocleziano, Casa Editrice Dott. Eugenio Jovene, Napoli 1962, 185ff.)。

② 参见卡泽尔：《罗马私法》(Max Kaser, Das Römishe Privatrecht, C. H. Beck, München 1971)，第441页。

③ 卡泽尔：《古罗马私法上的划分所有权》，第1卷，第446、447页；又见科萨克尔所著文章，载《萨维尼法律史杂志》(SZ), 58 (1938)，第252页及以下。

有权权能的放弃、转移及分离。① 不过，另一学者科萨克尔（Koschaker）则是以共有权为基础来解释这些权利的。当然，罗马法学家本身也有人将用益权严格地限制在役权范围内。② 在德国，现在也有学者对所谓的分权理论持否定态度，认为它实际上与将《德国民法典》奉为依据的罗马法所有权概念无法一致。③ 总之，从古至今对用益权的认识有多种多样，除了上述物之部分（pars rei）和所有权部分（pars dominii）之外，尚有其他种种说法，如"孳息先占权"（Aneignungsrecht）、"共有权份额"（Miteigentumsquote）、"有期限所有权"（befristetes Eigentum）或"时限所有权"（dominium ad tempus，Eigentum auf Zeit）④ 等。在优士丁尼时甚至明确认为"时限所有权"与用益权是平行的概念，因为它也要求时限所有权人在特定情况下提供用益权担保。但是德国罗马法学权威卡泽尔（Max Kaser）认为，当时罗马法学家并不一定要拟想出一个用益权的理论构思，相反，他们所说的用益权很可能就是要勾画出一个"时限所有权"，以使非所有权人能够在一定时间内创造某物之上的经济价值。其实，即使罗马法学家不将所有权分作用益权和空虚所有权（nuda proprietas），出于实际需要，用益权人也依然会获得"部分所有权"。⑤

综上所述，无论怎样都应非常明确，用益权在物权中是如此关键而广泛的权能，以至于一个没有用益权的所有权实际已成了"被掏空了的空虚所有权"。⑥ 事实上，当一个物上设定了用益权时，那么它的完整

---

① 沃尔夫冈·舍恩：《论物上用益权——法律结构与法律行为构成》，第1、15页。

② 法学家保罗持此看法，见D. 50，16，25。

③ 这方面的详细论述可参见戴希曼：《所有权人和用益权人间的法律关系》，第35页及以下。

④ 沃尔夫冈·舍恩：《论物上用益权——法律结构与法律行为构成》，第16页；有的德国学者对此有不同的看法，如雅尔：《论罗马法的所有权概念》，第101页。在此，雅尔认为"时限所有权"不是罗马法的概念，而且这种概念只在非罗马法因素与行为权利能力一致的情况下方才有意义。

⑤ 卡泽尔：《罗马私法》，第2卷，第248页。

⑥ 同上书，第448页及以下：在罗马法中，空虚所有权已是一个经常使用的概念，表明这个概念已较为成熟。如《盖尤斯法学阶梯》2.30（Gai Institutiones，以下只标明拉丁文：Cai.）；Inst. 2，4，1及D. 7，1，36；D.7，1，72；D. 7，4，2等。

价值应该是用益权和空虚所有权之合。

2.用益权的其他一般特征

用益权产生的社会根源及其本质决定了它的另一些特征。首先，与所有权比较而言，它显然是一种有特定时间限制的、特定的权利。时间的限制产生于所有权人与用益权人之间的约定或用益标的的性质；而特定性一方面表现在用益标的的特定：或是使用，或是收益，或是两者兼而有之；另一方面表现在权利人的特定：即用益权具有非常强的人身性，只能由权利人本人享有，不能予以继承。①从用益权在罗马时代发生到现在，它的这种特性始终没有改变，不过，权利的行使却可以转让给他人。这些特征完全取决于用益权产生的目的及其性质。②自罗马法以来的大陆法系民法对此均有明确规定。③其次，用益权的法权取向或规定性是物上价值的实现，而不是像所有权那样是物本身的归属，因此它的主体对象就不可能是只单指向社会中的个人或个别成员，相反，它是指向社会中所有具有权利能力的成员的，也就是说，它是一种整体的、社会的权利。一项用益权可以归属任何一人或若干人。④这只取决于特定场合和时间实现物之价值的需要。所有用益权实现的价值，就是整个社会财富的价值。因此，如果说所有权的社会价值和法权意义在

---

① 《保罗言论集》（Pauli Sententiae，3，6，29）；Inst. 2，4，3。罗马法上规定，用益权因用益权人本身死亡而消灭，故如果市府享有一项用益权，其最长期限为100年。因为这是一个活得很长的人的生命界限。D. 7，1，56和§1061 BGB有大致同样的规定。

② 罗马法时代用益权最初的目的是要给某些家庭成员的继承权人提供一些供给，如：寡妇，未婚女儿或无劳动能力的儿子，以使之在被剥夺继承权的情况下有可能通过用益权遗赠（legatum ususfructus）的方式得到应有的补偿。正是由于这种供给目的，使用益权具有着高度的人身性，是不可代理和被继承的。参见D. 45, 3, 26 Paul, vat, 55 Ususfructus sine persona esse non potest. 又见卡泽尔：《罗马私法》，第447页及以下。又见格劳苏：《用益权》（Grosso, Usufrutto—e Figure Affini nel Diritto Romano），第317页及以下；戴希曼：《所有权人和用益权人间的法律关系》，第2页；§1059 BGB明确规定：1. 用益权不可转让。2. 但用益权得由他人行使。但是，用益权却可以更新或重新以遗赠的方式转移给用益权人的继承人。在罗马法上这是一个存在争议和不同意见的问题。参见D. 7，4，5 pr.。

③ §1059 BGB明确规定：1. 用益权不可转让。2. 但用益权得由他人行使。但是，用益权却可以更新或重新以遗赠的方式转移给用益权人的继承人。在罗马法上这是一个有争议的问题。参见D. 7, 4, 5, pr.。

④ D. 7, 1, 13, 3.

于确定一种社会秩序，那么用益权的社会价值和法权意义则在于促进和保护一种社会财富的创造。第三，用益权是在他人之物上的权利，故显然不可能独立存在，它在任何情况下都必须涉及一项所有权，即使所有权归属尚不明确或完全是一种空虚的所有权。第四，用益权是一种动态的权利。如前所述，用益权的根本取向在于实现物之价值，而这种价值的实现必然要在物的使用、收益及有限改造的运动过程中完成。换句话说，用益权必须在运动状态中实现，用益权在确定期限内不予行使则将失效。"用益权每日都可以新设定和遗赠，而不是像所有权一样，只是从某一确定时刻才可以要求返还。"[1]总之，正如拉德布鲁赫所言："只要物权仍然以经济为目的，任何情况下一物转向另一物权的途径均可无限地延长，它在物权中的停留愈来愈短。在一种法律客体于其中不间断地流转的法律生活中，它生气勃勃不安定地显然是脱离了静态法律生活的惯性状态。在这种状态下，法律客体在任何情况下都与法律世界的一个确定点联系在一起。"[2]第五，用益权所确定的法权状态或法律关系就是以用益权人的具体使用、收益行为为内容的，没有这些用益行为则不可能实现或创造用益物上的价值，从而也就没有用益权存在的基础和意义了。所以，用益权必定有一种具体的权利内容，如一项保留使用权的金钱用益权是没有任何意义的。[3]因为金钱用益本身就是对金钱的使用，不去使用金钱就谈不上金钱用益。

二、市场经济与用益权

（一）市场经济的双重需要

1. 物之稳定和确定的归属

我国社会生产方式或经济制度在经过长期的改革之后，现已进入

---

[1]　D. 7, 2, 4.

[2]　参见〔德〕拉德布鲁赫：《法学导论》，米健、朱林译，第65页。

[3]　D. 7, 8, 14, 1.

了一个市场经济时代，而市场经济实际就是商品经济，它必然表现为一种秩序或规范经济（ordnungsmäßige Wirtschaft）。从社会经济或国民经济的角度来看，这种经济的运作与实现同样也需要一个根本前提，即社会生活与生产资料确定和稳定的归属。因为只有在这种情况下，生产资料或资本的运用与投放，生活资料的使用与消费才可能是有序的，由此而形成的种种社会关系才可能是确定和有规则的。因为如前所述，作为一种社会法权现象，所有权的社会功能和目的不外是去规定实现这种经济秩序并为整个社会秩序奠定基础，故任何一种经济都毫不例外地需要一个所有权制度，即生活和生产资料的分配和归属的方式。因此，一种正常健康的市场经济不可能缺少一个与之相应的所有权制度。但是，市场经济秩序下的所有制必须是符合自由经济规律的所有制，并且作为这种自由经济的基础而存在。①

2.物之价值的最大实现

一旦生活生产资料的归属确定以后，紧接着要决定的就是如何对这些资料进行使用和收益，从而实现其价值。所以，物之价值的实现过程实际就是一个物之使用和收益的过程，而且，以特定而有限的资料或物去获取最佳的效益和最大的价值，乃是人在生产和生活中对物予以使用和收益的一般原则和目的。那么在市场经济的条件下，如何实现这一原则与目的呢？基本的途径不外是在主体平等、私法自治和交易自由的基础上，在物之所有权人之间、物之所有权人与非所有人之间、物之非所有人之间以各种合法有效的方式或形式对自有之物或他人之物灵活、积极地实现使用、收益和处分，以追求和获得有限之物的最大价值。这就是说，对物的使用和收益不一定，而且事实上也不可能总是只由所有权人完成，因为在现实生产和生活中，由于时间、地点、工具、技术和专门知识等种种条件的限制，所有人本身未必就是获取其所有物最大价值的最合适权利主体。事实上大多数情况是所有权人通过特定法定方式

---

① 亨克尔（Wolfram Henckel）：《德国统一中私有化和财产的法律问题》，载《中德经济法研究年刊》（1993），第1—15页。

将其所有之物交与他人加以使用并收益，从而使物上价值充分及时地实现，并从中为自己谋取最大利益。此外，还有一种常见的情形，即并非一切所有权人都想实现其物上的利益，有时候他们往往以有偿或无偿的方式向他人分配这种利益。基于上述情况，一种权利的"分割思想"（Teilungsgedanke）就自然而然地产生，其结果，用益权便作为最为常见和重要的一种他物权而不可避免地产生。当然，用益权作为他物权出现并不妨碍所有权这种自物权本身所具有的用益权能，此即所谓原始用益权。一般情况下，只要没有相反的规定，所有权人当然是其所有物的第一"利用权利人"（Nutzungsberechtigte）。事实上，所有权权能分割的实际效果不仅对当事人有利，或许更重要的是对国民经济的整体效益有积极意义。具体说，当事人之间就标的物上的有利与不利愈是能够在实际上和时间上划分，同时又对可能具有的补偿予以恰当酌量，则生活和生产资料不加利用或不予充分利用的危险就愈小。"因此，一个也要从经济视角获得更大效率的法律秩序，一方面必须考虑所有权人与用益权人之间作为合同当事人的利益平衡，另一方面又必须考虑到与行为标的有关的一种理想的整体经济利益。"①从这种意义出发，可以说，用益权的根本功能是通过平衡社会个别成员之间的具体利益，来实现整个社会的共同利益。

（二）市场经济和经济目的

1.市场经济的规则

市场经济的存在与发展有其固定的规则，这些规则是在市场经济本身发生与发展过程中形成的，但反过来又规定和制约着市场经济本身。质言之，这些规则就是市场经济的运行规律，违背了它们，市场经济就无法正常地发展。因此，认识、掌握和遵行这些规则是我们发展市场经济的前提。

市场经济的第一规则是主体平等，它意味着一切参与市场经济活

---

① 沃尔夫冈·舍恩：《论物上用益权——法律结构与法律行为构成》，第1页。

动的当事人必须是相互平等的，不存在任何经济地位或主体身份上的差异。其实这也是所有民事活动的一般规则。基于不平等主体之间的经济或法律关系而发生和进行的经济活动，在任何情况下都不可能是市场经济活动。一群人以平等的身份或姿态聚集一处以寻求其各自的经济目的，这是构成市场的基本要素之一。因此，一个人无论拥有多少财产，是亿万富翁还是市井小贩，是国有企业还是私人企业，是中国企业还是外资企业，只要他们进入市场，就一律平等。总之，构成市场经济活动的主体要素，必须是彼此间平等的当事人。

市场经济的第二规则是交易自由。它意味着一切市场经济活动必须是自由自愿的，即活动的方式、内容及规模必须是自由自愿地选择确定，当事人完全可以把握，决定自己的交易或不交易，进行什么样的交易，在什么程度上进行交易，而不受任何其他人的左右。在这种意义上，市场经济与计划经济及历史上经常发生的战时经济恰恰形成根本对照。因为当一个以平等主体为要件的市场提供之后，只有在自由自愿进入这个市场的情况下，才可能维护和实现这种平等关系，才可能有交易的选择和竞争，才可能有交易的公平与等价，才可能由此展开市场经济。也就是说，交易自由是公平交易和市场竞争必不可少的前提。当然，这种交易自由必须是有序的和规范的，即受市场经济法律秩序调整的。总之，构成市场经济活动的运行要素必须是自由的交易。①

市场经济的第三规则是最大效益，这也是市场经济，特别是成熟的市场经济特有的实质规则。事实上，前两个规则都是为这第三个规则而提供条件。但这并不是说最大效益规则可以优先于其他两个规

---

① 关于市场经济条件下的法的价值观念问题，现已有广泛的讨论。虽然说法不一，多有立论，但加以概括，主要还是两个：自由和效益。除此之外虽然尚有其他提法，如公平、公序良俗、意思自治等，但都不能作为与平等、自由和效益同等位的价值，因为公平是一种很抽象的东西，而真正的公平一定是具体的。自由平等本身就已意味着具体公平实现的可能性，意思自治与此处讲的自由是同一的。至于公序良俗，则是秩序经济的组成部分，也是次序位的价值。参见林喆：《当代中国市场经济需要何种法的精神——"市场经济与现代化的精神"理论研讨会综述》，载《中国法学》1994年第5期；《社会主义市场经济与民法经济法新课题研讨会综述》，载《中国法学》1993年第4期；等等。

则，相反，这三个规则是相辅相成的。不追求最大效益的经济不是市场经济，但没有平等主体和交易自由也不会产生真正的最大效益。市场经济的根本含义或目的就是使每一个经济活动主体都能在平等而有序的基础上，以其所有、持有和占有的生活、生产资料，从本身的需要和意愿出发，依照自己选择的方式和对象实现经济交往，以尽可能争取最大的效益，即使其掌握的物上价值最大地实现。所以，那种认为在市场经济中效率为第一价值并且在效率与公平发生冲突的情况下排斥甚至牺牲公平的看法是荒谬的。[①]事实上，从人类社会发展看，以既有之物去创造新的物，以现有的资料去投入再生产，如此循环往复，这就是人类社会生活和社会生产过程本身，就是人类社会的发展史。而以有限之物创造最大价值，恰恰是市场经济的根本取向。因此，市场经济的一切活动，都应该以寻求有限资料的最大效益为标准。也就是说，只要在市场经济秩序许可的范围内，任何人均可以任何方式去寻求其有限资料或物的最大价值。于是，市场经济就为所有社会成员提供了以有限资料去创造最大价值的无限可能。正是因为市场经济具有这种价值取向，它才是一种人类社会生产和生活创造的较为成功的经济形态，这已为历史的经验所证明。总之，市场经济活动的目的要素一定是最大效益。

2. 用益的经济取向或目的

既然追求有限物之最大效益是市场经济的根本规则，那么如何去实现这种最大效益的追求呢？最大效益只是一种理想和抽象的目的，而在具体生产和生活活动中，不可能总达到这一理想目的。事实上，这种效益只能在无数个具体效益中实现，或者说，具体可行的个别效益最终集合成理想抽象的总体效益，所谓最大效益只能如此理解。一般来讲，

---

① 当然，具体的公平和抽象的公平总是有差距，不可能完全重合，但我们不能因此而否认公平的存在。在此既不能将一般原则的公平和具体结果的公平混为一谈，更不能为了说明这个观点又将公平作程序公平和结果公平的区分。而将公平和效率、自由和平等主观地对立起来则就更加荒谬了。更为重要的是，这种观点在探讨市场经济价值时却完全忘记了市场经济。参见林喆：《当代中国市场经济需要何种法的精神》，第122页及次页。

物之经济效益直接取决于物之使用、收益及处分或有限处分的具体价值取向，即使用、利用及处分物的规定性或目的。于是便产生了当事人对具体用益物用途或取向（Bestimmung）的确定及如何确定的问题。显然，一般情况下这自然是"经济取向"或"经济用途"（wirtschaftliche Bestimmung），即要达到什么样的经济目的。用耶林的话来讲，"目的是未来的想象，即要实现意志的想法。"[1]在物权法律关系中，这种经济效益的预先规定即取向会直接影响所有权人和用益权人之间法律关系的设定，而且还直接决定用益权人的权利范围，如：仅仅是使用，抑或既有使用又有收益，甚至还可能涉及一定的处分权。鉴于用益权的本质，所有的用益物权关系都必然会直接涉及经济目的问题。那么如何确定这种取向或目的呢？

对此，罗马法和《德国民法典》中均有相应规定。[2]不过理论上有时也存在着是以所有权人的意志，还是以用益物的客观状态为标准的意见分歧。但是实际上，用益的经济目的显然是个主观行为，因为它只能根据当事人的判断并通过其具体行为来完成。一个物的"资质"（Eignung），即物的品质所确定的可用益性虽然通常是由物之本身的客观状态所决定，但这并不排除某些情况下根据权利人的意愿而用作另一特殊目的，如将几个水果作为艺术品使用，储藏室作为卧室使用，钱币作为艺术品或展品来使用，等等。在确定用益物经济目的的过程中，不是所有权人的意志和判断起作用，就是用益权人的意志和判断起作用。但是，从维护所有权人连续确定利用方式的利益角度看，同时也从总体经济上理想地利用生产、生活资料的角度看，所有权人的意愿通常在对用益物经济目的的确定时具有优先地位；实践中很多情况下，用益物所有人事先表明的意愿就是经济目的的依据。用益权人与所有权人之间法

---

① 耶林：《法律的目的》（Der Zweck im Recht），第1卷，1923年第2版，第10页。

② 《德国民法典》中涉及经济用途或取向的规定大致有以下诸条：§92. Abs. 1, 2; §97; §99Abs.1; §103Abs. 2; §1037Abs.2; §1067与§92，§1048Abs. 1和§97的比较。又见沃尔夫冈·舍恩：《论物上用益权——法律结构与法律行为构成》，第53页。

定债权关系的基础就是这种经济目的。①

　　如果用益物经济目的的第一层意义是明确对物用益的目的，那么经济取向的第二层意义则是直接规定着对物用益的物上行为强度或处分范围，即法律行为的特征必然是要由行为的目的所决定。一般情况下，具体物上的用益权人权利范围取决于该用益物在总体上的作用或用途。如一个池塘的用益权人不可以将该池塘抽干，否则他就可能取消了至今存在的物的经济目的，同样的道理，一座建筑物的用益权人显然也不可以将用益建筑拆毁。虽然用益权人可能根据自己获得的权利寻求用益物上"最大化赢利"（Gewinnmaximierung），但这种最大化赢利只能在不超越既定经济取向或用途的前提下实现。实际上，这里涉及用益权的基本要件，即要"保持物之本质"。②

（三）用益权的实质功能

　　用益权发生的最根本原因实际是人类的本质，即人的社会性。人的存在是一种社会的存在，人的一切生活和生产活动都必然要在一定的社会关系中实现。这是历史唯物主义考察社会与历史的基本原理之一，而用益权则正是这种原理的体现之一。因为用益权实际是个人与社会的一种连接方式，通过用益权这种法权形式，个人与个人不仅在法律关系意义上得到结合，而且还在更广泛的社会意义上得以结合，从而使单个的个人不再是彼此隔离和孤立的，而是共同体现为一个社会整体。因而，用益权的意义不仅在于它是一种重要的法权现象，而且还在于它反映着深刻和必然的社会发展规律。总之，用益权的实质功能就是结合或统一，它具体可表现为以下几方面：

---

　　①　根据§1036. Abs. 2 BGB规定即产生如此法律效果。另外，根据§1032 S.2, §892 BGB之规定，有些情况下非权利人也可设定用益权，在此情况下，非权利人是否也能事先给用益权人一种经济取向，而此确定又与所有权人的想法不尽一致。对此，德国民法上普遍的看法是，所有权人具有取向赋予权。参见沃尔夫冈·舍恩：《论物上用益权——法律结构与法律行为构成》，第61、62页。

　　②　罗马法学家阐述了许多这样的例子，参见《学说汇纂》第7卷（D.7）的阐述。

　　首先，个人与社会的结合。它表明，用益权为个人之间的生活生产活动相互结合提供了一种法权方式，从而使个人生活生产与社会生活、生产得以完整和谐的结合，即通过个人的个别利用与社会的整体利用的结合，使个别利益和整体利益得以结合，其目的及效果是使个别和整体之间的利用和利益得到相互补充和促进，从而最大限度地实现每个人的个别利益。从社会存在和历史发展的角度看，它最终使社会中的每个人在其现实存在的社会关系中得以最大化地自我实现。

　　其次，权利与权能的结合。它意味着，用益权实际是提供了一种法权方式，使权利人可以根据自己的意愿、目的及条件灵活有效地行使其抽象权利所包括的具体权能，以便使权利人在保持固有权利的情况下最大限度地实现自己的权利。其法权意义在于，一方面使以特定权利维系的特定社会关系或秩序得到维护，另一方面又使这种权利的利用价值得到最大的实现。也就是说，它是一种为了同时最大程度地实现秩序和利用这两种价值而设立的法权形式。

　　再次，静态权利和动态权能的结合。权利是一种社会地位和社会关系的法律抽象，是一种法权状态，但这是一种静止的状态，是一种秩序的确定，而秩序的确定并非最后目的，确定秩序的目的在于使活动与生产有序规范。权利的实际意义在于它赋予权利人为特定行为的权能，使之能以此追求自己的利益或目的。因此，由权利的确定到权利的实现有一个必然的运动过程，这就是权利的行使或权能的实现。某项权能的实现是部分权利的行使或实现，而全部权能的实现表明权利的完全行使和实现。用益权的作用还在于它使静态的权利与动态的权能有机而灵活地结合起来，并且还给这种结合提供了无限组合的可能性，权利的实现也由此获得了广泛无限的可能。于是，社会生活生产便由此体现为一个能动的、富有生命力和创造力的整体。

三、改革发展与用益权制度

（一）改革的实质及改革带来的冲突

1.现今中国经济改革的实质及其社会效应

自70年代末，中国开始了具有深远历史意义的经济体制改革。现在，这一改革已取得了举世瞩目和公认的成就，尽管还存在着一些问题。对于法律工作者来说，现在最为关键的问题是：改革已经如此深入，以至于我们再也不能不考虑对基于传统观念和传统经济制度而设置的法律制度，特别是物权制度实行彻底的改造了。否则，进一步的改革发展就没有法律制度的保障，就必然难以达到最终目的，就将功亏一篑。对此，法律界已有普遍一致的看法，并且陆续出现了一些颇有见地和启发的论述。

根据1993年新修订的宪法，现阶段中国经济改革的取向是建设社会主义市场经济（第15条）。那么，究竟什么是社会主义市场经济呢？对此，理论上虽然可能有多种解释或理解，但最终只能归结为一种现实和科学的解释，即市场经济。换言之，它归根到底是一种市场经济，因而必然是一种商品经济，于是在某种程度上又自然体现为资本经济。这是一种不可否认的逻辑上的必然联系。在此基础上我们还应看到，市场经济在我国的切实发展，必将给我国的整个社会生活及观念带来深刻、根本的变化，必将促成我国的法律制度的重大变革。事实上，这在某种程度上已成为客观现实。因此，我国法律工作者在考虑对现今物权制度进行改造和完善时，应该着力把握市场经济这个标准；不必要，也不应该过多强调其他次要的因素，更不能受传统观念和意识形态的束缚。要从社会经济和生活的现实出发，从法律科学和制度本身来构思和设置法律制度。只有这样，我们才能使法律制度建设与经济改革发展相适应，才能使我国法律制度与国际社会上大多数国家的法律制度相衔接。这不仅是我国法律制度发展的方向，而且是世界各国法律制度的共同发展方向。因为，当今民族国家经济的日益国际化历史趋势，决定了民族国家法制国际化的必然。当然，这并不意味着植根于本民族文化传统的那些法文化内容会因此消失。总之，按照市场经济的需要改造完善我国的物权法律制度，是现今我国民法工作者的紧迫使命，特别是在物权法和民法典编纂已正式提到日程上来时更是如此。同时，在某种程度上这也是我国物权法是否能真正现代化的关键步骤之一。

2.传统经济制度与现今经济改革的必然冲突

我国传统经济制度与现今经济改革发生冲突是必然的，这种冲突的因素实际从改革的第一天就已潜在，只不过当时尚未具备发生和显露冲突的条件。而当经济改革发展到一定程度时，这种冲突就不可避免地发生和显露出来。因为当初实行经济体制改革，实质就是对全民所有制下的计划经济制度进行调整改造，否则也就谈不上什么改革；其基本发展方向就是今天的市场经济，尽管当时还没有对此明确。显而易见，以市场经济的取向来对计划经济进行改革调整，这本身就意味着一种价值取向的冲突。计划经济与市场经济是两种不同的价值取向，故冲突是内在和必然的。[①]如何解决这个冲突，直接关系到改革是否能够最后完成；而是否能够将产生于计划经济社会背景下，但反过来又支持着计划经济社会背景的传统物权制度按照现实经济改革发展的需要加以改造和完善，从而使之反过来对新的社会经济制度予以确认和保护，又直接关系着未来中国整个社会制度的走向和命运。因此，现今民法学者的使命是重大的。

基于不同价值取向而发生的改革发展与现有物权制度的冲突具体体现在以下几个方面：第一，与传统所有权制度，即全民所有制或国家所有制的根本冲突。用市场经济原则或要素来看全民或国家所有制的价值取同，就会清楚认识到这两者之间的发生冲突的必然性。因为在一个全面或占主导的全民所有制的社会制度与经济制度环境中，生产资料的归属高度集中，故使民事主体之间的平等显然颇受局限；自由交易，即资

[①]　有的学者虽然没有从用益权的角度谈归属与利用问题，但已经看到了这个价值取向的问题。参见吕来明：《从归属到利用》，载《法学研究》1991年第6期。

本投放自由、生产经营的主动、企业竞争的展开等自然也就有限；而在此情况下等价有偿公平交易更会受到多方面的消极影响；至于最大效益的追求，也只能在服从逆反价值取向的前提下有限进行。在这种情况下，不发生冲突是不可能的。第二，与集体所有制的局部冲突。基于市场经济与国家所有制发生冲突的同样原因，市场经济也必然在某种程度上与集体所有制发生冲突，只不过这种冲突不像与国家所有制的冲突那样深刻普遍。具体说，在此情况下生产资料的归属虽然不那么集中，但仍然在某种程度上被集中化。这种集中仍然也会影响到资本投入的灵活自由、生产者的创造积极性和有限资本的最大价值实现。总之，市场经济是一种商品经济，而商品经济的运作从根本上讲就是一种最大限度的自由运作。这种自由首先意味着生产资料或资本投放的最大自由，其次是产品交换和交易的自由。就此而言，生产资料所归属的单位愈小，这种自由度就愈大，于是生产能动性也就愈大，价值实现的效率也就愈高。第三，与既有具体物权制度的冲突。如前所述，我国现有的物权制度整体上仍是基于原有社会背景建立的，因而显然不能够适应现今经济改革发展的需要。此外，具体物权制度长久以来不完善，如除了所有权制度之外，其他物权，即限制物权或其他物权的制度很混乱，不成系统。理论上既缺乏明确认识，法律上也无统一规定，实践中更无确定标准。[1]像用益权这样重要的物权制度，在我国至今欠缺基本的理论认识和法律规定。而土地使用与有偿转让、善意取得制度与物权行为抽象原则问题、地上权制度、土地和建筑物的相互关系及相邻关系制度等更缺乏明确系统的规定。[2]

（二）理论上的悖论和实践中的两难

1.所有权和"经营权"之间的矛盾

长期以来，我国民法学者为了解决因经济改革所带来的体制与现

---

① 在公有制情况下，财产权利，特别是不动产物上权利的模糊不清似乎是普遍现象，参见亨克尔：《德国统一中私有化和财产的法律问题》，第4页之所举之例。

② 参见王利明：《关于我国物权法制订中的若干疑难问题的探讨》，载《政法论坛》1995年第5、6期。

实、经济发展与法律制度之间的冲突，作了多方面的努力，并且取得了一些阶段性的成果。这些成果在一定程度上也反映在有关立法中，从而对经济改革的肯定、发展起到了积极作用。但是，由于社会环境的阶段性条件，由于出发点和方法的局限，某些被人们广为采用的观点实际上是有很大局限的，因而随着我国经济改革的深入发展，特别是到了接近完成阶段时，本来潜在的矛盾和冲突就暴露出来，而且愈来愈尖锐化。长期以来，我国民法学界花费精力最多的是寻求解决既有所有权制度与经济改革现实之间的矛盾，一个重要的并反映在立法中的成果是所谓"经营权"理论。当然，这一理论并不完全是我们中国法学家们的创造，而是在很大程度上受苏联法学理论影响并囿于我国当时政策容忍度而产生的理论，[①]这一事实本身说明经营权理论本质上还是传统法学理论的继续，不可能真正解决实质问题。另外，就物权理论而言，经营权到底是什么样的权利，众说纷纭；[②]法律上也无明确定义。我国不少民法学者都根据《民法通则》第82条的规定和《全民所有制工业企业法》第2条规定将其定义为：全民所有制企业对国家授予其经营管理的财产依法享有的占有、使用、收益和处分的权利。然而这样一来，经营权实际上就已经具备了所有权特征的权能，就成了所有权。而由于一物一权原则，这本身成了一个悖论因素，否则，只能视之为一种概念规避的游戏。但如果不赋予经营权以处分权能，则实践中又无法解决企业或经营者独立自主经营，充分发挥能动创造性，以追求最大效益与本身权能有限的矛盾。而这个矛盾不解决，就不能将改革的成果以法律形式确认下来，也就不能最后完成改革并实现改革的目的。

综上所述，经营权在民法上不应该采用有双重原因。首先，它本来就不是物法概念而又必然指向物；其次，它本身一直很不明确。除此

---

① 《法学研究》编辑部编著：《新中国民法学研究综述》，中国社会科学出版社1990年版，第343、345页及以下。

② 关于经营权各种各样的看法，请参见刘心稳编：《中国民法学研究述评》，中国政法大学出版社1996年版，第393—399页；又参见《法学研究》编辑部编著：《新中国民法学研究综述》。

之外还应指出的一个原因是，该概念及有关法律规定有着极为明显的传统计划经济烙印。无论是根据《民法通则》第82条还是《全民所有制工业企业法》第2条，都可看出这种"权利"是基于不平等的法律地位被授予的，本质上有更多的"义务"意味，从表述上看，经营更不是以权利为取向，至少不那么明确。总之经营权实际上长期以来都是个似是而非、模糊不清的概念，是我国法学中至今存在的所谓"模糊法学"①的典型现象之一，或许这就是它在当时能被接受的原因之一。"从经营权反映的内容看，它实际上完全可以归为用益权的一种类型。"②

2.所有权与经营权权能分离的误点与局限

所有权与经营权权能的分离理论是我国民法工作者在寻求解决所有权制度与社会经济发展实践的矛盾过程中采用的另一方法。如同我们前面看到的，所有权权能分离理论是一种在古罗马时代就已有之的学说，而且还在近现代由大陆法系国家的法学予以接受。但是，传统的所有权权能分离理论是指所有权本来固有的权能在特定条件下相互分离或所有权的使用、收益乃至部分处分权能与所有权人的最终处分权能相分离。在此意义上，所有权权能的分离是可以成立的。可是许多民法学者所谓权能分离是指所有权和经营权的分离，而无论是按照传统的所有权理论，或是我们自己的所有权理论及我国法律的有关规定，所有权本身具有的权能中并没有包含经营权能。对所有权来讲，经营权充其量只是一个"外来户"。在此情况下，如何能说所有权与经营权分离呢？事实上，经营权很大程度上是受经济学的影响而从经济学中借用之语，将其不加分析地与所有权撮合，然后又将其与所有权分离，如果不是由于一个时期内解释法学在我国存在的合理性，那么这种分离学说只能归于一种概念游戏。简单说，长时间内许多人津津乐道的所有权与经营权分离

---

① 任何国家的法学理论中都有这种模糊不清的概念，这是法学发展的一种必然现象和过程。但此处所说的"模糊法学"并非指法学发展过程中的阶段性现象，而是指我国法学因政策解释法学而衍生的一种特有现象，如以本来不是法律概念但且能为政策倾向接受的术语解释一些新的社会和经济现象，即使概念内涵与现象内容并不完全吻合一致。见下文。

② 参见房绍坤、丁海湖、张洪伟：《用益物权三论》，载《中国法学》1996年第2期。

实际上是根本不存在的，所以根本谈不上将其作为一种独立的物权纳入物权体系。[①]

由上可知，所有权权能的分离只能在所有权自身具有的权能范围内实现。因此，使用权、用益权或利用权（包括使用权和收益权）、部分处分权或有一定时间限制的完全处分权都可以单独或全部地与所有权，即所有人的最终处分权或物上控制权相分离。在这种情况下就当然可能产生一种"空虚所有权"，而这种现象无论是在历史上还是在现时代；无论是在大陆法系中还是在英美法系中都是普遍存在的。因为这是商品经济，是人的社会生产活动所决定的必然现象。但是所有权权能分离的理论毕竟是有局限的，因为这种分离理论用于个别情况时是自然的，但若是用于普遍，就会造成所有权真正成为一种虚设或法权设置的重复。此外对于这种分离学说，历来也有批评。[②]因此，在我国所有权制度与现实社会经济发展已形成普遍的冲突时，所有权权能分离的方法是不能根本解决问题的。

3. 关于"产权"理论

我国的法律制度建设自80年代以来有了迅速的发展，这主要得力于经济改革的发展，在某种程度上可以讲，是中国的经济改革带动了中国的法制建设。正因如此，我国的法律近年来一直颇受经济学说的影响。而当时所谓"经济法"正是在此特定历史背景下产生的，其目的是要将传统的行政管理经济体系纳入法律调整的经济轨道，但又不可避免地具有鲜明的行政经济法律特点。就经济法产生的社会经济制度背景及法律渊源来讲，中国当时的经济法完全不同于西方国家的经济法。它是产生于计划经济体制基础上，由大量行政经济管理法规改头换面构成的法律体系，而西方国家的经济法则是产生于自由商品经济基础上，由经济法律本身构成的法律体系。所以，中国当时的经济法自有其特殊的社会体制基础。80年代中期民法学界与经济法学界一度的"地盘之争"，即

---

①   李由义、钱明星：《我国民法物权体系初探》，载《北京大学学报》1987年第1期。

②   这方面的情况可见刘心稳主编：《中国民法学研究述评》，第400—402页；又见米尉中：《论所有权的相对性》，载《政法论坛》1990年第1期。

大民法小民法之争，实际上也完全是出于这个原因。从法律史的角度看，这根本不是一场学术之争，而是学术界的关公秦琼之战，堂吉诃德之战。当然，这场远不限于纯法学的争战隐喻着深刻的社会背景和历史意味。

　　经济学说对法学的影响如此深刻，以致经济学的不少看法、术语都原原本本地进入了法学，"产权"概念就是其中之一。①然而问题是，法学工作者们在输入产权概念时，并没有将其按照法律理论转化，即没有法律化，因此，它在物权法理论中有关物权立法中造成了新的混乱。产权到底是什么，是所有权，用益权，抑或使用权？②至今学理上并无明确统一的认识，有关法律亦无统一规定，然而立法中就居然用以规范一种非常重要的物权。本来法学家们就没说清楚的概念一旦进入立法，③那么实践中的混乱就可想而知了。可以说，现今法律界中的"产权"之说，是我国法学界中模糊法学的第二个典型现象。问题是，模糊法学必然造成模糊法律，而模糊法律又必然在实践中造成模糊权利，最终造成混乱。对此现象，许多人已有所意识，并寻求解决办法，④甚至有些国外学者也对中国物权法的混乱现象进行了研究并提出批评，指出产权用于民法中有极大的危害。⑤

---

　　① 张涵：《民商法研究述评》，载《法学研究》1994年第1期。

　　② 有人认为"部分产权"是一种"附条件的共有权"。见刘兆年：《部分产权研究》，载《中国法学》1996年第2期。但有人认为"产权就是财产和与财产所有权有关的财产权"，就是指物权，载国家国有资产管理局政策法规司：《法与国有资产管理》，中国政法大学出版社1992年版，第109—115页。

　　③ 我国现今很多立法中都采用了这个概念。

　　④ 赵中孚、杨大文、张谷：《民法学研究的回顾与瞻望》，载《法学家》1994年第1期。

　　⑤ 德国法学者、汉学家明策尔（Frank Münzel）长期研究中国经济体制改革和法制发展，近来撰文对我国法律中产权的来源、发展及原因作了专门研究。对产权概念的滥用及其在法律中造成的混乱提出了尖锐的批评。他认为现在中国法律中采用的产权概念来源于经济学理论，是科斯（Coase）、阿尔钦（Alchian）、登姆塞茨（Demsetz）等西方经济学家所创造的。他指出法学家可以接受其思想，但不可完全借用概念。旧的习惯势力"迫使立法者以不明不白的'产权'概念代替所有权。其所造成的混乱不仅严重地妨碍经济发展，还给腐败开路，造成很大的损害"。按照他对产权内容的认识，产权实际上正是用益权。参见明策尔：《产权的追求——从法学、经济学和哲学的观点考虑产权之谜》，载郑永流主编：《法哲学和法社会学论丛》，中国政法大学出版社1998年版，第274—291页。

（三）用益权的现实意义

1.促进市场经济的物权形式

我们已对用益权的起源、本质和功能作了具体的考察探讨，明确了它本是商品经济或市场经济的产物，但反过来又是维系和促进市场经济发展的基本法律机制。具体说，用益权是这样一种法律手段，它既能保证生产生活资料的确定归属，又能最大程度上对这些资料予以有效利用，从而最大程度上实现其价值。历史经验证明，一个只强调生产生活资料归属，但却忽略其使用、收益的经济秩序，不可能是一个有充分创造力的经济秩序。我国经济体制改革正是在总结历史经验基础上，为了更有效地实现个人和社会财富的积极创造而展开的。市场经济明确地成为我们整个社会经济发展的取向，说明我国经济体制改革已到了最后完成阶段，因此，用益权这种物权形式必然要起到重要的作用。

2.国有与私有之间的桥梁

我国是社会主义国家，我们所建设的是社会主义的市场经济，这里面的核心意义不外是我们要在一些重要的生产资料方面保持国家或全民所有。但是另一方面，市场经济又不可避免地造成生产资料归属的最大分散化、个体化和私有化。这是市场经济法则的逻辑。在市场经济取向的社会环境中，财产私有或私有制已不是一个禁忌，而是一种当然；是与公有制共存并且为社会所促进的一种所有制。事实上，在近年我国经济改革不断深入发展的过程中，财产私有或私有化已是愈来愈普遍的现象。如何使应该但却尚未私有化的社会生产资料稳妥顺利地完成私有过程，如何使应该继续处于公有状态下的社会生产资料得到最充分的利用，使之实现最大的社会价值，就是一个必须重视的问题。就此而言，用益权同样可以起到其他物权形式无法替代的积极作用。因为，它一方面可以使必然应予私有，而又一时难以实现私有的那部分社会生产资料以用益，即利用的形式逐渐过渡到私人所有而完成私有化；另一方面又能使国有社会生产资料以用益的形式由个人予以最充分地利用。总之，用益权可以作为国有与私有之间的连接点，或者说，扮演一个中间人的角色。

3.完善我国物权法

作为民法制度的一个基本组成部分，较完善的物权法是民法典制定的必要前提之一，而物权中除了所有权外，他物权或限制物权中又以用益权为最重要的部分。因此，建立、完善用益权制度，直接关系着物权法的完善。当然，这不是说担保物权及其他限制物权就不重要。我国的物法体系很乱，但如果用益权制度能够理想地建立，就可以理清很多头绪，不少问题可以随之而解。其实，现在许多学者都已看到这个问题的关键，因此，近年来研究用益权制度的人愈来愈多，而且都将视为解决我国物权难题的主要出路，其中有不少看法是颇有见地和具启发性的。[①]

四、结语

在我国法制建设发展过程中，物权法制度是不能不改造，但又最难改造的部分，因为它直接涉及体现根本社会制度的社会生产资料归属原则，故敏感而复杂。所以，在现今中国民法体系中，物权法是发展最为缓慢的领域，除了所有权的问题至今纠缠不清以外，所有权以外的所谓他物权或限制物权更是欠缺和不完备。整体上讲，我国的物权法体系至今还没有形成、建立，但是经济改革之所以能够深入发展到今天，表明毕竟还是有某种与之相适应的物权机制在发生作用，只不过我们尚未予以明确总结并在法律上予以确认。这个事实说明我们的物权立法已远远落后于现实。然而乐观地看，现今社会现实同时又表明，无论是社会政策环境还是民法本身的发展成熟，都已给物权法的改造提供了较好的

---

① 这方面的研究的确已经不少，而且的确有启发性的思路。除了上面已经引述的之外，还可见于：赵中孚、张谷、齐斌：《1995年民法学的回顾与瞻望》，载《法学家》1996年第1期；洪道德等：《海峡两岸法学学术讨论会观点摘述》，载《中国法学》1993年第5期；杨立新、伊艳：《我国他物权制度的重新构造》，载《中国社会科学》1995年第3期，此文中有关将国营企业经营权和国有资源使用权加以改造重新构造成新型的用益权的看法是对用益权实质的较深认识；《法学研究》编辑部编著：《新中国民法学研究综述》，第344页。

条件。所以现在应该做的只是，尽快改造和完善我国的物权法，为民法典的制定提供最后一个但又极为关键的条件。

在改造我国物权法过程中，首先应该明确的当然是所有权制度，在这方面，首先必须要突破传统物权理论的束缚。法学家必须要做法学的思考，要做具有法学家独立人格的思考。这并不意味着无视社会现实，无视政策取向，拒绝其他学科的成就，可是所有这些只有经过法学家的头脑过滤之后，方可成为法学思想，进而输入并形成法律。这是将我国法学引向新的更高的阶段的唯一途径，也是完善我国法制的科学途径。具体说，我们应在明确部分社会生产资料全民所有的前提下，按照市场经济的要求，承认并尽快在法律上确认已经越来越多的财产（包括生活和生产资料）私有现象，这样，很多问题自然迎刃而解。当然也可以考虑这种可能性：即对某些生产资料在保留国家或集体最终处分权的前提下，设定"时限所有权"，使生产资料的实际占有或持有人能对有关生产资料行使充分的物上权利。

鉴于我国现今国情，不可能将公有和私有的矛盾一下子理想地解决，在此情况下，可以用益权的方法解决这个矛盾。首先，将有些不能归于私有，但又必须充分利用的生产资料以不同的用益权形式投入社会生产，实现其最大价值，如在某些国有矿源、森林资源、渔业资源及部分土地资源上，便可设定物上用益权。实际上，这在大多数情况下就是将现有有关法律中所说的"使用权"转化为用益权。其次，对部分不能私有的国有集体所有的企业，可以设定企业用益。对可以私有化但又不宜立即实现私有化的国有或集体所有企业或经营实体，甚至事业单位，可以出租用益的形式实现过渡。当然，这方面的具体法律关系认定还需要进一步研究探讨。第三，企业之间（个人之间亦然）当然也可以根据情况和需要设定权利用益，即不仅可以在权利上设定质权，而且还可以设定具有物权效力的用益权，以实现物和权利的价值。第四，探讨采用非真正用益即准用益这种形式来丰富和促进生产资料的价值转化与实现，如资本和其他消费资料的价值转移和实现。在某些情况下，对这些标的设定用益具有比债权上的借贷关系更积极、更稳妥的意义。最后，很值得注意和进一步探讨的是前面述及的担保用益，它从内容和设定方式上，实际上与中国的典权颇为相似。在是否保留典权或如何保留典权的问题上，显然可以从担保用益中获得启发。可以说，如果我们能够以用益权的办法解决基本社会生产资料的归属和利用问题，那么市场经济的有序运作与发展就会在整体上获得必要的法律保障。

当然，在现阶段以用益权方式着重解决社会基本生产资料的归属与利用矛盾时，还应考虑注意用之解决个人生产与生产资料归属与利用的问题。可以预见到，随着我国市场经济的不断发展，财产（包括生产资料和生活资料）的私有化将愈来愈普遍深刻；而且个人财富的迅速增长、积累必将是自然而然的事。在此情况下，一定会在社会成员个人之间发生愈来愈多财产归属与利用的矛盾。对此，当然也可以用益权，如财产用益、权利用益等方式寻求解决。

总而言之，用益权这种法权形式不仅能给生产资料所有权人，即用益权设定人提供继续保持所有权的法律保障，使之更积极地、更有安全感地运用其既有生产资料，从而为其本身获取最大利益，而且还可能为生产资料的非所有人，即用益权人提供利用他人生产资料的法律途径，使之能有更多更灵活的劳动创造条件与机会，从而尽可能为其本身获取更多利益。这种最大利益和最多利益之和，就体现为整个社会财富的来源。

但是，对于用益权这样一种颇为重要的物权形式，我国民法理论界长期以来缺少研究讨论，虽然有个别颇有见地的文章论述，但仍欠缺比较清楚的认识，有些认识甚至是混乱的，至于深入的讨论就更少了。反映在立法上，则是没有对用益权予以明确规定，即使偶尔也有一些直接或间接的规定或相关表述。当然这并不是说我国现今物权法律制度中完全没有这类物权的机制，相反，它在实践中与立法中早已普遍存在了。[①] 从我国现今有关立法和法学理论看，通常所谓的"使用权"，究

---

① 参见《法学研究》编辑部编著：《新中国民法学研究综述》，第244、245页。此处所引述的大多数人的观点，实际就是将使用与用益混淆，而且还使用了另外一个内涵界定很不清楚的概念"利用"。应该指出，像此类模糊法律概念的使用在现今我国法学和立法中已是一个颇为严重的问题。另外，再看此处关于收益的综述，还可发现使用和收益的认识在很大程度上是重合的。具体见本文下文。

其本质实际往往正是用益权。①现在已有些学者认为有的使用权应该从立法上还其本来面目，即明确规定其为用益权。②但是，有些著述却直接以使用权代替用益权，认为使用权是使用和收益的权利，甚至说"使用权是包含着使用和收益双重权能的用益物权"。③之所以采用使用权这个概念，是因为"这更适合现代社会'重利用'的物权观念"。④这种解说显然是不妥的，因为如果说现代社会重视利用，那么利用本身所强调的恰恰是从物上取得利益，即收益；况且，重视利用并非始于现代社会，本质上说它决定于商品经济的特性。不同的是，由于构成社会生产力重要组成部分的生产工具和生产技术的不断发展进步，使得不同历史阶段上的利用方式与利用程度之间有很大差别。不仅如此，有些学者甚至还提出在使用权标的为国有土地的情况下，就意味着权利主体依法控制、支配国家所有的土地及其收益，并排斥第三人的权利。⑤这种观点显然仍然未能摆脱我国法学界不久前一段时间里曾盛行的"解释法学"的消极影响，不仅不能解决问题，反而使问题更加复杂化。况且，"控制""支配"这些概念原来就是为着解释既有法权现象而尝试使用的，⑥本身就很不清楚。关于用益权的体系，我国学者亦有不同看法，但似乎并没有根本分歧，总的倾向是大用益物权体系，即把除了担保物权以外

---

①　中国社会科学院法学研究所物权法研究课题组：《中国物权法的基本思路》，载《法学研究》1995年第3期。

②　如《中华人民共和国民法通则》《土地管理法》《土地管理法实施条例》《森林法》《草原法》等法律中有关使用权的规定。

③　张俊浩主编：《民法学原理》，中国政法大学出版社1991年版，第411—415页。此处的界定显然有概念内涵的颠倒问题和法律逻辑问题。

④　刘心稳主编：《中国民法学研究述评》，中国政法大学出版社1996年版，第381页。

⑤　孙宪忠：《国有土地使用权财产法论》，中国社会科学出版社1993年版，第42页。

⑥　这里所谓的"政策解释法学"，是指缺乏法学独立，为政策和社会经济生活进行法学诠注并根据政策演绎法学的学术方法。例如我国法学界长时间内总是将法学课重点放在对政治方针和政策的研究解释或对社会经济生活中所发生的新现象的解释上，缺乏法学本身应有的主动性和独立性。这虽然不失为一种法学方法，但一旦走向极端就背离了法学应有的严谨科学态度，显得有些实用和急功近利。这与提高我国法学水准、完善我国法律制度的长远方针是不一致的。客观地说，这种方法在我国的产生与发展有其特定的社会历史背景，有其存在的合理性，但现在却是应该抛弃的一种方法。

的他物权范围一律纳入用益权体系之中。对此，也还有探讨的必要。[①]
以上情况表明，我国的现今的用益权制度和有关法律理论存在着较多的
问题，但是另一方面，随着市场经济被明确为中国未来经济发展的方向
及相应法律建设的迫切需要，也逐渐出现一些对用益权的研究，其中包
括一些以他物权为专题的研究著述。这表明用益权问题在我国正在引起
越来越多学者的注意，而且不乏颇有观点的研究。[②]

[①]　参见《民法经济法学研究会1995年年会综述》，载《中国法学》1996年第2期。

[②]　近几年有学者以用益物权为主要考察对象作了颇有见地、颇有眼光的研究，其中
如杨立新、伊艳：《我国他物权制度的重新构造》，房绍坤、丁海湖、张洪伟：《用益物权三
论》，但这两篇文章都有些基本的看法或问题可以讨论。前一篇文章中对用益权的认识并不
清楚妥当，而且他物权在中国严格来讲大概也不是重新构造的问题；后一篇文章中亦有对
用益权的认识问题，如对罗马法上的用益权及用益权历史发展的阐述都是值得怀疑的。不
仅如此，在用益权特征的认识方面似也有明显的矛盾之处。但是，该文对用益物权体系的
分析，当有很好的启发意义。此外又如崔建远：《我国物权法应采取的结构原则》，载《法
制与社会发展》1995年第3期；陈健：《他物权研究》，载《法律科学》1996年第2期。

用益权——解决所有权难题的一个思路[①]

现今我国有关法律尚未明确规定用益权，但从既有的规定和法学理论看，通常所谓的"使用权"，实质上往往正是用益权。[②]可是关于这一制度的基本思想、原则及形式，它与我国经济体制改革之间的直接关联，尚欠缺深入的探讨。就此而言，罗马法及欧洲一些大陆法国家，如德国、法国和意大利等国的民法，都给我们提供了颇有价值的借鉴和启发。

一、关于用益权的立法思想

如果我们对罗马人设置用益权制度的初衷或出发点略加考察，就会发现他们的目的不外乎是要解决财产归属与利用之间的矛盾冲突。这

---

① 中国政法大学民商法教研室编：《民商法纵论：江平教授七十华诞祝贺文集》，中国法制出版社2000年版。

② 中国社会科学院法学研究所物权法研究课题组：《制定中国物权法的基本思路》，载《法学研究》1995年第3期。但是有的著述直接以使用权代替用益权，认为使用权就是收益权，甚至说"使用权是包含着使用和收益双重权能的用益权"。这在概念逻辑上显然是不能成立的。此外，还有些学者还认为在使用的标的为国有土地的情况下，意味着权利主体依法控制、支配国家所有的土地及其收益，并排斥第三人的权利，这种观点不仅不能说明问题，反而会使问题更加复杂化。因为"控制""支配"这些概念原来就是为着解释既有法权现象而尝试使用的，本身始终很不清楚。在此特别应该指出的是，在新近由梁慧星教授领导的物权立法小组提出的《中国物权法草案建议稿》中，甚至还直接采用了这种模糊的法学概念。如该建议稿第2条和第61条有关物权和所有权的定义中都使用了"支配"这一概念，一反传统民法理论，但又没有赋予这个概念以任何实质上的新内容。参见梁慧星：《中国物权法草案建议稿》，社会科学文献出版社2000年版。

种矛盾冲突一方面反映在保持家庭财产的家族属性与对该财产的充分利用中，另一方面又反映在土地的公有和私人的利用中。在解决这个矛盾冲突时，罗马人把握了财产的最实质意义，即它的社会经济价值和充分实现这种价值的方法。从财产的社会经济价值及其充分实现出发，罗马人不是拘泥于财产归属的固着，而是着重于财产利用的充分，因而就能够想象并且规范所有权权能的分离和"空虚所有权"（nuda proprietas）的合法存在，同时构成种种他物权概念。其中对公地或行省土地的私人享益或用益权，就是罗马人当时用以解决土地归属与其充分利用之间矛盾的最成功范例。①

罗马法之后，近现代大陆法国家的主要立法，如德国、法国和意大利的民法也都对所有权以外的各种他物权，尤其是对用益权作了充分的规定。所以如此，无非也是要尽可能利用既有之物，实现物之最大价值。所以，德国、法国和意大利的民法典对罗马法的继受不是偶然的。根据《德国民法典》第1030条关于用益权的专门规定以及第99、100条的相关规定，德国法的用益权与罗马法的用益权制度差不多完全一样，当然在某些方面已有很大发展。例如，虽然德国民法在传统理论上否认处分用益的合理性，因为它在逻辑上是与用益权实质相违背的，但实践上类似的情况仍是存在的。即使《德国民法典》编纂者本身，实际上也在特定场合赋予用益权人处分授权，包括：地产清单处分权、债权收取、向债权人转让用益物以满足债权人的要求以及在对消费物用益情况下的实际所有人地位等。现在，德国法律实践中对用益权的限制越来越少，如当地产、房产或住房所有权是以赠送的方式转让时，用益权亦可以终生或不可撤销地设定或保留。②在这方面，德国联邦最高法院判例

---

① 分别参见《盖尤斯法学阶梯》（Gai Institutione, 2, 7）所说的使用和收益（uti fru habere possidere）；《学说汇纂》第7卷第1篇（D.7, 1）"论用益权及实现使用收益的方式"以及其他一些有关篇节。

② 弗里德里希：《穿着新外衣的用益权》（Walter J.Friedrich, Nießbrauch in neuen Gewand, *NJW* 1996 Heft），第32页。

（BGH）发挥着越来越重要的作用。①实际上，《德国民法典》和德国联邦最高法院判例在关于用益权的权能方面代表着两个立场，但前者由于后者的影响已经发生了重要变化。在这方面，《德国民法典》已经背离了罗马法的传统。

就有关用益权的具体规定来看，法国和意大利民法显然都完全接受了罗马法的制度。《法国民法典》第578条有关用益权的定义差不多完全与罗马法相同，而《意大利民法典》除了在概念上保持着罗马法的痕迹以外，在许多场合下甚至还继续使用着罗马法的"空虚所有权"概念，如第550、2814等条。由于它制定得相对来说较晚，故既可以借鉴德国、法国及其他国家民法典的经验，同时还能以发展了的社会经济生活现实作依据，故在某些方面要比德国、法国民法典更能反映现代社会经济生活的现实。但总的说来，无论是罗马法还是德国、法国或意大利民法，在处理这个问题时所采取的方法都是以物的最大化利用为目的，即本着私法自治的原则，通过将所有权权能在所有权人和利用权人（用益权人）之间的合理划分，使其双方在尽可能

---

① 此处可参见联邦德国最高法院的相关判例：NJW 1982, 31; BGH NJW 1994。第一个案例是"关于用益权约定的解释"（§§133, 157, 315, 1030, BGB）。案情是：一个父亲以公证的方式向其儿子转让了地产，但他保留了终生用益权并说明其有权将土地占有转让，设定负担并为本身利益予以变价，为此，他还另外得到其子女们的授权。对此，联邦最高法院的结论是：这种合同是允许订立并且有效的，尤其是用益权人所保留的处分权可以依据自由的或最起码的公平裁量来行使。联邦最高法院还进一步明确指出，合同的目的本身——保持物之实质——并不排除用益权人的决定权。第二个案例是"关于继续使用受赠物时的特留份补充请求权的裁量"。基本案情是：一个被继承人将其房产以公证方式转移给他预先定为其唯一继承人的女儿，以此来减少其儿子作为特留份权利人的请求权。被继承人保留了终生的用益权及其在其女儿要将用益标的转让或设定负担时的解除赠与权。合同达成10年之久，该被继承人死去，其儿子要求特留份补充。对此，联邦最高法院判决认为，被继承人在一项包括了对转让标的物上处分权并且为自己保留了的用益权中，并没有在其生存期间从他的财产中将用益标的划分出去。所以，赠送当视为未曾给付，因为被继承人在其赠送之后实际并没有将其赠送房产的享益放弃。由此，联邦最高法院引出这样的结论：如果在一项赠送中用益权没有限制地加以保留，那么对赠送物的享益也就没有给予。根据联邦最高法院在此的看法，这种享益不仅包括经济上的价值和可以用金钱度量的交换价值，而且还包括这样的可能性，即禁止用益物转让或由受赠人转让该用益物。这项判决实际意味着，全部物上处分权属于用益权人本人，从而承认了处分用益权的可行。

享有最大利益的同时承受相应的物上负担。有的德国学者从法律经济
分析出发认为，这种将归属和利用予以划分的思想不仅对特定法律关
系的当事人，而且还对整个社会的国民经济具有重要意义。而且，当
事人之间就标的物上的有利与不利愈是能够在时间和实物上划分，并
在此基础上对相应的报偿尽可能予以考虑，那么生活和生产资料空置
而不加利用的可能性或危险性就愈小。因此，一个要在经济上获得更
高效率的法律秩序，就必须既要考虑到所有人和用益权人之间基于合
同当事人法律关系而产生的个别利益，又要考虑到与行为对象有关的
基于理想利用而产生的整体利益。①根据国民经济学理论，一定社会
的经济效率实际构成着一种集体财富，而这种集体财富的现实存在必
然呈现为一种法律状态。因为它必须是一种秩序经济中的财富，而这
种秩序经济则是以法律规则的行为控制来实现。

在法律经济分析学家眼中，民法的大部分原则都可溯源于效率这
个标准。如信任保护原则、法律安全原则、法律明确原则、过错原则、
危险责任原则、消费者保护原则，等等。②

在我国现今的经济和法律制度改革的社会背景下，特别是在我们
努力寻求解决公有制与商品经济之间矛盾冲突时，我们完全可以汲取
历史的或西方的经验，建立和完善我国的用益权制度。甚至考虑利用
"空虚所有权"理论解释我们现今面临的难题。实际上直到今天，许
多人——包括一些法学家，仍然僵硬地固守物之归属为第一位价值，
而物之利用为第二位价值这个原则；过多地强调所有权，忽略了用益
权的更深刻社会意义——特定财产的社会经济价值及其最大化实现。
事实上，物之归属和利用这两个价值是一个有机的整体，是相互依
存、相辅相成的，特别是在现代社会更是如此。实际上，许多学者那

---

① 沃尔夫冈·舍恩：《物上用益权——法律结构和法律行为构成》(Wolfgang Schön,
Nießbrauch an Sachen—Gesetzliche Struktur und rechtsgeschäftliche Gestaltung, Verlag Dr.
Sehmidt KC., Köln 1992)，第2页。

② 爱登姆勒：《法律适用、立法和经济分析》(Hoerst Eidenmueller, Rechtsanwendung,
Gesetzgebung und Ökonomische Analyse)，载《民事实践档案》(*Archiv für die civilistische
Praxis*, 197 Band Heft 1—2 Jan.1997)，第93页。

种认为物权是静态权利，债权是动态权利的观点，是没有认识到物权本质内容的一种误解。

二、用益权的权能及其相互关系

罗马法中的用益权权能及其相互间的关系十分清楚。按照罗马法学家的看法，用益权就是使用和收益之和，当然，实现使用和收益的前提是占有。《德国民法典》第1030条，《意大利民法典》第981、982条对此都有基本上相同的规定。因此，一项完整的用益权必然体现为占有、使用和收益。但在实践中，一般多以使用和收益为用益权的实际内涵。至于两者之间的关系，罗马法学家认为，在特定情况下使用可以独立存在，[①]但任何情况下收益都必然包括使用。换句话说，收益的内涵较之于使用要大。在消费物用益的情况下，使用本身就已实现着收益；一般情况下使用具有完整性，是不能分割的；收益可以部分地实现，使用则不然。总之，使用是用益权的一项最基本权能，一项不包括使用的收益是不可能成立的。[②]用益权中的使用权原则上任何情况下都不可能单独转让，因为这实际上意味着用益权的转让。可见，罗马法上用益权的权能层次十分明确。

关于用益权在物权体系中的地位，德国、法国和意大利民法均有成制，各有可以借鉴之长处。按照《德国民法典》的物权体系，用益权是役权的一个组成部分。但在学说上，用益权又常常被作为物权中的一个重要和相对独立的部分予以考虑。无论如何，德国民法中有关用益权的规定与制度显然有深刻的罗马法影响痕迹。在理论体系上，德国民法显然很严谨，但问题是学理与既有法律规定有着不同角度，故使得对用益权及其在物权体系中的理解具有一定困难。就此而言，《法国民法典》对用益权在物权体系中的处理方法值得考虑，即将用

---

① 　D.7, 1, 3, 3; D.7, 8, 1; D.7, 8, 2.
② 　《学说汇纂》中对此有较详细的阐明（D.7, 8, 14, 1）："因为在利用中也包含着使用（usus），但在使用中却不包含利用。没有使用就没有利用，而没有利用则照样存在使用。"

益权、使用权和居住权单独作为一章，与其他物权平行地加以规定，而不是像《德国民法典》那样将用益权作为役权篇的一部分来设置。当然，在理论上意大利民法基本上也是按照罗马法的传统将用益权归为人役权一部分。但《意大利民法典》对用益权在物法体系中的处置方法显然是受了《法国民法典》的影响或与后者相近。德国和法意的方法实际各有所长。究竟应汲取哪一种方式或如何独创新制，不妨展开进一步的探讨。

由于我国现今有关法律根本没有对用益权作出明确规定，故对用益权权能或内容的理解十分混乱，甚至存在逻辑矛盾。虽然《民法通则》第80、81条对使用权有一个大体的定义，即使用权是一种使用、收益的权利。但由于这个模糊的界定很不严谨而且重复，故在理论和实践上都引起很多问题。另外，由于同样的原因，学说上对用益权及其在物权体系中的地位也有相互矛盾的理解阐述。[①]

三、用益权的基本制度

这里所说的用益权基本制度，是指设定用益权的一些基本原则和要件，以及用益权设定、变更和消灭的方式。如前所述，对此我国至今尚无法律规定可援。所以，罗马法、欧洲大陆法国家民法中有关用益权制度的规定，都值得我们认真研究和借鉴。

1. 用益物的经济用途

这一要件在罗马法中虽有表述但并不直接，是以"保持物之实质"予以体现。[②]事实上，保持物之实质有两层含意：首先，在实现用益权

---

① 参见刘心稳主编：《中国民法学研究述评》，中国政法大学出版社1996年版，第311—318页。

② 详可参见《学说汇纂》第七卷《用益权》，米健译，法律出版社1999年版。

过程中不得改变物之实体；[1]其次，要按物之性质所决定的经济价值和利用范围实现用益。这里面显然包含着一个经济用途要件。在德国和《意大利民法典》中，经济用途已是一个明确的要件（《德国民法典》第1030条和《意大利民法典》第981条）；《法国民法典》虽然未直接规定，但观其立法思想和有关条文，无疑也是将保持物之实质或物之经济用途作为基本要件（《法国民法典》第589—593条）。

　　一般来讲，物之经济效益直接取决于物之使用，收益及处分或有限处分的确定目的，于是便产生了当事人对具体用益物用途或取向的确定及如何确定的问题。所以，没有用益物经济用途的用益权设定是不能成立的，经济用途是设定用益权必不可少的要件。经济用途的规定不仅直接决定着用益的目的，而且还直接决定着用益权的范围，如仅仅是使用，抑或既有使用又有收益，甚至还可能涉及一定的处分权。但任何情况下，用益的目的或经济用途都不能超越"保持物之实质"这个根本限制，它同时还意味着用益权人保持"物之良好状态"的义务等。关于用益权的经济用途和保持物之完好状态的义务，《德国民法典》第1037、1041条；《意大利民法典》第985、986条；《法国民法典》第590、591条等均有相应的规定。因此，无论是规定严格按照"物之经济用途"，还是规定"保持物之实质"，它们在法律上的目的或意义都是一致的，即它一方面保证所有人之物不因其设定用益权而发生实质变化或贬值，另一方面同时也排除了用益权人对用益物予以完全处分的可能性。其实，这正是用益权和所有权的最后界限。从罗马法以来到现今大陆法系国家民法始终存在这种界限或限制。

---

　　[1]　对于用益权人承担有"保持物之实质"义务这一基本原则，法律界具有共识。但是，对于如何理解"实质"（Substanz），即是将其理解成为"实质"，还是将其理解成为"实体"或"本体"，存在着争议。"实质"一词本来源于哲学，后引入自然科学和经济学成为专门术语，既表明有独自特性的材料、物质，又表明一种财产价值，一种作为定期收入的基本资本。在涉及用益权场合下，它一方面被理解成为用益权人对用益物的形体状态，即物之物理质量与数量，物之形式和材料使用性的界限；另一方面它又被理解成为物之实质价值意义上的财产价值。见沃尔夫冈·舍恩：《论物上用益权——法律结构和法律行为构成》，第5—7页。

　　在我国现行有关法律中，没有明确规定使用权，即用益权的经济用途或保持物之本质，但实际上已有相近的规定。如《土地管理法》第7条规定："使用土地的单位和个人，有保管、管理和合理利用土地的义务。"这里的"保管"实际上就意味着物之原有状态的保持或保持物之良好状态，"管理"意味着维持物的正常使用价值，"合理利用"则可理解为按照物之特定用途并在不改变物之实质的前提下使用或用益标的物。此外，该法第19条又间接但却非常明确地规定："不按批准用途使用土地的"，丧失用益权。可见，我国有关法律已经就用益权的最基本要件作出了规定。只不过尚不明确系统化。在我们制定民法典的过程中，应该在这些既有法律规定的基础上加以抽象概括，从而作出明确的一般规定。

2.用益权的转让和不可转让

　　用益权具有非常强的人身性。就其最初产生的时代而言，它只能由权利人本人享有，不能转让和继承。不过，权利的行使却可以转让给他人。这些特征基本取决于用益权产生的目的及其役权性质。从用益权在罗马时代发生到《德国民法典》，它的这种特征原则上没有改变，后者第1059条第1句明确规定用益权不能转让。就此而言，可以说它完全承袭了罗马法的传统。从《德国民法典》的立法过程来考察，最初，第一法典编纂委员会仅仅将用益权的期限以用益权人的死亡为标准予以规定，但物权效果的转移以及用益权在单个继承人身上（在第一个用益权人死亡之前）的可继承性是被接受了的。只是第二法典编纂委员会才根据所有人和用益权人之间的人身信任关系引入了现今第1059条第2句的规则，据此规则，用益权的行使权可以转让。

　　关于这种行使权让与的法律性质，在现今德国法学理论和实践判例之间是有不同意见的。现今大多数的看法是，行使权利人只有一种债权法律关系地位，而没有物权上的或与物权相关的本身对用益的行使权。但是，这并不排除用益权人转让因用益权产生的流动性的个别权利，只要这些权利是确定的或可以确定的，如就用益客体自我出租或对租金的权利，向用益权行使人转移属于其本身的权利。在此应该强调的是，用益权不能转让的原则任何情况下都是要表明用益权应附着于用益权人本身，而权利行使人的人员变化并不改变特定物权的法律状态，故这种权利行使的转让与法律原有的立法思想是一致的。具体说，在用益权行使权利转让时，用益权人本身和所有权人之间的法定债权关系保持不变。关于用益权行使的转让，德国民法理论一般将其分作有偿行使和无偿行使转让，一般利用和限制个别利用行使转让。但从《德国民法典》颁布以后的德国法律实践来看，第1059条第1句关于用益权不可转让的规定，实际受到当时社会和法学背景的限制。20世纪德国法律实践发展已经证明，用益权本身的转让不可能完全回避，用益权的不可转让在许多方面导致经济活动的困难。如在资合公司结构转换情况下，特别是在能源供给领域。另外，根据第1059、1061条的一般规定，用益权随用益权人死亡而消灭，但这一规定却不能完全适用于担保用益的情况。具体举例而言，担保用益权人对所有权人负有债权关系上的义务，将用益权为其继承人重新设定并且以一项临时登记加以保证；或者是除了现有的用益之外，又通过到继承开始时仍然存续的抵押对第二个附有不定期限的用益权予以登记。在此情况下就产生了争议，即为了继承人利益的用益权究竟是否能够登记。所以有人认为，根据"法律理性终止法律本身亦终止"（cessante legis ratione cessat lex ipsa）的原则，第1061条第1款对担保用益的适用应该排除。此外，在企业用益情况下，用益权不可转移同样受到质疑。有些德国学者认为，现代社会经济生活最显著的特点之一就是生产主体及其结构的频繁变化。企业的出卖与收购已是司空见惯之事。在这些场合，企业越来越多地倾向于将企业的一部分从联合企业中解除，使之自主经营或合并到收购企业当中去。这种转移的标的常常也是转让企业或其部分的用益权或限制人役权。几年以前，德国汉堡州高等法院在一个判例中对限制人役权的转让作了肯定。近年《德国民法典》及民法实践有关企业用益原则的一个总的倾向是，愈来愈普遍地认为企业用益是一种完全可以转让的用益权。

实际上，德国立法者从社会经济活动实践中早就认识到，用益权和限制人役权不可转移的原则规定也要有特定的例外，以满足经济生产活动的需要。1935年12月13日的《用益权和限制人役权转让法》已经突破了用益权不可转让的原则，它规定如是出于公共利益的原因，用益权可以转让。1953年的法律又对《德国民法典》原第1059条增加了第1059a—e条款的修订。而根据第1059a条规定，在用益权人为法人企业的情况下，以概括继承或个别转移的方式实现用益权的转移是可能的。这项规定对企业收购是十分有意义的，因为收购人不仅能从转让人那里获得用益权的行使，而且还可取得这项用益权。[①] 显然，该项规定进一步表明了用益权不可转让基本原则的例外。而从现今德国法律实践看，这种例外已越来越多，越来越经常发生。更有一些观点认为，一个企业的每一个别财产标的都可以作为一项用益权的载体，即权利人。所以很多人认为，企业用益权应该是可以转让的。实践中产生的需要促使德国立法机构对有关民法典条款逐步作出修改。1996年6月13日联邦议会确认了由联邦参议院提交的法律草案《限制人役权修改法》。这项法律于1996年8月6日开始生效。此法对《德国民法典》原有第1059a条和第1092a条又进行了一次重要修改，即用益权不可转移性原则被进一步突破。[②]

　　用益权的转让既可以在无限公司和两合公司的情况下实现，也可以在民法公司的场合下实现。但是商业公司用益权人究竟在多大程度上能以用益权行使转让的方式接受另外一人作为公司股东，这首先取决于这种企业用益以何种形式得以实现。但无论如何，用益权行使转让的实际结果都在很多方面与用益权转让本身相同。理论上讲，每个人都可成为用益权的取得人。在概括继承的场合下，法定继承人根据《德国民法典》第1059a条第1款规定对法人财产自动实现用益权。但若是个别继

① 参见威瑟尔：《根据民法典第1059条进行企业转让时的用益权转移》（Edward Wessel, Die Übertragung von Nießbrauchsrechten bei Unternehmenveräußerung nach § 1059 a BGB, Wirtschaftsrecht DB, heft 32 vom 12.8.1994），第1606及次页。

② 参见沃尔夫冈·舍恩：《论物上用益权——法律结构和法律行为构成》，第239页及次页。但他同时还认为，这一规定也有两点不太明确之处，即"企业"和"部分企业"的概念；"用益资质"和"适合于企业目的"或"部分企业"目的。

承，则情况较为复杂些。即如果一个法人经营的企业或企业的一部分予以转让，那么其用益权也可以向取得人转让，但是这必须要与该企业或该部分企业的经营目的相适合。《德国民法典》第1059a条的引入，主要是德国社会经济生活和相应民法实践发展的结果。它的目的在于使作为用益权人的法人能够合法地转让其用益权，因为在用益权人为法人的情况下，物上权利与权利人本人并不直接联接。所以，当时这项法律规定不仅没有什么可顾虑的，而且还出于法律和经济政策的理由为社会所期望。因为它解决了两种相抵触的经济目的设置之间的冲突。一方面，保持所有权自由的倾向同时又减少由此导致的物上利用权转移的限制；另一方面，为了总体经济利益而在重大的企业结构转变范围内仍然保持私有社会经济运作必不可少的经济单位。

与《德国民法典》不同，法国和意大利都明确规定用益权不仅可以转让，而且还可出租。《法国民法典》第595条规定："用益权得由自己享受，或租赁于他人，或出卖以及无偿让与其权利。"《意大利民法典》第980条也就用益权的让与作出了明确规定："如果在设立文件中未作禁止性规定，用益权人可以将其权利于特定时间或整个用益权期间内转让。"就此而言，法国和意大利民法要比德国民法进步。对中国法学家们来讲，在此问题上应该明确无论是从用益权制度在德国和意大利的发展实践来看，还是从用益权立法本身的目的来看，在一定程度上接受或规定用益权的可转让性应是未来中国有关立法的取向。因为，《德国民法典》关于用益权不可转让性的原则规定虽然符合役权不可转让的传统物权理论，但却与法律实践或经济生产活动现实的需要颇有距离。德国民法鉴于法律实践的需要而对既有规定所作的逐渐修改，已表明了这一道理。虽然《民法通则》曾经规定禁止土地转让，但后来有关法律从经济改革的实际需要和发展出发，又作出了可以转让的规定。如前述《土地管理法》第2条第3款规定："国有土地和集体所有的土地的使用权可以依法转让。"另外，《中华人民共和国城镇国有土地使用权出让和转让暂行条例》第2条第1款也规定："国家按照所有权和使用权分离的原则实行城镇土地使用权出让、转让制度。但地下资源、埋藏物和市政公用设施除外。"①有关使用权可以有偿或无偿转让的规定，实际已经在原则上明确用益权在我国是可以转让的。不仅如此，该法还规定土地使用权可以出租和抵押，如第28条规定："土地使用权出租是指土地使用者作为出租人将土地使用权随同地上建筑物，其他附着物租赁给承租人使用，由承租人向出租人支付租金的行为。"第32条则规定："土地使用权可以转让。"由上可知，此处涉及的实际上是用益权。显然，上述规定是基于我国经济体制改革和市场经济发展的现实情况与需要而产生的，更能适应我国市场经济发展的取向，无疑应该继续保持和完善。尤其是在我国现阶段仍然是以公有制为社会制度基础的情况下，用益权的可转让性就更加关键。这是中国不同于德国和意大利的国情，我们只有选择可以转让这种方向。最后，还应该指出的是，即使在《意大利民法典》中，法定用益也是不可转让的（第326条），这显然是因为法定用益主要是基于亲子关系或其他家庭关系而产生，往往涉及家庭成员特有或应有的用益。对此，我们在制定相关法律时应该考虑借鉴。

　　综上所述，罗马法和德国、法国、意大利民法有关用益权制度的规定为我们提供了很好的启发。如果能够深入了解并有所借鉴，那对中国的物权制度建设将十分有意义。

---

① 又见该法第4条。

典权制度的比较研究[①]

——以德国担保用益和法、意不动产质为比较考察对象

曾经有一段时间，我国民法学界对典权的保留与废除展开过热烈的讨论。不过，现在越来越多的学者认为典权是应该予以保留的传统法律制度之一。梁慧星先生主持的《中国物权法草案建议稿》也明确地将"典权"作为专门一章予以规定，并且对保留和采用这一颇具传统法律文化色彩的制度作了一定阐释。[②]但是，作为一个重要的法律制度，典权究竟是一种什么性质的法律制度，它具有何种法律特征和功能？对此，显然还需法学家在学理上予以明确和深入的阐释。况且，至今仍有不少学者对典权制度持怀疑态度，甚者还有人认为典权制度是我国封建社会制度下的固有制度，当然要予以废除。实际上，这种看法并不正确。首先，仅以典权为我国习惯法上的制度就要加以废除是违反法律形成与发展的基本规律的；其次，就典权制度的功能而言，它和德国民法中的担保用益（Sicherungsnießbrauch）基本相同，与法国、意大利民法中的不动产质亦十分相近；第三，从历史源流来看，德国的担保用益以及法国、意大利等国的不动产质实际上是同出一源的制度，都起源于希

---

①　原载《政法论坛》2001年第4期。

②　梁慧星等：《中国物权法草案建议稿》，第288—303条，社会科学文献出版社2000年版，第580—589页。人民代表大会法律工作委员会民法室提出的物权立法草案，在该草案讨论中已经明确，将要补充对典权制度作出规定。

腊的相抵利用（αυτιχρησι）。①所以从这种意义上说，典权制度并非是我国独有、他国所无的法律制度。②如果对上述制度的发展及其实质功能作一比较考察，那么就会发现，无论是德国的担保用益还是法国、意大利等国的不动产质，抑或我国的典权，它们的内在实质和基本功能是始终如一的，即都是一种财产或资源的用益方式。

一、我国典权制度的历史沿革与现实状态

典权是我国的传统法律制度,同时，它也是现代我国民法中为数不多的、完全未受外国法律影响而独立存在的一项中国固有的法律制度。但是，典权制度究竟起源于何时，学术界并无定论，有待进一步研究。有的研究者认为典权制度与土地和房屋的买卖制度有密切关系。③从典权制度的历史发展来看，它在1929年以前，即民国民法典颁布之前，始终比较混乱。在有关法律典籍中，它有不同的表述方法，亦表明着不同的内容，如典当、典质、典卖及贴典等。而从史籍上看,典当不分，古来如此。④清末民初法律改制起草民律草案时，曾经一度以为典权即日本民法的不动产质，故没有对其加以规定。⑤但1915年北洋政府

---

① 罗马法文献中也曾有这个名称，是作为抵押的形式之一出现的。见 D. 20, 1, 2, 1; 13, 7, 33。对此，许多西方学者都曾探讨过。一般认为，这个制度是在希腊化时代被罗马人接受并渐渐普遍采用的制度，拜占庭时期还在埃及出现过。见卡泽尔：《罗马私法》（Max Kaser, *Das römische Privatrecht*, Verlag C. H. Beck, München 1971），第一卷，第470页；第二卷，第319页。

② 现今国内大多数学者，无论是典权保留论者，还是典权废止论者，都认为典权是中国独特的不动产物权制度，是中国特有的制度，现代各国没有与之相同的制度。不过，当我们用法律比较的科学方法来将视野扩大到整个世界时，就会发现这种看法其实是不真实的。参见梁慧星等：《中国物权法草案建议稿》，第581页。

③ 李婉丽《中国典权法律制度研究》对典权有较为系统和全面的研究考察。文见梁慧星主编：《民商法论丛》第1卷，法律出版社1994年版，第370页以下。

④ "质"乃古已有之，古代中国无论动产、不动产均以质称之。两汉以降，渐有典质互代，唐宋沿之。明清以后至今，典卖、典当互用已成民间习惯。台湾地区学者杨与龄认为，典质互用始见于《旧唐书》卷140列传。参见杨与龄：《有关典权之几项争议》，载苏永钦主编：《民法物权争议问题研究》，1999年，第253、254页。

⑤ 现在看来，当时的这种认识还是有道理的。详见本文下文。

的大理院［上字］第448号判例却又否认了这种认识。是年10月，北洋政府司法部拟定《清理不动产典当办法》（共10条），是为现代中国最早有关典的立法之一。①不过，由此已经看出典与当之间未加区分的情况。即使是对典权作出了专门规定的民国时期民法典，也没有明确典、当之间的区别。而实践中更是始终普遍存在着典、当不分的现象。至于现今所看到的最高人民法院有关典权案件的批复，更是多以"典当"笼统称之。②此外，法律理论上对典权的理解也有着广义和狭义之分。广义是指除不动产之外还包括动产的典的关系，民间所谓典当或典质即属此类；狭义是指标的仅限于不动产的典的关系，其实就是我们通常所讲的严格意义上的典权。上述情况其实在某种程度上表明，我国有关典权制度的学理和实践都还存在着一些混乱。

其实，无论是从我国1949年以前或此后的立法与司法实践来看，典权主要是指以不动产为标的的用益权关系。在清末民初法律改制之前的传统民法中，典权的标的同样也主要涉及土地和房屋。1949年之后，

---

① 叶孝信主编：《中国民法史》，上海人民出版社1993年版，第630—631页。

② 现今我们所看到的，最高人民法院有关典权案件的大多数批复，多以"典当"称之，表明学理和实践上的混乱。从下列有关典权的最高法院批复或函件看，即可知其一斑：最高人民法院关于处理房屋典当期满后逾期十年未赎，出典人及其继承人下落不明的案件的批复（1962年9月28日）；最高人民法院关于姜兴基与闫进才房屋典当回赎案的批复（1963年6月11日）；最高人民法院关于雷龙江与雷济川房屋典当关系应予承认的批复（1979年11月5日）；最高人民法院关于对房屋典当回赎案的批复（1980年12月12日）；最高人民法院关于房屋典当回赎问题的批复（1984年12月2日）；最高人民法院关于典当房屋在"文革"期间未能按期回赎，应作时效中止处理的批复（1986年4月11日）；最高人民法院关于典当房屋回赎中几个有关问题的批复（1986年5月27日）；最高人民法院关于典当房屋回赎期限计算问题的批复（1986年5月17日）；关于处理私房社会主义改造中房屋典当回赎案件中的两个问题的批复（1988年9月8日）；最高人民法院关于黄金珠等与张顺芬房屋典当回赎纠纷一案的函（1989年10月17日）；最高人民法院关于罗超华与王辉明房屋典当纠纷案的函（1991年7月9日）；最高人民法院关于金德辉诉佳木斯市永恒典当商行房屋典当案件应如何处理问题的复函（1992年3月16日）；最高人民法院关于谢元福、工琪与黄长明房屋典当纠纷一案适用法律政策问题的复函（1992年6月5日）；最高人民法院关于郑松宽与郑道瀛、吴惠芳等房屋典当卖断纠纷案如何处理的复函（1992年9月14日）；最高人民法院关于吴连胜等诉烟台市房地产管理局房屋典当回赎一案如何处理的复函（1993年2月16日）；关于典当房屋被视为绝卖以后确认产权程序问题的批复（1989年7月24日），等等。诸如此类，实际上都是典，而不是当的问题，但我们的最高司法机关并没有加以明确解释。

虽然以土地为标的的典权不复有存在的社会制度基础，但以房屋为标的的典权关系实际仍然普遍存在。虽然现行《民法通则》没有对典权制度予以规定，但大多数典权关系一般均能获得司法实践的确认和保护，如诸多最高人民法院对于地方法院涉及典权的批复或复函，基本上都是以承认典权为前提的。①

在我国历史上，曾有过以妻室子女为典之标的的现象，这很像希腊历史上的相抵利用。据史记载，战国时期有经济情况窘迫时典卖妻子的现象，东汉时曾对此严加限制，而南北朝以后则有典、卖、雇妻之分。此后宋元明清四朝，典雇妻妾现象始终存在。但是，即使如此，这类典卖形式在中国法律史上也还是被视为恶习，并予严格禁止，甚至处之重刑。②与此类似，相抵利用在罗马、埃及也曾一度合法地存在过。比这更早之前，早在新巴比伦时期，奴隶，尤其是有些特别技能的奴隶，就常常被作为相抵利用的标的。③

二、典权的实质与功能

（一）典权的实质

普遍的看法是，典权乃一方支付典价而对他人不动产实现用益，

---

①　这样的实例很多。除了前注提及的最高法院复函以外，20世纪80年代以后最高法院有关涉及推定制度的典权案件的批复还有：《最高人民法院关于地主家庭出身的能否回赎土改前典当给劳动人民的房屋的请示的复函》（1981年6月22日），该复函提及1951年11月9日中央人民政府司法部司一通字1057号《关于典当处理问题的批复》第2项规定："一般的农村典当关系，今天仍应准其存在，……"；《最高人民法院关于适用〈关于贯彻执行民事政策法律若干问题的意见〉第58条的批复》（1984年2月3日）；《最高人民法院关于执行〈民事政策法律若干问题的意见〉中的几个问题的函》（1985年2月24日）；诸如此类，等等。最近，北京宣武区法院还就一个涉及典权绝卖的案件作出判决。见2001年3月16日《北京法制报》第8版。

②　张晋藩：《中华法制文明的演进》，中国政法大学出版社1999年版，第287、393—397页。

③　赫尔伯特·彼柴可夫：《新巴比伦时期的质押权》（Herbert Petschow, *Neubabylonisches Pfandrecht*, Akademie Verlag, Berlin, 1956），第103页。

包括占有、使用和收益的物上权利。实际这基本上是我国民国时期民法典对典权所作的界定。虽然我国（包括台湾地区）法学界对典权的实质至今仍然存在不同看法，但主流的观点认为典权是一种用益权，[①]少数学者则将其理解为担保物权。其实，从典权的法律内涵来看，典权显然是一种用益物权，尽管它在某些情况下具有担保意义。与一般担保物权相比，它有以下明显的区别：

第一，典权虽然在某些情况下具有担保的意义，但其最终目的和实质功能还是在于直接实现一种用益，是似如担保、实为用益的物权形式。具体说它是为了用益而以物作押，出典人与典权人就设定典权关系达成一致时，直接产生一种双向的用益物权关系。第二，典权是一种独立的物权，其设定直接以财产所有人独立的法律利益为依据，而完全不取决于或为了另外一种法律关系。换言之，它是一种独立存在的主物权。这显然与担保物权不同，因为后者完全是为了所担保的债权法律关系而发生和存在的。判断一项权利是否为担保物权，基本标准就是看它是否为着另一权利的存在与安全而设定和存在（担保用益和典权是一种特殊情况）。第三，典权是一种可以直接实现的法益，而不是像担保物权那样只能通过扣押实现，这是典权和担保物权之间又一重要区别。典权关系成立之时，即典权人获得利益开始之时，典权人在典权关系存续期间即已获得了他设定典权关系所要取得的利益。就此而言，典权实际是一种被担保的用益，更具有安全性，这也是典权关系能够始终存活的原因之一。第四，典权不像担保物权那样具有变价受偿性。担保物权的变价受偿性是指当债务人不履行债务时，债权人得将担保物扣押并实现变价，以优先清偿其债权。在担保物权关系中，担保物的可变价性是实现担保的前提和关键，进一步说，担保必须通过担保物的变价才能实现。但是典权关系中，典权人

---

① 刘心稳主编：《中国民法学研究综述》，中国政法大学出版社1996年版，第104页。又参见房绍坤等：《典权基本问题研究》，载《法学研究》1993年第5期；李婉丽：《中国典权法律制度研究》，载梁慧星主编：《民商法论丛》（第1卷）；梁慧星：《中国物权法草案建议稿》，第583页。

于典期届满，出典人抛弃回赎典物时，并不是将典物变价以使典价得到补偿，而是直接取得典物的所有权。第五，典权具有可分性，因而不是担保物权。因为担保物权具有不可分性。另外，在典权关系中，如果出典人抛弃回赎权，典权关系即消灭。出典物价值低于典价时，出典人没有义务对不足部分予以补偿；而典物价值若高于出典之价时，尚可请求找贴。而担保物权则完全不然，担保物权对待债权标的和范围一经确认就不能改变，因为只有这样，才能达到担保物权用以保证债务关系安全的目的。[①]

最后应该指出，认为典权是一种兼有担保和用益功能的特殊物权的看法虽然有一定道理，但是并不能完全反映典权的实质特征，而且容易引起学说上的混乱。另外，认为典权人典受他人不动产的主要目的不是用益而是要最终取得典物所有权的看法，也有些过于狭隘或牵强，不能完全令人信服地说明现实中典权的发生与存在的动机或原因[②]。

（二）典权的功能

将典权理解为一种用益权，主要是以其实际功能为依据。如前所述，财产所有人将其财产出典于他人以获得相当于出卖其财产的金额为己所用，由此产生一种法律关系，即典权关系。基于这种关系，当事人双方均可实现其一定的用益目的：典权人获得出典物上的使用和收益，而出典人则获得可以立即投入利用的金钱或融资贷款。实际上，在此法律关系中，前者获得的是对典物的直接用益，后者获得的则是对典物的间接用益。显然，这是一种资本或财产资源流转利用的特殊方式，即旨在同时满足出典人和典权人双方需求的用益形式。

---

① 民初立法者典权立法所持的理由即如此。参见叶孝信：《中国民法史》，上海人民出版社1993年版，第631页。

② 杨与龄：《有关典权之几项争议》，载苏永钦主编：《民法物权争议问题研究》，1999年，第264页；史尚宽：《物权法论》，中国政法大学出版社2000年版，第435页。

在我国，甚至有直接以典价作股投资的情况。[①]不仅如此，还有反过来以股票出质获得资金的情况。[②]整体上看，它无疑可以提高整个社会的资本和财产利用效率或经济效率。其特点在于有效和安全，因为它可以随时由典物所有权人根据自身需要予以设定，但又不影响其对出典物的最终处分权；与此同时，典受人亦可以完全根据自己的需要决定是否并且以何种条件接受出典，从而设定典权关系。通过这种关系，双方都可立即有效地取得自己要求的用益及为此利用而产生的担保。

虽然有人认为典权是一种兼有担保和用益性质的特殊物权，但这种折中之说理论上不能成立，实践上似乎也没有必要。因为传统的物权分类已经基本概括了物权类型的可能性，没有必要在用益和担保物权之间再另外作一物权类型的划分。此外，虽然典权在某种程度上具有担保意义，但是如前所述，它的直接目的并不是要担保。就是说，出典人出典其物并非要去担保什么，而是要获得可以立即投入利用的金钱或融资贷款，而接受出典的典权人更是以对出典物的直接用益为目的。台湾地区学者梅仲协认为："唯典权之内容，在他人以不动产，供自己之使用与收益，而与仅以物或权利，供债务清偿之担保之物权，有显著之差别。"[③] 所以，认为典权的主要目的不是用益的看法是

---

① 《最高人民法院关于公私合营中典权入股的房屋应如何处理问题的函》（1990年4月9日）是针对河南省高级人民法院《关于南阳市副食品公司诉夏清淮房屋典当回赎一案的请示报告》而作出的答复。基本内容是：1952年12月，当事人之一夏清淮之妻将房屋6间出典给魏汉三经营茶叶店，典价350元，典期两年半，1956年公私合营时，魏汉三将所典之房以原典价投资入股，该房由南阳市副食品公司管理使用至今。1958年以后，夏清淮多次向有关部门协商赎房未果。1984年8月，夏清淮向南阳市人民法院起诉。经征求有关部门意见并研究认为：根据中共中央1956年1月24日（关于私营企业实行公私合营的时候清产估价中若干具体问题的处理意见的指示）第6条"企业的债权，一般列作投资，作为合营企业的债权"之规定，典当的房屋入股只是债权的转移，产权仍归出典人所有。据此，我们同意你院审判委员会多数同志的意见，即此案不适用国家房产管理局（65）国房局字105号（关于私房改造中处理典当房屋问题的意见）的规定。夏清淮可以依据有关政策规定，向南阳市副食品公司进行房屋回赎。

② 当然，以股票出质以获得资金，纯粹是一种担保行为，和以典价入股情况不一样。前不久，上海市对全市所有典当行经营的股票出典活动予以禁止，盖因此种活动尚无明确的法律予以规范，具体的操作办法也不成熟。见2001年6月18日《北京法制报》第3版。

③ 梅仲协：《民法要义》，中国政法大学出版社1998年版，第571页。

不妥当的。当然，从典权最初出现的原因看，不动产所有人出于获得一定用益价金的目的而将自己的不动产让与他人用益的确有借贷担保的意义。但是在此毕竟只存在一个法律关系，而这一法律关系毕竟又以一定的用益为实质内容，离开用益，典权就失去了它存在的特性和价值。

典权关系的用益权性质还可从它在我国的实际发生与作用得以说明。考察分析我国现今有关典权的司法实践，可以清楚地看到典权的实际发生和作用很多情况下是在于获得用益。正因为如此，那种由于受到早期学者观点的影响认为典权关系中的出典人大多是经济上的弱者的看法是不能成立的，至少不完全正确。[①]事实上，我国1949年以前发生和存在的典权关系，出典人往往是有充足田舍的富户人家。50年代初期，中国大陆发生和存在的典权关系，出典人亦未必多是经济上的弱者。他们之所以出典，很多情况下是急于用钱。所以，民间有典权"救急不救贫"之说。[②]

三、德国民法上的担保用益

（一）担保用益的法律内涵与实质

在德国，担保用益是用益权的表现形式之一，是指特定权利人（包括物权人和债权人，但通常是抵押权人）为了保证自己能确实而且及时地从抵押关系中获得利益，而与所有人（通常为抵押人）协议在某一物上（通常为抵押物上）设定用益，从而使其同时又成为用益权人。虽然德国法学界不少人都认为担保用益具有担保作用，但又都很明确地将其归为用益权。如德国研究用益权的专家努斯鲍姆在其代表之作《民

---

① 梅仲协：《民法要义》，第571页。

② 李婉丽：《中国典权法律制度研究》，第378页。该文本已基本说明了典权发生的一般原因，但又提出"出典人大多是经济上的弱者"，似有前后矛盾之嫌。

法典中的用益权——法律事实的历史研究》中就持这种看法。①德国另一研究用益权的专家沃尔夫冈·舍恩认为，担保用益作用主要表现为两个方面：第一，土地质押权的补充，即对债权人取得地产上的收益作概括的担保。如根据《德国民法典》第1123条，债权人不能通过扣押取得的利用租金和收益租息，就可以通过担保用益来获得。第二，债权使用转让合同的物上担保。因此在他看来，担保用益的基础是担保合同，根据这一担保合同，被担保人有权要求担保物上的用益。②总的来看，最近几十年来德国主要的民法著述和评论都是将担保用益明确归为用益权的。如除了上述努斯鲍姆和舍恩以外，现今差不多所有的民法典评论和大多数较有影响的学者都将担保用益作为用益权之一种。而与担保用益有直接渊源关系，并且彼此十分相似的利用质押却被视作一种质押权，无论是理论上还是法律规定上均如此。如19世纪罗马法大家索穆③和当代欧洲罗马法权威卡泽尔④都持这种看法。

（二）担保用益的起源与发展

根据现今德国法学界的一般看法，德国民法上的担保用益类似或相同于利用质押（Nutzpfand，或曰：质押利用Pfandsnutz），而后者最

---

①　努斯鲍姆（Arthur Nussbaum），19世纪德国著名民法学家，法律事实研究学派的奠基人。见其代表作：《民法典中的用益权——法律事实的历史研究》（*Das Nießbrauchsrecht des BGB, Unter den Gesichtspunktendes Rechtstatsachenforschung*, Verlag Julius Springer, 1919, Berlin），第19页及以下。

②　沃尔夫冈·舍恩：《物上用益权》（Wolfgang Schön, *Der Nießbrauch an Sachen, gesetzliche Struktur und rechtsgeschäftliche Gestaltung*, Verlag Dr. Otto Schmidt KG, Köln），第370页。

③　索穆(Rudolf Sohm)，19世纪德国著名罗马法学家。此处引述观点见其《罗马法原理——罗马私法的历史与制度》（*Institutionen: Geschichte und System des römischen Privatrechts*, Duncker & Humblot, München/Leipzig 1917），第463页。

④　卡泽尔(Max Kaser)，当代德国乃至世界最杰出的罗马法学家。此处引述观点可见其《罗马私法》（*Das römisches Privatrecht*）第1卷，第459、470页。不过应指出的是，担保用益近些年在德国的法律实践中并不具有十分重要的意义。其原因主要有两个：其一是担保用益的意义由于有民法典第1223和1224条的规定而减小，其二是在法律理论上它也常常带来一些矛盾和问题。

早可溯源于古希腊时期的相抵利用，于希腊化时代为罗马人逐步接受。[①]
但利用质押这个概念本身是直接产生于德国中世纪，即法兰克时期，即
当时人们将罗马人的法律观念引入日耳曼国家，即把原来仅仅适用于动
产的质押行为延伸到土地和地产之上。

　　相抵利用最初为罗马人接受之时，主要见于罗马异邦人之间，亦
即万民法的实践中。从罗马法律发展史看，罗马法中曾有过两种不同
的相抵利用，一是与抵押结合的，一是与抵押完全没有关系的。前者
即债权人利用抵押物的权利，它大致发生于公元一世纪的万民法实践
中。它或是对土地的用益，或是对房屋的利用，两种情况都是用作收
回本金或平衡借贷额的利息。这种相抵利用直到优士丁尼时代之后仍
然存在。后一种与抵押无关的相抵利用有四种表现形式：第一，相抵
利用借贷（antichretic loan），即以土地、房屋、奴隶及自由人作利用
抵押借贷。在古罗马，发生此类相抵利用的社会和法律基础是罗马法
家父权制度。基于家父对家子的生杀予夺之权，家父自然亦有权利将
家子本身或其技艺劳务作质押，以担保其债权或取得另一种利用。[②]
但这种情况主要发生在异邦人之间，罗马公民本身之间很少有这种情
况，它最终于罗马帝国中期以后被废除。此外，这种制度在埃及和拜
占庭时期也都出现过。希腊化时代甚至出现过以孩子及奴隶作相抵利
用的情况：即以质押孩子或奴隶所提供的服务来抵销债务。第二，相
抵利用租赁（antichretis lease），通常是租赁人以谷物收成作为其定期
的租金。希腊的利用租赁很类似埃及的利用租赁，但两者有所不同：
首先，在埃及承租人必须缴付税，而在希腊则是租赁人负此义务；其
次，埃及的承租人于利用租赁期间取得租赁物的持有权，而在希腊
则是利用租赁人仍然具有持有权；第三，再利用租赁（subantichretic
lease），即重复进行相抵利用租赁；第四，相抵利用出租（antichretic
rent），即所有人将其地产上出租利益给予某人以取得相应利用。在

---

　　① 一说公元1世纪前后。

　　② 爱尔勒／考夫曼主编：《德国法律史辞典》（Adalbert Erler/Ekkehard Kaufmann,
Handwörterbuch zur deutschen Rechtsgeschichte）。

罗马，所有这些相抵利用的形式都被认为是物权。除此之外还应提到的是，从功能和法律效果来看，罗马法中的信托质权（fudicia）亦是极类似现今德国利用质押的制度。根据这种制度，债务人可以将其地产的所有权形式上转移给债权人，以作债权担保之用；但债务履行之后，该转移即失去效力。随着此种制度在实践中的发展，所有权地位的转移逐渐不再是要件之一。

与罗马人的质押相联系，日耳曼部族发展了具有其法律观念的质押形式，从而产生了利用质押。其实严格来讲，利用质押是从罗马普通法引入德国地方邦法中的。有的德国学者认为，这是日耳曼国家中除所有权质押之外产生较早的质押。根据此种制度，所有权人虽然将其地产的占有及其利用转移给债权人，但并没有将其所有权，即处分权转移。出质物一旦交付，即产生一个物上责任。设定利用质押行为不是不动产转让的合意，而是在法院或市府进行的城市土地簿册上的登记。在利用质押之前，像罗马法抵押权意义上的非占有质押在中世纪的日耳曼国家是不存在的。利用质押是从时间上没有限制的留置权发展到时间上没有限制的利用权的，其期间取决于债务人的债务清偿。债权人可以直接取得利用，孳息的取得被理解成为对迟延给付之债的一种公正救济。债权人享有对出质地产的利用权直到债务人将出质地产赎回。实际上，债权人在此获得的是一种有偿的例外利益，即债权人因此而实现一种资本利用，可见，这种以质押形式出现的利用实际就是一种用益权利的体现。

13世纪开始产生的一种定期金质押（Rentenpfand）具有非常重要的经济意义。即地主将其地产之上的年收入作为质押标的，而这种担保物权的行使在城市中的体现则是房屋或地产的利用质押。如上所述，在利用质押情况下，出质物所有权保持在债务人方面，即使权利本身实际因此受到制约；一旦其债务清偿，其所有权立即恢复。从表面上看，这的确有点儿类似附有买回契约的买卖关系（Verkauf auf Wiederkauf），有些德国学者亦持此种看法，但实际上它产生的法律效果却是一种物上用益权，至少如德国学者所言，这是一种利用和事实支配合一制度

（Nutzung und Gewere）①。如果债务未予清偿，则利用质押或是无限制地
继续存在，即德国法律史上的永质规则（Ewigsatzung）；或是通过收回
而予以终止，此即德国法律史上的死质规则（Totsatzung）。不过，如果
清偿实际是有期限的，那么在清偿期后债务仍然未予清偿时，利用质押
权即可转变成为所有权，具体说，即债务人有义务向债权人转让不动产
物权。而资本价值和土地价值之间的平衡并不发生。可见这种到期质押
（Verfallpfand）实际正像我国的典期届满而出典人不及时赎回而成为绝
卖一样。后来德国有人认为这种法律效果是不公平的，故又以出卖质押
（Verkaufspfand）取代了到期质押。在此应该注意的是，德国法上利用
质押的死质，法国法以及英国法上不动产质的活质并不完全与我国的绝
卖相一致，但总的来看，德国的利用质押以及后来的担保用益实际上和
中国的典权制度基本一样。

　　相抵利用虽然在德国也是源远流长，但它在德国法中的适用一直
很有限。在18世纪民族国家法典编纂之初，曾一度见之于《巴伐利亚
邦法》和《普鲁士普通邦法》中的占有质（Besitzpfand），②而到了19世
纪中末叶，一些地方邦法的修订草案中，差不多都将此制度予以废除。
基于这种背景及当时的社会实际，1896年《德国民法典》的制定者认
为，这一制度是没有什么实际意义且已经死亡的制度，故而予以废除。
这一方面是因为当时的立法者并没有认识到这种制度的必要，另一方面
是因为立法者不可能预见不久之后就要发生的城市地产危机。因此，在
《德国民法典》颁布实施后不久，随着出于担保的目的而设定用益权的
情况愈来愈普遍，特别是第一次世界大战前德国曾一度发生的城市土地
危机，很快促成了这种制度以担保用益的面目普遍重现，尽管具体表现
的形式不一样。总的来看，担保用益在本世纪初德国的产生主要是通过
司法实践，此后主要也是通过司法实践发展起来，当时涉及的城市主要
是德国的一些大城市，如柏林、布雷斯劳、德累斯顿、汉堡、基尔、斯

---

① 　爱尔勒/考夫曼主编：《德国法律史辞典》。
② 　实际上就是现今的动产质。

图加特及杜塞尔多夫，等等。不过，究其最初发源当在大柏林区。应该指出的是，尽管《德国民法典》没有对担保用益作出规定，但在第1213条却规定了"利用质押权"（Nutzungspfands），而这种权利在某种程度上实际又为担保用益的存在提供了可以类推适用的法律规定。实际上它是民法典第1204条有关权利用益的一种表现，因而可以类推适用该条规定。但是应该指出的是，虽然担保用益起源于相抵利用或利用质押，但毕竟与后者有所不同。它实际已经不复是纯粹的质押，而是在此基础上发展起来的具有质押特点，但又不是直接用于质押的用益权了。也正是在这种意义上，德国的担保用益更类似于我国的典权。但是无论怎样有一点是应该明确的，即通常情况下，用益权的登记和抵押担保彼此之间是相互联系的。

由于现行德国民法中的担保用益是基于社会实际需要根据司法判例产生发展而来，但又可以比照适用《德国民法典》第1213条关于利用质押的规定，于是便产生这样一个问题，即担保用益和利用质押两者之间究竟是何种关系。对此，德国法学界并没有太多论述，但理论上或实践上一般都将它们作为类似的法律制度来理解和处理。一方面，大多数德国学者认为，利用质押的前身就是相抵利用；另一方面，有一些德国学者索性认为担保用益实际就是被《德国民法典》废除的相抵利用的再生。从担保用益和利用质押的缘起和功能来看，我们可以说实际上两者本来就是同一事物，至少是可溯源同一、彼此十分接近的法律制度。而利用质押是作为质押权的一部分予以规定的。当然有的学者是从另一种角度来理解这种关系的，即认为担保用益的法律效果实际是使债权人获得一种利用质押，因此，担保用益法律关系可以准用《德国民法典》第1213条有关利用质押的规定。不过仅就担保用益而言，德国学者始终将其视为用益权。

与德国的情况略有不同，现今《法国民法典》和《意大利民法典》的不动产质却可直接溯源于相抵利用。这就是说，利用质押与不动产质实际具有一种同源关系，甚至可以说就是同一事物。但是实际上，类似相抵利用这种用益形式的制度早在新巴比伦时期就已经产生。当时它或是单独出现，或是与不转移占有的质押和抵押相关，主要是以土地或房屋为标的。通常是当事人双方规定一项特别条款，如"没有租金条款"，据此条款，债权人可以如同承租人一样取得质押之物，如房子、奴隶或牲畜的孳息，对于质押标的的利用实际成了资本借贷的报偿，这种关系将一直维持到债权人取回其借贷资本。如果质押利用不能与借贷资金利息在价值上达到平衡，那么租金只就部分借贷资金相对折算，其余部分依双方约定另付利息；反之，如果租金超出了借贷资金利息，那么债权人就要向出质人支付相应的租金。可见，当时的相抵利用制度已经十分完备。还应该提及的是，当时以奴隶或自由子女作为相抵利用标的的情况也是一度常见的。

（三）担保用益的标的与功能

如上所述，在德国法律实践中，担保用益最经常地用于抵押权人的附加担保。担保用益产生之初时的用益内容主要是对房地产的租金，但是后来这种用益的内容已经不只限于租金，而且扩大到整个用益物，如当一项用益权涉及一间客房，处于拮据境况中的多块地产的所有人为了规避破产等。举例而言，某店主是一个有多块地产的所有人，现在陷入经济困境，于是他为了规避破产而与他的债权人委员会订立一项合同，通过这项合同他放弃了对地产的自由处分权，并且将其财产的管理和用益权转移给了债权人委员会。不过，它的内容实际上却是实现一种用益权，即以担保的名义来实现一种实际用益。其特点是，用益权人（或被担保人）可以在获得担保的同时取得担保物上的利用。具体说，权利人在许多方面能获得比抵押登记更为可靠的保证，如作为用益权人的权利人可立即直接取得对租金的请求权，而无需事先进行扣押；此外，这种请求权是通过他自己，而不必通过适用一种强制管理程序；更为重要的是，它还可以使抵押权人免遭后来可能发生的债权关系的消极影响，如因为根据《德国民法典》第124条进行租金或收益租金先处分而给抵押权人带来的损失。所以，当抵押权人为了能够立即享有对质押标的（通常是土地）的利用而设定用益权，而不是在其扣押质押标的之后才享有利用时，即可采用担保用益这种物权形式。事实上，这也是它作为抵押的补充而与抵押的本质不同。换句话说，担保用益关系中的债权人即用益权人实际上通过这种方式取得一项目的在于利用的质押权，而担保关系中的债权人，即被担保人只是要取得一种保证。就担保用益的特点而言，它是形式上具有担保意义，但实质上却是一种借贷用益。具体说，这种用于借贷的用益旨在使债权人能够及时获得根据扣押的有关规定不能获得的租金或收益租金，实际上表现为债权人权利的一种扩大。它的作用并非是担保，而是要满足一种直接地他物利用。所以有的德国学者认为，如果说《德国民法典》上直接规定的供给用益（Versorgungsnießbrauch）和保留用益（Vorbehaltener Nießbrauch）是一种自身用益（eigennütziger Nießbrauch），那么担保用益就可以说是一种直接满足所有权人利益的他人用益（fremdnütziger Nießbrauch）。因为它一方面要担保债权人的请求权，另一方面还要清偿其债务，而这种担保和清偿实现的过程就是债权人对所有人设定的用益物实现用益的过程。

（四）担保用益的可转让性

应该指出的是，根据现行《德国民法典》第1059条和第1061条的规定，用益权原则上是不能转让和继承的，其目的是要避免"淘空所有权"（Aushöhlung des Eigentums）。但是，德国法律界对于这个一般的原则性规定始终具有较大的理论争议。虽然《德国民法典》后来对最初的规定作了些修正，但原则上仍是不可转让。这一原则使德国法律实践的确遇到了很大的困难，但又非排除不可；这情形完全如同中国法学者由于公有制的规定面临许多困难而又非排除不可。具体说，用益权不可转让原则在担保用益场合尤其显得更不合实际，它已经成为一种实现担保用益的枷锁或法律制度本身内在矛盾。因为作为一种兼有抵押和用益性质的物上权利，如果它要成为一种促进法律交易的补充制度，那它就必须要具备流转能力。就是说，用益权人应有权将其完全转移给第三人。其实，由于用益权和抵押权的结合，用益权的人身性应尽可能地予以排除，所以，无论是德国理论界还是实践界早就反复要求担保用益应该以可以转让为原则。一种理论上的解决方法是，将其视为一种附带条件的担保用益，即以先前的用益消灭为条件来设定对第二个人的用益权。除此之外还存在一个类似的问题，即根据《德国民法典》第1061条规定，用益权是不可以继承的，但在担保用益的情况下这也同样不宜适用，否则，担保用益就失去了它的特定意义；正是这个缘故，担保用益的可行性也曾一度成为德国学者讨论的问题。不过总的来看，近些年来愈来愈多的人都持积极肯定的态度。德国学者们认为，既然用益权不可转让性在担保用益的情况下已经成了很大的弱点，那么就必须要寻找出一个方法，从而使当事人的利益同样尽可能地予以考虑。多数人的看法是，担保用益行使权的取得人取得直接的利用权，根据这一权利，他将成为租金请求权的债权人，从而有权根据自己的权利针对所有人和第三人行使移转的权能。对于行使权取得人来说，只有抗辩的合法性才有实际价值，因为只是这种合法性才可以确实保证行使权取得人的权利，即当事人双方在转移时为其所考虑的利益：一项转移了的以抵押给予保证的债权的高度安全。在德国司法实践方面，则是从另外一个角度来理解这其中的矛盾的，即认为用益权的设定是一项抽象法律行为，登记的用益权是一种物权，不取决于它所依据设定的债权合同，其内容仅以法律和登记为依据。通过用益权的设定，债权人直接取得对担保物的利用权，只要不违背有关规定或强制性条款。

（五）担保用益的设定与消灭

如前所述，担保用益通常情况下根据担保用益合同设定，但这种合同与一般的担保合同不一样。据此合同，用益权人享有物上权利，他可以对负担用益的标的物进行收益，以满足其债权上的利益。也就是说，被担保人有权要求行使用益权，不过他必须将经济上的利用与对担保人的请求权作冲抵结算。如果债务得到清偿，则担保用益因之自动消灭（《德国民法典》第158条第2款），或者是用益权人即债权人自动放弃担保用益。实践中，为了明确起见，担保人可以在与被担保人订立用益担保合同时附加条件，即在担保目的取消之时，担保用益自动解除。

在必要情况下，所有权人或担保人有权请求返还或归还用益行使权，对此《德国民法典》第1055条有较明确的规定。正因如此，有人认为这是一种物上权利的变形，是人们为了稳妥地获得某种利益而选择的一种途径，即通过所有权人和债权人之间的债权约定而就一项物权达成合意。表面上看，这种用益权形式似乎有悖用益权的本质，但实际上它是物权与债权的统一。其法律原因是要实现一种权益的担保，而直接目的却是实现一种物上用益。

四、法国和意大利的不动产质

不动产质的实质与特征

对于不动产质，《法国民法典》第2085条和《意大利民法典》①第1960条均有规定，而且条文几乎完全一样，显然是后者借鉴了前者。但是关于不动产质究竟是债权还是物权，两者之间认识颇有不同。在法国，一般的看法是，不动产质是一种债权。因为不动产质是由《法国民法典》第2085至2091条具体予以规定的，就是说，不动产质乃是契约的一种，理论体系上看显然是一种债权，但学者中又多有人认为根据该民法典第2085条规定，不动产质的质物转移给权利人是必要的，而后者还可以对质物进行一定的使用收益，并在一定情况下对抗第三人，故它具有明显的物权性质，是一种物权。总之，这在法国是一个有争论的问题，它曾经被认为是一种颇可质疑的制度，但实践的需要又使得这一制度不断受到重视。按照《法国民法典》的具体规定，在不动产质场合，债权人取得用于担保的地产的占有；债权人有权取得地产之上的收益，并以此收益和应得利息冲抵，然后再将剩余的收益折算为本金（《法国民法典》第2085条第2句）。根据有些学者的看法，不动产质

---

① 《法国民法典》第2085条和《意大利民法典》第1960条，实际都是"相抵利用"或由相抵利用转变而来的制度，但现今的中译都作"不动产质"。

权人不仅有对抗其他债权人，而且还有对抗抵押权人、地产取得人等第三人的留置权，只要后者是在不动产质登记公开之后（《法国民法典》第2091条）。后来的地产取得人要想根据法律规定（《法国民法典》第2087条第1句）取得不动产质的标的，那就必须首先完全满足该不动产质权人的债务，因为如果不是这样，不动产质就不能发挥其应有的担保作用。但是这种对抗第三人的法律效力是有限制的，即仅相对不动产质登记或公开之后才取得质物所有权或其他物权的权利人而言。但无论如何，有学者认为法国民法的不动产质是一种真正的物权，即一种质押权。

《意大利民法典》差不多和《法国民法典》相同，不仅是把不动产质也作为契约之一加以规定，而且条文规定完全一样。但是在意大利法律规定和学理阐述中却都明确地将其视为一种债权，根据《意大利民法典》，不动产质是作为最后一种契约而予以规定的。不过有些学者认为，这种制度现今在实践中也已经较少运用。另一方面，同样深受《法国民法典》影响的日本民法却有不同的做法，即明确不动产质是一种担保物权，就此而言，日本民法在此是追随了德国民法。而对于《法国民法典》有关不动产质的规定，《德国民法典》的起草者认为，《法国民法典》有关不动产质的规定是不可以接受的。

五、典权制度与担保用益和不动产质的异同

（一）典权与担保用益

以上我们已经就典权和担保用益分别作了阐述，在此基础上可以看到我国典权和德国的担保用益之间有如下共同与不同之处：

1.特殊的用益物权

如前所述，无论是我国的典权还是德国的担保用益，实质都是一种用益物权。当然，这是一种较为特殊的用益物权，整体上看，把它视为一种双向用益似乎较为妥当。因为，典权人实际是基于一种债务关系

借贷而获得一种物上用益权。同样，所有权人设定担保用益的目的，也是为其既有的债务关系提供一种更可靠的保证。而担保用益权人之所以接受或同意设定这种保证，是因为他想直接获得某种用益。当然，后者获得用益的目的既有可能是为满足其债权利益，亦有可能纯粹就是为取得这种用益。正是基于一种共同的对待利用，才可能使当事人获得设定物上权利的合意。在此意义上，认为担保用益是一种他人用益也是可以成立的。

2.权利标的要进行占有转移

无论是我国的典权还是德国的担保用益，其实现的前提是必须转移占有。实际上这也是构成用益权的要件之一，没有占有从所有权人到用益权人的转移，后者就不可能实现对用益物的使用和收益。

3.以用益抵债权

典权和担保用益实际在某种程度上实现着债权担保的目的，尽管其实质功能是实现对用益物的使用和收益。无论是典权或担保用益，其最初的发生，在某种程度上都表现为旨在担保一种债权法律关系的物权制度，就此而言，它们的确不完全和其他各种用益权一样。不过相比之下，我国的典权却从一开始就更具有用益倾向。出典人在典物之上设定典权，其目的是要获得一定的代价，即典权人向其给付的典价。这种典价当然可以看作是一种融资借贷，而典权人之所以支付典价则是因为他想取得典物的用益。

4.典权和担保用益的意义

（1）财产与资本的充分利用

作为用益权，典权和担保用益设定的思想基础和实际目的都是要尽可能充分利用既有财产与资本，无论是所有权人方面，还是用益权人方面都是如此。通常情况下是用益权人要充分利用自己的资金，所有权人则是要充分利用自己的不动产。这是典权和担保用益所以设定的根本动机。

（2）可对抗第三人的直接对待利益

作为用益物权，典权和担保用益都具有如下基本特征：首先，它是以一定的代价为前提而设定的他物权。这种代价在典权情形下表现为典价，这就是说典权人只有支付典价之后，才能占有、使用出典的不动产并从中获得收益；在担保用益情形下，这种代价则表现为特定的债权，换句话说，所有权人是出于他作为债务人的缘故才在其所有物上为其债权人设定用益权的。当事人双方在此法律关系中都获得了可以对抗第三人的直接利用，如避免先处分可能带来的损失。质言之，出典人和典权人在此有共同的对待利益，这也是典权和担保用益的核心内容。

（3）保证物权关系的稳定

典权和担保用益都有用益权的基本特征，即它们一方面可以使财产和资金获得最充分的利用，另一方面又可以保持所有权的稳定。进一步说，它们可以在资本获得最大限度利用的同时，仍然使物权关系保持必要的稳定和安全。这无论是对财产私有制社会还是对财产公有制社会，都有十分重要的社会意义，只不过这种意义可能会有不同的体现。在我国经济、法律和政治制度都正在发生深刻变革的社会历史背景下，这种物权制度的运用似乎更有现实意义。

（二）典权和不动产质

如前所述，担保用益和不动产质实际都起源于古希腊时的相抵利用，两者具有同源关系，这在德国及其他欧洲大陆法系国家基本是没有什么争议的共识，尽管关于担保用益的性质在德国学者之间尚存在某些不同的看法。于是，这里便自然产生一个问题，即，如果我们说我国的典权和德国担保用益是非常相似的制度，那么典权和不动产质之间究竟有何联系，有何共同和不同之处呢？

第一个问题显然极为简单，因为典权是我国传统的法律制度，是从中国文化传统中发源并且逐步发展起来的制度，所以与欧洲大陆法系国家的不动产质没有任何历史上的联系。其实，现今我国许多学者认为典权是我国特有的物权制度，可能也就是从这个意义上来讲的。

关于第二个问题，基于以上阐述已经可以明确：德国的担保用益或其利用质押及法国、意大利的不动产质实际是出于同源的法律制度，而中国的典权又和德国的担保用益差不多完全相同，因此我们可以说，典权和不动产质实际上还是非常相近的制度，两者并非互不相干或性质完全不同。由于现代中国法律制度，尤其是私法制度，主要是借鉴西方法律制度建立和发展的，因此，当我们看到一个发源于我们自身传统文化的制度仍然存在于现行的法律制度当中时，就会自然地认为这是我们固有的，别的国家没有的制度。但是，事实上，如果从比较法学角度去考察这个制度，就会发现典权与不动产质的起因实际上都是出于一定利用的目的，只不过表现形式或途径是担保。无论是中国的典权，还是德国的担保用益或法国、意大利的不动产质，实现用益才是最终目的。所以，它们应该同归于一种物权类型。

（三）典权和相抵利用

在以上分析的基础上，我们很容易可以发现一个有趣的现象，即我国传统法律制度典权虽然与法国、意大利及日本民法上的不动产质有很大差别，亦与德国民法上的担保用益不尽相同，但却与作为不动产质和担保用益最早起源的希腊法律制度相抵利用原则上完全一样。可以说这是不同国家法律发展史上的一种偶合现象，它也说明了任何民族或国家在基本的生产活动和交换关系方面，都必然有或曾经有过一些甚至许多共同的内容。古希腊时期所谓的相抵利用制度，实际就是一种对待利用，即通过物上或权利之上的变价或可变价性来交换利用，以求更灵活和更大程度地利用既有财产或权利，进而获得财产上的利益。这本是最原初的交换和创造手段，但同时又是最一般最恒久的社会生产与交换关系的内容。具体说，根据这种制度，当事人双方可以约定，债权人有权通过收取孳息或其他物上利用获得债务清偿。后来，罗马法虽然没有继续使用相抵利用这个名称，但基本上接受了希腊的这种制度。不过，在罗马法中，相抵利用已经发展成了具有明显担保作用的制度了。有的罗马法学者认为，罗马法上的动产质押（pignus）基本上就是原来希腊的相抵利用。但这里显然已经发生了从用益到质押的一种转变，动产质押人因此取得一种物上担保权利。

最后，在此应该提到的是，对于我国法学者来说，明确担保用益或利用质押，不动产质及相抵利用之间的渊源和关系是十分重要的。因为自从我国清末民初法律改制以来，我国法学界并没有深入研究典权与德国利用质押及法国、意大利以及日本民法不动产质的关系。在20世纪中国传统法律改制之初，立法者及学界普遍认为中国的典权即欧洲大陆法系国家不动产质，因而仅就不动产质作了规定，至于典权则废弃不立。但是，随着学界理论研究的不断深入，人们逐步认识到典权与不动产质的区别。因而在民法典第二次草案中始将典权与不动产质分别并立予以规定，但同时又分别于第982、1002条规定有关两者的规定可以互相准用。[1]到第三次民法典草案，即最后一次草案时，典权和不动产质被作为两种不同的法律制度而明确地分别予以规定，当时的法律界认为这是对我国典权性质的正确规定，而且这一看法至今在法学界占主导地位。但在这个问题上，很少有人看到德国的担保用益及利用质押，法国、意大利及日本的不动产质之间的渊源与同一性，因而在与我国典权制度比较阐述和分析的过程中遇到很大困惑甚至导致混乱。因为尽管典权为用益物权，不动产质为担保物权，但两者在功能上的共同之处毕竟又是显而易见的。而对此问题如果不作历史和法律功能的考察，就不能作出正确的答案。基于以上阐述，我们可以说，一方面，我国的典权与德国的担保用益是渊源不同但实质相同的法律制度；另一方面，虽然我国的典权与法国、意大利及日本的不动产质不尽相同，但究其实质与功能而言其实是基本相同的法律制度。因此，在考虑如何完善我国传统法律的典权制度时，应该一方面参考德国担保用益与利用质押制度，同时又参考法国、意大利和日本的不动产质制度。例如，在明确典权的用益权性质时，有一个问题必须予以说明，即出典物的回赎，因为在用益权关系中不存在用益物的回赎问题，所以如果认为典权为用益权，那么就应该解决这个矛盾。在此，完全可以借鉴德国的担保用益制度，即将出

---

① 第一次民草误认典权即日本不动产质，故未加规定。第二次草案黄右昌起草，于不动产外复规定"典权"；参见杨与龄：《有关典权之几项争议》，载苏永钦主编：《民法物权争议问题研究》，第258页。

典视为一种融资行为，把典价视为一种金融借贷，并以法律明确规定出典物上的实际用益得以直接抵销典价利息或部分典价本身。典物的赎回只是解除用益权关系据以成立的法定原因之一。

六、典权制度在我国继续存在的社会现实意义

通过以上对德国、法国及意大利等国利用质押和不动产质的考察，再认真分析一下我国的典权制度，可以明确地说，我国传统民法的典权，其目的、功能和性质可以说完全与希腊时期的相抵利用一样，而它与德国的担保用益或利用质押，与法国和意大利的不动产质等，实际都是形式不同但功能基本一致的法律制度，而后者又都可溯源于希腊的利用相抵制度。因此，尽管我们长期对典权与不动产质之间关系存在困惑，但若将其回溯到起点，那么其本质和意图反而一目了然了。可以说，法国、意大利及日本民法之间的差别及其对最初相抵利用制度的偏离，实际只是由于出自不同角度或强调的重点不同而导致的结果。但无论怎样，其功能或法律效果都是大体相同的，即基于物和权利的变价性的交换利用满足各自的利益需要。就此而言，我国的典权和德国的担保用益更能反映上述各种制度本来的目的。换句话说，它们实质上本来就是一种用益权。

既然我国传统法律中的典权实际与德国民法中的担保用益十分相似，即两者都是以当事人双方均可获得及时利用为出发点的，那么，应该怎样看待我国本身固有的传统法律制度典权呢？在我国（台湾地区除外），典权虽然至今并未在一般民事法律中予以明确规定，但为数不少的最高人民法院司法解释和我国司法审判实践对典权均予以确认，学理上的有关论述也很多。在目前法律改革和民法典制定的讨论过程中，关于是否在未来的民法典中设立典权制度尚有不同的看法，但大多数人认为在我国未来的有关民事立法或民法典中应保留设置这种传统的法律制度，前述《中国物权法草案建议稿》实际就已经明确地表明了这种意向。其实，保留典权与否并不应该着眼其是否"陈旧"，而应该看看它

是否具有独特的法律机制、实际生命力和社会经济意义，从这种意义上讲，典权无疑应该保留。首先，长久以来典权关系在我国社会生活中的现实存在和法律上的确认已是事实；其次，不论典权以什么面目出现，就其法律机制或规范功能来说，其存在是必然的，因为社会生产与生活交往活动需要这种制度。一个事物尚有继续存在的生命活力，它就不应被视为陈旧的。其实，20世纪初德国法律实践所以采用担保用益的形式重新设定了早就有的，但民法典却没有予以接受的相抵利用制度，原因就在于社会经济生活的发展状况需要这种制度。"一个普遍承认的思考原则是，并非立法者的意志，而是法律的意志才应去探究，陈旧的法律制度对新的交往需要的适应是一个法律史事实和必然。……作为经济交往表达的法律生活比所有学说都更为有力明确；人们不能囿于受时代约束的立法者想象范围之内；法律科学和判例解释最主要的使命之一正是为了法律发展与社会生活保持一致而努力。"[1]

从我国的社会现实看，保留并完善典权制度也具有十分重要的现实意义。第一，促进和稳定正在发展着的公民个人之间的物权关系。作为用益权之一，典权亦是最大程度实现物之价值或取得物之最大利益的重要手段，所以它应是一个健全的物权制度中的必然组成部分。第二，增进社会财富的利用效率。我国正在发展市场经济，而典权作为一种用益方式，是融通社会成员之间既有的各种生产和生活资料，即所谓资源优化配置资产或交易资本，而典权人则获得出典物上的用益。总之，它是市场经济不可缺少的"催化剂"或"推动剂"之一。第三，确认经济改革所带来的积极成就。随着我国城市住房制度改革的进一步发展，典权制度本身的存在与发展亦将获得更充分的社会基础。例如现今我国商品房已经大量进入市场，私人房产在迅速增加，而从法律实践和德国的历史经验看，在住房私有制度下，担保用益或典权是自然要出现的物权关系。第四，完善物权制度。从更广泛的意义上看，我国现已明

---

[1]　雷乔治:《担保用益》(Georg Lay, *Der Sicherungsniessbrauch*, Buchdruckerei Fritz Janssen Jun, Essen 1933)，第5页。

确规定土地使用权可以有偿转让，而它实际上意味着土地用益权可以转让。随着土地使用权交易市场的发展，土地使用权实际已经作为买卖的标的广泛存在。而典权这种物权形式给房地产所有人以不转移所有权实现土地用益的可能。所以在我国现今实行土地有偿使用或使用权转让的情况下，典权都会是一种频繁普遍的重要物权现象。正因为如此，类似德国民法上的担保用益或利用质押，类似法国、意大利及日本的不动产质的典权，将来无论是在我国农村还是城市，都必然会愈来愈多地基于现实社会条件而出现，甚至还要比担保用益在德国更为发展和普遍。关键是我们对此社会法律关系怎样予以确认。第五，与具体法律制度无关，但又的确自然存在的心理因素，即文化的自我维护意识也当然地要求我们认真地对待仍具有生命力的传统法律文化因素。当代中国法制是以西方法制为模式形成的这一历史事实，并不意味着传统的东西无一可取；相反，我国现有的民法规范之中，反映传统法律文化的制度仍然大量存在，以后亦将根据我国社会和历史发展的需要继续存在下去。典权是一个典型的传统法律制度，但又完全适应现实社会法律生活的需要，故没有充分理由说它是陈旧的制度而予以废除。那种认为即使将来要是有人拘泥于习惯对房屋设定典权，虽因物权法未有规定而不能发生物权效力，但可以通过认可准用债法关于附赎回特约之买卖的规定而获得妥善解决的看法，首先是没有认识到典权作为一种用益权所具有的特殊功能，其次是忽略了作为典型传统法制的典权所具有的法律文化意义。

典权制度在中国的产生和存在有着特定历史文化背景，换言之，典权实际也体现了一种法律文化现象。中国历史上固守家业的传统观念显然对这种制度的发生与存在起到了重要作用，并且因此形成一种特点。但是这种特点并不是出于传统的敬祖守业观念，这只是一种表面现象。事实上，对家庭财产的重视与固守是不同民族社会的一种普遍现象，它根本上是财产私有观念的体现。但由于中国社会长久地滞留于小农经济社会历史阶段，而不是像西方资本主义社会那样早在几百年前就已经进入自由资本主义时期，故使得这种财产私有观念在我国更多地表现为财产家庭所有观念，于是，这也就成了我国特有的一种文化现象，所谓典权的传统文化特色，基本上应该由此出发来理解。实际上，很多法律制度都是人类共有的，只是由于不同历史文化背景对它的诠解，使之有了彼此之间的区别。一句话，文化的诠解方式在此起决定作用。在这种文化诠解的背后，实际往往隐喻着一种本质共同的东西，正是在此意义上，我们才更应该了解其他国家的法律制度。

　　不过，一个颇有意思且值得认真思考和讨论的问题是，我们是应将典权原原本本地作为一种特殊的用益物权形式在我国的新民法典中予以规定，还是使之对德国的担保用益有所借鉴，同时参考法国、意大利等国民法的不动产质制度加以改造完善呢？但不管怎样，有一点似乎要明确，即在我国未来的物权立法中，没有必要同时设置典权和不动产质两种制度。因为虽然立法者给予这两个制度以不同性质，但考察它们的渊源、实质、功能及效果，可知两者基本上是相同的，故没有必要重复立法。

物权行为抽象原则的法理探源与现实斟酌^①

　　当代中国法制基本上是以西方法制，尤其是欧洲大陆法系法制为模式建立演进而来，这已经是不争的事实。可以肯定，未来中国法制必然还将循此方向发展进步。但是，我们对异国法律制度的接受一定要客观、严谨和具有全局观。对于要接受的对象，首先要清楚考察，全面把握，然后才能结合自我，确定取舍。德国物权法上的抽象原则是近来许多民法学者津津乐道的话题。但物权行为无因性的内涵究竟是什么？它的理论渊源和用意究竟何在？它在法律实现的过程中究竟如何操作？德国学者本身对此有何不同的立场？它果真是物权变动的唯一或最佳选择吗？此处文章的主旨即有意识地为读者客观真实地了解抽象原则理论提供一些线索，从而使之能够依据客观真实的存在对上述问题作出严谨科学的判断。

　　一个时期以来，我国民法学界对于物权变动制度的讨论和研究投入了许多精力和热情，其大部分内容都集中在物权变动的"抽象原则"问题上，即我国的物权变动是否要像德国那样，采用物权行为无因性原则。起初，还有主张和反对两种对立观点平分秋色的学术论辩，但近一段时间，物权行为无因性或抽象原则被渲染得如此热闹，以至于言物权

　　① 原载《比较法研究》2001年第4期。本文系作者在2000年12月深圳举行的"海峡两岸法学学术研讨会"上，所作题为"物权变动原则的比较思考"的学术报告基础上整理而成，除文字略有改动外，基本内容没有改变。

必称抽象原则；更有甚者，在有些学者眼中，它似乎已然成为我国法律实践中的一种真实存在。正是在这种法学背景下，由中国社会科学院法学研究所梁慧星研究员领导的物权法草案起草小组提出的《中国物权法草案建议稿》①第7条，才拟就了貌似折中、实则自相矛盾的"物权变动与其原因行为的区分原则"的规定。②鉴于物权变动制度在整个物权法律关系调整过程中所具有的重要性，亦考虑到这个问题的提出实际上隐喻着当前我国法律界在立法、法学等方面的一些意味深长的问题，本文在此尝试从法理源流、法律事实及思想方法三个方面，对物权抽象原则问题作一基本探讨。

一、抽象原则的法理渊源

物权变动是大陆法系法制中一个极为重要的法律制度，它直接关系到人们社会经济生活中的财产权利，通常即所有权及其他物权的取得、设定、丧失及变更。但是，物权的变动如何发生、何时完成，大陆法系诸国家有着不同的规定或原则。法国、日本等多数国家采取意思主义，即物权变动一经当事人间达成意思表示一致，就发生法律上的效果。与此不同，德国则采用形式主义，即物权变动不只以物权变动的债权合意为必要，而且还要有实际交付标的物的物权合意（Einigung），这种物

---

① 梁慧星：《中国物权法草案建议稿》，社会科学文献出版社2000年版。以下简称《建议稿》。

② 严格来讲，这里的"区分原则"当为"分离原则"。因为德国民法上的"Trennungsprinzip"，本意是讲债权行为和物权行为在行为本身及其效力方面相互独立和彼此分离，其旨显然不在"区分"，而在"分离"；"区分"和"分离"一字之差，但意义却全然不同。此外，从该条规定的条文内容和上下文的关联来看，它其实也并没有反映出与德国民法的"分离原则"不同的新创意。而且在立法说明部分几乎就是在谈"分离原则"基础上的抽象原则。所以，第7条所谓的区分原则，不过是"分离原则"的另一种表述而已。但这种创意不仅不必要，而且还将问题复杂化了。对于这个问题，台湾地区学者王泽鉴和苏永钦教授也都以不同的方式提出了质疑。分别参见王泽鉴《物权法上的自由与限制》第30页，苏永钦《社会主义下的司法自治：从什么角度体现中国特色？》第6页，两文均系2000年10月在北京举行的物权法国际研讨会上提交的论文。

权合意的外在表示通常就是实际交付或完成登记。换句话说，只有当事人间就标的物的实际交付达成合意，并且完成实际交付或进行登记之后，物权变动才发生法律上的效果。支持这种立场原则的法理设计或法律依据首先是德国民法上所谓的"分离原则"。它意味着，义务行为（负担行为或原因行为）和履行行为（处分行为或抽象行为）是两个相互独立和分离的行为，即物上处分行为的效力不取决于债权原因行为。这种义务行为和履行行为彼此分离的法律设置实际上体现了德国民法理论和教条的突出特点，同时也构成着抽象原则（Abstraktionsprinzip）的基础，因为正是义务行为和履行行为的"分离"，才使履行行为的抽象和无因成为可能。就此而言，"分离原则"和"抽象原则"实际上是密切相关，不可再行分离的。进一步说，"分离"的真正意义是要导致"抽象"，而"抽象"必然地以"分离"为基础。

通常，最典型、最能说明这种抽象原则的是买卖关系。根据抽象原则理论，在买卖交易情况下，买卖合同成立并不意味着买卖物的所有权发生转移，所有权发生转移必须还要有一个物权合意及买卖物的实际的交付；与此相应，只要买卖物的移转基于物权合意，那么即使买卖合同本身无效，买卖物的交付同样有效，买受人仍可通过这种交付而成为所有权人。

抽象物权行为理论源于德国民法理论，一般认为它是19世纪德国法学家萨维尼在研究罗马法中让渡（traditio）的基础上作出的理论创制，且被视为他对德国民法理论的最重要贡献之一。[①] 尽管德国民法学界对此理论的法律政策价值及与之相应的法律规范设置始终存在争论，但它作为德国民法的一个重要的、有代表性的法律制度却无可否认。《德国民法典》的编纂者以及后来支持这种制度设置的法学家，从学理、法律体系及实践的角度都对抽象物权行为理论予以很高评价，认为凭借抽象原则，可以使处分行为不受其据以产生的要因行为是否生效的影

[①] 抽象原则最终形成较完整较系统的理论，乃萨维尼的功劳；即使是在《学说汇纂现代实用》当中，也还没有这个理论。

响，从而保护法律交易的安全并提高物权法益交换的效率或通畅度。按照物权抽象原则，后位取得人在从前位取得人那里取得物时，无需关心该前位取得人是否基于有效的合同取得交付物，或者他是否已有法律上的原因进行其交易行为，只要其所有权取得是根据一个有效的物权合意，那么就足以完成物权交易。总之，抽象原则为后位交易人省却了核实前位交易合法性的必要认定过程，使前位交易人交易行为的无效对其让与行为不发生作用。显而易见，物权行为理论着眼于对物权交易中的第三人，即后位取得人利益的保护，以此来使法律交易安全得到更充分的保障，而法律交易的效率自然也会因此提高。事实上，这是抽象物权行为理论最主要的思想和意义所在。[①]

二、抽象原则的法律依据

1.《德国民法典》中的有关规定

虽然物权行为抽象原则产生于德国，又行之于德国，但是《德国民法典》中并没有明文规定这种原则，而是以不直接规定法律原因为处分行为要件的方式间接地予以确认。[②] 具体说，它是通过第929条第1款、第873和398条三个条款间接地得到确认。因为根据这三个条款，负担行为的有效与否并不构成处分行为的有效要件。[③]

第一，《德国民法典》第929条第1款关于动产转移的规定："转让动产所有权，需由所有权人将此动产交付受让人，并有双方就转移所有权达成的物权合意。"此条款的重要意义在于，它明确规定了动产转移以物权合意（Einigung）和实际交付（Übergabe）为必要，从

[①] 拉伦茨：《民法总论》（Larenz/Wolf, *Allgemeiner Teil des bürgerlichen Rechts*, C.H. Beck, 1997, Aufl. 8），第459—460页。

[②] 参见威斯特曼：《物权法》（Westermann, *Sachenrecht*, Verlag C.F. Müller, 1998, Aufl.7），第27页及以下。

[③] 参见〔德〕梅迪库斯：《德国民法总论》，邵建东译，法律出版社2000年版，第176页。

而引入了用以说明和理解抽象原则的两个最基本概念：物权合意和交付。理论上，物权合意往往又被视为一种契约。事实上，根据第929条第1款的规定，可以反过来这样理解，只要具有了移转物权的合意和实际交付，物权变动就发生法律效力，不论此前的原因行为是否成立或有效。显然，只有用分离原则或抽象原则才能解释这种物权变动的规则。

第二，《德国民法典》第873条第1款有关土地即不动产转移的规定："转让土地所有权，对土地设定权利负担以及转让此种权利或对此种权利设定负担，必须具有权利人和另一方当事人对于发生权利变更的物权合意并将权利变更登入土地簿册，但本法另有规定者除外。"此条规定的重要意义为，它明确了土地或其他不动产的转移同样不仅要有权转移或物权变更的不动产转移合意（Auflassung），而且还必须进行登记。不过，实践中不动产转移合意的外在表现，通常可以视为登记。

第三，《德国民法典》第398条是有关债权让与的规定："债权人可以通过与第三人订立合同，将债权转让给第三人（债权让与）。合同一经成立，新债权人即取代原债权人。"此条规定的意义在于，债权让与这一处分性行为，可完全不以债权发生的基础行为为根据，而这种原因行为可以是买卖、赠与、代理和信托关系，等等。[1]

2.台湾地区民事法律的有关规定

在诸多大陆法国家和地区中，唯有中国台湾地区接受了德国的物权变动原则。按照台湾学者的看法，台湾民法的物权行为抽象原则是分别通过"民法典"第758条和第761条确立的。[2] 前者是有关不动产物权变更的规定："不动产物权，以法律行为取得、设定、丧失及变更者，非经登记不生效力。"后者则是涉及动产物权变更的规定："动产物权之让与，非将动产交付不生效力。但受让人占有动产者，于让

---

① 尧尔尼希：《民法典评注》(Jauernig, *BGB*, Verlag C.H.Beck, München 1999, Aufl. 9)，第393页及以下。

② 王泽鉴：《民法学说与判例研究》，1980年，第一册第276页及以下。

与合意时，即生效力。"根据这两条规定，不动产物权变动的生效要件是登记；同样，动产的取得也必须有当事人之间的实际交付。如果我们将这两条规定和前述德国的有关规定比较，那就会十分明确，台湾地区民事法律的有关规定实际上完全来自德国民法，而且极为忠实，没有任何变化。因此，现行台湾民事法律中的"抽象原则"实际同样是一种间接的存在，和德国的情形完全一样。总之，如果对德国民法的物权抽象原则有了了解，那么其实也就理解了台湾地区民事法律的物权行为抽象原则。

从历史上看，现今台湾地区民事法律中的物权行为抽象原则在1930年民国时期的民事立法中已经确立。它实际上是清末民初中国法律改制，即现代中国民法直接接受西方法制的一个突出例证。不过，客观地讲，抽象原则在台湾地区民事法律中存在，起初只是中国民法对德国民法予以"概括继承"的结果之一。也就是说，当时的立法者或法学家们对物权行为的抽象原则并没有明确的认识，至少，没有像今天这样的如此热烈和深入的讨论。在此意义上可以说，当初我们对德国民法物权理论的接受并非是自觉的。具体言之，清末民初中国法律改制对德国民法的接受，决定了当代中国民法物权制度取向于德国，但这并不能说明当时对物权行为理论已经有了明确的认识。当时法学界对物权行为理论的认识可以说只是在这种制度已经由立法确立之后才慢慢开始，而且同样存在不同的意见。当然，后来台湾法学界对于物权行为理论的探讨显然逐步深入。[1] 台湾地区新近的"民法"修订中，物权行为理论及无因性原则得到继续确认，并且在某种程度上还间接地予以具体化。如台湾"民法"债编第166条增订的内容："契约以负担不动产物权之转移、设定或变更之义务者，应有公证人作成公证书。未依前项规定公证之契约，如当事人以合意为不动产之转移、设定或变更并完成登记者，认为有效。"[2] 但不管怎样，从

---

① 参见王泽鉴：《物权法上的自由与限制》，第29页及注19所引文献资料。

② 但此条增订因影响面较广，故尚未实际实施。参见王泽鉴：《物权法上的自由与限制》，第26页。

以上阐述可以清楚知道，"台湾地区现行民法，对于法律行为之有因无因问题，除第179条有关不当得利提及'无法律上之原因'……外，并未在法律上明示之。纯系学者间依各立法例及学理上探讨，认为债权之行为均属有因行为，物权行为或票据行为则属无因行为，至于有时在解释上认为条文中有'无因行为性质'存在者，虽亦主张系在保护交易之动的安全，但均散见于各法条中，且为各别立场之解释，……"① 由此处台湾地区学者所言可知，大陆有些论者认为台湾"民法"对抽象原则有明文规定的看法是没有依据的。

特别值得中国大陆法学者注意的是，新近台湾地区"物权法"的修订在物权变动方面新增加了关于"不动产善意取得"的规定。而在中国大陆，早已有学者提出可以探讨用"善意取得"制度来取代"抽象原则"所具有的功能。所以，台湾地区"民法"修订的成果，无疑可以对中国大陆学者在此方面的探讨提供极好的启示。②

3. 中国大陆民法中的有关规定

在大陆，长期以来没有系统、完整的一般民事立法，1986年颁行的《民法通则》也没有直接涉及物权变动问题，故长期以来没有判断物权变动原则的明确法律依据。但是，1999年10月1日生效的《合同法》第133条规定："标的物的所有权自标的物交付时起转移，但法律另有规定或者当事人另有约定的除外。"从这条规定来看，中国大陆有关物权变动的规定，实际也是"要式的"，一定程度上也具有与原因行

---

① 林诚二：《民法理论与问题研究》，中国政法大学出版社2000年版，第75页。需要说明的是，此处所引文字仅以资料来源处文字为准，取其旨意而已。在台湾地区，林氏是在"法律行为"理论方面追随德国、日本学者，主张"特殊法律行为无因论"的学者。详可见前引林氏书第61—81页。

② 参见王泽鉴：《物权法上的自由与限制》，第13页。但是大陆有的学者在谈及台湾地区近期"民法"修订时说，修订后的台湾"民法"更明确的规定了抽象原则，不知道根据是什么。事实上，据前引王泽鉴文所述及我个人到目前了解到的情况，经修订的台湾"民法"并没有对"抽象原则"作更明确的规定。参见孙宪忠：《物权法基本范畴及主要制度的反思》，载《中国法学》1999年第6期。

为"分离"的意味。①它与德国法和台湾地区现行规定的不同仅在于，它没有提出"物权合意"这一要件，也没有用分离或抽象原则去解释实际交付和登记的法理内涵。因此在法律理论上，买卖关系中只存在一个承担义务的债权合意。所以，从现有制定法来看，我国虽然没有接受物权行为抽象原则，但法律实现的过程大体和分离原则制度下的权利实现过程一样。实际上，现今中国关于物权变动的原则是所谓的交付原则（Traditionsprinzip）。就此而言，我认为关于物权变动原则的问题主要还是一个理论问题，因而未必一定要在实体法上予以直接规定。

在近来关于抽象原则问题的热烈讨论中，有些人认为我国民事司法实践实际已经承认了抽象物权行为理论，与此相反，另一些人则认为我国民法根本没有承认抽象物权行为理论。② 事实究竟如何？可以简单地说，即使我国立法和司法实践中有些规定和案例确实一定程度上体现了抽象物权行为理论所描述的情况，③ 但这并不等于我们对抽象物权行为理论有了明确的认识。它只不过是我们在解决某些实际问题时采用的一些具体办法，完全没有系统明确的理论作为指导思想，是不自觉的，

---

① 到目前为止，就作者所知，还没有一个学者认真地根据《合同法》第133条规定来阐发物权行为理论。这一事实至少可以说明，现今大陆不少主张物权行为理论的学者并不完全了解这一理论在民法实践中的存在状态，即并不知道德国学者是如何根据《德国民法典》的有关规定来证明物权行为抽象原则的，否则的话，他们必然可以借《合同法》第133条规定发挥其主张。

② 分别参见梁慧星：《我国民法是否承认物权行为》，载《法学研究》1989年第6期；王利明：《物权行为若干问题探讨》，载《中国法学》1997年第3期；孙宪忠：《物权行为理论探源及其意义》；赵勇山：《论物权行为》，载《现代法学》1998年第4期；《建议稿》第7条立法说明。

③ 对抽象原则持肯定说的论者多以《城市房地产管理法》第60条；《土地管理法》第10条；《城市和房屋管理条例》第6条为例证明我国法律实践中已经实行着这种原则。许多论者认为我国实行的土地房屋买卖必须登记方能生效的制度即表明我国实际上也是实行抽象物权制度。但是这种看法是不能成立的。因为：第一，它将物权抽象原则和物权公示原则混淆，而这是两种完全不同层次的原则；第二，它一方面要说明处分行为不以原因行为为必要，可以独立成立并发生效力，但另一方面又强调它必须要经登记方能生效，这本身是自相矛盾的。凡主张我国应采纳抽象物权行为理论的人多持此论，可参见孙宪忠：《物权行为理论探源及其意义》，第91页；又参见赵勇山：《论物权行为》。其实，对此种看法的错误有学者已经明确指出。参见王利明：《物权行为若干问题探讨》。

所以不可以用来反证抽象物权行为理论在我国民法制度中的存在。[①] 如前所述，中国大陆现行的有关规定实际上是一种介于意思主义和形式主义之间的折中方式，即仅以动产实际交付和不动产的登记为生效要件的"交付原则"，而不是以物权行为抽象原则为依据。就此而言，《建议稿》拟采纳的"登记要件主义"，实际对现行法规定并没有实质改变，只不过是按照抽象原则的思路而对其加以了解释罢了。[②]

　　然而无论如何，此次《建议稿》中第7条的立法动议却明确表明了建立"分离原则"的立法意向。而鉴于"分离原则"和"抽象原则"之间的必然联系，实际上这在某种程度上已经意味着要接受物权抽象原则。因为分离原则的实质意义，就是为抽象原则提供一个法律思维的基础，所以，要是不接受物权行为的抽象原则，就没有必要去承认什么分离原则。质言之，分离原则的必然结果就是抽象原则。德国民法学者拉伦茨说："抽象原则首先包括分离原则。"[③] 还有德国学者说："在抽象原

---

①　物权立法起草小组的负责人梁慧星实际已经指出。参见其近文《制定中国物权法若干问题》，载《法学研究》2000年第4期，第10页注9。此外还应该强调的是，在我们尝试了解德国抽象原则理论时，必须将德国民法一般意义上的"物权行为"（dingliches Geschäft）和"处分行为"（Verfügungsgeschäft）区分开来。有的学者认为汉语的"物权行为"一语即为德文"Verfügungsgeschäft"的直译，这恐怕是可以质疑的说法。当然，从现今我国学者讨论的问题看，通常所言物权行为的确多指德文中的处分行为，但这充其量也只能说是严格意义上的物权行为，不能完全和物权行为本身等同。如果将物权行为和处分行为等同起来，那么现有些论者主张的，可以不采用抽象物权行为原则，但可考虑采用物权行为理论的探讨就成为无稽之谈了（参见田士永、王萍：《物权行为理论研讨会综述》，载《中国法学》1998年第4期）。其实，德国学者已经指出了处分行为和物权行为的不同。参见鲍尔/施蒂尔纳：《物权法》（Baur/Stürner, Sachenrecht, C. H. Beck, 1999, Aufl.17），第53页。另一方面，也必然会导致这样一种看法，即"作为法律行为理论支柱的，其实只是物权法的法律行为，即物权合意和债权法的法律行为即合同。如果不承认物权行为理论，即不承认物权合意，那么法律行为的唯一理论支柱就只有债权法上的合同了"（参见孙宪忠：《物权行为理论探源及其意义》，第81、84页）。然而，这种担忧虽然不无道理，但也的确不无问题。不过它已不属于本文要阐明的内容了。

②　但非常奇怪的是，梁慧星先生在多种场合表明的立法立场并没有在已经发表的《建议稿》中体现。因为，"分离原则"和"登记要件主义"是完全不同的，而且立法说明中更没有体现登记要件主义。比较参见梁慧星近文《制定中国物权法若干问题》与《建议稿》第7条的立法说明。

③　参见拉伦茨：《民法总论》（Larenz/Wolf, Allgemeiner Teil des bürgerlichen Rechts），第458页。

则情况下，物权行为被理解为与为其提供基础的原因（即债权上的）法律过程相分离并且独立。"① 所以，接受分离原则的立法取向，实际就意味着接受抽象原则。

在此要指出两点：第一，《建议稿》第7条似乎意在建立一种别具新意的"区分原则"，而实际上全部有关的立法说明又都是在讲"抽象原则"的理论，标题和内容的矛盾是十分明显的。第二，《建议稿》第7条这种试图以实体法规范明文确立分离原则或抽象原则的做法，在大陆法系国家的民事立法中还从来没有过。它不仅大大超越了台湾地区，而且甚至还超越了抽象物权行为理论发源之地德国，这真是一个大胆的设想。② 但是，我们要提出的问题是，这种原则的功能究竟如何？物权变动真是非采用此项原则不行吗？

三、抽象原则的或然性

事实上，物权行为的分离或抽象并非一个必然的法律事实。③ 具体说，法学家当然可以从明晰法律关系的角度出发，分析和构思出权利实现过程中的一个法律意识上的阶段，从而据此为法律交往的安全提供可能更多的、更可靠的设置，但这并不意味着基于这种法理分析和概括而产生的法律设置是保障交易安全唯一或最佳的方式，更不意味着物权变动过程事实上必然地分作两个完全独立、互不影响的阶段。相反，这只是一种选择而已，只是一种法学家的法理构思（gedanklich）。许多坚持

---

　　① 科伦琴格：《民法导论》（Klunzinger, *Einführung in das bürgerliche Recht*, Verlag Vahlen, 1993, Aufl.5），第413页。

　　② 立法小组认为"德国民法明文规定物权行为独立性和无因性"，这种了解可能有误。事实上，德国和台湾地区的情况一样，都是法律理论和实务承认，但法律（至少是民法典）并没有直接明确规定。参见梁慧星：《制定中国物权法若干问题》。

　　③ 立法小组成员孙宪忠是主张物权行为抽象原则最力者，在其近期的一篇文章中言："买卖合同所涉及的债权变动和物权变动，是两个不同的法律事实。"孙宪忠：《物权变动的原因与结果的区分原则》，载《法学研究》1999年第5期。

物权行为抽象原则的德国法学家，实际上也承认这点。① 对此，可从以下几个方面予以说明。

1. 物权行为与债权行为分离的或然性

尽管大陆法系法制从罗马法时期起就有物权（对物之诉——actio in rem）与债权（对人之诉——actio in personam）的笼统划分，② 但真正完成物权行为与债权行为理论构建的是德国法学家；而物权行为和债权行为的分离理论，更是德国法学家们的杰作。可以说，对于分析法律关系层次，对于解释物权变动法律关系的特点，这种分离理论肯定有其积极的意义。但同时也必须认识到，无论如何，它仅仅是一种法理构想，并非一个必然的法律事实。因为无论是物权行为和债权行为③ 都是法律行为的范畴，而法律行为的内涵或性质决定了一项法律行为或法律交易不可能分成两个截然分离的法律事实。说明这个问题，当然首先要明确作为法律行为的真实意义。

首先，从德国法律行为理论的渊源来看，它本来的意义应是较为广泛些的"法律交易"。而法律交易简单说就是旨在设立、变更或解除一项法律关系的行为，它实际由罗马法的概念"法律事务"或"法律活动"（negotium）发展而来。当然，在任何情况下，这种法律交易都必然地表现为某种行为，故也可以将法律交易直接视为法律行为。法律行为是德国民法中十分重要的概念，理解德国民法不能不了解这种"法律

① 参见拉伦茨：《民法总论》第8版，第458页编码第75。

② 当然，这个问题在罗马法学界仍有不同意见。此处仅从诉讼方式的不同来说明这个差别。又见马克斯·卡泽尔：《罗马私法》（Max Kaser, *Das römische Privatrecht*），卷一，第374页和第479页。

③ 然而，究竟何谓法律行为，它对于立法者本身也是一个难题。《德国民法典》以前的大多民法典编纂实际都没有采用"法律行为"这个概念。19世纪德国民法权威，学说汇纂派法学代表人物温德沙伊德在他的巨著《学说汇纂法教科书》（*Lehrbuch des Pandektenrechts*）中对法律行为有过较为具体的阐述，其观点对后来德国民法学的影响很大。在《德国民法典》制定初期，编纂者同样有意识地回避了对法律行为作出定义。

交易"意义上的抽象法律行为。① 德国民法学家弗卢梅指出："19世纪德国法学的主题就是法律行为，19世纪德国法学所获得的成果就是以法律行为为基础的。"②

按照现今德国学界主流看法，法律行为的核心是意思表示，它的功能或目的在于导致希望获得的法律后果。因此，很多法学家（包括历史法学派代表人物萨维尼），特别是学说汇纂派法学家，均认为法律行为就是意思表示，或者与意思表示的含义等同。他们的这种看法直接影响到了《德国民法典第一草案》。该草案的立法说明中对此阐明说，意思表示是被当作法律行为理解的，意思表示和法律行为通常是作为同义词来使用的。③ 尽管德国学者间对于法律行为的认识有分歧，但对法律行为的内涵却有普遍共识，即都认为其核心内容就是意思表示。④ 任何法律行为，都必然包含着至少一个意思表示，也就是说，没有意思表示就没有法律行为。法律行为的最典型形式是合同，而合同通常包含两个或两个以上的意思表示。但是在此必须要明确，法律交易中任何一方当事人只能在一项交易中表示一个交易意思；如果这个交易意思需要分阶段表示或完成，那么也必须是前后一致，前后阶段意思的差异只能造成一项交易行为的瑕疵或无效。正是在这种意义上，德国法学家也承认，一般情况下，履行行为是以义务行为为基础的。⑤ 事实上，

---

① 对于中国读者来说，这是一个很困难的问题。因为，"Rechtsgeschäft"和"Rechtshandlung"这两个在德文中显然不同的术语表达，在中文里却只是同一个词，即"法律行为"表达的。故德文中两种表达的差别在中文中不能直观地认识。问题在于，我们在阐释法律行为理论时又完全以德国民法的理论为依据，而且，自清末民初中国法律改制接受德国民法理论与制度以来，这已经是一个约定俗成的事情。中国法学界在讨论某些德国民法制度时始终走不出困扰和迷惑，其原因之一就是没有了解到这其中的区别。但为了避免对此问题阐述的复杂化，本书仍然以现今通行的方式，一律用"法律行为"这个术语予以阐述。

② 弗卢梅：《法律行为论》，第30页。

③ 《德国民法典立法说明》(Motiv I,126)。

④ 前引弗卢梅：《法律行为论》，第28页及以下；〔德〕梅迪库斯：《民法典总则编》，邵建东译，第190页。

⑤ 梅迪库斯：《德国民法典总则》(Medicus, *Allgemeiner Teil des BGB*)，第7版，第176页。

《德国民法典》第139条所表明的法律行为的统一性，也正是这种思路的说明。①

基于上述理由，可以说同一法律行为中，虚拟的义务行为和履行行为的分离及其互不影响，在理论上显然大有讨论的余地，至少不是必然发生或存在的，因为这与法律行为的固有旨趣并不相符。进一步说，一个法律行为中实际只存在一个合意，即一个已经通过债权法律行为达成了一致的交易意思。按照意思表示的理论，一项法律交易就是要获得一定法律效果的行为，而通常情况下该交易的法律效果只能是根据被双方当事人共同接受的一个交易意思，即体现为合意的意思发生。如果有两个合意，那么就意味着有两个行为或交易。总之，一个完整的法律行为，没有理由一定要划分成两个完全独立的法律行为；抽象原则在交易标的为同一物的情况下，主观人为地将原本是一个同一的交易设想成为两个分离的、独立存在的行为，实在有悖法律交易或法律行为的最初主旨。

2.物权合意的或然性

根据抽象原则，同一项交易或行为当中，可以存在两个合意，即债权合意（Konsensus）和物权合意（Einigung）。据此理论，物权合意是旨在实现所有权转移的一种物权合同（dinglicher Vertrag），它构成物权行为的实质存在，从而得与债权行为分离而独立存在。独立发生法律上的后果。但是，这种物权合意真的存在吗？即使在法律思维中存在，它在法律实践中实际存在吗？退而言之，即使它在实践中占据一定时间空间，那么它真的有独立存在的价值吗？从上述对法律行为结构的分析情况看，回答应该是否定的。因为事实上，这种物权合意根本没有具体的存在形态，法律也没有明确规定这种合意应该如何表现，只是采用了这个概念，而所有其余的理解和适用都要根据人们的判断了。有的德国法学家明确指出："物权合意没有形式；物权合意很少明确予以表

---

① 当然，德国学者在此特别强调此条规定不适用于已经分离的义务行为和履行行为的场合。因为很明显，如果不做这种限制，那么第139条的适用就完全可能使抽象原则化为乌有。

示，通常是推断其存在。是否存在物权合意，通过意思表示解释予以调查。"① 如果要将"实际交付"和"登记"理解成为物权合意的表现形式而不是结果，那么实际上就意味着物权合意的表现形式与物权变动的公示行为或程序是一回事。既然如此，以实际交付和登记这种公示行为作为物权变动的标准不就足够了吗？为什么非要一个"物权合意"不可呢？

更难以理解的是，这两个合意可以完全独立，互不相关；在"一物二卖"的情况下甚至还可以背道而驰。这显然有悖于一般的交易习惯和思路，难怪乎甚至对于法学家来说都不那么容易理解。

四、抽象原则的问题及物权变动的应取原则

从理论上讲，抽象原则的目的在于保护第三人——一般是后位取得人的利益，从而促进物权交易的安全和效率。但是，由于有关制度设置在理论上非常复杂，以至于潜伏有操作重复，缓滞法律交易的弊端。此外，抽象原则显然还会给买卖关系中的出卖人带来利益受损的危险，从而有失民事交易的公平公正。正因如此，德国法学界对于抽象原则的论争一直存在，反对者尤其对动产转移亦适用这一理论予以激烈批评。②此外，还应该指出的是，近些年来德国法学者本身及诸多大陆法系国家的法学家都对该理论持保留或修正的态度，并试图在法学理论上和法律政策等方面对抽象原则予以调整和弱化，如物权行为无因性的相对化理论，包括共同瑕疵、条件关联和行为一体说等。③同时，德国民事司法实践中也不断有案例尝试规避抽象原则并阐明其不必要性，并因此而对

---

① 威灵：《物权法》（Wieling, *Sachenrecht*, Springer, 1994, Aufl.2），第86页。

② 有关抽象原则的弊端，详可参见米健：《现今中国民法典编纂借鉴德国民法典的几点思考》，载《政法论坛》2000年第5期。

③ 参见鲍尔/施蒂尔纳：《物权法》（Baur/Stürner, *Sachenrecht*），第50—52页；科伦琴格：《民法导论》（Klunzinger, *Einführung in das bürgerliche Recht*），第413页；参见威斯特曼：《物权法》（Westermann, *Sachenrecht*），第31—35页。

其加以限制。[①]不仅如此，在现今的德国法律实践中，为了防止抽象原则可能给法律交易的完整带来风险，当事人间往往约定处分行为须以原因行为依据。就此而言，抽象原则不仅未能增加法律交易的安全性，反而还带来了本来不会有的交易负担。

如前所述，在抽象原则发源之地德国，人们对该原则也多有质疑，这个事实本身，说明该原则绝非那么尽善尽美，起码是可以讨论的。而考虑到中国的现实情况，我们理应更加慎重。仅仅从法律政策的角度或立法目的来说，抽象原则实际上顾此失彼，有失偏颇。抽象原则主要着眼于对第三人的保护，所以主张抽象原则的论者均强调该原则对保护第三人利益的公平合理性。然殊不知，在该原则着力保护第三人利益的时候，出卖人方面却遭遇了很大的不利益。首先，原权利人在无权处分的情况下，欠缺维护其权利的有效法律救济，其法律地位实际从物权人下降到债权人；其次，该原则尤其给"一物二卖"的行为提供了方便，从而使得物权交易的安全性在某种程度上减弱。因此，虽然抽象原则一方面从保护第三人利益的角度出发，试图促进法律交易安全和效率，但另一方面它又同时忽略了出卖人的利益，从而在此意义上也给法律交易的安全和效率带来了危害。就此而言，这是一种顾此失彼的法律政策，而且根据我国的实际情况看，这种法律政策一旦确立，所得很可能不及所失。

事实表明，抽象原则理论在德国从产生那天起直到今天始终存在激烈争议。现今德国学者所以不再过多纠缠这个问题，并不意味着这个理论或制度是没有疑问的，而是因为该制度已经由民法典间接地确立，且多数情况下仅仅是法学家们的理论论辩问题，是法学家明析法律关系层次，解释法律关系状态的一种方法。另外，正像德国民法学者弗卢梅所说的，抽象原则虽然有问题，但如果没有该原则，则可能会产生更多的问题。其实，德国的抽象原则的真正意义仅仅在于，它采用了一个与其他大陆法国家截然不同的原则，但却无论如何也不

---

① 弗卢梅：《法律行为论》，第176页及以下。

是法律操作和法律实现过程中唯一或最佳的选择，充其量只是选择之一。

　　然而，正是在上述情况下，在《德国民法典》间接确认分离原则或抽象原则，且百年以来对此原则争议不断，始终寻求调整方法的情况下，在德国学者本身尚能冷静客观地评价其独具特色的理论创造的情况下，在欧洲私法统一方兴未艾，而抽象原则显然不可能成为欧盟物权变动一般原则的情况下，在欧洲人，包括德国人本身正在寻求以罗马法上就已经存在的"交付原则"来对物权行为理论进行调和的情况下，[①] 我们中国的一些学者却将抽象原则的接受称作"我们中华民族的法理智慧"。不仅如此，而且还要超越德国和中国台湾地区民事法律的有关规定，拟以明文确立该原则，这种立法取向的确值得反思和讨论。此外，认为"简单地否定无因性原则，对保护交易中的第三人利益造成了消极的影响，给我国市场经济秩序的法律保障留下了缺陷"，显然是把无因性原则的意义夸大了，不无片面溢美之嫌。[②]

　　总之，抽象原则果真对于物权变动和民事交易安全有如此大的价值，以至于我国民事立法一定要予以接受才算是智者吗？对此，我持否定的看法。从当今世界上大多国家物权变动制度来看，真正采用抽象原则的国家和地区只有德国以及模仿德国的中国台湾地区。正像德国学者本身所说，这个原则实际是"典型的德国制度"，[③] 它的形成和存在自有其特定的法制背景，包括法学传统、法律实现或法律操作条件以及社会人文环境等。而中国的情况则完全不一样，为什么要采用这种典型的德国式制度呢？甚至还要超越德国人本身，以制定法明文予以规定呢？即使是所谓的"区分原则"，也没有必要，何况这一概念本身就是有问题的。在这方面，我认为近来台湾地区"民法"修订过程中增订的有关不

---

　　① 关于这方面的观点论述，可以进一步参见费拉里：《从抽象原则和合意原则到交付原则》(Franco Ferrari, Vom Abstraktionsprinzip und Konsensualprinzip zum Traditionsprinzip, *ZEuP*, 1/1993)，第52—78页。

　　② 这主要是以孙宪忠研究员为代表的接受派的看法。顺便指出，在他批评别人对罗马法"善意取得"理论的积极作用不适当地夸张了的同时，他也不适当地夸张了"抽象原则"。

　　③ 〔德〕茨威格特/克茨：《比较法总论》，第一卷，第214—227页。

动产物权的善意取得规则，倒可能是一个既取他人之长，又有本身智能的思路和选择。未来中国大陆的物权变动制度不妨从中获取些启示，进而考虑"交付原则 + 善意取得"的模式。①

---

① 事实上，在许多情况下，"抽象原则"和"善意取得"的功能或作用是交叉重合的。所以，同时存在这两种制度，在一定程度上也是一种法律机制的重复设置。但这已经是本文以外的话题了。

物权变动原则的司法创制^①

——解析《最高人民法院关于审理商品房买卖合同纠纷案件适用法律若干问题的解释》第8、9、10条

物权变动原则是物权法律制度的重心。因为不同的物权变动原则，不仅直接影响物权制度本身的设置和整个体系，甚至会影响到整个民法典的构造，而且还会直接影响社会经济关系的形成和社会经济交往活动的效果。因此，任何法律制度都必然会慎重周密地设计确立其物权变动原则。对此，我国民法学界曾一度有过热烈的讨论。在某种意义上讲，这种讨论的确是在受德国法影响的情况下展开的。因为一些学者所要坚持的，恰恰是具有典型德国法色彩的物权交易抽象原则。这个讨论直到2002年11月人大法工委向人大常委会提交《民法草案》时，方才告一段落。根据该草案，动产买卖交易实行交付生效原则（《草案》第25条），不动产买卖交易实行登记生效原则（《草案》第15条）。这表明现今中国立法者的态度已经趋向于交付原则。当然，这并不意味着有关物权交易的讨论在我国法学界会由此结束，也不意味着对有关物权交易的法学理论不应作进一步的探讨。此次《最高人民法院关于审理商品房买卖合同纠纷案件适用法律若干问题的解释》（以下简称《解释》）的颁布，显然使得我国物权变动原则以司法创制得到了明确的补充。鉴于我

国民法典正在讨论制定，而有关民事法律法规至今对此尚无统一直接的规定，所以，《解释》涉及此问题的规定不仅对司法实践有指导意义，而且还对我国正在进行的民事立法以及相关的学术讨论具有重要的参考意义。对此，我们可以《解释》涉及物权变动原则的第8、9、10条规定，尤其是第10条规定予以说明。

首先，《解释》第8、9条规定的内容是惩罚性赔偿责任，目的在于对商品房买卖过程中因出卖人恶意违约和欺诈，致使买受人无法取得房屋的交易行为予以超出违约责任范围的民事责任追究。对此，我们可以从《解释》第8、9两条所规定的五种情形中得到依据。这五种情况分别是：（一）商品房买卖合同订立后，出卖人未告知买受人又将该房屋抵押给第三人；（二）商品房买卖合同订立后，出卖人又将该房屋出卖给第三人（《解释》第8条）；（三）故意隐瞒没有取得商品房预售许可证明的事实或者提供虚假商品房预售许可证明；（四）故意隐瞒所售房屋已经抵押的事实；（五）故意隐瞒所售房屋已经出卖给第三人或者为拆迁补偿安置房屋的事实（《解释》第9条）。《解释》规定，凡属上述五种情形，从而导致商品房买卖合同目的不能实现，或导致合同无效、撤销、解除时，买受人可以请求返还已付购房款及利息、赔偿损失，并可请求出卖人承担不超过已付房款一倍的赔偿责任。从上述几种情况的惩罚性赔偿责任规定，我们至少可以得出以下几个判断：第一，这种惩罚性赔偿损失责任规定本身的出发点和价值取向，实质上已经间接地否定了抽象原则制度下，处分交易与负担交易分离的正当性。因为第8、9条的规定非常明确地表明了不动产买卖合同，即商品房买卖合同对于出卖人再处分具有限制或拘束的思想。可以说，司法创制者在此根本没有考虑合同订立和标的交付之间的分离，亦即根本没有债权交易行为和物权交易行为的区别与分离，更不用说它在法律设置和法律交易上的正当性。因此，这种规定是对物权交易抽象原则的间接否定。第二，间接地否定了无权处分的效力。按照物权交易无因性原则，无权处分，即出卖人出卖不属于自己的物并不导致出卖行为必然无效。尽管主张这个原则的人认为，之所以如此是因为这种无权处分是一种效力待定的处分，其效力可以补正或者转换为有权处分，但在理论上无疑暗示着"无权处分的有效性"这样一种结果。但是从《解释》第8、9条的规定可以看出，司法规则创制人显然否定了这种思路。《解释》对上述第（一）（二）（四）及（五）几种情况赋予买受人请求解除合同的权利，并且规定惩罚性赔偿责任的依据是，出卖人无权处分行为使买受人无法取得房屋，以至于商品房买卖合同目的不能实现。显而易见，这意味着无权处分是一种可惩罚的行为。尽管《解释》在此没有直接规定无权处分交易——很多情况下是就同一标的的第二次买卖甚至第三次买卖的效果如何，但我们显然不能由此得出司法规则创制者对于无权处分是容忍的。那样必然会导致与此处表明的司法规则创制原则或价值取向的悖论。

其次，《解释》第10条较之于第8、9条更进一步，直接明确地否定了无权处分合同的效力，而且没有规定除外条款。该条规定："买受人以出卖人与第三人恶意串通，另行订立商品房买卖合同并将房屋交付使用，导致其无法取得房屋为由，请求确认出卖人与第三人订立的商品房买卖合同无效的，应予支持。"这条规定实际是通过赋予买受人对出卖人与第三人订立的后位买卖合同主张无效的权利，否定了后位交易，即无权处分交易的效力。换句话说，就是通过对出卖人"一物二卖"的物上交易的完全否定，确认了第一个买卖合同对标的物的处分效力。应该说，这条规定的出发点或价值取向完全不同于物权交易抽象原则，即不是从注重保护后位取得人的利益，进而保护实际交易的流通效率与安全，而是从意思自治和诚实信用的基本价值出发，着意保护原始所有人和前位取得人的利益和正常的交易秩序。可以说，这条规定是目前我国立法和司法解释中涉及物权变动规则，否定物权交易抽象原则最为直接的一条规定，非常值得重视和分析，不管司法规则创制者对此是否有明确的意识。事实上，《解释》第10条的规定是对我国司法实践中一直遵循的物权变动原则的继续。早在1988年4月2日最高人民法院发布的《最高人民法院关于贯彻执行〈中华人民共和国民法通则〉若干问题的意见（试行）》第89条中，曾明确规定无权处分无效；1999年生效的《合同法》第51条关于无权处分的规定实际上是以对例外有效的规则而肯定了一般无效的原则；而该法第132条关于财产处分的前提条件，第133条关于"标的物的所有权自标的物交付时起转移，但法律另有规定或者当事人另有约定的除外"的规定，直到最近提交讨论的民法草案，都表明了立法政策取向，即不采纳物权交易抽象原则。

从以上两个方面的分析，我们可以很清楚地看到，无论是第8、9条关于惩罚性赔偿责任的规定，还是第10条对于后位买卖交易效力的否定，都集中体现了一个思想：即对无权处分交易效力的否定，而其立足点就是对依法订立的第一个商品房买卖合同的保护。应该特别强调的是，根据这个规定，得到保护的是前后一贯、始终一体的一个交易活动，而不是两个交易活动。首先，《解释》规定自始至终承认和保护的只是一个合意、一个合同，即首先依法订立的商品房买卖合同。在该规定的字里行间和思想空间，只有一个债权合意，而没有什么物权合意。其次，由于《解释》规定根本没有物权合意的概念，所以物权行为抽象原则理论所说的，用以体现物权合意的物权行为或物权交易也就更无从谈起。总而言之，物权行为乃至物权行为抽象原则在此完全不存在，可以说完全被摒弃。无论这种摒弃是否有清楚的意识，它都是一个值得肯定的司法创制。因为它无论是从价值取向方面，还时从理论与实践方面，都是经得起推敲的，是明智的、合理的，符合交易习惯，便于操作。

但是，肯定这个《解释》，并不是说它完美无缺。事实上，我们之所以不能肯定《解释》的制作者是否有明确意识地在创制一个物权变动的司法规则，是因为《解释》上述几条规定之间明显存在不完全契合或概念含糊之处：

第一，《解释》第8、9条虽然对五种情形规定了惩罚性损害赔偿责任，但强加这种民事责任的依据是什么，责任性质是什么？换言之，是违约责任还是侵权责任，抑或是两种责任的竞合？对此，条文虽不清楚，但我们可以从其内容体现的思想理解到违约的成立。至于责任的性质，则是一种用侵权损害赔偿责任予以扩大了的违约责任，即一种竞合责任，这些都可以从有关司法解释的说明中得以印证。但在第8条却存在一个非常重要的问题，即在什么情况下方可认定买受人"无法取得房屋"，从而使之退而求其次地请求解除或撤销合同。因为这直接关涉到第10条的规定，关系到前后规定的思路连贯和法律逻辑问题。应该看到，在第8条规定的第二种情况下，如果买受人"无法取得房屋"，那么实际就很可能意味着后位买卖合同的有效和实现，除此之外，很难有一般性的、具有说服力的解释。可是司法规则创制人和未来的主审法官凭什么就要舍前位取得人的利益而照顾后位取得人的利益呢？当然，这样的规定可能更便于司法操作，但却显然有不明确的地方，甚至有和第10条规定价值取向相冲突的地方。

第二，《解释》第9条规定的情况是相对于第8条规定的情况。但应该指出，这些情况的发生和第8条所规定的情况有本质不同。在第8条所说的情况下，买受人权益受到影响是因为一个与他毫无关联，他根本没有参与的另一个交易，故无主观过错而言；但在第9条所指情况下，买受人却是积极地参与，故有可能以充分的注意避免所说情况发生。况且，在不动产买卖情况下，买受人更应该有充分的勤谨注意，包括一些通常应该注意和确认的程序问题。因此，这里实际涉及买受人主观心理状态问题。如同第10条所说的，发生这些情况有时实际是双方都知情，都有故意的结果。但是该条款显然并没有考虑到这个非常实际的因素，作出了与第8条所指情况完全一样的惩罚性损害赔偿规定。在买受人欠缺注意或者主观上具有过错时，这样一概而论的规定对出卖人也有失公平，而且不利于警示有关当事人以诚实信用和勤谨注意参与交易。事实上，实践中商品房一房二卖的情况有相当一部分是在第三人知情或故作不知的情况下发生的。司法规则创制者应该对此客观情况有所考虑。

第三，《解释》第10条赋予买受人在出卖人与第三人恶意串通另行订立买卖合同，且已经将房屋交付后者的情况下主张该合同无效。显然，这条规定非常明确地否定了物权变动的抽象原则。但这里关键是何谓"恶意"？仅仅是出卖人的恶意，还是包括买受人的恶意，即双方的恶意？另外，"恶意"与"故意"有何区别，有无必要规定"恶意"这个要件？串通是否就意味着"故意"？可以说，在不动产或商品房买卖交易实践中，前位取得人，即第一买受人要证明出卖人的"恶意"较为简单，但他既不可能，也无必要证明后位买受人的"恶意"，那么谁来举证？显然，只有让法官予以推定了。更为困难的是，即使可以证明"故意"，可要证明"恶意"则无标准可言。可见，这个实体规定在程序上是存在问题的。此外，如果买受人不能证明后位买受人"恶意"，那么是否第一买受人即使"无法取得房屋"也不再能依据第10条主张出卖人与第三人订立的合同无效，从而只能根据第8条主张解除或撤销合同。最后，第8条规定的是否属于善意后位买受人的情况，没有恶意，是否就必然是善意？第8条和第10条是否有内在的联系或互补关系？从《解释》的规定中并不能明确这些问题，但这无疑关系到一个法律规则的目的明确性和逻辑严谨性。

总体而言，《解释》是一个非常值得重视和分析的司法创制。第一，它显然是在相当的实际情况调查和总结审判实践经验基础上产生的；第二，它直接涉及了一个民法制度的关键问题——物权变动原则，而且其基本价值取向是应该予以肯定的；第三，对于正在起草讨论的民法草案，该《解释》所创制的物权变动规则无疑具有非常现实和重要的参照意义。

论"知假买假"的不可保护性[①]

一个有趣而令人费解的事情是,"知假买假"这个本来并非特别复杂的问题,居然使法律界和社会各界至今争论不休。2004年4月15日,长沙市开福区人民法院对一个"知假买假"案件审理后,判决驳回原告"退一赔一"的请求。这是继上海卢湾区人民法院此前作出类似判决,并明确表示经营者对故意购假的消费者不构成欺诈,对"知假买假""诱假买假"的个人提出的"退一赔一"诉讼请求,法院将不予支持之后,又一个驳回知假买假请求双倍赔偿或退一赔一的司法案例。此外,北京和天津两地的法院对此类案件也一直持慎重态度。例如,2002年北京二中院二审审结的一个以出售三无产品为由,请求销售者双倍返还货款的案件,就驳回了原告的请求,而判决双方退货退款。司法机关这种越来越普遍的审慎立场,使"知假买假"问题再次成为法学界、实务界乃至整个社会关注和讨论的话题。对此,试从以下几个方面阐释个人的观点。

一、知假买假者当然不是消费者

知假买假者是否为消费者是问题讨论过程中必然要首先接触的基本问题,但却是再简单不过的问题:即像王海这样的知假买假者当然不是一个消费者。根据《消费者权益保护法》第2条可知,只有"为生活

---

① 原载《法制日报》2004年7月1日。

需要购买、使用商品或者接受其服务"的人才是消费者。而知假买假者的真实目的毋庸置疑既不是生活需要，也不是使用或接受服务，而是索取双倍赔偿。所以王海这类人不是消费者是毋庸置辩的法律事实。特别是当知假买假已经是一个公开宣示的意思，目的在于获取双倍赔偿时更是如此。如果在此情况下还要坚持认为知假买假者是消费者，那的确是不可思议的荒谬。可以说，这样一种立场只能是一种既不符合法律逻辑，也违背法律精神，地地道道的法学拟制。至于有些人认为为了更加充分地保护消费者的利益，应对《消费者权益保护法》中的"消费者"作扩大解释，则是无视法律规则本质的非法律职业话语，更不可取，不应该在讨论之列。

二、职业打假者的违法性

有人认为，如今假货泛滥成灾，以致市场秩序混乱和消费者利益受到严重危害，只依靠国家有关职能部门打假远远不够，所以除了根据《消费者权益保护法》第6条鼓励和支持一切组织和个人对损害消费者合法权益的行为进行社会监督外，还要开展群众打假。正因如此，对王海这类"职业打假"者应予加强管理和规范，以期有利于更加切实维护广大消费者的合法权益。所以，限制"职业打假"某种程度上就意味着保护"制假贩假卖假"。这种观点表面上看似乎有一定道理，但实际不然。它反映出下面几个误解：

首先，误解了社会监督与社会打假两者之间的本质区别。明确地说，进行社会监督可以，但开展社会打假则不应该。必须将社会监督和社会打假区分开来，就像有监督权的人不能够同时有执行权一样。

其次，打假应该是"公行为"，而不是"私行为"。如果一个以打假为职业的社会群体存在，那么在法律上如何认识和对待，是公法性质，抑或私法性质？无论怎样，在一个正在追求实现法治的国家中鼓吹制造一个民间打假职业，显然是非常荒唐的。从国家管理原理上讲，立法机关显然没有任何理由将本应国家承担的职责让民众分担。换句话说，从法律上认可私人打假，对一般民众并非权利，但对一些个别人则完全有可能是一种借法律投机的机会。

再次，"职业打假"在法律上是不能成立的，是违法的，所以不仅应限制，而且还严加限制直到禁止。因为本质上讲，职业打假是一种私力救济的表现，而文明社会和法治社会区别于早期不文明社会和非法治社会的特点之一，就是严格限制甚至禁止私力救济。打假本身无疑应是一种社会或法律的公力救济，即使在法律救济难以或无法实现时，私力救济也必须严加限制。法律救济无法实现，意味着法律秩序的失却，但分析目前我国在打假治假方面存在的问题，还不能得出法律秩序失却的结论。

最后，现实上也根本不存在什么真正的职业打假。职业打假，从最表层、最直接的意义上讲，应是一种专门从事打假的职业，而且还必须是以打假为目的。但众所周知，现今所谓职业打假，并非以打假为目的，而是以打假为手段追求另外一种利益。进一步说，知假买假者大多是追求买假之后得以请求双倍赔偿或退一赔一的利益，即他们所寻求的不是打假的公益，而是退假求偿的私益。显而易见，现今人们所谓的职业打假实质上不过是一种借打假而谋取经济利益的个人营利行为，但其成本却是社会力量。尽管它客观上确实对卖假造成了某种威胁，使卖假风险加大，但这不能使之成为合理合法的行为。一言以蔽之，所谓职业打假本质上假公济私的投机行为。在此意义上讲，知假买假在某种程度上甚至可以说是扰乱社会经济秩序和法律秩序的行为。事实上，在我国真正能够将打假作为职业活动之一而实施的社团法人只有消费者保护协会。但是根据《消费者权益保护法》第33条，即使是消费者保护协会也不能够知假买假。因为如果消费者协会知假买假以求偿，就不免有营利之嫌，而如果知假买假不求偿，那么客观上除了赞助卖假外，恐怕没有任何其他意义。

三、知假买假的价值悖论

在有关知假买假的讨论中，人们长期陷于知假买假者是否为消费者的问题，但却忽略了一个最为根本的问题。如前所述，知假买假者是否为消费者并非复杂的法律问题。此一事物的关键或实质是，若从法律上肯定知假买假以求偿，那就意味着法律上的一种价值悖论：我们一方面设定了一个法律价值——禁止卖假货的正当性，但同时又设定了另外一个法律价值——可以买假货的正当性。肯定知假买假并给其求偿的法律依据，逻辑上只能如此理解。显然，这里存在一个二律背反的基本逻辑错误。其结果必然导致法律上的不正当性。知假买假所以不能够成立，最关键的问题就是这种价值设定的悖论，而不是知假买假者是否为消费者。但对此法律价值上的明显悖论，至今很少有人注意到。更多的学者长期纠缠在知假卖假者是否为消费者的虚假问题上，这不能不说是一种专业遗憾。

四、承认知假买假不符合法律交易的一般原理和法律理性

法律交易是以意思指向特定法律后果的行为，它体现着私法上意思自治的精神。因此，法律交易的核心是意思表示，一切法律交易都是以特定意思指向为根本内容或目的的，没有真正实在的意思指向就没有法律交易。正因如此，一个表面上指向特定法律后果，但真正的意思或目的却指向交易以外的另一个法律后果的交易，是一种法律不应予以保护和支持的虚假交易。对此，虽然各国具体立法有所不同，但基本原理和价值取向是一致的，即大多都否认虚假交易的法律效力。具体分析知假买假以求偿的法律事实，可见到两个不同层面和不同性质的法律关系，第一层法律关系是法律交易关系，即以假货为标的的买卖交易关系，但这是一个因为不存在真实意思而无效的虚假交易；第二层法律关系是诉讼关系，但却是以第一层法律关系为基础的法律关系，也就是说，后面的诉讼关系是前面交易关系的必然后果。于是，这里便发生两个问题：首先，逻辑上讲，如果先前的法律交易无效，则后面的诉讼关系就无从谈起。但问题恰恰在于，根据法律交易的一般原理，先前的法律交易应归于无效。因为明知是假货还要进行交易，目的又公然不是消

费利用，显然是虚假的恶意交易，法律当然不能予以保护。其次，如果不考虑上述法律交易的一般原理，承认先前交易的法律效力，那么就会导致一个违背法律理性的结果，即法律承认并且保护一个原本就旨在制造诉讼的交易行为。实际上谁都不能否认，如果没有请求双倍赔偿或退一赔一的可能性，知假买假通常就不可能发生。质言之，知假买假交易的目的就在于通过诉讼获得具有惩罚性质，必然超出实际损失的赔偿。但我相信，任何理性法都不会选择这种逻辑和途径来遏制假货。总之，倘若法律制定的某一规则一定要以引发诉讼为实现条件，那么这个规定即使不是荒唐的，也是违背法律理性的。所以，如果我们的立法或司法承认知假买假及其据以请求损害赔偿的权利，那么我们的法律和司法就会成为违背法律交易的一般原理和法律理性的荒唐典型。仅仅在此意义上，知假买假在法律上的不能成立已经毋庸置疑。

五、知假买假是对诚信原则的一种戏弄

如今假货泛滥成灾，的确令人深恶痛绝。从法律上讲，制假卖假是对民法所谓帝王规则即诚信原则的践踏。但是知假买假、诱假打假何尝又不是一种对诚信原则的戏弄呢？因为知假买假或诱假打假的潜台词就是以假对假，以毒攻毒。即使我们的市场经济秩序真的到了这种地步非如此不可，那么也不可以将其法律化、社会化。那种认为知假买假真对于遏制假货打击卖假有不没之功，由于"职业打假"受挫而使假货更加盛行的看法是根本没有依据的，是只看到现象却没有抓到本质。因为如果真是这样，那么全民都去打假即可，法学家们也不必再讨论这个问题，只要一起打假即可解决问题。

应该看到，司法实践中有时认定知假买假并非易事。对于这个问题，应该持严格慎重的态度，即要对知假买假的认定予以限制。这种限制应该体现这样的立法意图：第一，法院认定知假买假要慎重；第二，要有意识地对买假者尽可能地予以保护，只要他不是知假。具体说，这种限制可以通过两种法律技术实现。第一，北京模式，即采用传统的谁

主张谁举证原则，让买假者自己提供可以证明其出于正当消费目的而遭遇买假的证据，这样对买假者来说当然负担更重，但却可以更有效地遏制知假买假；第二，上海模式，即采用举证负担倒置的举证原则，让卖假者证明自己不是卖假或买假者明知故买，这样对销售者来说当然负担重些，但可以对卖假者造成更大的威胁。这两种方式各有利弊，只是一个轻重选择问题。但无论如何，法律不能直接规定或承认知假买假交易的法律效力。果真如此，就是法律本身对诚信原则的戏弄了。法律规则本身只能培植保护诚信，不能自食自弃诚信。

根据以上五个方面的分析阐释，我认为司法机关不支持知假买假是有充分依据的。就此而言，法官的法律感有时要比法学家更强更准确。